交通天下
中国交通简史
（上）

陆化普 等 编著

人民交通出版社股份有限公司
北京

内 容 提 要

本书以交通方式为主导，沿朝代连续的时间轴重点论述中国交通发展史实、关键事件及其演化特点，勾勒了交通起源、形成、发展的基本图景及历史脉络。

本书既可为交通运输领域从事政策研究、规划设计与管理工作的科学技术人员，以及广大交通和历史爱好者提供交通史料的参考，也可作为高等院校交通史相关课程的教材，还可供感兴趣的读者阅读。

图书在版编目（CIP）数据

交通天下：中国交通简史／陆化普等编著． — 北京：人民交通出版社股份有限公司，2023.5
ISBN 978-7-114-18060-6

Ⅰ.①交⋯ Ⅱ.①陆⋯ Ⅲ.①交通运输史—中国 Ⅳ.①F512.9

中国版本图书馆 CIP 数据核字（2022）第 153831 号

审图号：GS（2023）1146 号

Jiaotong Tianxia：Zhongguo Jiaotong Jianshi
书　　名：	交通天下：中国交通简史（上）
著 作 者：	陆化普　等
策划编辑：	屈闻聪　韩　敏
责任编辑：	屈闻聪　何　亮
文字编辑：	陈　鹏　齐黄柏盈　徐　菲
责任校对：	赵媛媛　龙　雪
责任印制：	张　凯
出版发行：	人民交通出版社股份有限公司
地　　址：	（100011）北京市朝阳区安定门外外馆斜街 3 号
网　　址：	http://www.ccpcl.com.cn
销售电话：	（010）59757973
总 经 销：	人民交通出版社股份有限公司发行部
经　　销：	各地新华书店
印　　刷：	北京印匠彩色印刷有限公司
开　　本：	635×965　1/16
印　　张：	43
字　　数：	581 千
版　　次：	2023 年 5 月　第 1 版
印　　次：	2023 年 8 月　第 2 次印刷
书　　号：	ISBN 978-7-114-18060-6
定　　价：	300.00 元（全两册）

（有印刷、装订质量问题的图书，由本公司负责调换）

序
PREFACE

  陆化普教授编著《交通天下：中国交通简史》，有幸受邀写篇序言。

  我和陆化普教授共事多年，也是很好的朋友。他长期从事交通教学科研工作，不但具有广阔的国际视野，也对我国交通事业作了深入的探讨和耕耘，知识渊博，著作颇丰。他的确是编著《交通天下：中国交通简史》的最佳人选。

  众所周知，交通是人类文明的支撑和国家发展的血脉。悠久的中华文明创造了独具特色的交通。版图的整合、政治统一、经济发展、文化交流，乃至国防巩固，交通都起到无可替代的作用。

  自夏商以来，中国历代交通发展积累了丰富经验。"述往以为来者师也"，历史是最好的教科书。不过，迄今为止系统撰写我国交通史的著作不多。85年前历史学家白寿彝先生编著了《中国交通史》，论述了20世纪30年代以前我国交通发展历程。无疑，他是研究中国交通史的先驱。然而由于时代的局限，书中关于现代交通的内容显得过于单薄。最近几十年，有关部门开始重视我国交通史的研究，相继出版了不少著作，但编写碎片化问题却十分突出。公路、水运、铁路、航空等行业"各自为战"，书写本行业发展史，难以使读者完整把握我国交通综合发展脉络。

  陆化普教授编著的《交通天下：中国交通简史》虽然名为"简史"，但是内容却十分丰富，既论述了我国几千年交通演化的史实，又呈现了我国现代交通发展的历程。尤其值得称道的是，为了展示我国综合交通发展全貌，陆化普教授把研究各种交通运输方式历史的专家凝聚起来，共同编写这部著作，既发挥了团队的集体智慧，也使《交通天下：中国交通简史》更具综合性、准确性、权威性。

《交通天下：中国交通简史》以交通发展为主线，沿着历史朝代连续的时间轴重点论述交通发展史实、关键事件及其演化特点，勾勒了交通起源、形成、发展的基本图景。与此同时，作者还注重探索交通与中华文化的相互关系，阐述交通与政治、经济、社会以及对外交往的融合，既体现了交通的支撑作用，也体现了交通的引领效应。此外，作者还根据古籍和史料，绘制了不同年代的道路网络图，精心选取了重要交通遗迹的照片，以利读者直观理解。

更加可贵的是，本书对于新中国交通发展轨迹与成就做了全面深入的论述。从瓶颈制约、初步缓解、基本适应到先行引领的新交通事业取得了骄人业绩；中国桥、中国路、中国车、中国港等创新奇迹令世界为之震撼。作者据此作出令人信服的结论：交通是开路先锋、兴国之要、强国之基，必将为中华民族伟大复兴发挥重要支撑作用。

《交通天下：中国交通简史》是一部佳作，脉络清晰、图文并茂、通俗易懂。这一著作的付梓不但有利于读者全面了解中国交通发展的主要脉络，也有助于弘扬交通人的自强精神，为交通强国建设增添力量。

2022 年 7 月

前言
FOREWORD

应人民交通出版社邀约，我欣然承诺执笔撰写《交通天下：中国交通简史》，因为这也是我多年的夙愿。

有人就有交通，"世界上本没有路，走的人多了，也便成了路"。所以，写交通简史，离不开对"走路人"的回顾。伟大的中华民族，从诞生之日起，就以她勤劳、友善、包容、坚韧、智慧的天然禀赋开始了探索宇宙规律、思考人生哲学、追求万物和谐、向往美好生活的道路。要求自己，"黎明即起、洒扫庭除"；友善待人，"有朋自远方来，不亦乐乎"；主张包容，"上善若水"；执着追求美好目标，"愚公移山""炼石补天"；尊重发展规律，"道法自然"，不偏不倚。中华民族自古以来就是美好生活的缔造者、万物和谐共生的促进者。本书梳理我国交通的历史，离不开这一自然本底和文化背景。

其实，不管是交通还是城市，乃至人类社会都是一个整体，各个领域和诸多要素都是整体的一部分，有着不可分割的联系且相互作用。所以，我和人民交通出版社在思考本书撰写框架时，都不约而同地认为，应该从地理、政治、经济、社会、文化、技术的综合视角，结合大的历史和人文背景，撰写一本既能清楚阐述基本的交通史实及交通方式的演化特点，又能揭示交通发展的内外因条件及其中蕴含的哲学思维与文化内涵的简明凝练、通俗易懂的交通简史。

中国交通人用自己的勤劳、智慧、奉献和忠诚，创造了世界奇迹，留下了历史印记和宝贵财富——巩固国家统一的驰道，繁荣民族经济的运河，从远古走向未来的丝绸之路，充满勤劳智慧印记的中国高铁，"要想富先修路"的道路网络，波澜壮阔的漕运和海洋运输，快速发展的民用航空业与太空运输，驰骋辽阔中国大地的管道运输，有力支撑城镇化健康发展的城市交通，以及千姿百态的交通杰作和今古奇观。从茶马古道到挂壁公路，从上善若水到人类命运共同体，中华民族以其友善、成熟、坚韧的优秀品质，以世界大同、共同富裕为崇高理想，在交通发展的历史上不断谱写着新的篇章。

交通方式的历史发展是连贯的，因此本书在写作时突出了以下四个特点。第一，本书总体上以交通发展为主线，沿朝代连续的时间轴勾勒中国社会的基本脉络，重点叙述驱动交通发展的关键事件。第二，本书史实准确。书中所有内容，作者都尽量查阅权威史学著作、多方分析论证并适当引用古籍原文。现当代的史实内容则邀请交通领域不同方向的众多权威专家把关，甚至请专家直接参与部分板块的撰写工作，保证本书的准确性和权威性。第三，本书探讨了交通与中华文化的相互关系和影响。在交通主线中融入中国的传统文化与思想精华，阐述了交通与文化，尤其是与人类命运共同体思想、"一带一路"倡议的关系。第四，本书图文并茂。在叙述道路网络等历史发展的过程中，作者根据古籍和史料，绘制了不同历史时期的道路网络图，并在插图中标注了古今地名对应关系，便于读者直观理解、对照。

本书从酝酿策划、框架设计到内容撰写，得到了交通运输部的高度重视和交通领域众多专家的大力支持，以及人民交通出版社的全程指导。人民交通出版社韩敏总编辑亲自讲解本书的写作背景、目的和基本要求，何亮主任和屈闻聪编辑不但自始至终为写作工作答疑解惑，而且亲自动笔修改完善各章内容，事实上已经成为撰写本书的参与者；中国工程院傅志寰院士、黄维和院士和中国公路学会翁孟勇理事长分别推荐了铁路、管道运输和公路部分的执笔人；中国智能交通协会关积珍副理事长为智能交通部分的撰写召开专题专家座谈会并提供了参考大纲，若干智能交通专家提供了工程前沿介绍短文；交通运输部科学研究院城市交通与轨道交通研究中心彭虓副主任提供了交通运输部公交都市建设的历史回顾文稿；中国交通通信信息中心空间事业部李晶主任为本书撰写了交通行业北斗应用过程介绍。福建省南安市能源工贸集团张花辉董事长和重庆交通枢纽公司易兵董事长分别为深度考察宋元时期的中国海洋贸易中心和重庆市沙坪坝 TOD 案例提供了全面支持和热情帮助。因篇幅有限，众多提供真诚帮助和热情支持的专家学者无法——罗列，在此对各位专家同人和朋友的大力支持表示由衷的感谢！

  本书是执笔专家呕心沥血的精心之作，是集体的创作和成果。主要执笔者为：清华大学交通研究所所长陆化普，公安部道路交通安全研究中心宣教室负责人朱建安，中国城市规划设计研究院交通分院综合交通研究所所长王继峰，交通运输部规划研究院水运所运输经济室主任刘长俭，中国公路学会办公室副主任、交通史志与文化工作委员会副秘书长徐德谦，中国国家铁路集团有限公司档案史志中心主任刘忠民，中国交通建设股份有限公司副总工程师张志明，国家管网集团研究总院油气储运杂志社社长关中原，《城市交通》杂志执行主编张宇，台湾大学教授张堂贤，清华大学交通研究所高级工程师叶桢翔，中国交通建设股份有限公司技术中心副主任鲍卫刚，北京建筑大学建筑与城市规划学院城乡规划系副教授王晶，中国国家铁路集团有限公司档案史志中心史志室副主任李子明，清华大学交通研究所高级工程师张永波，北京普创赛博科技有限公司董事长陆洋，中交水运规划设计院有限公司设计二所（内河院）副所长于忠涛，清华大学交通研究所博士研究生王天实、柏卓彤和硕士研究生刘若阳，陕西公路隧道博物馆高工李晓明。

执笔者们从 2022 年春节前接受邀请之日起，就以打造一本"博洽史实、存史资政"的精品著作为目标，潜心投入《交通天下：中国交通简史》的创作，放弃春节与家人休闲度假的宝贵时光，深入思考、认真研究、仔细推敲、反复斟酌，凝练挖掘史实，体现了高度的责任心和强烈的使命感。

本书力图将交通的"表"与经济社会文化的"里"相结合，将交通的"演变"与政治、经济、技术等要素的"发展"相联系。希望本书能成为交通史相关研究人员与教学人员的参考书、交通研究人员与技术人员的良师益友、交通运输行业管理人员的史学资料，更能供社会大众广泛阅读，使读者能一览中国交通发展波澜壮阔的历史脉络，深刻感悟交通发展与国家富强、民族振兴的关联。

由于作者的知识局限性和内容涉及范围的广泛性，本书肯定存在不足之处，恳请各位读者批评指正！

2022 年 6 月于清华大学

目录 CONTENTS

交通天下：中国交通简史（上）

第一章 源远流长 中国交通的发祥

"交通"一词溯源	002
中国的自然地理特点深刻影响交通发展	003
合符釜山	009
大禹治水与夏朝时期的道路	010
商周时期社会文化发展和道路系统	016
● 本章参考文献	018

第二章 古代交通 从殷墟车马到天子驾六

中国交通工具的起源	022
殷墟中发掘的最早车辆	029
单辕车到双辕车的技术演变	032
马车和牛车的兴衰	038
车辆的其他功能：礼制和战争	040
● 本章参考文献	044

第三章 四海归一 秦帝国的建立与秦驰道

秦统一前的道路交通	050
秦帝国统一与中央集权制度的建立	057
文字交通度量衡的统一及其历史贡献	059
"国家道路网"的形成与影响	060
● 本章参考文献	065

第四章 邮驿体系 历久弥新的通信制度

邮驿制度的起源与发展	068
秦汉改邮为置的里程碑	071
唐代的邮驿	074
宋代的邮驿	078
元代两都巡幸与驿道	079
明代的驿路干线	082
清代的驿传与驿传部	085
当代邮政的跨越式发展	087
● 本章参考文献	089

第五章 秦岭古道 暗度陈仓下的大汉帝国崛起

秦岭古道与华夏帝国	092
隐藏在秦岭古道中的制胜秘籍	094
悬崖栈道的奇迹	104
● 本章参考文献	107

第六章 千年运河 漕运铸就繁荣昌盛

先秦时期：运河肇始	110
秦汉时期：运河初兴	114
隋唐宋时期：运河成网	118
元明清时期：由盛而衰	125
新时代重铸运河辉煌	134
● 本章参考文献	140

第七章 商旅纵横 茶马古道与马帮运输

茶马古道背景	144
茶马古道的空间分布	147
茶马贸易的历史沿革	153
茶马古道网络上的马帮	156
茶马古道上的古镇与城市	158
抗战时期的物资运输通道	160
茶马古道的历史文化价值	161
从大地理格局看茶马古道	162
● 本章参考文献	163

第八章 城市道路
中国传统营城智慧的传承与发展

中国传统营城思想体系	166
古代典型都城	171
近现代城市规划与道路系统	181
城市道路系统规划的新阶段	186
● 本章参考文献	193

第九章 丝绸之路
共同富裕与世界大同

丝绸之路的艰辛开辟与汉唐在西域的经略	196
东西贸易文化的交融升华与宗教传播	202
海上丝绸之路的世界联通	210
西域版图的回归与"一带一路"伟大构想和未来发展	213
● 本章参考文献	216

第十章 航海时代
海运的兴起与经济发展

妈祖文化	218
秦朝的航海活动	220
汉唐海上航行活动	222
宋朝指南针的应用	226
宋元时期的世界海洋商贸中心泉州	229
明朝郑和七下西洋	231
清朝的海禁政策	232
"封锁禁运"	234
突破"封锁"、走向世界	236
集装箱运输的兴起	238
世界有多大的船,中国就有多大的港	242
为中国走向世界保驾护航	248
● 本章参考文献	252

第十一章 交通先行
中国公路发展与经济腾飞

新中国公路的探索与发展（1949 年至 1978 年底改革开放前）	258
公路发展迎来春天（1978 年至 1998 年加快公路建设前）	260
公路建设成就令世界瞩目（1998 年至 2012 年）	265
公路事业向强国迈进（2012 年至 2021 年）	278
● 本章参考文献	288

第十二章 高铁飞驰
中国铁路的百年巨变

世界进入铁路时代	290
晚清时期的中国铁路	293
民国时期的中国铁路	298
人民铁路的创建	301
改革开放以来的中国铁路	304
新时代的中国铁路	311
● 本章参考文献	322

交通天下：中国交通简史（下）

第十三章 穿山跨海
叹为观止的中国桥隧

充满智慧的古代桥梁	324
蓬勃发展的现代桥梁	335
遍布全国的隧道工程	352
桥隧发展的未来展望	362
● 本章参考文献	363

第十四章 飞天梦想
从远古理想到今日实现

千年梦想	369
中国航空的艰难起步	370
新中国航空事业的迅速发展	371
中国航空机场的发展	374
飞机制造与大飞机的诞生	377
太空运输和太空旅行	379
● 本章参考文献	390

第十五章 城市交通
支撑和引领快速城镇化和机动化发展的中国之路

城市规模与城市机动化	394
交通发展与城市繁荣	397
中国城市交通的发展历程	401
城市自行车	408
交通与土地使用深度融合的 TOD 模式	412
以人为本的理想城市及其交通	415
● 本章参考文献	419

第十六章 面向全球
港口与水运的壮阔波澜

中国最早的港口及其发展背景	422
闭关锁国前的港航发展	429
帝国主义的炮舰政策与租界	433
新中国成立初期的港口与水运	437
改革开放以来港口与水运的飞速发展	441
港口与水运的今天和明天	445
海外港口建设与国际物流供应链完善	453
● 本章参考文献	456

第十七章 管道运输 穿行万里的能源大动脉

走进历史深处探秘管道起源 … 462
三十年筚路蓝缕奠基中国管道事业 … 465
"八三"管道开启中国管道事业的
　新篇章 … 467
西气东输树立中国管道事业新的里程碑 … 471
纵横交错的中国油气管道网络 … 476
中国油气管道运输的未来 … 483
● 本章参考文献 … 485

第十八章 千姿百态 交通创造的今古奇观

入川水道：逆流而上的纤夫行船 … 488
明修栈道，暗度陈仓：古代交通的
　神奇之作 … 491
挂壁公路：巍巍太行绝壁上的工程奇迹 … 493
云中漫步：高落差深谷中的上跨桥梁 … 495
沙漠奇景：塔克拉玛干沙漠公路 … 498
进藏天路：青川滇新入藏通道 … 500
腾空延展的华丽玉带——城市与公路
　大型立体交叉设施 … 502
● 本章参考文献 … 504

第十九章 宝岛交通 跌宕起伏的发展

台湾的地理位置、历史沿革与现状 … 508
台湾公路建设经纬 … 509
台湾传统铁路的发展历程 … 513
大众捷运系统及台湾高速铁路 … 523
宝岛的对外交通：海空运输 … 527
● 本章参考文献 … 530

第二十章 文明跃迁
城市交通绿色发展之路

- 步行：没有交通是最好的交通　　534
- 自行车发展与城市交通演变　　538
- 公共交通优先发展成为共识　　541
- 城市交通绿色发展的政策与规划引导　　544
- 中国城市绿色出行活动　　547
- "双碳"目标与韧性交通　　554
- ● 本章参考文献　　555

第二十一章 智慧赋能
人享其行、物畅其流

- 交通的神圣使命　　558
- 建设交通强国的中国道路　　561
- 交通智能化　　563
- 人享其行的未来客运系统　　578
- 物畅其流的未来货运系统　　581
- 智慧城市　　582
- ● 本章参考文献　　586

第二十二章 辉煌十年
填补空白，创造奇迹，交通发展走向新高度

- 拉林铁路开启了西藏人民幸福生活的新篇章　　590
- 公路驰骋铁路腾飞实现了千百年来山区人民的生活梦想　　592
- 环塔克拉玛干沙漠铁路填补了世界交通史的空白　　595
- 凝聚中华民族智慧的"复兴号"开辟了铁路交通新纪元　　597
- 盾构机的创新发展创造了世界奇迹　　599
- "昆仑号"运架一体机大显身手，创造了我国铁路建设的奇迹　　602
- "造岛神器"挖泥船　　604
- 从蒙内铁路到雅万高铁：人类共同富裕的梦想正在从理想走向现实　　608
- 从"名片"走向标准：国际铁路联盟发布三项中国高铁标准　　611
- 从中国铁路"四纵四横"到"八纵八横"的历史变迁看十年巨变　　612
- ● 本章参考文献　　630

第二十三章 继往开来
综合交通进入一体化发展新时代

古代先贤的哲学思想	637
交通与中国现代化	639
中国交通的美好蓝图	646
● 本章参考文献	651

第一章
Chapter 01

源远流长：
中国交通的发祥

交通是人和物的空间位移。交通与人类社会同步诞生，是人类生存和发展的基本要素和引领力量，交通史是人类发展史的重要组成部分。

沿着历史的轨迹，让我们首先走进华夏文明早期发展阶段。本章是全书的序曲，也是对华夏民族生存环境、发展经纬和古代交通历史脉络的梳理。从时间轴来看，本章的历史跨度最大，从传说时代的三皇五帝，到秦统一之前，追寻了大约2500年的历史。

史实表明，交通的发展与政治、经济、文化和社会的发展密不可分，在不同历史时期，交通发展的主要推动力量和发展特点各不相同。交通发展与特定阶段人类面临的主要矛盾和生产力的发展水平有着十分密切的关系。夏商周时期，华夏民族面临的主要任务是生存保障、民族融合与礼制建立和文化初创。伴随着这一发展进程，华夏民族从不同地域到不同民族不断地融合发展，从而形成了生生不息、具有强大生命力和凝聚力的中华民族。不断融合发展是这一时期的主旋律。

"交通"一词溯源

《庄子·田子方》中提到："至阴肃肃，至阳赫赫；肃肃出乎天，赫赫发乎地。两者交通成和而物生焉。"[1]此处的"交通"是感通、感应的意思。

《管子·度地》中有："山川涸落，天气下，地气上，万物交通。"[2]此处的"交通"是交相通达的意思。

《汉书·江充传》中提到："（充）诣阙告太子丹与同产姊及王后宫奸乱，交通郡国豪猾，攻剽为奸，吏不能禁。"[3]此处的"交通"是勾结、串通的意思。

晋代陶渊明在《桃花源记》中写过"阡陌交通"[4]，此处的"交通"是往来通达的意思。

唐代柳宗元在《答韦中立论师道书》中则提出"旁推交通"[5]，此处的"交通"指交往。

《韩诗外传》卷十中有："渊愿贫如富，贱如贵，无勇而威，与士交通终身无患难。"[6]此处的"交通"是交往、往来的意思。

由以上诸例可知，"交通"最早词意丰富，应用场景不同。正如《周易》"天地交而万物通"[7]所述，"交"是交合，"通"是相通。康有为《大同书》辛部第三章中"大同之世，全地皆为自治，全地一切大政皆人民公议，电话四达，处处交通"[8]一句中的"交通"也是这个意思。胡适在《国语文法概论》中指出："后来陆地交通有了人力车、马车；火车、电车；水路交通有汽船，人类交通更方便了，更稳当了，更快捷了。"[9]由此可见，"交通"一词到近现代才逐渐引申指各种交通运输和邮电事业的总称。

中国的自然地理特点深刻影响交通发展

一个民族的风俗、习惯、经济、社会、文化的发展，与其所处的自然地理环境密切相关。了解中华民族所处的生存和发展的自然环境，对于理解和深度思考中国交通至关重要。

在我国960万平方千米的国土中，分布着雄伟的高原、巍峨的峰峦、低缓的丘陵、广袤的平原和群山环抱的盆地。地球上常见的五大基本地形，在中国大地上缤纷呈现。中国的地势特点总体是西高东低，从而形成了神州大地大河东流的宏观格局，并分成三级阶梯，如图1-1所示。这不仅为人类活动与工农业发展提供了多样的自然形态，也为独自发展的文明走向融合提供了天然条件和丰富营养[10]。

中国地势西高东低，由内陆向海洋倾斜。这一切源自8000万年前至3800万年前的巨大地壳运动。印度洋板块向北漂移与亚欧板块快速碰撞，释放出巨大能量，引起了超大幅度的地表隆起，由此诞生了地球上地势最高且最年轻的高原——青藏高原，形成了中国地势的第一阶梯，如图1-2所示。

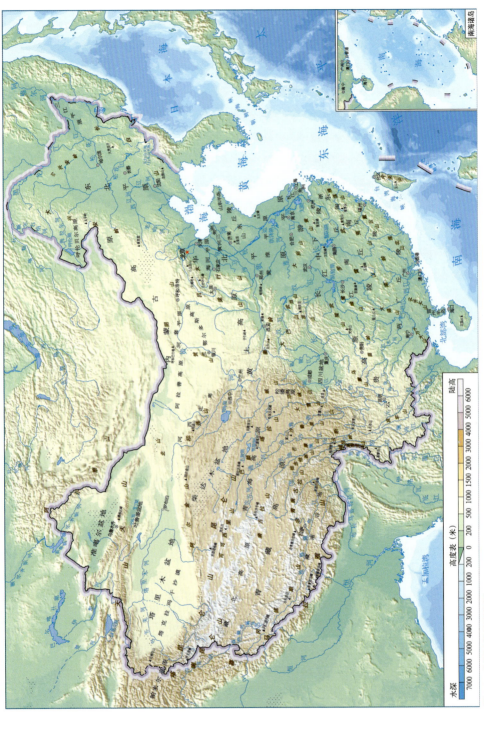

图 1-1 中国地势地形图

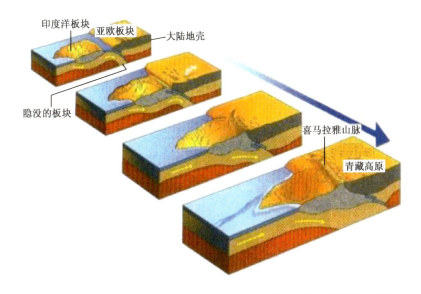

图 1-2 青藏高原形成示意图

青藏高原诞生的同时,大碰撞的力量也开始向外围进一步扩散,此前具有一定海拔高度的区域也因此受到挤压,地势继续抬升,逐步形成了黄土高原、云贵高原和内蒙古高原,我国地势第二阶梯由此诞生。至此,中国大地上出现了显著的三级阶梯地势:第一阶梯为平均海拔 4000 米以上的青藏高原;第二阶梯为海拔 1000～2000 米的内蒙古高原、黄土高原、云贵高原和塔里木盆地、准噶尔盆地与四川盆地;第三阶梯平均海拔在 500 米以下,分布着东北平原、华北平原、长江中下游平原,平原边缘镶嵌着辽东丘陵、山东丘陵和东南丘陵。其中,第一阶梯和第二阶梯以巍峨高耸的昆仑山脉、阿尔金山脉、祁连山脉、横断山脉为界,第二阶梯和第三阶梯以绵延不绝的大兴安岭山脉、太行山脉、巫山山脉、雪峰山脉为界,如图 1-3 所示。

我国特有的三级阶梯地势,给交通基础设施建设形成了巨大挑战,主要体现在两个方面。一是阶梯的跨越。横贯东西的交通干线,如何从 500 米以下的第三阶梯平稳进入 1000～2000 米的第二阶梯,甚至快速便捷地进入 3000～4000 米的第一阶梯,这是建设者们长期孜孜追求的目标。二是阶梯内部的延展。在第二阶梯内部,纵贯南北方向的交通大动脉须从内蒙古高原、黄土高原翻越秦岭进入四川盆地和云贵高原。我国山地占国土总面积的33%，每一片区域内部都是崇山峻岭、千沟万壑。即便是在第三阶梯内部，交通建设从北向南也要面临跨越辽东丘陵、山东丘陵和东南丘陵的挑战。克服了重重挑战的中国人民，成就了中国交通发展史上的伟大壮举和奇迹。

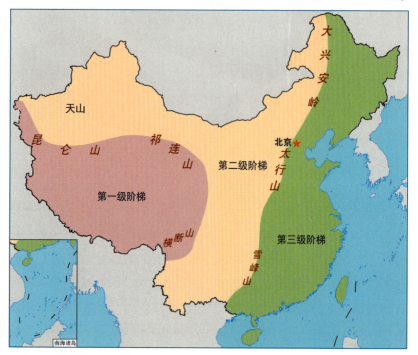

图1-3 中国地势三级阶梯

　　北纬32°是中国地势三级阶梯中著名的纬度线之一。沿着其做一地形剖面可以明显看出，由青藏高原构建出一级阶梯，由四川盆地构建出二级阶梯，以及由长江中下游平原构建出三级阶梯，如图1-4所示。这样的地势，形成了我国主要大江大河自西向东奔流而下的局面，如图1-5所示。横跨三级阶梯的长江、黄河两大水系，更以其坚韧的情怀，在广袤的中华大地中播下和孕育了众多文明的火种。丰富的水系，一方面提供了充裕的内河航运基础条件。在当今铁路和公路交通发达的基础上，依托长江、淮河、珠江等黄金水道的先天条件，水路货运量仍超过了我国货物运输总量的15%，可见水路货运是不可或缺的重要运输力量。另一方面，也意味着跨越万千江河的公路桥和铁路桥，将成为我国建桥事业中的难点和骄傲。如今，我国公路桥梁超过 80 万座，跨越长江干流的桥梁超过 150 座，天堑变通途已成为现实。

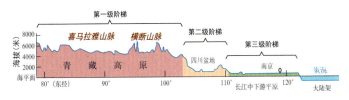

图 1-4　北纬 32°中国地形剖面示意图

图 1-5　发源于青藏高原的河流流向走势

三级阶梯的差异，使得中国的地貌景观极富多样性。然而三级阶梯的形成，不仅对地形地貌产生影响，也给大气环流和气候带来了巨大影响。如果没有地形等因素，地球的自转会使得大气层规律流动，形成行星风系。行星风系使得北纬 30°沿线受副热带高压控制，气流由高空向地面下沉，下沉的水汽难以凝结形成降雨，导致地区气候愈加干燥。因此纵观全球，北纬 30°一线多为荒漠，尤其是北非到西亚一带连成一片。如果没有青藏高原，中国的江南地区同样也将成为一片干旱荒漠。

  青藏高原地区比平原接收到更多的太阳辐射，大量的太阳能加热了高原地表上方的大气，大气受热上升导致地面气压降低，外围的气流补给进入青藏高原。因此，无论是印度洋的南亚季风，还是太平洋的东亚季风，全都被青藏高原吸入。尤其是东亚季风，从浩瀚的太平洋将充沛的水汽源源不断地输入江南腹地，成功击退了行星风系对中国长江中下游地区的控制，排除了这一片地区沦为北纬30°荒漠的可能，也造就了如今富庶的鱼米之乡和烟雨江南。

  但同时，青藏高原也阻挡了南亚季风印度洋水汽北上，将大量水汽几乎全部泼洒在喜马拉雅山脉之南，使得中国西北地区更加干旱，形成了大漠西北的自然环境格局。而强大的西风带也不得不绕开青藏高原，沿北麓的西北地区向东前行，大量沙尘颗粒伴随西风带降落在太行山以西和秦岭以北的地区，逐渐堆建起现在的黄土高原。经过漫长岁月的长期作用，逐渐形成了中国的三大自然区——温暖湿润的东部季风区、多风少雨的西北干旱半干旱区和世界"第三极"青藏高寒区，如图 1-6 所示。在不同自然区和多样地形地貌的作用下，幅员辽阔的中国也形成了丰富多样的动植物生态圈：在全世界 22.5 万种植物中，中国拥有 3.6 万种之多，占世界植物种类的 16%；陆生脊椎动物占全球种类总数的 10% 以上。青藏高原的诞生，奠定了中国现有的自然区域地形地貌、降水、气候、植被等的基础。

  可以说，中国地势三级阶梯的特征，为中华大地打造了独有的自然气候分布特征和水文特征，遏制了中国大面积区域沦为荒漠的可能。三大自然区域、多样的地形地貌和丰富的生物资源，为中华民族的发展和富强提供了条件。泱泱五千年的中华文明，就是伴随着沿三级阶梯奔腾而下的大河而诞生的，也因为源源不断的湿润季风输入，发展出了生生不息的农耕文化。中华民族依靠着地球赐予的自然禀赋，怀揣着梦想和追求，从远古走来。而我国的交通事业，在气势恢宏的建设历史中，也同样遵循着我国自然地理的特征：从克服三级地势阶梯的挑战到跨越万千江河的鸿沟,再到纵横沙海、穿越冻土等严酷自然环境的生命之路,最后到如今为守护丰富自然资源而开辟的绿色之路、环保之路。这一发展过程,见证了我国伟大交通建设者们白手起家、挑战自我的艰辛历程,更见证了气吞山河、挥斥方遒的巨大勇气和人间奇迹。

图1-6　中国三大自然区

合符釜山

华夏民族的诞生,是地域融合、民族融合的必然结果。远古人类抵御大自然的能力较差,实现吃饱穿暖也并非易事,因此存在着一种融合发展的内在驱动力。随着族群混合和华夏先民的不断融合发展,中华民族逐渐走过从群居到部落,再到形成早期国家形态的历史过程。合符釜山是其中的一座重要里程碑。

《史记·五帝本纪》记载,黄帝"与炎帝战于阪泉之野……三战,然后得其志",于是"合符釜山,而邑于涿鹿之阿"[11]。

黄帝在"合符釜山"之前,先以"阪泉之战"战胜炎帝,随即在釜山的北合台与炎帝握手言和。此后黄帝又以"涿鹿之战"擒杀蚩尤,收编了蚩尤的部众,使黄帝部落联盟与炎帝部落联盟和东夷族部落联盟实现大融合,从而形成了多民族融为一体的华夏民族[12]。

所谓"合符釜山",就是在釜山举行结盟大会。"诸侯咸尊轩辕为天子"[11],就是天下公认黄帝为共主。这标志着中华文明的基础从此奠定,是中华民族走向统一和强盛的发端。此后,黄帝就由部落联盟首领一跃成为华夏民族的领袖,领导中国先民结束游牧生活,使中国社会走向农耕时代,以其发明养蚕、辂车、文字,开创音律、医学、算术等伟大贡献,奠定了中华文明的根基,成为中华各民族公认的人文始祖。

大禹治水与夏朝时期的道路

古往今来,水是人类的生命之源、发展之基,而洪水泛滥也是早期人类面临的最大威胁。治水是五帝时期,尤其是舜帝执政时期的主要矛盾和求生存面临的最大挑战。

据《史记·五帝本纪》记载,帝尧执政时,"鸿水滔天,浩浩怀山襄陵,下民其忧"[11]。滔滔的洪水,浩浩荡荡地包围了山岳,漫没了丘陵,老百姓陷入愁苦之中。舜帝时,"肇十有二州,决川"[11]。舜开始把天下划分为十二个州,疏浚河川。

《史记·周本纪》中的西周太史伯阳甫部分也阐述了治水的重要性:"原塞,国必亡。夫水土演而民用也。土无所演,民乏财用,不亡何待!昔伊、洛竭而夏亡,河竭而商亡。今周德若二代之季矣,其川原又塞,塞必竭。夫国必依山川,山崩川竭,亡国征也。川竭必山崩。"[11](参考译文:水源被堵塞,国家必然会灭亡。土壤中的水脉通畅,人民才能得到财利。土壤中的水脉不通畅,人民缺乏财利,国家不亡还等什么!从前伊水、洛水枯竭导致了夏亡,黄河水枯竭导致了商亡。现在周王朝的德行已如同夏、商二代的末年,其水源又被堵塞,堵塞了就会枯竭。建立国都必须依山傍河,山陵崩颓,水源枯竭,是亡国的征兆。水源枯竭必定会引起山陵崩颓。)

大禹是夏朝的开国君主。此前,中国处于氏族部落联盟时代。时任部落联盟首脑的舜命禹的父亲鲧负责治水,鲧的治水办法是堵。然而,汹涌的洪水靠堵是无法驯服的,鲧由于十几年也没能治理好水患而被追责。大禹承袭父亲的治水职责后,总结了鲧治水失败的教训,采用了疏堵结合治理水患的策略并取得了成功。他最突出的历史贡献是"道九川",也就是疏通弱水、黑水、黄河、漾水、长江、淮河、沇水、渭河、洛河等9条江河,治理了威胁华夏民族生存的严重水患。为了"道九川",大禹首先实施了"通九道""陂九泽""度九山"的系统工程[11]。

所谓"通九道",就是开辟9条道路交通线,为大规模治水创造条件,可视为"交通先行"的例证。大禹开辟的9条道路交通线,总里程约为8000千米,如图1-7所示。

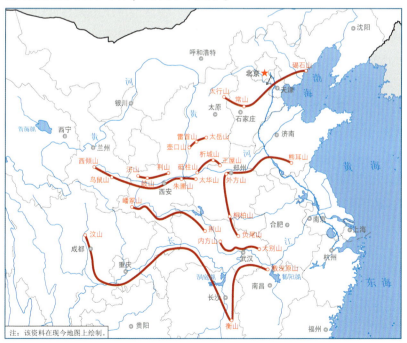

图1-7 大禹"通九道"所开辟的9条道路交通线路示意图

一是"壶太通道"。壶太通道从壶口山东北向,翻越雷首山,直到太岳山。壶口山位于山西临汾吉县;雷首山就是中条山,位于山西临汾蒲县;太岳山横跨山西晋中、长治、临汾三市,主峰霍山位于临汾霍州市,是中国古代"九大名山"之一。据古籍记载,尧帝时期的首都平阳,位于山西临汾尧都区;舜帝时期的首都蒲阪,位于山西运城永济市蒲州镇。2007 年,考古发现"陶寺遗址"证实平阳古城的存在,它被誉为"中国史前第一城"。可见壶太通道既是当时首善之区的交通干线,也是黄河上游治理工程的交通保障线,里程约为 200 千米。

二是"汧荆通道"。汧荆通道从汧山东向,翻越岐山,直到荆山。汧山位于陕西宝鸡千阳县,是千河的发源地;岐山位于宝鸡岐山县,是后来周王朝的发祥地;荆山位于陕西渭南富平县。汧荆通道是渭河治理工程的交通保障线,里程约为 400 千米。

三是"砥王通道"。砥王通道从砥柱山东向,翻越析城山,直到王屋山。砥柱山位于河南三门峡陕县;析城山位于山西晋城阳城县横河镇;王屋山位于河南济源。砥王通道是黄河中游治理工程的交通保障线,里程约为 300 千米。

四是"太碣通道"。太碣通道从太行山东向,翻越常山,直到碣石山。太行山位于山西、河北、河南、北京四省市之间,主峰五台山位于山西忻州五台县;常山位于河北石家庄正定县;碣石山有两处,一处位于山东滨海无棣县,另一处位于河北秦皇岛昌黎县。无论以山东碣石山或河北碣石山算,太碣通道的里程均约为 700 千米,是黄河下游及沇水治理工程的交通保障线。

五是"西太通道"。西太通道从西倾山东向,翻越鸟鼠山、朱圉山,直到太华山。西倾山位于青海东南部,属昆仑山脉;鸟鼠山位于甘肃定西渭源县;朱圉山位于甘肃天水甘谷县,属秦岭山脉;太华山位于陕西渭南华阴市。西太通道是弱水及漾水治理工程的交通保障线,里程约为 1400 千米。

六是"熊负通道"。熊负通道从熊耳山西南向,翻越外方山、桐柏山,直到负尾山。熊耳山位于山东枣庄;外方山就是位于河南郑州登封市的嵩山；桐柏山位于河南南阳市桐柏县；负尾山就是湖北孝感安陆市的横山。熊负通道是沇水、淮河，以及长江上游和中游治理工程的交通保障线，里程约为1500千米。

七是"嶓荆通道"。嶓荆通道从嶓冢山东北向，直到荆山。嶓冢山位于陕西汉中勉县，是汉水的发源地；荆山位于陕西渭南富平县。嶓荆通道是黑水治理工程的交通保障线，里程约为500千米。

八是"内大通道"。内大通道从内方山东向，直到大别山。内方山位于湖北荆门钟祥市；大别山位于湖北、河南、安徽三省之间，主峰之一天堂寨位于湖北黄冈罗田县。内大通道是长江上游及中游治理工程的交通保障线，里程约为500千米。

九是"汶敷通道"。汶敷通道从汶山东向，翻越衡山，直到敷浅原山。汶山相传是大禹治理长江的起点，位于四川阿坝汶川县；衡山位于湖南衡阳；敷浅原山就是江西九江的庐山。汶敷通道是黑水及长江上游和中游治理工程的交通保障线，里程约为2500千米。

所谓"陂九泽"，就是修筑9处防洪堤坝；所谓"度九山"，就是勘测9座大山，以便设计疏导洪水的路线。为了维护水利设施、方便管理，大禹进而"开九州"。

所谓"开九州"，就是划分9处治水责任区（后来演变成为行政区域），也就是《尚书》所说的"禹敷土，随山刊木，奠高山大川……弼成五服，至于五千……州十有二师，外薄四海，咸建五长，各迪有功"[13]。按照夏商周断代工程正式公布的《夏商周年表》推算，大禹出生的时间大约是前2133年。

大禹治水，"陆行乘车，水行乘船，泥行乘橇，山行乘檋。左准绳，右规矩，载四时，以开九州，通九道，陂九泽，度九山。令益予众庶稻，可种卑湿。命后稷予众庶难得之食。食少，调有余相给，以均诸侯。禹乃行相地宜所有以贡，及山川之便利。"[11]（参考译文：大禹赶旱路坐车，走水路坐船，走泥泞的路坐橇，走山路用屐底有齿的檋。经常随身离不开的东西，就是测定平直的水准和绳墨，划定图式的圆规和方矩，四季工作不违时宜，最终开划九州，辟通九州道路，修筑九州湖泽堤障，度量九州山岳脉络。同时令伯益发放稻种，教人民在卑湿地方种植。令后稷在人民难于得到食物时发给食物。缺粮少食的地方，便调有余地方粮食来补其不足，务使各诸侯丰歉均一。禹又根据各地物产情况来制定贡赋，并考察各地山川地形，以确定诸侯朝贡是否便利。）

据《史记·夏本纪》记载："夏禹，名曰文命。禹之父曰鲧，鲧之父曰帝颛顼，颛顼之父曰昌意，昌意之父曰黄帝。"[3]这就是说，大禹是黄帝次子昌意的曾孙，也就是黄帝的玄孙。昌意被分封到若水（雅砻江），"娶蜀山氏女"，相传大禹便出生于今四川绵阳市北川县。由于公务繁忙，大禹一直到30岁才结婚，结婚后第4天就匆匆离家外出，一直为治理水患奔忙了13年，曾经"三过家门而不入"。前2060年，大禹病故于山阴（今浙江绍兴），享年73岁，安葬于会稽山北麓。前1959年，大禹第五世孙少康分封其庶子无余到会稽建立古越国，并守护大禹陵，至今已传承145代。大禹墓位于今浙江绍兴市越城区禹陵村，占地仅1亩（注：1亩约合666.67平方米），简朴而庄严。禹陵村有150户姒姓人家，相传就是无余的后裔。前210年，秦始皇曾经登临会稽山拜谒大禹陵，为大禹举行隆重的国家祭奠，此后历朝历代一直奉行遣使特祭。

《韩非子·五蠹》中提到："禹之王天下也，身执耒臿（注：古代类似于锹的一种木制农具）以为民先，股无胈，胫不生毛，虽臣虏之劳，不苦于此矣。"[14]治水与修路都是非常艰巨的工作，大禹无愧为治理水患、修建道路的先驱。

大禹治水的成功产生了巨大的社会经济效果。"于是九州攸同，四奥既居，九山刊旅，九川涤原，九泽既陂，四海会同。六府甚修，众土交正，致慎财赋，咸则三壤成赋。中国赐土姓：'祗台德先，不距朕行。'"[11]（参考译文：从此九州统一，四境之内都可以居住了，九条山脉开出了道路，九条大河疏通了水源，九个大湖筑起了堤防，四海之内的诸侯都可以来京城会盟和朝觐了。金、木、水、火、土、谷六库的物资治理得很好，各方的土地质量都评定出等级，能按照规定认真进贡纳税，赋税的等级都是根据三种不同的土壤等级来确定。还在华夏境内九州之中分封诸侯，赐给土地和姓氏，并说："要恭敬地把德行放在第一位，不要违背我的各种措施。"）

舜在位期间，禹的功劳最大，开通了九座大山，治理了九处湖泽，疏浚了九条河流，辟定了九州方界，各地都按照应缴纳的贡物前来进贡。《史记》称："方五千里，至于荒服。南抚交阯、北发，西戎、析枝、渠廋、氐、羌、北山戎、发、息慎，东长、鸟夷，四海之内咸戴帝舜之功。"[11]

大禹执政后，伯益提出"九德""五刑"的治国方略，仅用70天时间就顺利解决"三苗"的矛盾冲突，成为东夷族首领。随后，伯益的长子大廉被封于秦（今河南濮阳范县），次子若木被封于徐（今山东临沂郯城县），幼子玄仲被封于江（今河南驻马店正阳县），皋陶的其他后代也被分封到英（今安徽六安金寨县）、六（今安徽六安裕安区）、许（今河南许昌魏都区）等地。大禹临终遗嘱"以天下授（伯）益"，结果"诸侯皆去益而朝（夏）启"[11]。

大禹通九道，不但支撑了大规模的治水工程，而且也为夏初的国家治理和经济发展奠定了有力基础。夏禹即位之初，仍然以平阳（今山西临汾尧都区）为国都。随后迁都到安邑（今山西运城夏县）、晋阳（今山西运城永济市），后来又迁都到阳城（今河南登封告成镇）、阳翟（今河南许昌禹州市鸿畅镇）。阳城和阳翟是夏禹部落的老根据地，夏禹从山西迁都到河南，是出于稳定政治的需要。

夏禹的儿子夏启接管政权后，曾迁都到"黄台之丘"。夏启之子太康即位之后，又迁都到斟寻（今河南洛阳偃师区翟镇镇）。4年之后，由于太康沉湎声色、不理政事，东夷族首领后羿乘机起兵夺取政权，以太康的弟弟仲康为傀儡，史称"太康失国"。据专家研究，后羿进军夺权的路线，是从帝丘（今河南濮阳华龙区）西进到斟寻，行程约400千米。仲康充当13年傀儡之后病死，其子帝相继位。不久，后羿干脆取而代之，自己直接登位称王，史称"后羿代夏"。8年之后，后羿的部将寒浞也如法炮制，率部发动兵变，勾结后羿的亲兵杀死后羿及家属，再次篡夺政权。经过32年的"无王时期"，帝相的遗腹子少康起兵夺回政权，恢复夏王朝的统治，成为夏朝第六任国王，史称"少康中兴"。据专家研究，少康复国的进军路线，是从商（今河南商丘睢阳区高辛镇）北上到帝丘，首先攻占过（今山东莱州）、鬲（今山东德州德城区）、历下（今山东济南历城区）等地，瓦解寒浞的根据地，然后挥师西进夺取斟寻。这些大规模的迁徙，均得益于发达的道路系统支撑。

商周时期社会文化发展和道路系统

商周时期，是中华文化第一次蓬勃发展的时期。商朝中期出现了甲骨文和钟鼎文。商朝对周边的战争，促进了多民族的融合，也扩大了疆土。西周时期，国家管理有序，社会礼制完备，人民更加富庶，文化空前发展，出现了百家争鸣。

《史记·周本纪》有言："成王在丰，使召公复营洛邑，如武王之意。周公复卜申视，卒营筑，居九鼎焉。曰：'此天下之中，四方入贡道里均。'作《召诰》《洛诰》。"[11]四方进贡，路程远近相似，可见西周时我国道路的规模和水平有了很大的发展。

西周设"周道"。《诗经·小雅》记载："周道如砥，其直如矢。"[15]"周道"是西周王朝连接西都镐京与东都洛邑的道路交通主轴线，从镐京（今陕西西安长安区斗门镇）沿渭河南岸东向，经过骊邑（今陕西西安临潼区）、郑邑（今陕西渭南市华县），然后出桃林塞（今河南三门峡灵宝市函谷关镇），沿黄河南岸直到洛邑（今河南洛阳老城区），行程约500千米。后来西周王朝又将"周道"继续向东延伸，经过巩邑（今河南郑州巩义市）、东虢（今河南郑州荥阳市）、管城（今河南郑州管城区）、老丘（今河南开封陈留镇），直到宋邑（今河南商丘睢阳区）。然后分为东西两条路线通往东北方向：东线从宋邑出发，向东北方经过彭城（今江苏徐州铜山区）、郯城（今山东临沂郯城县）、其邑（今山东临沂沂水县）、莒县（今山东日照莒县东莞镇）、营丘（今山东潍坊昌乐县营丘镇），然后南下经过历下（今山东济南历城区），直到曲阜（今山东济宁曲阜市）；西线从宋邑直接北上到曲阜，同时在彭城与曲阜之间以及郯城与曲阜之间，也修建有直接连通的路线[12]。周道大体以一条大路为主轴，辐射四周及平原上的各诸侯国，从而形成"周道延伸线"，将周王朝与设置于东方的齐、鲁、卫、宋、曹等重要封国连成一片，政治、军事、经济意义十分重大。

"周道"及其延伸线，不仅是以成周洛邑为中心的交通主干线，而且是纳入国家管理制度的政治、经济、军事大动脉，成为周王朝强化统治的重要设施，也是一条国防交通线。此后直到唐宋时期的2000多年时间，中国历朝历代均以西安—洛阳—开封一线作为道路交通主轴线，即使到元明清时期，这条道路主轴线仍然是中国北方的重要交通干线。《尚书·周书·梓材》中提到"皇天既付中国民越厥疆土于先王"[13]，将西周东都洛邑称作中国。而其最早的文字记载是陕西出土的何尊上的铭文："余其宅兹中国，自兹乂民"。由此可见，"周道"的历史意义确实十分深远，其建成在中国古代道路交通史上具有里程碑意义。

西周末年，统治者昏庸，导致社会动荡、国人暴动。著名的"烽火戏诸侯"的故事就发生在这一时期。《史记·周本纪》有记载："褒姒不好笑，幽王欲其笑万方，故不笑。幽王为烽燧大鼓，有寇至则举烽火。诸侯悉至，至而无寇，褒姒乃大笑。幽王说之，为数举烽火。其后不信，诸侯益亦不至。"[11]最终，周幽王被犬戎和申侯杀死，诸侯拥立原先被废的太子宜臼为王，史称周平王。周平王东迁洛邑（今河南洛阳），史称东周。根据《春秋》和《战国策》两部史书的记载，东周又可分为"春秋""战国"两个时期。春秋战国时期伴随着频繁的征战，生产力迅速发展，也引发了空前的交通需求，道路网络进一步形成体系。春秋时期的道路网如图1-8所示，由图可知，那时我国的道路系统已经具备了相当的规模。毫无疑问，这为大一统国家的形成和发展提供了强有力的基础和保障。

同时，发达的道路交通又进一步促进了华夏各民族文化的深度融合和一体化发展，也为春秋战国时期百家争鸣局面的形成提供了肥沃土壤，促进了各种学派的形成和早期哲学的迅速发展，奠定了中国哲学和中华文化的基础。从某种意义上说，百家争鸣以及由此产生的思想文化和古典哲学成果，可以称之为中华文化的"基因库"，此后发展完善的各种哲学思想和传统文化，几乎都源于经过百家争鸣所形成的儒家、道家、法家、墨家、名家、阴阳家等诸子百家的丰富的古典哲学源流。

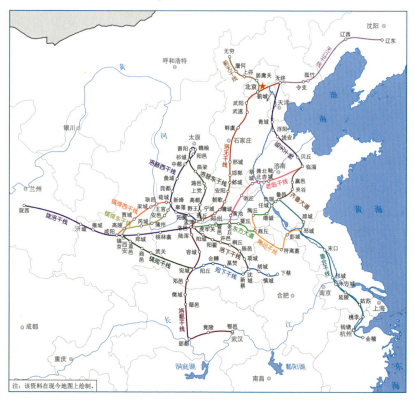

图 1-8　春秋时期的道路网络示意图

●本章参考文献

[1] 庄子 [M]. 上海：上海辞书出版社，2003.

[2] 管子 [M]. 房玄龄，注. 刘绩，补注. 刘晓艺，校点. 上海：上海古籍出版社，2015.

[3] 班固. 汉书 [M]. 北京：中华书局，1997.

[4] 陶渊明. 陶渊明全集 [M]. 陶澍注. 龚斌，校点. 北京：中华书

局，2015.
[5] 柳宗元. 柳河东集 [M]. 上海：上海古籍出版社，2008.
[6] 韩婴. 韩诗外传集释 [M]. 北京：中华书局，2020.
[7] 周易 [M]. 上海：上海古籍出版社，1987.
[8] 康有为. 大同书 [M]. 上海：上海古籍出版社，2019.
[9] 胡适. 胡适文集 [M]. 北京：北京大学出版社，2020.
[10] 星球研究所，中国青藏高原研究会. 这里是中国 [M]. 北京：中信出版社，2019.
[11] 司马迁. 史记 [M]. 北京：中华书局，1959.
[12] 秦国强. 中国交通史话 [M]. 上海：复旦大学出版社，2012.
[13] 尚书 [M]. 王世舜，王翠叶，译注. 北京：中华书局，2012.
[14] 韩非子 [M]. 高华平，王齐洲，张三夕，译注. 北京：中华书局，2015.
[15] 诗经 [M]. 王秀梅，译注. 北京：中华书局，2015.

第二章
Chapter 02

古代交通：

从殷墟车马到天子驾六

交通工具的诞生，是人类智慧与文明发展的重要象征。从一叶扁舟到车轮辁辘，依靠着各式各样的交通工具，人类探索认知世界的范围不断扩大，往来交互的频次大幅增加，交通的发展促进了世界文明的进步与文化的交融。与此同时，随着人类社会的不断发展，交通工具也逐渐从单纯为出行服务，衍生出运输物品、战争攻伐的功能，同时还被赋予了更加丰富的礼制礼仪意义。今天，交通已经成为经济发展的创新动力，"交通+"已经成为经济发展中最具发展潜力和空间的方向。回顾我国古代交通工具的起源和发展，不但能够了解我国灿烂悠久的历史文化与伟大超群的民族智慧，更能启迪我们对未来的思考，激发我们创新的灵感。

中国交通工具的起源

车是最为常见的交通工具。中国古代的车都是畜力车，其动力来源主要是牛和马，构件以木质结构居多，配以轮轴供人员乘坐或运送物品。关于中国车辆的发明，主要有3个关键人物，分别是黄帝、乘杜和奚仲。目前，依据考古学提供的线索证据和史料记载，黄帝可能发明了圆形的轮毂，创制出车的雏形；而乘杜和奚仲则利用牲畜的牵引力，将车辆技术向前推进了一大步，发明了真正可广泛应用的车辆。

● 黄帝造车

黄帝（图2-1），本姓公孙，后改姬姓，名轩辕，一说于黄帝元年（前2698年）成为华夏古代部落联盟首领[1-2]。据《史记·五帝本纪》记载，黄帝上知天文、下知地理，推算历数、天文、阴阳五行，以十天干配十二地支形成甲子纪年，作十二生肖以记时，这套体系沿用至今。他还发明了文字、音律、养蚕、医药、算术，教导百姓播种五谷，推行田亩制，构建了最早的农业生产制度。可能正是田间劳作激发了黄帝造车的灵感[3]。据南宋史学家罗泌所著《路史》卷七记载:"轩辕氏作于空桑之北,绍物开智,见转风之蓬不已者,于是作制乘车,耜轮璞较,横木为轩,直木为辕,以尊太上,故号曰轩辕氏。"[4]也就是说,黄帝在田间劳作时,见风蓬的旋转而受到启发,由此发明了车辆。还有一种说法是,黄帝在地里劳作,突然刮起的大风将黄帝帽子吹走了,因为帽檐是圆形,掉在地上之后,不断向前滚动,

图 2-1　黄帝[6]

黄帝由此产生灵感并制造了历史上第一辆车。仓颉向黄帝提议给其起名为"车",又名"轩辕"。实际上,黄帝称号中的"轩"就是指牵引车辆的横木杠,而"辕"就是连接车辆的直木杠。东汉文学家王逸将屈原《楚辞·远游》中的"轩辕不可攀援兮"注解为"轩辕,黄帝号也,始作车服,天下号之为轩辕氏也"[5],表明了黄帝与车的关系。

此外,西晋太傅崔豹在《古今注》中载:"黄帝与蚩尤战于涿鹿之野,蚩尤作大雾,兵士皆迷,于是作指南车以示四方,遂擒蚩尤,而即帝位。"[7]北宋史学家刘恕在《通鉴外纪》中记载:"蚩尤为大雾,军士皆迷,轩辕作指南车以示四方。"[8]南宋史学家高承的《事物纪原》和清代史学家马骕的《绎史》中均有记载:"玄女为帝制司南车当其前,记里车居其右。"[9-10]太平御览引用东晋天文学家虞喜在《志林》中的描述:"黄帝与蚩尤战于涿鹿之野,蚩尤作大雾,弥三日,军人皆惑,黄帝乃令风后法斗,机作指南车以别四方,遂擒蚩尤。"[11]黄帝命令风后(伏羲后裔,传说为黄帝的宰相)运用机械力制作法造出了指南车,并在战争中辨别出方向,赢得了胜利。

有学者专门描述了黄帝时制作的指南车,说是利用天然磁石,做以木人之臂用以指示方向,而木人之臂的转动机括则安装于木车之上[12],如图 2-2 所示。而记里鼓车则是用来记录车子行过距离的车辆。据记载,记里鼓车有上下两层,上层设钟,下层设鼓,有木制机械人手执木槌,车每行一里路敲鼓一次,车每行十里敲铃铛一次,如图 2-3 所示。

图 2-2　指南车[13]

图 2-3　记里鼓车[14]

从以上史料来看,神仙九天玄女给黄帝制造了指南车,帮助黄帝打败蚩尤统一华夏,显然是充满浪漫主义色彩的神话。而从社会生产力发展上看,即便黄帝时期发明了车,也仅是独轮车的结构样式,由人力拖动,绝非精美实用的指南车。且指南车的内部结构有两种可能性:利用齿轮系统的定向性或磁铁的指极性。根据考古成果,齿轮在中国出现的时间在战国到西汉之间。因此,黄帝利用指南车和记里鼓车大战蚩尤,更可能是史官们把后世发明的更为先进的车辆以浪漫想象的手法提前了数千年,以表达后人对黄帝的崇敬之情。

- 奚仲造车

三国时期史学家谯周所撰《古史考》中记载:"黄帝作车,引重致远。其后少昊时驾牛,禹时奚仲驾马。"[15]这就是说,黄帝时期发明人力车之后,到少昊(黄帝长子)时期,就已经有牛力车问世。

到夏禹时期，负责管理车辆的车正奚仲，又进一步创制了更为快捷的马拉车。奚仲，姓任，薛国（今山东滕州）人，夏朝时期工匠，被后世人尊为造车鼻祖。《世本·作篇》和《吕氏春秋·勿躬览》等均有"王亥作服牛"的记述[16-17]，而《墨子·非儒》《世本·作篇》《吕氏春秋·君守篇》《淮南子·修务篇》里都是4个字，即"奚仲作车"[17-19]。《说文解字》里提到"车，夏后时奚仲所造"[20]，清楚表明夏朝的奚仲是造车的始祖（图2-4），这里的车应该是马车的意思。夏商周断代工程首席科学家李学勤先生曾讲过，奚仲所造的"车"，应该是具有一定技术标准和重大创新的马车。

图2-4　车祖奚仲雕像[21]

奚仲是夏朝的管车官，奚仲造车一说表明中国古代真正的车或马车在夏朝时已得到发明和利用。《史记·夏本纪》在讲述大禹治洪水故事时也说"禹陆行乘车"[3]。如果司马迁的说法可靠，则中国马车的始创至少在尧、舜时期已完成，并得到较充分的利用。

综合目前所知史料，4700 年前黄帝发明了简易人力车。直到 700 多年之后的夏朝，牛车、马车出现，车辆借助畜力驱动。经考证，中国先秦史学会、中国文化产业促进会、中国汽车工程学会、中国汽车工业协会一致认定：山东枣庄奚村是 4000 多年前的夏车正奚仲居住地，也是中国最早马车的诞生地（图 2-5）。因此，我们可以认为奚仲并非车之初造者，他的贡献应该是将车与马结合，并在车辆工艺形态改进和车制创立上发挥了重要作用。

图 2-5　位于山东枣庄薛城区陶庄镇奚村的奚仲故里[22]

• 舟楫诞生

中国一个重要的自然环境特点是江河湖泊众多，长江流域和黄河流域是中华文明诞生的摇篮。古人为了能更好地繁衍和维系生命，在生产力极端低下的时代，凭着观察和经验，在有充足水源的区域安营扎寨，沿水而生，并充分利用水资源。

舟楫的诞生要远早于车辆，且考古实物丰富。根据目前的考古发现，中国舟楫的发明可追溯到新石器中前期，比黄帝时代还要早约 3000 年。2002 年 11 月，浙江杭州跨湖桥新石器遗址考古现场，出土了一艘距今约 8000 年的独木舟，如图 2-6 所示。这是中国出土的唯一一艘新石器时期的独木舟，也是有实物可考的中国最古老的交通工具。由此可见，中国舟楫的发明者，不是黄帝时期或黄帝之后的古人，而可能是比黄帝早大约 5000 年的新石器前期的晚期智人。

图 2-6　跨湖桥遗址出土的独木舟[23]

划船所用的木桨，也就是古人所称的"楫"，应当是划船技术趋于成熟的产物。在浙江余姚河姆渡新石器遗址（距今约 7000 年）中先后出土了 8 支木桨，系用原木制作，形似后世的木桨，只是形体略小一些。木桨柄部与桨叶由整段木料加工而成，做工细致，桨叶呈扁平的柳叶状，且自上而下逐渐减薄，木桨柄长约 35 厘米、宽 14 厘米、厚 1.5 厘米，柄上端一侧有一个长圆形凹孔，与现在使用的木桨差别不大，甚至还刻有精美的线型图案，如图 2-7 所示。

此外，浙江湖州钱山漾新石器遗址也曾经发现一只约 5000 年前的古楫，这是用青冈木制成的长桨，柄长约 86 厘米、翼长约 97 厘米、翼宽约 19 厘米，比河姆渡遗址出土的木桨大许多。这很有可能是需要系在桨脚上划动的大桨,而不是一般独木舟用的手桨,如图 2-8 所示。

图 2-7　河姆渡遗址出土的木楫[24]

图 2-8　钱山漾遗址出土的古楫[25]

此外,在追溯中国舟船起源的实物线索中,河姆渡遗址曾出土一件完整的陶舟(图 2-9),在辽宁大连郭家村遗址中,也出土了一件仿舟陶器(图 2-10)。这两件陶舟形象逼真,可视作是独木舟模型,对于探索中国早期独木舟的形态具有重要意义。

图 2-9　河姆渡遗址出土的陶舟[26]　　图 2-10　郭家村遗址出土的陶舟[27]

而古籍中也有不少关于中国舟船起源的传说，不过所称作舟的人并不是同一人。《世本·作篇》和《说文解字》中记载是黄帝的两位大臣共鼓和货狄发明的舟。《周易·系辞下》中则认为就是黄帝自己"刳木为舟，剡木为楫"[28]。《山海经·海内经》说，奚仲的父亲番禺始作舟[29]。《墨子·非儒下》中认为是番禺的同辈兄弟巧垂作舟[18]。《吕氏春秋·勿躬览》中则认为是虞姁作舟[17]。虽然上述各类文献传说中始作舟船的人物不相同，但时间都是在黄帝时期至夏王朝之前。

不难看出，中国古代交通工具孕育于原始社会阶段的新石器时代，最早出现的交通工具从水上的浮木、木筏、竹筏开始，并逐渐发展至独木舟。与此相较，陆路交通工具出现得相对较晚。中国新石器时代水上交通工具的诞生，可能启发和促进陆路交通工具逐渐形成。尽管目前在新石器时代文化中尚未发现车辆的遗迹，但从商周时期考古发现的马车制作技术水平来看，夏朝也不一定就是车辆发明的最早时期。随着考古和研究工作的不断深入，车辆的发明或许会上溯到更早的时期。

殷墟中发掘的最早车辆

尽管历史文献和传说中记载了大量造车的记录，但遗憾的是至今未能在考古中发现商代以前的任何车辆遗迹。在河南偃师二里头夏都遗址中，曾经发现过车辙遗迹（图 2-11），这两道车辙位于宫殿

图 2-11　二里头遗址的车辙痕迹[30]

区南侧大路的早期路土之间,呈大体平行状,车辙整体长 5 米多,并有继续向东西延伸的趋势。从车辙的形状来看,辙沟呈现出凹槽状,两道车辙之间的距离约为 1 米。据考证,这两道车辙形成的时间约为距今 3700 年。这是探索我国古代车辆发展演化的重要资料。

自 1928 年安阳殷墟正式开始考古发掘的殷商时代的车马坑,出土了中国最早的车辆实物标本。当前,在殷墟展示的有 6 个商代的车马坑(图 2-12)和车辙遗迹,每坑葬一车,其中五坑随车皆葬两马,四坑各葬一人[31]。马车造型美观、结构牢固、车体轻巧、运转迅速、重心平衡,展示了中国早期畜力车的精巧设计。

结合出土实物与商代甲骨文"车"字的形态(图 2-13)可知,商代马车是一种曲形单辕、单辕、两轮、横长方舆厢、后开门、直衡或曲衡、有部分铜质配件、主体均为木质的车,由两匹马作为牵引动力。

商代马车的构造不因车辆用途不同而存在区别,仅见一种形式,用于作战时为战车,用于载人时为乘车。商代的马车是权力和地位的标志,只有王公贵族才能乘用,死后用以殉葬。商代的马车形制,奠定了中国单辕车的基础,并对后来周代的马车形制产生了巨大影响。

商代马车主要由衡、辕、舆、轮、轴等几大部分构成(图 2-14)。衡多是长圆棒或直衡,也有两端上翘的曲衡。辕头端一般向上弯曲,长为 2.6～2.9 米。舆厢宽大,一般进深为 1 米左右,横款为 1.3～1.5 米。车轮径为 1.2～1.5 米,轨距为 2.1～2.4 米。

车轮辐条绝大多数为 18 根,车轴一般长 3 米左右。商代的马车通过巧妙设计,将马匹和车身有机牵引在一起[33]。

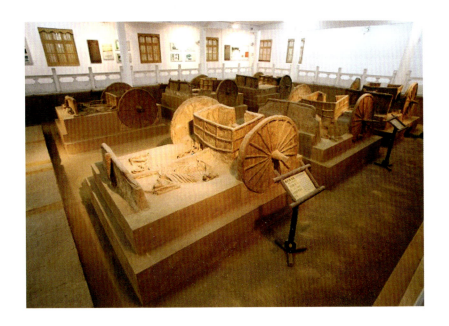

图 2-12　殷墟车马坑[32]

图 2-13　车的甲骨文

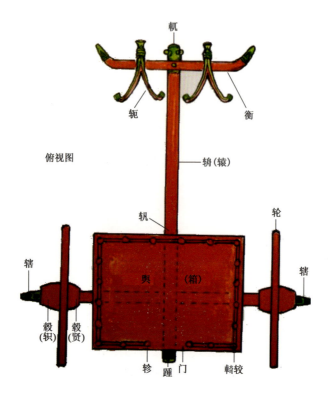

图 2-14 商代马车的结构[34]

单辕车到双辕车的技术演变

前 1046 年周武王灭商后,接受周公的建议修建洛邑(今河南洛阳),开凿道路、制造车辆、发展交通。在商代单辕马车基础上,西周对马车的工艺进一步精细化,对车辆进行了重大革新。《周礼·考工记》中记载:"周人上舆,故一器而工聚焉者,车为多。"[35]从考古遗迹发掘的实物来看,西周马车主要有两个方面的重大变化。

一个变化体现在零部件和车饰、马饰上,比如铜銮、车衡饰、车毂等,明显比商代更加讲究精工细作,在外观上更加华丽。如现收藏于陕西历史博物馆,于 1999 年在陕西扶风出土的西周马车銮铃

(图 2-15),是西周时期马车上装饰品,近似于后来的铃铛,到战国时期的几百年间都比较流行。古人用"銮驾"一词指代帝王的车驾,就起源于此物。这件銮铃的造型和结构看似简单,实际上对青铜范铸工艺以及制造流程要求很高。它的外部是薄薄一层封闭的圆球状青铜框,表面雕刻镂空,内部包裹着一颗小石球。马车

图2-15　西周青马车銮铃[36]

运动过程中,石球碰撞青铜框发出清脆的铃声,既美观时尚,又悦耳动听,还能对附近行人起到安全提醒的作用。

另外,目前收藏于洛阳市博物馆的西周青铜车衡饰(图 2-16),则安装在车衡两端,起到保护车衡的作用,有一定的装饰效果,也是个人财富和身份象征。此外还有一件保存完好的西周青铜车毂,收藏于洛阳市博物馆,这是西周马车上最重要的青铜部件,不仅制造难度高,还要承受马车的重量,同时要轻便、灵活。车毂决定着马车的整体质量和性能。这件西周青铜车毂(图 2-17)呈圆桶状,从内到外共分 3 层结构,内部是中空的截锥体,便于套装车轴,其工作原理和外形已十分接近现代汽车的轮毂。

第二个变化是开始由一马变为多马。在《周礼》中,马车与鼎、簋共同象征着地位与权力,成为重要的随葬品。《礼记·王度记》中记载:"天子驾六马,诸侯驾四,大夫三,士二,庶人一。"[38] 而在用词中,车驾二马叫"骈",驾三马称"骖",驾四马名"驷",驾六马为"六騑"。关于以车表征身份地位的内容,后文还将做详细介绍。

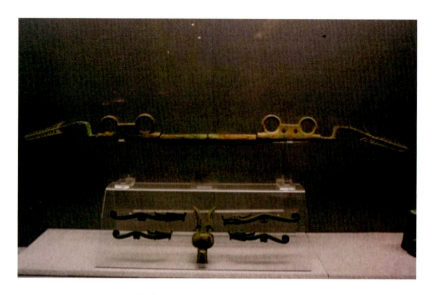

图 2-16　西周青铜车衡饰[37]

图 2-17　西周青铜车毂[37]

　　1978年6月在陕西西安临潼区秦陵封土西侧出土，现收藏于秦始皇帝陵博物院的秦铜车马，是我国考古史上出土的体型最大、结构最复杂、系驾关系最完整的古代车马。秦铜车马一组两乘，出土时已破碎成3000多片，经8年精心修复方成形。两乘铜车马一为立车，一为安车（即座车），均为古代单辕双轮车，并按真人车马的1/2大小制作。铜车马整体用青铜铸造，使用金银饰件重量超过14千克，3500余个零部件通过铸造、镶嵌、焊接、子母扣连接、活铰连接等多种工艺组装而成。其中1号车（图2-18）全长2.25米，高1.52米，重1.06吨，辕长1.83米，舆宽74厘米，进深49厘米。在舆的前左右三面均立有栏板，前端有轼，后面有车门。舆内立十字形伞座，座上插一长柄铜伞，铜御官俑立于伞下，车上备有铜弩、铜箭、铜盾等兵器。2号车（图2-19）与1号车的最大不同在于车舆：首先，1号车是敞篷的，而2号车却是密闭的；其次，1号车属立乘，2号车车舆平面呈"凸"字形，为坐乘。2号车车舆分为前后两室，前室是御手坐的地方，面积狭小，有跽坐俑一个，后室是主人乘坐的地方，平面图近似方形，宽78厘米，进深88厘米。车舆上部有一个椭圆形的篷盖，罩住前后两室。前室的舆、底同样有四轸，其左右侧和前面立有栏板。

秦铜车马都是驷马为驾，位于中间的两匹用来驾辕的马称为"服马"，而两边两匹拉车的马称为"骖马"，服马驾辕，距离相对固定，而骖马相对自由。铜车马的出土，将中国古代马车牵引的技术完整地展现在人们的面前。为了保证四匹马可以各处其位，不会相互拥挤，在两匹服马胸部外侧各装有驾马的胁驱，此外，骖马和服马各有一条鞘绳，四匹马可以通过鞘绳牵引两匹服马的鞦绳前段系于轭，然后顺辕而下，在车辕和舆底交合处合为一股，再向后延伸系在车轴上。其次，两骖马的轫绳前端为环套状，套在骖马的胸部，后端穿过固定在舆底前部的铜环，然后与车舆底部平行向后延伸，系结于舆底后部的车桄上。两匹服马的动力绳被系在车轴中部，而两匹骖马的动力绳则分别系在车舆底部，受力点与两边车轮的距离相等，各个相对独立的部分均被牵引，且三个受力点形成等腰三角形，两轮及车舆受力均衡。

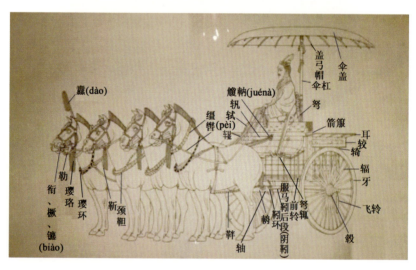

图2-18　秦铜车马1号车及各部位名称[39-40]

而控马则是通过御手手中的绳子,即"辔绳"来实现的。辕将中间两匹服马连为一体,它们的内辔功能可忽略,所以系结在车轼前面。其余的六根辔绳则分别握于御手手中,马体右侧的辔绳握在右手中,马体左侧的辔绳握在左手中,右转弯时牵动右手的辔绳,左转弯时牵动左手的辔绳,控驭简单。

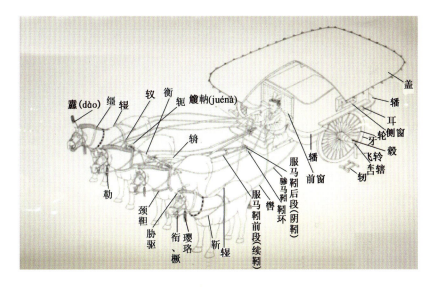

图 2-19　秦铜车马 2 号车及各部位名称[39-41]

进入汉代，双辕车开始流行。汉武帝以前，是单辕车与双辕车并存时期；至西汉中晚期，双辕车开始逐渐普及；东汉以后，双辕车便基本取代了单辕车。考古发现的西汉晚期与东汉时期的画像石、画像砖和汉墓壁画上有大量双辕车，可证实这一变化过程。从考古资料来看，双辕车的出现至少可以上溯到战国晚期；在河南淮阳马鞍冢战国晚期墓葬的 1 号车马坑、甘肃秦安秦墓中，均发现有驾一马的双辕车（图 2-20）；湖南长沙楚墓出土的漆卮上也绘有驾一马的车。这些均可视为双辕车的起始。双辕车的结构，除了辕变为两根外，其他各部位与单辕车基本相同。车辕开始仍为上扬曲身的形式，

图 2-20　双辕车[42]

为防止折断，往往在车辕中部到轭輈之间加缚两根木杆以加固，后来逐渐演变为平直的形式。双辕车的出现，突破了单辕车至少系驾二马方能行走的局限，使单马拉车成为可能，从而使我国古代车由驷马高车进入了单马轻车的新发展阶段。至于双辕车在汉代的流行原因，有一种说法是汉代的骑兵是当时最主要的军事力量，汉武帝为抗击匈奴征用大量的马匹，而作为日常乘行的拉车用马则受到严格控制，人们再想用驷马拉车便很困难了，所以不得不借助改造车的形制来寻求解决的办法。双辕驾一马的小马车，或许就是为适应这种需要而出现的，并很快得以普及。

马车和牛车的兴衰

一般而言，古代车辆的驱动畜力主要为马和牛。《史记·平准书》开篇就写道："自天子不能具钧驷，而将相或乘牛车。"[3]汉初文景之治前，国家财政匮乏，自天子以下连一辆符合礼制的四匹同色马车都无法筹集，大将和丞相就只能乘坐牛车了。但那时的牛车只是临时的替代，地位显然不如马车高贵。文景之治后，汉代经济大幅好转，马车又重出江湖，因此从西汉初年大约至东汉中期，牛车多用于载物，人乘会被尊贵者所不齿。《史记·五宗世家》记载："其后诸侯贫者或乘牛车也。"[3]而乘坐马车时，对礼仪的要求也日益提高，如乘车王公贵族们要受到许多"乘车之容""立车之容"等规则限制，必须时刻保持君子风度，而不能随心所欲。到了东汉末期，这种情况有了颠覆性转变，据《后汉书·刘宽传》记载："宽尝行，有人失牛者，乃就宽车中认之。宽无所言，下驾步归。有顷，认者得牛而送还，叩头谢曰：'惭负长者，随所刑罪。'宽曰：'物有相类，事容脱误，幸劳见归，何为谢之？'州里服其不校。"[43] 刘宽是东汉宗室名臣，由此可见牛车在东汉末期也是达官贵人乘坐的车辆。

　　魏晋以后，乘牛车之风更盛。牛车行走缓慢而平稳，且车厢宽敞高大，如稍加改装，在车厢上装棚施幔，车厢内铺席设几，便可任意坐卧。这对于养尊处优、肆意游荡的士族是最合适不过的了。所以，魏晋以降，牛车逐渐得到门阀士族的青睐，乘坐牛车不再是低贱的事，而是成为一种时髦的风尚。特别是东晋衣冠南渡以后，江左牛多马少，也是牛车兴起的原因之一。《晋书·舆服志》中记载："汉武帝推恩之末，诸侯寡弱，贫者至乘牛车，其后稍见贵之。自灵献以来，天子至士遂以为常乘，至尊出朝堂举哀乘之。"[44] 据记载，晋元帝也喜欢乘牛车，大臣们竞相仿效，重臣王导以丞相之尊也乘坐短辕犊车，还留下了"犊车麈尾"的历史笑谈。牛车的身价提高，还体现在车舆礼制中。根据当时的礼制，不同等级的官吏使用不同颜色和质料的车盖以及不同的车身装饰，《晋书》中还记载当时有一种云母车："以云母饰犊车。臣下不得乘，以赐王公耳。"[44] 云母车的图像虽已不可考，但我们可以由此想见牛车熠熠生辉的装饰。

　　及至南北朝，牛车更是日益风行。北魏皇帝出行时乘坐的大楼辇，要"驾牛十二"[45]，可见北朝使用牛车之盛，比两晋有过之而无不及。北朝如此，南朝亦不逊色。正是由于士族大姓贪求舒适，醉心享受，各种高级牛车便迅速发展起来，以致汉代马车几乎绝迹。在魏晋南北朝时期的墓葬中，以陶牛车入葬，是一种全国性革新式的葬俗。在河南济源出土的西晋陶牛车（图2-21），泥质灰陶质地，牛车为拱棚顶，车舆前面敞口，后面开一方门，车轮有12根车辐，牛角前弯，双目圆睁、四肢稳健，膘肥体壮，牛的形象栩栩如生，好像蓄势待发，准备载着主人出行。

图 2-21　西晋墓葬陶牛车[47]

直到隋代及初唐,达官贵人乘牛车之风仍然十分盛行。直到唐太宗"马背上得天下",讲求马政,甚至在昭陵刻六骏,往后马车逐渐增多。至此,百官乘坐牛车的制度完全被抛弃。宋代以后,牛车彻底成为从事货运和农业的专用工具。

车辆的其他功能:礼制和战争

《逸礼》记载了不同尊贵级别的人员乘坐马车时马匹的数量,代表了古代交通工具的礼制礼仪象征作用,如"天子驾六,诸侯驾五,卿驾四,大夫三,士二,庶人一"。在河南洛阳东周王城遗址考古钻探中,发现了大量东周墓葬和车马坑。其中最大型的车马坑,南北长42米,东西宽7.2米,深1.8米,坑内埋车26辆,马68匹,车辆呈南北纵向双列摆放,车头、马头均向南,车辆中有驭6匹马车1辆、驭4匹马车8辆、驭2匹马车17辆。驭6匹马的车摆放在西列从北向南数第2辆的位置上。该车车舆为方形,车厢、车轴、车轮、车辕痕迹清晰。在车舆之前、车辕的两侧放置6具完整的马骨架:车辕之东3具,头南尾北,侧卧向东;车辕之西3具,头南尾北,侧卧向西,排列整齐有序。虽经过了近3000年的岁月洗礼,但车辕、车身构件和马的骨骼保存完好,规模宏大,清晰印证了文献古籍记载的"天子驾六"的场景(图2-22)。

这一考古成果,为东汉经学家们为周天子驾六马还是驾四马的争议提供了有力的事实依据。东汉经学家许慎在依据《春秋公羊传》和《逸礼·王度记》中有关"天子驾六"的记载,认为古制"天子驾六马"。而同是东汉经学家的郑玄则依据《毛诗》"天子至大夫同驾四,士驾二"[48]和《周礼》"四马为乘"的记载,认为古制"天子驾四马"。郑玄在针对许慎的《驳五经异义》中反驳说,"既实周天子驾六,《校人》则何不以马与圉以六为数?《顾命》诸侯何以不献六马?""今天子驾六者,自是汉法,与古异。"[49]南朝梁人刘昭在为《后汉书·舆服志》作注时,概述了这场论战的论点与论据,曰:"今帝者驾六,此自汉制,与古制异耳。"[50]此后,唐、宋学者对此争议不下,一直持续了2000余年,直到当下方有定论,终于揭开了古代天子驾六马还是驾四马的史学疑案。

图 2-22 "天子驾六" 出土遗址

除马匹的数量外,礼制上还有起源于西汉的车舆制度,为不同等级的乘车人员分配构件的质地(如金、银、铜等)、车马饰的图案(如龙、凤、虎、豹等)、车盖的大小和用料(如布、缯等)、车篷的形状和用料等。另外,除大小贵族和官吏本人乘坐的主车外,还规定了导从车和骑吏的数量。总之,车辆的礼制等级特性愈加凸显,某种程度上也影响了现代车队的礼仪文化。

此外,车辆在古代多用于战争,是作战军队的主要装备之一。中国的古战车发展历史同样源远流长,从夏商开始就已经有使用古战车作战的历史。《周礼·考工记》中对商周时期的战车形制有比较详细的记载。1936 年，在河南安阳殷墟车马坑中，首次出土了一辆商朝战车，为独辕、两轮、长毂和横宽竖短的长方形车舆形制，车辕后端压置在车厢与车轴间，辕尾稍露出车厢后，辕前端横置车衡，衡上缚两轭用以驾马。战车的车毂一般均远比民用车的车毂长，车轮径约为 1.3～1.4 米，有辐条 18～24 根，车厢宽度一般为 1.3～1.6 米，进深为 0.8～1 米。由于轮径大，车厢宽而进深短，且是单辕，能够进一步加大稳定性及保护舆侧不被敌车迫近。

中国古战车最辉煌的时代应当是春秋战国时期，当时的战车已经成为各大国最主要的作战力量。战车数量甚至成为衡量一个大国国力的标准，"千乘之国"和"万乘之国"的典故就是从春秋战国时期开始的。虽然统称为"古战车"，但是中国历史上不同时期的战车作用、形制和性能衡量标准也稍有不同。据春秋时期军事著作《司马法》记载："戎车，夏侯氏曰钩车，先正也；殷曰寅车，先疾也；周曰元戎，先良也。"[51] 即夏朝的战车被叫作钩车，主要注重其平衡性能；商朝的战车被称为寅车，注重速度；而到了周朝，战车又被称为元戎，更注重整体质量。中国古代战车的威力不在于其单车的作战性能，而在于其能够结阵作战，成群结队组成战阵的古战车群，能够轻易攻破敌人的步兵方阵。

商朝的战车为双轮单辕布局，车辕布置在 2 匹或 4 匹马中间，主要根据战车的车身宽度和车身重量决定使用多少匹马来牵引战车。车上会有 3 名甲士：一人使用弓箭负责远距离射杀，称为"甲首"，地位类似于现代坦克上的车长；另一名甲士则手持戈矛，负责近距离搏杀，称为"骖乘"；最后一名甲士位于车体中间靠前位置，负责驾车，称为"御手"（图 2-23）。在实际的使用中，如果是集群作战，需要组成庞大的战车编队，则步兵会全部部署到战车群的后方，避免战车倾轧到己方步兵；如果是小型战阵，一般每辆战车都会各自配备 15 名步兵，用于清扫被战车冲散的敌军。这种战车形制和作战编制在实际使用中效果颇佳，一直沿用到了春秋战国时期。

春秋战国是中国古战车发展的全盛时期，大部分交战区域地形总体上都较为平坦，为大规模的车战提供了基础。那时的古战车划分也更加细致，根据用途的不同，还进一步划分出了进攻型战车和运输型战车。春秋战国时期和夏商时期相比，虽然战车形制总体没有太大的不同，但是在车体材料上开始大量使用金属。尤其是随着青铜冶炼技术的成熟，大部分士兵都开始使用杀伤力更强的青铜兵器作战。为了更好地保护车上甲士的安全，春秋战国时期古战车的车舆（也就是车体上的护栏）开始加高，并敷设了皮甲、青铜甲以进一步增强防御性能，因此战车整体重量偏大，车轮和车辕结构都进行了相应的加强。当然，当时的古战车并不是只能够用来进攻，防守时高大的车身也是很好的路障。在周显王二十七年（前342年）齐国和魏国的"马陵之战"中，齐国军师孙膑就使用大量战车阻塞了魏军的去路，将魏军团团围住后全歼。

图 2-23　商代战车作战示意图[52]

东汉、三国时期，古战车已经没落。因为作战地域的扩大，战车不能在山地、丘陵等地区展现出自己的优势，所以其地位开始逐渐被更加灵活的骑兵所取代。不过，在平原地区等少数平坦地形区域，为了抵御骑兵部队的冲击，战车通过进一步强化防御能力等方式，以防御车阵的作战形式，继续在战场上存活了一段时间，其中最有名的当属蜀相诸葛亮为了抵御曹魏骑兵部队而开发出来的一款防御型的"武刚车"。

三国时期之后，中国古战车并没有马上消亡，而是逐渐退居后方。除了用于运输物资的运输型古战车之外，后来大部分的古战车主要用于攻城，比如古代中国的云梯车、抛车和撞车，都属于古战车的衍生品。即使到了明清时期，中国仍有使用战车的记录。明朝火器兴起，多管火器一般重量偏大，仅凭人力难以运输和使用，于是人们发明了"七星铳车"，其实就是将七管火铳安装在车上推动前进，在需要的时候停车射击，这种战车在中国古战车发展历程中作战性能最为强大。明朝名将戚继光甚至研制过火力更为强大的"偏厢车"（图2-24），不过因为整体过于笨重，没有大规模推广使用。而到了清朝，随着人们对骑射技术的进一步重视，古战车的发展正式终结。

图2-24　明代"偏厢车"[53]

●本章参考文献

[1] 徐水釜山文化研究会. 炎黄之始釜山考[M]. 东莞：九鼎传播有限公司，2009.

[2] 柏杨. 中国人史纲[M]. 北京：人民文学出版社，2011.

[3] 司马迁. 史记[M]. 北京：中华书局，1959.

[4] 罗泌. 路史[M] // 王云五. 丛书集成初编. 北京：商务印书馆，1936.

[5] 王逸. 楚辞章句[M]. 黄灵庚，点校. 上海：上海古籍出版社，2017.

[6] 趣历史. 黄帝——传说中的中原各族的共同祖先[EB/OL]. [2022-05-16]. http://www.qulishi.com/renwu/huangdi/.

[7] 崔豹. 《古今注》校笺[M]. 牟华林，校笺. 北京：线装书局，2015.

[8] 刘恕. 通鉴外纪[M]. 北京：中央编译出版社，2015.

[9] 高承. 事物纪原[M]. 北京：中华书局，1989.

[10] 马骕. 绎史 [M]. 上海：上海古籍出版社, 1993.

[11] 李昉, 等. 太平御览 [M]. 上海：上海古籍出版社, 2008.

[12] 曲辰. 轩辕黄帝史迹之谜 [M]. 北京：中国社会科学出版社, 1992.

[13] 百度百科. 指南车 [EB/OL]. [2022-05-15]. https：//baike.baidu.com/item/%E6%8C%87%E5%8D%97%E8%BD%A6?sefr=cr.

[14] 盛世文玩. 国家宝藏·一张从明代来的世界古地图 [EB/OL]. (2021-04-13) [2022-05-15]. https：//www.sohu.com/a/460428058_182897.

[15] 谯周. 古史考 [M]. 扬州：广陵古籍刻印社, 1984.

[16] 世本八种 [M]. 秦嘉谟, 等, 辑. 北京：国家图书馆出版社, 2008.

[17] 吕不韦. 吕氏春秋 [M]. 高诱, 注. 毕沅, 校. 徐小蛮, 标点. 上海：上海古籍出版社, 2014.

[18] 墨子 [M]. 毕沅, 校注. 吴旭民, 点校. 上海：上海古籍出版社, 2014.

[19] 刘安. 淮南子 [M]. 许慎, 注. 陈广忠, 点校. 上海：上海古籍出版社, 2016.

[20] 许慎. 说文解字 [M]. 杭州：浙江古籍出版社, 2016..

[21] 九派新闻. 走进车祖奚仲故里奚村 感受省级传统村落魅力 [EB/OL]. (2022-02-07) [2022-05-16]. https：//baijiahao.baidu.com/s?id=17241048170478
03334&wfr=spider&for=pc.

[22] 董龙江. 美篇 [EB/OL]. [2022-05-16]. https：//www.meipian.cn/1wb0pwai.

[23] 史上浙一天. 8000年前浙江人造了世界最早独木舟 [EB/OL]. [2022-05-05]. https：//zj.zjol.com.cn/news/488071.html.

[24] 余姚新闻网. 中国乡愁 | 最初的家园——河姆渡 [EB/OL]. [2022-05-06]. http：//www.yynews.com.cn/system/2020/09/06/012147007.shtml.

[25] 上海交通大学董浩云航运博物馆. 水田畈遗址出土的木桨 [EB/OL]. [2022-05-06]. http：//www.maritimemuseum.sjtu.edu.cn/index.php?m=content&c=index&a=show&catid=55&id=316.

[26] 中华古玩网. 陶舟形器 [EB/OL]. [2022-05-14]. http：//www.gucn.com/Info_MuseumCurio_Show.asp?Id=1657.

[27] 巴比葫芦. 略谈大连地区的远古捕鱼活动 [EB/OL]. (2017-03-29) [2022-05-14]. https：//www.sohu.com/a/131006599_665821.

[28] 周易 [M]. 杨天才, 译注. 北京：中华书局, 2022.

[29] 山海经 [M]. 周明初, 校注. 杭州：浙江古籍出版社, 2011.

[30] 人民网. 二里头——来这里可以触摸最早的中国 [EB/OL]. [2022-05-14]. http：//www. qiyuandi. cn/portal. php? mod = view&aid = 632.

[31] 殷墟博物馆. 殷墟博物馆 [EB/OL]. [2022-05-14]. http：//www. ayyx. com.

[32] 殷墟博物馆. 中国最早的车马遗迹——殷墟车马坑 [EB/OL]. (2007-11-26) [2022-05-14]. http：//www. ayyx. com/News/Article/124.

[33] 郑若葵. 中国史话：交通工具史话 [M]. 北京：社会科学文献出版社，2012.

[34] 360个人图书馆. 殷苑拾珍第四期：商代马车 [EB/OL]. (2019-03-18) [2022-05-14]. http：//www. 360doc. com/content/19/0318/09/91189_ 822371482. shtml.

[35] 周礼 [M]. 陈戍国，点校. 长沙：岳麓书社，1989.

[36] 新浪时尚. 涨知识 藏在博物馆里的生僻字原来这么读 [EB/OL]. (2022-03-15) [2022-05-14]. http：//fashion. sina. com. cn/style/man/2022-03-15/1602/doc-imcwiwss6157273. shtml.

[37] 琅琊神话. 这3件青铜文物证明西周马车的先进工艺，原来中国古人已造车4千年 [EB/OL]. (2018-03-12) [2022-05-14]. https：//baijiahao. baidu. com/s? id = 1594721063022157205&wfr = spider&for = pc.

[38] 礼记 [M]. 陈澔，注. 金晓东，点校. 上海：上海古籍出版社，2016.

[39] 百度百科. 秦铜车马 [EB/OL]. [2022-05-16]. https：//baike. baidu. com/pic/% E7% A7% A6% E9% 93% 9C% E8% BD% A6% E9% A9% AC/10684517/0/8b13632762d0f7033304dd1f06fa513d2797c5bb? fr = lemma&ct = single#aid = 0&pic = 8b13632762d0f7033304dd1f06fa513d2797c5bb.

[40] 小草. 西安游（10）秦始皇兵马俑 [EB/OL]. (2019-12-09) [2022-05-16]. http：//www. meipian. cn/2kj3kiu0.

[41] 古城弥勒佛. 秦陵彩绘铜车马 [EB/OL]. (2010-11-28) [2022-05-16]. http：//bbs. photofans. cn/blog-238242-39612. html.

[42] 西北旅媒研究院. 一眼千年，去这些博物馆欣赏镇馆之宝 [EB/OL]. [2022-04-15]. https：//www. sohu. com/a/279962015_ 429223？_ f = index _ pagerecom_ 7.

[43] 范晔. 后汉书 [M]. 李贤，等，注. 北京：中华书局，1997.

[44] 房玄龄，等. 晋书 [M]. 北京：中华书局，1997.

[45] 魏收. 魏书 [M]. 北京：中华书局，1997.

[46] 魏徵. 隋书 [M]. 北京：中华书局, 2020.

[47] 历史烟霭. 以牛车为尊：魏晋南北朝时期, 牛车为何成为了"豪车" [EB/OL]. (2020-03-08) [2022-05-16]. https://baijiahao.baidu.com/s?id=1660577186732203911&wfr=spider&for=pc.

[48] 毛亨. 毛诗注疏 [M]. 郑玄, 笺. 孔颖达, 疏. 陆德明, 音释. 朱杰人, 整理. 上海：上海古籍出版社, 2013.

[49] 郑玄. 驳五经异义 [M]. 扬州：江苏广陵古籍刻印社, 1984.

[50] 司马彪. 续汉书 [M]. 刘昭, 注. 北京：中华书局, 1965.

[51] 吴子·司马法 [M]. 陈曦, 译注. 北京：中华书局, 2018.

[52] 闲叙春秋. 探一探牧野之战到底有多壮观, 纣王七十万大军为何遭此惨败 [EB/OL]. (2019-07-31) [2022-05-16]. https://baijiahao.baidu.com/s?id=1640466980024169094&wfr=spider&for=pc.

[53] 二桂. 戚继光的装甲部队"车营", 到底取得了多大的战果 [EB/OL]. (2019-04-10) [2022-05-16]. https://zhuanlan.zhihu.com/p/61936818.

第三章
Chapter 03

四海归一：

秦帝国的建立与秦驰道

始皇二十六年（前 221 年），秦朝建立，中国正式进入了"大一统"的中央集权的王朝时代。"大一统"一词始见于《春秋公羊传》中的"何言乎王正月？大一统也"[1]。秦始皇在政治、经济和文化思想等领域，开创性地建立了大一统的国家制度，采取了一系列加强中央集权的措施，对巩固国家统一和迅速发展经济文化起到了重要作用。因此，"大一统"不仅是地域的统一，而且是指国家政治制度、经济制度和思想文化的一体化。秦统一六国，结束了春秋战国以来诸侯割据的战乱局面，为中国这个统一的多民族国家的建立与发展开创了新的时代。在此后 2000 多年的历史长河中，虽然也出现过短暂分裂的时期，但统一和集中始终是历史发展的主流，这与秦王朝开创的制度体系有很大关系。

回顾这段历史，我们在以交通为主线整理史实的同时，也在思考：在秦完成统一大业的过程中，这个地处中原腹地外围的政权依靠哪些交通上的优势得以最终胜出？在统一后，采取了哪些交通方面的措施来巩固大一统的国家政权？这些措施对后世带来了什么影响？本章试图通过回答这些问题，揭示交通与政治和经济的关系。

秦统一前的道路交通

● 春秋争霸与战国争雄

春秋时期指前 770 年周平王东迁洛邑到前 476 年周敬王去世这一历史时期。"春秋"得名于鲁国编年史《春秋》。相传该书曾由孔子修订过，记载了从鲁隐公元年（前 722 年）到鲁哀公十四年（前 481 年）的历史。春秋是中国历史上的一段大分裂时期。周王室政治、军事实力日益衰微，各大诸侯国日益强盛，争夺霸主的大戏一再上演，先后有"春秋五霸"轮番登场。司马贞所著《史记索隐》称："以讨伐为会盟主，政由五伯（伯通霸）。五霸者，齐桓公、晋文公、秦穆公、宋襄公、楚庄王也。"[2]而《荀子·王霸》指出："故齐桓、晋文、楚庄、吴阖闾、越勾践，是皆僻陋之国也，威动天下，疆殆中国，无它故焉，略信也。是所谓信立而霸也。"[3]秦穆公作为西部强国秦的君主，也被视作春秋时期的霸主之一。春秋时期诸侯争霸形势如图3-1所示。

图3-1　春秋时期诸侯争霸形势

战国时期指前475年到前221年，为东周后期，至秦统一为止，因各国混战不休，故被后世称为"战国"。"战国"一名来自西汉刘向所编著的《战国策》。战国时期，各国不再打出"尊周"的旗帜，七大强国互相对抗，各自兼并四周小国，战争接连不断，呈现天下大乱的形势。"战国七雄"的地理形势是：楚在南，赵在北，燕在东北，秦在西，齐在东，韩、魏居中[4]，如图3-2所示。

其中，楚国幅员广大，人口众多，通过结齐抗秦，使秦国的发展大受阻碍。于是，秦派张仪入楚，劝楚绝齐从秦，许以商於之地六百里为代价。楚怀王贪图便宜，遂与齐国破裂。当楚国派人去要地时，秦相张仪却狡辩称"仪与王约六里"。楚怀王兴兵伐秦，大败而回。楚国势孤力弱，秦便东向进军中原。

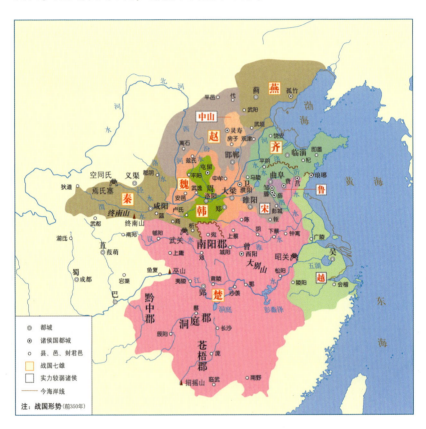

图 3-2　战国时期七雄形势

- **春秋战国的道路交通**

春秋时期，各国为了扩充实力，均不遗余力地在各自都邑开辟道路，以便利的交通为前提竞相谋求霸业，使地区性的道路交通得到改善。由于当时周王室仍是名义上的君主，各国交战和会盟的地点距离周王室所在地成周（今河南洛阳）不远，因此道路交通以成周为中心，东通宋、鲁、齐，西至秦、陇，南连楚、吴、越，北达晋、燕[5]。

到了战国时期，七雄割据并立，为夺取更多的土地、人口和租赋，兼并战争日益剧烈，战争规模不断扩大。同时，由于铁器的使用、牛耕的推广以及农业和手工业的进一步发展，商业也逐步繁荣起来。随着政治、军事和经济发展的需要，道路交通范围更加广阔，北至今内蒙古、河北张家口和承德地区，南至今云南、广西北部，西至今甘肃东南部以及四川大部，并连通今新疆地区，东至朝鲜半岛及东海沿岸（图3-3）[5]。

● **秦国的交通优势**

秦国地处西北，位于山河环护的四塞之内，为了接受中原文化的积极影响，必须坚持东进才能在交往中取得主动，扩展国家实力。秦国向东扩张的要塞是函谷关（今河南三门峡），连接秦都与函谷关的通道称为"函谷路"，行程约300千米。函谷关和函谷路对秦国来说具有特别重要的战略意义，列国"合纵"伐秦均被阻于函谷关。秦国军队在函谷路疾驰，保证了军事作战的效率。

位于秦国西部的汧水道是另一条重要的交通要道，并且与秦国自身发展密切相关。前11世纪，伯益第25世孙中潏被商朝安插到西垂（今甘肃陇南）。商朝灭亡后，部分嬴姓族人被发配至此。此后，秦嬴族人在当地经营，先是定都汧邑（今陕西宝鸡陇县），后沿汧河一路东迁到雍城（今陕西宝鸡凤翔县）。为抵抗西戎的侵扰，自秦襄公开始与之持续争斗，直到秦穆公"称霸西戎"，而汧河谷道就是秦国背靠关中的生命线。常年与西戎的征战，客观上提升了秦国的军事实力。

秦人对蜀道的经营也举世瞩目。秦人修筑通往巴蜀的栈道，显著改善了秦岭巴山道路的通行条件。秦军循栈道据有巴蜀，取得这一地区的资源，改变了与东方强国的实力对比，形成对主要敌国楚国两面夹击的战略态势，对于最终实现统一有着极其重要的意义[6]。

秦国交通发展的另一优势是车辆制作技术的进步。中国早期车辆均为单辕，须系驾2头或4头牲畜，而双辕车则只需系驾1头牲畜，大为简化，也更容易驾驭。双辕车的出现是交通工具史上的重

交通天下：中国交通简史(上)

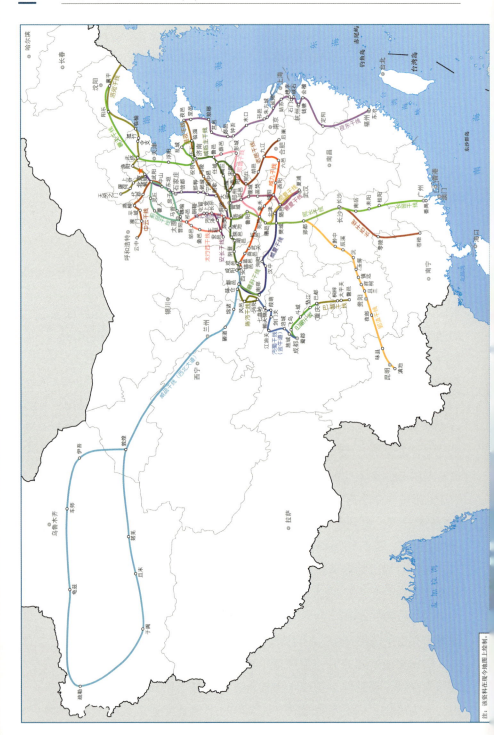

大进步，最先在秦国的普及应用也给秦国增添了交通运输方面的优势。

由于交通条件比较完备，交通技术比较先进，运输力量比较雄厚，秦国军队可以适应长期远征的艰难条件，不断得到充足的兵员、物资的补充，因而军力强盛，百战不疲。此外，秦国交通的发展，有利于秦人与各方交流，吸取其他地区文化的积极因素，使秦文化具有较为开放、富于进取性的特点，于是"地无四方，民无异国"且"民以殷盛，国以富强"（李斯《谏逐客书》）[7]。秦人交通建设的优势，是秦国能够顺应历史大势连年东进，在秦始皇一代终于完成统一大业的重要原因之一[6]。

- **其他各国的交通**[8]

齐国的交通以临淄为中心，有陆路和水路两部分。齐国的陆路交通线，以号称齐国"五都"的临淄、灵丘（今山东聊城高唐县）、谷邑（今山东济南平阴县东阿镇）、即墨（今山东平度）、平陆（今山东济宁汶上县）为枢纽，形成沟通齐国70余座城市的道路网络。齐国的水路交通线主要是利用济水河道，西向通过黄河、渭河通航到魏国都城大梁（今河南开封）、东周都城洛邑（今河南洛阳老城区）、秦国都城咸阳（今陕西咸阳渭城区），南下通过黄沟、邗沟可通航到长江流域。此外，齐国还有碣石、芝罘、琅琊等海港，南下可通往吴国、越国，北上可至辽东、朝鲜半岛。

燕国在春秋初期的国力较弱，其统治区域包括现在的北京市及河北中北部，曾因山戎入侵险些亡国，最终凭借齐国"尊王攘夷"的军事援助才得以保全。周赧王七五年（前300年），燕将秦开率军北伐，使燕国控制的范围不断扩大，并修筑长城，随即设置上谷、渔阳、右北平、辽西、辽东五郡，开辟道路交通，国力增强，终于跻身"战国七雄"。

赵国于安王十六年（前386年）迁都到邯郸。邯郸地处河北南部，西依太行山脉，东接华北平原，号称"天下名都"。赵国迁都之时，邯郸已是重要的交通枢纽。为保障与太行山以西的联系，赵国疏通"淦口陉""井陉""飞狐陉""蒲阴陉",设置无穷之门(今河北张家口张北县)、句注塞(今山西忻州代县)、鸿上塞(今河北保定唐县)、高阙塞(今内蒙古巴彦淖尔乌拉特后旗)、井陉塞(今河北石家庄井陉矿区)等关隘。周赧王九年(前306年),赵武灵王通过"胡服骑射"改革,开始组建骑兵反击匈奴的侵扰,乘胜追击到九原(今内蒙古包头九原区),随即开辟"灵九大道"(从灵丘到九原)。此举有从北面虎视秦国都城咸阳、实施战略迂回的谋划,迫使秦国开辟"咸九大道"与之对抗,最终形成后来"秦直道"的雏形。

魏国的交通包括陆路和水路。道路交通以故都安邑(今山西运城夏县)、都城大梁(今河南开封)为枢纽,形成从安邑到大梁、从新绛到晋阳、从大梁到邯郸的3条要道。魏惠王开凿以大梁为中心沟通黄河与颍水的"鸿沟",加强了中原与江南各地的联系,使大梁一跃成为中原地区的水路陆路交通枢纽。

韩国控制的疆土重心是河南省中西部,与号称"中国"的洛邑近在咫尺。但是,随着周王室衰微和各国兴起,洛邑的中心地位逐渐丧失。与赵国、魏国相比,韩国独缺少地利之便。赵国建都邯郸,控制了南北交通干线;魏国建都大梁,控制了东西交通干线。而韩国建都阳翟(今河南许昌禹州市),却无发展空间,南临楚国前哨,北向受制于赵,东向受制于魏,西向面临洛邑,又受秦之威胁,因此形势较差,是六国中最先为秦所灭的国家。

楚国一度是春秋战国时期面积最大的国家,其势力从今湖北、湖南,扩张到广东、广西、江西、浙江、福建、江苏,以及四川东部、安徽大部、河南南部等地。为巩固领土,楚国相继开辟了从国都郢(今湖北荆州市荆州区)到郑国都城郑邑(今河南郑州新郑市)、从郢都到宋国都城睢阳(今河南商丘睢阳区)、从郢都到滇池(今云南昆明市)的3条交通干线。虽然楚国先至川滇地区,但秦利用"金牛道",很快击破蜀国、巴国,并占领黔中,切断了楚军的交通线。

秦帝国统一与中央集权制度的建立

● 秦灭六国一统天下

战国后期,秦国军事实力空前强大,加快了统一中国的步伐。秦昭襄王五十一年(前256年),昭襄王向西周君发起进攻。同年,周赧王死而无后,断祀,九鼎迁秦。秦庄襄元年(前249年),庄襄王又把都于巩的东周灭掉,于是周王室先于六国而亡。秦始皇十年(前237年),嬴政亲政,重用尉缭和李斯,加紧策划灭亡六国的行动计划,仅用了10余年的时间,便将六国消灭,完成了空前的统一大业。秦灭六国形势图如图3-4所示。

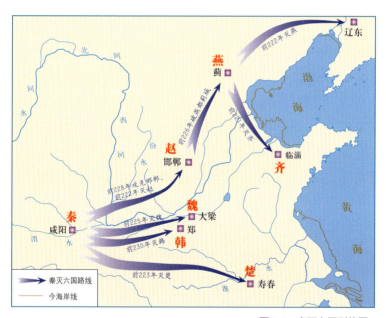

图3-4 秦灭六国形势图

秦消灭六国,在中国历史上第一次建立了统一的多民族国家,结束了战国割据混乱的局面。秦国能够统一中国,其在经济、政治、军事上的巨大优势是最重要的原因,可谓大势所趋,势不可挡。

- **中央集权制度的建立**

秦帝国幅员辽阔，以咸阳为首都，疆域东至大海，西至陇西，南至岭南，北至河套、阴山、辽东。为巩固统治地位，显示自己的无上权威，秦始皇采取了一系列措施，建立了中央集权的体制和制度。

首先，秦始皇听从李斯建议，废除分封诸侯的制度，全面推行郡县制。全国分成36郡，以后又陆续增设至40余郡。这些郡完全由中央和皇帝控制，是中央政府辖下的地方行政单位。地方行政机构分郡、县两级。郡设守、尉、监（监御史）。郡守掌治其刑，郡尉辅佐郡守，并典兵事，郡监司监察。县，万户以上者设令，万户以下者设长。县令、长领有丞、尉及其他属员。郡、县主要官吏由中央任免。

其次，秦始皇以秦国官制为基础，加以调整和扩充，建成一套适应统一国家需要的全新政府机构，这就是"三公九卿"制度。"三公"是指丞相、太尉、御史大夫。丞相有左右二员，掌政事。太尉掌军事，不常置。御史大夫负责辅佐丞相，掌图籍秘书，监察百官。三公之间互不统属，直接隶属于皇帝，便于皇权集中。"九卿"即奉常、廷尉、治粟内史、典客、郎中令、少府、卫尉、太仆、宗正，各自的职责为：廷尉，掌司法；治粟内史，掌国家财政税收；奉常，掌宗庙祭祀礼仪；典客，处理国内各少数民族事务和对外关系；郎中令，掌管皇帝的侍从警卫；少府，掌管专供皇室需要的山海地泽收入和官府手工业；卫尉，掌管宫廷警卫；太仆，掌宫廷车马；宗正，掌皇帝宗族事务。但无论三公还是九卿，均由皇帝任免调动，一律不得世袭。

再次，秦帝国完善了户籍土地制度、军事制度，以确保帝国统治的稳定性。在户籍制度方面，早在商鞅变法时期就有规定，不论男女，出生后都要列名户籍，死后除名。后来经过完善，户籍中逐渐增加了年纪、傅籍、土地等项内容，成为人们身份的凭证。在军事方面，秦军是一支前所未有的强大军事力量。军队调动以铜虎符为信，虎符剖半，右半由皇帝掌握，左半在领兵者之手，左右合符，才能调动军队，这是保证兵权在皇帝手中的重要制度。

最后，秦始皇确定了一套与皇帝地位相适应的复杂祭典以及封禅大典，向臣民灌输皇权神圣的观念，作为中央集权制度的思想基础。秦始皇在咸阳附近营建了许多宫殿，并于渭水之南修造了富丽宏伟的阿房宫。宫殿的布局取法于天上的紫微宫，象征天下一统。秦始皇还在骊山预建陵寝，墓室中以水银为百川、江河、大海，机相灌输，上具天文，下具地理，显示皇权至高无上，长生不灭。

文字交通度量衡的统一及其历史贡献

● 统一文字："书同文"

秦统一以前，"文字异形"，给政令的推行和经济、文化的交流带来诸多不便。因此，秦始皇在统一全国的当年便下令"书同文"，即用简化的秦小篆作为标准文字，废除西周以来的大篆和东方六国通行的古文以及其他异体文字。由丞相李斯和赵高等人领衔编写小篆字书，规定作为学童必读的课本，入仕者需要考试及格才能担任初级官吏。

由于战国以来王权加强，官府事务纷繁，公文数量大增。虽是经过初步简化的小篆也还嫌难于书写而不太适应需要，因此在实践中又产生了更为简化的字体，即"秦隶"。到汉代，隶书大为盛行，这就是今天通用的楷书的前身。

中国幅员辽阔，人口众多，各地区的方言差异很大。有了这种统一的文字作为书面语言，对于加强各地联系、巩固祖国统一，具有极为重要的意义。

● 统一交通："车同轨"

古时候的土路，在车轮反复碾压之后会形成与车轮宽度相同的两条车辙。长途运输时，让车轮一直行驶在车辙上，可使行走平稳，显著减少畜力消耗和车轴磨损。在秦统一之前，各地的马车大小不一，因此车辙也有宽有窄，马车行走起来多有不便。

统一后，秦朝制定"车同轨"法令，规定车辆两个轮子的距离一律改为六尺，使车轮的距离相同，这就使全国各地的道路在几年之内压成宽度一样的车道，不仅能够减少货物和旅客运输过程的成本，而且便于帝国军队物资快速到达全国任何郡县。"车同轨"成了秦朝统一的重要战略举措之一。

- 统一货币和度量衡

秦始皇废止战国时各国形制和轻重大小各不相同的货币，改以黄金为上币，以镒（20两）为单位；以秦国旧行的圆形方孔铜钱为下币，文曰半两，重如其文。

秦始皇用商鞅时制定的度量衡标准器来统一全国的度量衡。为了保证国家的赋税收入，统一斗、桶、权、衡、丈、尺等度量衡，要求全国统一施行。其中，1标准尺约合今 0.23 米，1 标准升约合今 0.2 升。

货币和度量衡的统一为经济发展提供了便利条件，对赋税制和俸禄制的统一产生了积极作用，有利于商品经济发展和国家统一。

"国家道路网"的形成与影响

交通事业在秦朝得到了空前发展，特别是秦驰道的建设，基本上奠定了我国陆路交通网的基本框架，这是秦朝对后世的一项重大贡献。

- 国家道路网的构成

《史记·秦始皇本纪》记载，始皇二十七年（前 220 年），"治驰道"[9]。驰道的修筑，是在战国时期各国交通的基础上，"决通川防，夷去险阻"，经过修整与沟通，将各国道路纳入全国交通系统中，形成全国陆路交通网的大体格局[6]。这是秦朝交通建设事业中最具时代特色的成就。这项工程耗费了约10年时间，将全国各地重要城市，尤其是原山东各国的都会全部连通起来，秦始皇和秦二世的多次出巡，就是借助这个交通网络到达全国各地。

秦朝的干线交通网包括驰道、直道、栈道等多种形式。其中，驰道大多利用战国原有道路，以连接补筑为主；直道特指秦统一后新建的从云阳到九原的南北大通道；栈道则是战国时期为了克服秦岭的阻隔打通的从陕西到四川的道路，大多修筑于川谷峭岩陡壁上，经凿孔架木而成，后被纳入驰道网络。

路网整体结构由以咸阳为中心的6条放射干线和2条外围干线组成（图3-5）。

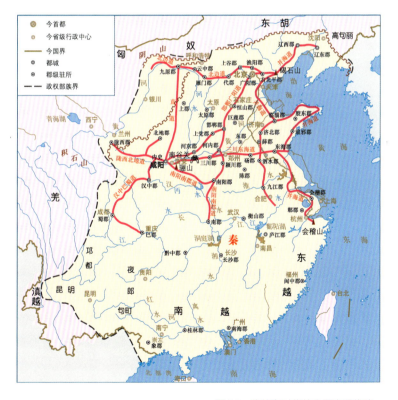

图3-5　秦始皇时代的主要交通线路

六条放射干线分别是：

西北方向：名为陇西北地道，从咸阳出发西去，是丝绸之路的东段。秦始皇第一次出巡即经此道西行，《史记·秦始皇本纪》记载："二十七年，始皇巡陇西、北地，出鸡头山，过回中。"[9]

正北方向：名为"直道"，由云阳出发，直通河套五原。《史记·秦始皇本纪》记载："三十五年，除道，道九原抵云阳，堑山堙谷，直通之。"[9]根据《史记·六国年表》，秦始皇三十五年，"为直道，道九原，通甘泉"[9]。这条路直通抗击匈奴的前线九原郡，是体现秦帝国军事、行政效率的南北大通道，既能及时向咸阳传递前线军情，也方便皇帝视察前线，其作用非常显著。秦直道经过的地方多为丘陵、沟壑、沙漠，即使以现在的标准衡量，修筑难度也很高。但是，蒙恬在修筑时，遇山削平、遇沟填充，最大限度保证了道路的笔直，在内蒙古仍可见局部遗迹，宽度接近60米（图3-6）。

图3-6 鄂尔多斯市大秦直道文化旅游景区复原的秦直道[10]

东北方向：名为邯郸广阳道，经河东、上党，或由河内北上至邯郸、广阳、右北平，通达燕赵。这条大道在战国时已具有重要地位。著名史学家史念海曾经指出："太行山东边有一条主要道路，与太行山平行，纵贯南北，赵国都城邯郸与燕国都城蓟都是在这条交通线上。"[11]

正东方向：名为三川东海道，从咸阳出发，经华山北麓，过函谷关，穿过"三川"，向东而行，在大梁可北接临淄郡，南通泗水郡、九江郡，最终穷海而止。它连通长安、洛阳2座城市以及华北、华东多个城市，因此是秦汉时期承担运输量最大的交通干线。

东南方向：名为南阳南郡道，从咸阳出发，出蓝田，过武关，经丹阳、南阳，到荆州，穿越云梦泽后，或溯湘水南下九嶷、桂林、番禺,或溯沅水西去黔滇。

西南方向:名为汉中巴蜀道,乃一条古老栈道,从陈仓通往南郑、再经金牛道直达蜀中。秦岭山路险厄,工程极其艰巨,开通之后历经拓修完善,形成故道、褒斜道、傥骆道、子午道等数条南逾秦岭的路线。一些线路的栈道遗迹,至今犹有遗存(图3-7)。

图3-7　褒斜古栈道遗迹[12]

外围的两条干线分别是:

北边道:在长城一线,横贯塞上,从九原过云中到代郡,穿过右北平直至碣石山,并延伸到辽东。这条干线起源于长城的营建,因施工与布防的需要,沿长城出现了横贯东西的交通大道。修筑长城调用工役数以十万计,沿线又常年集结重兵警备戍守,曾以北边各郡为基地出军北击匈奴。因此,北边道具备组织施工、调动部队、转运军需物资的通行条件。

并海道:或称滨海大道,在东部沿海而行,从琅琊到彭城,南下过江直上会稽山,向北环渤海至辽东郡线路则是根据秦始皇和秦二世出巡的记载推测得出[6]。《史记·秦始皇本纪》记载,秦始皇统一天下后凡五次出巡,其中四次行至海滨,往往并海而行。秦二世巡行郡县,曾"到碣石,并海,南至会稽",又"至辽东而还"[9]。这条大道与三川东海道、邯郸广阳道相交,使富庶的齐楚之地与其他地区沟通,用以调集各种物资,从物质上直接支撑中央政权。

• 秦驰道的形制与规定

关于驰道的形制，据《汉书》记载，西汉人贾山说："道广五十步，三丈而树，厚筑其外，隐以金椎，树以青松。为驰道之丽至于此，使其后世曾不得邪径而托足焉。"[13]

"道广五十步"，相当于现今的 70 米左右。考古工作者在陕西咸阳窑店镇东龙村以东发现一条南北向古道路遗迹，路宽约 50 米，筑于生土之上，两侧为汉代文化层。据考证，这条道路是南北沟通咸阳宫与阿房宫的交通干道，应归入驰道交通系统之中。另外，秦咸阳宫附近发现的 1 号大道位于北墙以北约 220 米处，路面已有破坏，现存最宽处为 54.4 米，一般宽 40～50 米，路面中间高于两侧 10～15 厘米，呈鱼脊状。大道南北两旁均为淤泥，似为路面泄水之阳沟。从形制和规模分析，这条道路可能与驰道有关。秦始皇时代所修筑的直道，其遗迹在陕西淳化、旬邑、黄陵、富县、甘泉等地发现多处，路面宽度往往也有 50～60 米[14]。

"三丈而树"有两种解释。一种解释是，驰道中央三丈宽的路面为皇帝专用，其他人等不得入内，种树以为边界。王先谦在《汉书补注》中指出："王先慎曰：三丈，中央之地，惟皇帝得行，树之以为界也。"[15]另一种解释是，驰道每隔三丈植有行道树，杨树达在《汉书窥管》中提到："三丈而树，谓道之两旁每三丈植一树。"[16]

"厚筑其外"，指路基构筑务求坚实，通过多层夯筑，使整个路面高于地表，两侧形成宽缓的路坡。从陕西甘泉桥镇方家河直道遗迹的路基断面，还可以看到清晰的夯层。方家河秦直道遗迹据说在大面积夯筑填方的路基外侧"夯筑出数个平面方形隔墙，隔墙内填土以形成护坡或路面"[17]。这种建筑形式亦见于陕西富县桦沟口段直道遗迹，或可作为"厚筑其外"的解说。

"隐以金椎"，"隐"即"稳"字，以金椎筑之使其稳固。

"树以青松"，驰道两侧种植的树木是青松。有研究认为，除青松外，还有易于扦插繁殖的树作为行道树，如柏、梓、槐、桧、檀、榆等。

"使其后世曾不得邪径而托足焉",说的是驰道选线尽量追求平直,减缓坡度,扩大曲线半径,以便于提高通行速度。驰道选线异常审慎,地方官员不能擅自更动,为减少渠桥,宁可改变原有渠道的走向。驰道许多路段成为千古不易的通道这一事实,说明驰道设计选线的合理性能够经受住历史的考验。

为了保证军事、政治等信息传递的高效率,驰道每隔十里建一亭,作为区段治安的管理所、道路行人的休息站和邮传人员的交接处。

驰道还有一项严格的管理规定,即非经特许不得通行于驰道中,体现出等级尊卑。当时驰道是路面划分为三部分、具有分隔带的多车道道路,"中央三丈"是所谓"天子道",经过特许的贵族官僚可行旁道。未有诏令而行驰道中,会受到严厉处罚。

● 秦驰道的影响

以驰道为骨架的全国交通干线网络,将战国时期割据一方的各诸侯国连通起来,不仅提高了军事和行政效率,还为贸易通商、文化传播提供了便利,这对当时政治、经济、军事和文化的发展起到了积极的作用,并为中央集权国家的大一统提供了设施保障。

秦驰道的修筑,可以视为国家层面开展全国公路网规划建设的起点,基本上奠定了随后历朝历代的道路系统结构,甚至影响了2000多年之后我国国家级干线公路网的总体格局,这不能不说是一个伟大的奇迹。

●本章参考文献

[1] 春秋公羊传注疏[M]. 何休,解访. 徐彦,疏. 上海:上海古籍出版社,1990.
[2] 司马贞. 史记索引[M]. 西安:陕西师范大学出版总社,2018.
[3] 荀况. 荀子[M]. 上海:上海古籍出版社,2010.
[4] 白至德. 白寿彝史学二十讲:上古时代·夏商周春秋战国[M]. 北京:中国友谊出版公司,2013.

[5] 中国公路交通史编审委员会. 中国古代道路交通史 [M]. 北京: 人民交通出版社, 1994.

[6] 王子今. 秦汉交通史稿 [M]. 北京: 社会科学文献出版社, 2020.

[7] 萧统. 文选 [M]. 上海: 上海古籍出版社, 1986.

[8] 秦国强. 中国交通史话 [M]. 上海: 复旦大学出版社, 2012.

[9] 司马迁. 史记 [M]. 北京: 中华书局, 1959.

[10] 起叔读史记. 细说张良刺秦失败后的逃离计划 [EB/OL]. (2018-01-17) [2022-04-26]. https: //baike. baidu. com/tashuo/browse/content? id = ab5d18cefc34d485fa13666b&fr = vipping.

[11] 史念海. 河山集 [M]. 北京: 生活·读书·新知三联书店, 1963.

[12] 张永涛, 陈皓. 褒斜道上古迹多 [EB/OL]. (2019-08-15) [2022-04-26]. https://www. chinahighway. com/article/65303. html.

[13] 班固. 汉书 [M]. 北京: 中华书局, 1997.

[14] 王子今. 中国古代交通系统的特征——以秦汉文物资料为中心 [J]. 社会科学, 2009 (7): 9.

[15] 班固. 汉书补注 [M]. 王先谦, 补注. 北京: 书目文献出版社, 1995.

[16] 杨树达. 汉书窥管 [M]. 北京: 商务印书馆, 2017.

[17] 孙闻博. 秦直道研究论集 [M]. 西安: 陕西师范大学出版总社, 2018.

第四章
Chapter 04

邮驿体系：
历久弥新的通信制度

我国的邮驿体系源远流长。古时的邮驿是以驿站为主体的马递网络和以急递铺为主体的步递网络。根据《说文解字》，"邮，字形郵，境上行书舍……从邑垂……垂，边也……驿，置骑也，从马睪声"[1]。从《说文解字》的释义上看，邮为边陲地区传递书信的机构，驿为传递官方文书的马车。邮驿是我国依托交通干线和站点建立的官方信息传递制度，而传输的信息，既有政情军情，又有一线采风。国家军政大事的部署安排、各地情报的搜集汇总、广大基层的管理动态，在古代没有电子信息技术的背景下，全都需要通过邮驿来传输，因此其地位极为重要。邮驿的四通八达，对历代王朝政权的稳定起着很关键的作用，深刻影响着中国古代的历史进程。

邮驿制度的起源与发展

传说尧和舜都设立了"诽谤之木"（图4-1），用以观得失、纳讽谏。《史记·孝文本纪》记载："古之治天下，朝有进善之旌，诽谤之木，所以通治道而来谏者。"[2]诽谤之木是用一根横木交叉在柱头上，人们既可在上面书写对管理者的意见，又可将其作为路标，设置在各路口，到后来逐渐演变成了华表。这是我国文字记载中向上表达意见和传递信息的最早记录，可认为是通信邮驿的雏形。

到舜的时候，"诽谤之木"更是形成了政治制度。《史记·五帝本纪》中提到，舜设置了专门负责纳言的官员，以便"明通四方耳目"[2]。这些

图4-1 山西尧庙前的诽谤之木模型[3]

官员夙夜出入，到各地听取民间意见，并把舜的意图传给大家。这种纳言制度，是最早对上对下交流意见的有组织的通信活动。

夏朝时，人们的通信活动更为丰富和复杂了。《尚书·夏书》中介绍了一种政府宣布命令的方式：每年三月选派宣令官，在各交通要道上手执木铎宣布号令[4]。这是我国下达国家公文的最早方式。商朝的甲骨文也常有信息往来的记载，其中最著名的是武丁的占卜。因其夫人妇好是著名女将（图4-2），武丁在其出征时经常占卜问"妇好有信"或"妇好无信"，这个"信"就是信息的意思，就是问有无信使到来。商代在大道上设立了许多据点和休息之处，是驿站的雏形。这些据点最早被称为"堞"，大约是用木栅墙筑成的防守工事，50里设置一处；后来发展为"次"，可以暂住；再往后又建立"羁"，这是专为商王和贵族们设置的道边旅舍，被认为是中国最早的驿站[5]。

图4-2 殷墟妇好墓

商朝时还没有分段递送信息的制度，消息命令通常由一个人传送到底，所以信使工作既辛苦又凶险。曾有一片商王武丁时期的甲骨记载,有一名年纪大的信使在路上走了26天,行了600里路,结果还没达目的地就死了。还有一片商王祖庚时的甲骨卜辞记载,有一位信使从黄昏启程,行进了48天才到达目的地,共走了1200里路[5]。由此可见,商代的驿传已经具备很高的水平,在当时居于世界领先的地位。

夏商时期的通信方式虽然较为原始,但奠定了我国信息传输的基础。到西周时期,我国的邮驿制度逐渐快速发展起来,已经形成了比较完整的邮驿制度,各种不同的文书传递方式也有不同的名称。西周的驿道开始逐渐提供服务设施,设置各类休息站,分别叫作庐、委和市。《周礼》记载,10里设庐,庐有饮食;30里有宿处,称之为委;50里设市,市有候馆,接待来往信使宾客[6]。这些地点类似于现在高速公路的服务区,使路上往来的信使们不用再风餐露宿,而是在沿途都可以得到较好的饮食和休息。

此外,西周通信的最大特点是在军事上使用烽火。一旦发生紧急情况,守卫通过点燃烽火台中的柴火和狼粪而发出狼烟,让外界和下一个烽火台的守卫能马上发现,下一个烽火台也会点燃。信息通过一个个烽火台进行传递,消息很快就会传到都城(图4-3)。同样,如果都城有重大事件发生,消息又会从反向传到边关。烽火制度是我国古代十分有效的通信系统,从西周一直到汉朝都在沿袭使用。

图4-3 长城烽火传递信息示意图[7]

除了书简外，古人还会通过某种物件来传递信息。1973 年出土的青铜国宝杜虎符（图4-4），为陕西历史博物馆的镇馆之宝，这是战国时的秦国向下级部门传达命令、征调兵将以及用于各项事务的一种凭证。该符写着："兵甲之符，右在君，左在杜。凡兴士被甲，用兵五十人以上，必会君符，乃敢行之。"意思是此符由君王与杜地将领各执一半，如需用兵 50 人以上，必须两符相合才可。

图4-4　杜虎符[8]

秦汉改邮为置的里程碑

秦统一中国后，为了在更大的国土范围内保证公文与书信及时送达，规定了一系列的法律和制度。出土于湖北的《行书律》是秦代关于传送文书的法律规定，其中将文书分为两类：一类为急行文书，另一类为普通文书。急行文书包括皇帝的诏书，必须立即传达，不可耽误；而普通文书也规定当日必须送出，不许积压，违者按律法处置[9]。

为了保证送信途中不泄密、信简不被伪造，秦朝还作出了若干法律规定，比如：简书一般都在绳结处使用封泥，盖上玺印，以防途中泄密；不同的文件由不同的文字书写，简册用大篆或小篆，符传用刻符，印玺用缪篆，幡书用鸟书，公府文书用隶书[5]。这些规定有效防止了文书的伪造。此外，秦朝还规定了要记录始发和收到文书的时间。上述这些规定都表明，秦朝的邮驿通信制度更加规范化。秦朝通过这种制度化和规范化的通信系统，巩固中央集权制度。朝廷可源源不断接到各地的情况上报，及时了解边防和民间动态，采取果断的军事措施。发达的秦驰道，再加上沿路遍布的驿站、馆舍和军事设施，更为邮驿制度提供了基础保障。

进入汉代,邮驿制度发生了重大变化,其中最显著的是改邮为置。《后汉书》李贤注援引东汉泰山太守应劭《风俗通》云:"改邮为置。置者,度其远近置之也。"[10] 置,也称为驿置或者传置,指配备了马匹、专门用来递送紧急公文的大型驿站。改邮为置的核心在于,把原有的车传或者人传方式,变为单人骑马传输的方式,并规定"五里一邮,十里一亭","三十里一驿"。邮和亭是短途步传信使的转运和休息站,驿也称为置,指长途传递信件文书的设施,汉朝的紧急和重要公文都由它来传运。驿置的长处在于传递迅速,通常以轻车快马为主。驿置预先会备好车马,随时供来往驿使使用。

汉代敦煌郡的悬泉置遗址,是迄今为止考古发现历史最早、规模最大、保存最完整的古代邮驿接待机构,是西域通往中原的丝绸之路东段第一置,为汉唐年间安西(今甘肃酒泉)与敦煌间往来人员和邮件的著名接待、中转驿站,东距安西 56 千米,西去敦煌 64 千米,遗址总面积约为 2.25 万平方米。悬泉置遗址是一座方形小城堡,门朝东,四周为高大的院墙,边长 50 米,西南角设突出坞体的角楼(图 4-5)。悬泉置发掘出西汉和东汉有字简牍共计 2.3 万余枚,帛书、纸文书和各种遗物数万件。这些简牍有大量涉及驿置职能的各种簿籍,较为完整地反映了汉代驿置的职能与功用。根据简牍文字分析,悬泉置设有官卒 47 人,传马 40 匹左右,传车 15 乘,必要时还会征用民间车马用于转送人员或物资[11]。

汉代的驿置制度非常严格,来往文书要登记造册,驿使邮差也要穿着醒目的特殊装饰,头戴红头巾,臂着红色套袖,身背赤白囊。在速度方面,马传一天可行 300~400 里,车传则可行 70 里左右,而步行一天也可走 40~50 里。

展现古代驿传的艺术作品中,最有名的一件文物是魏晋时期的《驿使图》画像砖(图 4-6),它是甘肃博物馆的镇馆之宝,也是中国邮政的"形象大使"。砖长 35 厘米,宽 17 厘米,米色底,黑色轮廓线。画师摄取了古代驿递过程的一个瞬间,以形写神,寥寥几笔便用写实与写意相结合的方式,生动准确地再现了 1600 多年前丝绸之路上西北边疆驿使手持文书策马奔腾的历史画面。

第四章 邮驿体系：历久弥新的通信制度

图 4-5 悬泉置遗址 [12]

图 4-6 《驿使图》画像砖 [13]

唐代的邮驿

隋唐时期的邮驿事业进一步发展，道路网也更加完善（图4-7）。自南北朝以后，邮驿系统的职责不断增加，既负责国家公文书信和紧急军事情报的传递，同时还兼管接送官员、维持治安、追捕罪犯、救助灾区和押送犯人等各种事务。隋唐时期的驿道、驿站遍布全国。据唐玄宗时期的《唐六典》记载，全国水驿共有260个，陆驿有1297个，从事邮驿工作的共有2万多人，其中驿夫有1.7万人[14]，这一数字甚至超过了民国时期从事邮驿工作的人数。唐代最大的驿被称为都亭驿，是武周时期国都洛阳的驿站。据宋代著名的地理学家宋敏求在《河南志》中记载，洛阳城内清化坊，"唐有左金吾卫、都亭驿"[15]。该坊是宣仁门外大街路北第一个里坊，大概就在今天洛阳老城区东大街西段以北的区域。

唐的陆驿共分为6等：一等驿站配驿夫20人，二等驿配驿夫15人，三等以下递减，六等配驿夫2~3人。而水驿分为三等：事繁水驿配驿夫12人，事闲配驿夫9人，更闲水驿配备驿夫6人。除了驿站外，唐还建设了以长安为核心的四通八达的驿道。柳宗元在《馆驿使壁记》中详细记载了以首都长安为中心的7条重要放射状驿道：第1条是从长安到西域的西北驿路，自长安经泾州、会州、兰州、鄯州、凉州、瓜州、沙州直达安西都护府；第2条是从长安到西南的驿路，自长安经兴元、利州、剑州、成都、彭州、邛州直达今川藏地区；第3条是从长安至岭南的驿路，由长安经襄州、鄂州、洪州、吉州、虔州直达广州；第4条是从长安至东南沿海的驿路，由长安经洛阳、汴州、泗州、扬州、苏州、杭州、越州、衢州直达福建泉州；第5条是从长安到北方草原地区的驿路，自长安到同州，再经河中府、晋州、代州、朔州，直达北方单于都护府；第6条是从长安至山东东北地区的驿路；第7条是从长安至荆州、夔州、忠州等四川云贵地区[16]。

唐朝的驿路邮递效率很高，确保了中央各种制度在全国的推行实施。唐朝快马一日可飞驰180里，如遇紧急情况，可提升至300里甚至500里。安禄山起兵作乱时，范阳距华清宫3000里，唐玄宗6日后便接到情报。为了保障驿路的畅通，唐朝政府还设置了专职的邮驿官吏。按照《唐六典》的记载，兵部下设驾部郎中，专管国家的驾舆和驿传之事。驾部郎中同时也管理马政，便于邮驿中马匹的统一使用。地方也有专门管理邮驿的人员，诸道节度使下有专管邮驿的馆驿巡官4名，各州则由州兵曹司兵参军分掌邮驿，到县则由县令兼管驿事[14]。这一套完备的邮驿制度，管理着全国2万多名邮官、驿丁和总约5万里驿程的邮路。为保证邮驿正常运行，不受沿途干扰，唐朝在各驿站还设有防兵。唐代宗时，在洛阳至淮河的运河两岸，每两驿置驿防兵300人。唐朝规定，全国各地的邮驿机构各有不等的驿产，以保证邮驿的正常开支。这些驿产，包括驿舍、驿田、驿马、驿船和有关邮驿工具、日常办公用品和馆舍的食宿所需等。唐朝陆驿备有驿马，水驿备驿船。陆驿上等者每驿配备马60匹左右，中等驿配40匹，下等驿配10匹。水驿则配备驿船，从4艘至1艘不等。此外，政府每年还固定给各驿站提供经费补助。完备的邮驿管理制度和充足的驿传经费，保证了唐朝邮驿系统在相当长的时间内正常运行。

如此发达的驿站在唐朝政治运转和经济文化繁盛发展方面发挥着重大作用。一是军事方面的作用。安史之乱时，驿站可以第一时间把消息上报给唐玄宗，为提前备防提供了充足时间。岑参在《初过陇山途中呈宇文判官》中曾写下"一驿过一驿，驿骑如星流"[17]的诗句，将驿骑速度描绘得淋漓尽致。二是政治方面的作用。据不完全统计，唐代从中央发往地方的官方文书多达50多万份，均通过邮驿传递。皇帝通过驿站收集各地情报，同时向各地发号施令，驿站成了中央和地方沟通的纽带，确保中央的行政命令推行至边疆地区，以持续加强中央集权，严防地方造反和官吏腐败。三是经济方面的作用。各地的赋税、贡品通过驿站上交至朝廷，保障了朝廷的日常需求和财政收入。各地商人通过驿道进行商业交易，驿道支撑了全国的经济市场。

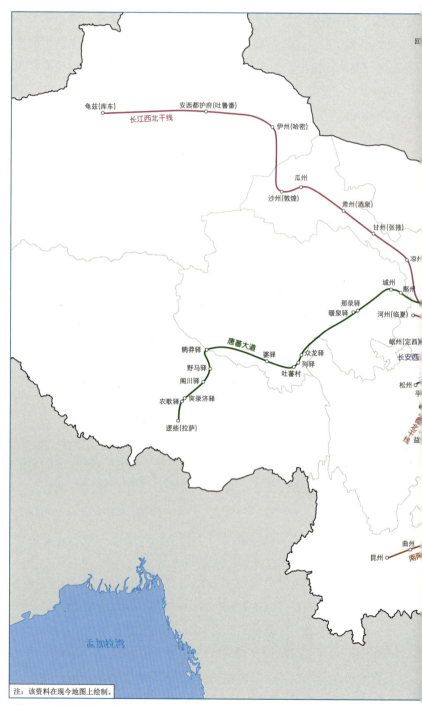

图 4-7　唐代的道路交通干线示意图

第四章 邮驿体系：历久弥新的通信制度

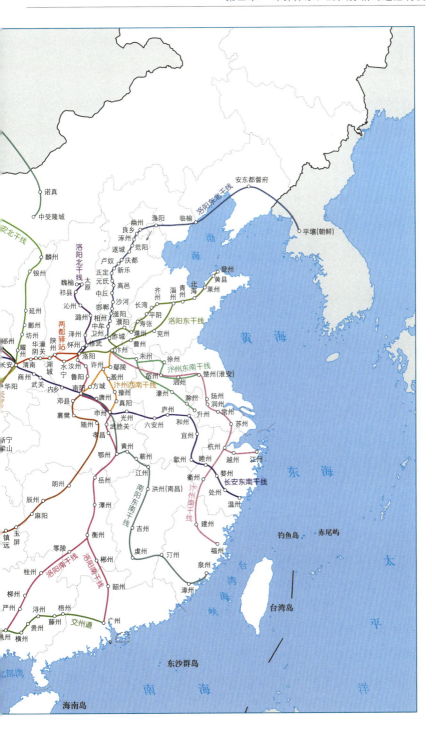

宋代的邮驿

进入宋代,邮驿开始由国家行政管理趋向军事化管理。首先,从中央管理制度来看,兵部具体管理邮驿的规约条令、人事调配、递马配备等。同时,枢密院也参与管理,负责驿马的发放、颁布驿递的凭信符牌等。两个机构互相制约。这表明邮驿的影响越来越大,为防止专权,必须建立制约机制。其次,北宋实行以兵卒代替百姓作为邮递人员的办法,完全按军事编制管理传递书信的机构。邮件文书的递送和过往官员投宿的馆驿,从职能上已经完全分开。馆驿已演变为单纯的政府招待所,作为来往官员和使者中途停留休息的地方;而传递政府公文和书信的机构,被称为"递"(沈括《梦溪笔谈》),"递"又分"急脚递""马递"和"步递"。递有递夫,又称为铺兵,是传递文书的主要人员[18]。

步递用于一般文书的传递,由人员接力步行传递。这种传递同时承担着繁重的官物运输任务,速度较慢。

马递用于传送紧急文书,一般不传送官物,速度较快,但因负担这种任务的马匹大部分都是军队挑选剩下的老弱病马,所以也不能用最快的速度承担最紧急文书的传递。

急脚递是宋代快速军邮制的称谓。它是在北宋同辽、金、西夏作战的特殊环境中逐步建立和发展起来的,初期只在全国重点地区和线路上设置。据明《永乐大典》记载,宋真宗景德二年(1005年)"诏河北两路急脚铺军士,除递送真定总管司及雄州文书外,它处不得承受"[19],其职能是以日行400里的速度传送边关机要文字直达首都汴梁。至宋神宗时,又设有金字牌急脚递。金字牌是一种通信檄牌,牌长尺余,木制,上刻"御前文字,不得入铺"。金字牌急脚递传递速度比一般急脚递更快[20]。这种通信方式的特点是:由御前直接发下,不经枢密院或门下省,减少了不必要的交接手续,又可保守机密,沿途接力传递,昼夜不停,而且不入递铺交接,减少了在递铺的停留时间,传递时"过如飞电,望之者无不避路"[18]。

中国历史上最著名的金字牌急脚递就是南宋绍兴十一年（1141年）秦桧以宋高宗的名义一天内连发12道金字牌传达命令，勒令在抗金前线作战的岳飞退兵。

元代两都巡幸与驿道

元朝的邮驿有了更大的发展。为了适应对广大疆域的统治，元朝政府在邮驿方面进行了积极的改革，大大扩展了驿路范围（图4-8）。早在成吉思汗时代，就在西域地区新添了许多驿站。成吉思汗的儿子窝阔台和孙子拔都，更是把蒙古的驿路一直推到欧洲。

图 4-8　元代主要驿路

元世祖忽必烈统一中原后，在辽阔的国土上建立了严密的"站赤"制度。所谓"站赤"，就是蒙古语驿传的音译。元朝的驿路分为3种：一种称帖里干道，即车道；二称木怜道，即马道；三为纳怜道，即小道[5]。从地区讲，帖里干道和木怜道多用于岭北至上都、大都之间的邮驿；而纳怜道用于西北军务，大部分驿站在今甘肃省内。站赤制度是一种系统而严密的驿传制度，包括驿站的管理条例、驿官职责、驿站设备以及对站户的赋税征收制度等。元世祖忽必烈时，曾制定《站赤条例》，这是当时有关驿传的基本管理条例，规范了驿站组织领导、马匹的管理、驿站的饮食供应、验收马匹和约束站官、检验符牌、管理牧地、监督使臣和按时提调等[21]。元朝时，各驿站设有驿令和提领导驿官，负责供应良马、检验驿使凭证、清点驿站设备等。这些驿站管理的具体条例，更好地保障了元代邮驿的发展。

元朝的邮驿路线比前代都要发达。据《元史·地理志》统计，当时驿站遍布各地，驿路上熙熙攘攘，来往人员十分繁忙[21]。意大利旅行家马可·波罗对元世祖忽必烈统治期间驿传的繁盛情况有生动的描绘："从汗八里城，有通往各省四通八达的道路，每条路上，也就是说每一条大路上，按照市镇坐落的位置，每隔40千米或50千米，都设有驿站，筑有旅馆，接待过往商旅住宿，这些就叫作驿站或邮传所。这些建筑物宏伟壮丽，有陈设华丽的房间，挂着绸缎的窗帘和门帘，供达官贵人使用。即使王侯在这样馆驿下榻，也不会有失体面。因为需要的一切物品，都可从附近的城镇和要塞取得，朝廷对某些驿站也有经常性的供应。"[22]游记中记载，每一个驿站常备400匹以上的马，供大汗的信使们使用。驿卒们传递紧急的文书，一日可以飞驰320千米。他们身上都带着一面画着鹰隼的牌子，作为急驰的标志。

中统元年（1260年），忽必烈即大汗位于金莲川之北，将此地命名为开平府，后改为上都。上都是元朝重要的政治中心，也是北方驿站的一个重要枢纽。1272年，忽必烈迁都大都，决定每年夏天驻跸上都举行诸王朝会，秋季再回銮大都，元代的两都巡幸制度由此正式建立，其路线示意图如图4-9所示。

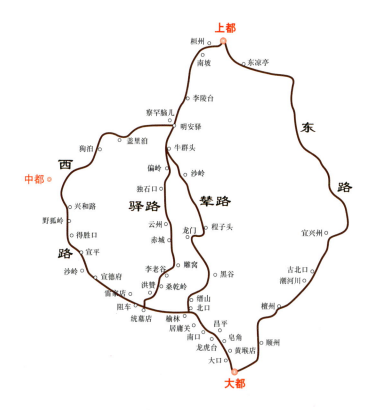

图4-9　元代两都巡幸路线示意图

　　当时由大都通往上都的驿路共有4条，其中3条都经过今张家口地区。这些驿路上设备完善，驿站建设齐全，车马络绎不绝，行人项背相望，交通盛极一时。

　　第1条是孛老驿路。孛老为蒙古语，即为西路。元朝建立以前，这条道就是内地通往漠北之路。该驿路从大都出居庸关，进入龙庆州，经榆林站、雷家站、鸡鸣山站，出德胜口，越野狐岭，过抚州，转东行至察罕脑儿行宫，接望云道，北上上都，全长约700千米。忽必烈建立元朝以前，这条路是"正路"，凡皇帝、使臣、官员都走此路。中统三年（1262年），改望云驿路为驿路正路。但元朝皇帝每年秋天从上都南下返回大都时，往往还会走此路。

第 2 条是望云驿路，又称望云道。忽必烈在开平即位后决定，从延庆至望云，"取径道立海青站"，并规定：今后使臣、官员除军情急速公事，有海青牌者入望云站，如无急速公事海青牌者，不得纵由望云，只令入大站。这也是历史上著名的海青驿道，一条最短路径，只允许有重要公文军令的传递使者使用。望云驿路从大都经昌平新店驿，出居庸关，经龙庆州缙山站、榆林站、雕鹗站、赤城站、龙门站、独石口站、明安站、察罕脑儿行宫、桓州站，至上都开平，全长约 600 千米。

第 3 条是黑谷东道，又称辇路，专供皇帝每年到上都巡幸，禁止常人行走。因路经黑谷，所以称黑谷东道。辇路有两条，往返各走一条，由大都至上都走东道，由上都至大都走西道，此即所谓"东出西还"。这条道路设 18 个纳钵，即皇帝行帐。出大都第一纳钵为大口，途经纳钵有黄堠店、皂角、龙虎台、棒槌店、官山、沙岭、牛群头，后至郑谷店、泥河儿、南坡店，最后到上都。

第 4 条是古北口路，因位置最靠东，也称东道。该路不经过张家口地域，专供监察员和军队使用，由大都出发，经顺义、檀州、古北口、宣兴洲，沿滦河西北上行，经东凉亭至上都。

明代的驿路干线

洪武元年（1368 年），明太祖朱元璋建立了明朝，下令整顿和恢复全国的驿站，大力开展边疆地区的邮驿设施建设。除西南云贵地区外，朱元璋在我国东北、北部和西北边疆地区都开辟了大量驿道，设置了驿站，使中央和边疆地区的联系大大加强。明初在鸭绿江至嘉峪关一带先后设置了一系列军事重镇，号称"九边"，沿边 8000 多里地都设置了驿所。明成祖朱棣又在黑龙江和乌苏里江流域设置了奴儿干都司，建立了 45 处驿站，有效地管理了这一边疆地区的行政事务。

明朝为了加强对东北边疆的统治，在辽东地区广设驿站。以辽阳为中心，有 4 条驿道向外辐射：一条南行至旅顺口，途设 12 个站；一条西南行到山海关，途有 17 个驿站；一条北往开原，共有 5 个驿站；最后一条东南行抵九连城，共有 7 个驿站。各驿站俱设驿兵、轿夫、船车、马驴等。为经营奴儿干地区，明政府在该地区除设立驿站外，又在吉林开设船厂，辟有水运驿道，从辽阳出发，溯辽河而上至开原，经陆驿达松花江，再由松花江乘驿船至奴儿干。这条水陆联运驿路共设官兵 3000 人，每年供军粮两万多石，途经虎皮驿、沈阳驿、银州驿、开原驿等，是一条明政府联络东北广大地区的通道。明代的驿路干线如图 4-10 所示。

此外，明朝在西藏地区加强了驿道建设。西藏地区在元朝时仍称吐蕃，元政府在那里设置了驿站。据《经世大典》记载，元时西藏地区共设大驿站 28 处，小驿站也有七八处。那时西藏地区的宗教领袖和地方官员经常持书、驿券和官员文牒在驿道上来往[23]。为加强与西藏地区的联系，明政府多次下令恢复和修建乌斯藏（明朝人对西藏地区的称呼）通内地的驿路和驿站。永乐五年（1407 年），明政府曾命令乌斯藏的阐化王、护教王、赞普王和国师率川藏诸族合力恢复驿站，开辟了雅州乌斯藏的驿路。这是继甘藏驿路后又一条从内地到乌斯藏的新驿路。这条驿路交通方便，沿途衣食供给十分丰厚，既保证了明政府乌斯藏地区诏书、旨令、文书的畅达，也便利了乌斯藏与内地的经济文化交流。

明朝在东南海疆也设立了对外经济往来的驿所。明成祖在广东设怀远驿，在福建设来远驿，在浙江设安远驿，专门负责接待外国使臣和商人。据明朝的法律大典《明会典》记载："自京师达于四方设有驿传，在京曰会同馆，在外曰水马驿并递运所。"[24]这条记载说明，明朝的会同馆是当时设在首都北京的全国驿站的总枢纽。会同馆有两种职能，一是起到邮驿传递书信的作用，二是起到国家级招待所的作用。这里可以供应外国使节、王府公差及高级官员的食宿，有时政府还在这里举行国宴，招待来自周边国家的进贡人员。

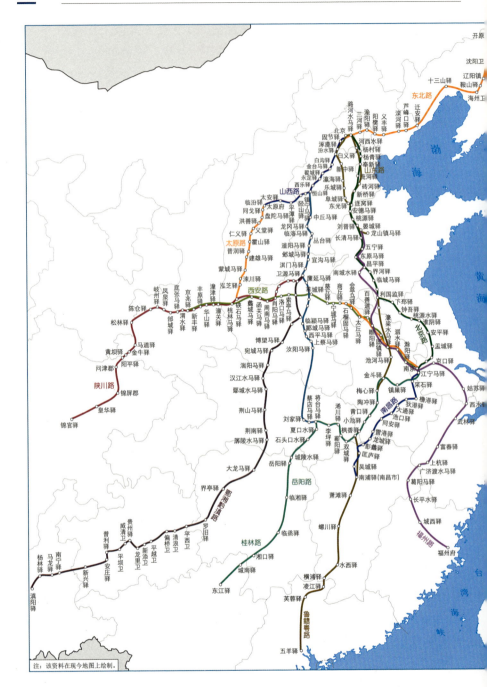

图 4-10 明代驿路干线示意图

注：作者自绘。

明朝部分地方馆驿负责接待中外客人。明代生员刘宣所撰《改建芜湖县馆驿记》中提到，芜湖为海外东南诸国赴京必经之地，为"天下要冲也，故有馆驿"，东南各国客使必先在芜湖驿暂住后才"易以官舟"北上[25]。苏州也是东南一大交通枢纽城市。明代姑苏驿站极为讲究，建有亭、馆、楼、台等，其大门石柱中有 20 个大字的楹联："客到烹茶旅客权当东道，悬灯得月邮亭远映胥江。"这副对联反映了我国明代驿站的服务情景。明朝的北方驿路沿线，也建有不少华丽馆舍，园林艺术水平很高。河北邯郸永年区明时称为广平府，万历年间，当地知府为接待各地驻节之宾，在府城东建了一所"莲池胜地"馆舍，据记载有正堂 5 间，耳房 3 间，还有水池一方，浮桥、画亭、台阁多处，名称雅致，如同私家园林一般。

明代和元代一样，平常的文书交给步行的递铺，重要和紧急的文书才交给马驿办理。递运所是在一般的递和驿之外，专门运送军需物资和上贡物品的运输机构。这种机构分陆运和水运两种。递运所的设置代表了明代运输的一大进步，使货物运输有了专门的机构。递运所由专门的官员负责，设大使、副使各一人，另设百夫长。运输任务陆驿由军卒承担，水路则由各地船户负责。这种递运基本上采取定点、定线，兼以接力的方法。这种专职的递运业务，把陆路运输和海、河运输很好地组织起来。

清代的驿传与驿传部

在清朝以前，虽说常常"邮驿"合称，但实际上"邮"和"驿"是职能不相同的两种组织机构。汉唐以来，邮是负责传递公文的通信组织，也称为递；而驿实际上只负责提供各种交通和通信工具，兼有招待所的性质。清朝时，这两种组织融为一体，驿站从间接地为通信使者服务，而变成直接办理通信事务的机构。这实质上简化了通信系统，大大提高了工作效率。清朝驿务的管理归于兵部，专设车驾司，任命官员 7 人，主管全国驿道驿站。同时又在故宫东华门附近设两个专门机构，由满汉两大臣会同管理京师和各地驿务联系，下有马馆，专管驿夫驿马。又设捷报处，收发来往公文和军事情报。

据记载，清朝的通信达到了历史上最快的速度。以前，一昼夜最多传递500里，清朝时马递传送公文最快可达一昼夜800里。康熙年间平定吴三桂三藩叛乱，从大西南向京师递送军事情报，路程达5000余里，后派施琅收复台湾时，从福建报捷到京师，路程4800余里，快马通信只需1周即可到达。

清朝驿站比明朝更为普遍，尤其在一些偏远的县级地区，新设了"县递"。这种邮递在县之间传递信息，弥补了干线驿站的不足。县递不是正规的驿站，但备有被称为"递马"的通信马匹，实际上起到了驿站的作用。因为有县递的补充，清朝全国邮驿事业比以前大大完善了。到光绪时，仅山东一省，就有包括县递在内的正规和非正规的大小驿站139处。

雍正朝建立了军机处以后，清朝邮驿事业更有了新的发展。军机处可以直接向下发放皇帝的上谕或诏令。有时候，这些上谕可以不经外廷内阁处理，由军机处直接交给兵部的捷报处发给驿站向下驰递。这些重要文书上面常常书有"马上飞递"字样，表明其为急递文书，有的要求时限很紧，直接写上"六百里加紧"，甚至有要求"飞折八百里驿递"者，即要求以每日600里、800里的速度送达。这样的方式，既保密又高效。

康熙、雍正、乾隆等皇帝在与边境军阀和地方势力作战时，每夜都要等前方军报，军报若一两天不来，就会坐立不安，夜不成寐。当时从北京到准噶尔作战前线有万里之遥，来往文书需要一月有余，乾隆常常要预见到数月以后的形势才能作出决定。可以肯定，假若那时没有发达的邮驿设施，清朝的皇帝们几乎不可能及时了解前方军情，适时决断，对前方战局进行有效的遥控。

清朝中叶以后，帝国制度走向崩溃，随之发展的旧式邮驿，自然也出现了许多无法弥补的弊端。尤其是生活在帝国驿政下的劳苦大众，处于水深火热之中。清代诗人秦松铃在《点夫行》中这样描写当时驿夫的悲惨生活："奔疲面目黑，负背形神枯。水深泥没踝，衣破肩无肤。苦情不敢说,欲语先呜呜。"[26] 在如此恶劣条件下服役的驿夫,自然不可能有劳动的积极性,纷纷逃走。河北武清区东北,有一个河西驿,地处京东水路通衢,一直是历朝漕运的咽喉。清初,这里的邮驿很发达,有役夫 152 名、驿马 33 匹。但到清晚期的光绪年间,这里驿务萧条,只剩下役夫 30 名、驿马 24 匹。当时有一位兼管驿务的下层官吏写了一部《河西驿日记》。在他的笔下,河西驿已成为一个残破不堪的机构:破烂的房屋,即将倒塌的马棚,老弱待毙的病马,饥寒交迫的驿夫,组成一幅凄凉的图景。在河西驿,还有不法官吏不断进行勒索,造成文报迟延、通信阻塞,邮务不能正常进行。这样的驿站,当然不能担负起邮驿通信的重责,而成为社会的赘疣,没有存在的必要了。

有识的革新之士,早就提出取消上述过时的传统驿站的建议。晚清著名思想家冯桂芬专门写了一篇《裁驿站议》,深刻揭露了清政府邮驿的流弊,文中指出:有一名道员为往来贺节贺寿,竟用了 500 里排单,大大浪费人力物力。冯桂芬大声疾呼:"国家以有限之帑项,既饱县官私囊,复递无足轻重之例信,亦何贵此驿站为乎?"他认为应当下决心取消驿站,改设近代邮政。如此既利于官,又便于民,不仅可以节省国家开支,而且可借邮政收入数百万之盈余[27]。在形势的逼迫下,清政府于光绪二十二年(1896 年)始办新式邮政,逐渐替代驿站。到辛亥革命后的 1913 年,北洋政府终于宣布撤销全部驿站[28]。自此,古代中国的人马邮驿制度正式终结,而适应工业革命带来的生产力飞速发展的邮政变革揭开新的篇章。

当代邮政的跨越式发展

新中国成立伊始,为尽快统一全国邮政,恢复邮政通信,中央政府迅速组建成立了邮电部,1950 年又成立了邮政总局。当时的邮政业可谓是百废待兴,网络残缺不全,生产设备陈旧落后,全国邮路总长仅有 70.6 万千米,邮政服务局所仅有 2.6 万处,大部分集中在大中城市,广大县乡农村地区仍是邮政无法覆盖的空白区域。在此后很长一段时期，邮政网点能够办理的业务主要集中在函件、包裹、汇兑和报刊发行"老四样"。2005年，国务院印发《邮政体制改革方案》。两年后，根据"一分开、两改革、四完善"的邮政体制改革思路，国家邮政局、中国邮政集团公司揭牌，政企分开基本完成。2008年，"大部制"改革启动，邮政行业为"大交通"增添新动力，邮政、快递企业也乘上综合交通运输体系的发展快车[29]。

党的十八大以来，邮政业继续发挥邮政体制改革优势，把创新作为引领发展的第一动力。在创新驱动下，邮政业正在让百姓生活更方便；让企业发展更具活力。1949年，我国邮政业务总量仅为1.6亿元，到2021年底，全国邮政业务总量已经达到12642亿元，70年间增长了7900多倍[30]。邮政体系已经成为国家战略性的基础设施和社会的组织系统，邮政业作为现代服务业的重要组成部分，作为推动流通方式转型、促进消费升级的现代化先导性产业，在服务国家经济社会发展和改善民生中发挥着越来越重要的基础作用。

除了官方的中国邮政外，中国的民营快递公司也随着电子商务的发展，如雨后春笋般涌现。2009年，《中华人民共和国邮政法》修订，从国家层面确认了民营快递的合法身份。目前，中国的乡镇快递网点覆盖率已超过98%，年平均服务用户数量超过1000亿人次。2020年，中国快递业务量完成833.36亿件，连续7年居于世界第一，占全球快递业务量的六成以上[31]。这些历史坐标的背后，是中国邮政业改革稳步推进和行业发展提速换挡。与此同时，一个发展环境优化、治理能力提升的产业生态体系正在完善：信息通信、运输工具、手持终端等设备，成为生产服务效率提升的利器；资本、人才、管理等要素的注入，加速了建设现代企业的步伐；与电商、制造业等行业深度联动，与综合交通运输体系有效衔接，快递业的产业链正在不断延伸。《邮政强国建设行动纲要》提出，到2035年基本建成邮政强国，实现网络通达全球化、设施设备智能化、发展方式集约化、服务供给多元化，基本实现行业治理体系和治理能力现代化。从古代驿站传书到如今借助飞机次日达，中国的邮政快递行业迈入全新的2.0时代，正向着高质量发展阶段昂首迈进。

●本章参考文献

[1] 许慎. 说文解字 [M]. 杭州：浙江古籍出版社，2016.

[2] 司马迁. 史记 [M]. 北京：中华书局，1959.

[3] 美篇. 拜庙祈福之旅之二十——尧庙 [EB/OL]. (2019-08-03) [2022-04-24]. https：//www. meipian. cn/2ak9y47s.

[4] 尚书 [M]. 王世舜，王翠叶，译注. 北京：中华书局，2012.

[5] 臧嵘. 中国古代驿站与邮传 [M]. 北京：中国国际广播出版社，2009.

[6] 周礼 [M]. 陈戍国，点校. 长沙：岳麓书社，1989.

[7] 龙门逋客. 在古代长城的真实作用是什么？[EB/OL]. (2018-09-25) [2022-03-15]. https：//iask. sina. com. cn/d-b/5ba9dbc00cf2c394227e93d0. html.

[8] 中国社会科学网. 镇馆之宝丨杜虎符 [EB/OL]. (2022-01-19) [2022-04-12]. https：//baijiahao. baidu. com/s? id = 1722344470415560050&wfr = spider&for = pc.

[9] 郑若葵. 中国古代交通图典 [M]. 昆明：云南人民出版社，2007.

[10] 范晔. 后汉书 [M]. 李贤，等，注. 北京：中华书局，1997.

[11] 甘肃省博物馆. 丝绸之路上的汉代邮驿 [EB/OL]. (2020-06-11) [2022-04-05]. https：//baijiahao. baidu. com/s? id=16691797591771 1754&wfr = spider&for = pc.

[12] 北京晚报. 聆听大漠呼唤，云游动感敦煌！[EB/OL]. (2021-10-08) [2022-03-15]. http：//finance. sina. com. cn/jjxw/2021-10-08/doc-iktzqtyu020 1707. shtml.

[13] 中国甘肃网. 甘肃文物大赏⑨·"驿使图"壁画砖 [EB/OL]. (2022-06-10) [2022-06-15]. https：//baijiahao. baidu. com/s? id=1735241932348509 461&wfr = spider&for = pc.

[14] 李林甫，等. 唐六典 [M]. 陈仲夫，点校. 北京：中华书局，1992.

[15] 宋敏求. 河南志 [M]. 成都：四川大学出版社，2007.

[16] 柳宗元. 柳河东集 [M]. 上海：上海古籍出版社，2008.

[17] 岑参. 岑嘉州诗笺注 [M]. 北京：中华书局，2004.

[18] 沈括. 梦溪笔谈 [M]. 上海：上海书店出版社，2003.

[19] 谢缙，等. 永乐大典 [M]. 北京：书目文献出版社，1983.

[20] 李焘. 续资治通鉴长编 [M]. 黄以周, 等, 辑补. 上海: 上海古籍出版社, 1986.

[21] 宋濂, 等. 元史 [M]. 北京: 中华书局, 1976.

[22] 马可·波罗. 马可·波罗游记 [M]. 梁生智, 译. 北京: 中国文史出版社, 2008.

[23] 赵世延. 经世大典辑校 [M]. 周少川, 魏训田, 谢辉, 辑校. 北京: 中华书局, 2020.

[24] 申时行, 等. 明会典 [M]. 北京: 中华书局, 1989.

[25] 中国地方志集成·安徽府县志辑 [M]. 南京: 江苏古籍出版社, 1998.

[26] 张应昌. 清诗铎 [M]. 北京: 中华书局, 1960.

[27] 刘锦藻. 清朝续文献通考 [M]. 杭州: 浙江古籍出版社, 1988.

[28] 张有财. 明清时期河州驿站的设立和发展 [EB/OL]. [2022-04-05]. http://www.lxzbwg.com/Article/Content?ItemID=67b7e936-06b4-44af-8267-5d0d57ffdb11.

[29] 中国交通新闻网. 黑马添翼达四方——新中国成立70周年邮政业发展成就综述 [EB/OL]. (2019-10-15) [2022-04-24]. https://news.china.com/zw/news/13000776/20191015/37222546_1.html.

[30] 国家邮政局. 国家邮政局公布2021年邮政行业运行情况 [EB/OL]. (2022-01-14) [2022-04-24]. https://m.thepaper.cn/baijiahao_16293264.

[31] 中国经营报. 中国快递业发展"简史": 从大到强的"邮政强国"之路 [EB/OL]. (2021-07-03) [2022-04-24]. https://baijiahao.baidu.com/s?id=1704227129094639537&wfr=spider&for=pc.

第五章
Chapter 05

秦岭古道：

暗度陈仓下的大汉帝国崛起

秦朝末年，统治者的极度奢靡和横征暴敛导致百姓怨声载道，严苛的秦朝法律又使得百姓无路可走，于是陈胜、吴广的大泽乡起义终于爆发，这是我国历史上第一次农民大起义。在诸多起义军中，刘邦虽率军首先攻进咸阳，但被势力强大的项羽逼迫退出关中，率部退驻汉中。为迷惑和麻痹项羽，刘邦撤退时将汉中通往关中的秦岭栈道全部烧毁，以表达不再回关中的决心。重整旗鼓的刘邦派韩信出征，杀回关中争夺天下。出征前，韩信派兵修复已被烧毁的栈道，摆出一副要从原路进军的架势。关中项羽的守军闻讯，密切关注这些栈道修复的情况，并派主力部队在这条路线的各个关口要塞密切防范。韩信一边吸引敌军在栈道一线的注意力，一边派大军绕道到陈仓发动突然袭击，一举打败章邯，平定三秦，为刘邦统一中原迈出了决定性的一步。这就是"明修栈道，暗度陈仓"的故事，也将秦岭古道的历史华章展现在世人面前。

秦岭古道与华夏帝国

"尔来四万八千岁，不与秦塞通人烟。"[1]李白在《蜀道难》中这样形容巍峨秦岭的险峻。一条长约3000里的秦岭，隔绝了秦蜀两地的往来。秦岭是中国重要的山脉之一，与淮河共同构成中国南北分界线，广义秦岭的地理范围如图5-1所示。秦岭区分了中国南北的地理气候、自然环境、历史文化和社会生活形态，阻挡着南下的冷空气，也挡住了北上的大量水汽。它是一月份零度等温线和800毫米等降水量线的通过地，因此秦岭的北麓与南坡呈现出截然不同的生态样貌。秦岭以北为黄河流域水系，以南为长江流域水系，一定程度上造就了我国南北方的差异。

秦岭养育了成都平原、关中平原两大富庶之地，孕育了古都长安。3000年来，周、秦、汉、隋、唐等诸多朝代都定都于此。西周王室联合各部落击败商纣王后，进驻秦岭骊山脚下，中国由此进入了长达 2000 年的大秦岭时代,其中历代王朝都以大秦岭的长安和洛阳一线为中心。在周王室东迁之前,西周都背靠秦岭,以周礼与封建制度统治着华夏大地。周王室东迁后,秦人进入关中,来到了这片骊山脚下的富饶沃土。

图 5-1　广义秦岭的地理范围示意图

秦人祖先为商朝旧臣,在周灭商后被迫西迁至秦岭西北的甘肃天水河谷盆地一带,为周王室养马,并抵御西戎势力。甘肃天水是秦人兴起之地。平王元年(前 770 年),因护送周平王有功,秦襄公被封为诸侯,秦一跃成为诸侯之国。周王室衰颓后,秦人迁居关中,夺取了东出的要道函谷关。显王八年(前 361 年),秦孝公即位后,重用商鞅,推行变法,在咸阳营建新都。秦惠文王在位时,秦军越过秦岭,吞并巴蜀,攻占楚国的汉中。至此,黄河以西、秦岭巴山,尽归秦国。秦昭襄王时期,秦国南征北战,将国土扩展到江汉中下游。始皇二十六年(前 221 年),秦王嬴政终于统一六国,建立中国历史上第一个大一统中央集权制国家。

在秦末乱世,刘邦率领起义军先锋部队绕过易守难攻的函谷关,从秦岭西南迂回进军,率先进入关中灭了秦朝。此前,起义军名义上的领袖楚怀王与诸将约定,先入关中者为关中王。刘邦屈服于手握重兵的项羽,让出关中,以汉中、巴蜀为大本营当了汉王。随后他再次出兵与项羽争夺天下,正是从秦岭栈道开始的。

在秦岭的幽壑深谷之间,由多条险峻通道组成的古道群,连接着巴蜀、羌藏、甘青、关中等地。秦岭古道现在看来是些不起眼的山间小路,然而在长达 3000 年的历史时光中,用最原始的方式将秦岭和黄河、长江流域连在一起(图 5-2)。

图 5-2　陈仓道历史遗址[2]

大汉帝国衰败后,秦岭古道再次成为南北交战的通道。诸葛亮所谓六出祁山,实际上就是出秦岭。诸葛亮北伐曹魏,沿秦岭的西汉水逆流而上,夺取陇西,意图再向关中进军,怎奈出师未捷身先死。后来,曹魏灭蜀,也是由秦岭古道进军。魏将邓艾裹着毛毡从阴平道攀木缘崖而下,身先士卒,率领将士突袭成都,迫使蜀汉后主刘禅出城投降。

及至大唐盛世,一代雄主李世民在《望终南山》一诗中写道:"重峦俯渭水,碧嶂插遥天。出红扶岭日,入翠贮岩烟。"[1]诗人王维晚年隐居秦岭的终南山,写下了山水名句:"行到水穷处,坐看云起时。偶然值林叟,谈笑无还期。"[3]杨贵妃爱吃的荔枝,则是来自南国,运输者经秦岭中子午道一路飞驰到长安。韩愈被贬潮州,在远行路上思念家人,回望秦岭间长安时,发出了"云横秦岭家何在,雪拥蓝关马不前"[4]的慨叹。唐代以后,随着我国经济重心的逐渐南移,黄河流域的经济地位日渐被南方超越,关中地区的政治地位也开始走向没落,帝国的都城再也没有回过长安、回归秦岭。

隐藏在秦岭古道中的制胜秘籍

楚汉战争在世界战争史上都极为有名,整个战役体现了许多军事智慧。前209年,楚人项梁、项羽叔侄继陈胜、吴广后发动会稽起义,原泗水亭长刘邦亦于沛县起兵响应,并归附项梁。彼时,各部首领均自立为王,起义有生力量难以聚众,因此项梁采纳范增的建议,拥立前楚怀王的孙子熊心为王,仍号"楚怀王"。为鼓舞士气,楚怀王与各诸将约定"先入定关中者王之"[5],于是刘邦率队西征,意欲抢先入定关中。通常由中原进入关中的通道均是经洛阳沿黄河向西,过函谷关入关中,即"潼关大道",但刘邦之军在洛阳大败,难以原路进军。经过战略分析,刘邦率队舍近求远选择绕行武关道。这一战略调整非常必要。武关道为连接关中平原与河南南阳盆地的一条古道,穿越伏牛山和秦岭,经商洛入关,地势险峻。关中秦军将守备重点放在潼关大道之上,而在武关道一线的防御力量薄弱。选择武关道虽险远,但一来可绕开秦军主力部队,避免正面交锋,二来可让其他起义部队与守军力量在潼关大道上相互消耗。果不其然,刘邦经武关道入关,在蓝田大败秦军,于前207年秋逼迫秦王子婴投降,结束了秦王朝的统治。而项羽则率部从潼关大道一路杀入关中,晚于刘邦近两个月才入关。刘邦和项羽入关灭秦的路线如图5-3所示。

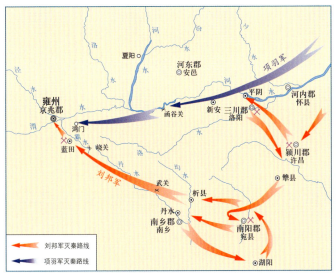

图5-3 刘邦和项羽入关灭秦路线

平定关中后,项羽上书楚怀王请封功臣,怀王回复"如约",即承认刘邦为王的地位。项羽大怒,凭借自身的军事力量优势自主分封,自号"西楚霸王",定都彭城(今徐州)。项羽划定巴、蜀、汉中等地,封刘邦为汉王;又将关中地区分为三部,封秦降将章邯为雍王、司马欣为塞王、董翳为翟王,合称"三秦"。项羽这一分封,企图通过关中三王的力量牢牢控制关中平原,并将刘邦困锁在茫茫秦岭当中,使其永世不得翻身。

刘邦起初不服,计划谋攻项羽,但谋士萧何进言,劝其占据汉中。于是刘邦采纳萧何的建议接受了汉王封号,并于前206年4月前往汉中就国。东汉摩崖石刻《石门颂》载:"高祖受命,兴于汉中。道由子午,出散入秦。"[6]由此可知刘邦选择了子午道进入汉中,即从咸阳向南经宁陕至石泉,再向西经洋县至汉中(也有一说是选择褒斜道入汉中,即由宝鸡眉县向南过太白县、留坝县至汉中)。由汉中至关中的秦岭众古道示意图如图5-4所示。入汉中途中,刘邦令张良烧毁子午道中所过栈道,一方面是防止诸侯偷袭,另一方面则是用来麻痹项羽,向项羽表明其无东山再起之意。项羽果真中计,班师回到彭城,并命主力部队移师山东剿灭齐国的叛乱。

图5-4 由汉中至关中的秦岭众古道

刘邦入汉中4个月后(前206年8月),出兵伐关中章邯。为进一步迷惑对手,刘邦听用韩信的计谋,安排将士在子午道(或褒斜道)

重修被烧毁的栈道，诱使章邯派重兵把守以上各道关口，但自己悄悄选择最西侧的陈仓道入关，使得章邯措手不及，节节败退，最后围困章邯逼迫其自杀。同月，塞王司马欣、翟王董翳投降。至此，三秦之地皆归刘邦所有。这就是"明修栈道，暗度陈仓"的典故。刘邦占据了富饶的巴蜀和三秦之地后，将此作为战略根据地，发动了长达4年的楚汉战争，并最终迫使项羽乌江自刎，赢得天下，定都长安，建立了大汉伟业。汉时的道路网络进一步发展，交通干线如图5-5所示。

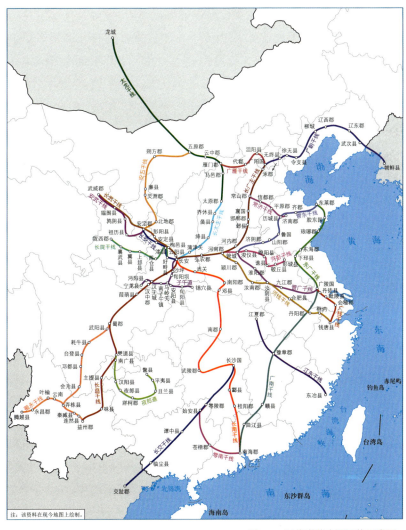

图5-5　汉代道路交通干线示意图

楚汉战争初期,双方势力相差非常大,若在平原上两军正面对抗,刘邦几无胜算,但广袤的秦岭和条条古道,提供了藏兵于山、出奇制胜的绝佳条件,成为赢得天下的"秘籍"。从放弃潼关大道选择武关道首次进入关中,到焚毁子午道(或褒斜道)栈道避楚锋芒,再到重修栈道迷惑对手,最后从陈仓道一击制敌,秦岭中的一条条古道在军事活动中被刘邦所充分重视和应用,并由此拉开了多民族大一统国家走向繁荣昌盛的序幕。可以说,没有秦岭古道提供的军事战略支撑,也许就不会有大汉帝国的崛起。

汉王刘邦利用秦岭古道取得天下,而这些古道的开辟始于更早的时期。在绵延3000余里的秦岭山脉中,万千华夏子孙为了能去往更远的地方,在不同时期修筑了秦岭的大量古道,其中最著名的6条分别是陈仓道、褒斜道、傥骆道、子午道、峪谷道和武关道(图5-6),它们是沟通关中与汉中的重要通道。

图5-6 秦岭六大古道

秦岭古道的历史非常悠久。远古时期,雍梁地区(今甘肃,古时属雍、梁二州)先民打猎时践草为径,在山间穿越踩踏出许多南北向的小路,而部落间的征战又进一步扩展了这些道路。《史记·五帝本纪》记载:"天下有不顺者,黄帝从而征之,平者去之,披山通道,未尝宁居。"[5]西周时,古武关道、子午道、褒斜道、陈仓道等道路先后修通。西周在今宝鸡的渭水南岸分封散国。清乾隆时,此地出土的散氏盘为西周初年的青铜器,上有"周道"这一铭文。据史学家王国维考证,此周道即为陈仓道。不过,秦岭诸道的出现可能早于西周。周原出土的甲骨文有周文王"伐蜀"的字迹。周原以南即为斜谷口，是褒斜道的起点。传说周灭商时，就有来自巴蜀的族群参战，可能也是利用古道翻越秦岭前来中原作战。

古时秦岭被视为天下最大的阻碍，山岭高峻，林木茂密，但其间修建的道路非常多。据统计，除了上述六大古道之外，其北坡各谷中还藏有50多条小道。《华阳国志·蜀志》认为褒斜道开通于三皇五帝时代[7]，清顾祖禹所著《读史方舆记要》则言"褒斜之道，夏禹发之"[8]。可以肯定，秦岭诸道的开辟时间要比西周更早，如此才有后来的周幽王取褒斜道伐褒国得褒姒。依据出土的文物和相关书籍描述可以推测：陈仓道、褒斜道、武关道开辟的时间最早，很可能在西周之前；峪谷道开辟于春秋时期；子午道开辟于秦朝；傥骆道开辟于东汉至三国这一时期。

- 陈仓道

陈仓道与褒斜道、傥骆道、子午道都属于通往今四川的蜀道。陈仓道又称故道、嘉陵道，因古陈仓县而得名。这条古道起于宝鸡陈仓，向西南延至秦岭，然后出大散关，沿嘉陵江上游至河谷一直到凤县，后经今两当、徽县到今略阳，接沔水道，达汉中一带。道路的全长，根据唐宋时的记载推算约为1190千米，根据清代中叶的记载推算约为1260千米（图5-7）。

陈仓道上最著名的要塞就是大散关。大散关位于宝鸡市西南大散岭，控扼陈仓道南北咽喉，形势险要，是关中西南的唯一要塞，也是著名的关中四关之一。陈仓道上的战事多围绕大散关展开，据史料记载，大散关发生的战事最少有70次。《读史方舆纪要》记载，大散关"扼南北交通，北不得此，无以启梁（汉中）益（成都），南不得此，无以图关中"[8]。大散关战略形势如此重要，自然成为历代兵家必争之地。刘邦自汉中由陈仓道还定三秦，便经由此关；东汉延岑引兵进入散关至陈仓，曹操攻张鲁自陈仓过散关，诸葛亮出散关围陈仓，完颜宗弼（金兀术）为打通入蜀通道曾和南宋名将吴玠反复拉锯于此。上述这些战争的发生，无不表明大散关在军事上的重要性。大散关从古至今还是文人墨客、达官贵人及普通老百姓游览之地。王勃、王维、岑参、杜甫、李商隐、苏东坡都曾留下有关大散关的诗句。而陆游有关大散关的诗最多,影响也最大,如"楼船夜雪瓜洲渡,铁马秋风大散关""一日岁欲暮,扬鞭临散关""散关摩云俯贼垒,清渭如带陈军容""索虏尚凭三辅险,散关未下九天兵"[9]等。

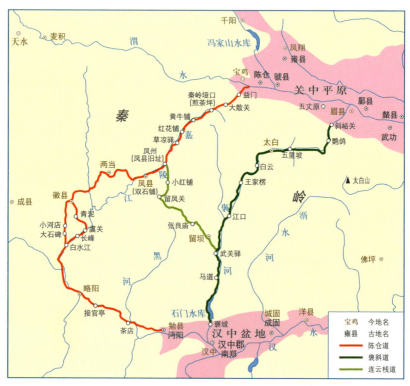

图 5-7　陈仓道

- 褒斜道

褒斜道是史书中记载的第一条穿越秦岭的栈道,也是古代关中与汉中之间最主要的通道,因北入口在眉县斜谷、南出口在汉中褒谷而得名。史书记载,褒斜道全长约 250 千米,是古代穿越秦岭通往巴蜀大地的道路中最便捷的通道(图 5-8、图 5-9)。褒斜道上最有名的是"石门十三品"。石门是褒斜道南端的一段隧道,东汉永平年间所开。汉魏以来,东西两壁及褒河两岸的悬崖上凿有大量题咏和记事的摩崖石刻。20 世纪 70 年代初,石门因兴修水利将被淹没,最具代表性的 13 件石刻被搬迁至汉中博物馆保存,合称"石门十三品",其中最有名的是曹操的"衮雪"两个大字。

图 5-8 褒斜道

- 傥骆道

傥骆道又名党骆道,自西安向南,经户县折向西至周至,再向西南行 15 千米,最后到达汉中。在关中翻越秦岭通往汉中的 4 条主要道路中,傥骆道路程最短,但最难通行(图 5-10)。历史上记载的各种穿越秦岭的古道中,傥骆道最靠近被称为"华夏龙脉"的秦岭主峰太白山。据唐宋时的记载推算,傥骆道全长约为 375 千米,据清代记载约为 425 千米。傥骆道经过多座大山,开凿非常困难。三国时期诸葛亮曾于道路险要处布防,姜维则多次经此伐魏。此外,据传安史之乱中,杨贵妃的马嵬之死是有人替代,真正的杨贵妃由马嵬坡悄悄南下,进傥骆道,过黄柏塬,直达汉中,沿汉江入长江到扬州,在扬州改名换姓为太真,后东渡去了日本。历史与传说难以分辨,但傥骆道的战略作用仍可见一斑。

图 5-9　褒斜道遗址公园[10]

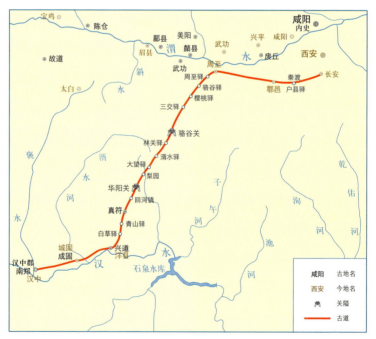

图 5-10　傥骆道

• 子午道

子午道开辟于秦末汉初,是汉唐时期长安通往汉中巴蜀一带的交通要道,具有重要的政治、经济价值,一度成为国家驿道。子午道自西安南下,过子午谷,最后到达汉中(图 5-11)。根据唐代《通典》的记载推算,其长度约为 420.5 千米,据清代中叶记载约为 477.5 千米。古时子午道具有重要的军事价值。东汉末年,曹操与马超、韩遂在关中大战,关中百姓就是借子午道逃往汉中避难。安史之乱以后,唐朝加强了南部山谷的防守,子午关就成为一处重要的驻军之地。

图 5-11 子午道

• 峪谷道

峪谷道其实是由 3 个谷口的道路组成的,分别为锡谷道、义谷道和库谷道,皆因入口在秦岭北麓的山谷而得名,形成时间相对较晚。峪谷道是古代长安通往安康的道路,从长安翻越秦岭,经柞水、镇安、旬阳北界到达安康,全长约350千米,主要用于南北货物交换、贸易等(图5-12)。

- 武关道

武关道又名商山路,开辟于商末周初,由秦岭北侧的灞水河谷和南侧的丹水河谷连接而成,是古代长安通往东南多地的交通要道,也是刘邦初入关中的通道(图5-13)。商山路沿途的自然风光非常秀丽。唐朝诗人温庭筠曾写下著名的《商山早行》:"晨起动征铎,客行悲故乡。鸡声茅店月,人迹板桥霜。槲叶落山路,枳花明驿墙。因思杜陵梦,凫雁满回塘。"[11]这首诗为后人描绘出一幅美丽的山水画卷。

悬崖栈道的奇迹

秦岭和巴山这两个巨大的屏障,基本为东西走向,绵延千里,挡住了关中、中原地区政权南向的视线和南下巴蜀的征途。即使到唐代,李白也有"尔来四万八千岁,不与秦塞通人烟""蜀道难,难于上青天"[12]的感叹。为了解决交通问题,人们因地制宜,在悬崖峭壁上凿孔、架木桩、架桥连阁,铺上木板,开辟了供行人和车辆通行的"专用"道路。受制于地形和施工水平的影响,秦岭古道都沿河谷前进,在地形较平缓、河岸宽度大的地段,道路为和缓的平道;地形陡峻、翻越山岭的路段,往往为大坡度道路或是由石阶构成的阶道,依山就势向前延伸。

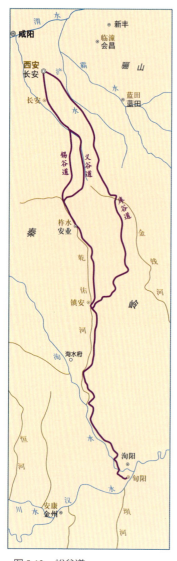

图5-12 峪谷道

第五章 秦岭古道：暗度陈仓下的大汉帝国崛起

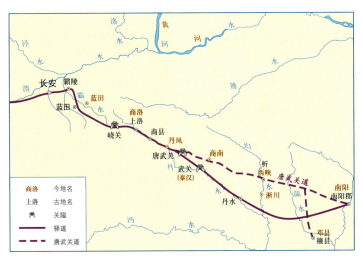

图 5-13 武关道

栈道往往位于荒山野岭、悬崖峭壁之处，路途山高水险、荆棘遍野、渺无人烟、猛兽出没，而且往往旁邻江河深流。栈道的施工环境极其险恶，建筑工具简陋，修筑难度极大，修建过程异常艰辛。李白《蜀道难》一诗中写道"地崩山摧壮士死，然后天梯石栈相勾连"[12]说的就是金牛道上"五丁开关"的典故。

栈道工程极其艰难，多采用在悬崖上打孔埋桩的方法，在崖壁上凿成30厘米见方、50厘米深的孔洞，分上、中、下三排，均插入木桩；接着在上排木桩上搭遮雨棚，中排木桩上铺板成路，下排木桩上支木为架（图5-14）。为了保障安全，人们往往在栈道靠河一侧及拐弯处装栏杆，以防人马和车辆不慎坠入河中。为了防止崖壁上方的土石下坠砸伤来往人畜，人们就在该处的栈道上加盖顶棚。有顶棚和栏杆的栈道，远远望去好像一长串空中走廊和楼阁，因而被称为"阁道"。由于桥梁横水而过，栈道傍水而行，因而栈道被称为"桥阁"。

傥骆道是翻越秦岭的道路中最艰险、路程最短的一条。由于这条路穿越河流峡谷地段较多，因而在其沿途悬崖峭壁上修造的栈道多达近百处。至盛时期，从长安到汉中有栈阁9万余间，每间以3米计算共合27万米。

图 5-14 栈道修建示意图[13]

褒斜栈道在修建到汉中褒河鸡头关时,遇到了前所未有的阻力——石山。褒谷口地势非常复杂险要,在悬崖上打孔埋桩、搭建栈道的常用技术在此处无效,因而褒斜栈道只能修到褒谷口。东汉永平年间,明帝为进一步沟通秦蜀,下诏修复褒斜栈道,并召集全国的能工巧匠商议。最终采用"火焚水激"的物理方法,开山破石,开凿了一条长 15 米,高、宽各约 4 米的穿山隧洞,史称"石门"(图 5-15)。这样不仅使褒斜栈道的通行更顺畅,而且也使褒斜道和金牛道实现了"并轨"。此举在世界上开创了依靠人工开凿隧道的先河,凿出了世界交通史上第一座人车并行的穿山隧道。

图 5-15 褒斜栈道石门[13]

栈道浸透着劳动人民的血汗,也蕴含着令人惊叹的古代智慧和技术。栈道是早于万里长城的巨大土木工程,其功能在于连接,象征着沟通、延伸和发展,具有交通、军事、政治战略功能。地位不逊于万里长城及京杭大运河。

历经风雨侵蚀、战火和岁月的洗礼，古栈道如今早已破败废弃，人迹罕至，只留下了断壁残垣。而今，横跨秦岭连接川陕的京昆高速公路、包茂高速公路和西成高速铁路等均已建成通车，连接秦岭南北两麓的路途已压缩至数小时内，与空中航线一道组成了全新的立体交通网。

●本章参考文献

[1] 彭定求，等．全唐诗 [M]．北京：中华书局，1985．

[2] 搜狐．秦岭古道的前世今生 [EB/OL]．(2019-07-10) [2022-04-25]．https://www.sohu.com/a/325884309_120047347．

[3] 王维．王摩诘集 [M]．北京：中国书店，2013．

[4] 韩愈．五百家注韩昌黎集 [M]．魏仲举，集注．北京：中华书局，2019．

[5] 司马迁．史记 [M]．北京：中华书局，1959．

[6] 欧阳修．欧阳文忠公集 [M]．上海：上海书店，1989．

[7] 常璩．华阳国志 [M]．济南：齐鲁书社，2010．

[8] 顾祖禹．读史方舆纪要 [M]．上海：上海书店出版社，1998．

[9] 陆游．剑南诗稿校注 [M]．上海：上海古籍出版社，1985．

[10] 北疆闲云野鹤．春光明媚游汉中之四：石门栈道（褒斜道）[EB/OL]．(2015-04-27) [2022-03-26]．https://you.ctrip.com/travels/shanxi100057/2336793.html．

[11] 温庭筠．温庭筠集 [M]．北京：中央编译出版社，2015．

[12] 李白．李太白集 [M]．长沙：岳麓书社，1987．

[13] 琴丽科技．世界第九大奇迹——古栈道，比肩万里长城、京杭大运河（上）[EB/OL]．(2021-02-03) [2022-03-26]．https://www.sohu.com/a/448440907_120633302．

第六章
Chapter 06

千年运河：

漕运铸就繁荣昌盛

我国运河系统是中国创造的世界奇迹,是中国自然地理特征决定的必然选择。在以水运为主的漫长年月,建设南北方向的水运大通道,既是当时社会经济发展的需要,也是古代人类的伟大壮举。我国的运河系统发展到今天,已经全面沟通了海河、淮河、黄河、长江和珠江水系,形成了世界上规模最大、水运最繁忙、至今依然发挥着重要作用的人工运河体系,是无与伦比的世界奇迹。

运河是为沟通地区或江河湖海而人工开凿的水道,是人类征服、利用大自然的重大创举。除航运的基本功能外,运河还兼顾灌溉、分洪、排涝、给水等功能,并作为历史悠久的水运交通方式,起到了繁荣经济、沟通文化、推动城市发展等作用,有力维护了国家的统一与稳定。

运河的出现源于古代交通运输的实际需要。我国地势特点是西高东低,主要河流都是自西向东注入大海,缺少南北方向的水运大通道。为将各大水系沟通起来,我国古代先民自春秋起便开始开凿运河,不断完善水运交通体系。

先秦时期:运河肇始

我国最早有关运河开凿的史料出现于春秋时期。当时各诸侯国为自身发展和与外界交往,在所控制的区域内开凿运河,沟通自然水域。最早开凿运河的是楚国。楚庄王(前613年—前591年在位)时,孙叔敖在江汉平原的云梦泽畔激沮水作云梦大泽之池,开凿了"通渠汉水、云梦之野"[1]的云梦通渠运河,即楚西方之渠。楚灵王(前540年—前529年在位)时,又自章华台(今湖北监利北)开浚北通扬水,以利漕运。楚昭王(前516年—前489年在位)时,伍子胥率吴师伐楚,疏浚此运道以入,故称"子胥渎"[2]。伍子胥还在吴国境内开渠,但这些沟渠都不长,作用也很有限。[3-4]

吴王夫差(前495—前473年在位)筑邗城(今江苏扬州),并于侧近开沟，引江水北出武广湖（今邵伯湖）东、陆阳湖西（今江苏高邮南）两湖之间，下注樊梁湖（今高邮湖），东北流至博芝、射阳两湖（今江苏宝应东），至夹耶湖，再向西北流至今淮安北古末口入淮，以通粮道，即楚东方之渠，也称邗沟，是如今京杭大运河中里运河的前身。邗沟沟通了长江与淮河两大水系，是我国首个以运河方式跨越连接南北不同水系的水利工程，影响巨大。

前484年，吴王夫差在今山东定陶东北开深沟引菏泽水东南流，入于泗水，因其水源来自菏泽，故称菏水，为黄河流域最早的运河，是邗沟的后续工程。其故道相当于今山东西南成武、金乡北的万福河。菏水的开凿使原来互不相通的江、淮、河、济四水得以贯通，成为中原地区东西往来的主要内河航道[5]。

古江南河，是阖闾、夫差时期的吴国在太湖地区陆续开凿的运河之一。水出吴都平门（今江苏苏州北门）；西北行，穿巢湖（今漕湖），通泰伯渎，经梅亭（今江苏无锡东南梅村），入杨湖（今芙蓉湖），出渔浦（今江苏江阴利港），入长江而抵广陵（今江苏扬州）。吴都以南，于今海宁开"百尺渎"会古钱塘江，以运送粮秣。古江南河和百尺渎是江南运河的前身[6]。

越王勾践为改善运道条件，对自然河道进行了治理，并开凿了山阴水道。该水道西起今绍兴东郭门，过炼塘村（今浙江绍兴上虞区东关街道），经曹娥江、甬江和姚江，入东海，为后来浙东运河的前身[7]。

魏惠王九年（前361年），魏国自今河南原阳县北开大沟，引黄河水南流入圃田泽（古大湖，在今河南中牟西），又自圃田泽引水至国都大梁（今河南开封）城北，绕城趋南，经通许、太康，注入沙水，再南至陈（今河南淮阳）东南入淮河支流颍水，即为鸿沟。鸿沟的开凿联结了黄河与淮河之间济、濮、泗、菏、睢、颍、汝等数条河道，初步形成黄淮平原以人工运河为干流，以自然河流为分支的水运交通网（图6-1）。鸿沟水运交通网不仅促进了商业交往，还有助于改善沿途的农业灌溉条件，成为魏国富国强军、跻身"战国七雄"的重要因素。鸿沟水系的形成是先秦运河初创时期的总结，又预示着一个新时代的到来。

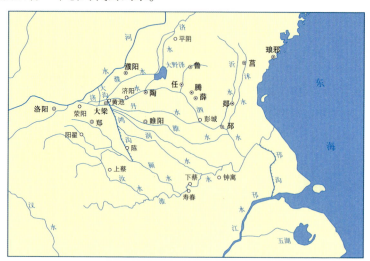

图6-1　鸿沟水系平面示意图

此外,闻名天下的都江堰始建于秦昭襄王末年(约前276—前251年),是蜀郡太守李冰父子在传说中古蜀国国王鳖灵兴建的湔堋基础上组织修建的大型综合水利工程,由分水鱼嘴、飞沙堰、宝瓶口等部分组成。都江堰除具有防洪、灌溉功能外,还具有助航等综合功能。都江堰的建设,为成都平原发展成天府之国奠定了丰厚的水源基础。

先秦的运河大多借助当时平原地区自然河流、湖泊分布较密,便于人工开凿连通的有利条件,往往布局分散,缺乏系统,引水、壅水设施很少见,工程未臻完善,航运能力较弱,但却对后世运河的发展影响深远。

先秦时期河渠疏浚、维护管理归于水利,尚无专责部门、专职官员;漕运也只是临时性、季节性,亦无专责部门、专职官员。司空是这一时期中央政权中主管水土等工程的最高行政官。《尚书》记载,"禹作司空……平水土"。西周时中央主要行政官有"三有司",其中之一即"司工",亦即"司空"[8]。《考工记》说水利工程是司空执掌的重要部分[9]。

先秦时期的运河,主要是通过漕运功能维护国家统一和社会稳定，为社会经济发展创造有利条件，同时间接促进商品经济的兴起与发展、社会文化交流、区域开发。在上述作用的影响下，运河便利了开拓疆土，又为大一统帝国建立奠定了基础。诸多运河的陆续开通，实现了南北水路的连接，进一步便利了南北往来，促进了南北社会经济的发展。春秋战国时期，众多运河的开凿，直接促进了造船、修船业的发展，也间接促进了冶铁业、纺织业、制盐业、油漆业等发展，还给农业带来灌溉排洪之利，促进了农业的发展。成书于战国时期的地理学名著《禹贡》，托名大禹治水，记述了各地风土物产以及贡赋，说明当时陆运和水运的范围、货流方向和运输能力都已经初步形成规模，并且已经被人们所认识[10]。

- **大禹治水的精神遗产**[4]

大禹治水是我国古代著名的神话传说之一，在诸多文献中均有记载。安徽省蚌埠市西郊禹会村遗址内的禹王庙（图6-2）有数千年历史，历代众多文人名宦，如狄仁杰、柳宗元、苏轼等，来此游览凭吊并留下大量诗文铭刻。

图6-2　禹王庙遗址

大禹治水虽不是直接开辟运河,却是华夏历史上第一次完整记载国人开辟水利事业、与水患战斗的伟大壮举,在中华文明发展史上发挥了重要作用。大禹治水精神既是中华民族精神的源头之一,又是中华民族精神的重要象征。梁启超说:大禹之事功,为中国物质上统一之基础;大禹之德行,为中国精神上统一之基础也。大禹治水的宝贵探索和经验,更是直接为后世运河的开凿奠定了基础。

大禹精神有以下几点。第一,民族至上:治水的出发点都是保护更多的部落以及部落内的生命、耕地、财产、山林,还积极发展灌溉、开垦土地,推动农业生产,是中华民族早期大融合的推动者和领导者。第二,公而忘私:他躬亲劳苦,手执工具,置小家于不顾,"三过家门而不入",与民众一起栉风沐雨,同洪水搏斗,体现出舍小家、顾大家的崇高品质。第三,开拓创新:认真总结前人经验教训,研究治水的规律和方法,创造发明了测量工具,提出了疏川导滞的疏浚排洪治水策略。第四,廉洁朴素:衣饰朴素而祭祀礼服很正式,吃得很简单而贡品精致,住低矮房屋而一心治水。

李冰父子很好地继承和发扬了大禹精神,对蜀郡(川西)水利进行全面整治,奠定了川西水利的基本格局。2000多年来,他们的工作一直发挥着巨大的防洪灌溉作用,成都平原因此成为"天府之国"。他们忠于职守,实干苦干:整修水利,发展农业;疏浚河道,修路架桥,方便交通;开盐井,发展工商业,政绩辉煌。他们尊重自然,追求科学:掌握水文地理,因地制宜,提出合理的治水方案。他们传承创新,着眼全局:综合考虑防洪、灌溉、水运等功能,从更大范围的水系出发推行政策。

秦汉时期:运河初兴

秦在统一中国的过程中重新整治、改造先秦时代留下的运河,并开凿灵渠,连通了岭南地区。始皇三十七年(前210年),秦始皇遣刑徒3000人自丹徒(现江苏镇江丹徒区)至曲阿(今江苏丹阳），顺应丘陵地势，开凿一条新的河道，即丹徒水道，东南通吴王夫差所开的古江南河而至会稽郡（今江苏苏州），奠定了隋代江南运河的基本走向[4,7,11]。

灵渠地处广西桂林兴安县，开凿于秦始皇三十三年（前214年），至今已2200余年。它沟通了湘江（长江水系）与漓江（珠江水系），为北连湖广、南接两粤的水运交通枢纽，同时也起到了灌溉作用，是我国古代著名的水利工程，也是世界上较古老的运河之一，为开发岭南起了重要作用。从此，我国黄、淮、江、珠四大水系皆有运河相连，黄河流域的船只可以由水路直航岭南地区，这是中国水运的一大发展（图6-3）。

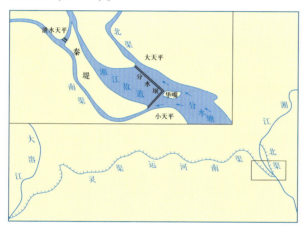

图6-3　灵渠平面示意图

汉代的主要运河工程包括：西汉元光六年（前129年）开凿全长300余里的漕渠，其为隋唐广通渠前身，每年运送漕粮四百万石以上[12]；东汉建武二十四年（48年）开凿阳渠，解决洛阳供水及连接黄河、洛水；东汉永平十二年（69年）派遣王景疏通长达千余里的汴渠，形成维系黄淮间漕运的骨干水道[7]。曹魏时期的主要运河工程包括：建安九年（204年）曹操疏通白沟，建安十八年（213年）开凿利曹渠[5]，建安十一年（206年）开凿平虏渠、泉州渠。两晋之交疏通了浙东运河，连通了钱塘江、曹娥江、姚江、甬江等多条河流，河流交叉，自然落差较大，筑埭相连，堰埭、斗、闸修筑较多[10]。

堰埭是为了适应一定水位差,维持航道水深,在河道中每相隔一定距离修建的拦河低坝。初期的堰埭虽然保证了渠道的水量和水深,但船舶无法通过。于是人们将堰的上下游做成较为平缓的坡面,坝顶做成平滑的圆弧形,用人力或畜力拖拉,后来又发展到用绞车牵引,用拽上滑下的方式牵引船舶过堰。它实际就是最原始的通航建筑物——斜面升船机[5]。古代船只过堰埭的示意图如图6-4所示。

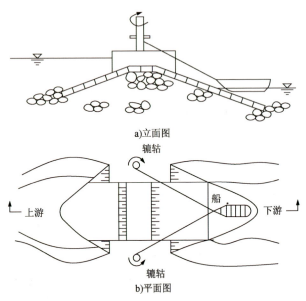

图6-4 古代船只过堰埭的示意图

秦朝建立后,统治机构中仍设有司空一职,专责巡视督促全国堤防维护和河渠疏浚,并在郡县地方组织中设置都水长丞等职,具体负责实施。运输组织由地方政府负责。西汉基本上承袭秦制并有所改进,东汉有所退步。总体来说,各项政治、经济制度和措施都还处于起步和摸索的阶段。漕运系统也只具雏形,尚无定制,缺乏统一的组织和计划,没有专职部门,未形成独立的经济系统[5]。

- **运河助力大一统帝国的形成**[11,13]

漕运作为集权统治的产物,与集权统治紧密相关。在强大统一王朝时期,漕运就兴旺发达;在分裂割据时代,漕运就颓废荒败。

秦始皇揭开了集权统治时代的大幕，统治天下的支柱不再是分封于各地的世袭贵族，而是一支完全听命于皇权的职业性官僚队伍。国家为满足庞大的官僚队伍的物质需求，征调全国财赋，建立俸禄制度；实施"外攘夷狄，内兴功业"国策，打下强大物质基础；征调地方的财物，削弱了地方物质基础；为最高统治者享尽人世间的一切荣华富贵，征调四方出产的各种物资。当然，这一时期，运河的开凿与疏通最直接的原因是为统一国家和巩固统治的军事行动而运送将士、粮草及其他军需物资。汉代沿用了秦漕运制度，漕运在波折中兴旺发达。秦、西汉时期的运河连接了经济中心和政治中心，不仅推进了秦朝对岭南的统一，而且对秦汉以后巩固南北的统一，加强南北、东西政治、经济、文化的联系，发挥了积极的作用。魏晋南北朝时期，漕运未能得到较大发展。相对来说，曹魏更重视运河疏浚和开凿，对巩固北方的统一发挥了战略作用，同时为定都邺城（今河北临漳）奠定了基础[4]。

秦汉时期建立起的水道运输系统，不仅为中央集权国家漕运的生成与发展提供了必不可少的条件，带来了极大的便利，而且奠定了后世漕运的水道基础。汉武帝时，漕运粮食由几十万石加到百余万石，后来又增至600万石，水运运量大、成本低的优势显现，逐步占据主导地位。据《盐铁论·本议》记载，陆运"往来烦难，物多恶苦，或不偿其费"[16]；据《史记·张仪列传》记载，水运"大船积粟，起于汶山，浮江以下……一日行三百余里，里数虽然不多，然不费牛马之力"[1]，彰显了水运的优势[5]。运河的开凿还在一定程度上促进了手工业发展。首先是直接促进了修造船业的发展。其次，修造船业对铁、纺织物、木材、油漆等的需求量很大，因而间接促进了这些行业发展。战国及秦汉时期，北方运河区域的手工业十分发达，而南方运河区域则相对落后。到了魏晋南北朝，南北运河地区的手工业水平差距缩小，其中运河发挥了技术沟通交流的作用。

隋唐宋时期：运河成网

系统研究中国交通史的白寿彝先生指出，我国古代交通在隋唐时期进入了一个全新的时代，其显著特征是运河大规模开凿和使用[4]。隋唐时称运河为漕渠或漕河、运渠，至宋代始称运河。隋唐时的大运河，是由通济渠、山阳渎、孟渎（江南运河）和永济渠连通构成的。这四条渠总长度4000余里，宽30多米（图6-5）[17-18]。

图6-5　隋唐大运河平面简图

通济渠。开于隋炀帝大业元年（公元605年），长千余里，宽40步（约55米），唐时称广济渠。依《唐地理志图》所绘，从板渚（今河南荥阳氾水镇东北牛口峪附近）引黄河水东南流，循汴水故道至浚仪（今河南开封），离故道折向东南流经宁陵（今河南宁陵东南）、宋城（今河南商丘南）、永城（今河南永城北）、蕲县（今安徽宿州东南）、夏丘（今安徽泗县），从今盱眙对岸处入淮。通济渠应是利用了古鸿沟、汴水故道。

山阳渎。隋文帝开皇七年间（587年）开辟，后隋炀帝进一步疏浚，长300余里，宽40步（约55米），起点由楚州（今江苏淮安）末口移至山阳，南行经宝应、高邮、江都，由扬子入长江。山阳渎应是利用了古邗沟故道。

孟渎（江南运河）。在古江南运河基础上，隋炀帝于大业六年（610年）裁弯取直、加深，唐宪元和八年（813年）进一步治理，长800余里，宽10余丈（约40多米）。自润州、丹徒引长江水东南行，经武进、无极、苏州、嘉兴、盐官，西南至杭州[4]。

永济渠。据《隋书》卷三《炀帝纪》记载，隋炀帝于大业四年（608年）"诏发河北诸郡男女百余万，开凿永济渠，引沁水，南达于河，北通涿郡"[19]，渠长2000余里，宽170尺（约57米），向南通过黄河接通州渠，向东北经卫县、内黄、馆陶、临清、德州至天津，西北转永定河分支直抵涿郡。永济渠的开凿，使海河、黄河、淮水、长江四大水系得以贯通。

除大运河外，隋、唐、宋所开浚的河渠很多，其中最主要的工程为重整汉渭渠。隋文帝于开皇四年（584年）疏通汉渭渠，改名广通渠，又先后改名富民渠、永通渠。广通渠自大兴城西北引渭水，略循汉代漕渠故道而东，至潼关入黄河，长300余里。此外，沿通济渠、永济渠、广通渠建立了许多粮仓，作为转运或贮粮之所。其中著名的有黎阳的黎阳仓，巩义的兴洛仓（后改名洛口仓），洛阳的回洛仓、含嘉仓、河阳仓，华阴的永丰仓、广通仓，三门峡的太原仓、常平仓[17]。

隋唐开凿的这一系列运河，西自京师大兴城，北抵涿郡，南至余杭，全长4000余里，沟通了海河、黄河、淮河、长江、钱塘江五大水系，并把京师、东都、涿郡（幽州）、浚仪（汴州）、梁郡（宋州）、山阳（楚州）、江都（扬州）、吴郡（苏州）、余杭（杭州）等都城大邑连缀在一起，加强了各地区之间的联系。

宋时，通济渠被称为汴河，地位更显重要；山阳渎为淮南运河，地位同汴河；孟渎为浙西运河，南宋时尤显重要；永济渠为御河。这几条运河在两宋时期得到持续治理，构成南北水运干线。除上述水运干线外,其他运河也发挥着重要作用:惠民河是北宋开封西南闵水、蔡河诸运河的统称;广济河(又名五丈河)上接汴水,自汴京东北,经定陶、济州合蔡镇(今山东郓城西南)入梁山泊达郓州,沿济水(北清河)贯齐鲁达海;金水河是北宋开封城西引水渠;浙东运河为钱塘江与姚江之间数段运河的统称[10]。汴河、惠民河、广济河、金水河(一说黄河)合称漕运四河,共同形成以京师开封为中心的运河网络(图6-6)。南宋偏安一隅,但因临安左江右湖,舟船最便,运河继续发挥重要作用。在维护使用淮南、浙西运河的同时,南宋全力整治浙东运河。该运河成为支撑南宋政权的生命线。

图6-6　北宋开封漕运四河平面示意图

　　隋朝漕运管理体制大致沿袭秦汉时代,水平还比较低。漕运管理仅是地方官或中央特派官的一项职责,还没有形成独立的管理机构。从唐朝开始,漕运管理职责逐渐从地方机构中分离出来,成为国家经济部门中的重要组成部分,逐步形成了一套完整的漕运制度。唐朝可算作中国古代漕运管理的分水岭。

　　唐朝沿袭隋制,工部及所属水部(司)为行使"天下川渎"政令的中央机构。唐朝改隋所设的都水台为都水监,置都水使者两人,下属有舟楫、河渠两署,负责渠堰陂池维修、京畿用水管理、舟船运槽等。都水监独立于六部之外。唐初,漕务一般由尚书省户部之下的度支和水部郎中负责,只有当京师出现粮荒或朝廷有较大军事行动时,才派遣其他官员兼管或协办。随着漕运规模的扩大和重要性的提高,设水陆发运使,但由地方专员或重要大员兼任[5]。

宋朝继承隋唐的漕运管理体制,并在北宋期间得到显著发展。北宋时才正式出现独立、完整的漕运管理机构。在中央设工部,工部尚书掌管百工水土,下设本部、屯田、虞部、水部,其中水部的职责是川渎、河渠、津梁、舟楫、漕运之事。宋朝三司总管漕运;中央政府设专门漕运管理机构发运司,主要职能有规划漕运路线、分配各路漕粮份额、选用漕运职官、供应和分配运输船只、编组大宗纲运等;各路则设有转运司、都转运司,专门从事漕运征解,又称漕司,为中央派出机构;漕运线上设置车辇运司、拨发司等机构,主要职责是催督漕船进京,地方官亦协助管理漕运之责[5]。

在漕运技术方面,对于运输规模较大、运输比较繁忙的运河,堰埭工程已不能满足航运需要。为了便于重载船队通航,灵活节制用水,唐代产生了斗门(图6-7)和单闸技术。在坡降较大、水源紧缺的地方,诞生了复闸和多级船闸技术。即便如此,每次船舶过闸时都有大量水体走泄,为进一步减少水量损失,在宋朝出现了节水工程——澳闸。所谓澳闸,就是在闸旁建有蓄水池,将闸室放出的水储入水澳;当闸室水量不足时,则将水澳中的水用水车车回闸室使用。此类船闸的出现,反映了宋朝在运河航运技术方面的高超水平。

图6-7 邮票上的斗门

● 运河强化大一统帝国[4,6,13,21]

隋唐形成了以洛阳为中心的南北大运河,首次沟通了中原都城与经济上日渐崛起的江南三吴与河北地区,大大加强了对南北地区的政治、军事统治,对此后的历史发展也产生了深远影响[4]。

隋代虽没有留下漕运量的明确记录,但其漕运规模之大、仓积廩储之多,却名闻于史。唐人杜佑说,隋代诸仓积储,"多者千万石,少者不减数百万石"[22]。近年发掘的隋代漕运中转仓遗址,规模都十分庞大,从侧面反映了隋代漕运的兴旺。隋朝多次征伐辽东,据记载,其中一次军队加运输保障人员就达 340 万人,再加上粮草等军需物资,运输量巨大,期间永济渠发挥了关键作用。但到隋末农民战争风起云涌之时,漕运也宣告中断。

唐朝在隋朝的基础上,建立了前所未有的大一统帝国,对漕运需求巨大,自然对其高度重视。唐初,中央集权王朝刚刚创建,用度不大,需要关东供给者尚少,漕运量每年仅 20 万石;随着集权政治逐渐膨胀,官僚机构不断扩大,玄宗朝漕运最多时,江淮糟米三年之中竟达 700 万石;肃、代宗以后,关中需于东南者尤殷。大唐中央政府的统治如日当中天之时,漕运也进入了辉煌灿烂的时代,成为中央政府的支柱。进入五代十国时期后,国家处于战乱分裂状态,漕运濒于瘫痪,甚至终止。

宋代中央集权统治空前强化,竭力削弱地方势力,终于创造了"一兵之籍、一财之源、一地之守,皆人主自为之"[23]的政治局面。经济上,实行了"除藩镇留州之法,而粟帛钱币咸集王畿"[24]的铁律,并得到长期贯彻执行,大大增强了对漕运的需求,使汴河成为立国之本。在前代基础上,对运河重新进行了治理、改造,形成了以都城开封为中心的放射型漕运网,促进了漕运的迅猛发展,出现了前所未有的繁荣昌盛局面。

到北宋末年,随着朝政的腐败,漕运的正常秩序受到严重干扰,造成漕运量大幅下降。北宋灭亡后,全国漕运分崩离析。南宋时期,都城临安的漕运仅限于两浙,每年仅漕运粮食 100 余万石,远低于北宋水平。这再次证明了漕运发展水平与国家统一、稳定、强盛程度的直接关联。

● 运河经济登峰造极[3,14]

隋唐宋时期，我国经济、文化处于世界领先地位，对外交往发达，特别是唐代行开放的对外政策，与朝鲜、日本、东南亚、印度半岛、中亚、西亚、欧洲、非洲等地区一些国家的往来盛况空前。唐朝不仅是周边国家经济文化交流的中心，对世界文明的发展也作出重大贡献。

这一时期的运河在维护国家统一、社会稳定，为社会经济发展创造有利条件等方面的作用有所降低；促进商品经济的兴起与发展和社会文化交流成为直接功能，且作用进一步提升；促进区域开发与区域平衡发展亦是重要功能；同时运河继续促进了修造船等手工业发展。

隋唐时代，南北大运河开通，首先促进了南北贸易。大运河成为东西南北的交通枢纽，在一些水陆交汇点和交通便利之处，逐渐汇集了大量商贾与货物，商业日益繁荣。不过从唐代情况来看，这一时期漕运行业内部直接的商业性行为不多。

真正见诸史料记载的漕运商业现象是在宋代。《古今图书集成·食货典》卷一百八十二引《溪山余话》载："（宋时）漕运自荆湖南、北米至真、扬交卸，舟人皆市私盐以归，每得厚利。"当然，这种情况即使是在宋代也不多见，正如宋太宗对臣属所说："篙工舵师少有贩器，但无妨公，不必究问。"[15]

隋唐宋时期，运河首先是直接促进了修造船业的发展。南北大运河开通之后，由于漕运的兴起和水上交通运输的发展，官府、民间造船的规模、数量、种类以及造船技术方面都进入了一个新的发展时期，宋朝造船技术水平更是居于世界领先地位。其次，修造船业促进了铁、纺织物、木材、油漆等行业的发展。

运河促进了商业与手工业发展，全面推动了运河沿岸区域经济的发展，突出表现在：一是一批带有浓厚商业气息的新兴城市先后崛起，如开封、临安、扬州、杭州、苏州、淮安、汴州等[14]；二是有力促成了从南北朝开始的经济中心南移过程。

隋唐宋时期，由于亚洲内陆政治风云的变幻，丝绸之路难以畅通，而海上运输日益成为政治、经济、文化交流的主渠道，大运河作为京师及其两岸与海洋沟通的通道，在中外交流史上的地位和作用就更加突出。

• 运河文化的繁荣

隋唐时期国力强盛，经济繁荣，不仅政治清明，在民族政策上推行"天下一家""华夷如一"，而且在思想文化上奉行儒释道"三教并尊"、提倡科举教育、鼓励文学艺术，中外文化互鉴，为多元文化的并存和繁荣创造了肥沃的土壤。这一时期，人们思想解放，充满自信，文学艺术百花齐放，达到了我国传统文化的高峰期，领先于世界：有光耀千古的文坛，最突出的是诗歌；有五彩缤纷的艺术，书法和绘画成就辉煌；还创造了辉煌的佛教艺术宝库——敦煌莫高窟[25]。

唐朝的诗歌与诗人，灿若繁星，达到历史高峰。运河沿岸，特别是运河城市，经济繁荣，文化昌盛，加之景点古迹众多，吸引着大量文人墨客。唐代许多诗人都曾沿着隋唐大运河游览祖国的大好河山，其中一部分还在大运河城市做官、生活。运河与诗人的良性互动，产生了大量有鲜明运河特色的诗篇，流传千古。

宋代杰出的画家则进一步发展了绘画艺术[26]。张择端的《清明上河图》（图6-8）代表着两宋人物画的最高成就。这幅画生动记录了12世纪北宋都城东京（今河南开封）的城市面貌和当时社会各阶层人民的生活状况，是东京当年繁荣的见证，也是反映大运河都市社会的辉煌史诗，对研究大运河两岸的商业、手工业、民俗、建筑、交通工具等具有重要的价值。特别需要说明的是画中对汴河两岸景象的描绘；汴河上的虹桥是该部分的中心，也是全画的中心，仅此一处就有各式人物百余人，最为密集、热闹且富有张力；河上船只往来，首尾相接；码头船舶进出，装卸繁忙；两岸遍布酒店茶馆，商铺货摊。可以看出,汴河不仅是国家漕运命脉、京城命脉,也是人们工作、生活的重要依托。

图6-8 《清明上河图》(局部)

生于盛唐扬州的鉴真大师(688—763年)既是盛唐文化的典型代表,也充分体现了运河文化的特质[27-28]。当时扬州是黄河以南首屈一指的政治、经济、文化、交通和贸易中心,经济繁荣、文化底蕴深厚且高度国际化,造就了鉴真开放包容的独特气质。鉴真一行前后历时12年,6次启行,5次失败,航海3次,几经绝境,最终成功东渡弘化佛法,传律授戒。同时鉴真还将唐朝的建筑和雕塑艺术、汉语言文学和书法、医学等文化传到日本,深刻影响了日本的文化。

元明清时期:由盛而衰

元朝灭南宋后,仍依靠旧运河进行水陆转运。但这条隋唐以来的运河旧道,因历经变迁,久不通畅。随着元定都大都(今北京),连接北方政治中心和南方经济中心的水运通道就显得尤为必要,因此即着手陆续整修大运河,主要为济宁以北的通惠河、会通河、济州河,均在元世祖至元年间(1271—1294年)实施,大运河缩短了

1800余里,至此大运河总体格局已定(图6-9)[5,15,29]。

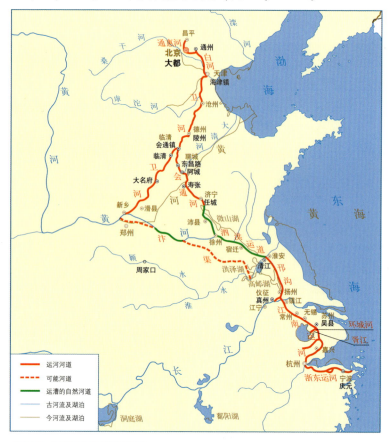

图6-9 元代大运河总体格局

济州河于至元十九年(1282年)始建,次年竣工。人们从济州(今山东济宁)西北到须城安山(今山东东平西南)开凿一条150余里的济州河,并筑坝遏汶水、泗水入运河。此后陆续建设多座闸、坝,进一步调节运河水量。会通河开成后,济州河也通称会通河。

会通河于至元二十六年(1289年)始建,同年建成。它南起须城安山(今山东东平)以西接济州河,分梁山泺水源使其北流,由寿张西北至东昌(今山东聊城),又西北至于临清,入卫河,共长250余里。会通河河床地势较高,沿线设多座闸控制水势,并分别建枢纽引汶、泗水济运。

通惠河于至元二十九年(1292年)始建,次年建成。自白浮村引神山泉（今北京昌平区白浮泉遗址公园），西折南转，基本沿现京密引水渠，汇双塔、榆河、一亩、玉泉诸水，入瓮山泊（今昆明湖），又沿长河（今高梁河）至大都和义门（今西直门）入城，南汇为积水潭（今什刹海），东南出文明门（今崇文门），东至通州高丽庄入白河，总长164余里。

明永乐帝迁都北京以后，同样高度依赖这条贯穿南北的运输大动脉。因此在运河建设上采用"积极导浚，保漕运输"的方针。为了避免黄河决溢而淤运，又对旧运道作了部分改线，保证漕运畅通。

疏通会通河始于永乐九年（1411年），由济宁北开河闸至临清入卫河，全长385里，沿途增设船闸15座，最大的亮点是修建南旺分水枢纽工程。自嘉靖六年（1527年）至万历三十二年（1604年）的近80年间，明朝相继开南阳新河和泇河，对济宁以南至徐州之间的运河进行全面改道。

清朝在大运河工程方面基本没有较大举动，仅保证运河畅通。除了继续治理黄河外，主要是维修和补建闸坝、疏浚河道、加固堤防、人工调节水量。

《元史·河渠志序》记载："元有天下，内立都水监，外设各处河渠司，以兴举水利，修治河堤为务。"[31]元朝的都水监，"秩从三品，掌治河渠并堤防水利桥梁闸堰之事"[30]，下设行都水监，负责巡视河道，下设河防提举司。明的治水机关为都水司，隶属工部，而都水司的职责比元代的都水监更多。《明史·职官志》记载："都水，典川泽、陂池、桥道、舟车、织造、券契、量衡之事。"[31]由此可见，除河渠、堤防、桥梁以外，明都水司较元都水监职责范围还增加了舟车制造以及织造、券契、量衡。清代水官，内有都水司（与明朝一样属于工部）及直年河道沟渠大臣与御史，外有河道总督。都水司执掌河渠舟航道路关梁公私水事，比明朝的都水司职责单纯。直年河道沟渠大臣执掌京师五城河道沟渠督理街道衙门，御史执掌道路沟洫，河道总督执掌河渠治理[4]。

- **运河巩固大一统帝国**[14,18,21]

元明清与隋唐宋相比，无论是运河的开凿、维护能力，还是其功能、漕运量,都相差很远,北方河段可能与水文气象变化有关[4]。

元朝继承了以中央集权为核心的政治体制,重视漕运。但是,华北地区地势明显高于南方,水源又不足,加上黄河的侵淤,已多处断流,元初只有江南运河、淮南运河及御河部分河段通航。漕运只能采取水路相兼的办法,运费高昂,运量有限。元代在原有运河的基础上,通过开凿新运河河段、裁弯取直、疏通河道等手段,以最短距离贯通南北,连通了北方政治中心和南方经济中心。元朝统一全国后,我国再没有出现长期分裂的局面,大运河功不可没。

漕运是指由南向北通过京杭运河输送官粮、军粮及其他重要的大宗物资到统治中心的内陆水上交通系统工程,包括开发运河、制造船只、征收官粮、军粮等。明初采用与汉初类似的大分封制,中央集权体制未完全贯彻,加之定都应天府(今江苏南京),漕运需求不大,同时还有部分海运,以都城为中心的传统漕运受到极大影响。

明成祖称帝后,厉行削藩,强化中央集权统治,同时迁都北京,征粮位置发生了根本性改变,征粮的运输途径也随之改变。这使海运从河海兼运的主角弱化为配角。永乐十五年(1417年),漕运总督陈瑄在负责漕运期间开凿了清江浦河道工程,保证了会通河水源充足,使大运河全线贯通。永乐时(1403—1424年)漕运至京师的粮食从200万石很快增加到400万石,此后这一数量成为运河漕运的定额标准。明景泰二年(公元1451年),中央政府开始设立漕运总督,驻扎淮安,专职管理天下漕运事务和大运河的畅通,督促南方各省经运河输送粮食至京师。漕运总督位高权重,有自己的武装部队和水师营,沿海收粮起运、漕船北上、视察调度、弹压运送等,均由总督亲自管理。为确保漕运无误,中央政府还于淮安、济宁、天津、通州运河沿线设置巡漕御史,稽查本段漕运。万历(1573—1620年)以后,明朝统治日趋腐朽没落,加之黄河、淮河屡屡冲溢运河,都严重影响漕运,漕运量显著减少。至明末农民起义兴起于各地后,漕运也逐渐衰败。

清朝入关伊始,就高度重视漕运,迅速恢复了北京漕运。顺治二年（1645年），仿照明制确定了400万石的定额标准，一直维持到19世纪中叶。清代漕运，特别是清前期，充分满足了清政府官员和朝廷的需要，保障了军队粮饷供应，还在调剂各地丰歉、赈灾救灾方面发挥较大作用，有力维护了国家统一、社会稳定，出现了"康乾盛世"。清廷仿明制设河道总督和漕运总督各1名，作为负责漕粮运输和河道治理的最高行政长官，仍驻淮安，管辖山东、河南、江苏、安徽、江西、浙江、湖北、湖南八省漕政，具体负责漕运、检选运弁、漕船修造、查验回空、督催漕欠等事务（图6-10）。河道总督与漕运总督官秩均为正二品，兼兵部尚书或都察院右都御史衔者为从一品，与地方总督地位平等。漕运的财政收入占国家财政的2/3以上，支撑了清朝国家财政收入的半壁江山。清末，受鸦片战争、太平天国起义、地方督抚势力增强等影响，中央集权政府涣散瓦解，漕运也一蹶不振。

图6-10　漕运总督衙门旧址

● **运河经济由盛而衰**[5,15,29]

这一时期的运河，继续主要通过漕运功能维护国家统一、社会稳定，为社会经济发展创造有利条件，但作用进一步降低；促进运河两岸地区经济发展、社会文化交流是直接功能，作用进一步加强；运河还继续促进修造船等手工业发展。

元明清大运河与长江沿岸多为当时最富庶、物产最丰富、商品最集中的地区,运河首先是提供了便利的交通运输条件,解决了这些地区和市镇对外商品流通的问题,商人、手工业者、农民、漕运有关人员"咸资其利",极大促进了商品经济的繁荣与发展。

明代,经济的发展导致了人们在价值观上普遍"趋利"这一变化。受到这一观念的冲击,漕运人员广泛参与社会商业活动。景泰四年(1453年),江西瑞州府运粮通判在奏折中说:"缘军船多装私物,但遇市镇,湾泊买卖。延住日久,民船亦被淹留。"事实上,明政府准许漕运人员附载一定数量的免税方物。嘉靖时,明政府不得不将允许漕运人员附载的土产数量增加至40石,万历六年(1578年),再次增至60石。

清政府在漕运方面制定了一些有利于商品流通的政策,以适应社会形势的变化,客观上促进了商品经济的发展,进而引发社会对运输更为迫切的需求,随后便逐步放宽对漕船除运载漕粮时附带商品的重量和品种的限值。

元明清时期,运河大大促进了修造船业,尤其是海河两用船的发展,船舶数量、种类大为增多。在元朝,济宁是重要的船舶管理、修造基地。到了明朝,由于京杭运河的畅通,水上运输业繁荣昌盛,航行于京杭运河的船舶就达 8000~1 万艘。为保证漕运的需要,造船业逐渐兴起,不但民间作坊林立,而且官方的龙江(位于今江苏南京)、清江(位于今江苏淮安)、卫河(位于今山东临清)等造船场均具相当规模。清朝,河运渐废,漕船日益减少,但由于民船数量猛增,运河上的船舶总量仍远大于明朝。这一时期运河同样促进了商业与手工业发展,并进一步推动了运河沿岸区域经济的发展,突出表现在:元明清定都北京后,江北大运河功能凸显,兴起了一批繁荣的工商城市,如徐州、济宁、聊城、临清、德州、天津、北京等,并带动了一大批商贸市镇发展。

● **运河文化的成熟**

运河孕育了中国众多传统文化,其中,中国国粹京剧最为著名,可以说没有大运河就没有京剧[32]。

乾隆四十五年（1780年）正月，乾隆帝开始了一次沿运河南巡，要求各地方戏曲班子汇集扬州，在他途经扬州时唱堂会。南昆、北勾、东柳、西梆云集，昆、高、梆、簧、柳五腔齐聚，以供皇上欣赏。乾隆离开扬州后，十多个来自全国各地的戏班子并没有马上离开，而是继续为市民表演，随后决定沿着运河结伴北上进京，边行边演。乾隆四十七年（1782年）春天，一支荟萃了中国不同地方戏曲流派的演出队伍到达京城，在京城戏楼不断亮相，相互切磋、不断融合，为京剧的诞生奠定了基础。到了乾隆五十五年（1790年），来自扬州的"四大徽班"，即三庆、四喜、春台、三和再次沿着京杭大运河进京，为乾隆庆祝八十大寿。就这样，经过几十年的发展，徽班逐渐由诸腔杂呈的局面走向和谐统一，以皮黄为主，兼容昆腔、吹腔、拨子等地方声腔于一炉，京剧就此诞生（图6-11）。

图6-11　京剧表演

运河城市还造就了"扬州八怪"[26]。"扬州八怪"，亦即扬州画派，有史料称是八人，但也有人认为应该是一个团体，没有准确人数。"扬州八怪"均擅长花卉,亦有人擅人物或山水,名震南北,各有贡献于画史,同时他们为人异于传统,作画取材平凡,强调个性发挥,因其表现不凡,人们以"怪"命名之。"扬州八怪"虽不都是扬州人,但都主要生活于扬州地区,其形成与当时独特的历史背景、绘画发展背景和繁华的运河都市中市民的文化需求有关。

运河极大促进了运河旅游文化的形成与发展:一方面,运河提供了便利的水上交通,减少了旅行困难,增加了舒适度;另一方面,经过几千年的发展,运河留下了丰富的文物古迹和传说故事等宝贵的旅游资源。两者相辅相成,相得益彰。古代巡游大运河者主要是帝王将相和文人墨客。其中,帝王的南巡在中国大运河沿线留下了一批遗迹,如扬州的天宁寺、宿迁的龙王庙行宫等,还有众多的御码头、御马路,这都是当代开发中国大运河旅游业的重要资源[32]。

明清时期,城镇商品经济繁荣,大运河沿线旅游之风盛行,江南运河成为人间天堂,涌现了杭州、扬州、苏州、无锡等众多旅游重镇。随着城市商业经济的发展,旅游者队伍中出现早期"大众旅游"的代表,瘦西湖、虎丘、惠山、金山、平山堂、西湖等著名胜地的游客四时不断。清代宫廷画家徐扬创作的《姑苏繁华图》(图6-12)中便展现了当时的盛况[32]。

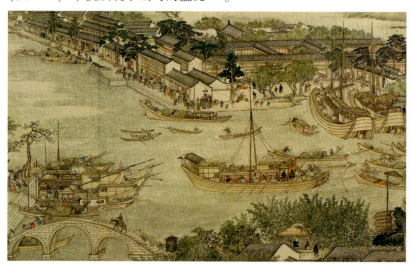

图6-12 《姑苏繁华图》

运河也是中外文化交流的重要载体。元世祖至元八年（1271年），意大利旅行家马可·波罗来到中国，经运河游览了元大都、临清、济南、东平、淮安、南京、镇江、扬州、苏州、杭州等城市。《马可·波罗游记》一书详细记录了运河的运输、沿岸城镇、风俗民情、经济状况等。延祐元年（1314年），意大利人鄂多立克从杭州到金陵、扬州，再从扬州沿运河北上，经济宁、临清等地，最后到达元大都，在其著作《鄂多立克东游录》中，记述了这些城市的风俗、地理、经济等情况。这两部游记留下了丰富而有价值的史料，都为东西方文化交流发挥了突出作用[14]。

此外，清朝运河航运业还形成了独特的行业神崇拜文化：漕运的行业神是金龙四大王，受明清以来江淮至北方的水上从业者，特别是运河和黄河上的船工和漕运从业人员广泛供奉，有"北方河道尊神"之称。船工号子也是清朝漕运文化的一种重要表现形式，它是运河上船工们为步调一致、增加劳动兴趣、提高劳动效率而自然创作的一种民歌，凝聚着大运河的历史和船工们的辛勤汗水[5]。

● 典型运河工程技术

元朝的闸坝技术成就在当时具有世界领先水平。在船闸布局上因地形变化较大，重要码头港埠都由2~3座船闸串联在一起，成为有机组合体。如临清、济宁均由三闸组成，七级、阿城、荆门、金沟、沽头等5处由两闸组合。组合闸间距一般为2~3里。这实际上把两闸之间的河段变成了一个大闸厢，利用两端闸板的此闭彼起，保持了运河水位的平衡，闸坝既可以容纳较多的船只顺利通行，又达到节约用水的目的，实现了梯级通航，同时解决了地形变化较大造成的通航困难。月河则是治河时所修的人工分水河，这一技术用于分泄主流水势，以保堤防，兼可通行舟楫。因形如弯月，故称月河。

明代，"漕路三千里，南旺居其高"，大运河因南旺分水枢纽工程而南北贯通。该工程位于山东济宁汶上县南旺镇，至今已有600年历史。南旺分水枢纽工程为济宁运河区域重要的治运成就，是京杭运河全线科技含量最高的工程，也是大运河世界文化遗产的重要组成部分,更是我国京杭大运河史上的一个伟大创举。

南旺分水枢纽是永乐九年(1411年)工部尚书宋礼采用汶上老人白英建议修建的工程:首先在汶上筑戴村坝截流汶水;然后开挖小汶河,引汶水至南旺分水口;接下来导泉补源,即收集疏导汶上县东北各山泉汇入泉河;最后在小汶河入运的"T"字形水口修石头护坡,建分水拨剌(鱼嘴),使其南北分水(图6-13)。南旺分水枢纽疏浚三湖作水枢,建闸坝,调节水量,保证漕运畅通,堪与都江堰相媲美。工程坝址选定合理,因为戴村是较为理想的制高点,符合水往低处流的自然规律,至南旺水脊分水,疏浚三湖。白英抓住了"引、蓄、分、排"四个环节,蓄泄得宜,运用方便。

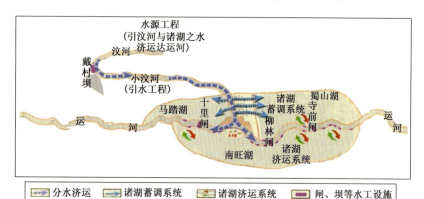

图6-13 南旺分水枢纽示意图

新时代重铸运河辉煌

新中国成立后,特别是改革开放以来,伴随着经济社会的快速发展,以长江、珠江、淮河等水系为主体,我国内河航运建设与发展取得了巨大成就。2020年底,内河航道通航总里程达到12.7万千米,其中高等级航道为1.61万千米;内河货物运输量及货物周转量分别为38.15亿吨和1.6万亿吨·公里。港航基础设施和运输规模位居世界前列,已成为综合运输体系的重要组成部分,在促进国土空间开发、引导优化产业布局、服务对外开放、促进水资源综合利用等方面发挥了重要作用。在国家内河航运水系中,大运河依然作为唯一一条贯穿南北运输的水路,发挥着重要的航运作用。其中济宁以南的大运河货物运输量达到 9 亿吨,仅江苏段的货运量就高达 5.3 亿吨,约占全省综合交通运输总量的 20%,相当于 8 条京沪高速公路的运输能力。可见,大运河仍在现代运输中仍承担着主力运输功能。图 6-14 为京杭大运河今貌。

图 6-14　京杭大运河今貌

近年来,党中央、国务院高度重视大运河文化保护传承利用工作。2014 年 6 月,大运河成功申列世界文化遗产,掀开了大运河保护的新篇章。中国大运河的世界遗产项目包括河段 27 段、遗产点 56 项、相关遗存 4 个,具体情况见表 6-1。

中国大运河的世界遗产项目　　　　　　　表 6-1

城市	河　道	遗　产　点	相关遗存
北京	2 个:通惠河北京旧城段、通惠河通州段	4 个:玉河故道、澄清上闸(万宁桥)、澄清下闸(东不压桥)、什刹海	—
天津	1 个:天津三岔口(北、南运河及海河交汇处)	—	—
河北	1 个:南运河沧州至德州段	2 个:沧州东光连镇谢家坝、衡水景县华家口夯土险工	—

续上表

城市	河　道	遗　产　点	相关遗存
山东	6个：南运河德州段、会通河临清段、会通河阳谷段、南旺水利枢纽、会通河微山段、中运河台儿庄段	14个：临清运河钞关、阳谷古闸群（荆门上闸、荆门下闸、阿城上闸、阿城下闸）、东平戴村坝、汶上邢通斗门遗址、汶上徐建口斗门遗址、汶上十里闸、汶上柳林闸、汶上寺前铺闸、南旺分水龙王庙遗址、汶上运河砖砌河堤、微山县利建闸	—
河南	4个：通济渠郑州段、通济渠商丘南关段、通济渠商丘夏邑段、永济渠（卫运河）滑县浚县段	—	3个：洛阳含嘉仓遗址、洛阳回洛仓遗址、浚县黎阳仓遗址
安徽	1个：通济渠泗县段	1个：柳孜桥梁遗址	1个：柳孜运河遗址
江苏	6个：中运河宿迁段、淮阳运河淮安段、淮阳运河扬州段、江南运河常州城区段、江南运河无锡城区段、江南运河苏州城区段	22个：宿迁龙王庙行宫、总督漕运公署遗址、清口水利枢纽、淮安双金闸、淮安清江大闸、淮安洪泽湖大堤、宝应刘堡减水闸、高邮盂城驿、江都邵伯古堤、江都邵伯码头、扬州瘦西湖、扬州天宁寺行宫和重宁寺、扬州个园、扬州汪鲁门住宅、扬州盐宗庙、扬州卢绍绪宅、无锡清名桥历史文化街区、苏州盘门、苏州宝带桥、苏州山塘历史文化街区（含虎丘塔）、苏州平江历史文化街区、吴江运河古纤道	—
浙江	6个：江南运河南浔段、江南运河嘉兴至杭州段、浙东运河萧山至绍兴段、浙东运河上虞至余姚段、浙东运河宁波段、宁波三江口	13个：南浔古镇、嘉兴长虹桥、嘉兴长安闸、杭州富义仓、杭州凤山水城门遗址、杭州桥西历史街区、杭州拱宸桥、杭州广济桥、西兴过塘行码头、绍兴八字桥、绍兴八字桥历史街区、绍兴古纤道、宁波庆安会馆	—

2021年8月，国家文化公园建设工作领导小组印发《大运河国家文化公园建设保护规划》，整合大运河沿线8个省（直辖市）文物和文化资源，按照"河为线、城为珠、珠串线、线带面"的思路优化总体功能布局，深入阐释大运河文化价值，大力弘扬大运河时代精神，加大管控保护力度，加强主题展示功能，促进文旅融合带动，提升传统利用水平，推进实施重点工程，着力将大运河国家文化公园建设成为新时代宣传中国形象、展示中华文明、彰显文化自信的亮丽名片。

为了保护利用好大运河，2022年4月，水利部启动京杭大运河2022年全线贯通补水行动。同年4月28日，随着山东、天津两地节制闸开启，京杭大运河全线水流贯通，实现了百年来京杭大运河首次全线通水。但与此同时，我国内河发展面临一些问题：航道布局仍不完善，千吨级航道比重偏低，通达范围有待拓展；内河航运服务品质有待进一步提高；海河联运格局较为单一，与国内外贸易的适应性不够；特别是长江、珠江高等级航道网尚未实现有效的运河连通，出海口少，未形成系统的水运网络。

《中华人民共和国国民经济和社会发展第十四个五年规划和2035年远景目标纲要》提出"研究平陆运河等跨水系运河连通工程"，《国家综合立体交通网规划纲要》提出"四纵四横两网"国家高等级航道布局，其中湘桂、赣粤运河是"两纵"的重要组成部分。

运河连通工程包括京杭运河黄河以北复航工程、赣粤运河、湘桂运河、平陆运河等跨水系连通工程（图6-15）。推进南北水系运河连通工程，是更好地发挥水运比较优势的必然要求，是服务国家重大战略、促进区域经济协调发展的客观需要，是加快交通强国建设、构建现代综合交通运输体系的重要内容。新时代的南北水系运河连通工程，不仅能优化我国内河航道空间布局，还能显著改善航道等级结构，补齐内河发展短板，必将成为交通强国建设的标志性工程和中华民族伟大复兴进程中的"超级工程"之一。

图6-15 南北水系运河连通工程线路

第六章 千年运河：漕运铸就繁荣昌盛

●本章参考文献

[1] 司马迁．史记［M］．北京：中华书局，1959．

[2] 卢勇．水利勃兴与大国崛起：春秋战国时期军事水利的发展与启示［J］．江海学刊，2017（6）：8．

[3] 白寿彝．中国通史（第三卷上）［M］．上海：上海人民出版社，2000．

[4] 白寿彝．中国交通史［M］．北京：团结出版社，2001．

[5] 山东运河航运史编纂委员会．山东运河航运史［M］．济南：山东人民出版社，2011．

[6] 陈璧显．中国大运河史［M］．北京：中华书局，2001．

[7] 中华人民共和国交通运输部．中国水运史（远古—1840）［M］．北京：人民交通出版社，2021．

[8] 尚书［M］．王世舜，王翠叶，译注．北京：中华书局，2012．

[9] 周礼［M］．陈戍国，点校．长沙：岳麓书社，1989．

[10] 安作璋．中国运河文化史（中、下）［M］．济南：山东教育出版社，2001．

[11] 白寿彝．中国通史（第五卷上）［M］．上海：上海人民出版社，2000．

[12] 朱偰．中国运河史料选辑［M］．南京：江苏人民出版社，2017．

[13] 陈峰．漕运与古代社会［M］．西安：山西人民出版社，2000．

[14] 安作璋．中国运河文化史［M］．济南：山东教育出版社，2001．

[15] 吴琦．漕运与中国社会［M］．武汉：华中师范大学出版社，1999．

[16] 桓宽．盐铁论［M］．上海：上海人民出版社，1974．

[17] 白寿彝．中国通史（第六卷上）［M］．上海：上海人民出版社，2000．

[18] 钱穆．中国经济史［M］．北京：北京联合出版公司，2020．

[19] 魏徵．隋书［M］．北京：中华书局，2019．

[20] 郑民德．明清京杭运河沿线漕运仓储系统研究［M］．北京：中国社会科学出版社，2015．

[21] 白寿彝．中国通史（第七卷上）［M］．上海：上海人民出版社，2000．

[22] 杜佑．通典［M］．杭州：浙江古籍出版社，2007．

[23] 叶适．水心集［M］．上海：上海古籍出版社，1987．

[24] 脱脱，等．宋史［M］．北京：中华书局，1985．

[25] 马海燕，等．影响中国历史的100件大事［M］．北京：中国书籍出版

社，2004.
- [26] 王伯敏．中国绘画通史［M］．北京：生活读书新知出版社，2008.
- [27] 白寿彝．中国通史（第六卷下）［M］．上海：上海人民出版社，2000.
- [28] 余秋雨，等．知道［M］．上海：上海锦绣文章出版社，2009.
- [29] 白寿彝．中国交通史（第八、九、十卷）［M］．上海：上海人民出版社，2000.
- [30] 宋濂，等．元史［M］．北京：中华书局，1976.
- [31] 张廷玉，等．明史［M］．北京：中华书局，1974.
- [32] 姜师立．中国大运河文化史［M］．北京：中国建材工业出版社，2019.

第七章
Chapter 07

商旅纵横:

茶马古道与马帮运输

茶马古道是在崇山峻岭中开拓出来的海拔最高的千年古道网络，是古时朝廷对外进行茶马互市贸易的通道。"蜀茶总入诸蕃市，胡马常从万里来"，南宋吴曾在《能改斋漫录》中这样描写北宋熙宁、元丰（1068—1085年）年间的茶马互市状态[1]。中国著名古道很多，如丝绸之路、唐蕃古道、秦岭古道、茶马古道、草原之路、太行八陉、京西古道、徽杭古道、甲桑古道、麝香之路、梅关古道等，每条古道被历史赋予了不同的性质和功能，如唐蕃古道具有地区政治交往性质，秦岭古道多为政治、军事用途。茶马古道则主要是商道，是商旅纵横之道。

茶马古道背景

"茶马古道"一词是木霁弘等学者于20世纪90年代提出，用来概括以滇、川、藏为核心，从事以茶叶、马匹为主的商品交换的古代交通干道的一个概念。后来他们把"茶马古道"的概念发展为专指我国大西南地区内部之间、西南地区与其相邻各国之间茶马交易流通的在中国境内的全部线路[2]。这个"茶马古道"的概念不包含西北地区的商贸古道。该商道以马、骡、人作为运输工具，以马帮作为经济组织运输货物，所以"茶马古道"中的"马"，一方面是以马易茶的马，一方面是马帮的马。当年木霁弘等人实地考察了7条路线，包括雪域古道、贡茶古道、买马古道、漓缅印古道、滇越古道、滇老东南亚古道、采茶古道，证实了它们在历史上是客观真实存在的[2]。

中国的地理特性决定了茶马互市的必然性。

中国西藏、新疆、内蒙古地区有着大量的草场，适宜养马，是主要的产马区。这个区域的人们以糌粑、奶类、酥油、牛羊肉为主食，需要饮茶以佐消化。普洱茶、黑茶、红茶含有大量的咖啡因、茶碱、可可碱、益生菌，可以帮助消化肉类。茶对于胃酸分泌也有一定的刺激作用，促进肠胃蠕动、肠壁舒张，缩短肉类食物在肠道内的停留时间。《本草纲目拾遗》云："普洱茶味苦性刻，解油腻牛羊毒……苦涩，逐痰下气，刮肠通泄……普洱茶膏，黑如漆，醒酒第一，绿色者更佳；消食化痰，清胃生津。普雨茶（注：即普洱茶），蒸之成团，西蕃市之，最能化物。"[3]饮食习惯造成这些地区人民对茶叶的依赖。

西南地区是主要的产茶区。这里雨量充沛，土壤厚度适宜，山高林密，适合茶树的生长，但道路崎岖，难以通行，茶叶难以对外大量运输。自秦始皇开始，中央政府才大规模经营西南地区。秦国夺取西南地区后财力大增，为其霸业奠定了基础。道路通达以后，西南地区的茶叶才可以发挥重要作用，秦商也顺势在经营茶叶方面获得了优势地位。

华北平原大部分是耕作区，粮食亩产较高，往往人烟稠密，经济发达，中原政权的首都通常设立在此处。汉族在与北方游牧民族的长期争斗中认识到，没有骑兵，只有步兵、战车难以与骑兵抗衡。《后汉书》中提到："马者，甲兵之本，国之大用。安宁则以别尊卑之序，有变则以济远近之难。"[4]所以中原政权对马匹有大量需求。但耕作区没有大片草场，难以大量养马，战马需求只能靠具有良好草场的地区满足。当北方游牧政权与中原政权处于对抗状态时，马匹是资敌之物，不会允许被买卖，所以这时中原政权获得马匹大部分是依靠青藏高原或者西域，形成了西南地区与青藏高原之间稳定的经贸关系。当中原王朝来源于东北或蒙古高原时，则可以直接从发源地获得马匹，西南地区的这种经贸关系就会变弱。

马匹、茶叶及其他物资，将青藏高原、西域、蒙古、西南、中南、华北、西北地区连接成为一个完整的商业网络。这个商业网络的一部分是围绕马匹和茶叶的流通展开的。地理特征决定了物产特性，物产特性决定了人们的需求特性，多地之间就这样形成了相对稳定的贸易往来。

茶马交易最艰难的区域位于藏彝走廊上。"藏彝走廊"是汉藏、彝藏接触的边界区域，在今天的四川、云南、西藏三地的毗邻之处。

此区域的山系、河流为南北走向,高山之间的峡谷区由于流水的冲蚀和堆积作用,土地相对平缓,连接西南地区与西藏地区的通道就在这些相对平缓的地区形成。隋唐时期,吐蕃、党项、东女、白兰羌等部落活跃在青藏、巴蜀等地区。吐蕃部落征服了苏毗、羊同等羌族部落后,雄踞青藏高原,与唐王朝进行了长达百年的争夺战。藏彝走廊就处于双方交战的地区(图7-1),是汉藏语系藏缅语族活动的舞台。如云南的纳西族本来为西北民族,通过藏彝走廊到滇、川、藏边境生存定居,与周围汉、藏、白、彝、普米等民族在藏彝走廊上生活、交往。藏彝走廊上形成的通道,包括旄牛道、五尺道、进桑麋冷道、永昌道、陇蜀道等,这些道路根据其历史特点统称为"茶马古道"[5]。

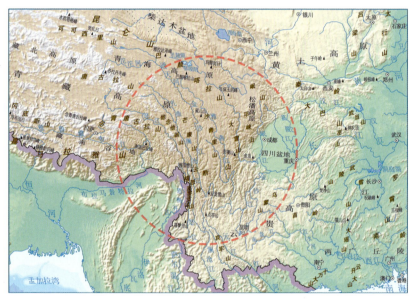

图7-1 "藏彝走廊"地形分布[6]

在战事紧张的朝代,有严苛的法律阻止民间走私茶叶。在和平时期,政府对茶马交易的控制就会减弱,"川茶不以博马,惟市珠玉,故马政废缺"[7],民间交易就会加强。民间私茶贩卖与官府经营的茶马贸易的贸易通道和作用均有所不同。官道一般由政府控制,设有路卡,官府通过官道从事茶马交易,而民间的经营活动主要在官道之外进行。清代在西南地区构建了"三纵一横"的主干交通网络,"三纵"指四川官路、云南官路和桂林官路,"一横"指长江官路,属于水路。民间贩茶主要起到在其起始端收集茶叶和末端销售茶叶的作用。为收集茶叶,于山川旷野之间形成了毛细血管一般的交通网络,最后汇集于官道上,由官府组织马帮进行远距离运输(图7-2)。

图 7-2 茶马古道当年场景

茶马古道的空间分布

广义的茶马古道是指西南、西北地区绝大部分用于茶马交易的商贸古道,包括川藏线、滇藏线、蹚古道、青藏线(唐蕃古道)、蜀身毒道,这些道路在不同时期都曾服务于茶马交易。这个概念的外延较大,包含了西北地区的道路。蹚古道不属于西南地区,但其历史功能就是茶马交易,很多朝代在西北设茶马市场,因此将这条西北地区用于茶马互市的道路纳入茶马古道是合理的。此外,还可以把按交通线路划分为的"滇僰古道""滇越古道""红河古道"等,以及按道路上运输的货物种类划分的盐运古道、铜运古道、买马古道、采茶古道等，也都纳入广义的"茶马古道"范围内。茶马古道与其他古道的位置关系如图7-3所示。

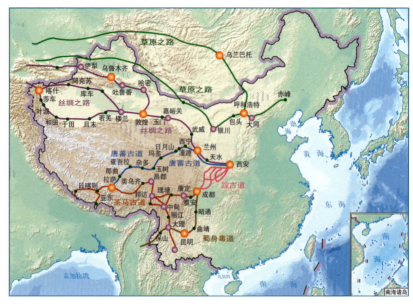

图7-3　茶马古道与其他古道的位置关系

严格意义上的茶马古道主要包括滇藏茶马古道、川藏茶马古道、陕康藏茶马古道三条路线。这三条主线构成一张庞大的交通网络，把四川、云南、西藏、陕西连接成为一个互通的整体，并往外延伸至不丹、尼泊尔、印度境内，甚至远达西亚、欧洲。而茶马古道进藏的主要部分则是其中的川藏和滇藏茶马古道[6]。

川藏茶马古道从四川雅安出发至康定。康定是一个转运中心，多条交通干线在此交汇。雅安至康定在明清时期形成了两条道，即"大路茶道"和"小路茶道"。"大路茶道"是由雅安、荥经越大相岭、飞越岭、泸定至康定，"小路茶道"是由雅安、天全越马鞍山、泸定到康定。至康定后又有两条路线，分为南、北两条支线。北线从康定一路向北延伸，走道孚、炉霍、甘孜、德格、江达，抵达昌都，与滇藏线汇合于昌都，这条线就是今天川藏公路的北线。南线从康定一路向南，由雅江、理塘、巴塘、芒康、左贡至昌都，这条线就是今天川藏公路的南线[8]。这条线路上的标志性城市是雅安、康定、昌都、拉萨。雅安海拔高度为1500米,康定海拔高度为2560米,昌都海拔高度为3240米,拉萨海拔高度为3650米,总高差达2150米。川藏茶马古道国内路线全长3100多千米。

从明朝开始,川藏茶道正式形成。到成化二年(1466年),政府更明确规定乌思藏赞善、阐教、阐化、辅教四王和附近乌思藏地方的贡使均由四川路入贡。明朝在雅州、碉门设置茶马司,每年数百万斤茶叶输往康区转至乌思藏,从而使茶道从康区延伸至乌思藏。而乌思藏贡使的往来,又促进了茶道的畅通。由茶叶贸易开拓的川藏茶道同时成为官道,而取代了青藏道的地位。

滇藏茶马古道事实上有3条线路:一条由内江鹤丽镇汛地塔城,经过崩子栏、阿得酋、天柱寨、毛法公等地至西藏;一条由剑川协汛地维西出发,经过阿得酋,再与上一条道路汇合至西藏;一条沿西双版纳、普洱、大理、丽江,再至中甸(今云南香格里拉),经德钦、芒康、察雅至昌都。各路内地茶叶到达昌都后,经昌都再把茶叶扩散至西藏地区。昌都到达拉萨后,又可以从拉萨经亚东,越过喜马拉雅山口,经印度噶伦堡,到加尔各答。所以,滇藏茶马古道是古代中国与南亚地区一条重要的贸易通道[8]。这条道的起始点西双版纳海拔高度553米,终点拉萨海拔高度3650米。滇藏线茶马古道国内路线全长3800多千米。

滇藏线茶马古道出现在唐朝时期,它的形成与吐蕃王朝向外扩张和对南诏的贸易活动密切相关。唐高宗仪凤三年(678年),吐蕃势力进入云南西洱海北部地区。唐高宗永隆元年(680年)建立神川都督府,吐蕃在南诏设置官员,向白蛮、乌蛮征收赋税,摊派差役。双方的贸易也获得长足的发展,茶马贸易就是重要内容之一。南诏与吐蕃的交通路线大致与今滇藏公路相近,即从今云南大理出发,北上至剑川、丽江,过铁桥城继续沿江北上,经锵子栏至聿赍城,前行到盐井,再沿澜沧江北上至马儿敢(今西藏芒康)、左贡,分两路前往西藏:一路经由八宿邦达、察雅到昌都;一路径直由八宿至波密,过林芝前往拉萨。

陕康藏茶马古道,民间称为蹚古道,始于秦汉(图7-4)。陕康藏茶马古道以康定为交易中心,主导者是秦商。康定至秦早期利用的是秦蜀古道。秦国正是利用了秦蜀古道,才征服了汉中地区与蜀地,使秦蜀连接为一体。秦商借政治上的有利地位得以壮大,并"蹚"出了这条商业大道。秦商交易的茶叶包括陕南茶、滇茶、川茶、湘茶(安化产),以川茶为主。这条道路之所以兴盛,重要原因在于西北马作为战马最有优势,因其身材高大、奔跑快捷、耐力持久,是历朝历代军事用马的首选,并是重点部队的装备。西北马最好,而川茶量最大,所以这条道路上交易繁忙、往来商旅众多,路就被蹚出来了。宋代西夏崛起,与宋朝的对抗升级,西北军务成为重中之重。宋神宗在熙河、岷州、通远军、永宁寨地区设置买马司,每年可得马匹1.5万~2万匹。此后在四川、陕西设立茶叶市场,在陕西设买马场。蕃马来到陕西,走的是唐蕃古道。后来朝廷规定,"雅州名山茶,令专用博马"[9],"自是蕃马之至者稍众"[7]。陕康藏茶马古道是古代西藏和内地联系的桥梁和纽带,全长近4000千米。

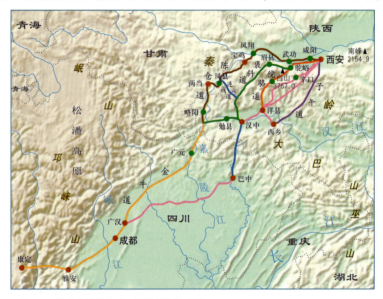

图7-4 陕康藏茶马古道(蹚古道)线路

三条大道中,川藏茶马古道开通最早,运输量最大,在历史上发挥的作用更大。陕康藏茶马古道到达康定之后,往云南、西藏方向的道路就是利用了川藏茶马古道。陕康藏茶马古道实现了跨区贸易，根本原因在于秦商资本雄厚，可以用大量资本垫资购得茶叶，形成规模效应。通常四川、云南的马帮没有那么大的资本，从事的是低成本商业交换，所以当年在康定"无秦不商"。

除以上3条主干线外，茶马古道还附有众多的支线、副线，构成一个庞大的交通网络。支线包括雅安—松潘—甘南支线、由川藏道北部支线经原邓柯县（今四川甘孜德格县）—青海玉树—西宁—洮州（今甘肃甘南临潭县）支线等。

历史上的"唐蕃古道"（即今青藏线），是从长安出发经甘肃、青海到达西藏拉萨的一条道路。由拉萨再去印度、尼泊尔，是1300年前的进藏之路，全长3000余里。这条道路发端于6000余年前。隋朝开辟了通往西藏的"官道"，而雅州大路是川茶入藏的通道，自雅州向西，经多功坝、绿永关、绿关河，过虎头峡、罗家、罗李、仓子坝、顺荥经河上行，翻山越岭，抵黎州（今四川雅安汉源县宜东镇）。早期唐朝内地输往西藏的茶叶主要是青藏道，这是唐代西藏地区与中原地区往来的主要通道。唐代以来，内地差旅主要由青藏道入藏，"往昔以此道为正驿，盖开之最早，唐以来皆由此道"[10]。茶马交易就在这条道上进行，因此这条道可以包含广义上的茶马古道。唐蕃古道虽"政治大道"，但平常还是商贸团队通行，主要用于从事茶马交易[2,8]。

前述的四川与云南之间通道的开拓，亦是艰苦的过程，这些通道包括五尺道、牦牛道、永昌道、南夷道等，均为"蜀身毒道"的组成部分。"蜀身毒道"分为南、西两道，南道分为岷江道、五尺道，路线为成都—宜宾—昭通—曲靖—昆明—楚雄—大理—保山（今甘肃金昌永昌县）—腾冲—古永—缅甸（掸国）—印度（身毒）。西道又称牦牛道，是司马相如沿古牦牛羌部南下故道修筑而成，即由成都—邛崃—芦山—泸沽—西昌—盐源—大姚—祥云—大理与南路汇合。茶马交易不是"蜀身毒道"的主要功能，但这条道运输了用于茶马交易的茶叶。

在"蜀身毒道"中，五尺道以及牦牛道（灵官道）值得做重点说明。

五尺道的历史沿革。五尺道起于僰道（今四川宜宾翠屏区），终于今云南曲靖，秦昭襄王赵则命司马错率军从"金牛道"南下，攻下蜀侯国，改为秦国蜀郡，命李冰为太守。为修建通往云贵高原的道路，李冰采用积薪焚石、浇水爆裂之法，从僰道县一直通往朱提县（今云南昭通昭阳区）凿出一条小道，长约600里[11]。多数路段的宽度仅有5秦尺（约1.16米），故称"五尺道"。秦始皇统一七国后，又命常頞"略通五尺道，诸此国（注：指西南夷）颇置吏焉……十余岁，秦灭……及汉兴，皆弃此国而开蜀故徼……巴、蜀民或窃出商贾，取其笮马、僰僮、髦牛，以此巴蜀殷富"[12]。这就是说，常頞将线路一直延伸到味县（今云南曲靖），又增加里程约600千米。道路开通后设置行政机构，突破部落限制，贩运马匹、僰奴、牦牛的商贸兴起。

西汉建元六年（前135年），"发巴蜀卒治道，自僰道至牂柯江（注：今贵州北盘江）"[12]。夜郎国归顺后，将五尺道延伸到北盘江，与夜郎道连通，沟通鳖县（今贵州遵义）与朱提县、味县。五尺道后来一直延伸到今天云南昆明南部的晋宁区，行程达到1800里，道路宽度也由"五尺"扩建到"丈余"[11]。

牦牛道也叫"灵关道""零关道""西夷道"，路线是成都出发，至临邛（今四川邛崃）、灵关（今四川芦山）、严道（今四川雅安）、笮都（今四川汉源）、泸沽、相营古堡（今四川喜德）、邛都（今四川西昌）、盐源，渡过金沙江后，从四川进入云南青岭（今云南大姚）、大勃弄（今云南祥云）、叶榆（今云南大理）。张骞在大夏（今阿富汗）时，得知由四川西南取道身毒（今印度）可通大夏，汉武帝认为此道可结盟友，共抗匈奴，扩大商路，累积财货，决心不惜一切代价打通从西南到大夏的官道。但因地方势力阻拦，仅可到达洱海[11]。东汉明帝永平十二年（69年），哀牢人归降，从永昌通往缅甸的最后一程，即"永昌道"开通，汉武帝规划的"通身毒国道"全线畅通[10]。

"通身毒国道"的走法路线是：从灵关道、五尺道来的商队汇集于大理，走博南道翻越永平博南山，渡澜沧江，从兰津古渡进入永昌（今云南保山），走永昌道，再渡怒江，到达滇越（今云南腾冲），出境后到达缅甸、印度，可再到南亚、西亚甚至欧洲、非洲。

茶马贸易的历史沿革

汉、晋、隋、唐、宋、元、明、清，茶马交易的繁荣程度及政府参与程度差异较大。由于各个朝代政治地理的不同，斗争的对象、治理的区域不同，茶马交易的内容也有所区别。

唐肃宗至德元年（756年）至乾元元年（758年），与回纥开辟茶马互市。唐朝打通西域之后的茶马互市，主要交易物品是唐朝的茶与西域地区的马。《封氏闻见记》记载："往年回鹘入朝，大驱名马，市茶而归，亦足怪焉。"[12]当时吐蕃势力东渐，正在成为唐王朝的隐患。唐与吐蕃的马匹交易就是一个敏感的政治问题，如魏徵指出："今立可汗未定，即诣诸国市马，彼必以为意在马，不在立可汗。可汗得立，必不怀恩，诸蕃闻之，以中国薄义重利。未必得马，而先失义矣。"[13]所以唐朝早期的茶马交易中心在西北地区，这里茶叶产量低，大量茶叶来源于川茶。

宋朝的主要对手是西夏、辽国、金国、元朝，几乎不可能从北方对手那里获得马匹。北宋时代，茶马交易主要在陕甘地区，西北马市是神宗时期国家马政的核心支柱。易马的茶叶取于川蜀，熙宁七年（1074年）开始一直延续到南宋初年的茶马专营就此拉开序幕。朝廷委派李杞、蒲宗闵"经画川蜀买茶，充秦凤、熙河、路博马"[14]，在成都、秦州（今甘肃天水）各置榷茶和买马司，将四川年产3000万斤茶叶的大部分运往河东、陕西、河西、京东、川峡，设置了数以百计的卖茶场和数十个买马场。

后来"关陕尽失，无法交易"[15]，获得马匹的新途径就是通过西藏地区，早期官府就在碉门（今四川雅安天全县）等地与藏族等开展茶马贸易，但数量较少。此时西藏高原已陷入分裂，与中原地区的矛盾没有了，中原官府从西藏地区获得大量作战用马匹就成为重要的选择，这就推动了中原地区、西藏地区、西南地区茶马交易的快速发展。宋熙宁七年（1074年），王韶收复河州后，向神宗上奏："西人颇以善马至边，其所嗜唯茶。"[16]神宗则派李杞入四川筹措茶马交易事务，用内地的茶叶换取良马。"宋初经理蜀茶，置互市于原渭德顺三郡，以市蕃夷之马……皆良马也，大率皆以互市为利，宋朝曲示怀远之恩，亦以是羁縻之"[16]。仁宗天圣（1023—1032年）时，"犹得蕃部省马总三万四千九百余匹"[9]。至大中祥符（1008—1016年）及天圣间，"秦、渭、环、阶、麟、文州、火山、保德、岢岚军，岁市马二万二百匹，补京畿、塞下之阙"[16]。宋代通过建立榷茶、茶引、茶马司等制度，阻断民间贩茶渠道以增加朝廷收入，满足军用良马需求。这些贸易管理制度可以达到稳定边疆的政治目的，即所谓"西陲藩篱，莫切于诸番，番人恃茶为生，故严法以禁之，易马以酬之，以制番人之死命，壮中国之藩篱"[17]。

元朝早期的茶马交易由官府垄断，官方明文规定"私自采买者，其罪与私盐同"[18]，对私人经营进行打击。蒙古、西藏、青海、甘肃、西域等均纳入元朝版图，马匹的来路多源，西南地区与西藏地区的茶马交易就不被官府重视。蒙古人喝茶的需求得到优先满足，官府经常给西藏地区的茶叶加价，西藏地区民众喝茶就要支付更高的费用，经常引发不满，后来主管茶务的张廷瑞改变茶制，引入民间茶商开展自由贸易，政府只收茶税。这项政策满足了西藏地区的需要，促进了西南地区茶叶事业的发展。

明代马匹是防御蒙古军队的重要军事物资，但与北方茶马交易不通，朱元璋便下令："以蜀茶易番马资军中用。"[17]西藏地区的马匹就成为军马的重要来源，于是又恢复了茶马政策。"番人嗜乳酪，不得茶则困以病，故唐宋以来行以茶易马法，用制羌戎，而明制尤密。有官茶，有商茶，皆贮边易马。"[17]茶马法成为国家制度，建立了一套官营茶马贸易体系。榷茶机构更加系统化，都司卫所制度和僧官制度推动茶马贸易兴盛。茶马贸易制度禁止私茶入藏，也保障官府能够换到马匹，同时达到治边的目的。"帝宗绸缪边防，用茶易马，固番人心，且以强中国。尝谓户部尚书郁新：用陕西汉中茶三百万斤，可得马三万匹，四川松、茂茶如之。贩鬻之禁，不可不严。"[17]

明洪武四年（1371年），皇上采纳了户部的建言："陕西汉中、金州、石泉、汉阴、平利、西乡诸县，茶园四十五顷、茶八十六万余株。四川巴茶三百十五户、茶二百三十八万余株。宜定令每十株官取其一。无主茶园，令军士薅采，十取其八，以易番马。"[18]在产茶地设茶课司，定税额，陕西为2.6万斤有余，四川达到100万斤。在秦、兆、河、雅这些州设茶马司，"自碉门、黎、雅抵朵甘、乌思藏，行茶之地五千余里。山后归德诸州，西方诸部落，无不以马售者"[17]。

金牌信符制，也称为四十一面金牌，是明代茶马制度建设的重要举措。甘肃的天水、临潭、临夏、张掖和青海的西宁、四川的天全等地设茶马司。产茶区被划为统购区，藏族的产马区则指定派购任务，发给其金牌，作为信符。"制金牌信符，命曹国公李景隆赍入番，与诸番要约，篆文上曰'皇帝圣旨'，左曰'合当差发'，右曰'不信者斩'……凡四十一面……下号金牌降诸番，上号藏内府以为契，三岁一遣官合符……其通道有一，一出河州，一出碉门"[17]。采用此法，西藏地区获得茶50余万斤，朝廷获得马13800匹。在这里，政治、经济、军事目的融为一体。明太祖洪武年间，一匹上等马最多换茶叶120斤。随后茶价稍贱，明万历年间，一匹上等马换茶30篦，中等马20篦，下等马15篦。

清代对青藏地区所实行的茶马政策基本沿袭明朝。清代"招商运茶、招番中马"。在青海、甘南地区设西宁、洮州（今甘肃定西岷县）、河州（今甘肃临夏）、庄浪（今甘肃兰州永登县）、甘州（今甘肃兰州）五茶马司。此时社会经济尚未恢复，无茶无马，主要由官方组织茶马贸易。清朝茶法将茶分为官茶、商茶、贡茶三种："曰官茶，储边易马；曰商茶，给引征课；曰贡茶，则上用也。"[19]官茶、商茶于陕甘易番马，由中央政府统一在西北五茶马司内颁发茶引，组织交易，供应康藏与青海、甘肃、西藏、蒙古等地各族人民的主要茶源，西南地区茶马古道不是当时的主要方向。后来私茶商人数量较多，政府控制的茶马治边政策有所松弛。私人贸易加入后，茶马交易中呈现茶贱马贵的情况。清朝雍正十三年（1735年），官营茶马交易制度终止。

茶马古道的繁荣与衰落，反映出以农耕区为中心建立的中央帝国的国运。战乱时期，中原地区对良马的需求大涨，政府对茶马古道的经营控制就会加强。和平时期，军队对战马的需求量大幅下降，此时必定是马贱茶贵。当中央政府由汉族建立时，如汉、宋、明时期，茶马古道就会繁荣，当中央政府由北方游牧民族建立时，如元、清时期，茶马古道就会相对冷清。

茶马古道网络上的马帮

帐篷、枪支、骏马，有一种荒野、浪漫、彪悍的美感，这是许多人心目中的马帮生活。而赶马骡、支锣锅、支帐篷等琐碎工作也是他们的生活，艰苦、劳累且充满凶险。哪一种是他们生活真实的一面？多年以来，马帮在茶马古道上繁衍生息。他们在深山之中，信息闭塞，不知汉唐朝代的变迁，不管日月星辰的运转。他们与他们的马骡，一步一个脚印，蹚出一条条的道路，蹚出一代代的生活。事实上他们的命运与外界息息相关。兵荒马乱时，业务就会繁忙；风平浪静时，日子就平平淡淡。他们是那个时代在空间上的"流"，也是穿越历史的"流"。从这股"流"上，能感受到历史的脉动、民族的兴盛。

马帮是一个商业运作的群体。中国古代有非常发达的官方交通体制，谓之驿递，并没有国道，交通工具主要是马，从秦朝以来有2000余年的历史。西南山区道路崎岖，运送货物只能靠马，且山区危险，土匪、野兽出没，行路人必须拉帮结派才能生存，马帮作为一种互相扶助的组织由此而生，大型马帮骡马多者达数百乃至数千匹。此外，马帮具有带武器自卫的传统行会特点。

负责运输的马帮和负责买卖的商号是相互依存的互利关系。大的商号会自己组织马帮，运送自己的货物，可以降低成本。大的马帮也会自己携带货物，找准机会赚钱。但马帮和商号总体而言是一种分工合作关系,特别是小的商号,对马帮的需求就更为强烈,这种分工合作关系对双方扩大经营规模有好处。

马帮有专业马帮和拼伙马帮之分:专业马帮规模较大,人员齐整,分工明确,运行效率高;拼伙马帮由几个规模不大的马帮合伙组成,互相帮忙,协同稍差。马帮采取了纯粹的商业运作模式,每次货物运输的责任明确。马帮首领称"锅头",是马帮的经营者,负责货物、钱款交割的大事。赶马人负责照看骡马、货物。

马帮极为重视成员选择,多以家族、民族、宗教、乡邻、伙伴等关系为纽带,分为亲属家族帮、邻里逗凑帮、共线临时帮。亲属家族帮、邻里逗凑帮中的赶马人与锅头之间的关系十分密切,这种关系便于指挥,大伙互相谦让,便于长期共处。

锅头是马帮的核心,负责各种采买和开销,对外联系各种事务。野外吃饭时,锅头掌勺分配。锅头与跟随马帮队伍的赶马人(也叫"马脚子")同吃一锅饭,故而得名锅头。赶马人大多出身贫寒,与锅头是雇佣关系,听从锅头的指挥。赶马人经过自己的努力,也会拥有一两匹骡马,赚一份运费,如果有眼光和本钱,备上一些货物,就可能赚取一些利润。赶马人生意的风险很大,敢于干这行的人不多,为鼓励赶马人,滇藏线的大商号和马帮承诺只要给商号马帮赶满3年马,赶马人就可以分得一匹骡子,开销费用由商号承担,赚取的收益全归赶马人,这可以使赶马人与马帮共享利益与风险。

马帮是吃苦耐劳的野外生活群体。茶马古道是世界上海拔最高的商道,天寒地冻,空气稀薄,气候变化莫测。民谚说:"正二三,雪封山;四五六,淋得哭;七八九,稍好走;十冬腊,学狗爬。"可想而知,在这条商道上谋生活何等艰辛。马帮大部分时间过的是野外露宿的生活,需要携带幕帐和粮食蔬菜,同时要自备武装自卫,以防土匪与野兽,日行20~30千米。

人是马帮的组织者、支配者,而马是马帮的运输工具。适合运输的马,有大理马、滇池马、藏马、东爨马、腾越马。走山路的马要求耐力好,且不能太高,这样才能更平稳。骡马行进时排成一队,领头的是头骡、二骡,是最好的识途母骡马。头骡要戴花笼头,配护脑镜、缨须、红彩、鼻缨，鞍子上有碰子。头骡挂大铜铃，二骡挂"二钗"，头骡和二骡往往为同一种毛色。"头骡奔，二骡跟"，整个马帮成为一道风景线。

茶马古道上的古镇与城市

茶马古道因茶马交易而盛，沿途许多重镇因茶马古道而盛。赶马人集中歇脚的地方，往往会发展为马店或市镇，而茶马交易的地方，多数会发展成为大一些的重镇。在马店里可以自己喂马，财货得到保管，生活也可以得到保障，价钱又便宜，适合赶马人晚上歇脚。

川藏线茶马古道上的城镇主要有：雅安、泸定、康定、道孚、炉霍、甘孜、德格、江达、雅江、理塘、巴塘、芒康、左贡、昌都。滇藏线茶马古道上的城镇主要有：内江鹤丽镇汛地塔城、崩子栏、阿得酋、天柱寨、毛法公、西双版纳、普洱、大理、丽江、中甸（今云南香格里拉）、德钦、芒康、察雅。这些城镇主要分为以下4种类型：

市场型，多在民族地区交汇处和干道交叉处，是专门的马匹、茶叶交易的地方；服务型，多在路途之中，多条路交会处的市镇大一些，各处客商、赶脚人在此歇息、吃饭、交流信息，马店、饭店、酒馆较多，其分布与赶马人一天所行进的距离有关；转运型，多在茶叶产地，因为分散的茶叶需要收集，各地来的客商云集于此，就形成了小镇，茶叶产区越大，小镇的规模越大；混合型，以上两种或三种的混合模式，这种城市地理位置关键，自然资源条件较好，往往发展成为大型城市。

茶马交易是以上这些城镇形成的重要因素，其真正形成都是多种原因共同作用的结果。下面对茶马古道上的主要市镇做简单介绍。

泸定。泸定是典型的因川茶贸易而兴起的地方，属于服务型城市，但兴起时间比较晚。大渡河作为天险难以通达，因此泸定在明末清初还只是"西番村落"，客商人迹罕至。直到康熙四十五年

(1706 年）建成了铁索桥，打通了大渡河的交通要道，外地商人才开始云集泸定经商，此地得以兴盛。1930 年时，此地已有商贾 30 余家，成为大渡河畔的西炉门户，为南路边茶入打箭炉（今四川甘孜康定）的重要关卡，成为内地与康定货物转输之地。

康定。康定称为"打折诸""达折多""打箭炉"，是综合型城市。汉藏贸易南移，关外各地及西藏等处商人运土产至康定交换茶叶布匹，康定成为边茶贸易中心。元代此地是一片荒凉原野，明代形成一个村落。早先"汉不入番，番不入汉"，互相提防，汉藏交易在交汇处进行。康定发展起来后，这一壁垒得以被打破。康定在明代刚刚兴起时，是赶马人埋锅造饭、权作住宿的集中之所。在清朝，康定成为南路边茶总汇之地，因茶叶集市而兴，形成大的市场型城市，内外汉蕃，俱集市茶，加上它是多条要道汇集之处，故而成为西陲一大都市。

昌都。昌都处在商贸往来的枢纽位置，素有"藏东明珠"的美称，是综合型城市。此地为金沙江、澜沧江、怒江三江流域交汇处，形成"两山夹一川、两川夹一山"的三江峡谷地带，是西藏的大门。东西向的川藏茶马古道和滇藏茶马古道交汇于此，南北向的通道为民族走廊，昌都刚好处于东西、南北骨干交通的交叉点。清朝驻藏大臣松筠说昌都"乃川、滇、西藏三界之中最为重地"，为"扼要之区"，"东走四川，南达云南，西通西藏，北通青海"。周边城市有林芝、那曲、拉萨，茶叶运至此地，可以通达西藏全境。

大理。大理是综合型城市，有 13 个民族世代在此居住，还有金沙江、澜沧江、怒江、元江（红河）四大水系。唐代大理东接成都，西出缅甸、印度，南达交趾，北往吐蕃，以下关为中心，四通八达。五尺道、牦牛道、永昌道交汇于大理。这三条道均属于"蜀身毒道"，说明大理是西南国际大通道的核心城市。滇藏茶马古道发端于西双版纳、思茅地区的茶海之中，客商转运茶叶向西到达大理，再向北至丽江、中甸、维西、德钦进入川藏，所以大理也是茶马古道上的枢纽。大理虽非滇茶兴起之地，但由于位处交通要道，茶马交易频繁，因此日益繁荣，成为滇茶北上输往西藏地区的贸易中心城。

普洱。普洱是服务型城市,作为北回归线上最大的绿洲,被联合国环境署称为"世界的天堂,天堂的世界",现有茶园面积达318万亩(约合2120平方千米),可谓茶的海洋,是著名的普洱茶的重要产地之一,也是中国较大的产茶区。茶马古道在普洱地区有斑鸠坡茶马古道、那柯里茶马古道,是进京"官马大道"中重要的一段,有1000多年的历史。

茶马古道上奔走的马帮将茶叶从产地送达消费者的手里,需要八九个月的时间,风吹、日晒、雨淋,普洱茶自然发酵,变成了陈香味的普洱茶——"熟普"。云南当地不生产普洱熟茶,只有"生普"。而外地消费者心目中的普洱茶则是"熟普",他们不知道喝到的是"变坏了"的普洱茶。赶马的人不会告诉他们真相,喝茶的人喝得挺有滋味,觉得这种茶似乎更有利于油腻食物的消化。现在,"生普"与"熟普"各有千秋,均香远益清,无论是产地还是外地饮茶者,都会根据个人喜好做出自己的选择[20]。

此外,茶马古道上有许多小镇,如西双版纳的易武古镇、临沧的鲁史古镇、大理的沙溪古镇、雅安的上里古镇、丽江的束河古镇、大理的松桂古镇等。不计其数的古镇,演绎了茶马古道上灿烂的文明。

抗战时期的物资运输通道

抗日战争时期,驼峰航线为大家所熟知,陈纳德将军领导的飞虎队飞越喜马拉雅山,将战略物资从印度运到中国,有力地支持了中国的抗战。1970年,俄国学者顾彼得在《被遗忘的王国》中提到的马帮运输,就是西南地区的茶马古道。战争期间所有进入中国的路线被阻时,马帮运输曾使用8000匹骡马和2万头牦牛,几乎每周都有长途马帮到达丽江。很少有人意识到,这些来往于印度与中国之间的马帮运输规模的宏大及其重要性。这非常令人信服地向世界表明,即使所有的交通运输手段都失效了,马匹也随时准备好在分散的人民和国家间形成新的纽带[21]。

抗日战争时期，国民政府迁都重庆，抗战有生力量围绕重庆建构。重庆在西南地区，主要的陆地交通线路断绝，从印度经过缅甸到重庆的道路就非常重要。云南人民用 9 个月就打通了滇缅公路。1941 年，太平洋战争爆发后，深入中国腹地的日军志在切断重庆的补给线，投入 4 个师团 10 万人和 250 架作战飞机，分三路进攻缅甸，中国开始滇西抗战。日军试图阻断英美对华军事援助，攻占昆明，从后方包抄重庆。1943 年 10 月下旬，对缅北日军的反攻初获战果。1944 年 9 月，松山、腾冲、龙陵、芒市相继光复。1945 年 1 月，滇西抗战告捷。

滇缅公路是双方争夺控制的焦点，时通时不通，而丛林中的茶马古道却从未断绝。茶马古道成为抗日战争中后期大西南后方主要的国际通道，当时每年来往于云南、西藏、印度等地之间的马帮约有 3 万驮之多。茶马古道是中国人民自强不息精神的象征，在中国抗战的艰难时期，支持了中国人民抗击侵略者的伟大斗争。

茶马古道的历史文化价值

新中国成立后，中国共产党领导中国人民建设了 318 国道（川藏线）、109 国道（青藏线）、214 国道（滇藏线，含唐蕃古道）、219 国道（新藏线），铁路方面修建了青藏铁路、川藏铁路、滇藏铁路、甘藏铁路、新藏铁路，机场方面建设了拉萨贡嘎国际机场、林芝米林机场、昌都邦达机场、阿里昆莎机场、日喀则和平机场。如今，人们已可以通过多种交通方式进藏，而茶马古道则淹没在历史的尘埃中。今天，我们凭吊这一千多年的历史，唯有感慨先民的不易、历史的浩荡和新时代人类的伟业。在过去的时光里，茶马古道不仅是一条商贸之道、谋生之道，同时也是一条宗教传播之道、民族迁徙之道、民族融合之道、安疆固边之道。

- 宗教传播之道

藏传佛教曾沿着茶马古道，在青藏高原及周围地区传播，分为两条传播路线：一条是西藏—青海—甘肃—内蒙古—辽宁—吉林—黑龙江—北京—河北—河南—江苏；另外一条是西藏—云南—四川—广西—湖北。苯教、藏传佛教的传播，使滇西北纳西族、白族、藏族、汉族相互交流，共同发展。

- 民族迁徙之道

历史上，蜀、徒、邛、笮、叟、昆明、哀牢、滇、夜郎、滇越等古老族群在西南地区繁衍生息。借助茶马古道线路，几千年来汉、藏、彝、纳西、傈僳、哈尼、基诺、羌、普米、白、怒、景颇、阿昌等诸多民族不断交流、迁徙。

- 民族融合之道

茶马古道是中国西南地区的一张巨网，一直延伸到中原、西北、东北、蒙古、西域地区，甚至扩展到缅甸、印度、欧洲、非洲，形成了一张更大的网络。随着沿线地区各民族的商贸往来，汉人与边境地区少数民族通婚的现象逐渐发展为一种趋势。藏族、彝族、白族、哈尼族、布朗族等 20 多个民族通过这条茶马古道实现交流融合。

- 安疆固边之道

茶马交易有巨大的需求，促进统治者向西南开拓，使西南地区摆脱蛮荒状态。茶马贸易的兴盛促进了交通的大发展，从而促进城市、经济的大发展，为中国西南边疆的安定和巩固奠定基础。

从大地理格局看茶马古道

从大的地理格局看，"环喜马拉雅"区域是一个文明圈。喜马拉雅山是 10 余条主要江河的源头，这些江河形成下游的若干冲积平原。在这些平原或高原上有发达的农业和畜牧业，历史上形成过中原文明、蒙古文明、中亚文明、波斯文明、印度文明、中南半岛文明等多个文明。这些由喜马拉雅山的水源而兴起的文明圈均为河流文明，具有一定的相似性。这个圈内中华文明所处的平原最大、水源最充足、土壤最肥沃厚实，文明不曾中断，无疑是圈中最为璀璨的明珠。打通环喜马拉雅山文明圈的交通是人类的壮举。"蜀身毒道"与北方丝绸之路结合，一条环喜马拉雅山的商道就此形成。秦始皇与汉武帝做出了重要的贡献，"通博南山，度澜沧水"，打通了前往缅甸、印度、大夏的道路，沿途交易的货物主要是茶叶、蜀布、邛杖、丝绸、玉石和漆器。滇藏茶马古道、川藏茶马古道、唐蕃古道则是径向交通，指向高山之巅。环状交通加径向交通是这张交通网络的特点，该网络上的河流孕育出环喜马拉雅山的东方文明，可与环地中海的西方文明媲美。

●本章参考文献

[1] 吴曾. 能改斋漫录 [M]. 济南：山东人民出版社，2020.
[2] 王枫云，韦梅. "茶马古道"概念的形成及其传播 [J]. 广西民族研究，2020（6）：8.
[3] 赵学敏. 本草纲目拾遗 [M]. 北京：中国中医药出版社，2007.
[4] 范晔. 后汉书 [M]. 李贤，等，注. 北京：中华书局，1997.
[5] 先巴，马露月. 以茶为媒：青藏地区同中原王朝的交往研究 [J]. 佳木斯大学社会科学学报，2021，39（6）：4.
[6] 罗勇. 两汉滇西族群关系与博南古道的开辟 [C] // 2016. 中国中古史集刊. 第6辑. 北京：商务印书馆，2016.
[7] 马端临. 文献通考 [M]. 北京：中华书局，2011.
[8] 刘超凡. 近三十年来茶马古道研究综述 [J]. 农业考古，2021（2）.
[9] 李焘. 续资治通鉴长编 [M]. 北京：中华书局，1979.
[10] 陈观浔. 西藏志 [M]. 成都：巴蜀书社，1986.
[11] 司马迁. 史记 [M]. 北京：北京联合出版公司，2016.
[12] 封演. 封氏闻见记校注 [M]. 赵贞信，校注. 北京：中华书局，2005.
[13] 宋祁，欧阳修，范镇，等. 新唐书 [M]. 北京：中华书局，1975.
[14] 邱濬. 大学衍义补 [M]. 长春：吉林出版集团，2005.
[15] 谭方之. 滇茶藏销 [C] // 边政公论. 第3卷. 1944.

[16] 脱脱, 等. 宋史 [M]. 北京: 中华书局, 1985.

[17] 张廷玉, 等. 明史 [M]. 北京: 中华书局, 1974.

[18] 嵇璜. 钦定续文献通考 [M]. 台北: 台湾商务印书馆股份有限公司, 2008.

[19] 赵尔巽, 等. 清史稿 [M]. 北京: 中华书局, 1998.

[20] 秦国强. 中国交通史话 [M]. 上海: 复旦大学出版社, 2012.

[21] 顾彼得. 被遗忘的王国 [M]. 昆明: 云南人民出版社, 2007.

第八章
Chapter 08

城市道路：
中国传统营城智慧的传承与发展

中国古代的营城理念是源远流长的中华文明中不可或缺的部分，在处理人与自然的关系方面，充分体现了古代哲学"天人合一"的整体观，其中以"象天法地""礼制秩序""因天材，就地利"等思想最为典型。在这些优秀思想指导下的中国城市建设，涌现出众多的世界城市规划史上的巅峰之作。唐代长安城对日本的都城设计影响深远；北京城是世界城市规划的杰出典范；景色宜人、历史悠久的杭州城是古代城市的优秀代表，从西湖时代走向钱塘时代的钱江新城规划受到国际规划界的高度评价。近代以来，西方城市规划思想的输入对中国传统城市规划技术体系造成了较大冲击，但是经过一系列的吸收、融合以后，仍然取得了丰硕的成果。到了现代，特别是21世纪以来，随着城镇化进入新阶段，在城市新发展理念指导下，我国城市规划建设领域涌现出许多新的探索和大胆创新，不仅传承和发扬了中国的传统营建理念，而且为未来中国城市发展指明了方向。

本章从城市与交通的紧密关系出发，大体上按照时间顺序讲述我国古代、近现代和当代的城市规划和城市道路建设的理念和方法。首先，以长安（今陕西西安）、北京、临安（今浙江杭州）为例，阐述中国古代营城理念及其表现形式；其次，以大连、南京、特克斯县八卦城为案例，介绍中国传统营建思想在近现代面对西方规划理念冲击时的挣扎与融合，以及表现出来的主要特点；最后，结合雄安新区、北川新县城的规划案例，讲述当前城市和道路规划的新理念和新方法。

中国传统营城思想体系

● 二里头遗址：最早的城市主干路网

举世瞩目的二里头遗址，是中国迄今为止发现的最早的都城遗址。其中的井字形道路网，可以说是中国最早的城市主干路网[1]。

二里头遗址位于河南洛阳偃师市，建成年代距今约3800~3500年，相当于古代文献中的夏、商王朝时期。自二里头遗址1959年发现至今，考古学家通过发掘出的大规模宫殿建筑群、都邑格局和作坊遗迹，以及出土的大量陶器、石器、骨器和珍贵的青铜器、玉器、绿松石、象牙器、漆器等文物，取得了一系列重要发现，包括：以方正的宫城和大型夯土宫殿建筑为代表的宫城、宫室制度，贵族墓葬显示出的丧葬礼仪制度，以祭坛为代表的国家祭祀制度，铜玉礼器群及绿松石龙等国之重器体现的器用制度等。因此，二里头遗址被视为目前可确认的中国最早的广域王权国家的都城遗址[1]。

通过二里头遗址的考古挖掘可以看到，遗址中心区呈"九宫格"式布局，城市道路呈井字形分布。九宫格及井字形道路把遗址划分成多个网格区域（图8-1）[1]。随着近年考古发掘持续推进，井字形道路的延伸范围更加广大，二里头遗址中心区的九宫格布局和井字形主干道路的网络面貌更加清晰。在考古专家看来，二里头遗址是一座精心规划、庞大有序、史无前例的都城遗址，多项中国古代都邑和政治制度都源于此。

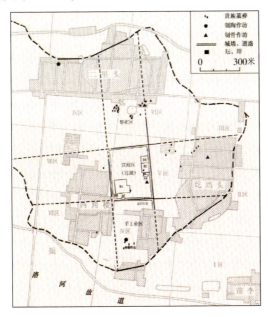

图8-1 二里头遗址平面布局

●"天人合一"的思想起源

虽然二里头遗址已经展现了中国古代营城的某些雏形,但是系统化、理论化的文献记述还要更晚一些,直到周代才开始有成形的文字记载。

中国古代营城理念的核心思想是"天人合一",它起源于我国古代哲学,解决的是人与自然的关系问题,是东方整体性思维的重要体现[2]。"天人合一"思想主要源于《周易》与《老子》,它所表述的是一种人与自然和谐共生的思想原则。《周易·乾卦·文言》中提到"大人者与天地合其德,与日月合其明,与四时合其序,与鬼神合凶吉,先天而天弗违,后天而奉天时"[3],其中,"天地"即指人类外部的自然,"人"指人类本身及其创造性活动,这句话集中揭示了"天人合一"的思想和境界,其意义即人类应该与外部的自然规律保持一致,不违背天时,按规律办事,做到"天人和谐"。

"天人合一"思想对古代城市营建产生了深远影响,特别是《周易》《周礼》《管子》这三部文献中记载的关于营城的规制和方法体系,更是开创了中国传统营城智慧的先河,是对"天人合一"思想的集中阐释。

●《周易》对营城的影响

西周时期是奠定礼制城市规划理念的时代,《周易》在这方面有突出建树。《周易》又称《易经》,据说是由周文王演绎而成,是解释占卜结果的一部书。《周易》主要是六十四卦和三百八十四爻,卦和爻各有说明(卦辞、爻辞),用于占卜。它归纳了天、地、山、川、风、雨、雷、雹等现象的规律,创造了阳爻、阴爻两个基本图像,通过排列组合形成了8个单卦和64个组卦,反映了事物从简单到复杂的演化机理。虽然它继承了商代的鬼神迷信传统,但有了重大改进,反映了先民认识自然、认识社会的朴素思想。

《周易》对古代城市规划思想的影响主要包括两个方面[4]:

一是将"观物取象"运用到处理物质空间上,创立了"象天法地"的规划方法,即模仿上天、效法大地,把抽象思维应用到现实物质环境。据《吴郡志》记载，春秋时，吴王建都于阖闾（今江苏苏州），命伍子胥筑城。伍子胥"相土尝水，象天法地，筑大城……陆门八，以象天之八风；水门八，以法地之八卦"[5]。中国古代的"天圆地方"学说，在规划建筑方面也多有体现，例如将表现天意的天坛筑成圆形，地坛筑成方形，日坛、月坛分列东西等。由"象天法地"进一步又演化出"形胜"的观念，从而脱离简单的模仿。这些思想对后来的"风水学"产生了较大影响。

二是表现为对"数"的追求，揭示"数"与"象"的关系。对"数"的追求和八卦的排列组合，带来的直接结果是空间组合的规范化和对称化，将建筑物和空间变成不同的组合符号，进行有规律的延展。在城市建筑方面，古人热衷于追求吉"数"、吉"象"，以三、六、八、九等数目为先。此外，由于数字代表一种规律，因此，对规律的探究又进一步上升为"道"，即事物表象背后的真理，从而实现境界的升华。

• 《周礼》对营城的影响

《周礼》是记载周代官职制度的古籍，经过不断充实和扩展，成为研究中国古代社会政治制度的重要文献，也是研究古代城市规划思想的重要著作。《周礼》中体现的城市规划思想核心是遵循礼制，与儒家思想一脉相承，维护传统的社会等级和宗教礼法。《考工记》记载："匠人营国，方九里，旁三门，国中九经九纬，经涂九轨，左祖右社，面朝后市，市朝一夫。"[6] 如图 8-2 所示，这已经成为古代城市规划建设秉承的重要原则[4]。

《周礼》对古代城市规划和建筑的影响主要包括：

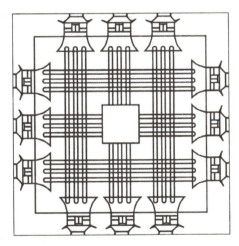

图 8-2　国中九经九纬示意图

一是将等级思想贯穿其中。在城市的规划和建设中，充分贯彻国家制度中的严格等级观念，以体现封建制度中君臣、父子、上下的尊卑，并不断加以规范化，忠诚地为礼制服务，这导致古代城市看起来更加严整、有韵律感。例如，在都城建筑中，皇宫及天子朝事的宫殿应位于城市的中央显赫位置，并高于其他建筑；国都的规模也要高于国内的其他城市等。中国古代很多都城按照这一原则建设，其中最典型的是唐朝的长安城和元明清的北京城。

二是礼乐制度的建立。在儒家学说中，主张礼乐并重，宣扬"仁政""中庸之道"。"礼"代表的是等级和秩序，"乐"代表的是教化和韵律。实际上，礼乐交融反映的是城市的物质环境要为君权统治和精神世界服务的思想，这在古代都城建筑布置中有很多体现，例如左祖右社、晨钟暮鼓等。可见，《周礼》对古代营城理念的影响，不仅限于《考工记》中记述的都城建制的外表形式，还涉及国家和社会的政治、文化、伦理、美学等多个方面[2]。

- **《管子》中的营城思想**

相比于《周礼·考工记》的秩序性，中国传统的城市规划理论中也有着理性和功能主义的一面，集中体现在《管子》一书中。

《管子》成书于战国时期，是后人假托管仲所撰的政治名著，其中体现了较多的道家思想。在城市规划和建筑方面，《管子》做了非常系统化的内容阐述，包括城市选址、城市发展与经济的关系、城市规模的确定、城市用地功能划分、道路网布局、水源和排水等多个领域。

《管子》一书中记述的具有自然观、功能性的规划理论，与儒家的《周礼》存在鲜明的区别，甚至完全相反。《管子》主张从实际出发，不重形式，不拘一格，"因天材，就地利"，不为宗法与礼制所约束，所以，"城廓不必中规矩，道路不必中准绳"[7]。这与《考工记》中的"匠人营国，方九里，旁三门，国中九经九纬，经涂九轨"[6]是截然不同的。

《管子》一书对中国古代营城理念的贡献在于：

一是提出顺应自然规律的思想。《管子》提出，城市规划要"因天材，就地利"。在城市与山川环境因素的关系上，《管子》提出："凡立国都，非于大山之下，必于广川之上。高毋近旱，而水用足。下毋近水，而沟防省。"[7]选择城市要用水方便、排水通畅，《管子·水地》指出："水者，地之血气，如筋脉之流通者也，故曰水具材也。"这里讲的是处理水和城的关系。这些思想对后世风水理论的形成和发展起到重要的作用。受《管子》影响较明显的城市是南京城，其地形较复杂，长江自西南向东北流过，四面环山，只有中部地形较平坦，是古代城市中典型的不规则都城。

二是重视人地关系对城市发展的影响。《管子》提出："彼野悉辟而民无积者，国地小而食地浅也。田半垦而民有余食而粟米多者，国地大而食地博也。"[7]要根据土地的开垦和所余状况来安排百姓的数量，做到人地相当，留有余地，这样国家和城市才能长久发展。这个观点对农耕时代的城市发展至关重要。

三是提出功能分区的思想。《管子》提出的分区思想源于经济和城市发展的实际需要，这与当时齐国的经济发展密切相关。齐国作为春秋第一个霸主，在管仲任相时，充分发展工商业，令国力显著增强。都城临淄因工商业发达，人口众多，在布局上要考虑手工业、商市的位置，以利于各行各业的发展。因此，这是从社会经济活动的角度对城市功能做出的安排，体现出营城理念的实用性[2]。

古代典型都城

在漫长的古代社会，华夏先民们创造了一系列城市规划和建设的杰作，从城市选址、规划定位到平面布局，大都经过了一批能工巧匠的精心规划和精密设计。从某种程度上说，中国城市的起源与营城规划是同步进行的。

遍览古代城市的文献记载，都城的规划建设是营城思想的最集中体现。这是因为都城往往是统治者精心设计而建成的，在物质和精神两个层面上满足王权统治的政治需要。但是，不同时代的都城又各具独特性。下文详述的汉唐长安城、元明北京城和南宋临安城，既在营建理念上一脉相承，也体现了规划主导思想的世易时移和不断发展。

- **汉唐长安城**

长安是中国历史上的名城，它见证了中国古代最为辉煌的两个朝代，即汉代和唐代。但是，汉长安城和唐长安城在地理上却是在两个不同的位置（图8-3）。汉长安城是在今陕西西安城北龙首原的西北麓，以龙首原为基地，向北延伸至渭河边；而唐长安城则是在龙首原的南麓，向南延展至曲江池畔。

图8-3 汉长安城与唐长安城相对位置

在刘邦建立汉朝之初（前202年），汉长安城仅有秦时遗留的离宫一座，即长乐宫。汉高祖刘邦定都长安后，于前200年正式入住长乐宫，并命丞相萧何负责长安城建造。《史记》中说他"作未央宫，立东阙、北阙、前殿、武库、太仓"[8]。在长乐宫西边，萧何修建了一座未央宫，开启了汉长安城的建设历程。此后，汉惠帝时期用5年时间（前194—前190年）在长安城外围建起了一圈城墙，形成了城市的基本轮廓。到汉武帝时期，长安城的规模和城市格局进一步完善，根据《三辅黄图》中记载："长安城中经纬各长三十二里十八步，地九百七十三顷，八街九陌，三宫九府，三庙十二门，九市十六桥。"[9] 此外,汉武帝还在城外修建了建章宫。到了西汉末年,王莽又在长安南郊修建了九庙,用于祭祀自己的祖先。至此,汉长安城的建筑才全部完成,如图 8-4 所示。

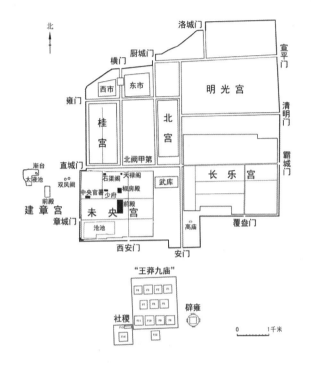

图 8-4　汉长安城平面总图

汉长安城内道路未构成规整的井田阡陌式的网格布局,这主要是由于分阶段建设的缘故。在汉长安城形成的上百年间,存在缺乏规划统筹的问题,城市轴线和道路网络规制不明显,看起来似乎缺乏整体性。尽管如此,它还是体现了古人在城市建造中的特殊考量。首先,汉长安城修筑于渭河南岸,因循河岸的走向,北边的城墙呈"委曲迂回之状"[10],体现了城市与自然的协调关系。其次,汉长安城在古代被称为"斗城",具有特别的寓意。古人有北斗星崇拜,认为北斗星与帝王相联系,意味着稳定和秩序,象征着政通人和,国泰民安。但是,这个美好的愿望在西汉末年化为泡影。由于天灾人祸,连年战乱,经济社会濒临崩溃,在更始三年(25 年),赤眉军攻入长安,烧毁宫室,大肆抢掠,一代名城最终走向了衰败。

唐长安城兴建于隋大兴城的基础之上。开皇元年（581年），隋代建立，隋文帝定都关中，避开了汉长安城旧址，选择在其东南方向营造新都，称为"大兴城"（图8-5）。大兴城由建筑学家宇文恺负责设计，是一座非常符合《考工记》设想的理想王城。大兴城布局方正，全城以对准宫城、皇城及外郭城正南门的大街为中轴线，皇宫、皇城、民居3个部分界线分明，相对分离，既安全又实用。但是，还没等大兴城完全建成，隋朝就灭亡了。

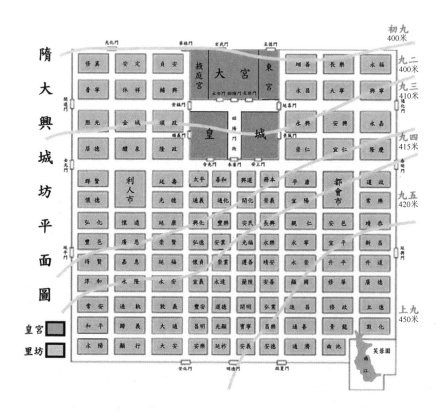

图8-5 隋大兴城平面总图

当唐代取代隋代后，李渊并没有毁坏都城，而是进行了扩建，使其更加符合《考工记》的描述。唐长安的坊里设计中体现了"天人合一"的设计思想。长安城中东西、南北交错的25条大街，将全城分为2市108坊。其中，以朱雀大街为界，将城区分为东西两部分：东部隶属万年县，本应有55坊，因城东南角曲江风景区占去两坊之地，故实领53坊；西部属于长安县，有一市55坊。所有坊里全部沿着中轴线整齐对称、均匀分布，蕴含着季节变化和周礼之制，是唐长安城特有的布局形式（图8-6）。

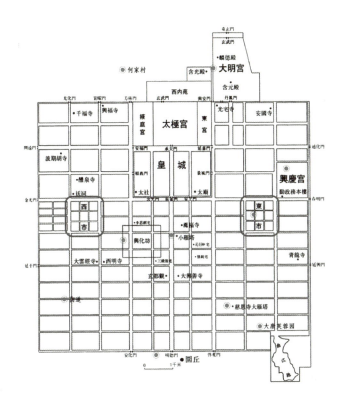

图8-6 唐长安城平面总图

唐长安城布局规制严密，在继承前朝都城传统规划制度的基础上，开创了新的都城规划制度，成为古代中国城市营建的高峰。

- **元明北京城**

明代北京城是在元大都的基础上建成的。至元八年（1271年），忽必烈建立元朝，并于次年迁都北京，从此开始了元大都的城市建设。元大都城址位于今北京市区，北至元大都土城遗址，南至长安街，东西至二环路。当时确定的都城街道布局，奠定了今日北京的基本城市格局。

元大都的兴建工作由中书省官员刘秉忠为总负责人，水利专家郭守敬担任都水监，修治元大都至通州的运河通惠河，实现大运河从元大都到杭州城的贯通。元大都平面呈东西短、南北长的矩形，城墙全长60里又240步（约2.86千米），辟11门，南、东、西三面各3门，北面2门。皇城位于都城中心偏南，四周建红墙，又称"萧墙"，其正门称棂星门，左右有千步廊。萧墙的东墙外为漕运河道。皇城并非以大内宫城轴线为基准、东西对称，而是以太液池为中心，四周布置3座宫殿——大内、隆福宫和兴圣宫，这种布局反映了蒙古人"逐水而居"的特点。大内正门为承天门，北面为厚载门，东为东华门，西为西华门。崇天门前有金水河，河上有周桥。大内正殿为大明殿，是元帝理政和居住的场所，面阔11间，后有廊庑连接后殿。大明殿之后为延春阁，为皇后居所。此外还有玉德殿、内藏库、鹰房、羊圈等建筑（图8-7）。

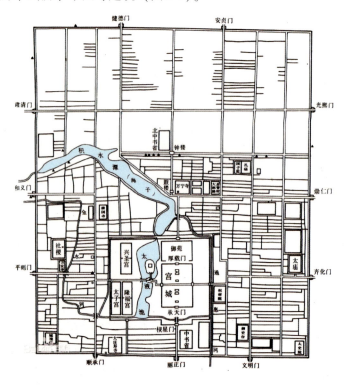

图8-7　元大都平面总图

皇城外，南面和东南面为官署区，北面积水潭一带为闹市，东面为太庙，西面为太社稷，加之城垣每面各开三门（北垣例外），均符合《考工记》中"九经九轨""前朝后市""左祖右社"[6]的相关记载。在中心之阁西面为鼓楼、钟楼，是全城的报时机构。钟鼓楼之西为积水潭，是元代漕运的终点，也是全城最繁华的商业区，有米市、面市、缎子市、皮帽市、金银珠宝市、铁器市、鹅鸭市等集市，还有望湖亭、万春园等园亭。

元大都街道规划整齐，相对的城门之间一般都有大道相通。《马可·波罗游记》记载："全城的设计都用直线规划。大体上，所有街道全是笔直走向，直达城根。一个人若登城站在城门上，朝正前方远望，便可看见对面城墙的城门。城内公共街道两侧，有各种各样的商店和货摊……整个城市按四方形布置，如同一块棋盘。"[11]虽然大都城南面三门、北面二门，但从丽正门北穿过皇城正中的崇天门及大明门、大明殿、延春门、延春阁、清宁宫、厚载门，直抵中心阁的中轴线上，有一条宽阔的御道，其遗迹经勘查宽达28米。

元大都街道分布的基本形式是：在南北向的主干大道的东西两侧等距离平列许多东西向的胡同。大街宽约25米，胡同宽6~7米。在元大都光熙门向北共有东西向胡同22条，在崇仁门至齐化门之间现存的东西向胡同也是平列的22条。可见，在相邻两城门区间内平列22条胡同，是元大都规划的统一格式。

明洪武元年（1368年），朱元璋在南京建立明朝，同年攻占元大都，将原有的元大都内的宫殿全部拆除，以消灭所谓的"王气"。随后，明军大将徐达对都城做了一些调整，特别是明成祖朱棣决定迁都后，进行了长达14年的营建工作，从永乐四年（1406年）开始，至永乐十八年（1420年）基本完成，次年正式迁都北京。这一阶段对元大都的最大调整是"缩其城之北五里"[12]，即将北城墙南移到今北京城北墙的位置（西北部利用积水潭最窄处向内斜收），城内面积较元大都时缩小1/3。北城墙仍设两门，东曰"安定"，西曰"德胜"。废除东墙北端光熙门和西墙北端肃清门，城门也从11座改为9座。此外，将南城墙向南扩展1千米，使皇城位于城市中央，突出了皇权的至高无上。在原来南墙的基础上形成一条东西向街道（即今天的长安街），使其与皇宫前面的大道形成一个丁字形广场，与历史上的曹魏邺城相仿。

到了嘉靖三十二年（1553 年），因形势所迫，计划在内城之外修建外城，用于抵御外敌入侵。由于建设花销太大，只修筑了南面城墙。据《明会典》载："嘉靖三十二年筑重城，包京城南一面，转抢东西角楼止。长二十八里，为七门，南曰永定、左安、右安，东曰广渠、东便，西曰广宁、西便。"[13] 这个外城内部是自然发展形成的商业区和居民区，街巷大多不是整齐地排列，而是由曲折狭小或斜向的街巷组成，只有正阳门到永定门一条南北向大街是笔直的。至此，北京城的基本格局趋于稳定。明亡后，清朝仍沿用明北京城的布局，基本无变化（图 8-8）。

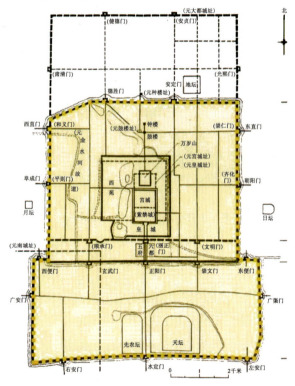

图 8-8　明代北京城平面总图

明北京城的改造和营建具有以下特点[3]：

一是符合"择中立宫""左祖右社""前朝后市"及"前朝后寝"等传统宗法制度。宫城居城之中部，建立以宫城为主体的规划格局，布局严谨，政治主导的意图极其明显；宫城前左有太庙，右有社稷坛，并在城外四方置天（南）、地（北）、日（东）、月（西）四坛。宫城北方玄武门外，逢每月初四开市，称内市。

二是将政治功能区和经济活动区分置，形成"市南宫北"的规划格局，主从关系明确。政治功能区居主导地位，城制、宫殿、官署、官方宗教文化设施等均遵循传统宗法礼制思想进行布局，继承并发扬历代都城规划的传统，成为我国城市传统规划建设的典型代表。经济活动区主要包括城市居民生活方面的建设布局，如府邸、民居、商业市肆、会馆、园林、民间宗教建筑等，注重因地制宜，具有自发形成的特点，表现出更强的灵活性。

三是突出了中轴线，从永定门始，向北过正阳门、大明门、承天门、端门、午门、宫城、景山直至钟鼓楼，向北至二北门的中心点。这条长达 8 千米的轴线是全城的主轴线，城内各种功能分区、环城各种郊坛均据此轴线而布局，突出中轴线的控制地位。同时，中轴线上利用门、城楼、殿宇等建筑，采用高低错落、空间开合的艺术手法，形成节奏起伏、空间变化有序的构图韵律，强调了中心区在城市空间组织中的主导地位。

- **南宋临安城**

杭州地处江南，受战乱破坏少，早在五代时期即已繁荣。北宋时期，杭州为两浙路路治所在地。苏东坡一生曾两次到杭州任地方官，疏浚西湖。南宋定都杭州，称作临安府，城市得到充分的建设。

受周围地形要素（西湖、凤凰山、钱塘江）的影响，临安城呈现沿钱塘江与西湖岸线、南北纵深展开的细长形状。其城市布局特点可概括为"坐南朝北"和"因地制宜"，这种特殊布局是由其地理环境决定的。由于杭州城西邻西湖，东南临近钱塘江，北接大运河，南部多山，形成了南高北低的地势，而出于"居高临下"传统布局要求，五代吴越国的子城和南宋临安的皇城均选址在城市南部的丘陵地带，即凤凰山麓，这样就出现了"坐南朝北"的特殊布局。皇城建在全城的最南端，官府、街坊全在北面，趋朝者皆由后而入，俗称"倒骑龙"。

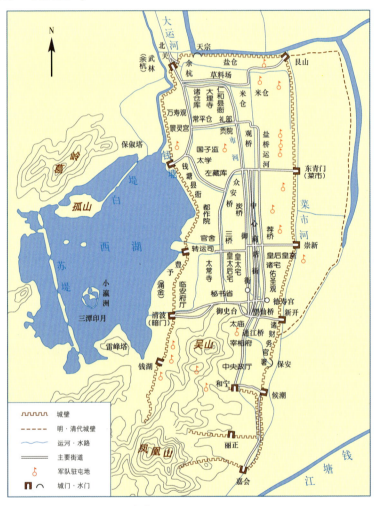

图 8-9　南宋临安城复原图[14]

临安城的规划建设一方面尊重传统礼制的规定，将皇宫区规划得对称规整；另一方面又非常重视环境规划设计，临安城的道路网在整体上与水路网相依并存，呈现自然有机的形态，街道布局随形就势，与山河结合良好。同时，利用水乡城市的特点和优势，以府城为中心，以江河为主干，结合郊区其他大小河道形成一个环城的水上交通网，成为组织交通的重要元素之一。南宋临安城的复原图如图 8-9 所示。

近现代城市规划与道路系统

本节总结从 1840 年鸦片战争到 1949 年新中国成立这一历史阶段我国的城市规划和道路建设特点。

随着近代西方帝国主义的入侵和本国资本主义的发展，我国城市的物质要素和功能结构发生了很大的变化。传统封闭的城市空间结构和坊市制度逐步解体，开始向开放型结构形态转变。在规划思想方面，西方流行的规划思想和手法被引入中国传统城市中，先是殖民主义者生硬地移植和强加城市规划，例如大连、青岛等城市；随后，中国传统城市规划思想开始模仿与融合西方外来规划理念，以南京最为典型，新疆特克斯县的八卦城也值得一提。

● 近代大连的城市规划

19 世纪 80 年代之前的大连，是一个叫青泥洼的小渔村。洋务运动时期，清政府为了兴建北洋海军，选择辽东半岛岛尖上的旅顺口作为水师基地。清光绪二十四年（1898 年），沙皇俄国以保护中国免遭侵略为名，把军舰开进大连湾和旅顺口，强行与清政府签订租借辽东半岛的协约，并给这里起名叫"达里尼"，在俄语中意为"远方"。光绪三十一年（1905）年日本战胜了俄国，将达里尼改名为大连。

沙俄以 25 年租期强租大连后，于光绪二十五年（1899 年）制定了城市发展规划。沙俄的目的在于建成东方出海口以便进行扩张，提出将大连建成一个国际性的自由贸易港口和中东铁路的出海口，把进行港口和铁路建设作为城市规划的重点。规划了彼得堡街（现沿海街）来分隔港区和城区，街南为城区，街北为港区；又将城区分为3个区，即欧罗巴区、中国区与行政区。城市分区之间设有分隔，通过跨铁路桥和道路进行连接。由于沙俄只看重港口建设和就近居住、管理的原则，对于城市长远的合理布局缺乏全面考虑：一是港区范围狭窄，行政区位于一个孤立的高地上，与市区之间被铁路阻隔，不利于长远发展；二是城区受港口码头、铁路线路的阻隔，无处临近海边，岸线全部用于生产和运输；三是规划的中国人居住区条件简陋，带有明显的歧视性。

城市道路系统采用巴洛克式设计，由圆形广场与放射状道路构成规划的整体架构，明显是照搬当时圣彼得堡与巴黎的规划，形式主义色彩较浓。道路等级分为林荫道、干路、支路、小路4级，林荫道主要是彼得堡街，宽85米，干路宽25米，主要路段用石块镶嵌铺设，支路大多由碎石灰石铺设后压实而成，小路多为土路。

城市中心是一个大型广场（即今中山广场），直径达213米，周围有10条放射性道路，带有强烈的古典形式主义色彩。城市行政、商业、金融、邮电、文化、娱乐等大型公共建筑多分布在广场的周围。到光绪三十一年（1905年）日本占领城市时，当时规划的主要道路与建筑物基本建成。

日本占领大连后，决定将其作为"自由港"，继承俄国人原来的规划。宣统元年（1909年），日本以沙俄时期的城市规划为基础编制了《大连市区规划》，对沙俄规划中已经形成的部分未做变动，对未形成的部分继续细化或调整。如三八广场一带为高级住宅区，原规划街坊划分比较大，新规划配置了街区道路，将其分成小的街区；人民路、中山路以南地区的广场、直线道路予以保留，弯曲的道路改为直路等。随后又制定《大连市建筑规则》，对建筑退让道路红线、临街建筑高度、建筑密度、建筑功能等做了详细规定。随着人口规模增长，用地面积日趋紧张，日本在1919年又编制了《市街扩张规划》，城市继续向西发展，用地面积从16.7平方千米扩大到35.6平方千米。这一时期的规划实施形成了大连的基本雏形，对日后的城市规划和建设产生了深远影响[15]。

日本出于经济掠夺的需要，继续推进并完成了大连的建设，工业和城市建设也相应发展起来。日本在 1931 年占领东北后，重新编制了大连城市规划，以 122 万人口为目标，面积达 416 平方千米。城市主要向西发展，局部平坦地带采用棋盘式道路。过人民广场后，规划整齐的棋盘式主干道组成大方格，被街区道路分割成若干排列有序的小方格。这些规划方案的实施，奠定了如今大连市老城区道路网络的基本结构[15]。

- **南京的《首都规划》**

1928 年初，北伐战争胜利在望，政局渐趋稳定，首都建设被提上议事日程。同年 12 月，由孙科负责的"国都设计技术委员会"聘请美国建筑师墨菲和工程师古力治为顾问，开始编制南京城市总体规划。到 1929 年底，《首都计划》由国民政府正式公布，这是南京历史上第一部比较系统的城市规划，也是民国时期最为完整的一部城市规划，其中所展现的规划理念与方法，对中国现代城市规划发展产生了重要的影响。

《首都计划》强调"科学理性"和"民族主义"，以"本诸欧美科学之原则，而于吾国美术之优点"作为指导方针，在宏观上采纳了欧美规划理念，而在微观建筑设计上采用了中国传统形制[6]。例如，在道路设计方面，形式与指标直接借鉴了欧美的小方格网形态，但是没有采取华盛顿"对角线式"的道路布局，因为那会将相关地块切割得不便使用（图 8-10）。墨菲明确提出，在古代南京城的基础上再造新首都，应该有"中国风味"，极力推崇故宫为"世界最良美之建筑群"。要设计出真正的中国特色建筑，必须从一开始就以完整保留中国建筑的外观为出发点，而不是先建成西方建筑的外观，再加入中国元素。至于室内设施，则可以主要按照现代功能需要进行安排。可以说，这些理念体现了当时中西文化在规划建筑领域的融合。

交通计划在《首都计划》中占据了较多篇幅，涉及公路、铁路、水运与空运各方面，以及道路建设的形式和标准要求等，具体内容

图 8-10 《首都计划》中的道路系统图 [16]

详见参考文献 [17]。

在《首都计划》中，规划城内道路分为干道、次干道、环城大道、林荫大道 4 种类型（图 8-11）。鼓楼以南的旧城区道路纵横成网，但规格过低，除尽量依照原有路线加以改良外，对过于曲折且较短者则另辟新路，以形成统一的路网系统。新发展区的道路则统一规划，采用棋盘式方格网。在各公园之间筑林荫大道，作为公园的延伸部分并互相联系。最有特色的是沿明城墙建环城林荫大道，以保证行人行走为原则。

此外，规划参考国外高架道路的做法，打算将明代城墙辟为环城大道。因为城墙已失去防御价值，经过整修后可在其上通行汽车，纵览城内外风光。很明显，这个方案没有考虑古都保护的完整性，也没有考虑到对墙体的伤害。幸运的是，该方案经过各方博弈后，最终没有实施，因此南京城墙得以保存至今。而广州、上海、武汉、长沙以及后来的北京，都先后拆除了原有的城墙。

- **特克斯县八卦城**

在我国的城市建设历史中，新疆的特克斯县八卦城是一个形态非常有特色的案例。特克斯县设立于 1937 年，由时任伊犁屯垦使的邱宗浚亲自选地，依据周易八卦图完成规划设计，因其独特的城市格局形态得名"八卦城"，也被称为"一部凝固的周易"，展现了"有形的易经文化"。特克斯八卦城总体布局呈近圆形，中心为广场公园，8 条主要街道由中心向八方辐射，4 条环道围绕中心组成间隔

350 米的 3 个同心圆，形成一环 8 街、二环 16 街、三环 32 街、四环 64 条街的格局，各道路环环相连、条条相通（图 8-12）。有关部门于 1996 年取消了城内的红绿灯，八卦城由此成为一座没有红绿灯的城市。2007 年，特克斯县城被正式批准为国家级历史文化名城，其独特的城市格局越来越多地受到关注。

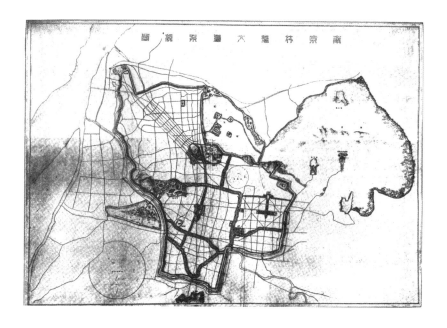

图 8-11　《首都计划》南京林荫大道系统图[17]

特克斯八卦城的最大特点是遵从了古代周易学说和堪舆理论。但是，空间上却没有采用中国古代传统规划的方正格局，而是采用了传统规划中难得一见的环形放射空间形态。人们对这个现象有两种不同的观点：一种观点认为这一设计是来自周易学说和传统规划理论下的神来之笔，不但是我国古代规划史上的奇迹，而且是世界建筑史上的奇迹[18]；另一种观点则认为，特克斯八卦城的格局与西方文艺复兴时期理想城市的形似并非巧合，其形成不仅受中国传统易经文化的引导，同时也是西方规划思潮影响下的中国近代规划设计作品[19]。

图 8-12　八卦图与特克斯八卦城

城市道路系统规划的新阶段

2015年12月，中共中央在时隔37年之后再次召开城市工作会议，明确提出"尊重城市发展规律"。城市和经济发展两者相辅相成、相互促进。城市发展是农村人口向城市集聚、农业用地按相应规模转化为城市建设用地的过程，人口和用地要匹配，城市规模要与资源环境承载能力相适应。必须认识、尊重、顺应城市发展规律，端正城市发展指导思想，切实做好城市工作。

2016年2月发布的《中共中央　国务院关于进一步加强城市规划建设管理工作的若干意见》，进一步明确了"认识、尊重、顺应城市发展规律"，"贯彻'适用、经济、绿色、美观'的建筑方针"，"推广街区制"，"树立'窄马路、密路网'的城市道路布局理念"等要求。

上述讲话和文件精神集中体现了新时期我国关于"营城理念"和道路网规划建设的最新要求。以雄安新区规划、北川新县城重建规划为代表的规划设计方案，是上述理念的最好诠释。

- 雄安新区规划纲要

2018年4月,《河北雄安新区规划纲要》(简称《雄安规划》)正式发布。《雄安规划》坚持世界眼光、国际标准、中国特色、高点定位,紧紧围绕打造北京非首都功能疏解集中承载地,创造"雄安质量",形成新时代推动高质量发展的全国样板,培育现代化经济体系新引擎,建设高水平社会主义现代化城市[20]。

《雄安规划》通过严密的中外营城方式比较研究,以世界眼光、国际标准来审视中国传统营城理念和空间基因在当代的传承和未来的发展,分析研究了"天人合一""以器显礼""因天时就地利""规范中有灵动"等具有中国智慧的营城思想,提取了"山川定位""方正形制""中轴对称""街巷里坊"等具有时代传承价值的优秀中华空间基因,并与华北平原临淀地区的特有环境相结合,进一步挖掘了"高台组团低地环绕"的城水关系基因,为具有中国特色的雄安新区起步区框架确定提供了科学支撑[21]。

在规划纲要编制阶段,首先以"大历史观""大山水观"确定了城市的山川定位,方城居中,南北中轴和东西轴线四向延展,形成北枕燕山山脉、南临白洋大淀、西望太行群峰、东通渤海雄湾的大山水格局。

在新区起步区,因天时就地利,融合城水林田淀等特色要素,充分利用北高南低的现状地形,明确了"北城、中苑、南淀"的总体空间格局,并把"方正形制""中轴对称""街巷里坊""高台组团低地环绕"等空间基因落实在城市空间发展蓝图框架中,形成了"一方城、两轴线、五组团、十景苑、百花田、千年林、万顷波"的空间意向(图8-13、图8-14)。方城规整居中,集中体现中华传统营城理念;两轴延展,融会当代城市精神;各组团因势利导,规范中又有灵动,这些空间组织方式,共同构成了"中华风范、淀泊风光、创新风尚"的城市风貌。

图 8-13　雄安新区起步区规划方案[20]

图 8-14　雄安新区起步区规划意向[20]

雄安新区的中心方城和正交轴线体系,共同在宏观尺度上体现了对中国传统营城智慧的传承,通过轴线的正交,使得五大组团统一采用棋盘式布局方式,形成规范中有灵动的组团空间形态。同时联系了各个组团的公共中心、主要公共建筑以及北城、中苑、南淀的重要自然与人文空间节点,在功能层面和精神意象层面上将五大组团、城市与周边的自然连为一体,并交汇于中心方城,强化了方城作为凝聚城市精神的意象中心、关乎新区形象的核心区域、传递雄安发展价值观的重要载体的角色定位[21]。

在道路交通规划方面，从理念上优先鼓励步行和自行车交通，全面保障公共交通，合理引导控制小汽车。科学规划道路网密度，起步区路网密度达到 10~15 千米/平方千米，合理设计道路宽度，落实"小街区、窄路密网"的建设要求（图 8-15）。在交通组织方面，坚持"公交+慢行"导向，创新管控理念，通过不同交通功能的空间分离，挖掘窄路密网潜力。对智能技术稳中求进，保持积极开放态度，慎用复杂的工程措施，尤其是为小汽车而采用的复杂工程。

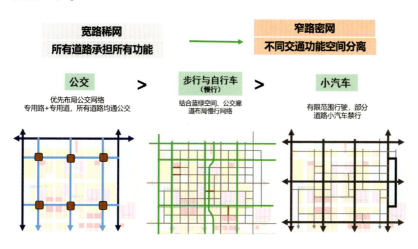

图 8-15 雄安新区道路交通规划理念

• 北川新县城规划设计

北川县是我国唯一的羌族自治县，2008 年汶川特大地震将县城所在地曲山镇彻底摧毁。党中央迅速组织救援和重建工作，并提出"再造一个新北川"的要求。到 2011 年，北川新县城灾后重建工程全面完成，新建县城占地 3.2 平方千米，实现 3 万名受灾群众和拆迁群众的迁居。北川新县城的规划和建设过程，体现了"安全、宜居、繁荣、特色、文明、和谐"的总体要求。

北川新县城的选址吸取了曲山镇选址的教训。原址曲山镇周围都是高山，许多房屋紧贴着峭壁修建，地势低洼，百姓称有如"锅底"，不利于避灾和救援。地形的限制迫使北川在"锅底"中开山劈岭地进行扩建，更使地质不稳定，从而留下了加剧地震灾害后果的隐患[22]。新县城的选址将安全作为第一要素，经过研究论证，确定安昌镇东南部为最佳地点，县城向南迁移23千米。

新县城总体规划确定"山环水绕"的山水格局，为新县城提供了极佳的人居环境。空间结构形成"生态廊、休闲带、设施环和景观轴"，为快速重建背景下的城市发展提供了清晰、有序、高效的城镇空间格局。在功能布局方面，新县城由中部坪坝综合区、南部产业园区、北部丘陵休闲旅游发展区和西部城镇拓展区组成，形成相对紧凑的城镇形态，将绝大多数居民的出行距离控制在步行可达的范围内，充分发挥公共设施的服务效率（图8-16）[23]。

在道路交通方面，坚持不照搬大城市的交通发展模式，提出构建尺度宜人、高效可达的道路交通网络，确立了密路网、小街区的小城镇街道格局，提高了步行可达性[24]。干线道路红线宽度以20米为主，核心区道路间距不超过200米。相对窄小的街道空间，为城镇居民提供了尺度适宜的交往空间。道路断面方案以道路功能为出发点，根据交通组织要求，充分考虑不同道路、不同区段的交通需求差异，确定了30多种道路横断面，均以小尺度为主，更适合小县城的交通特征（图8-17）。在交通组织上，通过合理引导机动车出行，保证慢行交通优先，所有干路的慢行交通空间与机动车交通空间严格分离。北川的道路交通规划充分体现了以人为本、精细化设计的理念，并提出规划、设计、建设、管理一体化的交通工程设计技术方法[25]，足以为后续的城市道路交通规划提供参考。

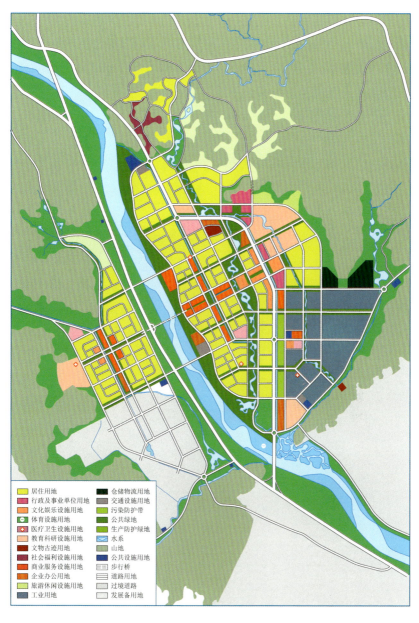

图 8-16 北川新县城用地布局规划

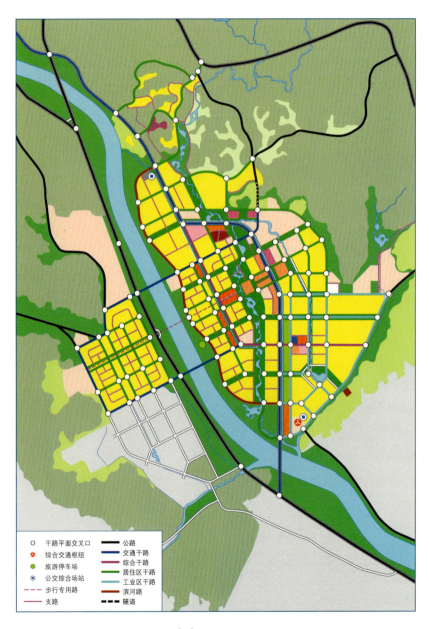

图 8-17 北川新县城道路功能布局[20]

●本章参考文献

[1] 杜金鹏. 偃师二里头遗址祭祀遗存的发现与研究 [J]. 中原文物, 2019 (04): 56-70.
[2] 汪德华. 中国城市规划史 [M]. 上海: 上海古籍出版社, 1987.
[3] 周易 [M]. 杨天才, 译著. 北京: 中华书局, 2022.
[4] 李合群. 中外城市规划与建设史 [M]. 北京: 北京大学出版社, 2018.
[5] 范大成. 吴郡志 [M]. 南京: 江苏古籍出版社, 1986.
[6] 周礼 [M]. 陈戍国, 点校. 北京: 长沙: 岳麓书社, 1989.
[7] 管子 [M]. 房玄龄, 注. 刘绩, 补注. 刘晓艺, 点校. 上海: 上海古籍出版社, 2015.
[8] 司马迁. 史记 [M]. 北京: 中华书局, 1959.
[9] 三辅黄图校释 [M]. 何清谷, 校注. 西安: 三秦出版社, 2006.
[10] 宋敏求. 长安志图 [M]. 辛德勇, 郎洁, 点校. 西安: 三秦出版社, 2013.
[11] 马可·波罗. 马可·波罗游记 [M]. 梁生智, 译. 北京: 中国文史出版社, 2008.
[12] 陈循, 彭时. 寰宇通志 [M]. 北京: 书目文献出版社, 2014.
[13] 申时行. 明会典 [M]. 北京: 中华书局, 1989.
[14] 傅舒兰. 杭州风景城市的形成史——西湖与城市的形态关系演进过程研究 [M]. 南京: 东南大学出版社, 2015.
[15] 刘长德. 大连城市规划100年: 1899—1999 [M]. 大连: 大连海事大学出版社, 1999.
[16] 薛冰. 南京城市史 [M]. 南京: 东南大学出版社, 2015.
[17] 国都设计技术专员办事处编. 首都计划 [M]. 南京: 南京出版社, 2018.
[18] 耿舜凯, 田子剑. 新疆八卦城: 在文化融合中探索名城保护之路 [N]. 中国文化报, 2012-02-02 (7).
[19] 刘泉, 史懿亭. 特克斯八卦城城市规划形态探源 [J]. 城市规划, 2016, 40 (05): 82-90+112.
[20] 中共河北省委, 河北省人民政府. 河北雄安新区规划纲要 [Z]. 2018.4.
[21] 中国雄安. 雄安新区方城解读: 中国传统营城智慧的传承和发展 [EB/

OL］．［2022-04-23］．http：//www.xiongan.gov.cn/2019-06/06/c_1210153121.htm.

［22］中国城市规划设计研究院．城市发展规律——知与行［M］．北京：中国建筑工业出版社，2016.

［23］中国城市规划设计研究院．北川新县城总体规划（2008-2020）［R］．北京：中国城市规划设计研究院，2009.

［24］中国城市规划设计研究院．北川新县城道路交通专项规划及交通工程设计［R］．北京：中国城市规划设计研究院，2010.

［25］戴继锋，殷广涛，赵杰，等．北川新县城一体化交通工程设计方法与实践［J］．城市规划，2011，35（S2）：56-60.

第九章
Chapter 09

丝绸之路：
共同富裕与世界大同

丝绸之路，是指起始于古代中国，并连接亚洲、欧洲和非洲的古代商贸、文化交流路线。狭义上的丝绸之路仅指陆上丝绸之路，而广义上的丝绸之路又分为陆上丝绸之路和海上丝绸之路。东西方文明是世界重要的两大文明起源，而丝绸之路就是一条连接东西方文明的贸易与文化交流之路，是人类文明交汇融合的重要纽带，也是从古至今彰显着和平合作、开放包容、互学互鉴、互利共赢之路。我国从汉、唐、宋时期，通过陆路和海路，把丝绸、瓷器、茶叶、冶铁、耕作等商品和技术传播到国外，同时从国外带回国内没有的物种和物品，形成互通有无的经贸联系和文化交流，提升了沿线国家的社会生产力，改善了其生活水平，为世界范围内的文明进步与和平发展做出了重要贡献。被誉为世界文明摇篮的亚非四大文明——中华文明、古印度文明、古巴比伦文明、古埃及文明，以及希腊和罗马文明的中心区域，都是丝绸之路的通达覆盖地区。

1877年，德国地理学家费迪南德·冯·李希霍芬（Ferdinand von Richthofen）在其所著《中国》一书中，最早使用了"丝绸之路"一词[1]，得到中外史学家的认可并沿用至今。丝绸之路不仅是在物理空间上开辟出来的一条文化交流融合的大通道，而且象征着对未知外部世界勇于探索、不屈不挠的精神。自西汉开始，汉武帝派遣张骞出使西域，在极为艰辛的条件下开辟出了丝绸之路，此后，汉朝历代帝王大力经营广袤的西域，在河西走廊和塔克拉玛干沙漠的南北两侧开辟驿道，将中原大地与中亚、西亚、南亚和欧洲联系了起来。随着时间的推移，这条贯穿亚欧大陆的文化桥梁与贸易大动脉不断发展演变，深刻改变着世界发展的格局与人类文明的进程，直至现在。

丝绸之路的艰辛开辟与汉唐在西域的经略

早在西汉以前，西域与中原之间就保持着商贸往来，主要商品就是玉。安阳殷墟的妇好墓中出土了大量玉器，大部分都是产自新疆和田的籽玉，这表明至少在商代中期，中原地区已经与遥远的新疆和田存在大宗玉石贸易，这就是丝绸之路的前身"玉石之路"。玉石之路以和田玉为媒介，不仅为后续的丝绸之路开打下了基础，而且在传播东方文化和艺术，沟通东西方经济、科技和文化交流等方面，发挥着重要作用。

西晋时期发现的竹书《穆天子传》（图9-1）勾画了玉石之路的大致路线。2002年，中国科学院组织对昆仑山脉的和田玉矿、白河玉矿和玉石运输路线进行实地勘察时，沿途发现了大量玉石标本和古代先民的活动遗迹，证实了《穆天子传》的记载，为玉石之路提供了有力的佐证。

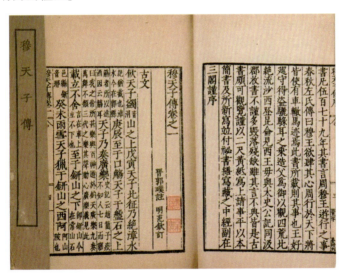

图9-1 《穆天子传》节选

事实上，丝绸之路是玉石之路的"进阶版"，在这条路上来往的商人逐渐将单一的玉石发展为丝绸、玉石、香料、马匹等商品，从商代至春秋战国时期，东往西来，交易活跃，为丝绸之路的真正形成奠定了坚实的基础。春秋战国时期，北非与西亚的很多商品也通过各条交通线抵达中国，但至秦汉时期，匈奴骤起，经河西走廊的商贸路线遭到阻断，打通这条中西贸易之路的重任，落在了汉武帝和张骞的肩头。

张骞出使西域的故事家喻户晓,他本人也作为丝绸之路的开拓者之一和杰出的外交家,一直被赞颂传唱。汉武帝建元三年(前138年),汉武帝招募使者出使西域大月氏,意欲联合对方共同抗击匈奴。张骞应募担任使者,率领百余人于长安出发,不料在河西走廊被匈奴所俘,扣留软禁了十余年。在此期间,张骞不辱君命,持汉节不失,后寻机逃脱,西行经大宛(今乌兹别克斯坦、塔吉克斯坦和吉尔吉斯斯坦三国交界地区)、康居(今乌兹别克斯坦和塔吉克斯坦境内),到达大月氏(今乌兹别克斯坦境内),后又至大夏(今阿富汗和乌兹别克斯坦境内)。但此时大月氏已西迁许久,不愿再与匈奴开战,张骞未能达到目的,在此停留一年多后返程,归途中不幸又被匈奴扣押了一年多。汉武帝元朔三年(前126年),张骞借匈奴内乱之机逃回长安。张骞第一次出使西域的路线如图9-2所示。抵达长安后,张骞向汉武帝详细报告了西域情况,汉武帝非常满意,特封张骞为太中大夫,后又封为博望侯。张骞出使西域的本意是联合大月氏共同抗击匈奴,尽管未能达成原有目标,但本次出使打破了中原向西尘封隔绝多年的局面,促进了文化交往,使中原的文明通过丝绸之路迅速向外传播。

图9-2 张骞第一次出使西域的路线

汉武帝元狩四年(前119年),张骞第二次奉派出使西域。此时,汉朝已控制了河西走廊,张骞结合西域各国与匈奴矛盾冲突的实际情况,建议拉拢乌孙共同抵抗匈奴,这就是"断匈奴右臂"的著名战略。同时，张骞又提出应该与西域各国各族加强友好往来。汉武帝采纳了这些意见。此后，张骞又率使团游说乌孙王东返，但没有成功，他又派遣手下分别前往大宛、康居、大月氏、大夏、安息（帕提亚帝国，今伊朗）、身毒（今印度）等地，自此汉朝与西域的交通线正式建立了起来。汉武帝元鼎二年（前115年），张骞结束第二次出使西域回到长安，被拜大行令，第二年在长安逝世，葬于陕西汉中故里。

张骞出使西域虽未达到预定的打击匈奴的目的，但其产生的实际影响极其巨大，具有重要的历史意义。汉代以前的中原政权，最西面的边界不过为甘肃临洮，玉门关之外的广阔西域则是中原政治及文化势力难以触及之地。张骞第一次出使西域，首次将中原的影响范围扩大到葱岭（今帕米尔高原）周围，使河西走廊直至西域的广大地区同内地的联系日益加强，而且同中亚、西亚乃至欧洲的直接交往也逐渐密切起来，特别是汉朝与同时代的罗马帝国开始有了初步的联系（图9-3）。司马迁对张骞出使西域的功绩以"凿空"[2]（唐代学者裴骃引用了东汉末年学者苏林的解释："凿，开；空，通也。骞开通西域道。"）来评价，无疑是极为中肯的。

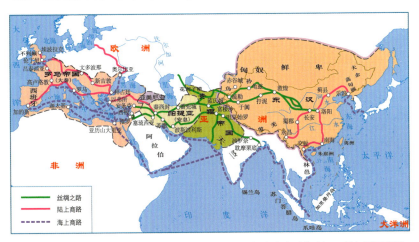

图9-3　丝绸之路牵引的大汉王朝与罗马帝国

张骞出使西域，既是一次艰险的外交活动，同时也是一次卓有成效的科学考察。张骞对西域地区进行了实地调查和研究，不仅亲自访问了西域各国和位于中亚的大宛、康居、大月氏、大夏等国,而且从这些地方又延伸了解到乌孙、奄蔡、安息、条支、身毒等国的风土人情和发展状况。返回长安后,张骞将其见闻向汉武帝做了详细报告,对中亚、西亚、南亚各国的位置、人口、政治、军事力量等都做了说明,后为司马迁所记载并流传至今。张骞出使西域打开了汉代人的视野和眼界,形成了中国首次对这些区域最为翔实可靠的记录,为研究上述地区和国家的历史留下了极其珍贵的资料。

自张骞成功开辟丝绸之路后,汉武帝也先后发动了河南之战、漠南之战、河西之战与漠北之战,彻底瓦解了匈奴阻断中西交往的企图。汉宣帝神爵四年(前58年),曾经不可一世的匈奴分裂成了5个部分,各大单于之间争斗不断,匈奴也从最初统一的大帝国变为了南、北两部,南匈奴最后投降了汉朝,北匈奴则慢慢消逝在历史的长河中。而丝绸之路更加稳固地成为历代中原王朝对外交往的主要通道,从西域来到中国的使者、商人络绎不绝。

随着丝绸之路的兴盛和贸易往来的不断加深,西汉首都长安也逐渐发展成为当时国际首屈一指的大都市。这里商贾云集、店铺林立,物品琳琅满目,贸易极为繁荣。据《三辅黄图》记载:"长安市有九,各方二百六十六步。六市在道西,三市在道东,凡四里为一市。"[3]长安九市中以东市、西市为盛(图9-4)。

东汉末年至魏晋南北朝时期战乱不止,不少中原大族和士人迁居河西走廊,使河西走廊的文化水平得到前所未有的提高,也为丝绸之路的欣欣向荣奠定了基础。隋文帝实现统一后,隋唐两代通过西域胡商联络各国首领总管贸易,拉开了丝绸之路进一步繁荣昌盛的大幕。民族的大融合、疆域的不断开拓,使得中西往来更加畅通无阻。

突厥是中国北方古老的游牧民族,崛起于南北朝的战乱时期,其势力范围曾经东自辽海以西,西至西海(即里海),南自沙漠以北,北至北海(贝加尔湖)五六千里。突厥与隋朝之间曾经发生数次大战役,但一直没被打败。后来,突厥分成了东、西两部分,东突厥的势力较强。到了唐代,突厥为争夺边境的利益,与唐朝在一百多年中进行了数十次的大战役。战争期间,唐朝由开始的安抚和防御转为进攻,加之突厥内部的分裂和内乱,唐朝分别于唐贞观四年(630年)和唐显庆二年(657年)彻底击败东、西突厥,俘虏东突厥颉利可汗和西突厥沙钵罗可汗,突厥汗国灭亡。

图9-4　汉长安城东市西市区位图

唐贞观十四年(640年)在高昌(今新疆维吾尔自治区吐鲁番市高昌区东南)设西州都护府,同年9月在交河(今新疆维吾尔自治区吐鲁番市西北)设安西都护府,用以防备西突厥。贞观二十二年(648年),安西都护府进一步向西迁至龟兹(今新疆维吾尔自治区库车市)。安西都护府既是唐朝在西域的最高行政机关,又是最高军事指挥机关,其机构完善,官有定员,职有专任,所有军事民政事务都有专门机构负责。都护为都护府主官,位列从二品。唐朝军队的驻守不仅抵御了吐蕃军队和西突厥余部对西域的进攻,维持了西域地区长期的稳定,而且保障了丝绸之路的畅通。直至唐天宝十四载(755年),安史之乱之后的唐朝政府也由盛转衰,安西都护的管控能力也大不如从前,吐蕃抓住机会展开了全面的进攻,唐贞元六年（790年），安西都护府与朝廷失去联系，丝绸之路逐渐丧失了官方的保护。

从宋代开始，北方游牧民族南下引发一系列战争，加上宋朝经济和文化重心逐渐南移，海上丝绸之路逐步打通，弱化了陆上丝绸之路的重要性，使其一度中断。元帝国建立后，陆上丝绸之路又迎来了新的发展契机。在明清和民国时期，由于闭关锁国政策，加之近代中国政治动荡和沿线沙漠化严重，丝绸之路盛景不复从前，但文化经贸往来并未断绝。在新的时代，随着"一带一路"倡议的提出，古老的丝绸之路又迎来了更加辉煌的春天。

东西贸易文化的交融升华与宗教传播

丝绸之路是海洋文明、游牧文明、农耕文明交汇融合之轴。丝绸之路在历史上创造性地打通了东西方的大通道，首次构建起横跨亚欧大陆的世界交通大网络，其路线纵横交错、四通八达，建成了古代东西方文明相互连通的大动脉，堪称世界交通史上的奇迹。陆上丝绸之路将中原、西域（狭义的西域是玉门关、阳关以西，葱岭以东，昆仑山以北，巴尔喀什湖以南的区域，即汉代西域都护府的辖地；广义的西域包括葱岭以西的中亚细亚、罗马帝国等地，涵盖今阿富汗、伊朗、乌兹别克斯坦至地中海沿岸一带），与阿拉伯、波斯湾紧密联系在一起。经过几个世纪的不断努力，丝绸之路向西伸展到了地中海地区，成为亚洲和欧洲、非洲各国经济文化交流的友谊之路（图9-5）。

图9-5 陆上丝绸之路的路线

丝绸之路最大的贡献是极大促进了古代商品的大流通,率先实现了亚欧东西方商贸互通和经济往来,实现了东西方之间大量物品、科学技术及文化艺术的交流。在这个区域内,中国的丝绸、瓷器、陶器、茶叶等大量珍贵物品通过陆路源源不断地输往中亚、南亚、西亚、欧洲和非洲,与此同时,其他国家的天文、算术、医药等科学知识,以及音乐、舞蹈、雕塑、绘画、建筑等文化艺术也进入中华文明的视野。据不完全统计,在货物方面,中国对外输出了谷子、高粱、水稻、生姜、桃、梨、茶叶等大量农作物,还有桂皮、姜黄、樟脑、大黄、麝香等中药材;在手工业品方面,除了耳熟能详的丝绸和瓷器外,还有相当多的漆器、铁器和铜器;在技术方面,有养蚕和丝织技术、造纸术、炼铁术等。

丝绸是沿线国家商品交易中主要的高档货物之一。早在河姆渡遗址中,考古学家们就已经发现纺织工具,借此可以推断丝绸的使用至少不迟于良渚文化时期[4]。而在古希腊,穿着丝绸已成为富有和地位的象征,《荷马史诗》对此有具体的描述,且把这种丝绸之物的来源地称为"赛里斯国"[5]。在古希腊的帕特农神庙中,雅典娜女神像身上就穿着透明的丝织长袍(图9-6)。

据史料记载,中国的丝绸传入古希腊大致可以分为三个阶段:第一个阶段是零星的传入,时间是希腊的古典时代(约前5世纪到前4世纪);第二个阶段是小规模传入,时间是亚历山大东征及其以后的希腊化时代(约前4世纪后期到前1世纪);第三个阶段是大规模传入,时间是拜占庭帝国时期(约4世纪及以后)[7]。丝绸贸易在张骞出使西域前已经存在了很长时间,它是一条由散居在广袤欧亚草原的游牧民族主导的东西方文化交流通道,但真正大规模的传输和交易,还是在丝绸

图9-6 帕特农神庙雅典娜女神身着丝绸装饰[6]

之路真正建立起来之后。

中国的茶叶、茶树、饮茶风俗及制茶技术，也是随着丝绸之路的文化交流与商业贸易传向世界（图9-7）。约5世纪（南北朝时期）时，中国的茶叶开始陆续输出至朝鲜、日本，其后由南方海路传至南亚、东南亚。10世纪时，因贸易往来，中国砖茶沿丝绸之路被传至中亚地区。宋元时期，我国对外贸易的港口迅速增加，陶瓷和茶叶已成为主要的出口商品。16世纪初，葡萄牙商船来华，茶叶开始向西方销售。1610年起，荷兰人自澳门贩茶并转运入欧洲。1662年，嗜好饮茶的葡萄牙公主凯瑟琳嫁给英国国王查理二世，提倡皇室饮茶，带动了全国的饮茶之风。1669年，英属东印度公司开始直接从事进口中国茶叶的业务，进一步加强了欧洲宫廷贵族的饮茶风气。茶叶贸易使沿线国家的贸易收入大幅增加，带动了沿线经济的繁荣，转口贸易也随之取得长足发展，从此改变了欧洲的生活方式。

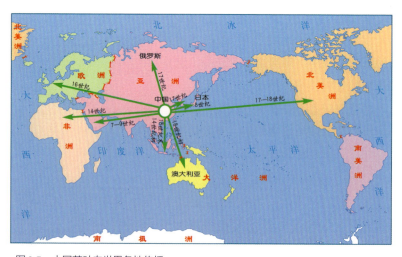

图9-7 中国茶叶向世界各地传播

此外，丝绸之路还推动了科学技术的交互传播，广泛而深刻地推动了沿线国家的生产进步与社会变革。在欧洲近代工业革命之前，中国古代四大发明及冶炼铁等技术先后通过丝绸之路传入西方，成为推动资本主义生产方式变革的重要因素。中国古代造纸术大约在4世纪时传入朝鲜，7世纪时传入日本，在8世纪时传入中亚。据11

世纪阿拉伯《珍闻谐趣之书》记载，751 年，唐朝与阿拉伯的阿拔斯王朝在怛罗斯（今哈萨克斯坦境内）作战，阿拔斯王朝利用俘虏的擅长造纸的唐朝兵士，在撒马尔罕（今在乌兹别克斯坦境内）开办了造纸厂。此后，"撒马尔罕纸"以精美适用而声名远扬。8 世纪末，阿拔斯王朝先后在巴格达、大马士革开办造纸厂，大马士革一度成为欧洲用纸的主产地。之后，造纸技术又传到北非和欧洲，成为世界范围内的重要技术之一。

中国古代印刷术是沿丝绸之路西传的又一重要技术。早在 7 世纪，中国就发明了雕版印刷，在吐鲁番、敦煌等地也发现了大量用于雕版印刷的木刻板和部分纸制品。北宋时期，毕昇发明了活字印刷术，至 13 世纪前后，印刷术由来华的欧洲人沿丝绸之路带回欧洲。15 世纪，德国发明家约翰·古腾堡（Johannes Gutenberg）利用活字印刷术印出了一部《圣经》，引发了西方的一次媒体革命，迅速推动了西方科学和社会的发展。1466 年，欧洲第一家印刷厂在意大利设立，印刷技术迅速传遍整个欧洲。英国学者弗朗西斯·培根（Francis Bacon）盛赞中国火药、指南针、印刷术，认为这三种发明改变了整个世界的面貌。马克思说："火药、指南针、印刷术——这是预告资产阶级社会到来的三大发明。火药把骑士阶层炸得粉碎，指南针打开了世界市场并建立了殖民地，而印刷术则变成新教的工具，总的来说变成科学复兴的手段，变成对精神发展创造必要前提的最强大的杠杆。"[8]

事实上，我国发明的西传，为欧洲文艺复兴和资本主义的产生提供了重要条件。除了商品和技术外，东西方的交流内容还包括多种文化，比如音乐歌舞、天文历算、文学语言、服装服饰、生活习俗等。古代丝绸之路沿线各国的民乐相互传播、相互影响、相互借鉴，与当地音乐形式和演奏技巧的有机融合，不仅成为沿线国家民族文化、地域文化的代表和标志，而且深深地镌刻在了沿线各国、各民族的文学戏曲、歌舞伴奏、民间生活等各个方面。文化的交流、交融和互动，与古代丝绸之路的发展相伴始终。丝绸之路在把多种文明紧紧连接起来的同时，形成了别具一格的丝路文化和文明，对世界文明的发展和人类的进步做出了不朽贡献。

琵琶是中国民乐的重要乐器,在古代中国的音乐史和文学史上有着重要的地位。琵琶在南北朝时通过丝绸之路从波斯经由西域传入中国。它不仅在隋唐成为九部、十部乐中的主要乐器,而且造就了多个琵琶流派,特别是《塞上曲》《夕阳箫鼓》《十面埋伏》等传世名曲。白居易、元稹、苏轼等都留下了咏叹琵琶的流芳千古的经典名篇。

自张骞出使西域正式打通丝绸之路以来,丝绸之路沿途各国间的政治、经济、文化交流就十分频繁,其中宗教思想的传播便是重要内容。两汉时期,古印度的佛教沿着丝绸之路传入中国,而后伊斯兰教、基督教等其他宗教也沿此路径进入中原。这些外来宗教的传播,对中国的思想文明发展,发挥了重要作用。

佛教是中国迎来的首个外来宗教。佛教自进入中国以来,与中华本土文化不断融合,最终形成了具有中国特色的宗教文化。东汉永平十年(67年),汉明帝派遣使者求取佛法,迎来了印度僧人摄摩腾和竺法兰,并在洛阳建立了白马寺,这是中国有记载以来最早的佛教寺院。佛教传入中原的路线如图9-8所示。

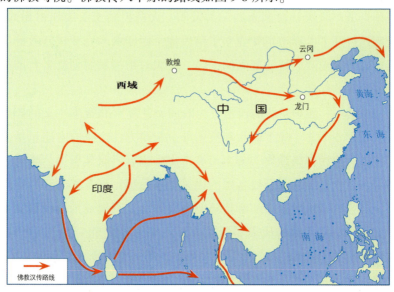

图9-8 佛教传入中原的路线

这一时期的西域各国是印度和中国之间佛教交流的中转站，许多高僧纷纷经由丝绸之路前来译经和传法，在丝绸之路沿线留下了大量的佛教石刻与石窟，分布于天山南北和河西走廊地区，至今仍有遗存。

由于语言和生活习俗的隔阂，早期翻译的佛经大多失真，难以真正传达教旨原义，于是一些有识之士希望能到印度求取真经佛法。历史上最著名的求取真经的僧人玄奘，曾沿丝绸之路访问印度（图9-9），在印度佛教中心那烂陀寺师从戒贤法师学习佛法。玄奘求经往返共历时17年，行程共约5万里，途经138个大小国家，共带回大小乘佛教经典共520箧、657部，为中国佛经翻译和佛教发展做出了突出贡献。

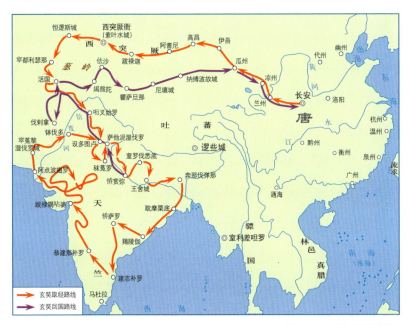

图9-9　玄奘取经的路线

伊斯兰教于7世纪由阿拉伯人穆罕默德创立，并随着阿拉伯帝国的建立扩张而传播开来。阿拉伯帝国在征服了波斯之后，其领土与唐朝的疆域直接接壤，为伊斯兰教传入中国带来了便利。彼时，阿拉伯帝国与唐朝之间的陆路交通线仍是丝绸之路。阿拉伯帝国哈里发在唐高宗年间（650—683年）派遣使者来到唐朝交好，此后阿拉伯人开始进入唐朝所辖地域经商定居,逐渐将伊斯兰教传入中国。北宋时期,西迁的回鹘人建立的喀喇汗王朝,辖地包括今中亚和中国新疆南部的部分地区,将伊斯兰教设为国教。从此,伊斯兰教在中国新疆有了传播的据点。元代时,新疆归属察合台汗国统治,军队中信仰伊斯兰教的阿拉伯人、波斯人和中亚各族人所占比例较高,一般分驻西北地区,后有部分随军驻扎中原和江南等地,将伊斯兰教传播到了更广阔的区域。元朝重新打通了欧亚大陆交通线,丝绸之路畅通无阻,信仰伊斯兰教的各族人民也接踵而至,这也加快了伊斯兰教的传播,故有"元时回回遍天下"之说。伊斯兰教的发展及传入中国的路线如图9-10所示。

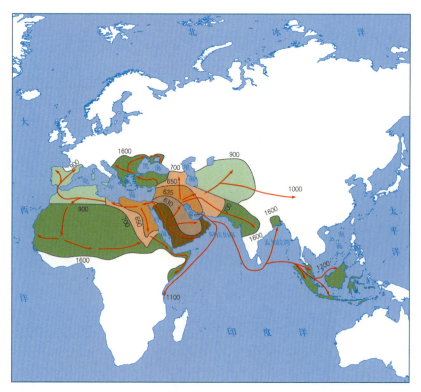

图9-10 伊斯兰教发展及传入中国的路线
注:图中数字为大约的传播年份。

景教进入中国可谓是基督教在中国的第一次传播。景教由叙利亚教士聂斯脱里于428—431年间创立,属于基督教教派之一,但被教廷视为异端而遭驱逐。景教在唐贞观九年（635年）正式传入中国，叙利亚传教士阿罗本从波斯沿丝绸之路来到长安，由宰相房玄龄亲迎并入宫会唐太宗。唐太宗十分认同景教，随后的唐朝帝王也支持其发展，建立了大量景教寺庙，唐建中二年（781年）更是立大秦景教流行中国碑（图9-11）。它作为基督教在中国流行的最早记录，记述了景教的发展盛景。

图9-11　现藏于西安碑林博物馆的大秦景教流行中国碑

摩尼教由波斯人摩尼在3世纪中叶创立。武周延载元年（694年），一位名叫密乌设斯的摩尼教沿丝绸之路一线入唐传播摩尼教，被女皇武则天召见，这是摩尼教在中国的最早记载。目前泉州还有世界仅存的摩尼教遗址（图9-12）。

图9-12　泉州晋江草庵摩尼教遗址

海上丝绸之路的世界联通

唐代安史之乱（755—763 年）后，丝绸之路的东段陷于停滞。唐朝失西域，宋朝失河西，吐蕃越过昆仑山北进，侵占了西域的大部分地区。而中国北方地区战火连年，丝绸、瓷器的产量不断下降，商人也唯求自保而不愿远行。唐朝以后中国经济中心逐渐南移，因而相对稳定的南方对外贸易明显增加，带动了南方丝绸之路和海上丝绸之路的繁荣，成都和泉州也因此逐渐成为南方经济重镇。元、明时期，该通道主要是宗教文化之路，途经的货物量少，同时丝绸、陶瓷的制造工艺已被印度和西方所掌握，外国对中国货物的需求度下降。而丝绸之路的西段由波斯帝国打通并控制，该廊道往西也在 15 世纪前后被奥斯曼帝国所截断，随后的清朝则奉行锁国之策。由此，丝绸之路处于衰败状态长达 1200 余年。

但除了陆上丝绸之路，还有一条闻名遐迩的海上丝绸之路，这是古代中国与外国交通贸易和文化交往的海上通道。"海上丝绸之路"一词最早于 1913 年由法国汉学家埃玛纽埃尔-爱德华·沙畹（Emmanuel-Édouard Chavannes）提出[9]。海上丝绸之路形成于秦汉，兴盛于唐宋元，在明清时期逐渐衰落，是全世界已知比较古老的海上航线之一。中国的海上丝绸之路分为东海航线和南海航线两条线路，以南海航海为中心（图 9-13）。

东海航线主要由华东地区出海后经辽东半岛，直达朝鲜半岛和日本列岛。唐代，经山东半岛和江浙沿海的中韩日海上贸易逐渐兴起；宋代，明州（今浙江宁波）成为中韩日海上贸易的主要港口。南海航线的起点主要是在广州和泉州。这一航线从中国经中南半岛和南海诸国，过马六甲海峡穿过印度洋，进入红海，连接东非和欧洲，成为中国与外国贸易往来和文化交流的海上大通道，推动了沿线各国的共同发展。

中国海上丝绸之路的主线港为广州、泉州和宁波，还有南京、温州、福州、漳州、莆田、江门、阳江、北海等若干支线港。在隋唐之前，海上丝绸之路刚刚开辟，还只是作为陆上丝绸之路的补充线路。但到隋唐时期，由于西域战乱连绵，陆上丝绸之路被阻断，海上丝绸之路迅速崛起。唐代的造船和航海技术快速发展，中国通往东南亚、马六甲海峡、印度洋、红海乃至非洲大陆的航路纷纷开通与延伸，海上丝绸之路最终替代了陆上丝绸之路，成为中国对外交往的主要通道。根据《新唐书·地理志》记载，唐代东南沿海有一条通往东南亚、印度洋北部诸国、红海沿岸、东北非和波斯湾诸国的海上航路，被称为"广州通海夷道"[10]，也是官方史籍对于海上丝绸之路的最早称谓。当时通过这条通道往外输出的商品主要有丝绸、瓷器、茶叶和铜铁器，输入的主要是香料、花草等供宫廷赏玩的奇珍异宝。这种状况一直延续到宋元时期。

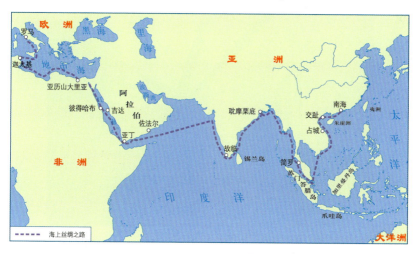

图9-13　海上丝绸之路的南海航线

宋代的造船技术和航海技术进一步提高，而且指南针也广泛应用于航海，中国商船的远航能力大为加强。宋朝与东南沿海国家保持着长期的友好关系，广州依然是海外贸易的第一大港。宋代海上丝绸之路的持续发展，大大增加了朝廷的财政收入，在一定程度上促进了经济和城市的发展，也为中外文化交流提供了便利条件。宋朝在经济上采用重视商业的政策，鼓励海外贸易，同中国贸易的国家和地区已覆盖亚、非、欧、美各大洲，海上丝绸之路发展进入鼎盛阶段。

现有的研究指出,宋神宗后期是古代中国商贸较为发达的时期,税赋总收入的七成来自工商业,而剩下三成来自农业[11]。这不仅促进了国家财政收入的增长和人民物质文化生活水平的提升,更推动了沿线国家和地区的经济发展、科技进步与文化交流。商贸的繁荣,离不开海上丝绸之路这条黄金商路。而泉州的海外交通历史地位,也是在这一时期奠定的。在三大港中,日本和朝鲜半岛的客商希望宋朝主港口尽量靠北,而贸易量更大的阿拉伯世界和南海诸国则希望港口尽量靠南,两股力量妥协的结果,便是处于中间的泉州。泉州在北宋元祐二年(1087年)正式设立市舶司(图9-14),管理着泉州诸港的海外贸易及有关事务。此后,凭借着辐射南北两面的地理优势,泉州的贸易地位迅速超越宁波和广州,成为中国第一大港。

图9-14　泉州市舶司遗址

元代支撑海上丝绸之路的主要大宗商品已由原来的丝绸变为瓷器,沿线国家也开始以陶瓷(China)代称中国。元世祖至元十四年(1277年),泉州市舶司重建,泉州的海外交通贸易进入第二个黄金时期。泉州的海上贸易东至日本,西至波斯、阿拉伯、非洲,南至东南亚,出口了大量陶瓷、丝绸、茶叶、金银等。当年这里商船云集,货商纷纷称赞刺桐(即泉州)是世界上举世无双的最大港口。

15—18世纪,正是人类历史发生重大变革的时代。欧洲人的地理大发现,开启了大航海和世界海洋贸易的新时代。欧洲商人的海上扩张，改变了传统海上丝绸之路以和平贸易为基调的特性，商业活动开始具有战争与武力的背景。这一时期，郑和下西洋成就了海上丝绸之路的巅峰（详见第十章"明朝郑和下西洋"部分）。

西域版图的回归与"一带一路"伟大构想和未来发展

在丝绸之路的千年历史沉寂之中，我国的政治中心也在逐渐东移。自唐以后，长安不再作为政治中心，都城逐渐向开封、杭州等中东部地区转移，对西域地区的经营需求大幅降低。直至清乾隆二十四年（1759年），清朝平定准噶尔及大小和卓之乱，完成了对西域的统一。清政府明确宣布"准噶尔荡平，凡有旧游牧，皆我版图"[12]，将包括天山南北、阿尔泰山东西，一直到帕米尔高原和巴尔喀什湖以东以南的广大西域地区置于清朝的有效统辖之下。清人以西域新归，又称"新疆"或"西域新疆"。

1840年鸦片战争打破了传统中国的政治体系，清王朝统治下的中国从此沦为西方列强入侵、掠夺的对象；一系列不平等条约迫使中国一步步成为半殖民地半封建社会，屈辱地纳入近代国际关系的体系中。阿古柏入侵、沙俄对伊犁的侵占，以及英、俄在新疆的角逐，使这一地区局势日益恶化。中国国土沦丧，主权损失，新疆地区陷入日渐严重的危机之中。

同治十三年（1874年），日本出兵入侵台湾地区，东南海防亦出现危机，于是清政府高层对出兵收复新疆产生分歧，出现了一场有关"海防"与"塞防"之争。争议的焦点实质是要收复新疆还是放弃新疆。以陕甘总督左宗棠为代表的一方力主收复新疆，提出"东则海防，西则塞防，二者并重"的战略思想，但认为首要之务在于注重"塞防"。光绪元年（1875年），清政府任命左宗棠为钦差大臣，督办西北军务，全面负责规复新疆。左宗棠接任后，整编部队，筹集饷银，制订作战计划，经过一年半的时间，清军完全消灭了阿古柏政权，收复了除伊犁之外的新疆全境，保证了我国领土完整，维护了国家统一。光绪八年（1882年），清朝政府正式接收伊犁，最终完成了收复新疆的任务。

"不谋万世者,不足谋一时;不谋全局者,不足谋一域。"西部是中华文明的主要源头之一,经略西部一直是历代的国之大事。2013年9月和10月,习近平主席在出访中亚和东南亚国家期间,先后提出了共建"丝绸之路经济带"❶和"21世纪海上丝绸之路"❷的重大倡议,得到国际社会高度关注。"丝绸之路经济带"将促进东南亚和东北亚经济整合,并最终融合在一起通向欧洲,形成欧亚大陆经济整合的大趋势。"21世纪海上丝绸之路"将从海上连通欧亚非三个大陆和丝绸之路经济带,形成一个包括海上和陆地的闭环。

"一带一路"倡议顺应了时代要求和各国加快发展的愿望,是一个内涵丰富、涉及面广、包容性强的巨大发展平台。"一带一路"倡议是新时代的中国全面深化改革开放、促进世界共同繁荣的重要途径,为构建人类命运共同体打造了坚实的共赢环境。"一带一路"沿线国家作为占世界总人口超过六成和占全球经济总量约30%的重要区域,其贸易额当前仅占全球的1/4左右,是全球重要的投资目的地。中国作为"一带一路"倡议最重要的参与者,在海外设立的110多个经贸合作区中,近一半设在了"一带一路"沿线国家,20个国家级海外产业园区也布局于此,带动了大批中国企业"走出去"。"一带一路"倡议提出10年来,中国对沿线国家累计直接投资超过1500亿美元,通过中国完备的现代工业体系和生产建设能力,帮助沿线国家发展制造业和建设基础设施。通过共建"一带一路",我国提高了国内各区域的开放水平,拓展了对外开放领域,推动了制度型开放,构建了广泛的"朋友圈",探索了促进共同发展的新路径,实现了同共建国家的互利共赢。

尽管世界百年未有之大变局正加速演变,新一轮科技革命和产业变革带来的激烈竞争前所未有,气候变化、疫情防控等全球性问

---

❶ 参见《梦想,从历史深处走来——记习近平主席访问中亚四国和共建"丝绸之路经济带"》,《人民日报》,2013年09月13日02版。

❷ 参见《扬起亚太航船前行的风帆——记习近平主席出席亚太经合组织第二十一次领导人非正式会议》,《人民日报》,2013年10月09日02版。

题对人类社会带来的影响前所未有,共建"一带一路"国际环境日趋复杂,但和平与发展的时代主题没有改变,经济全球化的大方向没有改变,国际格局发展战略态势对我国有利,共建"一带一路"仍面临重要机遇。"一带一路"建设主要围绕政策沟通、设施联通、贸易畅通和资金融通、民心相通,交通基础设施建设和设施联通是共建"一带一路"的基础性保障。在尊重相关国家主权和安全关切的基础上,由各国共同努力,以铁路、公路、航运、航空、管道、空间综合信息网络等为核心的全方位、多层次、复合型基础设施网络正在加快形成,区域间商品、资金、信息、技术等交易成本大大降低,有效促进了跨区域资源要素的有序流动和优化配置,实现了互利合作、共赢发展。新亚欧大陆桥、中蒙俄、中国—中亚—西亚、中国—中南半岛、中巴和孟中印缅等六大国际经济合作走廊将亚洲经济圈与欧洲经济圈联系在一起,为建立和加强各国互联互通伙伴关系、构建高效畅通的亚欧大市场发挥了重要作用。随着中国与哈萨克斯坦、乌兹别克斯坦、土耳其等国的双边国际道路运输协定,以及中巴哈吉、中哈俄、中吉乌等多边国际道路运输协议或协定的相继签署,中亚、西亚地区基础设施建设不断完善。昆曼公路和中老铁路(图9-15)全线贯通,中泰铁路等项目稳步推进。

图9-15 中老铁路万象火车站

随着时间的推移,在各方共同努力下,共建"一带一路"一定会行稳致远,成为和平之路、繁荣之路、开放之路、绿色之路、创新之路、文明之路、廉洁之路，推动经济全球化朝着更加开放、包容、普惠、平衡、共赢的方向发展，书写千年丝绸之路在新时代更加广阔的辉煌。

●本章参考文献

[1] 费迪南德·冯·李希霍芬. 李希霍芬中国旅行日记 [M]. E. 蒂森, 选编. 李岩, 王彦会, 译. 北京: 商务印书馆, 2016.

[2] 司马迁. 史记 [M]. 北京: 中华书局, 1959.

[3] 佚名. 元本东京梦华录元本三辅黄图 [M]. 北京: 国家图书馆出版社, 2018.

[4] 卫斯. 中国丝织技术起始时代初探——兼论中国养蚕起始时代问题 [J]. 浙江丝绸工学院学报. 1993 (3): 26-32.

[5] 荷马. 荷马史诗·伊利亚特 [M]. 罗念生, 王焕生, 译. 北京: 人民文学出版社, 2015.

[6] 拓福美术馆. 古希腊神话故事人物雅典娜女神 古希腊帕特农神庙里的雅典娜·帕提农 [EB/OL]. (2017-09-04) [2022-04-25]. http://www.fjam.org.cn/html/yishuzhishi/211.html.

[7] 张岱年, 方克立. 中国文化概论 [M]. 修订版. 北京: 北京师范大学出版社, 2004.

[8] 马克思. 机器。自然力和科学的应用 [M]. 自然科学史研究所, 译. 北京: 人民出版社, 1978.

[9] 沙畹. 西突厥史料 [M]. 冯承钧, 译. 上海: 上海社会科学院出版社, 2016.

[10] 欧阳修, 宋祁. 新唐书 [M]. 北京: 中华书局, 1975.

[11] 贾大泉. 宋代赋税结构初探 [J]. 社会科学研究, 1981 (3): 9.

[12] 王开玺. 清史实录 [M]. 北京: 东方出版社, 2018.

第十章
Chapter 10

航海时代：
海运的兴起与经济发展

我国海运历史悠久。海运既是我国经济社会文化发展的驱动力量，也是我国悠久历史和灿烂文化的重要组成部分。从秦时徐福东渡拉开航海的序幕、汉唐两代的沿海航行渐入佳境、宋元时期海外贸易大大促进航海发展和经济繁荣、明朝郑和七下西洋促进我国与东南亚国家的友好往来和经贸发展、清朝的海禁和近现代海洋贸易的艰难起航，一直到当代海运的蓬勃发展，悠久的航海史给人们留下了众多难忘的故事和无限遐想。今天，我国已经成为海运大国，正昂首阔步迈向海运强国。世界十大货物和集装箱吞吐量港口中，我国分别占据八席和七席；我国海运量占世界海运量的1/3，集装箱吞吐量占世界集装箱吞吐量的35%，海运船队运力规模位居世界第二；全球海运服务网络不断完善，水路国际运输航线往来100多个国家和地区，海运班轮联通指数稳居世界第一，码头装卸作业效率世界领先。海外港航服务网络不断完善，为全球产业链供应链稳定发展作出了重要贡献。特别是在当前新冠肺炎疫情影响下，无所不在的中国航线和高效运营的海运网络，正在为构建覆盖全球、高度智慧、安全可靠的全球海运供应链体系贡献中国智慧和中国力量。

妈祖文化

妈祖是极具东方文化特色的"航海之神""安澜之神"，是中国海洋文化中最重要的民间信仰（图10-1）。妈祖信仰至今已有1000多年的历史，深刻影响了中国海上航行、海上漕运、海上贸易、海洋外交等方面的发展。妈祖文化成为我国海洋文化的核心组成部分，是海洋文明的重要象征。

妈祖，生而为人，逝后为神。历史上的妈祖姓林名默，于北宋建隆元年（960年）[1]生于福建莆田的官宦之家，自幼受到良好的教育，喜读医理、海洋、气象及有关海上航行之书，能救助海难、扶危济困。据南宁廖鹏飞所撰《圣墩祖庙重建顺济庙记》载："世传通天神女也,姓林氏,湄洲屿人。"[2]宋代诗人黄公度曾作诗《题顺济庙》:"枯木肇灵沧海东,参差宫殿崒晴空。平生不厌混巫媪,已死犹能效国功。万户牲醪无水旱,四时歌舞走儿童。传闻利泽至今在,千里桅樯一信风。"[3]

妈祖文化源远流长,历经千年而历久弥新。宋元时期,海上航运、海上贸易十分繁荣。人们认为海上安全离不开神灵庇佑。北宋宣和五年(1123年),湄洲妈祖祖庙

图10-1 航海之神——妈祖 (作者拍摄)

的分香子庙圣墩庙第一次得到朝廷敕封,受赐"顺济"庙额。此后,宋、元、明、清历代朝廷对妈祖进行敬褒和赐封达36次,其中宋代14次、元代5次、明代2次、清代15次。宋高宗、宋孝宗封其为"灵惠夫人",宋光宗起封为"妃",元世祖升为"天妃",清康熙时升为"天上圣母""天后"[4]。自元代起,妈祖的封号前加了"护国"二字,意味着妈祖由地方海神演变为国家海神,并被列入国家祀典之中。

近代以来,妈祖文化逐渐升华为仁爱友善、救苦救难、悲天悯人、健康平安、自由和平的人文精神。2009年,"妈祖信俗"被联合国教科文组织列入人类非物质文化遗产名录,成为全人类共同的精神财富。

妈祖信仰以湄洲为起点,不断向四面八方拓展渗透。从我国沿海到内河港埠乃至内陆城市,从中国到朝鲜半岛、日本列岛,从近洋东南亚地区到远洋欧美地区,妈祖信仰已经遍布全球40多个国家和地区,拥有妈祖宫庙1万多座、信众3亿多人。图10-2为湄洲岛妈祖祖庙全景。

随着航海者、海商、船员等海外经商贸易及华人的迁徙,妈祖文化迅速传播到世界各地。20世纪70年代以来,美国的华盛顿、纽

约州、加州、夏威夷州,澳大利亚的悉尼、墨尔本,巴西的圣保罗,南非的开普敦等城市先后建造庙宇供奉妈祖。法国巴黎的"真一堂"更尊妈祖为世界和平女海神[6]。

图 10-2　湄洲岛妈祖祖庙全景[5]

秦朝的航海活动

春秋战国时期,古代中国造船和航海技术就已经有了一定的基础。尤其是沿海的齐国、吴国和越国,已发展成为"不能一日而废舟楫"[7]的海上强国。前221年,"六王毕,四海一"(杜牧《阿房宫赋》),秦王嬴政并六国,建立起中国历史上第一个大一统王朝。至此,渤海和东南沿海都被纳入秦朝的版图。

秦始皇为巩固中央集权,曾通海漕,并先后五度出巡视察疆土,其中四次巡游至东部沿海地区,并进行海上航行。

秦始皇二十八年(前219年),始皇帝首次东巡,登邹峄山(今峄山)、泰山后,从渤海南岸开航,过黄县(今山东烟台龙口市东)、腄县(今山东烟台福山区),一直到成山头。据《史记》记载,"乃并勃海以东,过黄、腄,穷成山,登之罘,立石颂秦德焉而去",后继续沿山东半岛航海南下到琅邪(今山东青岛黄岛区琅琊镇),"登琅邪,大乐之,留三月"[8]。秦始皇在琅邪停留了3个月,修筑琅邪台,刻石以颂秦德。时隔一年,秦始皇第二次东巡至之罘(今山东烟台芝罘区),并再次沿着山东半岛乘船巡海南下至琅邪(图10-3)。

图 10-3　秦始皇东巡[9]

秦始皇三十二年（前 215 年），始皇帝第三次东巡至碣石（今河北秦皇岛北戴河区），并"刻碣石门"。秦始皇此次东巡，一方面是为了巡视北方水上咽喉要塞，加强中央集权，"既可循滦河深入津唐腹地，又可沿岸东航至辽东半岛，实为扼北方咽喉之重要航行基地"[10]；另一方面，秦始皇为求长生不老，专门派人入海求仙人和仙药。

秦始皇三十七年（前 210 年），始皇帝最后一次东巡，先经云梦（今湖北孝感云梦县）到会稽（今浙江绍兴），再向北经江乘（今江苏镇江）渡长江后沿海航行北上到达琅邪，实现了从长江到黄海、渤海的江海联航。

秦始皇的数次巡海活动，直接促进了秦朝航海技术的发展，也催生了徐福东渡日本的航海壮举（图 10-4）。

图 10-4　徐福东渡[1]

徐福（有记载为"徐市"），字君房，是战国末年齐国著名的方士，懂天文、航海、医学。在秦始皇第一次东巡至琅邪并停留期间，"齐人徐市等上书，言海中有三神山，名曰蓬莱、方丈、瀛洲，仙人居之。请得斋戒，与童男女求之。于是遣徐市发童男女数千人，入海求仙人"[8]。然而，数年的出海奔波均无功而返。到秦始皇最后一次东巡至琅邪时，徐福因"费多，恐谴"，两次作伪辞诓骗秦始皇资助人员物资出海求仙问药。秦始皇再次提供人员物资，"遣振男女三千人，资以五谷种种百工而行"，最终"徐福得平原广泽，止王不来"[8]。据考证，"平原广泽"即日本列岛地区，徐福到达日本列岛之后就再未回秦国。

从航海技术发展的角度来看，徐福率领上千人的庞大队伍东渡日本，比哥伦布航海船队发现美洲大陆要早1500多年，是我国乃至世界航海史的一项壮举。徐福东渡的成功，充分反映了秦朝先进的造船技术水平和航海水平，为秦代以后历朝历代造船和航运事业的发展奠定了坚实的基础。同时，徐福东渡为当时生产力低下的朝鲜半岛和日本列岛带去了造船航海、铁铜冶炼、农耕纺织等先进技术，在推动当地社会文化发展进步的同时，也成功开辟了中国古代北线的海上丝绸之路。

汉唐海上航行活动

楚汉相争后，汉高祖刘邦于前202年建立西汉，定都长安。刘邦登基后，采取与民休息、清静无为、休养生息的黄老政策。经过几十年的发展，到汉武帝时期，汉朝达到全盛，政局稳定，国力雄厚，经济繁荣。陆上丝绸之路和海上丝绸之路就是在汉武帝时期开辟出来的（图10-5）。

汉武帝建元二年（前139年）起，张骞应募出使西域，打通了汉朝通往中亚的交通要道，加强了汉王朝与西域各国的联系和往来，使得商人们可以横跨欧亚大陆进行商贸活动。但作为丝绸制品等物供应商的中国和需求方罗马帝国之间，横亘着大月氏和安息等政权，双方始终无法直接开展贸易活动。中国的丝绸商将产品卖给大夏（今阿富汗西北部）和粟特商人（古代中亚的商业民族），由他们转手安息商人，最终转卖给罗马人。丝绸几经转手后，价格也翻了好几倍，其中得利最多的是安息人。

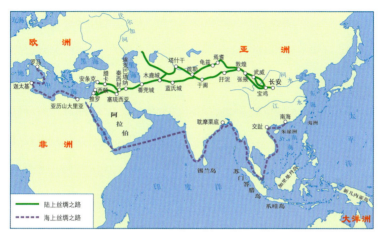

图 10-5　汉武帝时期的陆上丝绸之路与海上丝绸之路

据《史记·西南夷列传》记载，张骞在大夏国商人处得知，在我国西南部有一条民间商路从成都经南海通往南亚的身毒国（印度）。为进一步拓展对外交往和国际贸易渠道，减少中转环节，降低贸易成本，元鼎六年（前111年）和元封元年（前110年），汉武帝接连平定南越和东越，基本扫清了东南沿海航路。这条后来被称为"西南丝绸之路"的远洋航路，从四川出发取道夜郎（今贵州西北部、云南东北部及四川南部地区），从西江顺流而下到达广州，然后自徐闻、合浦走海路通向今天的印度和斯里兰卡，再转往西亚乃至中亚地区。

到了唐代初期，全国政治安定，经济繁荣，贞观之治、开元盛世都出现在这个历史阶段。隋唐时期的海运除了军事、经济需要之外，主要沟通了北向渤海国、日本以及南洋、印度洋等地。

唐代都城位于长安，而经济中心已逐步南移至江淮一带。中原及北方地区的军粮、物资供应无法完全由大运河承担，很大一部分要依赖海上漕运航线。杜甫的《昔游》诗云："幽燕盛用武，供给亦劳哉。吴门转粟帛,泛海陵蓬莱。"[12] 吴门指的就是现在的苏州,漕运船舶经长江口北向循江苏、山东海岸,过成山头、蓬莱、渤海湾进入海河,到达军粮城(图10-6,唐代时位于海河下游的入海口附近)。

图 10-6　军粮城遗址[13]

初唐盛世,国力强盛,创造了繁荣的经济、完备的政体和璀璨的文明,吸引世界各国争相学习。居于松花江一带的粟末靺鞨(大祚荣受唐玄宗册封后,去靺鞨号,专称渤海国)归附;黑水靺鞨、高丽、新罗、百济、日本等国也都纷纷前来朝贡。据唐晏《渤海国志》所述,渤海国为入贡唐朝,专门开辟了自西京鸭渌府(今吉林白山临江市)经海运到登州(今山东烟台蓬莱区),再转陆运至长安的海上朝贡通道。自神龙元年(705年)至开成四年(839年),渤海国派遣唐使入唐朝贡就有40次[14]。除了政治目的外,东北亚各国与大唐之间通过海运,以"交关""回易""市易""私易""私贡""别贡"等形式进行贸易活动,以派遣留学生、参加科举考试入朝为官等形式进行文化传播与交流。

据记载,日本曾派遣唐使团入唐10余次。起初的航线是相对安全的"北路",基本上沿近陆海岸线绕道航行,从登州入唐,航期需50天左右;后航线改取"南岛路",从九州沿琉球群岛南下,横渡东海进入长江口,再经运河、黄河、渭河到达长安,航程、航期缩短近一半(图10-7)。

在唐朝开创盛世的同时,亚欧大陆另一端的西亚兴起了阿拉伯帝国，唐宋称其为"大食"。阿拉伯人把唐朝商人海运到也门的丝绸、瓷器和印度的香料等，再运到红海或地中海沿岸各地。到了唐天宝九载（750年），随着阿拔斯王朝建立，阿拉伯帝国进入极盛时期。这个时期的阿拉伯商人成群结队航海东渡到中国，与唐代的中国西行海船互相对驶。据史料记载，仅唐代宗年间（762—779年），每年到达广州的阿拉伯商船就有4000多艘，来自西亚乃至非洲的大量外商在这里出入。

图10-7　日本遣唐使团路线

唐人贾耽在《皇华四达记》中详细记述了从广州经越南、马来半岛、苏门答腊，跨越印度洋，至印度、斯里兰卡，直至波斯湾沿岸各国的航线、航程，以及沿途几十个国家和地区的方位、名称、岛礁、山川、民俗等内容[15]。

唐朝开辟的广州通海夷道，在航路上分为3段。第一段航路，从广州出发，沿北部湾、中南半岛南下，过暹罗湾（今泰国湾）后，顺马来半岛航行至苏门答腊东南部，抵达爪哇岛。第二段航路，始于新加坡，沿马六甲海峡折向西北西行，以尼科巴（今印度）群岛为驿港，续航至印度半岛南端，沿印度西海岸航行至霍尔木兹海峡，抵达阿拉伯帝国都城巴格达。第三段航路，是从波斯湾湾头的巴士拉港起航，出霍尔木兹海峡，沿阿拉伯半岛南岸向西航行，途经巴林、阿曼、也门等地，到达红海口，越过曼德海峡，南下驶抵东非海岸。这是有迹可循的中国人跨洲远航,首次抵达非洲大陆[16]。大唐正处于世界各国的经济普遍繁荣上升的阶段,或因为贸易要求,或由于文化交流,把相互间的海上往来提升到全新水平。图10-8展示了一种唐代典型船——"黑石"号的复原模型。

图10-8　唐代典型船——"黑石"号复原模型[17]

经过长期的航海实践,汉唐时期的航海技术已经发展形成体系。其中,最为常见的航海技术主要是地文航海术和天文航海术。地文航海术或引航术是指根据山形水势来引航的方法技术。而当船舶在夜间航行,或者在见不到陆岸的海洋上航行时,就只能靠观测日月星辰来辨明方向确定船舶位置,这就是汉唐时期的天文航海术。西汉著作《淮南子》记载:"夫乘舟而惑者,不知东西,见斗、极则寤矣。"[18]

在《汉书·艺文志》天文类中,记有天文航海方面的书籍有136卷之多。中国古代天文学把天区划分为28个星空区,称为二十八宿,并按列宿划分它们所对应的地面区域。虽然这些书籍的具体内容已经无从查证,但汉代的航海家能够利用航海技术完成至印度、斯里兰卡等国的远洋航海,也足以说明当时已经具备了较高科学水平的天文航海技术。

宋朝指南针的应用

宋朝是中国古代的一个大航海时代,在远洋航线方面没有什么大的扩展,但在航海技术方面却有划时代的创新——指南针在航船上的应用。

众所周知,指南针是中国古代四大发明之一,是古代劳动人民在长期的生产实践中对磁石磁性认识的结果,古时又称为"司南"。但是,据现代学者研究,古文献中的司南并非磁性指向器,应是另有所指,因为磁石勺指南不具有可行性。具有实用价值的人工磁化指南针于唐宋时期才发明(图10-9)[19]。

图 10-9 古代"司南"和宋朝时指南针(罗盘)[20]

宋朝以前的各种定向工具(如指南车、司南等)实际上并不适用于航海。到了宋朝,经过长期的试验和改进,人们把钢针在天然磁体上摩擦,从而使钢针具有磁性。这种经过人工传磁的钢针才可以称之为正式的指南针[21]。宋朝时在人工磁化和磁针装置两方面的突破,奠定了指南针用于航海的技术基础。

在指南针应用于航海导航之前,宋朝航海初期主要依靠地表目标和牵星术导航,加之水情判断来确定位置。但这些依靠自然现象和人类经验来定向的导航方式都存在一定的缺陷。随着宋朝海上航运的日渐繁荣,船只航行的路线与距离越来越远,因此对不受自然条件限制的导航仪器的需求也越来越迫切。指南针的出现正好解决了这一实际问题。

指南针用于航海导航,是航海技术的重大革新。人类使用指南针为船舶导航最早的文字记录,出自北宋地理学家朱彧的《萍洲可谈》:"舟师识地理,夜则观星,昼则观日,阴晦观指南针。"[22]据考证,《萍洲可谈》记录的是朱彧于1101—1103年间(北宋徽宗年间)

在广州的见闻。由此可知,我国古人在航海中使用指南针导航的时间不晚于 1103 年。这则文献说明,北宋时人们在航海中已经使用指南针来导航了,这也是世界航海史上使用指南针的最早记载。而后徐兢的《宣和奉使高丽图经》也有对指南针的使用记载:"是夜,洋中不可住,维视星斗前迈,若晦冥则用指南浮针,以揆南北。"[23]

一百多年以后,南宋赵汝适《诸蕃志》(成书于 1225 年)中有一段文字,非常形象地写出了指南针在航海中的重要性:"舟舶来往,惟以指南针为则,昼夜守视唯谨,毫厘之差,生死系焉。"[24]这也从侧面反映出,南宋的航海技术已经达到了一个任何细微偏差都不容忽视的地步。否则,哪怕是微小的误差,最终导致的便是远洋航行中"失之毫厘,差之千里"的目的地。

从科技史的角度来看,指南针的应用,一方面使人类获得了全天候航行的能力,另一方面,指南针与尾舵、风帆一起,使人类具备了远洋航行的三个基本条件——用指南针定向、用尾舵掌握航向、有效利用风帆(图 10-10)。

图 10-10　航海地图与指南针[25]

指南针在航海上的应用,对地理大发现和海上贸易有着极大的促进作用。德国天文学家坦普尔在《中国的创造精神》中说:"如果没有从中国引进指南针等导航的技术,欧洲绝不会有导致地理大发现的航行。"[26]

宋朝时期,活跃的阿拉伯商人是"海上马车夫"。作为中国与欧洲各国联系的纽带，正是通过阿拉伯人，宋朝的指南针技术得以传入欧洲。指南针的传入，给欧洲带来了巨大的影响，直接导致了 15—17 世纪的地理大发现（大航海时代），使人类第一次建立起跨越大陆和海洋的全球性联系，同时将西方世界带入了资本主义社会，造成了巨大的历史和社会变革。

宋元时期的世界海洋商贸中心泉州

泉州作为宋元时期的世界海洋商贸中心，被列入世界遗产目录。宋元时期正是中国海上贸易史上的繁盛时期。

从唐朝起，海陆贸易并重，不但有东西陆路交通，而且已开通向东、向西的海路交通。宋元时期，由于地缘政治和经济中心南移、航海业和造船业发展等诸多原因，海洋贸易地位日渐上升，泉州作为我国航海贸易的龙头，与亚洲海域"北洋""东洋""西洋"实现连接与互动，形成了东方世界的海洋经济圈。

宋元时代是我国水运充分发展、海运进入全盛的时代。从整个中国历史看，宋代重视商业，经济得到了空前发展，其中，江南经济在国家财政中起到重要的支撑作用。元朝取得全国政权后，钱粮靠南方支撑的状态没有改变。为了确保南方粮食源源不断地运往北京，元朝高度重视水路运输，并采取扶持政策使泉州港得到了迅速发展。

泉州港自唐以来崭露头角，宋朝逐渐繁盛，在元朝达到了顶峰。宋时，泉州与 70 余个国家和地区建立了贸易往来，海外交通畅达东、西二洋，东至日本，南通南海诸国，西达波斯、阿拉伯和东非等地。进口商品主要是香料和药物，出口商品则以丝绸、瓷器为大宗。元时，泉州港得到了进一步的发展，有贸易关系的国家和地区增至近百个，其贸易范围仍以通西洋为主，相对稳定的航线大抵与宋时相仿。当时泉州港是重要的国际贸易港，也是中外各种商品的主要集散地之一。经泉州港进口的，有香料 58 种、宝货珍玩 12 种、工业原料 27 种、纺织品 19 种、金属物 9 种、器用品 6 种和副食品 7

种。经泉州港出口的，有丝绸织品 54 种、陶瓷器 41 种及金属、杂货和药物 63 种，远销到 64 个国家和地区。

两宋时期，泉州海外交通、贸易空前繁盛。泉州港被誉称为"世界最大贸易港之一"而驰名中外，与埃及亚历山大港齐名。泉州的丝绸、瓷器与铜铁制品工艺先进，质量上乘，享誉海外。北宋元祐二年（1087 年），泉州设立市舶司，嗣后又设来远驿，以接待贡使和外商。为鼓励海外交通贸易，宋代的泉州市舶司和地方官员，每当海舶入港或出航的季节，会特地为中外商人举行"祈风"或"祭海"活动，以祝福海舶顺风安全行驶。《宋史·地理志》记载，淳祐年间（1241—1252 年），泉州合计有 255758 户、1329940 人口[27]。南宋中期，泉州超过临安府，成为世界最大城市。从税收上来看，泉州是膏腴之地的望州。泉州市舶司每年仅征收抽解税就超过 200 万贯，约占南宋每年财政总收入的 5%。

元代，泉州与海外的通商贸易已涉足近百个国家和地区。至今屹立在泉州沿海的六胜塔，就是当年引导航船进出的灯塔遗迹。当时的刺桐港（因刺桐树随处可见，故古时泉州也被称为刺桐城）船舶相连无边无尽，大宗货物堆积如山。时人乃曰："泉，七闽之都会也。番货远物、异宝珍玩之所渊薮，殊方别域、富商巨贾之所窟宅，号为天下最。"[28]

海运的发展促进了基础设施建设水平的提高。泉州人民开创了现代称为"筏形基础"的新型桥基，即在江底沿着桥梁中线放置石块并向两侧展开，形成一条横跨江底的矮石埕作为桥基，然后在上面建桥墩，提高基址的稳定性。其桥墩形式也别具一格，使用长条石交错垒砌，两头突出以分水势，减轻水流对桥墩的冲击。此外，还有一种技术是养蛎固基。人们在桥下养殖了大量牡蛎，利用牡蛎附着力强、繁殖速度快的特点，把桥基和桥墩胶结成一个牢固整体，给桥基穿上了一件脱不掉的"金钟罩"。这种把生物学与桥梁建筑学相结合的固桥技术，在当时是世界首创。在桥面的建设上，创新性地使用"浮运架梁"技术，利用水涨船高的原理，在退潮时用浮排将石材运送至桥墩之间的恰当位置，待涨潮时利用浮力将石材调整安放至桥墩上。使用"浮运架梁"技术,用长达 11 米的石料建设了洛阳桥(图 10-11)。

图 10-11　泉州洛阳桥

明朝郑和七下西洋

郑和下西洋是指中国在明代早期 1405—1433 年间的七次连续的大规模远洋航海活动,跨越了东亚地区、印度次大陆、阿拉伯半岛以及东非各地,被认为是当时世界上规模最大的远洋航海活动,是世界航海史上的壮举。明永乐三年(1405 年)到宣德八年(1433 年),明成祖朱棣与明宣宗命郑和率领 200 多艘海船、27800 多名船员的庞大船队远航,访问了 30 余个位于西太平洋和印度洋的国家和地区。郑和首次下西洋的时间,比迪亚士发现好望角和哥伦布发现美洲大陆均早 80 多年。郑和船队七次下西洋的总航程达到 7 万多海里,长度相当于地球赤道周长的 3 倍之多。

郑和船队七下西洋,先后航行至东海、南海、泰国湾,绕过马六甲海峡进入安达曼海(今称缅甸海)及孟加拉湾,再绕过整个南印度至阿拉伯海、波斯湾,从亚丁湾进入红海,亦有航行至东非马达加斯加北部更远的海域,到达沿海 30 多个国家及岛屿,包括东南亚的爪哇、苏门答腊、苏禄、彭亨、真腊、暹罗,印度的古里、榜葛剌，阿拉伯半岛的阿丹、天方、左法尔、忽鲁谟斯，以及东非的木骨都束、莫桑比克贝拉港。郑和船队的七次远航，有六次在永乐年间（1402—1424 年），第七次远航是在宣德年间（1426—1435 年）。前三次远航最远到达印度西南海岸的卡利卡特，而第四次最远航行至波斯湾的霍尔木兹海峡，最后一次船队远航至阿拉伯半岛和东非肯尼亚。郑和下西洋船队分艅后到达过马达加斯加海峡一带，也有少量船只绕过好望角进入大西洋[29]。

清朝的海禁政策

为抵御郑成功船队的进攻，清朝政府继续沿袭明朝的海禁政策，并随着清军向沿海和海岛的推进，发布了一系列"海禁法令"（包括"禁海令"和"迁海令"）。据徐祥民统计，清初顺治、康熙两朝下达的"海禁法令"至少有 13 道，时间跨度从顺治四年（1647 年）一直持续到康熙十七年（1678 年）[30]。

顺治十二年（1655 年），清政府效法明朝颁布禁令，次年（1656 年）更详细的政策出台。据光绪朝《钦定大清会典事例》

图 10-12 《钦定大清会典事例》[30]

（图 10-12）记载："海船除给有执照许令出洋外，若官民人等擅造两桅以上大船，将违禁货物出洋贩卖番国……或将大船赁与出洋之人，分取番人货物者，皆交刑部分别治罪。至单桅小船，准民人领给执照，于沿海附近处捕鱼取薪，营汛官兵不许扰累。"[31]此时清政府的禁海规定并不算严厉，主要限制海船的规格，并要求依法领取执照，两桅以上的海船也可出洋经商。海边渔民可领取单桅小船执照，在沿海附近捕鱼为生。

顺治十三年（1656 年），在上述政策出台后不久，清政府再次向沿海各省府地区（包括福建、广东、浙江、江南、山东、天津等）

颁发谕令，强调的仍然是船只的执照问题，若无执照出海，犯死罪。"今后凡有商民船只私自下海，将粮食、货物等项与逆贼交易者，不论官民，俱奏闻处斩。"[31]

到了顺治十八年（1661年），清政府对出海商船和渔船的检查更为严格，船体超出规定尺寸，就要问罪。《广东新语》卷二《地语·迁海》记载："民有阑出咫尺者，执而诛戮。"[32] 同时，清政府在福建推出了"迁海令"，将海边居民迁至内地。《海上见闻录》记载："京中命户部尚书苏纳海至闽，迁海边居民之内地，离海三十里，村庄田宅，悉皆焚弃。"[33] 康熙元年（1662年），则把离海距离加到了五十里。《地语·迁海》记载："令滨海民悉徙内地五十里，以绝接济台湾之患。"[32]

康熙七年（1668年），政府重申禁海令，禁止海船远洋经商，一旦发现，处以极刑并实行连坐制。《钦定大清会典事例》卷七七六记载："凡官兵民人，有犯违禁出海贸易等罪者，照例拟罪外，其地方甲长同谋故纵者，处斩；知情不首者，绞；不知情者，杖一百、流三千里。"[31] 康熙十一年（1672年）至十七年（1678年）间，清政府仍不断发布"迁海令"，《钦定大清会典事例》卷六二九记载："居住海岛民人，概令迁移内地，以防藏聚接济奸匪之弊。"[31]

清朝的"海禁"政策及其他相关的法律阻碍了社会发展。蒋良骐在《东华录》中记载："移福建滨海界外百姓于内地，禁出海交通，新移之民悉免其徭赋。"[34] 由此可见，"迁海令"的颁布使众多海商和渔民远离故土、失业，生活无以为继。但是，清初的"海禁法令"并没有一直实施下去。康熙二十二年（1683年），台湾郑氏集团率部归降，两岸对峙的局面宣告结束。康熙二十三年（1684年），清政府正式宣布解除海禁，诏告天下曰："今海内一统，寰宇宁谧，满汉人民相同一体，令出洋贸易，以彰富庶之治，得旨开海贸易。"[35] 自此，清朝的海禁政策退出历史舞台，沿海地区的海上贸易和渔业得以重新焕发生机（图10-13）。

图 10-13　海禁解除后环渤海区域海上贸易[36]

"封锁禁运"

第二次世界大战后,出于对社会主义国家的敌视和畏惧,以美国为首的西方资本主义国家采取了所谓的"封锁禁运"政策,企图威胁并阻挠社会主义国家的经济建设,以达到扼杀社会主义制度的目的。1949 年 11 月,美国、英国、法国等国家在法国巴黎成立了专门针对社会主义阵营进行"封锁禁运"的机构——"巴黎统筹委员会"。

此时,新中国刚刚成立,千疮百孔,百废待兴,经济复苏和建设的任务迫在眉睫,尤其需要引进国外先进的技术和设备,不料竟成为资本主义国家"封锁禁运"的重点对象。1950 年开始,美国和其他资本主义国家对新中国实行的"封锁禁运"政策逐步升级,这给新中国的国民经济恢复工作带来了极大的困难。"封锁禁运"时期的香港港口如图 10-14 所示。

1950 年 2—6 月,美国禁止英国等部分国家向新中国输送战略物资,并相继颁布了所谓《战略物资管制办法》(3 月颁布,被管制的物资包括机器、交通工具、金属制品和化学原料等,共计 660 余种)和《1950 年输出统制法令》(6 月颁布)等。1950 年 6 月 25 日朝鲜内战爆发后,美国进一步加紧了对物资输出的管制。至 11 月,美国商务部又将管制的战略物资种类增至 2100 余种。

图 10-14 "封锁禁运"时期的香港港口[37]

1950 年 12 月—1951 年 2 月,美国对新中国实行全面的"封锁禁运"政策并冻结外汇。同时,美国还支持和配合台湾当局,封锁了上海、天津等沿海城市和港口,禁止各国商船进出新中国的港口。

20 世纪 50 年代美国对新中国实行"封锁禁运"政策的一个重要目的,是配合朝鲜战场上的军事进攻,妄图在政治、经济上施加压力,使新中国经济产生严重困难以致崩溃,引起新中国政局动荡和社会动乱,以便内外反动势力卷土重来,推翻中国共产党领导的人民民主专政,把新中国扼杀在摇篮之中[37]。

面对西方国家如此严厉的"封锁禁运"措施,党和国家审时度势,制定了相应的对外贸易工作方针和政策,并对组织机构、贸易方式、贸易方向、外贸体制等各方面都进行了细致的研究和周密的部署,领导中国人民进行灵活机智的反"封锁禁运"斗争。

在"封锁禁运"背景下,新中国无法从英美等传统海运大国获得轮船。为了打破国际经济封锁和贸易禁运,1951 年 6 月 15 日,新中国与东欧的波兰共和国合资创办了一家远洋运输企业——中波轮船股份公司。这是新中国第一家中外合资企业,揭开了我国远洋运输事业的新篇章。

成立初期,中波轮船公司发展非常艰难。为了保密,对外都以波兰远洋公司的身份出现。在成立后一年多的时间里,中波轮船公司为新中国运回了 52 座工厂的设备。在新中国刚成立的艰难环境下，中波轮船公司为新中国提供了极大的运输便利，也为当时社会的经济建设、工业发展以及物资供应作出了巨大的贡献。

最终，在多方努力下，中国政府冲破了"封锁禁运"政策，对外贸易额逐年增长，顺利完成了恢复国民经济的任务。

突破"封锁"、走向世界

新中国成立前夕，招商局轮船均处于国民党当局的统治之下。随着全国解放号角的吹响，招商局轮船上的船员们心向祖国，纷纷高举起义的旗帜，先后有"海辽"轮（图10-15）、"海玄"轮等13艘招商局轮船相继回到祖国的怀抱，为新中国航运事业的发展奠定了坚实的物质和人才基础。新中国成立后，随着国民经济的恢复，我国航运事业逐步冲破了敌对势力在海上的"封锁禁运"，获得相应的发展。

图10-15 "海辽"轮驶向大连港[38]

新中国成立初期，我国船舶品种单一、吨位较小、技术落后，全国海轮吨位占世界比重不足0.3%。20世纪50年代，我国远洋运输主要租用外国船舶进行。1959年，印度尼西亚当局掀起反华政治事件，而当时我国没有远洋船舶，只能花高价先后租用了10余艘苏联以及侨商、华商的船舶接侨。由于租船不好管理，远洋局建议用接侨租船款购买2艘二手客船自行管理。经国务院批准，我国委托捷克公司购进"光华"号（图10-16）和"新华"号2艘几近报废的远洋客船。同时，交通部远洋局及驻广州办事处立即着手筹建中国远洋运输公司，并把远洋开航的准备工作和接侨工作紧密结合起来。

图10-16 "光华"轮[39]

1961年4月27日，经国务院外事办公室批准，新中国第一家国营的国际远洋运输企业——中国远洋运输公司宣布成立，揭开了我国国际航运发展史上崭新的篇章，为我国航运业向国际化发展奠定了坚实的基础[40]。此时，中远共有"光华"号、"新华"号、"和平"号和"友谊"号4艘船舶，总计2.26万载重吨。次日，经过全面修理的"光华"轮首航印度尼西亚接运华侨和使馆工作人员。"光华"轮成为中国第一艘悬挂五星红旗的远洋船舶。为迎接"光华"轮胜利归来，陈毅元帅在《满江红·参观光华轮》中欣然写下了"海运百年无我份，而今奋起多兴旺"[41]的诗句。

从20世纪60年代开始，我国开始有计划、有步骤地建立独立的远洋运输业。1964年初，交通部和中国人民银行签订了贷款买船合同，购置远洋船舶20艘，总计24.9万载重吨，使我国远洋船队得到较快的发展[42]。到1965年，中远已拥有63艘远洋船舶，总计60万载重吨，并先后开辟了至亚洲、欧洲、非洲国家和地区的多条国际航线。1966年后，远洋运输蓬勃发展的势头受到严重阻碍，沿海港航生产管理机构被撤销合并，交通运输指挥秩序遭到破坏，给中国的海运事业带来巨大的灾难，再次拉大了与海运先进国家的距离。

1969 年后,国民经济有所好转,外贸海运需求与远洋运输运力的矛盾又趋于明显。在周恩来总理的持续关注和航运界的努力下,1971 年开始,我国海运事业逐步排除干扰,海运规章制度得以恢复和修订,海运指挥调度机构开始恢复和重建,远洋运输业又获得较大的发展。

与此同时,20 世纪 70 年代初期较为缓和的国际环境,为我国南北航线的开辟提供了有利条件。1972 年,南北航线成功试航,打破了敌对势力对我国华南地区实行长达 20 多年的封锁,对促进和扩大南北物资交流,迅速发展和壮大华南沿海运输事业,有着重要作用[42]。

1975 年,我国远洋船队已有船舶 330 艘,总吨位达 538 万载重吨。次年,我国远洋船队的承运量已占外贸运输中我方派船运输量的 70%[42],基本上结束了长期以来依赖租用外轮的历史,为全面振兴中国的国际海运事业和对外贸易事业打下了坚实的基础。

经过 20 多年的创业与发展,1978 年时,交通部直属沿海海运企业完成货运量 4980 万吨,为 1952 年的 11.6 倍;完成货物周转量 386.66 亿吨·里(约合 193.33 亿吨·公里),为 1952 年的 18.8 倍。

党的十一届三中全会以来,中国的经济体制发生了重大而深刻的变革,国民经济和对外贸易取得了持续、快速的发展,中国的航运业以建设统一开放、竞争有序的航运市场为目标,不断深化改革,积极对外开放,实现了迅速发展。

集装箱运输的兴起

● 世界集装箱运输的兴起

回顾世界集装箱运输的发展历史,可概括为萌芽期和起步期、快速成长期和走向成熟期四个阶段。

1830—1956 年为集装箱运输的萌芽期。1801 年,英国人詹姆斯·安德森博士首先提出了集装箱运输的设想。1830 年,英国铁路上首先出现了一种装煤的容器（图10-17）。1845年，英国铁路上开始出现类似现代集装箱的载货车厢，这是世界上最早的集装箱运输雏形。1880年，美国正式试制了第一艘内河用的集装箱船。1900年，英国铁路上首先出现了较为简单的集装箱运输。1917年，美国铁路上试行集装箱运输。

图10-17　1830年，英国铁路上首先出现了一种装煤的容器[43]

1956—1966年为集装箱运输的起步期。1957年10月，美国泛大西洋船公司将6艘C-2型件杂货船改装成了带有箱格的全集装箱船。这标志着海上集装箱运输方式的出现。1961年，国际标准化组织（ISO）开始讨论制定标准集装箱尺寸，将20英尺集装箱（TEU）定为标准箱（图10-18）。

图10-18　麦克林与他的集装箱运输事业[44]

1966年—20世纪80年代末为集装箱运输的快速成长期。1966年5月，美国海陆运输公司的集装箱船抵达荷兰鹿特丹港，这标志着世界集装箱运输的兴起[43]。

20世纪80年代末至今为集装箱运输的走向成熟期。这一时期,集装箱多式联运快速发展,发达国家的集装箱运输已基本实现了多式联运。20世纪90年代,各船公司纷纷组建联营体[43]。

- **我国集装箱运输的兴起**

与世界集装箱运输相比,我国集装箱运输起步较晚,但发展速度最快。

20世纪50年代为我国集装箱运输的萌芽和探索发展期。我国集装箱运输从20世纪50年代起步,并始于铁路。1955年,铁道部成立集装箱运输营业总所,选择北京、天津、沈阳、哈尔滨、济南、上海6个车站开展集装箱运输业务。1956年,我国与中东欧国家开展集装箱国际运输。水运部门也在1956年、1960年、1972年分别借用铁路集装箱进行短期的试运[43]。

20世纪70年代为我国集装箱运输的发展起步期。1973年,我国开辟第一条国际海上集装箱运输线,中国远洋运输总公司(中远海运集团前身)等单位,与日本新和海运、日新仓库两公司开始在天津、上海和日本大阪、神户、横滨之间的杂货班轮上,开展国际集装箱运输试点。1973年9月,开辟用杂货船捎运小型集装箱的上海至横滨、大阪、神户航线,"渤海一号"轮由日本神户装载小型集装箱驶抵天津港。到20世纪70年代后期,我国集装箱运输才逐步走上发展正轨。

20世纪80年代为我国集装箱运输的稳步发展期。1973年,天津港接卸了第一个国际集装箱。1981年1月,我国第一个专业化的集装箱码头公司——天津港集装箱公司正式成立。同年12月,天津港第三港池集装箱码头正式通过国家验收,并交付使用(图10-19)。1986年底,中远总公司已开辟中国—美国、中国—欧洲、中国—日本、中国—澳大利亚等国际集装箱运输航线12条,我国有16个港口开展国际集装箱装卸业务,完成吞吐量62.7万标准箱。

图 10-19 1981 年，我国第一座专业集装箱码头在天津港建成[45]

20 世纪 90 年代为我国集装箱运输的快速发展期。1991 年，全国拥有专用集装箱船舶 101 艘，国际集装箱海运量达 229 万标准箱，拥有专用集装箱泊位 23 个，设计年通过能力为 195 万标准箱，全国港口国际集装箱吞吐量达 217 万标准箱。1993 年，已开辟对西欧、东南亚、北美、日本、澳大利亚、新西兰、波斯湾和地中海沿岸及中国香港地区的定期集装箱班轮航线共 58 条。1997 年，全国拥有专用集装箱船舶 1080 艘、30 万标准箱箱位，国轮国际集装箱海运量达 357 万标准箱，拥有专用集装箱泊位 65 个，设计年通过能力为 1003 万标准箱，全国港口集装箱吞吐量达 1077 万标准箱。

21 世纪以来为我国集装箱运输的发展成熟期。2001 年以后，随着加入世界贸易组织，我国外贸进出口总额和港口集装箱吞吐量逐渐增长，至 2009 年时，分别达到 22073 亿美元和 1.3 亿标准箱。2002 年，我国港口集装箱吞吐量首次超过连续 46 年保持世界首位的美国。

我国港口集装箱吞吐量由起步到 100 万标准箱用了 16 年，由 100 万标准箱到 1000 万标准箱用了 8 年，由 1000 万标准箱到 5000 万标准箱用了 7 年，由 5000 万标准箱到 1 亿标准箱用了 3 年。就发展速度而言，可以说是世界最快。

世界有多大的船,中国就有多大的港

大型专业化码头建设,我国始终走在世界前列。全球船舶大型化趋势明显,我国港口泊位也随之加快了专业化、深水化的步伐。随着造船技术的进步,企业为了提供更好的服务,为了在全球航运市场中获得新的竞争优势,纷纷开始建造大型船舶,以实现更低的运输成本和更高的运输效率。从关系国计民生的煤炭、原油、铁矿石、集装箱等货类专业化码头和邮轮码头来看,我国港口始终超前规划,紧跟需求,持续推进大型专业化泊位建设,引领了全球码头泊位的大型化潮流。

原油码头能够接卸当今最大的原油船舶。1976 年,大连新港原油码头投产,是新中国第一座现代化 10 万吨级原油码头(图 10-20);该码头有 2 个泊位,是当时国内规模最大、泊位水深最深的原油外贸输出港[46]。2005 年 3 月 30 日,44 万吨级比利时籍"泰欧"号油轮(图 10-21)靠泊在宁波港大榭港区实华码头。实华码头长 460 米,宽 82 米,前沿水深 25 米,是国内第一个接卸 40 万吨级油轮的码头。

图 10-20　新中国第一座现代化 10 万吨级原油码头投产大会[46]

世界最大的矿石码头在我国诞生,并创造了多项世界纪录。20世纪 80 年代初,我国第一座 10 万吨级矿石中转码头在宁波港北仑

图10-21 "泰欧"号油轮[47]

港区建成投产（图10-22）。2013年3月9日，青岛港董家口港区矿石接卸码头投产。该码头是我国建成的第一个30万吨级（结构兼顾40万吨级）矿石接卸码头，也是当时世界上最大的矿石接卸码头，长510米，水深25米，设计年通过能力为1600万吨。该项工程拥有最深的码头水深、最先进的环保系统、最先进的信息化操作系统和最大的岸桥[42]。2015年7月4日，我国第一艘40万吨级矿石船"远卓海"轮首靠青岛港董家口港区40万吨级矿石码头（图10-23）。

集装箱码头由国内第一到世界最大。我国第一座集装箱码头，是1974年6月开始在天津新港兴建的，第一个泊位于1981年12月正式交付使用（图10-24）。到1985年底，天津新港新建的四港池3个集装箱

图10-22 建设中的宁波北仑10万吨级矿石码头[48]

泊位建成投产。该码头共 4 个泊位,设计年吞吐能力达 40 万标准箱,成为我国当时最大的集装箱专用码头。2021 年 8 月 3 日,世界最大集装箱船"长范"轮(图 10-25)顺利靠泊宁波—舟山港梅山港区 6 号泊位。"长范"轮长 400 米,宽 62 米,最大载箱量达 23992 标准箱,刷新了宁波—舟山港的挂靠纪录。

图 10-23　2015 年 7 月 4 日,我国第一艘 40 万吨级矿石船 "远卓海" 轮首靠青岛港董家口港区 40 万吨级矿石码头[49]

图 10-24　我国第一座集装箱专用码头于 1981 年底在天津新港建成[50]

图 10-25 "长范"轮顺利靠泊宁波—舟山港梅山港区[51]

当前,我国港口码头设施能力全球第一,大型专业化泊位世界领先,真正实现了"世界有多大的船、中国就有多大的港"的庄严承诺。

截至 2020 年底,全国港口拥有生产用万吨级及以上泊位数位居世界第一,大型深水专业化码头泊位比重大幅度提升,沿海主要港口专业化码头装卸作业效率、百米岸线完成集装箱吞吐量均达到世界领先水平。2020 年末,全国港口拥有生产用码头泊位 22142 个,其中,沿海港口拥有生产用码头泊位 5461 个,内河港口拥有生产用码头泊位 16681 个;全国港口拥有万吨级及以上泊位 2592 个,其中,沿海港口拥有万吨级及以上泊位 2138 个,内河港口拥有万吨级及以上泊位 454个;全国港口 10 万吨级以上泊位达 440 个,专业化泊位 1371 个(包括集装箱泊位 354 个,煤炭泊位 265 个,金属矿石泊位 85 个,原油泊位 87 个),通用散货泊位 592 个,通用件杂货泊位 415 个。

天津港是我国现代化综合性港口、世界人工深水大港,新中国第一条国际集装箱班轮航线、第一座集装箱专用码头先后在这里开通和投入使用。天津港码头等级达 30 万吨级,航道水深 22 米;拥有各类泊位 192 个,万吨级以上泊位 128 个,其中,拥有大型深水专业集装箱装卸泊位 23 个,可满足全球最大集装箱船舶的作业要求

（图 10-26）。

图 10-26　天津港集装箱码头泊位[52]

青岛港拥有当今最大最先进的专业化深水码头，拥有世界最大的 40 万吨级矿石码头、45 万吨级原油码头、可停靠世界最大的 2.4 万标准箱船舶的集装箱码头、可停靠世界最大的 22.7 万吨级邮轮的专用码头；其中，前湾集装箱码头拥有 24 个深水集装箱船舶专用泊位（图 10-27），码头岸线长达 8651 米，泊位水深 20 米，可以全天候装卸 24000 标准箱以上的超大型集装箱船舶。

图 10-27　青岛港集装箱码头泊位[53]

宁波—舟山港是全球首个年货物吞吐量超过 10 亿吨的大港，是我国重要的集装箱干线港、国内最大的铁矿石中转基地和原油转运基地。至 2020 年 1 月，拥有生产泊位 620 多个，其中万吨级以上大型泊位近 170 个，5 万吨级以上的大型、特大型深水泊位超过 100 个。核心港区主航道水深在 22.5 米以上，30 万吨级巨轮可自由进出港，40 万吨级以上超级巨轮可候潮进出。宁波—舟山港是我国超大型巨轮进出最多的港口（图 10-28）。

图 10-28　宁波—舟山港集装箱码头[54]

我国大型化、智能化港口建设，确保了服务效率全球领先。大型化、专业化泊位吞吐能力的不断提升，加上自动化码头的加快建设，使得我国港口设施综合效率世界领先，为畅通国际物流链、降低综合物流成本作出了积极贡献。

上海航运交易所发布的 2021 年全球主要港口远洋干线国际集装箱船舶平均在港、在泊时间数据（表 10-1）显示，2021 年中国港口综合效率整体表现良好，装卸作业效率世界领先。综合效率表现良好的为高雄港（1.03 天）、香港港（1.33 天）、厦门港（1.35 天）、广州港（1.49 天）；装卸作业效率较高的为高雄港（0.83 天）、广州港（0.85 天）、香港港（0.90 天）、厦门港（1.05 天）、上海港（1.06 天）等中国港口。

表 10-1 2021 年全球主要港口远洋干线国际集装箱船舶平均在港、在泊时间[55]

港　口	2021 年吞吐量（万标准箱）	平均在港时间（天）	平均在泊时间（天）
上海港	4703	2.57	1.06
新加坡港	3747	1.78	1.27
宁波—舟山港	3108	2.16	1.07
深圳港	2877	2.04	1.24
广州港	2418	1.49	0.85
青岛港	2371	1.77	1.17
釜山港	2269	1.57	1.31
天津港	2027	1.88	1.50
香港港	1779	1.33	0.90
鹿特丹港	1510	2.24	1.61
迪拜港	1377	1.68	1.07
巴生港	1374	1.84	1.22
厦门港	1205	1.35	1.05
安特卫普港	1202	1.97	1.43
丹戎帕拉帕斯港	1120	1.89	1.13
洛杉矶港	1067	9.49	5.94
高雄港	986	1.03	0.83
长滩港	938	10.36	5.03
纽约港	899	2.42	1.81
汉堡港	870	2.35	1.65

为中国走向世界保驾护航

中国海运连接度多年排名世界第一。随着我国全方位对外开放的深入推进，特别是近年来，在高质量推进"一带一路"建设背景下，我国航运配置不断优化，航线网络不断完善，海运班轮联通指数连续多年保持世界第一，海运在我国对外开放和全球贸易稳定发展中发挥了不可替代的作用（图 10-29、图 10-30）。特别是在当前新冠肺炎疫情影响下，无所不在的中国航线，成为稳定全球产业链供应链的中坚力量。

第十章 航海时代：海运的兴起与经济发展

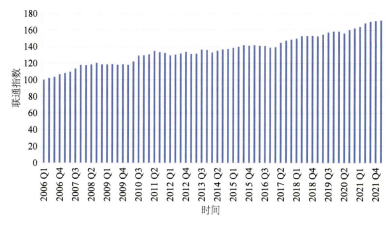

图 10-29　2006 年以来中国海运班轮联通指数变化
注：数据来源于联合国贸易和发展会议。

图 10-30　2006 年以来世界典型国家海运班轮联通指数
注：数据来源于联合国贸易和发展会议。

截至 2020 年底，我国国际海运量已占全球海运量的 1/3，海运船队运力规模达到 3.14 亿载重吨，位居世界第二位；全球海运服务网络不断完善，水路国际运输航线往来 100 多个国家和地区，海运班轮联通指数稳居世界第一。

主要集装箱港口航线连接全球，成为我国全方位对外开放的重要战略支点。根据各港口公司的官网数据，到 2022 年 7 月，上海港集装箱吞吐量连续 12 年位居全球第一，上海港国际班轮航线遍及全球主要航区。天津港拥有集装箱航线130条，每月航班550余班，同世界上200多个国家和地区的800多个港口保持贸易往来。青岛港外贸航线畅通全球，内贸航线通达南北，支线网络布局不断完善。青岛港拥有集装箱航线200余条，遍及全球180多个国家和地区的700多个港口，航线密度位居中国北方港口第一位。全球前20大船公司的集装箱航线全部挂靠青岛港。宁波—舟山港"硬核"力量突出，区位优势显著，背靠我国最具活力的长三角经济圈，260条集装箱航线连接着190多个国家和地区的600多个港口，勾画着港通天下的航运贸易网。广州港拥有集装箱航线总数超200条，其中外贸集装箱班轮航线超140条，班轮航线覆盖国内及世界主要港口。2022年一季度世界部分港口海运班轮联通指数和2006年以来世界典型港口海运班轮联通指数如图10-31、图10-32所示。

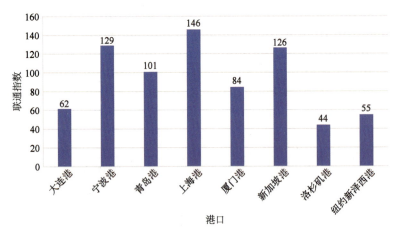

图10-31　2022年一季度世界部分港口海运班轮联通指数

注：数据来源于联合国贸易和发展会议。

大型港航企业航运服务能力不断增强。根据中国远洋海运集团官网数据，截至2021年8月底，中国远洋海运集团经营的船队，综合运力为1.1亿载重吨，居世界首位。其中，集装箱船队规模308万标准箱，居世界第三；干散货船队运力4460万载重吨，油、气船队运力2936万载重吨，杂货特种船队运力475万载重吨，均居世界第一；集团全球船舶燃料销量超过2819万吨，居世界第一；集装箱租赁业务保有量370万标准箱，居世界第二。

图 10-32 2006 年以来世界典型港口海运班轮联通指数

注：数据来源于联合国贸易和发展会议。

截至 2022 年 2 月 7 日的全球班轮运力排名见表 10-2[55]。

全球班轮运力排名（2022 年 2 月 7 日）　　　表 10-2

排名	公司名称	中文简称	集装箱数（万标准箱）	运营集装箱船（艘）
1	Mediterranean Shg Co	地中海航运	431.4	655
2	Maersk	马士基航运	428.0	733
3	CMA CGM Group	达飞轮船	319.7	569
4	COSCO Group	中远海运集团	292.6	475
5	Hapag-Lloyd	赫伯罗特	175.0	250
6	ONE (Ocean Network Express)	海洋网联船务（ONE）	152.5	207
7	Evergreen Line	长荣海运	147.4	202
8	HMM Co Ltd	现代商船	82.2	76
9	Yang Ming Marine Transport Corp	阳明海运	66.4	91
10	Zim	以星航运	42.1	111

港航企业加快走出去步伐，有力支撑了我国国际物流供应链网络完善。以中远海运港口、招商局港口等企业为代表，加快"走出去"步伐，加速海外港口布点，不断完善国际航运物流网络，有力支撑我国对外贸易发展和产业"走出去"。

根据公司官网数据显示，中远海运港口码头组合遍布我国沿海五大港口群以及东南亚、中东、欧洲、南美洲、地中海等地港口。截至 2020 年底，中远海运港口在全球 36 个港口运营及管理 357 个泊位，其中，有集装箱泊位 210 个，处理能力约 1.2 亿标准箱。2020 年，中远海运港口海外地区完成集装箱吞吐量 2844 万标准箱，占中远海运港口集装箱总吞吐量的 28%。招商局港口海外业务方面，通过 Terminal Link 公司完成收购 8 个码头股权，港口业务拓展至东南亚、中东、欧洲、加勒比海等地，不断完善全球港口布局；2020 年，招商局港口海外地区完成集装箱吞吐量 2888 万标准箱，占招商局港口集装箱总吞吐量的 24%。

●本章参考文献

［1］赵逵，白梅．天后宫与福建会馆［M］．南京：东南大学出版社，2019．

［2］廖鹏飞．圣墩祖庙重建顺济庙记［M］//蒋维锬，郑丽航，辑纂．妈祖文献史料汇编．北京：中国档案出版社，2007．

［3］黄公度．知稼翁集［M］．北京：中国书店，2018．

［4］林明太．妈祖文化在海上丝绸之路沿线国家地区的传承与发展［M］//《东南周末讲坛选粹》编委会．东南周末讲坛选粹10．福州：海峡文艺出版社，2009：101-115．

［5］搜狐．一砖一瓦，是虔诚堆砌的源远流长［EB/OL］．（2019-02-25）[2022-05-04]．https：//www.sohu.com/a/297717344_417690．

［6］潘真进．妈祖之光：一个新闻人眼中的妈祖［M］．福州：海峡文艺出版社，2018．

［7］顾栋高．春秋大事表［M］．北京：中华书局，1993．

［8］司马迁．史记［M］．北京：中华书局，1959．

［9］历史为秘．日本是徐福的后裔？徐福东渡到底去了哪里？［EB/OL］．(2019-05-03)[2022-05-04]．https：//www.163.com/dy/article/EE9PGVV5053707I8.html．

［10］孙光圻，张后铨，孙夏君，等．中国古代航运史［M］．大连：大连海事大学出版社，2015．

［11］趣史研究社．徐福东渡与墨家立国：司马迁为何不如实记载，对其讳莫如深？［EB/OL］．（2022-08-07）[2022-08-08]．https：//www.sohu.com/

a/574838125_ 120584035.
- [12] 杜甫. 杜工部集 [M]. 上海: 上海古籍出版社, 2003.
- [13] 民间议热点. 天津最大考古发掘, "三会海口" 军粮城, 竟是最早的海港 [EB/OL]. (2022-03-11) [2022-05-04]. https://www.sohu.com/a/529126231_ 120827543.
- [14] 唐晏. 渤海国志 [M]. 上海: 上海古籍书店, 1962.
- [15] 武斌. 丝绸之路史话 [M]. 沈阳: 沈阳出版社, 2018.
- [16] 钱立胜, 胡一民. 汉唐盛世之 "海上丝绸之路" [J]. 航海, 2019 (01): 18-20.
- [17] 上海博物馆. 唐代造船与航海技术 [EB/OL]. (2020-12-25) [2022-05-04]. https://sghexport.shobserver.com/html/baijiahao/2020/12/25/321518.html.
- [18] 刘安. 淮南子 [M]. 许慎, 注. 陈广忠, 点校. 北京: 中华书局, 2016.
- [19] 黄兴. 中国指南针史研究文献综述 [J]. 自然辩证法通讯, 2017, 39 (01): 85-94.
- [20] 小池镇关湖中心小学. 七年级下册历史知识梳理 [EB/OL]. (2020-05-31) [2022-05-04]. https://www.sohu.com/a/398828794_ 99911939.
- [21] 郭晔旻. 从司南到罗盘 指南针的发明之路 [J]. 国家人文历史, 2020 (19): 120-127.
- [22] 朱彧. 萍洲可谈 [M]. 李伟国, 高克勤, 点校. 上海: 上海古籍出版社, 2012.
- [23] 徐兢. 宣和奉使高丽图经 [M]. 朴庆辉, 标注. 长春: 吉林文史出版社, 1986.
- [24] 赵汝适. 诸蕃志校释 [M]. 上海: 上海古籍出版社, 1993.
- [25] 51贴图. 指南针壁纸图片 [EB/OL]. [2022-05-04]. https://www.51tietu.net/p/2862908.html.
- [26] 坦普尔. 中国的创造精神——中国的100个世界第一 [M]. 陈养正, 等, 译. 北京: 人民教育出版社, 2002.
- [27] 脱脱. 宋史 [M]. 北京: 中华书局, 1985.
- [28] 吴澄. 吴文正公集 [M] // 影印文渊阁四库全书. 台北: 台湾商务印书馆股份有限公司, 2008.
- [29] 刘文英. 地理探究: 地学历史与地理科技 [M]. 北京: 现代出版社, 2015.
- [30] 徐祥民. "海禁法令" 的立法目的——兼驳清朝文化封闭观点 [J]. 法

学, 2020 (01): 168-182.

[31] 昆冈. 大清会典事例 [M] // 续修四库全书. 上海: 上海古籍出版社, 2002.

[32] 屈大均. 广东新语 [M]. 北京: 中华书局, 1985.

[33] 阮旻锡. 海上见闻录 [M]. 福州: 福建人民出版社, 1982.

[34] 蒋良骐. 东华录 [M]. 鲍思陶, 西原, 点校. 济南: 齐鲁书社, 2005.

[35] 嵇璜. 钦定续文献通考 [M] // 影印文渊阁四库全书. 台北: 台湾商务印书馆股份有限公司, 2008.

[36] 紫砂中国. 这张西洋油画里, 你发现了什么? [EB/OL]. (2018-11-30) [2022-05-04]. https://www.sohu.com/a/278897443_656524.

[37] 董志凯. 五十年代我国反对"封锁、禁运"的斗争 [J]. 中国经济史研究, 1991 (01): 1-19.

[38] 中国交通报. "新海辽", 为国远航! [EB/OL]. (2020-09-28) [2022-05-04]. https://news.ycwb.com/2020/09/28/content_1193200.htm.

[39] 桂工网. 光华轮冒险完成新中国首次撤侨 [EB/OL]. (2018-05-10) [2022-05-04]. http://www.gxworker.com/a/180510/280975.shtml.

[40] 中国航海学会. 中国航海史 (现代航海史) [M]. 北京: 人民交通出版社, 1989.

[41] 陈毅. 陈毅诗词选集 [M]. 北京: 人民文学出版社, 1977.

[42] 李先强. 航海导论 [M]. 大连: 大连海事大学出版社, 2018.

[43] 航运风云 CNSS. 世界集装箱运输发展简史 [EB/OL]. (2019-10-03) [2022-05-04]. https://www.sohu.com/a/344845995_100020595.

[44] 中智物流智库. 20世纪最伟大发明: 一个铁盒子改变世界 [EB/OL]. (2022-07-26) [2022-08-04]. https://view.inews.qq.com/a/20220726A02CWP00.

[45] 新浪财经. 天津港风雨发展路 [EB/OL]. (2018-08-20) [2022-05-04]. http://finance.sina.com.cn/roll/20090921/20226776214.shtml.

[46] 交通运输部. 大连港 | "百年油港"安全相伴 [EB/OL]. (2018-09-25) [2022-05-04]. https://baijiahao.baidu.com/s?id=1612577528593279599&wfr=spider&for=pc.

[47] 搜狐. 全球最大超巨型油轮停靠宁波, 两项全国纪录同时打破 [EB/OL]. (2017-08-15) [2022-05-04]. https://www.sohu.com/a/164814556_809485.

[48] 三航局. 扎根宁波! 建设世界第一大港 [EB/OL]. (2021-06-25) [2022-05-04]. https://m.thepaper.cn/baijiahao_13319421.

[49] 搜狐.【图说70年】铁矿石作业跨越三大港区 让鼠标革了铁锹的命[EB/OL]. (2019-09-16)[2022-05-04]. https://www.sohu.com/a/341465724_99917666.

[50] 看得见的历史. 老照片 80年代初建设新成就 感受共和国的经济成长历程[EB/OL].（2019-11-15）[2022-05-04]. https://www.163.com/dy/article/EU1CDPSB0516A873.html.

[51] 龙de船人. 宁波舟山港接靠世界最大集装箱船"长范"轮 [EB/OL]. (2021-08-03)[2022-05-04]. https://www.imarine.cn/news/744564.html.

[52] 掌上天津. 天津港究竟有多"神"？[EB/OL].（2022-03-10）[2022-05-04]. https://view.inews.qq.com/a/20220310A010C700.

[53] 青岛港董家口矿石码头有限公司.【行业动态】这里是中国青岛港 | 视频专访青岛港集团董事长李奉利[EB/OL].（2019-06-10）[2022-05-04]. https://www.sohu.com/a/319611789_99917666.

[54] 舟山日报社. 好消息! 世界第一大港口牵手世界第一大矿企[EB/OL]. (2020-11-13)[2022-05-04]. https://www.sohu.com/a/431725575_100193006.

[55] 智研咨询.2022年2月7日全球班轮公司运力百强排行榜[EB/OL]. (2022-02-17)[2022-05-01]. http://guba.eastmoney.com/news,gssz,1142840878.html?jumph5=1.

第十一章
Chapter 11

交通先行：

中国公路发展与经济腾飞

道路系统是交通运输体系中最基础的系统，是覆盖面最广、承载各种交通运输方式最基础、发展历史最悠久的部分。如前所述，它伴随着人类的诞生而产生，伴随着人类的文明进步而发展。道路发展历史漫长，从大禹通九道时算起也已经有 4000 多年的历史。新中国成立后，我国道路事业得到了空前快速发展，尤其是改革开放以来，公路发展日新月异、突飞猛进，总里程超过 500 万千米，居世界第一。"要想富，先修路"，公路的迅速发展支撑和促进了我国经济的持续快速发展。

道路，《现代汉语词典》（第 7 版）定义有二，一为"地面上供人或车马通行的部分"，二是"两地之间的通道，包括陆地的和水上的"。广义来说，当人类始祖从海洋登上陆地的那一刻起，道路就开始伸展。鲁迅先生曾说过简洁而极富哲理的话："地上本无路，走的人多了便成了路。"路，一直都是生活的必需、发展的基础、文明的载体。

公路伴随着汽车的发明而得名，至今不过百余年。中国公路肇始于 20 世纪初，其起步脱胎于清代的官马大道，从清末民初到 1949 年，与备受苦难的中华民族一样，中国公路的发展历尽坎坷。

直到新中国成立，在党和政府的领导下，中国公路迎来新生。改革开放以来，中国公路行业率先开放，迎来了发展的春天。20 世纪 90 年代末，中国公路基础设施掀开了加快发展的一页，迅速扭转了对经济长期制约的局面，成为真正的开路先锋。党的十八大以来，中国公路网在平稳高速发展中不断完善，已跻身世界前列，为实现第一个百年奋斗目标、向交通强国迈进打下了坚实的基础。

新中国公路的探索与发展（1949 年至 1978 年底改革开放前）

1949 年 10 月 1 日，中华人民共和国成立，中国公路也获得了新生。

1949年底，全国公路通车里程仅有 8.08 万千米，其中只有 3.20 万千米有路面。在有路面的公路中，只有 300 千米铺设了沥青或水泥等硬化路面。相对于我国 960 万平方千米的陆地面积和当年 5.42 亿人的人口，这样的公路基础设施水平，几乎可以说是一无所有。新中国公路的发展，就是在这样一穷二白的家底上艰难起步。

新中国成立初期，在政务院领导下，交通部着手建立起全国公路建养管制度，出台了养路费征收和使用规定，直接领导了全国国防公路、经济干线公路和县乡公路建设。我国现代公路得以逐步恢复和发展。

1950年，伴随人民解放军进军西藏的脚步，康藏公路（川藏公路）开始修建。1954年5月开工的青藏公路南段，同年12月底竣工。从此，西藏拥有了现代化的公路。青藏和川藏公路的建成通车，集中展现了中华人民共和国的"精气神"，也形成了公路行业特有并践行至今的"两路"精神——"一不怕苦、二不怕死，顽强拼搏、甘当路石，军民一家、民族团结"。

1953年，第一个五年计划开始实施，标志着中国近现代公路摆脱以战争为主的命运，开始围绕经济建设展开，中国公路开启了一个新的发展阶段。到1957年底，全国公路里程增加到 25.46 万千米，比 5 年前的 12.67 万千米整整翻了一番，有路面的里程占总里程的 47.56%。

"大跃进"运动和"文化大革命"，使中国逐步脱离了以国民经济建设为中心的道路，公路建设虽然未能延续新中国成立初期快速发展的势头，但作为国民经济和国防建设不可或缺的基础设施，总体上还是得到了较快发展。特别是在这期间开展的三线建设和小三线建设，上马了一大批闻名中外的公路工程，如北京至山西原平的京原公路，云南楚雄至勐捧的楚勐公路，河南洛阳至灵宝的洛灵公路，喀喇昆仑公路，青新公路和天山公路（即独库公路），辽宁沈阳至抚顺的沈抚一级公路，云南进藏的滇藏公路以及川藏公路改扩建、青藏公路的二级公路改造等[1]。

20 世纪 70 年代，随着经济的逐步恢复，我国公路总量少、标准低、质量差、通行困难的问题非常突出。1970年7月,铁道部、交通部和邮电部所属邮政部三部合并为"中华人民共和国交通部"后,成立公路组主管公路业务。为解决交通混行、严重拥堵等问题,部内的一些领导和专家就对全封闭、全立交公路建设有过谋划。1972年,交通部第二公路勘测设计院受交通部公路组委托,对京津塘公路实地调查,研究解决方案。1974年4月,交通部第二公路勘测设计院按全封闭、全立交的一级公路标准,向交通部公路局(1973年初由公路组改组成立)提交调查报告[2]。

1975年,邓小平同志担任国务院副总理,主持中央和国务院的日常工作,开始全面整顿,要求各行各业抓科学技术,"把生产很快搞上去"。1975年,交通部和铁道部分开,各自恢复建制。同年11月,交通部公路局派出考察团,赴日本进行了10余天考察,实地参观数条在建和已通车的高速公路,详细了解了高速公路工程标准、测设施工技术、资金来源、收费办法和运行情况等,回国后向交通部提交了考察报告,并开始组织力量翻译、整理有关技术资料。

至1977年底,全国公路里程达到85.56万千米,是1949年的10.59倍。中国公路总里程在这28年里,净增77万余千米。

公路发展迎来春天(1978年至1998年加快公路建设前)

1978年,党的十一届三中全会作出了把党和国家工作重心转移到经济建设上来、实行改革开放的历史性决策。中国公路扭转了以国防公路、三线建设为重点的局面,进入改革开放时期,同时迈出了大步追赶国际先进水平的步伐。

1977年中和1978年底,时任交通部部长叶飞两次考察西欧后表示:发展公路,尤其发展高速公路,对工农业的发展,对实现"四个现代化"有着重大影响。1978年,交通部按高速公路标准组织开展了京津塘公路的前期测设工作。随后,为配合京津塘高速公路的测设和建设,交通部公路局组织在京的直属科研、设计、施工单位的部分技术力量,对国外高速公路的技术标准、测设、施工等方面的技术资料进行了系统的翻译研究,编写制定了京津塘高速公路技术标准等。

进入20世纪80年代后,随着改革开放逐步深入和经济快速发展,中国公路建设迎来了发展的春天。

- **公路水路率先开放市场引来源头活水**

1983年3月7日召开的全国交通工作会议上,交通部提出"有河大家走船,有路大家走车"的改革设想,标志着公路、水运两种运输方式在综合运输体系中率先向全社会开放市场。公路水路运输市场开始"活"了起来。

1984年是对中国公路的发展影响深远的一年。11月30日,交通部向国务院报送《关于加快公路建设的报告》,提出发展公路的资金来源和措施:调动各方面积极性,广筹资金。同年12月召开的国务院第五十四次常务会议作出对中国公路发展具有历史意义的3项重大决定,即提高养路费征收标准、征收车辆购置附加费、允许利用贷款或集资修建的高等级公路和大型桥梁隧道收取车辆通行费。这3项重大决定,后被概括为"贷款修路,收费还贷"8个字。"贷款修路,收费还贷"政策,使中国公路建设有了稳定的资金来源和加快发展的政策环境,为此后中国公路事业抓住机遇、加快发展奠定了良好的资金和政策基础。

1984年11月,广东省贷款1.5亿港元修建广州至珠海公路上的4座大桥先后竣工,并通过收取过桥费的形式偿还本息。这是我国首次尝试收费公路建设筹资方式。

- **新中国第一个得以完整实施的公路网规划**

1978年10月,交通部组织编制完成《一九七八～一九八五年十万公里国道网规划(讨论稿)》,根据各方面意见和"远近结合、平战结合,需要与可能相结合"的原则,于1979年4月形成了《一九八一年至一九九〇年十万公里国道网规划》的初步方案。这一方案是中国公路进入新的发展时期的重要标志[2]。

《国家干线公路网（试行方案）》（简称国道网规划），规划国道70条，其中北京放射线12条、南北纵线28条、东西横线30条，总计10.92万千米。这个规划是中国历史上第一个系统研究、科学布局的公路网规划。实践证明，这样的规划布局，符合国情，规模密度基本合理，结构和通达深度适当，基本奠定了此后中国公路网规划以放射线与纵横网格线相结合的布局方式。

到1990年，结合国家经济快速发展和国道网规划实施的实际，交通部提出建设"公路主骨架、水运主通道、港站主枢纽和交通支持保障系统"（简称"三主一支持"），其中"公路主骨架"正式定名为"国道主干线系统"，并以国道网规划为基础，规划为"八纵九横"共17条国道主干线。此后，为尽快形成公路主干线系统，缓解公路运输对国民经济发展的瓶颈制约，交通部于1992年经过对国道网规划的进一步精简、完善，提出"五纵七横"国道主干线系统布局方案并得到国务院肯定。"五纵七横"国道主干线系统布局方案总里程约3.5万千米，计划30年完成。同时明确，为确保发挥"五纵七横"在交通运输保障中的主干功能和作用，其线路原则上以高速公路为标准，在西部边陲及内地某些城镇稀疏的地段，可以暂时以二级公路连通。

在国道网规划得以全面实施的同时，"五纵七横"国道主干线实际上起到了中国首个高速公路网规划的作用。

- **中国大陆高速公路零的突破**

中国最早的高速公路并非出现在大陆，而是1978年建成、贯穿台湾地区南北、全长373.4千米的高雄至基隆高速公路（定名为"南北高速公路"）。

这时的中国大陆，除了少数专业人员知道高速公路的技术内涵外，大多数人还没有高速公路的概念。虽然中国大陆的高速公路起步晚，但是发展速度十分惊人。

1984年6月27日，沈阳至大连公路开工。1986年，沈大公路获准全线按一级公路建设。此后几经努力，该路获准按高速公路标准建设。1984年12月21日，沪（上海）嘉（定）高速公路开工。1988年，沈大南北段通车，与沪嘉高速公路一道，完成了中国大陆高速公路零的突破。直到1990年8月全长375千米的沈大高速公路全线通车后，才超越台湾的南北高速公路，成为中国里程最长的高速公路，并由此被誉为"神州第一路"。

1987年10月23日，我国第一条利用世界银行贷款、通过国际招标方式、全面引进菲迪克（FIDIC）条款、按国际标准建设的高速公路——全长142.69千米的京津塘高速公路土建工程承包合同签字仪式在北京举行。这条于1990年竣工通车的高速公路，成为中国第一条省际高速公路，更成为中国高速公路建设的经典。其引进菲迪克条款、按国际惯例施工的方式，对中国公路建设产生了深远的影响。

这期间，除了沈大、沪嘉、京津塘高速公路外，广东省于1989年8月建成广州至佛山的高速公路，陕西省于1990年12月建成西安至临潼的高速公路。

"六五"期间（1981—1985年），中国大陆高速公路建设虽然已经起步，但并非一帆风顺。直到"七五"末期，中国高速公路是否应该建设，在社会上仍然存在较大争论，舆论环境依然非常严峻。

- **高速公路刷新公众认知**

沈大高速公路全线通车带来的巨大社会效益和经济效益，刷新了人们对高速公路的认知。

沈大高速公路纵贯辽东半岛，连接着辽宁省的省会沈阳以及辽阳、鞍山、营口、大连5座大中型城市、两大港口（大连港、营口港）和两大国际机场（沈阳桃仙国际机场、大连周水子国际机场），大大缩短了这些城市之间的时空距离。沈大高速公路未建成前，从沈阳到大连的车程需要10个小时，而沈大高速公路通车后，两地车程缩短至4个小时。沈阳、辽阳、鞍山这些内陆城市，由于到海边的距离"缩短"，与港口城市相差无几。沈阳到最近的海港——营口鲅鱼圈港，过去车程需6个多小时，而走沈大高速公路只需3个小时。于是,每当盛夏,都会有成千上万的沈阳人涌到营口的鲅鱼圈浴场"洗海澡"。这在20世纪90年代初,还是一种非常新鲜的体验。

"辽宁变小了",这是沈大高速公路全线通车后,许多辽宁人的真实感受。众多使用者亲身体验后绘声绘色的描述、口口相传的好评,比任何媒体的宣传都更直接有效。"高速公路"这个词开始跃入人们的脑海,高速公路的建设在人们思想上的阴霾开始消散。全长375千米的沈大高速公路,占当年中国大陆高速公路总里程的近72%。

20世纪90年代初期,合(肥)宁(南京)高速公路因一场不期而至的天灾而名扬全国。

20世纪80年代中期,合宁公路也是以一级汽车专用公路获批、后改按高速公路标准建设的。在合宁高速公路计划通车的1991年春夏之交,江淮流域提前1个月进入梅雨期。一场水灾,意外让仅基本建成、尚未达到正式通车条件的合宁高速公路发挥出巨大的作用,灾区的广大干部群众亲切地把它称为"救命路"。

快速、舒适加上较高的抗灾和通行能力,这是最初的高速公路使用者们亲身体会到的好处,对消除社会上的疑虑效果明显。但要让国家有关政府部门、有关研究机构的专家以及众多媒体和全社会认可,仅凭人们对高速公路的这几点"直观感受"还远远不够,高速公路和汽车专用公路的另外几点优势——除快速、高效、安全外,诸如改变沿线经济版图、带动产业发展、满足社会多样化出行需求和本身的节能环保等,都是通过长时间科学的调查、统计和宣传,才获得全方位认可、取得广泛共识的。

如果说20世纪80年代中后期,高速公路还处于起步阶段、社会舆论不够宽松的话;到了20世纪90年代,高速公路就已经深入人心,进入了快速发展的轨道。"要想富,先修路""公路通,百业兴""小路小富,大路大富,高速公路快富"等口号,已经为各级政府部门、研究机构和媒体所认可,特别是被广大城乡干部群众所接受和传颂,高速公路建设的思想认识障碍烟消云散,成为历史。

- **高速公路掀起建设高潮**

1989 年,交通部在辽宁沈阳、大连召开全国高等级公路建设经验交流现场会(简称"沈阳会议"),推广了沈大高速公路建设的经验。时任国务委员邹家华出席会议并在讲话中指出,高速公路不是要不要发展的问题,而是必须要发展。发展高速公路不仅要着眼于今天,还要着眼于明天。沈阳会议的召开,推动全国高速公路建设掀起第一波高潮,是中国公路发展史上具有里程碑意义的一次重要会议。

1989 年底,我国公路总里程首次突破百万千米,达到 101.43 万千米。到"七五"末的 1990 年,我国公路总里程达到 102.83 万千米,其中,高速公路里程达到 522 千米,北京、天津、河北、辽宁、上海、广东和陕西七省市实现高速公路零的突破。

1993 年 6 月 18—23 日,为部署 2000 年跨世纪公路建设上新台阶的任务,研究加快公路建设的政策措施,交通部在山东济南和青岛召开全国公路建设工作会议(简称"济南会议")。这是继 1989 年沈阳会议后,我国公路发展史上具有里程碑意义的第二次重要会议。如果说沈阳会议解决了"高速公路是否要建"的难题,破除了全行业甚至全社会思想上的障碍,并且在技术上初步解决了高速公路的技术标准问题,那么,济南会议在"五纵七横"国道主干线规划的指导下,着重解决了"高速公路如何建设"的问题,同时明确以其中的"两纵两横和三个重要路段"为重点建设目标,从而掀起了我国高速公路建设的又一波高潮。

到 1997 年底,全国公路总里程达到 122.64 万千米,比 1977 年净增 37 万千米;其中高速公路总里程达到 4771 千米,已经覆盖我国从东到西、从南到北的 23 个省份[3]。

公路建设成就令世界瞩目(1998 年至 2012 年)

正当中国公路事业逐步提速、稳步发展的时候,1997 年下半年,东南亚地区爆发金融危机,并于 1998 年开始对我国的经济发展产生严重影响。为应对亚洲金融危机、保持国民经济稳步快速发展,党中央、国务院作出"实施积极财政政策,加快基础设施建设,扩大内需"的重大决策。

不期而至的亚洲金融危机,却为中国公路事业带来了难得的发展机遇,推动公路事业进入以"加快建设"为特征的新阶段。也正是得益于 20 世纪 90 年代初充足的项目储备,全国公路部门才得以承担重任、加快发展,进一步推进中国公路建设高潮,并用短短 10 多年时间,在 21 世纪之初就实现公路基础设施的跨越式发展,迅速跻身世界先进行列,取得的成就令世界瞩目。

- **福州会议开启加快公路建设的步伐**

1998 年 6 月 20—23 日,为落实党中央、国务院部署,交通部在福州召开全国加快公路建设工作会议(简称"福州会议"),国务院副总理吴邦国出席会议并讲话。会议明确,将 1998 年全社会公路建设投资规模由原计划的 1200 亿元增加至 1600 亿元,同比增加 1/3。下半年,随着金融危机影响的加深,8 月 23 日又追加任务至 1800 亿元,比 1997 年同比增长 50%。这是中国公路发展史上具有里程碑意义的第三次重要会议,将中国公路事业推上了加快建设的轨道。

1984 年"贷款修路,收费还贷"政策出台后,由于投资大、回收期长、公路收费年限限制等,国内银行贷款进入公路领域一直较为困难。福州会议以后,在国际金融危机、国内经济下行、就业困难等压力下,在党中央、国务院正确决策的推动下,国内银行业开始积极投资公路建设,银行贷款很快成为我国公路建设最主要的资金来源,逐步提升至占高速公路建设投资的 70% 左右,真正成为公路基础设施建设快速发展的"推动力"。

1998 年底,当年公路投资实际完成 2168 亿元,比计划增长了 80.7%。1998 年公路新建规模达到 85615 千米,其中高速公路 15932 千米,当年新建成公路 45677 千米,其中高速公路 1663 千米,加上以往建设和按新标准提高等级的里程 2299 千米,高速公路里程达到

8733 千米。

全国仅剩新疆、西藏、青海和宁夏四省（区）未通高速公路。

到"九五"计划收官之年的 2000 年底，全国高速公路里程达到 1.63 万千米。

- 科学的规划引领公路快速延伸

20 世纪 90 年代，中国公路在总体建设上，主要依据国道网规划及"五纵七横"国道主干线实施。由于规划的年代偏早，总体上的覆盖能力有限，与中国经济快速发展和人民出行需求的快速提升不相适应。为适应 21 世纪初我国全面建成小康社会的需求，2001 年，交通部开展了国家高速公路网规划的初步研究，并于 2002 年正式启动编制工作。

2004 年 12 月 17 日，国务院总理温家宝主持召开国务院常务会议，讨论并原则通过《国家高速公路网规划》。随即，国家发展和改革委员会以发改交运〔2004〕3057 号印发《国家高速公路网规划》。这是中国第一个高速公路网规划。《国家高速公路网规划》总体上贯彻"东部加密、中部成网、西部连通"的布局思路，以北京为中心建设 7 条放射线、9 条南北纵向线、18 条东西横向线和 5 个地区环线以及联络线，简称"7918 网"。总规模约 8.5 万千米，其中主线 6.8 万千米，地区环线、联络线等其他路线约 1.7 万千米。明确将在未来的 30 年内建成国家高速公路，形成一个覆盖全国的、比较完善的干线高速公路网。

2005 年 2 月 2 日，国务院第八十次常务会议审议通过了《农村公路建设规划》。《农村公路建设规划》提出了"政府主导、分层负责，统筹规划、分步实施，因地制宜、分类指导，建养并重、协调发展"的指导方针，确定的 21 世纪前 20 年农村公路建设总目标是：具备条件的乡（镇）和建制村通沥青（水泥）路，基本形成较高服务水平的农村公路网络，使农民群众出行更便捷、更安全、更舒适，适应全面建设小康社会的总体要求。具体发展目标有两个：一是"十一五"目标，即到 2010 年，全国农村公路里程达到 310 万千米；

二是中期目标,即到 2020 年,具备条件的乡(镇)和建制村通沥青(水泥)路,全国农村公路里程达 370 万千米,全面提高农村公路的密度和服务水平,形成以县道为局域骨干、乡村公路为基础的干支相连、布局合理、具有较高服务水平的农村公路网,适应全面建设小康社会的要求。

● **高速公路初步成网开始发挥规模效益**

加快公路建设前期出现的速度关、质量关、投资关很快被攻克,成果得以很快显现。

高速公路实现全覆盖。1998 年福州会议前,全国近 90% 的省(区、市)都实现了高速公路零的突破。福州会议后,高速公路建设进入大规模建设、连线成网的重要阶段。在此时期,西部地区仅有的 4 个没有高速公路的省(区)也在加快追赶,新疆、宁夏、青海先后于 1998 年 8 月、2000 年 6 月和 2001 年 7 月实现高速公路零的突破。到 2009 年,西藏第一条高速公路已经开工建设,高速公路踏上了雪域高原,中国大陆实现了高速公路全覆盖。

"两纵两横和三个重要路段"连通。新世纪的前 10 年,是我国高速公路实现跨越式发展的时期,加快公路建设的成果快速显现。整体呈现出东部地区稳步推进、中部地区较快发展、西部地区快速增长的态势。

"十五"开局的 2001 年,计划公路建设投资 1900 亿元,实际突破 2600 亿元,再创历史新高。当年建成高速公路 3123 千米,里程突破 1.9 万千米,达到 19437 千米,里程超过加拿大,仅次于美国,跃居世界第二位。同年 10 月,全长 1709 千米、贯通川黔桂三省(区)的西南公路出海通道全线贯通。2001 年,河南省建成高速公路 571 千米,成为高速公路里程突破 1000 千米的第七个省份。

随后的几年里,我国高速公路里程持续快速增长。2002 年完成公路建设投资 3212 亿元,首次突破 3000 亿元。2002 年 11 月 1 日,全国高速公路里程突破 2 万千米。

2003 年,全长 2389 千米的(北)京珠(海)线实现贯通。

2004年，全长5700千米的同（江）三（亚）线、全长3980千米的连（云港）霍（尔果斯）线、全长2970千米的沪（上海）蓉（成都）线除个别路段未建成高速公路外，实现以二级以上高等级公路标准全线贯通，标志着"两纵两横和三个重要路段"全部完成贯通目标。同年10月，全国公路建设年度投资突破4000亿元，达到4400亿元，新增高速公路里程达4543千米，高速公路里程突破3万千米。

"五纵七横"国道主干线规划提前建成。到2005年底，全国高速公路里程达到4.1万千米，稳居世界第二位。山东、广东两省高速公路里程均已突破3000千米，江苏、河南、河北三省均突破2000千米，而突破1000千米的省份已达到19个。

"十五"期间（2001—2005年），我国共完成公路建设投资1.95万亿元，是"九五"（1996—2000年）的2.17倍；建成高速公路2.47万千米，是上一个十年建成高速公路总和的1.5倍；"十五"的五年里，年均建成高速公路近5000千米。我国大陆从1988年实现高速公路零的突破，到高速公路跃居世界第二位，仅花费14年时间，就走过了发达国家四五十年的发展历程，实现了跨越式发展。

进入"十一五"（2006—2010年）时期，高速公路在"十五"高速发展的高位上，继续保持快速稳增的势头。

2006年，全年公路建设投资首次突破6000亿元，达到6231亿元，新增高速公路里程4334千米，总里程达到4.53万千米；里程超过3000千米的省份比上一年增加了河南、江苏，共计4个；河北、浙江均超过2000千米。

2007年，增加高速公路里程8574千米，创下年增长里程的新高。"五纵七横"国道主干线规划提前13年全部建成，发挥出主干路网的整体效益。高速公路总里程达到53913千米。河南、山东两省高速公路里程突破4000千米，江苏、广东突破3000千米，河北、浙江、云南、湖北、安徽、陕西、江西七省超过2000千米，高速公路总里程超过1000千米的省份已经达到21个。

2008年，高速公路总里程突破6万千米大关，达到60302千米。

高速公路里程达到3000千米以上的省份增加了河北、浙江，共计6个。

2009年，全年完成公路建设投资共计9668亿元，同比增长40%以上，这是"十一五"期间投资同比增长最快的一年。当年底，高速总公路里程达到6.51万千米。里程达到3000千米以上的省份增加了湖北，共计7个。

"十一五"期末的2010年，公路建设投资历史性地突破万亿元大关。高速公路里程达到74113千米。高速公路里程突破3000千米的省份达到11个，新增了陕西、辽宁、江西和山西；高速公路里程突破1000千米的省份达到了26个。

截至2010年底，全国公路总里程历史性地突破400万千米，达到400.82万千米。"十一五"的五年里，完成公路建设投资达到4万亿元，是"十五"期间的2倍多。五年新增高速公路里程3.31万千米，年均增长超过6600千米。《国家高速公路网规划》规定的8.5万千米完成5.77万千米，完成率达到67.88%；西部大开发8条省际通道基本贯通。

从2001年高速公路跃居世界第二位，到"十一五"期末的2010年底，我国高速公路里程增加了5.47万千米，基本建成了全国性的高速公路运输主干网络。这一成就的取得，仅用时9年，不仅将《国家高速公路网规划》的进度提前50%以上，路网整体的社会和经济效益得以提前发挥，而且为实现以高速公路为龙头的公路基础设施新的跨越式发展奠定了坚实的基础。

进入21世纪，伴随国家经济的快速发展，高速公路改扩建也开始提速。

2002年5月，有"神州第一路"之称、全长375千米的沈大高速公路改扩建工程开工。改扩建长度为348千米，由四车道扩至八车道，全天车流量由5万辆次提升至15万辆次。工程于2004年完工，实现了工程提出的"设计一流、施工一流、管理一流、质量一流、景观一流"的目标。

沪杭甬高速公路是浙江开建的第一条高速公路，途经嘉兴、杭州、绍兴、宁波,全长 248 千米,1995 年开始分段投入使用,1998 年全线通车。2003 年 2 月,该路"四改八"改扩建工程分三期开始实施:一期工程为杭甬红垦至沽渚段,全长 44 千米,于 2003 年底建成通车;二期工程为沪杭枫泾至大井段,全长 95.61 千米,于 2005 年底建成通车;三期工程为杭甬沽渚至宁波段,全长 80.82 千米,于 2007 年 12 月 6 日建成通车。车道增加后,通行能力大大提高,设计车流量可从日均 5 万辆次提高到 10 万辆次。

2003 年 5 月,1996 年 9 月通车的江苏省第一条高速公路——沪宁高速公路,也开始按"两侧拼宽,局部分离"的方案实施"四改八",扩建里程 248.20 千米,工程于 2005 年 12 月底提前贯通。沪宁高速公路改扩建过程中没有中断交通,也未造成严重的拥堵。改建后的沪宁高速公路行驶更加顺畅。

2005 年 10 月,广东京珠南高速公路"四改六"扩建工程通车。改扩建里程 186 千米,占全长的 93%。

进入"十一五"后,高速公路的改扩建更加普遍。

作为中国最早建成的高速公路之一——京津塘高速公路,按其车流量的增长以及道路通行的状况,早应进行改扩建施工。鉴于该路的极端重要性,直到为 2008 年北京奥运会服务的工程——京津高速公路于 2008 年 7 月 16 日通车,京津两大直辖市有了第二条高速公路主干通道后,京津塘高速公路的改扩建工作才提上日程。2008 年底,京津塘高速公路开始全线拓宽,北京段扩建为八车道,天津段有 30 千米路段扩建为六车道,其余为八车道。改扩建期间,京津塘高速公路的交通没有中断。

高速公路服务区逐步完善。高速公路的运营方式为全程控制出入,因此,高速公路服务区要为高速公路上的驾乘人员提供必要的食宿、休息、车辆维修等服务,保障行车安全、保证运输效率、缓解驾驶员和乘员的生理疲劳。

服务区的服务内容,主要包括休息、停车和服务辅助设施三部分。作为高速公路的功能性设施,服务区是现代化公路体系特别是高速公路体系成熟与否的重要标志之一,服务区管理、运营和服务水平的高低，很大程度上体现着公路的管理水平和行业的精神面貌。

据不完全统计，到 2012 年底，我国高速公路服务区已超过 1400 对，总产值超过 1000 亿元。我国高速公路服务区已初步形成了具有中国特色、符合国情的管理、经营和服务的运营管理体系。

● **高速公路成网产生巨大效益**

到 2012 年底，中国公路总里程跃升至 423.75 万千米，比 1997 年净增 301 万千米（含 2006 年正式纳入统计的村道 142 万千米）；其中高速公路里程达 9.62 万千米，与世界第一的美国并驾齐驱，正式跻身公路交通大国之列。

截至 2012 年底，我国公路客运量、旅客周转量、货运量、货物周转量在综合运输体系中所占比重，分别为 93.5%、55.3%、77.8% 和 34.3%；仅在货物周转量上少于水运占比的 47.0%，在客货运输的其他三项主要指标上均占据了基础和主导地位。

在综合运输体系中，公路运输已经成为普及面最广、承担社会运量最大、与百姓生活联系最为密切的运输方式，具有覆盖面广、适应性强、直达性好、机动灵活、交通工具购置费用少、车辆操作驾驶容易等突出优点。同时，公路运输还具有连接其他运输方式的基础性作用。高速公路不仅在公路行业本身的地位和作用十分突出，对国民经济的带动和促进作用也特别明显，对实现国土均衡开发、建立统一的市场经济体系、提高现代物流效率和公众生活品质等同样具有重要作用，社会效益和经济效益更加凸显。正如著名学者胡鞍钢指出的："交通发展……有力地支撑了现代化第一步战略目标的实现。"

高速公路网的初步形成，其经济效益和社会效益集中体现在三个方面。

高速公路网对公路运输业提升作用明显。高速公路作为公路交通中最高标准、最活跃的组成部分，其本身的连线成网，对公路运输业的提升作用十分明显。

首先，高速公路网的初步形成，提升了公路网的等级，促使公路网的结构更加合理,从而提高了公路运输的整体竞争力。一条四车道高速公路的日通行能力,至少是两车道普通二级公路的5~10倍,六至八车道的日通行能力则更高,通行效率是混行交通的普通公路网无法比拟的。高速公路在车辆运行之中处于全封闭状态,加上标准较高,在平均行车速度大幅度提高的同时,其安全性、舒适性均比普通公路大为提高。

截至2012年底,我国高速公路总里程仅占全国公路总里程的2.3%,却承担了公路行业20%以上的行驶量;同时,国家高速公路建成6.80万千米,完成规划里程的79%,高速公路主干线网初步形成,进度比规划大为提前,开始发挥出巨大的规模效益。

其次,从高速公路出现到初步成网,形成一些区域性的综合运输大通道,将各种运输方式更加紧密地衔接起来,为港口、铁路、民航运输以及城际快速轨道交通提供了快速转运的保障。

再次,高速公路促进了公路运输组织结构的改善和运输领域的扩展,使车辆装备水平大幅度提升。长途卧铺客运以及冷藏保鲜运输、集装箱运输、大件运输等专业化运输从普通运输中迅速分离,特种、快速、专业化的大型运输车辆加速普及,公路整体运输效率和质量得到大幅度提升。

高速公路对经济发展支撑作用突出。高速公路建设发展对国家经济的影响显著,主要体现在以下方面。

其一,高速公路有利于带动和促进相关产业发展。高速公路的投资,对国民经济及相关产业的直接拉动作用十分明显。据测算,公路建设投资与国内生产总值(GDP)增长的相关系数是0.4。1998年加快以高速公路为重点的公路基础设施建设以来,高速公路的巨额固定资产投资,带动了钢材、水泥、沥青等产业及相关加工业的生产,带动了工程机械制造及租赁业的发展。1998年以后近10年的运营统计数据分析表示,高速公路每1元投入就可带来4元效益,并创造了大量的就业机会,每7亿元投资,可以带来约1万人的就业机会。

其二,高速公路有利于促进区域经济和沿线经济的发展,推动作用强劲。高速公路的运行大大缩短了时空距离，使原有分散的生产力要素得以优化，并且在更大范围内将不同地区连接起来，大大增强了不同地区的经济互补，改变了地区范围内的生产力布局，促进了沿线工农业高新技术、外向型经济、商业和旅游业等各类产业发展和崛起。环渤海、珠三角、长三角三大都市圈的逐渐成形，经济的强劲发展，都与各自地区高速公路网络整体效益的发挥密切相关，其区域经济实力在国家经济版图中的地位得到进一步提升。三大经济区域中的产业结构已经发生了本质的变化，即便是地处西部的贵州，也因为高速公路的发展，成为新的数算中心。

其三，高速公路有利于改善投资环境、扩大沿线对外开放。世界各国的经验表明，良好的投资环境是经济发展的重要条件，其必须具备的四大硬件是：港口、通信、机场和高速公路。其中，高速公路起着决定性的作用，因其能进一步沟通沿线与大城市、交通枢纽、工业中心、开放港口的联系，改善投资环境，增强外商投资的吸引力，同时可以改变地区对外开放的格局，使对外经济开放区由沿海城市向内地辐射和扩展。

其四，有利于国土资源开发和利用。高速公路通车后，沿线土地增值的效果十分显著。同时，高速公路建设加速了沿线地区土地资源的开发利用，促使沿线地区形成区位优势，能够引导沿线土地利用方式发生相应改变，优化了农业和工商业的土地利用结构，提高了综合经济效益。

其五，高速公路有利于推动城镇化进程，繁荣经济。农村经济在极大程度上依赖于公路运输，高速公路的开通可缩短农产品特别是鲜活农产品的储运时间，保证农用物资的及时调入，有效提高了农村经济市场化、组织化程度，直接推动沿线乡镇企业的快速发展和农村经济结构多元化的调整。高速公路联网，促进了农村鲜活农产品的运输和发展，在全国形成了多个以生产鲜活农产品而蜚声中外的地区。鲜活农产品成了当地的"名片"，更成了农民脱贫致富奔小康的支柱产业。如山东寿光"蔬菜之乡"、海南"水果之乡"，没有高速成网的支撑是无法取得的。江西泰（和）井（冈山）高速公路、陕西西（安）延（安）高速公路和贵州贵（阳）遵（义）高速公路的建成，为井冈山、延安、遵义等著名革命圣地带来了川流不息的旅游者，老区人民实现经济翻身，建设小康社会的渴望落在了实处。

高速公路对社会生活的改善作用明显。高速公路的建设所引发的交通运输方式的变革，深刻地影响到社会和人民生活的方方面面，潜移默化地改变着人们的思想观念和出行方式。一是高速公路在救灾抗灾、应对突发事件中作出了突出贡献；二是高速公路大幅提高了车辆行驶的安全性；三是高速公路提高了国家整体的机动性；四是高速公路在土地利用、节能环保两方面具有较高的综合效益；五是高速公路提高了公众的生活质量。

- **全国农村公路建设步入快车道**

1998 年的福州会议，在提出加快公路主干线建设、加快路网改造和完善的同时，决定投入 200 亿元各级财政资金，建设县乡和边防公路。1999 年，交通部党组将加强农村公路发展战略研究、推动农村公路建设发展列为重要工作，对农村公路进行了考察，并完成了考察报告——《农村公路发展现状调查》。调查指出，我国农村公路存在的主要问题包括缺乏规划、总量不足、质量低下、资金短缺、管理薄弱等。同年 9 月 4—19 日，交通部分别在甘肃兰州和山东潍坊召开全国农村公路建设发展座谈会，研究部署了做好农村公路的三项工作，提出了《关于加快农村公路发展的若干意见》（此文件于 2000 年 8 月由交通部和国家发展计划委员会联合印发）。

1998 年后，农村公路建设投资保持高位，公路里程大幅增长，乡村通公路率有较大提高。1998 年完成县乡公路投资 363 亿元，1999 年完成县乡公路投资 331 亿元，2000 年完成县乡公路投资 307.4 亿元。

2000 年 7 月 20—21 日，为落实党中央、国务院"西部大开发必须加强基础设施建设，近期要以公路建设为重点"的指示，交通部在成都召开西部开发交通基础设施建设工作会议（简称"成都会议"）。明确西部地区以公路为主，重点分国道主干线、省际连接线和乡村通达工程三个层次推进建设进程，同时出台一系列政策措施。

成都会议是中国公路全行业继沈阳、济南、福州会议后又一次具有重要意义的会议，解决了西部地区公路建设"如何加快"的问题，为西部地区公路建设快速追赶全国的步伐奠定了基础，同时也为全国性农村公路的加快建设吹响了号角。

2000年底，全国公路总里程跃升至167.98千米，比1997年底增加了45.34万千米，年均公路总里程的增长突破10万千米，实现数量的大幅跃升。

2001年6月，时任国务院总理朱镕基深入四川甘孜视察工作，决定全面实施甘孜、阿坝、凉山三州州府通县公路工程。这是中国实施的第一个大规模农村公路建设专项工程。

2000—2003年间，农村公路快速延伸，不通公路的乡镇、行政村从341个、6.78万个下降至173个和不到6万个。2004年，随着革命圣地及革命老区公路工程、红色旅游公路工程等专项建设的实施，全国农村公路建设进入了快速发展的时期。到2005年底，加上新纳入统计的约140余万千米村道，公路包括县道、乡道和村道在内的全国农村公路里程达到300.50万千米。"十五"时期，农村公路建设实现了历史性突破。

从开始加快的1998年到"十一五"结束的2010年，这段时间是中国农村公路名副其实的黄金发展期。2010年10月27—29日，由国际道路联盟（IRF）主办、中国公路学会和山东省交通运输厅承办的第二届世界农村公路大会在山东济南召开，国际道路联盟向中国交通运输部颁发了"农村公路建设与社会公平发展贡献奖"，高度肯定交通运输部在推动中国农村公路建设和发展方面的工作。

到2012年底，全国农村公路里程达367.84万千米，占全国公路总里程的87.49%[4]。全国通公路的乡（镇）占全国乡（镇）总数的99.97%，通公路的建制村占全国建制村总数的99.55%。通硬化路面的乡（镇）占全国乡（镇）总数的97.43%，通硬化路面的建制村占全国建制村总数的86.46%，提前8年基本实现了《农村公路建设规划》的目标。农村路网数量、质量都有了大幅度提升。农村公路的快速成网，通行能力的大幅提升，进一步完善了公路网的整体服务能力，改善了路网的结构，同时为农村经济物流、人流的增长提供最基础的支撑和保障。

全国公路交通部门，用10年的艰苦努力，将"要想富，先修路""让农民兄弟走上沥青和水泥路"的口号，扎扎实实落在了实处。

• 农村公路成网托起广大农民脱贫致富梦想

农村公路条件的改善，让亿万农民群众得到实实在在的实惠，为农村经济社会发展创造了基础条件，更为加快社会主义新农村建设和构建社会主义和谐社会发挥了重要作用。农村公路的快速发展产生了巨大的经济效益和社会效益，主要体现为"五个改变、五个促进"。

一是农村公路改变了交通落后面貌，促进了农民增收。"要想富，先修路"，农村公路通了，农村经济就活了，发展的潜力就被激活了。"公路通了，城乡近了；脑筋活了，门路广了；收入多了，面貌变了"，这是广大农民的切身感受。没有农村公路实现交通条件的改善，"山里山外两重天"就无法彻底改变，农产品运输难、出售难、货损多、成本高、价格低的问题也就无法得到有效解决。在农村交通条件改善后，浙江金华婺城区有关部门大力培育花卉苗木、有机稻米、畜禽养殖、奶牛乳品、果品蔬菜、茶叶、笋竹两用林和水产养殖八大农业特色优势产业，先后建成了"中国茶花之乡""中国桂花之乡""中国南方奶牛与乳制品之乡"。农业产值增加了，农民收入提高了，农村面貌也改变了。这在中国的广袤乡村，可谓比比皆是。

二是农村公路改变了消费结构，促进了国内经济增长。扩大内需是我国经济发展的长期战略方针，也是保持经济平稳较快增长的持久动力。农村交通条件的显著改善，解决了农村"买难、卖难"的问题，为我国9亿多农民扩大消费提供了必要条件。同时，农村公路建设还直接促进了水泥、钢材、沥青、砂石等建材业的发展。

据测算，每年全国农村公路建设约需水泥 4500 万吨，约占全国当年水泥产量的 11%，为扩大内需、拉动经济增长作出了积极贡献。

三是农村公路改变了村容村貌，促进了乡风文明。整洁通畅的农村公路拉近了城乡之间的时空距离，城乡交流日益频繁，城市文明向乡村延伸，有利于农民接受现代文明，树立文明科学的生活方式。不少地方在农村公路修通后，相继组织开展了改水、改电、改房、改厕、垃圾污水处理等工程，村民生活习惯和乡村习俗也在潜移默化中发生变化。可以说，农村公路不仅是农村经济发展的重要前提，也是社会主义新农村"村容整洁"和"乡风文明"建设的重要切入点。

四是农村公路改变了干群关系，促进了基层民主。农村公路建设过程中，推行了民主管理，密切了党群干群关系，促进了农村的平安、稳定、和谐。比如，在相关调研中，贵州省的基层群众普遍反映，如今干部威信高了，工作劲头足了，农民说话分量重了，怨言少了。

五是农村公路改变了农民生活，促进了社会稳定。农村交通条件好了，儿童辍学率低了，到城市医院就医方便了。农村地区教育水平和医疗保障水平的提高，为统筹城乡协调发展、改变城乡二元结构、缩小地区差距、维护社会稳定奠定了基础。

农村公路建设取得的巨大成就，得益于党中央、国务院的正确领导，得益于各级党委、政府的高度重视，得益于公路交通行业全体从业者的艰苦付出，得益于全社会特别是广大农民的积极参与。农村公路建设已经从最初的交通行业一家推动转变为全社会的共同参与。

公路事业向强国迈进（2012 年至 2021 年）

党的十八大以来，中国特色社会主义建设进入新时代，公路交通运输在发展平衡性、协调性、可持续性上明显增强，迈上更高质量、更有效率、更加公平、更可持续、更为安全的交通强国建设之路。这一阶段，中国公路通车里程数跻身世界前列，技术创新突飞猛进，与世界一流水平差距快速缩小，部分领域已经实现超越，综合交通运输体系正在加快迈向现代化。

● **交通强国蓝图初步呈现**

如果说连续 13 个五年规划是中国得以持续稳定发展的基石,那么,从 20 世纪 70 年代末完成国道网规划开始,到 21 世纪初《国家高速公路网规划》(简称"7918 网"),到 2013 年《国家公路网规划(2013 年—2030 年)》,再到 2019 年《交通强国建设纲要》、2021 年《国家综合立体交通网规划纲要》,在具体实施中,与连续实施的"五年规划"及各省份的相关规划密切配合、相互补充、互相促进,中国公路事业的发展一直是按着这些层层递进、逐步升级的"顶层设计",一步一个脚印地向着交通强国稳步前行。

在国家高速公路网规划加快推进、必将提前建成的前提下,为进一步解决覆盖范围不全面、主要通道能力不足、网络效率有待进一步提高、与其他运输方式需要进一步加强衔接等问题,2013 年,国务院正式批准《国家公路网规划(2013 年—2030 年)》,并在当年 6 月 20 日召开的国务院新闻发布会上正式发布。

面向未来 20 年经济社会发展的需求,《国家公路网规划(2013 年—2030 年)》对 20 世纪 80—90 年代的普通国道网作出了调整和补充,对 2004 年印发的《国家高速公路网规划》做了进一步补充与完善。这是新中国成立以来第一次统筹规划、统一布局的国家级路网规划,涵盖了普通国道和国家高速公路,由具有全国性和区域性政治、经济、国防意义的干线公路组成,全面描绘出一个功能完善、覆盖广泛、能力充分、衔接顺畅、运行可靠的国家干线公路网络的蓝图。

事实证明,《国家公路网规划(2013 年—2030 年)》的实施,对支撑全面建成小康社会和实现社会主义现代化宏伟目标,促进区域城乡协调发展,推进综合运输体系建设,保障我国公路交通可持续发展等发挥了重要引领和支撑保障作用。

2016 年 12 月,国务院新闻办公室发表《中国交通运输发展》白皮书。其中指出,新中国成立以来,特别是改革开放以来,中国交通运输面貌发生了历史性变化,总体上经历了"瓶颈制约"到

"初步缓解",再到"基本适应"的历程[5]。

2019年,中共中央、国务院印发《交通强国建设纲要》,明确提出到2035年基本建成交通强国,基本形成"全国123出行交通圈"(都市区1小时通勤、城市群2小时通达、全国主要城市3小时覆盖)和"全球123快货物流圈"(国内1天送达、周边国家2天送达、全球主要城市3天送达)等目标;到21世纪中叶,全面建成人民满意、保障有力、世界前列的交通强国,基础设施规模质量、技术装备、科技创新能力、智能化与绿色化水平位居世界前列,交通安全水平、治理能力、文明程度、国际竞争力及影响力达到国际先进水平。

2021年2月,中共中央、国务院印发《国家综合立体交通网规划纲要》,明确提出,到2035年,基本建成便捷顺畅、经济高效、绿色集约、智能先进、安全可靠的现代化高质量国家综合立体交通网,交通基础设施质量、智能化与绿色化水平居世界前列;到21世纪中叶,全面建成现代化高质量国家综合立体交通网,拥有世界一流的交通基础设施体系,全面建成交通强国,为全面建成社会主义现代化强国当好先行。

● 公路网织密补强日趋完善

党的十八大以来,综合交通运输进入加快现代综合交通运输体系建设的新阶段。

在《国家公路网规划(2013年—2030年)》的指导下,各省(区、市)掀起新一轮规划热潮,顺应了公路网发展的客观需要,公路基础设施网络在平稳快速的延伸过程中日趋完善,在与国家和地区经济发展"基本适应"的基础上更上一层楼。

2010年中国公路建设年度投资首破1万亿元,2017年突破2万亿元,至2021年,公路建设投资一直高位运行。相应地,中国公路里程也在快速稳定增长,质量不断提升,路网结构持续改善。

"十二五"结束的2015年底,中国高速公路里程达到12.35万千米,2004年出台的国家高速公路网——"7918网"基本建成。公路基础设施已经步入基本适应阶段。"十二五"期间，智慧交通、绿色交通得到了很大发展。中国已经成为名副其实的公路交通大国。

2012—2020年，中国公路总里程、高速公路里程分别从423.75万千米、9.62万千米增长到519.81万千米、16.1万千米，分别净增里程96.06万千米、6.48万千米，其中国家高速公路建成11.30万千米，《国家公路网规划（2013年—2030年）》中明确的国家高速公路网已经接近建成，时间比预期提前了10年[6]。

路网的日趋完善，逐步拉平了公路发展中的"剪刀差"，让千百年来受制于地形地貌、饱尝交通之苦的中西部省份焕发了活力。贵州省就是其中的典型代表。

2021年，贵州高速公路通车里程已突破7600千米，总排位已跃居全国第五，实现了县县通高速、村组通沥青硬化路，一举摘掉交通落后的帽子，成为西南重要的陆路交通枢纽。清爽的气候、独特的地理和优美的环境，再加上便利的交通作为支撑，贵州吸引了众多大数据企业扎根创业。如今，贵州已成为全球超大型数据中心集聚程度较高的地区之一，成为国家"东数西算"战略的重要支撑点之一。《2021中国数字经济城市发展白皮书》显示，2020年贵州数字经济增速超过15%，连续6年排名全国第一。正是现代化的交通，为贵州铺就了天宽地阔的坦途，将贵州的绿水青山真正变成了金山银山。

- **农村公路为第一个百年奋斗目标实现奠定最坚实的基础**

2013年，习近平总书记对"四好农村路"的批示指出，"农村公路建设要因地制宜、以人为本，与优化村镇布局、农村经济发展和广大农民安全便捷出行相适应"，"要通过创新体制、完善政策，进一步把农村公路建好、管好、护好、运营好"，"要逐步消除制约农村发展的交通瓶颈，为广大农民脱贫致富奔小康提供更好的保障"❶。按照党的十八大全面建成小康社会的战略部署，交通运输部

---

❶ 参见《筑好康庄大道 共圆小康梦想——习近平总书记关心农村公路发展纪实》，《人民日报》，2014年04月29日01版。

在《"十三五"交通扶贫规划》中进一步明确提出"小康路上决不让任何一个地方因交通而掉队"的新目标。此后，这个目标逐渐演变为"小康路上，决不让一个人掉队"。中国农村公路进入加快建设、提质增效、科学发展，为全面建成小康社会当好先行的新阶段（图11-1）。

a)2007年河北承德、石家庄市赞皇县农村公路

b)2007年安徽省农村公路变迁

c)2007年贵州省农村公路　　　　d)2008年江苏省农村公路夜景

图 11-1

第十一章 交通先行：中国公路发展与经济腾飞

e) 2015年甘肃省庆阳市农村公路施工现场

f) 2015年甘肃省甘南藏族自治州村级公路

g) 2013年江苏省无锡市农村公路之锡东大道

图 11-1

h)2007年正在运营中的河北省农村公路客运

i)2004年海南省三亚市黎村苗寨的公交车

j)2007年内蒙古自治区实现嘎查村100%通班车

图11-1 中国农村公路

2021年底，全国农村公路里程达446.60万千米，比2012年净增78.76万千米[6]。城乡交通运输一体化发展水平达AAA级及以上的区县比例超过94%，具备条件的乡镇和建制村通客车率达100%，公共交通位居全国公共服务质量满意度排名前列。农村公路成为广大农村脱贫致富、建设社会主义新农村最重要的基础设施，为实现公路交通运输公共服务均等化的目标作出了重要贡献。

2021年5月19日，国务院新闻办公室举行加强县域商业体系建设国务院政策例行吹风会。会上公布的数据显示：我国每年果蔬产量、消费量高达7亿吨，约占世界的40%；我国乡村消费品零售额增长连续8年快于城镇；全国建制村已全部实现直接通邮，乡镇快递网点覆盖率达98%；2020年，我国农村地区累计收投包裹超300亿件（全国660亿件），带动工业品下乡和农产品出村进城超1.5万亿元；我国将力争用3~5年时间做到快递网点在所有行政村全覆盖。这些数据，如果离开"100%通硬化路、通客车"的公路交通特别是农村公路"村村通"的基础支撑，根本无法想象。

2019年12月17日，交通运输部举行"脱贫攻坚"专题新闻发布会。会上指出，21世纪以来的20年，交通运输部累计投入中央资金超过6120亿元，累计建设和改造通乡镇、通建制村公路230万千米，已经实现100%乡、村通硬化路。我国已经形成总里程超过400万千米的农村公路网，这张网托起了广大农民的小康梦、致富梦、脱贫梦。中国的农村公路是中国真正的超级工程。

- 中国路的成功就是中国梦的缩影

从1998年公路建设步伐加快算起，中国公路的跨越式发展托起了全国人民的小康梦。2001年，国家发展计划委员会、交通部启动"西部通县油路工程"；2003年，交通部号召"让农民兄弟走上油路和水泥路"，正式启动全国农村公路通达工程、通畅工程；2003年，启动"西部山区公路安保工程"，并逐步在全国国省干线推广安保工程、灾害整治工程；2004年，启动"革命圣地及老区农村公路专项工程"；党的十八大以来开始"四好农村路"建设等。20多年来的接续奋斗，中国的地形地理版图没有变，但经济版图已发生翻天覆地的变化。中国路的成功已经成为中国梦的缩影。

在脱贫攻坚战中，"一个都不能少"不只是一句响亮的口号，更是由无数个艰巨复杂的工程实实在在累积起来的，众多公路人更是为此献出了生命。其中，最为人们所熟知的莫过于"溜索改桥"、独龙江公路和墨脱公路、"村村通"工程。

独龙江公路和墨脱公路。在农村公路、扶贫公路建设中，独龙江公路和墨脱公路的建设，最能体现新时代交通人对"两路"精神的传承。

独龙族人口仅有数千人，主要聚居在云南省怒江傈僳族自治州贡山独龙族怒族自治县独龙江乡。因不通公路，独龙江乡一直是云南乃至中国较贫困的地区之一。1990年开始，交通部和云南省把怒江州确定为定点扶贫联系点，到2002年，新建和改造了12个公路项目，共498千米，结束了该州没有等级公路、没有柏油路的历史。其中，1999年全长96.2千米的独龙江公路通车，结束了我国最后一个少数民族聚居区不通公路的历史。2011年启动的独龙江公路改建工程，于 2018 年打通了穿越高黎贡山的 6680 米的独龙江隧道（图 11-2），结束了独龙江公路半年大雪封路的历史。

图 11-2　独龙江公路及其隧道

相比于独龙江公路，西藏墨脱公路（扎墨段）的修建时间更长、过程更艰险，在和平时期付出的牺牲也最为重大。

墨脱人口为 1.1 万余人。20 世纪 60 年代初到 1994 年，西藏墨脱公路历经 4 次修建，均因当时经济、技术、装备等客观条件所限，始终未竟全功，却有 200 多名公路建设者先后献出生命，长眠雪山脚下。艰苦的环境、生命的代价，不但没有吓退公路人，而是更激发了他们突破"禁区"的斗志和决心。

1995 年以后，西藏自治区公路交通部门每年投入巨额资金，在旱季对墨脱公路损毁路段进行整治，勉强实现"旱季南通北阻，雨季北通南阻"临时性通行农用车，但全年通车时间不足 3 个月。如何在雅鲁藏布江大拐弯、雅鲁藏布大峡谷区域建成一条公路，使墨脱实现常年通车，不仅让西藏公路交通部门倍感压力，更成了全国公路人的一块"心病"。

进入 21 世纪，经过多次踏勘，2009 年 4 月 20 日，墨脱公路改建工程全线开工。这是墨脱公路历史上第 5 次修建。墨脱公路，起于波密县扎木镇 318 国道与老扎墨公路的交叉处，经打而曲、波弄贡、金珠藏布、米日、马迪和西莫河，止于墨脱县城莲花广场，路线全长 117.28 千米，工程概算投资 9.5 亿元，由国家全额投资。

2010 年底,墨脱公路关键控制性工程——嘎隆拉隧道(图 11-3)顺利贯通,为墨脱公路嘎隆拉山至墨脱县城段全面施工和全线贯通扫除了最大障碍。2013 年,墨脱公路建成通车,中国真正实现了县县通公路。

2020 年 4 月,墨脱县农村客运班车正式开通,途经全县 5 个乡镇、12 个行政村和 1 个自然村。

2021 年 5 月,另一条通墨脱的公路——西藏自治区林芝市米林县派镇至墨脱公路全线贯通。

中国最后通路的村——阿布洛哈村。阿布洛哈,彝语意为"深山里的谷地""人迹罕至的地方"。该村隶属四川省凉山彝族自治州布拖县乌依乡,有村民数百人,地处大凉山腹地金沙江峡谷深处,三面环山,一面临河,是国家核定的深度贫困村。由于山高谷深,一直不通公路。

为了按时完成脱贫攻坚

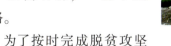
图 11-3　墨脱公路嘎隆拉隧道

任务,2018 年 9 月,四川省交通运输部门启动了全长 4000 米的通村公路项目。这条公路是四川省凉山彝族自治州最后一条通村公路,它的启动建设,既是四川省脱贫攻坚工作的迫切要求,更是贫困群众的热切期盼。

这条公路位于平均海拔 1500 米左右的峭壁上,施工难度极大。经过一年多的努力,至 2019 年 12 月,已经修通了 3000 米,剩下

1000 米需要穿越一个由坚硬岩石构成的大峡谷。为了加快修路进度，当地党委政府决定一边从拉果乡伟木村沿着悬崖绝壁往前推进公路建设，一边从阿布洛哈村村委会开始往前推进公路建设。但抵达阿布洛哈村的大型机械设备，只能动用大型直升机吊运。为此，2019年12月初，四川公路桥梁建设集团历时 8 天，租用重型直升机 16 架次，将挖掘机、空压机、发电机、桶装柴油等在内的设备和物资共计 50.1 吨运抵施工现场。

2020 年 6 月 30 日，每千米造价超千万元的阿布洛哈通村公路通车，"金通工程"乡村客运班线同时开通。这条 4000 米长的通村路，把过去沿羊肠小道需 4 个多小时的出村路缩减为坐车仅需 10 多分钟，到布拖县城也只需 2 个小时。这条路的通车，彻底改变了直到 2019 年底该村贫困率仍高达 71.94% 的面貌，也给全国的村村通公路工程画上了圆满的句号。

●本章参考文献

[1] 交通运输部. 中国路谱 [M]. 北京：人民交通出版社, 2009.

[2] 交通部中国公路交通史编审委员会. 中国公路史 第二册 [M]. 北京：人民交通出版社, 1999.

[3] 中国公路学会. 中国公路史 第三册 [M]. 北京：人民交通出版社股份有限公司, 2017.

[4] 中华人民共和国交通运输部. 公路水路交通行业发展统计公报 [R]. 北京, 2012.

[5] 中华人民共和国国务院新闻办公室网站. 中国交通运输发展白皮书[EB/OL]. (2016-12-29)[2022-05-17]. http：//www.scio.gov.cn/ztk/dtzt/34102/35746/35750/Document/1537406/1537406.htm.

[6] 中华人民共和国交通运输部. 交通运输行业发展统计公报 [R]. 北京, 2021.

第十二章
Chapter 12

高铁飞驰：
中国铁路的百年巨变

1911年2月，一位清朝官员从北京到周边地区考察，当时京张铁路刚刚开通不久，从北京到张家口可以乘坐火车前往。这位官员早上八时四十分从西直门出发，下午五时二十分抵达张家口。住在舒适的客栈里，回顾一路山势起伏、长城盘旋，回想起自己的前辈——康熙时期名臣张鹏翮出使俄国时，同样从北京到张家口，需要6天时间，一路"饥渴风沙，备尝艰苦"，而自己乘坐火车，"朝发夕至，虽雨雪纷飞"，"毫无所苦"[1]，不禁有今非昔比之感。

一百多年过去了，中国铁路的沧桑巨变再次让人叹为观止。随着2019年12月30日京张高铁开通运营，乘坐高铁列车从北京到张家口仅需1个小时。铁路进步是国家发展的缩影。正如习近平总书记的高度概括：1909年，京张铁路建成；2019年，京张高铁通车❶。从自主设计修建零的突破到世界最先进水平，从时速35千米到时速350千米，京张线见证了中国铁路的发展，也见证了中国综合国力的飞跃。100多年来，中国铁路从无到有、从弱到强，从蹒跚起步、艰难延伸到铁路密布、高铁飞驰，从七拼八凑、"万国博览"到统一规范、现代管理，从路权丧失、任人欺凌到树立标杆、成为楷模，经历了艰难曲折、创新奋进的发展过程。中国铁路百年巨变，彰显了在中国共产党领导下，铁路人不屈不挠的奋斗历程和自立自强的创新精神。回顾中国铁路百年历史，将为全面认识中国交通发展历程、推进铁路改革发展提供启迪和借鉴。

世界进入铁路时代

铁路是工业革命时代各种新技术碰撞交融的结果：煤炭的大量开采，为铁路做燃料的准备；焦炭和鼓风机的发明，使冶炼钢铁技术取得飞跃；车床的发明使机器生产成为可能；等等。铁路需要的

---

❶ 参见《习近平：京张高铁建成投运意义重大 冬奥会各项筹备工作都要高标准高质量推进》，《人民日报》，2019年12月31日01版。

采煤业、钢铁业、机器工业等均取得突破性进步，为铁路的最终诞生奠定了基础。

铁路是轨道与蒸汽机车的结合。早期，这两项技术是各自发展的。16 世纪，欧洲一些矿山开始利用木轨道运输矿石。此后，工程师们又在木轨上铺设铁条，增加轨道寿命。1776 年，L 形铸铁轨道被制造出来，代替了木轨。1789 年，出现了"鱼肚"形铁轨和与之配套的带轮缘的车辆，轨道向现代化发展迈出了重要一步。1820 年，出现了低碳钢轨道，与原来的铸铁轨道相比，这种轨道的强度和柔韧性更好。低碳钢轨道的及时出现，为后来蒸汽机车的发明做了准备。

18 世纪末，瓦特改良蒸汽机，使蒸汽动力得以广泛应用。用蒸汽机驱动车辆行进的想法也随之出现，法国、英国、美国的一些发明家开始探索制造能够行驶在马路上的蒸汽汽车。不过，这些努力均告失败。一方面的原因是蒸汽汽车本身还很不成熟，另一方面，当时的马路大多还是泥土路，即使 18 世纪初发明了碎石路，也无法承受蒸汽汽车的重量。

回顾 19 世纪初的交通技术变革，人类的陆地交通方式似乎走向了关键性的十字路口，几种交通方式如排列组合般出现在人们面前。首先是蒸汽汽车加马路。如前所说，此时两项技术还都不够成熟，要等到 19 世纪末内燃动力汽车、更先进的沥青铺路技术发明后，属于汽车的时代才会到来。另一种选择是马路上跑马车。实际上，当时的欧洲，马车交通非常发达，特别是随着碎石路技术的发明，马车成为一种常见的交通工具。显然，运输能力不足、价格昂贵是这种交通方式的主要缺点。铁路出现以后，正如马克思在《资本论》中所说："在陆地上，碎石路已经被铁路排挤到次要位置。"[2]

还有一个方向是马匹牵引车辆在轨道上运行。这是一种历史非常悠久的交通方式。在蒸汽机车出现前，它已经为人类服务了几百年。即使在蒸汽火车发明后，很多国家修建的第一条铁路——如法国、德国、澳大利亚、日本、中国——也还是选择了马匹牵引。在城市交通领域，有轨马车在整个 19 世纪都是欧美国家的重要交通工具。

道路蒸汽汽车、碎石路、四轮马车……各个领域都有先驱者在孜孜不倦地探索着，站在 19 世纪初的历史方位上的人们，很难预测哪种交通方式会独占鳌头。历史在等待着一场奇妙相遇——铁轨与蒸汽机车的结合。铁轨提供承重性和方向性，解决当时道路承重能力不强、蒸汽机车太重且难以控制方向的难题；蒸汽机车提供远胜过马匹牵引的强大运输能力。这一关键性创新的贡献者是英国工程师理查德·特里维希克（Richard Trevithick）。1804 年，特里维希克建造了史上首台在铸铁轨道上行驶的蒸汽机车。他创造性的贡献还在于发展了高压蒸汽（区别于瓦特的低功率蒸汽机）的概念，以使机器获得更大的动力。但特里维希克的发明始终没有走向市场，他最终也意兴阑珊，放弃了对蒸汽机车的研究。

"铁路之父"的殊荣最终属于英国工程师乔治·斯蒂芬森（George Stephenson）。1814 年，他在特里维希克的基础上制造出第一台蒸汽机车。1825 年，他主持修建的斯托克顿—达灵顿铁路通车，成为人类历史上第一条运行蒸汽机车的运营铁路。之所以将斯蒂芬森而不是特里维希克称作"铁路之父"，是因为斯蒂芬森更加坚定、更加执着，他成功地将铁路推向市场，并使铁路成为一项世界性的事业。

斯托克顿—达灵顿铁路的通车，标志着世界历史正式进入铁路时代。这是人类交通工具第一次告别畜力、风力等自然力，开始迈进机器动力时代。铁路一经出现，立即展示出惊人的魅力。短短几十年内，铁路从英国走向世界，在人类社会各个领域展示其影响力。大到全球政治经济、国际国内战争，小到人们的日常生活、衣食住行，铁路深刻改变了历史进程，推动了社会嬗变。以至于德国著名社会学家、经济学家马克斯·韦伯（Max Weber）将其称为"有史以来最具革命性的工具"[3]。

各国铁路通车时间见表 12-1。

各国铁路通车时间[4]　　　表 12-1

国　别	最早通车时间（年）	国　别	最早通车时间（年）
英国	1825	意大利	1839
美国	1830	瑞士	1844
法国	1832	西班牙	1848
比利时	1835	巴西	1851
德国	1835	印度	1853
加拿大	1836	澳大利亚	1854
俄国	1837	埃及	1855
奥地利	1838	日本	1872
荷兰	1839	中国	1876

晚清时期的中国铁路

19 世纪是铁路的时代，而此时的中国，刚刚经历了康乾盛世的辉煌，外表强大，内里却是破败不堪、颓势尽显：内忧外患压力重重、国家财政捉襟见肘、民间资本乏善可陈、外交金融人才严重缺乏、对外闭关锁国、思想观念保守落后……这一切都使得中国早期铁路的发展更加步履维艰，充满曲折与艰辛。

19 世纪初，铁路知识开始由西方传教士带入中国。林则徐、徐继畬、洪仁玕等中国开明人士也积极介绍铁路知识。第二次鸦片战争结束后，中国半殖民地化程度进一步加深。西方列强为向中国内地扩展势力，不断向清政府提出修建铁路的要求。清政府对西方列强向中国内地扩展势力深怀戒惧，并视铁路为西方"奇技淫巧"，采取了坚拒铁路于国门之外的态度。

中国第一条营业性铁路是由英国怡和洋行擅自修筑的吴淞铁路，1876 年 12 月全线通车，次年由清政府收回并拆除。19 世纪 70 年代，洋务运动兴起，清政府部分洋务派官员认识到铁路对巩固海防和发展经济的重要性，开始提议修建铁路。1874 年 12 月，直隶总督兼北洋大臣李鸿章首次向朝廷提出修建铁路的主张。此后，围绕修不修铁路，清政府内部展开激烈争论。

1881 年 11 月，唐胥铁路（唐山—胥各庄）建成，这是中国自行修建的第一条铁路。该铁路是在李鸿章授意下,由开平煤矿修建的运煤铁路。线路由唐山至胥各庄,长9.7千米,初始由马拉运,后改用蒸汽机车牵引(图12-1)。

图12-1　唐胥铁路(唐山—胥各庄)运煤列车

1887年,由台湾首任巡抚刘铭传奏准并主持修建台湾铁路,于1891年建成自基隆至台北全长28余千米铁路,于1893年建成台北至新竹全长78余千米铁路。中日甲午战争后,清政府被迫将台湾岛割让,台湾地区的铁路随之落入日本之手。

中日甲午战争后,铁路的重要性越来越突出。1889年5月,清政府宣告"毅然兴办"铁路。此时,清政府内外交困、国库空虚,只能借外债修路。1897年,清政府在上海成立铁路总公司,命盛宣怀为督办,负责对外借款修路。1897年5月,清政府与比利时签订《卢汉铁路借款合同》,此后,"大举借债之潮流,乃如黄河横决不可遏抑矣"[5]。1897年至1906年的十年间,中国与外国签订的铁路借款合同共有12个。外资的进入在客观上缓解了中国铁路建设资金缺乏的矛盾,促进了中国铁路的建设。京汉、京奉、津浦、沪宁、正太、汴洛等主要干线相继建成。但是,借用外债修路也导致了大量丧权失利,主要是管理权、用人权、购料权等的丧失和借款折扣、余利、经纪费、贴水、佣金等利益的损失。

京张铁路是中国人自己设计与施工,且建成后自主运营的第一条干线铁路。1905年,因英、俄两国相争不下,清政府决定自主修建京张铁路。然而，在北京与张家口相隔的200余千米间，地理条件复杂险峻，施工难度极高，此前中国人还从来没有独立修筑任何一条铁路干线的经验。因此，西方人对中国人修筑京张铁路普遍表示怀疑，有的外国人甚至宣称能修京张铁路的中国人还没有出生。1905年10月2日，京张铁路正式开工建设；1909年8月，京张铁路建成。铁路全长201.2千米，地处长城内外，途经燕山山脉，沿途山峦起伏，石峭弯多，工程艰巨。京张铁路总工程师詹天佑不畏艰难、栉风沐雨，解决了一个个工程难题。为了线路能够翻越八达岭，詹天佑多次勘测，顺着山势设计出了"人"字形折返线爬坡（图12-2），将八达岭隧道从最初设计的1800米缩短到1091米，降低了工程造价。居庸关隧道和八达岭隧道是两项最为艰巨的隧道工程，詹天佑亲自勘测设计和监督施工，采取了多项技术创新，加快了工程进度。1909年9月24日，京张铁路全线通车。京张铁路的建成通车轰动中外，其意义远远大于工程本身，它增强了中国人民的民族自尊心和自信心，充分展现了中国人民的智慧和力量，鼓舞了一代又一代的中国人，周恩来总理称赞这一业绩是"中国人的光荣"。

图12-2　京张铁路青龙桥站"人"字形铁路

中日甲午战争后，帝国主义列强采取划分势力范围等方式，直接在中国修建铁路，其中东省、胶济、滇越三条铁路分别由俄国、德国、法国向中国施加压力，直接投资修建并经营。

1896年6月，清政府为"联俄拒日"，派李鸿章同俄国签订了《中俄密约》，准许沙俄投资修建中东铁路。全线西起满洲里，经昂昂溪、哈尔滨，东至绥芬河，两端均与西伯利亚铁路接轨。1897年

8月，中东铁路满洲里至哈尔滨和哈尔滨至绥芬河两段同时兴建。1898年3月，沙俄又迫使清政府签订《旅大租地条约》，取得南满支线（从哈尔滨经长春、沈阳至大连）的筑路权。中东铁路干支线形成"T"形结构，使整个东北成为沙俄的势力范围。南满支线于1898年6月开工建设。1901年，中东铁路干支线基本修通，1903年全线通车运营，干线长1481千米，支线长944千米。

1895年，法国借口在"三国干涉还辽"中有功，强迫清政府签订了《中法续议界务商务专条》，取得将越南铁路延伸修入中国境内的修筑权。法国组织滇越铁路公司，承修和经营滇越铁路。滇越铁路轨距为1米，全线自越南海防经老街至云南府（昆明），长855千米。滇段自中越边界河口，经碧色寨、开远、盘溪、宜良至昆明，长464.6千米，于1903年开工，1910年4月1日建成运营。滇越铁路滇段地处山区，工程艰巨，桥隧相连，有桥梁425座、隧道155座，全线80%的线路穿行于崇山峻岭中。

中日甲午战争后，德国逐步把山东变为自己的势力范围，于1898年3月与清政府订立《胶澳租界条约》，取得了胶济铁路的筑路权，由德国山东铁路公司经办胶济铁路。该路起于青岛港，经胶州、高密、潍县、青州、淄博至济南，长394千米，另有淄博至博山支线39.2千米、淄博至洪山支线7.2千米等，总长440.7千米。胶济铁路于1899年开工建设，1904年建成通车。

1904年2月，日俄战争爆发，俄军大败，两国签订《朴次茅斯和约》，俄国同意把旅大租借地和南满支线宽城子（今长春）以南段包括有关支线转让给日本。1905年12月，日本与清政府签订《中日会议东三省事宜正约》，迫使清政府承认俄国转让给日本的一切权益。日本占据南满支线长春以南段，改称南满铁路，成立南满铁路株式会社，对铁路进行改造与经营。日本还修建安奉铁路，由安东（今丹东）至奉天（今沈阳），与南满铁路相接，长303.7千米。在西边，日本还修建了由奉天至新民的新奉轻便铁路。

日本占领台湾后，于1899年对基隆至新竹铁路进行改造，并向南延伸至高雄，至1908年竣工，建成基隆至高雄西部铁路，全长408.5千米。在东部，于 1926 年建成台东铁路，自花莲至台东，全长 176 千米。

帝国主义列强对中国铁路权益的掠夺，激起了中国人民反对帝国主义的爱国热情，从而引发了收回路权运动和商办铁路热潮的兴起。1903 年，粤、湘、鄂三省人民率先提出废除与美国签订的《粤汉铁路借款合同》。迫于百姓的压力，1905 年 8 月，清政府与美国签订合同，赎回粤汉铁路路权。此后，各省纷纷要求废除与列强签订的条约，收回路权运动逐步走向高潮。收回路权运动促进了商办铁路热潮的兴起。1903—1910 年，全国有 15 个省先后组建 19 家铁路公司，其中多数为商办公司。在收回路权运动的高潮中，清政府为加强铁路管理，于光绪三十二年（1906 年）设立邮传部，主管航运、铁路、电政、邮政四政。这是中国第一个主管交通事业的中央行政机关。

收回铁路权益，国人自办铁路，引起帝国主义列强的不安。英、法、德、美等国不甘心放弃已经取得的铁路权益，对清政府施加压力。清政府害怕事态扩大，以商办铁路进展缓慢、集款困难等为由，于 1911 年宣布铁路干线收归国有，并且同英、法、德、美四国银行团签订《湖广铁路借款合同》。此举激起湘、川、鄂、粤四省人民强烈反对，尤其是四川省各界开展了声势浩大的保路运动。清政府派大员前往四川查办铁路事宜，抓捕保路领导人，枪杀数十民众，制造了"成都血案"。成都学界罢课、商界罢市，四川省各州县人民抗捐抗粮并组织保路同志军进军成都。清政府急令抽调湖北新军赴川镇压，造成武昌兵力空虚，革命军乘机于 1911 年 10 月 10 日攻占武昌。保路运动加速了辛亥革命的爆发。

1876—1911 年，中国共修建铁路 9488 千米。从空间分布看，晚清铁路形成以北京为中心的京奉、京汉、京张、津浦铁路 4 条干线以及与干线连接的正太、道清、胶济、汴洛 4 条线路初步构成基础华北铁路网。长江以南有沪宁、沪杭、株萍、株长 4 条线路。华南只有广九、潮汕、漳厦等短线，西北尚没有铁路，西南地区只有滇越线。从修建时间看，甲午战争前，清政府修建的铁路里程较少，仅有 485 千米，占总里程的 0.5% 左右；其余均为甲午战争后修建。轨距有 5 种（以初建时为准）：1.435 米标准轨距的铁路有 5746 千米，约占 60.56%，1.52 米宽轨有 2556 千米，约占 26.94%；1.067 米窄轨有 107 千米，约占 1.13%，1.0 米窄轨有 768 千米，约占 8.09%，0.762 米窄轨有 311 千米，约占 3.28%。

民国时期的中国铁路

1912 年 1 月 1 日，孙中山在南京宣誓就任中华民国临时大总统。1912 年 2 月孙中山辞去中华民国临时大总统职务后，全权筹划全国铁路事宜。他提出"交通为实业之母，铁道又为交通之母"的重要论断，开始系统研究全国铁路建设总体规划，并着手筹集经费、设计铁路干线等工作。1919 年 8 月，孙中山发表《实业计划》，以铁路建设为中心，将铁路与公路、内河航运、电报电话、港口建设、枢纽设置、交通工业等相关门类做了通盘设计，形成了系统、完整的大交通思想。计划共分为六大铁路系统，构成一个"全国四通八达，流行无滞"的铁路交通网，总体目标是使中国成为具有 10 万英里（约合 16 万千米）铁路的现代强国。由于政局动乱等原因，孙中山的计划未能顺利实施。

北洋政府时期，继续推行清政府的干线铁路国有和借债建路政策，取缔商办铁路，大量拍卖路权，用以抵借外债。1912—1915 年，北洋政府与多个国家签订了 9 项铁路借款合同，出让了 11 条铁路的权益。1912—1927 年，共修建约 3900 千米铁路，其中关内各省修建约 2100 千米，东北三省修建约 1800 千米。

1928 年 10 月，南京国民政府设铁道部主管全国铁路。铁道部成立之始曾采取措施，推行"管理统一""会计独立"，但由于地方军阀割据，政令不通，收效甚微。1930 年 10 月，蒋介石军队与阎锡山、冯玉祥军队发生的中原大战结束后，国民党内部争斗暂时平息，国有铁路路权得以统一。1932 年，南京国民政府颁布中国第一部《铁道法》，对铁路建设的权限、技术标准和资金来源等做了规定。1933 年，铁道部开始实施以商业化为主要内容的路务整顿，实行铁路联运、改善客货运服务、加强技术装备等。经过整顿，国有铁路客货运量和营业收入有了较大幅度增长。

1928—1937年的十年间，国民政府在关内各省修建了约3600千米铁路。粤汉铁路株洲至韶关段于1936年完工，至此，全长1096千米的粤汉铁路全线建成。陇海铁路西延至宝鸡。津浦铁路长江轮渡于1933年投入使用。一些省、区修筑了一批公营铁路，如浙赣铁路、同蒲铁路、淮南铁路等。中国著名桥梁专家茅以升主持建造了由中国人自己设计的第一座公路铁路两用桥——钱塘江大桥（图12-3），全长1453米，正桥长1072米，1934年8月开工，铁路桥于1937年9月26日建成通车。在张学良的支持下，1928—1931年，东北地区公营铁路修建约660千米。一些商办民营铁路也有一定发展，如江南铁路、齐克铁路、个碧石铁路等。

图12-3　公铁两用桥——钱塘江大桥

1931年九一八事变后，日本侵占中国东北地区，对东北地区铁路、公路、水运、航空和通信等实行"交通一元化"政策。1931年10月，日本将铁路交由伪东北交通委员会暂管，后又移交给伪满洲国交通部，实际由日本控制。1933年2月，"满铁"（南满洲铁道株式会社）和伪满当局订立契约，后者以"委托"名义让"满铁"代为经营东北地区铁路。1935年3月，苏联单方面与日本签订协定，将中东铁路出售给伪满洲国政府。至此，日本完成了对中国东北地区铁路的"一元化"治理。为实现"殖民东北"的目标和支援侵华战争，日本以"开发满蒙铁路计划"为基础，大规模修建新线。1931—1945年，日本在东北地区修筑铁路约5700千米，已开工的还有大约1000千米。到抗日战争结束时，东北地区铁路总里程约为

11800 千米，形成了东北铁路网。

1937 年 7 月 7 日，抗日战争全面爆发。日本侵略军把抢占铁路作为军事目标，华北及华东地区铁路大部为日军占据。到抗日战争结束前，国民政府仅控制云南、陕西两省约 1400 余千米铁路。抗日战争期间，为满足侵略战争和经济掠夺的需要，日本利用沦陷区的人力、物力和财力，在华北、华中、华南沦陷区修筑了一些铁路。对于沦陷区铁路，日本实行殖民化管理和经营。

1937 年 12 月，南京失陷，国民政府迁都重庆，西南、西北地区成为抗日战争的后方。为加强前后方、国内外之间的交通联系，便于外援物资输入和农矿产品运出，国民政府采取征用民工、拆用旧轨或挪用未建成铁路的器材等办法，在西南、西北地区修建铁路约 1900 千米。

1945 年 8 月 15 日，日本天皇裕仁以广播形式发布《终战诏书》，日本无条件投降。国民政府和中国共产党领导的各解放区人民政府分别从日伪手中接管铁路。东北地区的中长铁路，收回后由双方共管。被日本占领 50 年的台湾地区铁路宣告光复。滇越铁路中国段根据中法两国协定，收回路权。1946 年 6 月，国民党当局撕毁国共两党签订的停战协定，悍然对解放区发动全面进攻，铁路再次陷入战争浩劫。抗日战争胜利后，国民党当局发动内战，除完成续修的綦江铁路外，未再修建铁路。

民国时期（1912—1949 年），全国共建成铁路 17103.1 千米，平均每年修路约 462.2 千米。1912—1927 年，由于军阀混战，政局动荡，铁路主要靠借外债修建，15 年共修路 3946.7 千米，平均每年修路 263 千米。20 世纪 30 年代初至抗日战争全面爆发前，出现了难得的筑路热潮。从 1928 年到 1949 年，共修铁路 13156.4 千米（含日本在中国修路），平均每年修路 626.5 千米。

新中国成立前的铁路建设情况具有以下特点：一是起步晚、发展慢。铁路在中国出现的时间，比世界上第一条铁路出现的时间晚了约半个世纪。二是数量少、分布偏。至 1949 年新中国成立前，全国铁路共有 2.18 万千米（部分线路被拆除），多建在东北和沿海地区,广阔的西北、西南地区只有 1600 多千米。三是设备差、效率低。铁路技术设备基本依赖进口,轨距不一,型号杂乱,有"万国铁路博物馆"之称;管理分割,运输效率低下。四是受制于人、路权旁落。借款修筑并以路产和营业收入作为抵押,导致铁路行车权、管理权、用人权、购料权由外国把持;外国直接修建经营的铁路,利权则全部被掠夺。

人民铁路的创建

新中国成立后,铁路回到了人民手中。1949 年 1 月 10 日,中国人民革命军事委员会铁道部在石家庄成立;1949 年 10 月,改组为中央人民政府铁道部,开始了创建人民铁路的进程。

铁路人将恢复全国铁路网作为首要工作。1949 年初,东北铁路大部分已经恢复。平津战役结束后,华北铁路陆续恢复,5 月,北平至沈阳间开通直通旅客列车。7 月,津浦铁路、胶济铁路恢复通车,中断了 12 年之久的上海至北平直通旅客列车恢复通车。至 1949 年底,沪杭、淮南、南浔、京包、陇海、浙赣、京汉、南同蒲、粤汉铁路等先后全线修复通车。至此,大陆原有主要铁路基本修复,并连为一体。1950 年后,对部分桥梁、线路进行永久性修复。铁路网的恢复,对支援解放战争、促进经济恢复等具有重要意义。

全国铁路网基本恢复的同时,新线建设也陆续开展。新中国成立初期,有重点地在西南、西北地区建设新线,新建了成渝铁路、天兰铁路和湘桂铁路来睦段。其中,成渝铁路是新中国成立后建成的第一条干线铁路。"一五"计划期间(1953—1957 年),修筑了宝成、兰新、包兰、丰沙、鹰厦等铁路干线。武汉长江大桥于 1955 年开工建设,1957 年建成通车,全长 1670 米。武汉长江大桥是中国在万里长江上架起的第一座桥梁,通车后将京汉、粤汉两大干线连接起来,合称京广铁路,从此"天堑变通途"。

1958—1976 年,建成包兰线、兰新线、兰青线、黔桂线、成昆线、京承线、太焦线、外福线、萧甬线、川黔线、贵昆线、川黔线、焦枝线、枝柳线、湘黔线、襄渝线、京原线、京通线、青藏线西宁至格尔木段等。这一时期新建的不少铁路和桥隧,地质复杂、工程艰巨、技术难度高,历史罕见。这些工程的建成,将中国铁路工程技术水平提升到了新的高度。其中,成昆铁路从成都至昆明,全长1096千米,地处横断山脉,穿越大小凉山,桥隧总延长占线路长度的41.6%,有41个车站建在桥上或隧道内,其沿线地势之险峻、地质之复杂、工程之艰巨举世罕见,被称为"地质博物馆"。1970年7月1日,成昆铁路建成通车。南京长江大桥于1960年开工建设,1968年建成通车,全长6788.55米,是当时世界上最长的双线公铁两用特大桥(图12-4)。该桥由中国自行设计建造,采用了一系列新的技术,在中国建桥史上具有里程碑意义。修建新线的同时,还主要通过修建复线和电气化进行技术改造。复线铁路从新中国成立初期的860千米,增长到1978年的7630千米。电气化铁路建设开始起步,1961年建成宝成线宝鸡至凤州段电气化铁路。至1978年底,全国铁路电气化里程达1030千米。

图12-4 南京长江大桥

1978年,全国铁路营业里程达到5.2万千米,与新中国成立之初相比,增加3万千米。新建多条主要干线,铁路路网框架基本形成;路网布局有较大改善，西南、西北地区铁路长度占全国铁路长度的比重由新中国成立之初的6%上升到24.5%。全国除西藏外，各省、自治区、直辖市都有了铁路，福建、宁夏、青海、新疆第一次通火车。

新中国成立前，铁路所需机车、车辆等设备完全依赖进口，少数工厂只能担当维修任务。新中国成立后，面对外国对中国的经济、技术封锁，铁路人坚持独立自主、自力更生，顽强进行自主创新，逐步建立起新中国铁路工业基础。1952年，四方机车车辆厂仿制出第一台蒸汽机车，命名为解放型，随后，四方机车车辆厂和大连机车车辆厂试制出胜利型、人民型、前进型和建设型等多种类型的机车，开始了中国自制蒸汽机车的时代。到1979年，全路配属蒸汽机车台数达到历史最高值7899台，其中国产蒸汽机车占86%。1958年开始制造内燃机车和电力机车，20世纪60年代末，国产内燃、电力机车实现批量生产并投入运营。到1978年，国产内燃、电力机车占到机车总量的21%。1953年起，我国开始自行设计制造客车，先后批量制造了21型、22型客车，种类涵盖硬座车、硬卧车、软座车、软卧车、餐车等多个类型。货车制造由30吨级发展到50吨级，1956年起开始研制生产60吨级。20世纪60年代后，多种60吨级通用货车投入运用。客车舒适度不断提高，货车载重量不断增大。

人民铁路始终在党的旗帜下，服务国家发展大局，在各项事业中发挥了重要作用。解放战争爆发后，东北解放区铁路立即担负起支援解放战争的重任，掀起了"死机复活""死车复活"、抢修抢运等热潮，涌现出了许多英雄楷模。在三大战役中，广大铁路职工以"解放军打到哪里，铁路就修到哪里"为行动口号，冒着敌人的炮火，完成了大量铁路修复及军事运输任务，有力支援了解放战争。1950年10月，中国人民志愿军跨过鸭绿江，进行抗美援朝战争。根据中央指示，大批铁路职工和铁道兵团指战员加入志愿军行列。他们冒着敌机的轰炸扫射，投入抢修线路桥梁以确保铁路运输畅通的斗争，打造"打不烂、炸不断"的钢铁运输线。先后参加战斗者达10万多人，2100多人为保障"钢铁运输线"献出了生命。在后方，全国铁路也开展了轰轰烈烈的抗美援朝、保家卫国的群众运动。在将近三年的时间里，铁路通过前后方的协同作战，共为中国人民志愿军运送兵员和军用物资 38.5 万多车（重 800 余万吨），成为保障部队机动和后勤供应的生命线。

新中国成立后，铁路运输生产效率大幅度提高，为国民经济发展提供运输保障的能力大幅度提升。铁路客货运量逐年增长，1952 年，全国铁路完成货运量 1.3 亿吨、客运量 1.6 亿人次，分别比 1949 年增长 136.5% 和 58.8%；"一五"期间，铁路提高管理水平，发掘运能潜力，努力适应日益增长的运输需要。1957 年完成货运量 2.7 亿吨、客运量 3.1 亿人次，完成货物周转量 1346 亿吨公里、旅客周转量 361 亿人公里，分别比 1952 年增长 107.5%、91.2%、123.7% 和 80.1%。此后十年的全面建设社会主义时期，铁路客货运输均保持了大幅度增长势头。

新中国铁路的发展也经历了曲折，"大跃进"中不切实际的高目标的制订，给铁路事业制造了混乱。在"文化大革命"中，铁路受到较大冲击，主要干线几乎瘫痪，行车事故剧增，经济效益大幅度下降。但在邓小平等党和国家领导人的领导下，铁路职工顽强拼搏，依然使铁路事业取得了重要成绩。全国铁路全面瘫痪的局面终究没有发生，铁路建设取得了重要成就，技术装备有较大改善，坦赞铁路的建成，更是对外经济援助的重大成果。唐山大地震后，铁路人奋起抗震救灾，为夺取抗震救灾胜利作出了重大贡献。

改革开放以来的中国铁路

改革开放使我国经济社会实现了蓬勃发展，铁路一度成为经济发展的瓶颈制约，"买票难""运货难"问题十分突出。在中央的高度重视和支持下，铁路人迎难而上，奋勇攻关，加快发展，在几十年里呈现了快速发展和技术水平跃升的良好局面。

组织实施了系列铁路建设大会战，路网规模和质量大幅度提升。20 世纪 80 年代，以实施"北战大秦，南攻衡广，中取华东"三个重点战役为主，铁路建设加快推进，骨干铁路通道建设取得重要成果。20 世纪 90 年代，以实施"强攻京九、兰新，速战宝中、侯月，再取华东、西南，配套完善大秦"战略部署为重点，集中力量建设一批大能力干线，建设了京九、兰新、宝中铁路和广深准高铁、北京西站等重点工程。从1998年开始，以实施"决战西南，强攻煤运，建设高速，拓展路网，突破七万"战略部署为重点，展开跨世纪铁路建设大会战。宝成、株六复线建成，内昆、水柏、朔黄、西康、神延等新线开通，主要干线运输能力显著增强。20世纪末至21世纪初，我国铁路建设了一批具有重大意义的工程。大秦铁路（图12-5）建成，年货运量最高达4.5亿吨，标志着我国铁路重载技术达到世界先进水平。京九铁路开通（图12-6），连接北京和香港，大幅度增加我国铁路网南北客货运输能力，对拉动沿线地区和革命老区经济社会发展发挥了重要作用。青藏铁路建设取得重大成就，结束了西藏没有铁路、不通火车的历史，攻克了"多年冻土、高寒缺氧、生态脆弱"三大难题，是世界上海拔最高、线路最长、穿越冻土里程最多的高原铁路。2003年建成的青藏铁路清水河特大桥，是当时世界上最长的高原冻土铁路桥（图12-7）。

图12-5　大秦（大同—秦皇岛）铁路永定河特大桥

注：大秦铁路于1985年1月开工建设，1992年12月开通运营。线路西起北同蒲铁路韩家岭站，东至秦皇岛枢纽柳村站，途经山西、河北、北京、天津四省（直辖市），全长653千米。大秦铁路是中国铁路史上首次按路、矿、港、电综合规划，装、运、卸同步建设的现代化大能力煤炭运输综合项目，是新中国第一条开行万吨级重载组合列车的双线电气化运煤专用铁路。图为列车驶过大秦铁路永定河特大桥。

图 12-6　1995 年 11 月京九铁路在永定河桥头接轨贯通

注：京九铁路于 1996 年 9 月开通，正线全长 2398 千米（至九龙）。该线贯穿京、津、冀、鲁、豫、皖、鄂、赣、粤九省（直辖市），跨越海河、黄河、淮河、长江、珠江五大水系，是京广、京沪两大铁路干线之间纵贯南北的又一条长大干线，其线路之长、规模之大、投资之多、涉及地域之广，均为当时中国铁路建设之最。

图 12-7　青藏铁路清水河特大桥

注：青藏铁路一期工程西宁至格尔木段全长 814 千米，1958 年开工建设，1984 年 5 月建成通车；二期工程格尔木至拉萨段，2001 年 6 月开工建设，2006 年 7 月全线通车，全长 1142 千米，其中新建线路长 1110 千米。该线自西宁至拉萨，是通往西藏腹地的第一条铁路，也是世界上海拔最高、线路最长、穿越冻土里程最多的高原铁路。

实施铁路大提速,提升铁路生产力。20世纪80年代,旅客列车平均时速仅50千米左右[5],货物列车速度更慢。国家每年的拨款只能修建几百千米铁路,无力建设高速铁路。铁路创新发展思路,探索既有铁路提速增效。1994年,长约150千米的广深线提速改造完成,最高时速从100千米提高到160千米,产生良好的示范效应。铁路把提速作为重大战略,大力组织实施。从1997年开始,我国铁路陆续实施6次大提速,累计提速里程为2.2万千米,最高时速达140~250千米。通过历时10年的6次大提速,既有铁路运行速度大幅度提高,形成覆盖大范围的提速铁路网。大提速显著提升了铁路运输能力,带动了运输效率、服务质量和市场竞争能力的提高,在全社会产生广泛而深刻的影响。同时,大提速推动了铁路机车车辆、安全管理等领域的技术创新,为建设高速铁路积累了技术和经验。

开展科研攻关和技术引进,实现高速铁路迅猛发展。20世纪90年代开展了京沪高速铁路前期研究和系统论证工作,由于种种原因多年未能启动。1999年开工建设的秦沈客运专线(图12-8)成为我国高速铁路的"试验田"。我国自主研发的"中华之星"动车组试验时速达到321.5千米。作为中国第一条高速铁路,秦沈客运专线的建成和运营为大规模高速铁路建设积累了经验。2004年,国务院批准了《中长期铁路网规划》,以国家经济实力发展壮大和"集中力量办大事"的制度优势为强大支持,中国铁路建设转到以高速铁路(简称"高铁")为重点的时期。合肥—九江、武汉—广州、北京—天津、郑州—西安、温州—福州、福州—厦门等高铁接连开通,在国内外引起强烈反响。其中,京津城际铁路(图12-9)是我国第一条运营时速达350千米的高速铁路,也是世界上运营时速最高的铁路;全长1318千米的京沪高铁(图12-10)是世界上运量最大、标准最高的高铁线路。到2012年底,全国铁路营业里程已达9.8万千米,高铁运营里程达9356千米。

图 12-8 "中华之星" 奔驰在秦沈客运专线上

注:秦沈客运专线西起秦皇岛市,东至沈阳市,全长 404.64 千米,2003 年 10 月开通。该线线下工程按时速 250 千米、线上工程按时速 200 千米设计,其中,在山海关至绥中北的 66.8 千米区段,设置了综合试验段,时速为 300 千米。2002 年 11 月 27 日,中国自主研发的高速动车组"中华之星"在秦沈客运专线创造了试验时速 321.5 千米的最高纪录。该线在路基、桥梁、接触网、信号系统、机车车辆等方面的技术研发和建设中,创造了多项第一,是中国建设的第一条高铁,为中国进行大规模高铁建设积累了宝贵经验。图为"中华之星"奔驰在秦沈客运专线上。

图 12-9 京津城际铁路(罗春晓摄影)

注:京津城际铁路于 2005 年 7 月开工建设,2008 年 8 月开通运营。该线自北京至天津,运营里程 120 千米,正线长 112.38 千米,是中国第一条时速达 350 千米的高速铁路。

图 12-10　京沪高铁南京大胜关长江大桥

注：京沪高铁于 2008 年 4 月开工建设，2011 年 6 月开通运营。该线自北京南站至上海虹桥站，全长 1318 千米，设 24 个车站，设计时速为 350 千米。该线是 2016 年修订的国家《中长期铁路网规划》"八纵八横"高速铁路主通道之一。图为京沪高铁南京大胜关长江大桥。此桥是京沪高铁和沪汉蓉铁路的共用越江通道，同时搭载南京市双线地铁。大桥全长约 9273 米，是世界首座 6 线铁路大桥，双跨连拱为世界同类级别高速铁路大桥中跨度和设计荷载最大的高速铁路大桥。

坚持自主创新，铁路科技水平大幅度提升。改革开放后，为适应铁路运量急速增长的需要，机车车辆工业部门奋勇担当，加大自主创新和技术攻关力度，推动机车车辆制造技术快速进步。20 世纪 80 年代，以"打好机车车辆工业翻身仗"为目标，努力提高机车性能，增加机车品种，自主研发出成系列的东风型内燃机车和韶山型电力机车，构成新型牵引动力的第二代产品系列。同时研发出 25 型客车和多种类型货车，适应了客货运输快速增长的需要。20 世纪 90 年代，机车车辆工业大力实施"上质量、上水平、上档次"（简称"三上"）战略，推动机车车辆制造能力和质量不断取得突破，实现系统提升。开发出功率更大、可靠性更高的东风系列内燃机车和韶山系列电力机车，研制出轴重 23 吨、25 吨敞车和高档新型客车、双层客车，主要机车车辆产品实现升级换代，产品质量和档次大幅度提高。

从20世纪80年代开始，中国铁路开始自主研制动车组。1988年自主开发第一列电力动车组KDZ1型。20世纪90年代，研制"庐山号""九江号""北亚号""新曙光号""神州号""金轮号"等内燃动车组，同时，"春城号""大白鲨号""蓝箭号""中原之星号""长白山号"等电力动车组投入运营。此外，还专门为秦沈客运专线研制了高速动车组"先锋号"和"中华之星"。"中华之星"高速动车组集中了国内科研优势力量，在转向架设计、铝合金车体采用、空气动力学、牵引制动、列车网络试验等方面都取得了开创性成果，在秦沈客运专线试验中创造出当时"中国铁路第一速"。

经过长期不懈的科技攻关、自主创新，到20世纪末，中国建设形成了完整的机车车辆工业体系，拥有强大的机车车辆制造能力，机车车辆基本实现型谱化、系列化，制造规模居世界首位。数量庞大、质量优良、价格低廉的国产机车车辆源源不断地投入到铁路运输之中，为国民经济持续快速发展提供了强大的运输保障。在民航、公路系统被外国品牌的飞机、汽车占领国内市场的情况下，国产铁路机车车辆"一枝独秀"，持续占领国内市场，创造了民族工业发展的辉煌。

从2004年开始，在国家支持下，中国铁路按照"引进先进技术，联合设计生产，打造中国品牌"的方针，引进国外先进技术，生产出"和谐号"动车组系列。通过消化吸收，由我国企业再开发的CRH380A和CRH380B等高速动车组一度成为高铁的主力车型。高速动车组制造技术的提升为高速铁路的迅猛发展提供了有力支撑。

这一时期，中国铁路大力推进自主创新，积极开展关键技术攻关，在铁路工程建造、通信信号等领域都取得了一系列创新成果，铁路科技创新水平大幅度提高。

创新铁路服务方式，提升客货服务质量。以实施大提速和改善装备为保障，改革客运组织，推出"夕发朝至""朝发夕至"等旅客列车，深受旅客欢迎，显著增强了客运市场竞争力。开展路风整顿，加强市场营销，发展重载运输，提高了货运效益，为提前实现运输扭亏发挥了重要作用。

进入高铁时代，中国铁路列车速度日益提高，铁路运能更加强大，客运服务设施显著升级，旅客乘车旅行条件不断改善。铁路客运售票方式实现根本性变革。2010年1月30日，中国铁路客户服务中心（12306网）开通试运行。2011年6月12日，京津城际铁路开始试行网络售票。2011年12月23日，网络售票全面推开，覆盖所有车次。2012年1月1日起，全国所有旅客列车实行车票实名制。过去长期存在的"购票难""乘车难"问题从根本上得到解决，铁路客运服务实现重大进步。铁路货运积极实施以实货制为核心的改革，敞开收货，方便货主，探索发展铁路现代物流，促进铁路货运量的提高。

新时代的中国铁路

党的十八大以来，铁路系统认真贯彻落实党中央决策部署和习近平总书记的重要指示，在服务国家发展大局中迈入高质量发展阶段。

持续高强度投资，加快建设高速铁路网。适应国民经济发展需要，铁路建设投资规模创历史最高水平。高速铁路发展进入快车道，年均投产3500千米。哈大、京广、贵广、南广、合福、兰新、东南沿海、海南环岛、沪昆、西成、徐兰、京哈、广深港、成贵、京张、京雄、太焦等一批高速铁路建成通车，高铁网从"四纵四横"向"八纵八横"加速过渡。我国成功建设了世界上规模最大、现代化水平最高的高速铁路网。

2012年12月1日，哈尔滨至大连高速铁路（图12-11）开通运营。哈大高铁于2007年8月开工建设，是世界上首条投入运营的新建高寒地区长大高速铁路。2012年12月26日，京广高铁北京至郑州段开通运营，与先期建成的郑州至广州段贯通，标志着世界运营里程最长的京广高铁全线投入运营。2014年12月26日，兰新（兰州至乌鲁木齐）客运专线全线贯通。兰新客运专线全长1786千米，是世界上一次性建成通车里程最长的高速铁路。2015年12月30日，海南环岛高铁西段建成通车，与2010年12月开通的海南环岛高铁东段铁路连通构成海南环岛高铁，形成环绕整个海南岛的铁路通道，标志着全球首条环岛高铁全线贯通。2016年12月28日，沪昆（上海至昆明）高铁贵阳至昆明段开通运营，全长2252千米，标志着中国又一条东西向的高铁干线沪昆高铁全线贯通。2017年12月6日，西安至成都高铁开通运营，全长658千米，千年来阻隔中国西北西南的秦岭天堑被贯通，"蜀道难"成为历史。2018年9月23日，广深港高铁香港段正式运营，香港融入全国高铁网，与内地高铁实现互联互通。2019年12月30日，世界首条时速350千米的智能化高铁——京张高铁开通运行（图12-12），为服务保障北京2022年冬奥会和冬残奥会发挥了重要作用。

图12-11　哈大高铁　（罗春晓摄影）

注：哈大高铁于2007年8月开工建设，2012年12月开通运营。该线南起辽宁省大连市，终至黑龙江省哈尔滨市，线路纵贯东北三省，全长904千米。该线是我国第一条在高纬度严寒地区建设的时速350千米客运专线，是国家《中长期铁路网规划》"四纵四横"客运专线网中京哈客运专线的主要组成部分。

2018年10月10日，习近平总书记主持召开中央财经委员会第三次会议，作出全面启动川藏铁路规划建设的重大决策❶。会议强调，规划建设川藏铁路，对国家长治久安和西藏经济社会发展具有重大而深远的意义，一定把这件大事办成办好。铁路部门认真学习

---

❶　参见《习近平主持召开中央财经委员会第三次会议》，新华社，2018年10月10日。

贯彻习近平总书记关于川藏铁路规划建设的重要讲话精神，高起点高标准高质量推进川藏铁路规划建设。2020年11月8日，川藏铁路雅安至林芝段正式开工建设。

图 12-12　京张高铁首发日智能动车组驶过官厅水库特大桥　（罗春晓摄影）

注：2019年12月30日，京张高铁开通运营。该线全长174千米，最高设计时速350千米，是世界上首条开通了自动驾驶功能的高速铁路。

深化自主创新，创建世界先进高铁技术体系。坚定不移走铁路科技自主创新之路，不断提高中国高铁技术水平，形成了具有自主知识产权的世界先进高铁技术体系。到2021年底，形成了涵盖高铁工程建设、装备制造、运营管理三大领域的成套高铁技术体系，高铁技术水平总体进入世界先进行列，部分领域达到世界领先水平，迈出了从追赶到领跑的关键一步。

在高铁工程建造领域：适应我国地质及气候条件复杂多样的特点，以原始创新为主，在高铁路基、轨道、长大桥梁、长大隧道、大型客站和系统集成等方面攻克了大量世界性技术难题，系统掌握了不同气候环境、不同地质条件下建造高铁的成套技术。

在高铁技术装备领域：以引进先进技术、联合设计生产的"和谐号"动车组为基础，持续深化自主创新，突破技术瓶颈，成功研制拥有完全自主知识产权和世界先进水平的"复兴号"中国标准动车组（图12-13），其中"复兴号"智能动车组在世界上首次实现时速350千米自动驾驶功能。我国已经形成涵盖时速 160～350 千米不同速度等级，能够适应高原、高寒、风沙等各种运营环境的"复兴号"系列产品。

图 12-13　"复兴号"　中国标准动车组 G123 次列车从北京南站驶出

在高铁运营管理领域：全面掌握复杂路网条件下高铁运营管理成套技术，创新复杂路网条件下不同速度等级高速列车高密度跨线运输调度技术，解决了不同动车组编组、不同速度、长大距离和跨线运行等运输组织难题，实现了繁忙高铁干线和城际铁路列车高密度、公交化开行，高峰期发车间隔仅 4～5 分钟。

在高铁安全生产领域：充分发挥科技保安全作用，在智能型"复兴号"动车组部署 2700 余项监测点，开发了自我感知、健康管理、故障诊断等列车运行在途监测技术，实现了对列车运行的全方位实时监测；建立了由高速综合检测车、沿线检测传感装置等设备组成的高铁线路设备在线监测系统，运用大数据分析，实现了对高铁基础设施运行状态的精准掌握；研发了风雨雪等自然灾害监测、异物侵限报警和地震监测预警系统，实现了对自然灾害和治安风险的立体防控。

实施客运提质计划、货运增量行动、"复兴号"品牌战略三大举措，努力满足人民群众不断增长的运输需求，增强铁路市场竞争力。全面推行高铁市场化"一日一图"，优化和增加高铁客运产品供给，高铁列车开行数量持续增长，通达范围不断拓展。到2021年底，全国铁路日均开行动车组列车7400多列，占全部旅客列车开行数量的77%。实施客站畅通工程和"厕所革命"，提升站车智能化服务水平，扩大铁路与地铁安检互认，开展普速站车达标提质行动，改善提高"慢火车"的客运服务。推出刷脸核验、在线选座、扫码进站、站车Wi-Fi、网上订餐、电子客票等一系列便民利民新举措，显著改善旅客出行体验，促进客运服务质量显著提升。深入实施铁路货运增量行动，完善并充分发挥西煤东输、北煤南运体系的作用，积极推动"公转铁"，实现铁路货运量的大幅度增长和市场份额的扩大。

　　铁路对外合作、服务"一带一路"取得新成效。2021年12月3日，中老铁路全线开通运营。中老铁路全长1035千米，北起中国云南昆明，南至老挝首都万象，是第一条采用中国标准、中老合作建设运营，并与中国铁路网直接连通的境外铁路。雅万高铁、匈塞铁路等境外项目取得重要进展。2011年起，中国铁路成功打造中欧班列国际物流品牌。中欧班列是指按照固定车次、线路、班期和全程运行时刻开行，往来于中国与欧洲以及"一带一路"沿线各国的国际铁路联运列车。中欧班列主要以集装箱的形式运输货物。2016年6月8日，中国铁路正式启用中欧班列统一品牌（图12-14）。截至2022年初，中欧班列已累计开行5万余列，通达国内33个城市、欧洲23个国家180个城市。

　　100多年来，中国铁路发生了翻天覆地的变化。

　　从铁路建设看，截至2021年底，全国铁路营业里程由1949年底的2.18万千米增加到15万千米，居世界第二位；复线率由4.0%增长到59.5%，居世界第一位；电气化率从零增长到73.3%，居世界前列；高速铁路从无到有，营业里程达4万千米，居世界第一位。如今，我国已经拥有先进、发达的铁路系统。中国高速铁路网运行图如图12-15所示。

图 12-14　2016 年 6 月 8 日,中欧班列在武汉举行首发仪式

从铁路科技进步看,掌握了先进的铁路建设技术,能够建造地质极其复杂、施工难度极高的线路、桥梁、隧道;建有完整的机车车辆工业体系,能够制造世界最高水平的机车车辆;研发了先进的安全保障技术,使运输安全水平大大提升。中国铁路已成为十分可靠的大动脉和极受欢迎的交通工具。

从铁路运输能力和效率看,中国铁路旅客列车开行数量由新中国成立初期的 300 多列增加到万列以上,旅客列车运营时速由几十千米提高到 350 千米,年旅客发送量由 1.0 亿人次增长到 36.6 亿人次,货物发送量由 5600 万吨增长到 45.5 亿吨[6]。旅客周转量、货运发送量和货物周转量等主要运输经济指标稳居世界第一[7]。我国铁路已由运能严重不足的制约型运输发展为运能比较充裕的适应型运输。

从铁路服务质量看,服务设施条件有了巨大改变,既有最先进的高铁动车组,也有质优价廉的"绿皮车",适应不同旅客需求;建设 12306 铁路客户服务中心,推行互联网售票、互联网订餐、电子车票、刷脸进站,旅客乘车出行的便捷性、舒适性、安全性大幅度提升。

中国高铁成为一张亮丽的国家名片。2021年1月19日，习近平总书记乘坐京张高铁在太子城站考察时强调，我国自主创新的一个成功范例就是高铁，从无到有，从引进、消化、吸收再创新到自主创新，现在已经领跑世界❶。几十年来，中国高铁在党的坚强领导下，经过几代铁路人接续奋斗，实现了从追赶到并跑、再到领跑的历史性变化。建成了世界上规模最大、现代化水平最高的高速铁路网，形成了具有自主知识产权的世界先进高铁技术体系，打造了具有世界一流运营品质的中国高铁品牌。

高铁作为国家重要基础设施和现代化交通工具，对经济社会各方面产生了广泛而深刻的影响。高铁增强了沿线地区经济发展的吸引力和辐射力，强化了中心城市对周边地区的辐射和带动作用，重塑了中国经济地理；高铁缩短了时空距离，加快了经济社会运行节奏，促进了城市群、区域一体化，带动了经济社会高质量发展；高铁提升了公共服务水平，加快了资源和要素流动，推动区域经济协调发展和社会共同富裕；高铁充分发挥了铁路绿色低碳优势，减少环境污染，促进节能减排，为推动生态文明建设发挥了重要作用。高铁改变了人民的生活方式，为广大人民群众出行提供了安全、舒适、便捷的交通方式，大大增强了人民群众的获得感、幸福感、安全感。未来，中国高速铁路将继续发挥重要作用。

中长期高速铁路网规划图如图12-16所示。

百年沧桑，昭示未来。旧中国铁路在内忧外患、积贫积弱的国情下蹒跚起步、艰难延伸，新中国铁路在中国共产党领导下创造了改天换地、举世瞩目的伟大成就。尤其是改革开放以来，我国高铁建设创造了世界铁路发展史上的奇迹，改变了我国经济地理区位。如今，新时代的蓝图已经绘就，新的使命光荣而艰巨，铁路不但是快捷出行的钢铁大动脉，也将成为国土空间优化开发、中国大地绿色发展的"火车头"。

---

❶ 参见《习近平：中国冰雪运动必须走科技创新之路》，人民日报客户端，2021年1月20日。

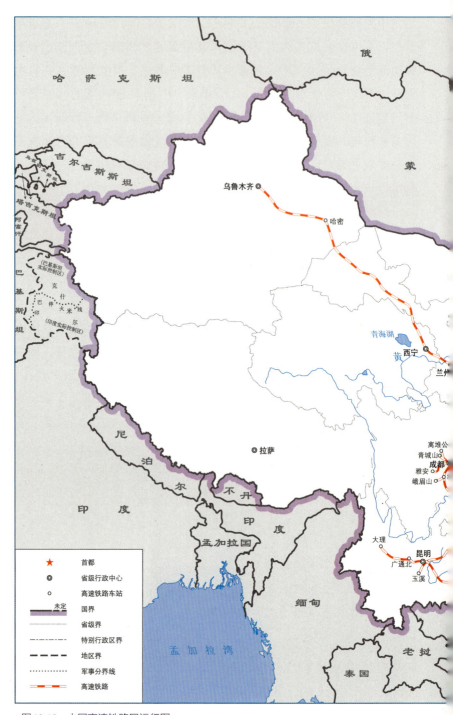

图 12-15　中国高速铁路网运行图

第十二章 高铁飞驰：中国铁路的百年巨变

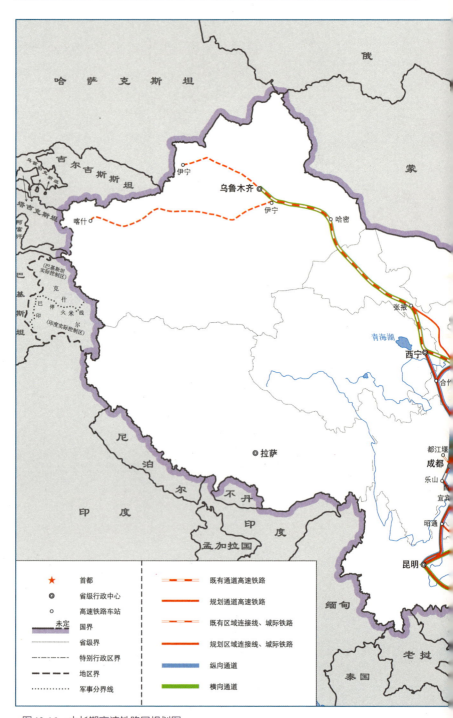

图 12-16 中长期高速铁路网规划图

第十二章 高铁飞驰：中国铁路的百年巨变

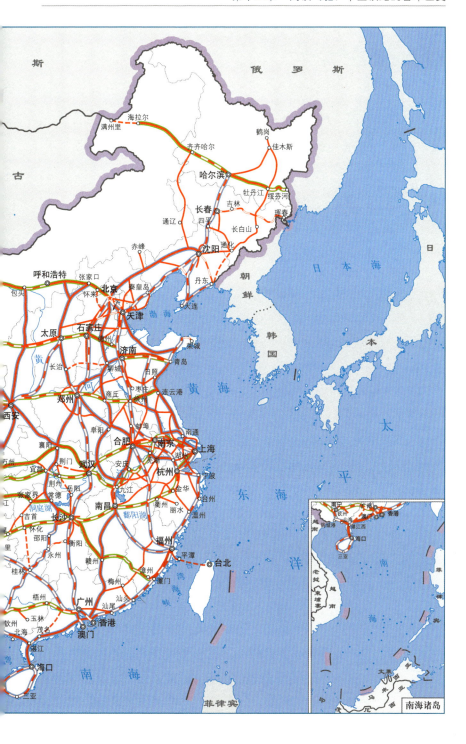

●本章参考文献

［1］佚名．清代蒙古游记选辑三十四种［M］．毕奥南，整理．北京：东方出版社，2015.

［2］马克思．资本论［M］．郭大力，王亚南，译．上海：上海三联书店，2009.

［3］马克斯·维贝尔．世界经济通史［M］．姚曾廙，译．上海：上海译文出版社，1981.

［4］金士宣，徐文述．中国铁路发展史（1876—1949）［M］．北京：中国铁道出版社，1986.

［5］曾鲲化．中国铁路史［M］．北京：燕京印书局，1924.

［6］铁道部档案史志中心．中国铁道年鉴（1999）［M］．北京：中国铁道出版社，1999.

［7］国家铁路局．国家铁路局发布《2020年铁道统计公报》［EB/OL］．(2021-04-19)[2022-05-08]．http://www.gov.cn/xinwen/2021-04/19/content_5600508.htm.

交通天下
中国交通简史
（下）

陆化普 等 编著

人民交通出版社股份有限公司
北京

内 容 提 要

本书以交通方式为主导，沿朝代连续的时间轴重点论述中国交通发展史实、关键事件及其演化特点，勾勒了交通起源、形成、发展的基本图景及历史脉络。

本书既可为交通运输领域从事政策研究、规划设计与管理工作的科学技术人员，以及广大交通和历史爱好者提供交通史料的参考，也可作为高等院校交通史相关课程的教材，还可供感兴趣的读者阅读。

图书在版编目（CIP）数据

交通天下：中国交通简史／陆化普等编著．— 北京：人民交通出版社股份有限公司，2023.5
ISBN 978-7-114-18060-6

Ⅰ.①交… Ⅱ.①陆… Ⅲ.①交通运输史—中国 Ⅳ.①F512.9

中国版本图书馆 CIP 数据核字（2022）第 153831 号

审图号：GS（2023）1146 号

Jiaotong Tianxia：Zhongguo Jiaotong Jianshi

书　　　名：	交通天下：中国交通简史（下）
著　作　者：	陆化普　等
策划编辑：	屈闻聪　韩　敏
责任编辑：	屈闻聪　何　亮
文字编辑：	陈　鹏　齐黄柏盈　徐　菲
责任校对：	赵媛媛　龙　雪
责任印制：	张　凯
出版发行：	人民交通出版社股份有限公司
地　　　址：	（100011）北京市朝阳区安定门外外馆斜街 3 号
网　　　址：	http://www.ccpcl.com.cn
销售电话：	（010）59757973
总　经　销：	人民交通出版社股份有限公司发行部
经　　　销：	各地新华书店
印　　　刷：	北京印匠彩色印刷有限公司
开　　　本：	635×965　1/16
印　　　张：	43
字　　　数：	581 千
版　　　次：	2023 年 5 月　第 1 版
印　　　次：	2023 年 8 月　第 2 次印刷
书　　　号：	ISBN 978-7-114-18060-6
定　　　价：	300.00 元（全两册）

（有印刷、装订质量问题的图书，由本公司负责调换）

序
PREFACE

陆化普教授编著《交通天下：中国交通简史》，有幸受邀写篇序言。

我和陆化普教授共事多年，也是很好的朋友。他长期从事交通教学科研工作，不但具有广阔的国际视野，也对我国交通事业作了深入的探讨和耕耘，知识渊博，著作颇丰。他的确是编著《交通天下：中国交通简史》的最佳人选。

众所周知，交通是人类文明的支撑和国家发展的血脉。悠久的中华文明创造了独具特色的交通。版图的整合、政治统一、经济发展、文化交流，乃至国防巩固，交通都起到无可替代的作用。

自夏商以来，中国历代交通发展积累了丰富经验。"述往以为来者师也"，历史是最好的教科书。不过，迄今为止系统撰写我国交通史的著作不多。85年前历史学家白寿彝先生编著了《中国交通史》，论述了20世纪30年代以前我国交通发展历程。无疑，他是研究中国交通史的先驱。然而由于时代的局限，书中关于现代交通的内容显得过于单薄。最近几十年，有关部门开始重视我国交通史的研究，相继出版了不少著作，但编写碎片化问题却十分突出。公路、水运、铁路、航空等行业"各自为战"，书写本行业发展史，难以使读者完整把握我国交通综合发展脉络。

陆化普教授编著的《交通天下：中国交通简史》虽然名为"简史"，但是内容却十分丰富，既论述了我国几千年交通演化的史实，又呈现了我国现代交通发展的历程。尤其值得称道的是，为了展示我国综合交通发展全貌，陆化普教授把研究各种交通运输方式历史的专家凝聚起来，共同编写这部著作，既发挥了团队的集体智慧，也使《交通天下：中国交通简史》更具综合性、准确性、权威性。

《交通天下：中国交通简史》以交通发展为主线，沿着历史朝代连续的时间轴重点论述交通发展史实、关键事件及其演化特点，勾勒了交通起源、形成、发展的基本图景。与此同时，作者还注重探索交通与中华文化的相互关系，阐述交通与政治、经济、社会以及对外交往的融合，既体现了交通的支撑作用，也体现了交通的引领效应。此外，作者还根据古籍和史料，绘制了不同年代的道路网络图，精心选取了重要交通遗迹的照片，以利读者直观理解。

更加可贵的是，本书对于新中国交通发展轨迹与成就做了全面深入的论述。从瓶颈制约、初步缓解、基本适应到先行引领的新交通事业取得了骄人业绩；中国桥、中国路、中国车、中国港等创新奇迹令世界为之震撼。作者据此作出令人信服的结论：交通是开路先锋、兴国之要、强国之基，必将为中华民族伟大复兴发挥重要支撑作用。

《交通天下：中国交通简史》是一部佳作，脉络清晰、图文并茂、通俗易懂。这一著作的付梓不但有利于读者全面了解中国交通发展的主要脉络，也有助于弘扬交通人的自强精神，为交通强国建设增添力量。

傅志寰

2022 年 7 月

前言
FOREWORD

应人民交通出版社邀约，我欣然承诺执笔撰写《交通天下：中国交通简史》，因为这也是我多年的夙愿。

有人就有交通，"世界上本没有路，走的人多了，也便成了路"。所以，写交通简史，离不开对"走路人"的回顾。伟大的中华民族，从诞生之日起，就以她勤劳、友善、包容、坚韧、智慧的天然禀赋开始了探索宇宙规律、思考人生哲学、追求万物和谐、向往美好生活的道路。要求自己，"黎明即起、洒扫庭除"；友善待人，"有朋自远方来，不亦乐乎"；主张包容，"上善若水"；执着追求美好目标，"愚公移山""炼石补天"；尊重发展规律，"道法自然"，不偏不倚。中华民族自古以来就是美好生活的缔造者、万物和谐共生的促进者。本书梳理我国交通的历史，离不开这一自然本底和文化背景。

其实，不管是交通还是城市，乃至人类社会都是一个整体，各个领域和诸多要素都是整体的一部分，有着不可分割的联系且相互作用。所以，我和人民交通出版社在思考本书撰写框架时，都不约而同地认为，应该从地理、政治、经济、社会、文化、技术的综合视角，结合大的历史和人文背景，撰写一本既能清楚阐述基本的交通史实及交通方式的演化特点，又能揭示交通发展的内外因条件及其中蕴含的哲学思维与文化内涵的简明凝练、通俗易懂的交通简史。

中国交通人用自己的勤劳、智慧、奉献和忠诚，创造了世界奇迹，留下了历史印记和宝贵财富——巩固国家统一的驰道，繁荣民族经济的运河，从远古走向未来的丝绸之路，充满勤劳智慧印记的中国高铁，"要想富先修路"的道路网络，波澜壮阔的漕运和海洋运输，快速发展的民用航空业与太空运输，驰骋辽阔中国大地的管道运输，有力支撑城镇化健康发展的城市交通，以及千姿百态的交通杰作和今古奇观。从茶马古道到挂壁公路，从上善若水到人类命运共同体，中华民族以其友善、成熟、坚韧的优秀品质，以世界大同、共同富裕为崇高理想，在交通发展的历史上不断谱写着新的篇章。

交通方式的历史发展是连贯的，因此本书在写作时突出了以下四个特点。第一，本书总体上以交通发展为主线，沿朝代连续的时间轴勾勒中国社会的基本脉络，重点叙述驱动交通发展的关键事件。第二，本书史实准确。书中所有内容，作者都尽量查阅权威史学著作、多方分析论证并适当引用古籍原文。现当代的史实内容则邀请交通领域不同方向的众多权威专家把关，甚至请专家直接参与部分板块的撰写工作，保证本书的准确性和权威性。第三，本书探讨了交通与中华文化的相互关系和影响。在交通主线中融入中国的传统文化与思想精华，阐述了交通与文化，尤其是与人类命运共同体思想、"一带一路"倡议的关系。第四，本书图文并茂。在叙述道路网络等历史发展的过程中，作者根据古籍和史料，绘制了不同历史时期的道路网络图，并在插图中标注了古今地名对应关系，便于读者直观理解、对照。

本书从酝酿策划、框架设计到内容撰写，得到了交通运输部的高度重视和交通领域众多专家的大力支持，以及人民交通出版社的全程指导。人民交通出版社韩敏总编辑亲自讲解本书的写作背景、目的和基本要求，何亮主任和屈闻聪编辑不但自始至终为写作工作答疑解惑，而且亲自动笔修改完善各章内容，事实上已经成为撰写本书的参与者；中国工程院傅志寰院士、黄维和院士和中国公路学会翁孟勇理事长分别推荐了铁路、管道运输和公路部分的执笔人；中国智能交通协会关积珍副理事长为智能交通部分的撰写召开专题专家座谈会并提供了参考大纲，若干智能交通专家提供了工程前沿介绍短文；交通运输部科学研究院城市交通与轨道交通研究中心彭虓副主任提供了交通运输部公交都市建设的历史回顾文稿；中国交通通信信息中心空间事业部李晶主任为本书撰写了交通行业北斗应用过程介绍。福建省南安市能源工贸集团张花辉董事长和重庆交通枢纽公司易兵董事长分别为深度考察宋元时期的中国海洋贸易中心和重庆市沙坪坝 TOD 案例提供了全面支持和热情帮助。因篇幅有限，众多提供真诚帮助和热情支持的专家学者无法一一罗列，在此对各位专家同人和朋友的大力支持表示由衷的感谢！

  本书是执笔专家呕心沥血的精心之作，是集体的创作和成果。主要执笔者为：清华大学交通研究所所长陆化普，公安部道路交通安全研究中心宣教室负责人朱建安，中国城市规划设计研究院交通分院综合交通研究所所长王继峰，交通运输部规划研究院水运所运输经济室主任刘长俭，中国公路学会办公室副主任、交通史志与文化工作委员会副秘书长徐德谦，中国国家铁路集团有限公司档案史志中心主任刘忠民，中国交通建设股份有限公司副总工程师张志明，国家管网集团研究总院油气储运杂志社社长关中原，《城市交通》杂志执行主编张宇，台湾大学教授张堂贤，清华大学交通研究所高级工程师叶桢翔，中国交通建设股份有限公司技术中心副主任鲍卫刚，北京建筑大学建筑与城市规划学院城乡规划系副教授王晶，中国国家铁路集团有限公司档案史志中心史志室副主任李子明，清华大学交通研究所高级工程师张永波，北京普创赛博科技有限公司董事长陆洋，中交水运规划设计院有限公司设计二所（内河院）副所长于忠涛，清华大学交通研究所博士研究生王天实、柏卓彤和硕士研究生刘若阳，陕西公路隧道博物馆高工李晓明。

执笔者们从2022年春节前接受邀请之日起，就以打造一本"博洽史实、存史资政"的精品著作为目标，潜心投入《交通天下：中国交通简史》的创作，放弃春节与家人休闲度假的宝贵时光，深入思考、认真研究、仔细推敲、反复斟酌，凝练挖掘史实，体现了高度的责任心和强烈的使命感。

本书力图将交通的"表"与经济社会文化的"里"相结合，将交通的"演变"与政治、经济、技术等要素的"发展"相联系。希望本书能成为交通史相关研究人员与教学人员的参考书、交通研究人员与技术人员的良师益友、交通运输行业管理人员的史学资料，更能供社会大众广泛阅读，使读者能一览中国交通发展波澜壮阔的历史脉络，深刻感悟交通发展与国家富强、民族振兴的关联。

由于作者的知识局限性和内容涉及范围的广泛性，本书肯定存在不足之处，恳请各位读者批评指正！

2022年6月于清华大学

交通天下：中国交通简史（上）

第一章　源远流长　中国交通的发祥

"交通"一词溯源	002
中国的自然地理特点深刻影响交通发展	003
合符釜山	009
大禹治水与夏朝时期的道路	010
商周时期社会文化发展和道路系统	016
● 本章参考文献	018

第二章　古代交通　从殷墟车马到天子驾六

中国交通工具的起源	022
殷墟中发掘的最早车辆	029
单辕车到双辕车的技术演变	032
马车和牛车的兴衰	038
车辆的其他功能：礼制和战争	040
● 本章参考文献	044

第三章　四海归一　秦帝国的建立与秦驰道

秦统一前的道路交通	050
秦帝国统一与中央集权制度的建立	057
文字交通度量衡的统一及其历史贡献	059
"国家道路网"的形成与影响	060
● 本章参考文献	065

第四章 邮驿体系
历久弥新的通信制度

邮驿制度的起源与发展	068
秦汉改邮为置的里程碑	071
唐代的邮驿	074
宋代的邮驿	078
元代两都巡幸与驿道	079
明代的驿路干线	082
清代的驿传与驿传部	085
当代邮政的跨越式发展	087
● 本章参考文献	089

第五章 秦岭古道
暗度陈仓下的大汉帝国崛起

秦岭古道与华夏帝国	092
隐藏在秦岭古道中的制胜秘籍	094
悬崖栈道的奇迹	104
● 本章参考文献	107

第六章 千年运河
漕运铸就繁荣昌盛

先秦时期：运河肇始	110
秦汉时期：运河初兴	114
隋唐宋时期：运河成网	118
元明清时期：由盛而衰	125
新时代重铸运河辉煌	134
● 本章参考文献	140

第七章 商旅纵横
茶马古道与马帮运输

茶马古道背景	144
茶马古道的空间分布	147
茶马贸易的历史沿革	153
茶马古道网络上的马帮	156
茶马古道上的古镇与城市	158
抗战时期的物资运输通道	160
茶马古道的历史文化价值	161
从大地理格局看茶马古道	162
● 本章参考文献	163

第八章 城市道路
中国传统营城智慧的传承与发展

中国传统营城思想体系	166
古代典型都城	171
近现代城市规划与道路系统	181
城市道路系统规划的新阶段	186
● **本章参考文献**	193

第九章 丝绸之路
共同富裕与世界大同

丝绸之路的艰辛开辟与汉唐在西域的经略	196
东西贸易文化的交融升华与宗教传播	202
海上丝绸之路的世界联通	210
西域版图的回归与"一带一路"伟大构想和未来发展	213
● **本章参考文献**	216

第十章 航海时代
海运的兴起与经济发展

妈祖文化	218
秦朝的航海活动	220
汉唐海上航行活动	222
宋朝指南针的应用	226
宋元时期的世界海洋商贸中心泉州	229
明朝郑和七下西洋	231
清朝的海禁政策	232
"封锁禁运"	234
突破"封锁"、走向世界	236
集装箱运输的兴起	238
世界有多大的船,中国就有多大的港	242
为中国走向世界保驾护航	248
● **本章参考文献**	252

第十一章 交通先行
中国公路发展与经济腾飞

新中国公路的探索与发展（1949年至1978年底改革开放前）	258
公路发展迎来春天（1978年至1998年加快公路建设前）	260
公路建设成就令世界瞩目（1998年至2012年）	265
公路事业向强国迈进（2012年至2021年）	278
● 本章参考文献	288

第十二章 高铁飞驰
中国铁路的百年巨变

世界进入铁路时代	290
晚清时期的中国铁路	293
民国时期的中国铁路	298
人民铁路的创建	301
改革开放以来的中国铁路	304
新时代的中国铁路	311
● 本章参考文献	322

交通天下：中国交通简史（下）

第十三章 穿山跨海
叹为观止的中国桥隧

充满智慧的古代桥梁	324
蓬勃发展的现代桥梁	335
遍布全国的隧道工程	352
桥隧发展的未来展望	362
● 本章参考文献	363

第十四章 飞天梦想
从远古理想到今日实现

千年梦想	369
中国航空的艰难起步	370
新中国航空事业的迅速发展	371
中国航空机场的发展	374
飞机制造与大飞机的诞生	377
太空运输和太空旅行	379
● 本章参考文献	390

第十五章 城市交通
支撑和引领快速城镇化和机动化发展的中国之路

城市规模与城市机动化	394
交通发展与城市繁荣	397
中国城市交通的发展历程	401
城市自行车	408
交通与土地使用深度融合的 TOD 模式	412
以人为本的理想城市及其交通	415
● 本章参考文献	419

第十六章 面向全球
港口与水运的壮阔波澜

中国最早的港口及其发展背景	422
闭关锁国前的港航发展	429
帝国主义的炮舰政策与租界	433
新中国成立初期的港口与水运	437
改革开放以来港口与水运的飞速发展	441
港口与水运的今天和明天	445
海外港口建设与国际物流供应链完善	453
● 本章参考文献	456

第十七章 管道运输
穿行万里的能源大动脉

走进历史深处探秘管道起源 462
三十年筚路蓝缕奠基中国管道事业 465
"八三"管道开启中国管道事业的
　新篇章 467
西气东输树立中国管道事业新的里程碑 471
纵横交错的中国油气管道网络 476
中国油气管道运输的未来 483
● 本章参考文献 485

第十八章 千姿百态
交通创造的今古奇观

入川水道：逆流而上的纤夫行船 488
明修栈道，暗度陈仓：古代交通的
　神奇之作 491
挂壁公路：巍巍太行绝壁上的工程奇迹 493
云中漫步：高落差深谷中的上跨桥梁 495
沙漠奇景：塔克拉玛干沙漠公路 498
进藏天路：青川滇新入藏通道 500
腾空延展的华丽玉带——城市与公路
　大型立体交叉设施 502
● 本章参考文献 504

第十九章 宝岛交通
跌宕起伏的发展

台湾的地理位置、历史沿革与现状 508
台湾公路建设经纬 509
台湾传统铁路的发展历程 513
大众捷运系统及台湾高速铁路 523
宝岛的对外交通：海空运输 527
● 本章参考文献 530

第二十章 文明跃迁
城市交通绿色发展之路

步行：没有交通是最好的交通	534
自行车发展与城市交通演变	538
公共交通优先发展成为共识	541
城市交通绿色发展的政策与规划引导	544
中国城市绿色出行活动	547
"双碳"目标与韧性交通	554
● 本章参考文献	555

第二十一章 智慧赋能
人享其行、物畅其流

交通的神圣使命	558
建设交通强国的中国道路	561
交通智能化	563
人享其行的未来客运系统	578
物畅其流的未来货运系统	581
智慧城市	582
● 本章参考文献	586

第二十二章 辉煌十年
填补空白，创造奇迹，交通发展走向新高度

拉林铁路开启了西藏人民幸福生活的新篇章	590
公路驰骋铁路腾飞实现了千百年来山区人民的生活梦想	592
环塔克拉玛干沙漠铁路填补了世界交通史的空白	595
凝聚中华民族智慧的"复兴号"开辟了铁路交通新纪元	597
盾构机的创新发展创造了世界奇迹	599
"昆仑号"运架一体机大显身手，创造了我国铁路建设的奇迹	602
"造岛神器"挖泥船	604
从蒙内铁路到雅万高铁：人类共同富裕的梦想正在从理想走向现实	608
从"名片"走向标准：国际铁路联盟发布三项中国高铁标准	611
从中国铁路"四纵四横"到"八纵八横"的历史变迁看十年巨变	612
● 本章参考文献	630

第二十三章 继往开来
综合交通进入一体化发展新时代

古代先贤的哲学思想	637
交通与中国现代化	639
中国交通的美好蓝图	646
● 本章参考文献	651

第十三章
Chapter 13

穿山跨海：
叹为观止的中国桥隧

在交通发展的进程中，桥梁隧道建设一直伴随着道路的发展而发展，形影不离、不可或缺。"逢山开路，遇水架桥。"作为跨越激流险滩、穿越高山峻岭的关键交通基础设施，桥隧技术的发展使我们创造了众多奇迹，实现了天堑变通途的梦想。远古的桥梁，或石桥，或木桥，结构各异、千姿百态，留下了岁月的痕迹和高超的桥梁建筑艺术。回顾和品鉴这些令人叹为观止的桥隧作品，我们不但能从中感受到古人的智慧，也能够陶冶自身的人文历史情操，并受到启迪。

充满智慧的古代桥梁

在广袤的 960 万平方千米的土地上，东有一马平川的平原，水流盘曲，河网密布，西是崇山峻岭，山峦重叠，千山万壑，悬崖峭壁，北则为一望无际的草原、沙漠，协助人们跨（穿）越水道、山岭的桥梁隧道是生存之必需，应运而生，随处可遇。同时，桥梁隧道结构复杂，施工困难，其往往伴随着其他特殊的建筑物或建筑群。在不同地区，自然和社会发展条件不同，创造出来的桥梁隧道的规模和类型也不尽相同。进行桥梁隧道建设，需要一定的人力、物力、组织方式和管理水平。

桥梁隧道的建造依赖于社会的生产力和科学技术水平，并服从于政治、经济、军事等的需要，与人们的生活、生产、文学、艺术、宗教等有着千丝万缕的联系。不同的时代，有着不同的客观条件和需求、不同的技术和装备，必会产生不同的进程和效果。

在人类观察自然、认识自然的初级阶段，有自然倒塌横跨在水系或沟渠的横木，有因自然界地壳变化、侵蚀而形成的石板、石梁、石拱，还有溪涧间冲流下来的石块、石堆，或森林里跨越小溪、小河、沟壑、峡谷的树木，这些没有借助人力的天然桥梁，使原始人类得以扩大活动范围，不至于相隔绝而不通。这就是大自然天然形成的、赏赐给人类的最早的桥梁，俗称天生桥。受到天生桥的启发，人们根据劳动与生活的需要，使用诸如石器、木器、骨器等当时简陋、粗糙的劳动工具，对木材、石料进行必要与简洁的加工，逐渐出现了现在我们给予定义的那些桥梁构造物：独木桥，木梁桥，多跨木梁桥；踏步桥，石板、多跨石板、石梁、多跨石梁桥，砖块拱桥，石块砌筑的尖拱（假拱）、石悬臂梁桥；藤索桥等多种木、石桥型。

到了夏、商、西周时期（约前21世纪—前771年）的青铜时代和春秋战国时期（约前770—前221年）的铁器时代，社会各行各业得到不同程度的发展，商业繁荣，交通、贸易随之发达，人们的视野逐渐开阔，对自然的了解在广度和深度上得到空前的提高；不同的科学技术之间发生渗透、影响和作用，科学技术得到了极大的进步，出现了生铁的冶铸技术。这个时期是中国古代科学技术的初始积累时期。

据春秋末年齐国人的著作《考工记》所载，当时的官府手工业包括有三十项专门的生产部门，"攻木之工七，攻金之工六，攻皮之工五，设色之工五，刮摩之工五，抟填之工二"，涉及运输和生产工具、兵器、乐器、容器、玉器、皮革、染色、建筑等项目，每一项目又有更细的分工。《考工记》中的"六齐"详细记载了有关青铜器、青铜工具的发展及生产工艺。通过人为控制铜、锡、铅的配比，可以得到性能各异、适于不同用途的青铜合金。它是世界上最早的合金配比的经验性科学总结。

青铜器与铁器等金属工具的出现，也促进了桥梁建造技术的发展。

据记载，战国时期，秦惠王始建陕西褒城褒谷至郿县（今眉县）斜谷的褒斜栈道，长235千米。栈道沿山边凿道，或半凿半桥，是削壁与木梁相结合的形式，是一种多木梁结构的柱桥。栈道在西方不多见。直至今日，在交通闭塞的山区，仍有类似的栈道供人畜通行。

《诗经·大雅·大明》记述，前1184年，周文王为娶妻而在渭水上架起一座浮桥，它是建造浮桥最早的记录，比古希腊历史学家希罗多德所记，波斯帝国国王大流士一世率军侵占希腊时在博斯普鲁斯海峡上所建造的西方世界上最早的浮桥还早500多年。

战国时期的著作《管子》记载有"导水潦……通郁闭,慎津梁"之语,意思是疏浚积水,打通堵塞的河道,留意渡口桥梁。这说明在战国时期,在黄河流域及其他地区已经有了跨河或谷的梁桥。梁桥外形平直,古时称为平桥。把木梁或石梁(板)架设在墩台上,就成了梁桥。

北魏郦道元所著《水经注》中记载,在山西省太原府阳曲县东一里的汾水上,有一座始建于春秋晋平公(前557—前532年在位)时期的桥梁。它是有三十柱的木柱木梁桥,是见于古书记载的最早的一座梁桥。

在西安东北20里的灞水上,有一座石柱墩木梁桥(木梁石梁反复换用),称之为灞桥。该桥最早建于西汉年间,千百年来屡毁屡建,据清《万里桥志》记载,"桥自宋以来率六十年一成毁,若有数焉。"清道光十四年(1834年),在西安西南40里,重新仿制改建成现今的灞桥。桥长约354米,67孔,每孔净跨6米左右不等,桥宽约7米,是一座多跨石柱排架墩的简支木梁桥,如图13-1所示。其桥墩由6根石柱组成,每根石柱用4层石礅(圆柱形石料)叠砌,底部用石盘承托,石盘下打了11根柏木梅花形桩;6根石柱顶端盖上1根石梁,把6根石柱合成一体,形成了今天所说的石排架墩,这也是桥梁史上最早的一种轻型桥墩。该桥是至今尚存且还在使用的石柱木梁古桥。

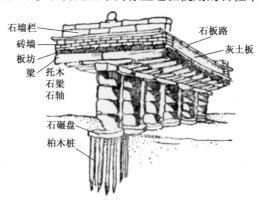

图13-1 古灞桥大样

成都平原于前320年开始进行小规模征服岷江的水利工程,数十年后开始兴建都江堰。在都江堰鱼嘴处,跨内外江处用竹索建成多孔连续式竹索桥。宋代以前叫作"珠浦桥",重修后改名为"平事桥"(图13-2)。明末毁于战争。清嘉庆八年(1803年),人们仿旧式样建成多孔竹索桥，取名安澜桥，沿用至今。由于岷江江流多变，都江堰跟着变，竹索桥也不能不变，各个桥墩和跨径不尽相同。该桥长 340 米，有 8 孔，最大跨径达 61 米，宽 3 米多，高近 13 米。江中共有木墩 8 个、石墩 1 个，墩四周打有防冲刷木桩（图 13-3、图 13-4）。该桥是我国古代竹索桥的杰出代表。

图 13-2　我国最早的竹索桥——珠浦桥

图 13-3　江中桥墩　　　　　　图 13-4　桥面

据《竹书纪年》记载，"周穆王三十七年（约前 965 年）伐楚，大起九师，至于九江，架鼋鼍为梁"。用大小砾石或较整齐的条石在水中筑起一个接一个的石磴，形成一座堤梁式的石桥，就是"架鼋鼍以为梁"，称之为堤梁桥，又称踏步桥。时至今日，在一些山区还可见到这种类型的古桥。

3 世纪初，羌族人在甘肃、新疆交界地区（安西—吐鲁番）创造了一种新型桥梁结构——悬臂木梁桥。其采用圆木或方木，纵横相间迭起，两岸垒石作基础，层层向河中挑出。每层挑出 1 米左右，前端略向上，受载后不使桥面有向下挠度，若两端相距仅三四丈，用简支木梁架上，即成悬臂木梁桥，如图13-5所示。

图13-5　悬臂木梁桥示意

《水经·谷水注》云："其水又东，左合七里涧……涧有石梁，即旅人桥也……凡是数桥，皆累石为之，亦高壮矣，制作甚佳，虽以时往损功，而不废行旅。朱超石与兄书云，桥去洛阳宫六七里，悉用大石，下圆以通水，可受大舫过也。奇制作题，其上云，太康三年十一月初就功，日用七万五千人，至四月末止……"可以认为，晋朝太康三年（282年）建在洛阳七里涧的旅人桥是我国第一座有文字记载的石拱桥。

中国的古桥形式多样，可谓琳琅满目，美不胜收。借助于自然界提供的天然木料、石材发展起来的桥梁建造技术在古代已经是相当成熟、先进，诸多精品，数不胜数，留下了宝贵的桥梁建筑遗产。

赵州桥（图13-6），又名安济桥，俗称大石桥，位于河北省石家庄市赵县城南大石桥村，建于隋开皇十一年至开皇十九年（591—599年）。该桥由著名匠师李春建造，为世界首创的单孔敞肩型（空腹式）石拱桥，跨径37.02米，拱矢高度7.23米，桥面净宽约9米。两边行人，中间走车。该桥建造技术精良，是中国保存最早、跨径最大的空腹式石拱桥，要比法国的同类桥梁出现早1000多年。1991年，该桥被美国土木工程师协会选为最悠久的"国际历史上土木工程里程碑"。该桥经历了10次水灾、8次战乱和多次地震。赵州桥自建成至今共修缮了8次，是第一批全国重点文物保护单位。

苏州宝带桥（图13-7），又称长桥，始建于唐元和十一年至十四年（816—819年）。宝带桥位于江苏省苏州市吴中区，苏州城东南7.5千米处，像一条长龙踞卧于碧波荡漾的运河侧畔的澹台湖口。宝带桥造型精致，全桥总长约316.8米，53孔连拱，每孔跨径为4.1

米、4.0米、3.9米、6.0米不等，其中第15孔的净跨径为全桥最大，达6.95米。宝带桥孔数之多、桥身之长、结构之精巧，在中外建桥史上少见。设计上创造性地采用以桥代堤理念解决湖中泄水问题，结构上首次运用了连拱（柔性墩、刚性墩）结构构造措施，依地形地貌和泄洪要求科学运用参差小跨陡拱，实虚相接。

图13-6　赵州桥

图13-7　苏州宝带桥

开封（汴）虹桥。北宋画家张择端运用了他的生花妙笔，在其巨作《清明上河图》画卷中对"繁华梦断两桥空，唯有悠悠汴水东"的开封虹桥做了精心描绘。开封虹桥是一座单跨等边折线形木构架拱桥（图13-8），跨径约25米，净跨20米左右，拱矢约5米，离水面净高5.5~6米，桥宽足有8米，矢跨比约1/5，首创了以木构件纵横相架自成稳定的木拱结构。开封虹桥设计严谨，构造精巧，实现了实用与美观的巧妙结合，体现了极高的建筑技术和精湛的艺术造诣。

安平桥。该桥始建于南宋绍兴八年（1138年），于南宋绍兴二十二年（1152年）建成。安平桥由福建晋江跨江至南安，桥长811丈，计362孔，超过5里，俗称"五里桥"。在很长一段时间里，该桥是我国最长桥梁，也是世界上最长的石梁桥，有"天下无桥长此桥"的美誉（图13-9）。它是第一批全国重点文物保护单位。

图 13-8 《清明上河图》中的开封虹桥

图 13-9 福建安平桥

卢沟桥。卢沟桥位于北京西向的广安门外，距城 13 千米，跨永定河（旧称卢沟河）。卢沟桥始建于金大定二十九年（1189 年），建成于金明昌三年（1192 年）。它是一座大型联拱石桥，共计 11 孔，长 212.2 米，加上两端桥堍，全长 266.5 米，为我国北方现存最为长大而又年代较早的古桥（图 13-10）。元朝时，意大利著名旅行家马可·波罗来到这里，称卢沟桥是"世界上最好的、独一无二的桥"。它是第一批全国重点文物保护单位。

图 13-10 卢沟桥北面图

霁虹桥。明成化年间（1465—1487 年）建成。该桥位于云南省大理白族自治州永平县，跨越澜沧江。桥净跨 57.3 米，总长 113.4

米，由 18 根铁索（链）组成，底索 16 根，承重部分是 12 根（4 根为一组），扶栏索每边各 1 根。两山夹峙，索桥飞悬，异常险要，是中外现存最古的铁索桥。

泸定桥。泸定桥俗称皇桥，位于四川省甘孜藏族自治州泸定县泸桥镇，跨越大渡河。清康熙四十四年（1705 年）动工，翌年建成，康熙御笔题"泸定桥"，并立御碑于桥头。泸定桥跨径 103 米，是世界上最早最大的悬索桥，宽 3 米，高 10 余米，桥身由 13 根铁链组成，每隔 5 米由 1 根小铁链横连主链，9 根底链上铺木板作桥面，左右各 2 根作栏杆扶手，桥台用条石砌筑，桥亭均为木质，飞檐高挑，古朴大方。1935 年 5 月 29 日，中国工农红军长征途经此处，后因"飞夺泸定桥"闻名中外。

18 世纪中叶从英国发起的第一次工业革命，开创了以机器代替手工工具的时代，蒸汽机作为动力机被广泛使用。1870 年以后，科学技术的发展突飞猛进，突出表现在三个方面：电力的广泛应用、内燃机和新交通工具（汽车、火车、飞机）的创制、新通信手段的发明。这段时期称之为第二次工业革命。两次工业革命时期，中国仍处在封建统治之下，以小农经济为主，桥梁建造技术发展有限，仍是以传统的木、石类建筑材料的桥梁为主，但园林桥梁有所突破。

北京颐和园十七孔桥。北京颐和园的十七孔桥，是颐和园东堤上的长桥，是一座美丽的联拱石桥（图 13-11）。该桥位于北京市颐和园内，始建于清乾隆年间（1736—1795 年），西连南湖岛，东接廊如亭。桥身长 150 米，由 17 个桥洞组成，所以又称十七孔桥。桥面隆起，形如初月。桥栏柱上雕镂小狮，形态各异。全桥到处都是曲线，十七孔桥洞依次递减，拱冠顶部所成弧线与桥面所成纵坡弧线适宜吻合，犹如大合唱中的韵律，和美灵动。桥额北面书"灵鼍偃月"，南面书"修蝀凌波"，蕴涵着深厚的文化底蕴，具有极高的美学价值、学术价值和实用价值。

西堤六桥。西堤六桥（图 13-12），是指北京市颐和园内仿杭州西湖苏堤而建的 6 座桥，从北向南依次筑有界湖桥、幽风桥、玉带桥、镜桥、练桥、柳桥 6 座式样各异的桥亭；柳桥和练桥之间，为取范仲淹《岳阳楼记》中"春和景明,波澜不惊"之句命名的景明楼。沿堤遍植桃柳,春来柳绿桃红,有"北国江南"之称。

图 13-11　北京颐和园十七孔桥

a)柳桥　　　　　　　　　b)练桥

c)镜桥　　　　　　　　　d)玉带桥

e)豳风桥　　　　　　　　f)界湖桥

图 13-12　北京颐和园西堤六桥

扬州五亭桥。扬州五亭桥又名莲花桥，在江苏省扬州市北门外莲性寺（旧名法海寺）后，距城约3里；跨瘦西湖，南接贺园，北接寿安寺，是去观音山、平山堂必经之地。桥始建于清乾隆二十二年（1757年），是一座造型别致的石拱桥。其桥型秀丽，黄瓦朱柱，配以白色栏杆，亭内彩绘藻井，富丽堂皇。因借鉴北京北海五龙亭，而又无北海水涧，于是工匠别出蹊径，将亭、桥结合，形成亭桥，分之为五亭，群聚一桥。桥身建成拱圈形，由3种共15个不同的圈洞联系，这样就在厚重的桥基上，安排空灵的拱圈。桥下列4翼，正侧15个圈洞，彼此相连（图13-13）。

上海豫园九曲桥。上海豫园九曲桥建于明嘉靖年间（1522—1566年），是上海豫园中的一座名胜风景桥梁。它的桥身设计成九道曲折迂回，游人蜿蜒而行，视觉多次变化，顿觉风光倍增，美不胜收（图13-14）。

图13-13　扬州五亭桥　　　　图13-14　上海豫园九曲桥

广西程阳桥。程阳桥始建于1912年，历时12年，于1924年建成。又名永济桥，在广西壮族自治区柳州市三江侗族自治县内，跨越林溪河，是一座具有民族特色的石墩木梁桥。桥梁为四跨五墩台（石砌），全长64.4米。桥跨的木梁由直径1.6尺的8根连排杉木分上下三层叠合而成，上面排板、竖柱、盖瓦，构成一条长廊式的走道，故为廊桥，又称"风雨桥"，如图13-15所示。桥上建有5座楼亭，当中一座是四层六角塔形楼亭，两边两座是四层四角塔形楼亭，两座是殿形楼亭，一眼望去，楼亭重甍联阁，雄伟壮观。

图 13-15 广西程阳桥

中国古代桥梁是中华古代文明的重要组成部分。"它集文物的历史、艺术、科学三大价值于一身,其科学技术的成分较之辉煌的宫殿、坛庙、寺观更为突出。古代桥梁反映了人类在历史发展过程中所创造的科学技术与文化艺术的伟大成就,是一份十分可贵的物质和非物质文化遗产。"

"自作新词韵最娇,小红低唱我吹箫。曲终过尽松陵路,回首烟波十四桥。"桥梁之美,是景物之美、造型之美、雕琢之美、主副衬映之美、工程与艺术结合之美,一种心领神会的清韵之美。桥梁本身就是实用和艺术的结合,其中融入了许多的文化和情感元素,呈现出千姿百态的美景,给人们带来情感的愉悦和享受。著名英国科学技术史专家李约瑟说过:"没有一座中国桥是欠美的,并且有很多特殊的美。"

到了 19 世纪中后期,随着铁路引入中国,修建了许多钢结构铁路桥梁,初步统计有 3000 多座,结构形式主要有钢板梁桥、钢桁梁桥、钢板与桁混合桥、钢木混合桥等,比较典型的桥梁有:建成于清光绪十四年(1888 年)的唐(山)胥(各庄)铁路上的蓟运河大桥(跨径为 62 米的下承式单线钢桁梁桥)、建成于 1901 年的哈尔滨至满洲里铁路上的松花江铁路桥(1 孔 33.54 米简支上承式钢桁梁 + 8 孔 76.804 米简支曲弦下承式钢桁梁 + 10 孔 33.54 米简支上承式钢桁梁)、(北)京张(家口)铁路位于康庄至张家口间的怀来桥(7 孔 30.5 米的简支上承式钢桁梁)、建成于 1905 年的平汉铁路郑州黄河大桥(老桥)(26 孔 31.5 米下承式钢桁梁 + 52 孔 21.5 米上承式钢板梁+24孔31.5米下承式钢桁梁）等。

蓬勃发展的现代桥梁

中国现代桥梁可认定始建于20世纪初。1901年，上海进口了第一辆汽车，1888年，天津诞生了第一座钢桁架桥，中国有了自己的桥梁公司和桥梁工程科技人才，铁路桥梁的建设得到较快的发展。

上海外白渡桥，建成于1907年，由英国克利夫兰公司设计。外白渡桥位于上海市区苏州河与黄浦江交汇处，为下承式简支铆接钢桁架梁桥（图13-16），两跨均为52.178米，宽18.4米。2008—2009年，对大桥进行了整体搬移检修，更换了6.3万颗铆钉，为原结构铆钉总数的40%左右，并在不改变桥墩河上部分的外形的基础上将细木桩基础替换成混凝土桩。外白渡桥与上海大厦珠联璧合，交相辉映，是上海百年建筑的标志性工程。

图13-16　上海外白渡桥

甘肃兰州黄河中山桥（图13-17），由美国人设计，德国人承建，国人参与建设，历时三载于清宣统元年（1909年）建成通车。该桥上部结构为穿式钢桁架，高5.1米，共5孔，每孔跨径45.9米，总宽8.46米；南北两岸桥台为水泥砂浆砌条石，中间4个桥墩为高强度快凝水泥砌料石重力式结构，沉井基础开挖至岩层。建桥所需的材料设备，大到蒸汽机、水泥钢筋，小到螺母、铁栓，全部从德国进口。1954年曾对其进行全面维修加固，在原平行弦杆上端增置拱式钢梁。为发展黄河旅游，2004年对大桥再次进行了加固，包括上部结构整体顶升、桥墩增大截面加固、桥面更换等。因桥面抬高，该桥现为人行桥。

图13-17　甘肃兰州黄河中山桥

浙江杭州钱塘江大桥。钱塘江大桥（图13-18）是中国自行设计、建造的第一座双层公路、铁路两用桁架钢梁桥。下层为铁路桥，长1322.1米，单线行车；上层为公路桥，长1453米。桥面全宽9.94米，其中行车道宽6.5米。钱塘江大桥是第一座由中国工程师（工程处处长茅以升、总工程师罗英）主持、设计、建造的现代钢桥，是中国桥梁史的一座丰碑。

图13-18　钱塘江大桥

20世纪50年代，百业待兴，中国的交通运输得到了飞跃式的发展，为国民经济的可持续发展奠定了基础。借鉴苏联的技术，建造了许多中小跨径的混凝土桥梁和石拱桥、涵洞，公路行业编制了上百册装配式钢筋混凝土板梁、T梁标准图和拱涵标准图，设计并制造80吨以下各种类型的架桥机，组建专业化的架桥工程队。同时，建成了广西南宁邕江一号桥（1964年，7×55米钢筋混凝土薄壁箱形悬臂梁桥）、太焦线K362+944丹河拱桥（1959年，跨径88米的空腹肋式拱桥）、广西来宾红水河大桥（1978年，105米+2×90米的钢筋混凝土薄壁箱形拱桥）等大型桥梁。1957年，在苏联专家帮助下，建成了中国长江上第一座公铁两用桥——武汉长江大桥。1968年，依靠自己的技术力量，建成了南京长江大桥。同时，20世纪60—80年代，预应力混凝土T构桥、预应力混凝土连续梁桥、桁架拱桥、箱形拱桥和刚架拱桥得到了不同程度的发展。1964年，创建了双曲拱桥新型桥梁结构，代表桥梁为湖南长沙湘江大桥和南京长江大桥的公路引桥，在我国桥梁历史上留下了绚丽夺目的一页。

武汉长江大桥。武汉长江大桥为铁路、公路两用桥，总长1670米，其中正桥1156米，北岸引桥303米，南岸引桥211米（图13-19）。上层为公路桥，车行道采用双向四车道设计，宽18米，人行道每侧各宽2.25米。下层为双线铁路桥，宽14.5米。正桥桥身为3联连续桥梁，由3联（3孔为一联）9孔、跨径为128米的连续梁组成，共8墩9孔。碳素钢桁梁采用菱形腹杆，H形截面。大桥基础施工首创管柱钻孔基础。武汉长江大桥是苏联援华156项工程之一，于1955年9月1日开工建设，1957年10月15日建成通车。作为新中国第一个五年计划的主要成就，大桥图案入选1962年4月开始发行的第三套人民币，成为新中国国家建设的重要标志。

南京长江大桥。南京长江大桥，位于南京市鼓楼区下关和浦口区之间，是长江上第一座由中国自行设计和建造的横跨长江的铁路、公路两用特大双层钢桁梁桥。大桥于1960年1月开工建设，1968年9月30日铁路桥先行通车，1968年12月29日公路桥竣工通车。大桥正桥9墩10跨,长1576米,最大跨径160米,上层为路宽15米、全长4589米的四车道公路桥,下层为宽14米、全长6772米的双轨复线铁路桥(图13-20)。南京长江大桥钢主梁采用了自行研制生产的16锰低合金桥梁钢,分别实施了4种类型的管柱基础和沉井基础。2016年10月至2018年12月,南京长江大桥进行了封闭交通的维修改造。南京长江大桥在中国桥梁史和世界桥梁史上具有重要意义,是中国经济建设的重要成就、中国桥梁建设的重要里程碑。

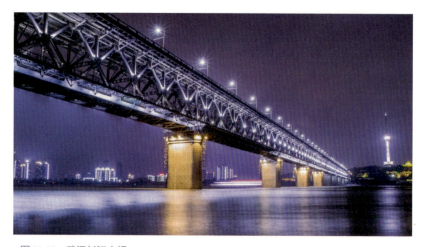

图13-19　武汉长江大桥

图13-20　南京长江大桥

湖南长沙湘江大桥,今称"橘子洲大桥"。该桥建成于1972年,在湖南省长沙市飞越江中橘子洲,跨过湘江,是中国规模最大的公路双曲拱桥（图13-21）。全桥长1532米，主孔跨径为8×76米+9×50米，东岸引桥为4孔18~27米，主桥长1250米，宽20米；支桥在主桥中部南侧伸向橘子洲，桥梁跨径为6×30米+4×20米，支桥长282米，宽8米。1981年，湖南长沙湘江大桥设计获20世纪70年代国家优秀设计项目奖。

图13-21　湖南长沙湘江大桥

20世纪70年代，现代斜拉桥、悬索桥、拱桥等建造技术和预应力技术进入中国。1975年2月，建成了我国第一座试验性斜拉桥——四川云阳斜拉桥（双塔混凝土斜拉桥，孔跨布置为34.91米+75.84米+34.91米；因三峡水利枢纽工程建设，该桥于2006年10月被爆破拆除），1977年建成了第一座公路预应力混凝土连续梁桥——跨径45米的河北洺河桥，1978年建成了国内第一座抗高地震烈度的预应力混凝土大桥——唐山新滦河大桥（6联4×40米预应力混凝土T形连续梁），1982年建成了上海第一座双塔双索面预应力混凝土斜拉桥——上海泖港大桥（85米+200米+85米跨径，2020年被拆除），等等。

20世纪80年代，中国迎来了桥梁建设的春天。在同济大学李国豪教授、项海帆教授的坚持、建议和支持下，上海首先开始建设中国人自行设计、施工的上海南浦大桥斜拉桥，又建成了杨浦大桥斜拉桥，拉开了在大江大河上自己独立设计、建造特大跨径桥梁的序幕。多座跨径超过 600 米的斜拉桥，如主跨 605 米、叠合梁型钻石形塔的青州闽江大桥（2002 年 12 月 25 日交工验收），主跨 618 米、混合梁型钻石形主塔的武汉长江二桥（1995 年 6 月通车运营），主跨 628 米、钢箱梁型钻石形主塔的南京长江二桥（今称南京八卦洲长江大桥，2001 年 3 月 26 日建成通车）等；同时，济南黄河大桥等混凝土斜拉桥也得到了发展，从而使中国长大斜拉桥的发展与建设快速跨入世界先进行列。

上海南浦大桥。南浦大桥位于上海市黄浦区董家渡，1988 年 12 月 25 日动工建设，1991 年 12 月 1 日建成通车。南浦大桥（图 13-22）全长 8364 米，为双向六车道城市快速路，主桥全长 846 米，跨径布置为 40.5 米＋76.5 米＋94.5 米＋423 米＋94.5 米＋76.5 米＋40.5 米，宽 30.35 米，为我国自行设计、建造的双塔双索面叠合梁斜拉桥，主桥桥塔为折线 H 形钢筋混凝土结构，高强镀锌钢丝斜拉索。东引桥长 3746 米，西引桥长 3754 米。

图 13-22　南浦大桥

上海杨浦大桥。杨浦大桥是上海市市内连接杨浦区与浦东区的过江通道，1991 年 5 月 1 日开工建设，1993 年 10 月 23 日建成通车，为双向六车道城市快速路。大桥全长 8354 米，主桥全长 1172 米，为跨径组合为 40 米（浦西过渡孔）＋99 米＋144 米＋602 米＋144 米＋99 米＋44 米（浦东过渡孔）的双塔双索面结合梁斜拉桥，主桥桥面宽 30.35 米。杨浦大桥（图 13-23）主桥的跨径，建成时为结合梁斜拉桥世界第一。

图 13-23　杨浦大桥

济南黄河大桥。济南黄河大桥于 1978 年 12 月正式动土起造，1982 年 7 月建成通车。大桥全长 2022.8 米，全宽为 19.5 米，其中行车道为 15 米。主桥为 488 米 5 孔连续预应力混凝土箱梁飘浮体系双塔双索面斜拉桥跨径组合为 40 米 + 94 米 + 220 米 + 94 米 + 40 米，闭口双室箱形主梁，A 形门式桥塔，扇形索面，挂篮悬浇施工。引桥共 1534.8 米，南引桥为 24 孔，北引桥为 27 孔，先张 30 米跨径预应力组合梁桥，为当时亚洲跨径最大的预应力混凝土斜拉桥。

香港汀九大桥。香港汀九大桥（图 13-24）横跨蓝巴勒海峡，是一座 3 塔 4 跨大型斜拉桥，跨径为组合为 127 米 + 448 米 + 475 米 + 127 米，由德国工程师 J. Schlaich 设计，于 1998 年 5 月建成通车。桥面横向布置特别，分成两部分，分别位于独柱塔的两侧，借下拉索平衡，主塔顶与邻塔根部有拉索，桥身外观更为纤巧，且能于强风暴吹袭期间有更佳的防风表现，是组合结构的杰作，是艺术和技术的统一。该桥被评为 20 世纪最美丽的桥梁之一。

预应力混凝土梁式桥一直是我国建设的基本桥梁结构。建成于 1971 年的福州乌龙江大桥，是一座大跨径预应力混凝土 T 形刚构、中间带挂梁桥，跨径布置为 58 米 + 3 × 144 米 + 58 米，全长 552.22 米，总宽 12 米，上部结构采用悬臂拼装和悬臂浇筑两种方法施工。1985 年 7 月 1 日建成通车的湖北沙洋汉江大桥,其主桥为 62.4 米 + 6×111 米 + 62.4 米 8 跨一联连续预应力混凝土梁桥,联长 792.7 米,桥宽 12 米,上部结构为变截面单箱单室梁,采用纵向、竖向双向预应力配筋,悬臂浇筑施工。1988 年,我国第一座大跨径预应力混凝土连续刚构桥——广东番禺洛溪大桥(图 13-25)建成通车,标志着我国预应力混凝土桥梁的建设水平进入国际先进行列。1997 年,广东虎门大桥的辅航道桥建成,跨径布置为 150 米 + 270 米 + 150 米,为 3 跨预应力混凝土连续刚构桥,单箱单室横断面,双柱空心薄壁墩,落成时为世界跨径最大的连续刚构桥。

图 13-24　香港汀九大桥

图 13-25　洛溪大桥

传统的石桥也得到了提升和发展。2000 年 7 月，在山西省晋城市建成了当时国内最大跨径的石拱桥——丹河大桥（图 13-26）。大桥采用全空腹式变截面悬链线无铰石板拱结构，分跨为 2×30 米 + 146 米 + 5×30 米，主孔净跨径 146 米，净矢高 32.444 米，矢跨比 1/4.5，桥面宽度 24.8 米，桥梁高度 80.6 米。栏杆由 200 多幅展现晋城市历史文化的石雕图画与近 300 个传统的石狮子组成，体现了现代与传统文明的完美结合。

图 13-26　山西丹河大桥

发源于日本等国的钢管混凝土拱桥，由于施工荷载小、便于悬臂拼装和造价经济，在我国得到了发展。1991 年 4 月，在四川广元旺苍建成了第一座主跨 115 米的下承式等截面悬链线哑铃型钢管混凝土系杆拱桥，后建成了几百座以广州丫髻沙大桥（主跨 360 米的 3 跨连续自锚中承式钢管混凝土系杆桁架拱桥，2000 年建成）为代表的钢管混凝土拱桥。同时，发展了采用劲性骨架的钢筋混凝土箱形拱桥。1997 年 6 月，建成重庆万州长江大桥（图 13-27）。万州长江大桥原名万县长江大桥，全长 856 米，宽 23 米，双向四车道。主桥为钢筋混凝土箱形拱桥，净跨 420 米单孔跨江，无水下基础。主拱采用 1/5 矢跨比、悬链线拱轴线，拱圈为钢管混凝土—混凝土复合结构，三室箱形截面，高 7 米，宽 16 米，宽跨比为 1/26.25，高跨比为 1/60。建成时在同类桥型中跨度居世界第一。

我国创新性地提出的预应力混凝土桁架组合拱桥，在贵州省黔南布依族苗族自治州瓮安县境内跨越乌江的江界河大桥（图13-28）上得到验证。该桥跨径布置为20米+25米+30米+330米+30米+20米，全桥长461米，桥宽13.40米，桥高263米。主孔跨径330米，当时为世界混凝土桁式桥梁之首。1995年6月，江界河大桥竣工通车。

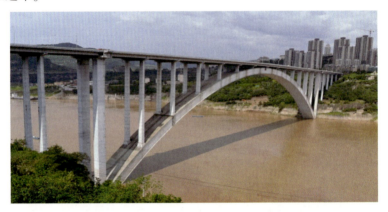

图13-27　万州长江大桥

图13-28　江界河大桥

江西九江长江大桥。江西九江长江大桥位于江西省九江市浔阳区和湖北省黄冈市黄梅县之间的长江水面上，是一座双层双线铁路、公路两用桥。1993年1月，公路桥建成通车，1995年6月，铁路桥正式开通运营，建成时为长江上规模最大的公铁两用桥。桥梁上层是四车道公路，宽14米，两侧人行道各宽2米，全长4460米；下层为双线铁路，全长7675.4米。正桥为4联11孔钢桁梁，自北向南布置为：3×162米连续钢桁梁、180米+216米+180米的钢桁梁柔性拱结构、2×162米连续钢桁梁。

广东虎门大桥。虎门大桥是中国大陆首座现代悬索桥。虎门大桥于1992年10月28日动工建设，1997年6月9日建成通车。虎门大桥主航道桥（图13-29）采用单跨888米悬索桥方案，主缆矢跨比为1/10.5，主缆直径687.2毫米、中心距33米；加劲梁采用扁平闭口流线型钢箱梁截面，箱梁全宽35.6米，桥轴中心处梁高3.012米。

图13-29　虎门大桥主航道桥

江阴长江公路大桥。江阴长江公路大桥（图13-30）是同江至三亚和北京至上海两条国家主干线共线后的越江工程，于1994年11月22日动工兴建，1999年9月28日建成通车。大桥主桥为336.5米+1385米+309.34米的正交异性板钢箱梁悬索桥，矢跨比为1/10.5，箱梁高3米，宽32.5米，加上悬挑风嘴总宽36.9米，索塔高约190米，主缆由169股、每股127根直径5.35毫米、抗拉强度1600兆帕的平行高强度镀锌钢丝组成。引桥为30米和50米跨的预应力混凝土简支梁。江阴长江公路大桥是我国第一座跨径超越千米的特大型钢箱梁悬索桥，意义非凡。

广东汕头海湾大桥。汕头海湾大桥（图13-31）建成于1995年12月。大桥主桥为主跨452米预应力混凝土箱形主梁悬索桥。桥面净宽23.8米；主塔高95.1米，钢筋混凝土结构；重力式锚碇。主缆垂跨比为1/10，预制平行钢丝索股法（PWS法）编制。吊索采用镀锌钢丝捻制而成，吊索锚头采用冷铸锚，吊索间距6米。

图 13-30　江阴长江公路大桥

图 13-31　汕头海湾大桥

香港青马大桥。青马大桥（图 13-32）于 1997 年 5 月通车运营，横跨青衣与马湾之间的海峡，连接香港大屿山国际机场与市区。桥梁全长 2160 米，主桥为主跨 1377 米的公铁两用悬索桥，建成时为世界之最，加劲梁为钢桁与钢箱梁混合结构，宽 41 米。上层桥面设有 6 条公路行车道，下层钢箱梁内通行铁路交通并设有 2 条台风时的应急车道，桥塔高度为 206 米，桥下通航净空为 79 米。

进入 21 世纪，中国再次开启了桥梁建设的高潮。除继续高度集中在大江大河和高山峻岭中建设桥梁外，也逐渐转向跨海桥梁的建设。2008 年通车运营的杭州湾跨海大桥和 2018 年通车运营的港珠澳大桥，代表了中国桥梁建设水平的新高地。与此同时，其他类型桥梁的设计建造技术得到了全面的提升和发展，新材料、新技术、新工艺、新装备得到全方位的开发和应用，又进一步提升了桥梁建设的品质，中国桥梁步入世界桥梁强国行列。

图 13-32　香港青马大桥

东海大桥。东海大桥于 2002 年 6 月 26 日动工修建，2005 年 12 月 10 日通车运营，是我国第一座在广阔外海海域建造的跨海工程。大桥按双向六车道加紧急停车带的高速公路标准设计，桥宽 31.5 米，设计时速为 80 千米。东海大桥的主航道桥是一座由两座高 140.2 米的倒 Y 形主塔组成的单索面结合梁斜拉桥，主跨 420 米；东海大桥颗珠山大桥则是一座主桥为双塔双索面钢—混凝土叠合梁斜拉桥，主跨 332 米。

杭州湾跨海大桥。杭州湾跨海大桥于 2003 年 6 月 8 日奠基建设，2008 年 5 月 1 日建成通车。大桥北起浙江省嘉兴市海盐郑家埭，南至宁波市慈溪水路湾，全长 36 千米。主体工程由北航道桥、南航道桥和引桥部分组成。其中北航道桥为跨径布置为 70 米 + 160 米 + 448 米 + 160 米 + 70 米的双塔钢箱斜拉桥，南航道桥为跨径布置为 100 米 + 160 米 + 318 米的独塔钢箱梁斜拉桥。海上引桥跨径均为 70 米（总长 18.27 千米），南岸滩涂引桥跨径为 50 米（总长 10.1 千米）。50 米和 70 米梁均为厂制预应力混凝土箱梁，先简支后连续。两岸陆地和北岸滩涂采用跨长 30~80 米现浇连续箱梁。

港珠澳大桥。港珠澳大桥（图 13-33）横跨珠江口伶仃洋海域，于 2018 年 10 月 24 日正式通车。港珠澳大桥桥隧全长 55 千米，包含 22.9 千米的桥梁工程和 6.7 千米的海底隧道，桥梁有主跨 458 米的双塔斜拉桥青州航道桥、主跨 268 米的双塔斜拉桥九洲航道桥、主跨 258 米的三塔斜拉桥江海直达船航道桥，以及长约 15 千米的 110

米跨钢箱连续梁和长约 5 千米的 85 米跨钢箱组合连续梁引桥。桥面按双向六车道高速公路标准建设，桥梁宽 33.1 米。

图 13-33　港珠澳大桥

苏通长江公路大桥。苏通长江公路大桥（图 13-34）位于江苏省南通市和苏州市（常熟市）之间，跨越长江，于 2008 年建成通车。大桥总长 8206 米，按双向六车道高速公路标准建设。主航道主桥为双塔双索面钢箱梁斜拉桥，全长 2088 米，跨径布置为 100 米 + 100 米 + 300 米 + 1088 米 + 300 米 + 100 米 + 100 米，塔高 300.4 米，通航净空 62 米，索塔基础为 131 根大直径超深钻孔灌注桩和面积为 5471.375 平方米（113.75 米 × 48.1 米）的承台。辅航道桥为主跨 268 米的预应力混凝土连续刚构桥。苏通长江公路大桥是世界首座桥梁跨径超过 1000 米的特大型斜拉桥。

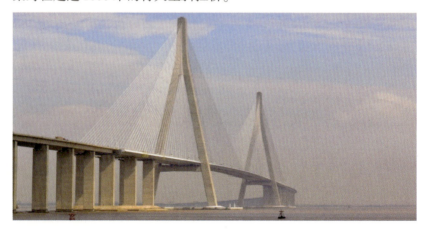

图 13-34　苏通长江公路大桥

上海卢浦大桥。上海卢浦大桥（图13-35）位于上海市原卢湾区（现黄浦区）与浦东新区之间的黄浦江上，2000年10月开工建设，2003年6月28日建成通车，为双向六车道城市快速路。卢浦大桥主桥为100米+550米+100米跨径布置的空间提篮中承式拱梁组合体系钢拱桥，一跨过江，矢跨比为1/5.5，主桥桥面竖曲线半径9000米，大桥拱肋顶宽5米，底宽3米，桥面总宽29.8米。

图13-35　上海卢浦大桥

芜湖长江大桥。芜湖长江大桥（图13-36）建成于2000年9月。铁路桥全长10624.4米，公路桥全长6078.4米，其中公铁两用桥全长2668.4米，正桥钢梁长2193.7米。主航道桥采用180米+312米+180米的矮塔斜拉桥，副航道桥为4联基本跨径为144米的连续桁梁桥。主跨312米的矮塔斜拉桥突破了我国铁路重载桥梁300米跨径大关，板桁组合结构矮塔斜拉桥跨径在相同荷载和类似结构中居世界第一。

图13-36　芜湖长江大桥

南京长江二桥，现更名为南京八卦洲长江大桥（图13-37）。该桥建成于2001年3月，在现南京长江大桥下游11千米处，其南汊桥为5跨连续钢箱梁斜拉桥，总长1238米，跨径布置为58.5米+246.5米+628米+246.5米+58.5米，是当时中国最大跨径的斜拉桥，桥面宽32米（不含斜拉索锚固区）。其北汊桥为5跨连续三向预应力体系箱形主梁的连续梁桥，跨径布置为90米+3×165米+90米。

图13-37　南京长江二桥

重庆石板坡长江大桥复线桥，建成于2007年。大桥主桥为主跨330米钢与混凝土混合连续刚构—连续组合结构体系；中跨中部108米采用钢箱梁，以减轻结构自重，增强连续刚构桥的跨越能力，其设计理念和建设技术具有创新性。

重庆朝天门长江大桥。朝天门长江大桥主桥为跨径布置为190米+552米+190米的3跨连续中承式钢桁系杆拱桥，钢桁架公轨两用双层桥面。上层为双向六车道城市道路，两侧为人行道，桥面总宽36.5米；下层中间为双线城市轨道交通，于2009年4月29日竣工通车。

南京大胜关长江大桥。大胜关长江大桥主桥为6跨连续箱梁拱组合桥，主跨2×336米连拱，为世界同类型桥梁跨径最大者，桥宽41.6米。承载两线高速铁路、两线Ⅰ级铁路、两线南京地铁，共六线，为世界上荷载标准最高的高速铁路桥梁。该桥于2011年1月正式投入使用。

舟山西堠门大桥。西堠门大桥为舟山连岛工程之一，是一座两跨连续分体式全飘浮体系钢箱悬索桥。主桥跨径1650米，两跨钢箱梁总长 2220.8 米，箱梁高 3.26 米，总宽 37.08 米，中央开槽 6.0 米，分离双箱截面在世界已建悬索桥上属首次采用。该桥于 2009 年 12 月通车运营。

分别于 2012 年 11 月 25 日和 2013 年 12 月 31 日建成通车的江苏泰州长江公路大桥和安徽马鞍山长江公路大桥的主桥都采用了 1080 米的三塔两跨钢箱梁悬索桥。

2021 年 6 月 30 日建成通车的江苏五峰山长江大桥，主桥长 1428 米。大桥上层为双向八车道高速公路，桥面结构总宽 46 米，下层铁路线间距 4.6 米；大桥为 84 米 + 84 米 + 1092 米 + 84 米 + 84 米跨径布置的钢桁架主梁悬索桥，加劲肋的两片主桁中心桁宽 30 米，桁高 16 米，节间距 14 米。

2020 年 7 月 1 日建成通车的沪苏通长江公铁大桥，全长 11.072 千米（其中公铁合建桥梁长 6989 米）。大桥上层为双向六车道高速公路（通锡高速公路），下层为双向四线铁路，主航道桥为 140 米 + 462 米 + 1092 米 + 462 米 + 140 米跨径布置的公铁两用钢桁梁双塔斜拉桥，主塔高 330 米。

2020 年 12 月 28 日，世界最大跨径钢管混凝土拱桥——广西平南三桥（图 13-38）正式建成通车。大桥全长 1035 米，主桥跨径 575 米，桥面宽 36.5 米，设双向四车道。大桥多项施工技术填补了世界拱桥空白，可以作为我国桥梁建设技术由"并跑"走向"领跑"的一个典型标志。

图 13-38　广西平南三桥

这些体现当今世界最高桥梁建筑水平的高品质桥梁的建造，标志着中国桥梁的整体建筑水平已经跨入世界顶尖行列。

遍布全国的隧道工程

中国是一个地形崎岖的国家，山地、高原和丘陵约占陆地面积的67%，山脉、河流众多，海域辽阔。复杂多样的地形给交通运输的发展造成了巨大阻碍。在《蜀道难》中，李白曾用"蜀道之难，难于上青天"来形容古代蜀地的进出通道艰险。在古代，面对高耸陡峭的崇山峻岭，人们只能选择翻山越岭或者是依傍山腰修筑栈道通行。

人类很早就知道利用自然洞穴作为住处。当社会发展到能制造挖掘工具时，就出现了人工挖掘的隧道，但准确的年代无从查考。受经济和技术手段的制约，隧道的施工条件极其恶劣，安全问题突出，劳动强度巨大，耗时很长，因此古代修筑的隧道数量很少。

我国最早有文字记载的地下人工建筑物出现在东周初期（约前700年）。《左传》中记述了一段很有名的"阙（同掘）地及泉，隧而相见"的典故，讲述了郑庄公为与母亲相见，掘地出泉的故事。大意是郑庄公之母姜氏纵容郑庄公之弟共叔段反叛，但公叔段夺权未遂出逃至共国，庄公对母亲的做法非常生气，一怒之下将其遣送至颍城（今河南省临颍县西北）并发誓说"不及黄泉，无相见也"。但后来庄公又想念母亲，很后悔。有个叫颍考叔的小官想出一个办法，既保证庄公不自食其言，又能见到母亲，即掘地深十余丈，泉水涌出，在泉侧架木为室象征黄泉，母子终于在"黄泉"相见，庄公赋曰："大隧之中，其乐也融融！"接着就迎母回宫。从记载上分析，这是个木结构的地下建筑，而且造得不错。

我国历代皇帝陵墓和陪葬墓许多都是以地下工程形式构筑的。我国古语中早先出现的隧道指的是墓道，是指由地面通向墓穴的斜道，在古代称为"隧"，也称"羡道""隧道"。古代帝王贵族的灵柩又大又重，故须开挖一条入圹的斜道将其引入。露在表面无土覆盖的为羡道，有土覆盖的则为隧道。《南史·齐豫章文献王嶷传》载："上数幸嶷第，宋长宁陵隧道出第前路，上曰：'我便是入他家墓内寻人。'"宋王安石《检校太尉赠侍中正惠马公神道碑》载："刻趺篆首，作此铭诗，陈之隧道，永矣其诒。"由商代至清代的漫长年代里，修建了为数甚多的陵墓和墓道，举世闻名的秦始皇陵陪葬兵马俑坑就是其中之一，是用明挖法建成的。兵马俑坑总长度约为 2.5 千米，横断面约为 3.7 米（高）×3.2 米（宽），使用了间隔约为 1 米的木质半框架式结构，无腰撑，横梁上部背材为大圆木与席，立柱背后无背材。帝王陵墓的建筑集当时地下工程之精粹，是地下工程技术的宝贵遗产。

在古老的石窟艺术中，建造了大量的隧道，敦煌莫高窟、龙门石窟、云冈石窟等隧洞建筑成就都达到了很高的水平。坎儿井是远古伟大的水利工程，是地下人工水渠，在我国西北、华北均有分布。其构造是从水源挖掘水平坑道，把水引导到地表，用来灌溉农田。

在火药出现之前，我国古代开凿岩石主要使用锤、钎、锲等原始工具。后来人们知道利用岩石的物理特性，用火烧裂石头，然后用锤击落，这叫火石法；或者先将岩壁烧到灼热状态，随即突然浇以冷水或醋，使岩石先发胀后突然收缩而开裂，以利开凿，这就是所谓的淬火法，或称火烧水激、火焚水淬。具体来说，就是用油脂含量极高的松柏作燃料煅烧山崖 4~5 个小时，再向灼热的崖面泼水或醋，使其骤然冷却，自然酥裂，然后再用铁制工具剥离。火焚水淬是我国历史上经常采用的一种方法，早在秦昭王时蜀郡太守李冰在四川大修水利时就采用过。

中国最早用于交通的隧道是古褒斜道上的石门隧道。石门隧道在今陕西汉中褒谷口内七盘山（又称鸡头关）下，建成于东汉明帝永平九年（66 年），内有石刻《石门颂》《石门铭》记其事。汉中褒斜谷口是褒斜道最险要的隘口，横亘在褒河南岸耸立的石壁，名为"褒屏"，绝壁陡峻，水流湍急，很难架设栈道。行旅苦于七盘山所阻，攀缘绕道。东汉永平四年（61 年），汉明帝刘庄下诏，在七盘山下阻碍栈道之地开凿穿山硐，汉中郡太守鄐君奉诏承办。经过一年准备,太守鄐君组织两千多人于永平六年(63年)开工,永平九年(66年)完成。《汉·鄐君开通褒斜道摩崖》载:"永平六年,汉中郡以诏书受广汉、蜀郡、巴郡徒二千六百九十人,开通褒斜道。"石硐呈南北向,走向与褒谷河道平行,底部高度与栈道在同一水平线上,隧道东壁长16.5米,西壁长15米;北道口高3.75米,宽4.1米,南道口高3.45米,宽4.2米;南北高度不等,由南向北高差30~50厘米。石门内壁无斧、凿、钻之类的工具所留痕迹,岩面修整平顺。《褒谷古迹辑略》中收录的清代梁清宽书贾汉复所作的《栈道歌》中有"积薪一炬石为圻,锤凿既加如削腐"的诗句,说明石门采用火石法开凿,即就近利用褒河两岸丰富的材薪,用火烧裂石头,然后以锤击落开凿。石门隧道(图13-39)是我国历史上有文字记载的最早采用"火石法"开凿的穿山通车隧道,也是迄今所知世界上最早能够通行车辆的人工开凿的交通隧道。

图13-39 石门隧道

当时无隧道之名,以石门喻之,就叫栈道石门。北魏宣武帝永平二年(509年),王远《石门铭》记:"此门盖汉永平中所穿"。北魏郦道元《水经注》称:"褒水又东南历小石门,门穿山通道六丈有余",记载的就是石门。石门隧道是残留至今的宝贵古建筑,这一伟大工程是人类历史上第一条人工开凿的穿山隧道,褒斜道石门及其摩崖石刻,于 1961 年被确定为第一批全国重点文物保护单位之一。可惜 1969—1971 年时,国家修建石门水库时隧道被淹没,为保护文物将其部分摩崖石刻精品凿迁下来,现陈列于汉中市博物馆内。

石门自东汉永平年间开通后,过往的仕官商贾、文人墨客,在饱览胜迹之余,记事咏物,抒怀为文,镌刻于石门内外的崖壁上,世代不绝。这样就形成了蔚为壮观的石门摩崖石刻。据 1960 年文物普查统计,在石门故址的石刻有 104 种,仅石门内壁就有 34 种,上自汉魏,下至明清。尤以汉魏 13 种最为著名,世称"汉魏十三品"或"石门十三品"(图 13-40),为历代考古学家、书法家所推崇。

图 13-40　石门十三品

火药的发明,使得钻爆法成为隧道工程的主要施作方法,我国古人对隧道工程作出了杰出贡献。在火药出现以前,古代一直使用铁锤钢钎和火焚法、火焚水激等原始工具和方法开挖矿山坑道和隧道工程。约于 7 世纪,唐代医药学家孙思邈曾记录黑火药的制法。1225 年以后,我国火药的制造方法经印度传入伊斯兰国家,13 世纪后期传到欧洲。1627 年,奥地利的工业家首先将火药用于开矿生产;1666 年,法国开凿兰葵达克运河隧道时使用了火药,这一隧道可能是最早用火药开凿的公用隧道。19 世纪 60 年代以前,世界上修建的隧道都用人工凿孔和黑火药爆破方法施工。1851 年发明了凿岩机,从此开始了所谓近代施工方法,修建了大量的隧道工程。1861 年修建穿越阿尔卑斯山脉的仙尼斯峰铁路隧道时,首次应用风动凿岩机代替人工凿孔。1867 年修建美国胡萨克铁路隧道时,开始采用硝化甘油炸药代替黑火药。1866 年,瑞典人诺贝尔发明黄色炸药达纳马特,为开凿坚硬岩石提供了条件。1872 年,位于瑞士中南部的世界著名隧道之一圣哥达隧道的建设则首次使用了黄色炸药。后来，这种威力很大的黄色炸药取代了黑色火药，为开凿坚硬岩石提供了方便，并广泛用于隧道工程，使隧道施工技术及速度得到进一步发展。经过将近一个世纪的努力，我国发展研制出了今天的高效率大型多头摇臂钻机。

从1874年我国开始修建第一条上海至吴淞的窄轨铁路起，至1911年清王朝被推翻为止的30余年中，我国共建成了约9100千米长的铁路。在这段时期所修建的10条总长约4600千米的铁路干线上，共修建了总长约42千米的230余座隧道。中国历史上的第一座铁路隧道是位于台湾基隆的狮球岭隧道，于清光绪十四年（1888年）动工，光绪十六年（1890年）建成，全长261米。1898—1904年，修建了长度为3078米的兴安岭隧道，这是当时亚洲最长的宽轨铁路隧道。这一时期最具代表性的隧道工程是由我国杰出工程师詹天佑亲自规划和督造的京张铁路八达岭隧道，全长1091米，工期仅用了18个月，于1908年建成。这也是我国自行修建的第一座越岭铁路隧道。

自1911年10月到1949年10月，我国共在40余条总长度约7000千米的铁路干线和支线上修建了总长度约100千米的370余座铁路隧道。其中有当时我国最长的滨绥铁路第二线上长度为3840米的杜草隧道，建于1939—1941年，所穿过的地层为花岗岩，采用上下导坑法施工，混凝土衬砌。

20世纪90年代以来，是新中国隧道进入跨越式发展的阶段。以西康铁路秦岭特长隧道为里程碑，在国内首次采用全断面隧道掘进机（TBM）技术施工。2017年，随着我国第一台拥有完全自主知识产权的智能型三臂凿岩台车在中国中铁工程装备集团隧道设备制造有限公司下线，隧道机械化施工专用设备的国产化道路步入了快车道。2008年研发制造了中国第一台具有自主知识产权的复合式土压平衡盾构机，到2020年10月，中国中铁工程装备集团隧道设备制造有限公司自主研发制造盾构机超1000台，出口20多个国家和地区。应对流沙隧道用冷冻法或盾构机，港珠澳大桥珠海连接线拱北隧道采取"曲线管幕+冻结冷"施工技术。应对高瓦斯隧道采用水力压裂抽排瓦斯技术，对超宽断面采取双侧壁导坑法分8步进行开挖，对软弱围岩分台阶或预留核心土施工，对涌泥突水采取水泥、水玻璃双液注浆加固止水施工，等等。中国修建隧道的技术突飞猛进，我国拥有可以打穿喜马拉雅山脉、横断山脉及修建海底隧道的技术能力。

从钢钎大锤掘进、手风枪掘进，到液压凿岩台车掘进，再到使用全断面隧道掘进机（TBM）和盾构施工技术，隧道施工实现了三级跳跃。我国隧道及地下工程施工方法经历了人力工具、小型机具、半机械化、大型配套机械化到全断面掘进机工厂化的发展过程。实现掘进、出渣、喷锚、支护、衬砌一条龙作业，大大提高了人身安全和生产率。中国隧道及地下工程施工技术发展又进入一个新时期，开始形成传统与现代相结合，大型机械配套的钻爆法施工与盾构、沉管、全断面掘进机工厂化施工相结合的新局面。

20世纪80年代以后，国民经济快速发展，全国高速公路、铁路的先行作用日渐突出，隧道勘察设计建造水平日渐提高，也引进了很多国外的先进技术，代表性的工程有深圳梧桐山隧道和珠海板樟山隧道、福建鼓山隧道和马尾隧道、甘肃七道梁隧道等。到1990年底，我国建成的千米以上隧道已有10余座。福建鼓山隧道，洞内设有照明、吸声、防潮、通信、防火等装置和闭路电视监控及雷达测速系统，这是我国第一座现代化的公路隧道。

到2000年底，我国公路隧道已有1684座，总长达628千米。20世纪90年代，建成了成渝高速公路重庆段缙云山隧道和中梁山隧道（3165米）、浙江甬台温高速公路大溪岭—湖雾岭隧道（4116米）等长3000~4000米的特长双洞高速公路隧道，把我国公路隧道单洞长度提高到3000米以上，并在处理通风、塌方、瓦斯、地下水和营运管理与交通监控技术等方面取得了突破性进展。20世纪90年代末，四川省川藏公路二郎山隧道（长4160米）、四川广安地区华蓥山公路隧道（长4634米）、云南楚大高速公路九顶山隧道（长3204米）开创了我国山岭长大隧道的建设史；广州珠江沙面水下公路隧道和上海穿越黄浦江江底隧道（长度超过 3000 米）的建成通车，标志着我国水下沉埋隧道修建技术达到了新的水平。"九五"期间，我国新建隧道 504 座、27.8 万延米。

截至 2010 年底，全国公路隧道为 7384 座、512.26 万米，其中特长隧道 265 座、113.80 万米，长隧道 1218 座、202.08 万米。相继建成了湖北龙潭隧道、重庆方斗山隧道、浙江苍岭隧道等长 5～10 千米的隧道近 20 座，还建成全长 18 千米的秦岭终南山公路隧道、甘肃麦积山隧道、四川泥巴山隧道等长 10 千米以上的超长隧道 5 座。山岭长大隧道、深水海底隧道不断涌现，施工及运营管理技术不断提升，运营服务不断完善。上海崇明长江隧道（约 8.9 千米）、厦门翔安海底隧道（约 8.7 千米）等水下隧道近 20 座。在山区公路中，建成了一大批连拱隧道、小净距隧道、半隧道或棚洞；在城市附近，还建成了八车道宽体隧道和地下立交隧道 5 座。厦门翔安海底隧道实现了海底隧道建设的新突破，上海越江隧道盾构直径达到了 15.43 米。四川省二郎山主隧道长 4.2 千米，洞口海拔 2200 米，是我国公路隧道中埋藏最深（埋深 830 米）、地应力最大（最大 50 兆帕）、岩爆、大变形、暗河等不良地质情况最多，地下水富集（勘探孔中承压水头高达 115.4 米）的一条山岭公路隧道。四川华蓥山隧道沿线穿越煤层、岩溶地质、断层、背斜高应力核部，并伴有瓦斯、天然气、石油气、硫化氢等多种有毒、有害气体；山西雁门关隧道全长 5.4 千米，一路穿越 27 条断层。这些隧道集中体现了我国的隧道建设能力和技术水平。

截至 2020 年底，我国已建成公路隧道 21316 座，总长度达 21999.3 千米，其中特长隧道 1394 座、6235.5 千米，长隧道 5541 座、9633.2 千米。2016—2020 年，中国公路隧道以每年超过 1000 座且长度超过 1200 千米的速度急剧增长。截至 2020 年底长度超过 10 千米的特长公路隧道已建成 18 座，其中近 5 年建成 9 座，在建 22 座。于 2021 年 9 月 30 日建成通车的秦岭天台山隧道（双向六车道，长 15.56 千米）是世界上建设规模最大的高速公路隧道；在建的天山胜利隧道（长 22.13 千米）将成为世界上最长的高速公路隧道。

与此同时，中国在黄土、高寒、高海拔、高地应力软岩、富水岩溶、高地温、强岩爆、高瓦斯等地区修建了一大批重难点公路隧道工程。2016年建成通车的陕西省黄延扩能工程26座单洞三车道黄土隧道群（纯黄土隧道20座），最大开挖跨度达17.85米，最大开挖高度为12.18米，最大开挖断面为177.1平方米，是世界上开挖跨度、开挖断面最大的黄土公路隧道。2019年建成通车的拉林公路米拉山隧道，是世界上海拔最高的公路特长隧道，进口海拔4752米，出口海拔4774米，全长5727米。

近些年，中国采用沉管法、钻爆法和盾构法已经建成了近百座水底公路隧道。例如港珠澳大桥沉管隧道，是世界上最长的公路沉管隧道和唯一的深埋沉管隧道，是世界上最大断面的公路隧道。西藏嘎隆拉隧道是世界上地质条件最复杂的高原隧道，它的建成成就了我国气象条件最复杂、坡度最高、地震烈度最高、地质构造运动最活跃4项"隧道之最"。青海昆仑山隧道是世界上最长的冻土隧道，其高原冻土区喷湿混凝土的施工方法填补了国内外隧道施工在此领域的空缺。函谷关隧道是世界上最长的湿陷性黄土隧道，全长7851米，它的建成标志着我国在长、大、高风险隧道施工方面取得重大突破，达到世界先进水平。秦岭终南山公路隧道，全长18.02千米，是世界上已建成的最长的双洞高速公路隧道，也是我国最长的公路隧道。汕头海湾隧道全长6.68千米，双向六车道，是我国第一座处于Ⅷ度地震带，并穿越海底复杂地质的直径达15.03米超大直径盾构隧道。

分析历年的统计数据可知，1980—2020年间，中国共建成铁路隧道12412座，总长约17621千米（占中国铁路隧道总长度的90%），特别是"十一五"至"十三五"期间，中国铁路隧道发展极为迅速，共建成铁路隧道9260座，总长约15316千米（占中国铁路隧道总长度的78%）（图13-41），其中："十一五"期间（2006—2010年）建成铁路隧道2262座，总长约2686千米；"十二五"期间（2011—2015年）建成铁路隧道3611座，总长约6038千米；"十三五"期间（2016—2020年）建成铁路隧道3387座，总长约6592千米。

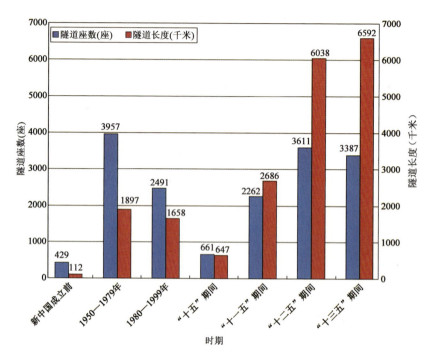

图 13-41 中国铁路隧道建设成就

截至 2021 年底，中国铁路运营总里程约 15.1 万千米，而其中投入运营的铁路隧道有 17532 座，总长约 21055 千米；在建 2418 座，总长约 6414 千米；规划 6226 座，总长约 15266 千米；投入运营的特长铁路隧道 235 座，总长约 3152 千米，其中长度超过 20 千米的特长铁路隧道 11 座，总长约 262 千米。至 2022 年，我国最长运营隧道为青藏铁路西格段的新关角隧道，长度超过 32 千米，此外，兰渝线的西秦岭隧道、石太客专的太行山隧道的长度也均超过了 25 千米；最长在建隧道为广佛东环线的东环隧道，长度为 45.04 千米，此外，川藏铁路的色季拉山隧道、大瑞铁路的高黎贡山隧道也均超过了 30 千米；最长规划隧道为穗莞深城际铁路的深圳隧道，长度达到了 58.86 千米，川藏铁路的易贡隧道、苏锡常至上海城际铁路的阳澄湖至苏州新区隧道长度也均超过了 40 千米。

高速铁路是中国高新技术的亮丽名片，高速铁路隧道具有断面大、距离长等突出特点，施工技术标准和运营耐久要求也显著高于一般铁路隧道。截至2021年底，中国高速铁路运营总里程约40900千米，隧道总长约6473千米，占比约15.8%，其中特长隧道总长约1141千米，占比约2.8%；在建高速铁路隧道总长约3409千米，其中特长隧道总长约981千米，占比约28.8%；规划高速铁路隧道总长约6678千米，其中特长隧道总长约1425千米，占比约21.3%。中国已然成为名副其实的高速铁路大国、超级隧道大国。

至2022年，最长的铁路隧道是青藏铁路新关角隧道，长32.456千米，已通车。贵州至南宁高铁九万大山一号隧道，全长17012米，2022年3月已贯通。川藏铁路雅安至林芝段将建数十座10千米以上的特长隧道，隧线占比达84%，隧道总长843千米，其中易贡隧道最长，为42.5千米，2021年底开建。杭绍台高速铁路下北山隧道，分为1号、2号隧道，全长596米，为我国首座单洞四线超大断面高速铁路隧道，设计时速为350千米，开挖断面达350平方米，已于2022年1月8日通车。

"十三五"期间，市政地铁隧道累计新增运营里程为3329.3千米，年均新增地铁隧道665.9千米，年均增长率为21%，5年新增地铁隧道里程超过"十三五"前的累计总和。2020年底，中国市政地铁隧道总里程达到5422.3千米，较2016年增加了约2858.3千米，在建线路5481.9千米，共有67个城市的城轨交通线网规划获批，规划建设线路的总长度超7000千米，其中，地铁5426.8千米，占比为76.58%。

根据中国城市轨道交通年度报告统计，截至2021年底，中国内地50个城市投运城轨交通线路总里程9192.62千米，其中地铁7253.73千米，占比为78.9%，稳居世界首位；上海地铁总里程为795.63千米，占全国地铁总里程的10.97%；北京地铁总里程为708.9千米，占全国地铁总里程的9.77%；广州地铁总里程为564.0千米，占全国地铁总里程的7.78%。上海、北京、广州3座城市地铁里程数位居全国前三。

桥隧发展的未来展望

桥梁隧道的建筑从最初利用天然木、石、藤等材料为主，经历了第一次工业革命和第二次工业革命，产生了蒸汽机、电、铁，进而发展了铁路、汽车，交通运输业得到快速发展。基础理论的持续创新和发展以及新型施工技术、装备的出现，使得世界桥梁隧道的建设技术在19世纪中后期得到了飞速发展。

中华民族一直具有创新精神，古代桥梁隧道，特别是拱桥和园林桥梁的建设技术，远领先于西方国家。18—19世纪，西方工业革命如火如荼展开时，中国尚处于清政府统治时期，工业发展没有跟上世界的发展步伐。20世纪上半叶，中国大量桥梁隧道的建造只能引进西方的建筑材料、施工工艺和施工装备，自身桥梁隧道的科学建设技术整体上落后于西方国家的建筑水平。

20世纪80年代，改革开放带来了中国桥梁隧道建设的春天，预应力技术的推广应用、电子计算机的普及、结构理论的发展和有限元的成熟、施工工艺和装备的持续升级改造，建设了一批具有世界水准的特大型桥梁隧道，我国的整体技术水平进入了世界先进行列。

进入21世纪，结构精细化计算分析技术的运用、高强度钢材（丝）的持续发展、超高性能混凝土的逐渐推广、部件整体拼装和短线匹配法的运用、缆索吊装施工技术的成熟应用、TBM技术的普及等，进一步提升了桥梁隧道的建造水平，中国桥梁隧道的建造水平已经全方位迈入世界强国行列。

20世纪末，一场新的经济革命悄然兴起。在第一次工业革命的200多年后，以信息为核心的知识产业革命把人类带入知识经济的新时代。

知识经济时代实质上就是一个智能化和高效率的时代。人类智慧与计算机网络相结合，使知识创新成为最有价值的产品，成为经济的主体和各行业的核心。

在桥梁的规划和设计阶段，人们将运用高度发展的计算机辅助手段进行有效、快速的优化和仿真分析，虚拟现实（Virtual Reality）技术的应用使业主可以十分逼真地事先看到桥梁建成后的外形、功能，再模拟地震和台风袭击下的表现、对环境的影响和昼夜的景观等以便于决策。

在桥梁的制造和架设阶段，人们将运用智能化的制造系统在工厂完成部件的加工，然后用卫星定位系统和遥控技术，在离工地千里之外的总部管理和控制桥梁的施工。

在桥梁建成交付使用后，将通过自动监测和管理系统，保证桥梁安全、正常运行。一旦有故障或损伤，健康诊断和专家系统将自动报告损伤部位和养护对策。总之，知识经济时代的桥梁工程将和其他行业一样具有智能化、信息化和远距离自动控制的特征。受计算机软件管理的各种智能型建筑机器人将在总部控制人员的指挥下，完成野外条件下的水下和空中作业，精确地按计划完成桥梁工程建设，这将是一幅21世纪桥梁工程的壮丽景象。

同时，数据显示，至2020年底，我国共有公路和铁路隧道38114（16798＋21316）座，总长度达到4.1万（19630＋21999.3）千米。据国际隧道与地下空间协会（ITA）统计，中国在建隧道规模占世界在建隧道规模的50％左右，已成为拥有公路隧道和铁路隧道数量最多、建设规模最大、发展速度最快的隧道大国，建设与运营技术正进入世界先进行列。

●本章参考文献

[1] 杜石然，范楚玉，陈美东，等．中国科学技术史稿（上、下册）[M]．北京:科学出版社，1982.
[2] 韩伯林．世界桥梁发展史[M]．上海：知识出版社，1987.
[3] 唐寰澄．桥[M]．北京：中国铁道出版社，1981.
[4] 茅以升．中国古桥技术史[M]．北京：北京出版社，1986.
[5] 《桥梁史话》编写组．桥梁史话[M]．上海：上海科学技术出版社，1979.
[6] 周礼[M]．陈戍国，点校．长沙：岳麓书社，1989.

[7] 诗经 [M]. 王秀梅, 译注. 北京: 中华书局, 2015.

[8] 管子 [M]. 房玄龄, 注. 刘绩, 补注. 刘晓艺, 点校. 上海: 上海古籍出版社, 2015.

[9] 郦道元. 水经注 [M]. 陈桥驿, 注. 杭州: 浙江古籍出版社, 2001.

[10] 佚名. 古本竹书纪年 [M]. 济南: 齐鲁书社, 2010.

[11] 英和, 等. 石渠宝笈三编 [M]. 上海: 上海书店出版社, 1988.

[12] 马可·波罗. 马可·波罗游记 [M]. 北京: 中国文史出版社, 2008.

[13] 李合群. 中国古代桥梁文献精选 [M]. 武汉: 华中科技大学出版社, 2008.

[14] 姜夔. 白石道人诗集 [M]. 上海: 上海书店出版社, 1987.

[15] 李约瑟. 中国之科技与文明 [M]. 台北: 台湾商务印书馆, 1980.

[16] 左丘明. 左传 [M]. 蒋冀骋, 标点. 长沙: 岳麓书社, 1988.

[17] 李延寿. 南史 [M]. 北京: 中华书局, 1975.

[18] 王安石. 临川先生文集 [M]. 北京: 北京图书馆出版社, 2004.

[19] 薛凤飞. 襃谷摩崖校释 [M]. 武汉: 湖北人民出版社, 1999.

[20] 王昶辑. 金石萃编 [M]. 北京: 中国书店, 1985.

[21] 洪颐煊. 平津读碑记 [M]. 胡正武, 徐三见, 点校. 上海: 上海古籍出版社, 2017.

[22] 罗英. 中国石桥 [M]. 北京: 人民交通出版社, 1959.

[23] 腾家俊, 沈平. 现代桥梁建筑设计 [M]. 北京: 人民交通出版社, 2008.

[24] 弗里茨·莱昂哈特. 桥梁建筑艺术与造型 [M]. 徐兴玉, 高言洁, 姜维龙, 译. 北京: 人民交通出版社, 1988.

[25] 潘洪萱. 古代桥梁史话 [M]. 北京: 中华书局, 1982.

[26] 唐寰澄. 中国古代桥梁 [M]. 北京: 文物出版社, 1957.

[27] 乔虹. 中国古桥 [M]. 合肥: 黄山书社, 2014.

[28] 樊凡. 桥梁美学 [M]. 北京: 人民交通出版社, 1987.

[29] 罗哲文, 刘文渊, 刘春英. 中国名桥 [M]. 天津: 百花文艺出版社, 2006.

[30] 马修·韦尔斯. 世界著名桥梁设计 [M]. 张慧, 黎楠, 译. 北京: 中国建筑工业出版社, 2003.

[31] 中国铁路桥梁史编辑委员会. 中国铁路桥梁史 [M]. 北京: 中国铁道出版社, 1987.

[32] 林同炎, S. D. 思多台斯伯利. 结构概念和体系 [M]. 王传志, 等, 译. 北京: 中国建筑工业出版社, 1985.

[33] 王伯惠. 斜拉桥结构发展和中国经验 [M]. 北京: 人民交通出版社, 2003.

[34] 《中国大桥》编写组. 中国大桥 [M]. 北京: 人民交通出版社, 2003.

[35] 中国土木工程学会桥梁及结构工程分会. 中国优秀桥梁 [M]. 北京: 人民交通出版社, 2006.

[36] 《钢筋混凝土桁架拱桥》三结合编写组. 钢筋混凝土桁架拱桥 [M]. 北京: 人民交通出版社, 1977.

[37] 项海帆. 21世纪世界桥梁工程的展望 [J]. 土木工程学报, 2000 (3): 1-6.

[38] 项海帆. 世界桥梁发展中的主要技术创新 [J]. 广西交通科技, 2003 (5): 1-7.

[39] 交通部公路规划设计院信息档案室. 九十年代国内外公路桥梁技术水平动向分析 [R]. 北京: 交通部, 1993.

[40] 吴中伟. 高性能混凝土 (HPC) 的发展趋势与问题 [J]. 建筑技术, 1998, 29 (1): 8-13.

[41] 交通部. 双曲拱桥施工 [R]. 北京: 交通部, 1968.

[42] 冯乃谦. 高性能混凝土与超高性能混凝土的发展和应用 [J]. 施工技术, 2009, 38 (4): 1-6.

[43] 袁雪戡, 金泰丽, 李乐洲. 江界河桥的稳定分析 [C] //中国公路学会桥梁和结构工程学会1994.年桥梁学术讨论会论文集. 北京: 人民交通出版社, 1994.

[44] 黄石市长江公路大桥管理局. 黄石长江公路大桥志 [M]. 武汉: 武汉大学出版社, 1998.

[45] 钱冬生. 独立自主发展我国的大跨悬索桥 [C] //中国公路学会桥梁和结构工程学会1995年桥梁学术讨论会论文集. 北京: 人民交通出版社, 1995.

[46] 陈德荣, 徐风云. 从宜宾桥看钢骨钢筋混凝土拱桥的发展前景 [C] //全国桥梁学术讨论会. 1991.

[47] 王毅才. 隧道的发展与历史 [J]. 西安公路学院学报, 1985, 1 (03): 1.

[48] 吴颖. 中国隧道发展历程 [J]. 施工企业管理, 2018 (11): 1.

[49] 严金秀. 中国隧道工程技术发展40年 [J]. 隧道建设 (中英文), 2019,

39（4）：8.
[50] 蒋树屏. 我国公路隧道建设技术的现状及展望［J］. 交通世界，2003（2）：6.
[51] 本刊记者. 我国已是世界上公路隧道最多、发展最快的国家——中国公路学会隧道工程分会理事长蒋树屏在2013年全国公路隧道学术交流会开幕式上的讲话（摘录）［J］. 隧道建设，2013，33（10）：1.
[52] 中国公路学报，编辑部. 中国交通隧道工程学术研究综述·2022［J］. 中国公路学报，2022，35（4）：40.
[53] 陈建勋，等. 公路隧道发展研究专题报告［R］. 西安：长安大学，2019.
[54] 田四明，王伟，巩江峰. 中国铁路隧道发展与展望（含截至2020年底中国铁路隧道统计数据）［J］. 隧道建设，2021（2）：1.

第十四章
Chapter 14

飞天梦想：

从远古理想到今日实现

作为五大运输方式之一，我国的航空运输和航天工程虽起步较晚，但发展迅速。目前，我国已经是航空航天大国，并正在向着航空航天强国迈进。航空运输有其独有的特色和优势，无论是进行超长距离的跨洋旅行，还是实现快捷高效的快递物流，航空运输都是不可或缺、甚至是不可替代的交通运输方式。航空运输的高速特性，使人类的环球旅行不再遥不可及，而未来的太空运输和太空旅行，也一定会随着航天技术的不断进步而走进人类的日常生活，远古中华民族的飞天梦想正在一步一步走向现实。我国航空运输及航天事业取得的惊人业绩，充分展现了中华民族的智慧、坚韧和不懈的辛勤努力，谱写了许多可歌可泣的故事，留下了攻坚克难、历久弥坚的历史丰碑。

新中国成立以来，中国民航事业经历了从无到有、由小到大的发展历程，尤其是改革开放以来，中国民航取得了突飞猛进的发展。截至2021年，民航运输机场由1978年的78个发展到248个（注：本章统计数据不含港澳台），全国运输机场旅客吞吐量9.07亿人次、货邮吞吐量1782.8万吨、飞机起降架次977.7万架次，相较1978年分别增长390倍、283倍和285倍，旅客周转量在综合交通运输体系中的比例由2%提高到33.1%。中国民航旅客运输量连续16年位居世界第二位，较好地满足了人民群众日益增长的航空运输需求，有力地支撑了国家对外开放战略，基本适应了经济社会发展对民航的要求。

与此同时，中国的航天事业亦从艰苦创业走向辉煌。2016年以来，中国航天进入创新发展"快车道"，空间基础设施建设稳步推进，北斗全球卫星导航系统建成开通，高分辨率对地观测系统基本建成，卫星通信广播服务能力稳步增强，探月工程"三步走"圆满收官，中国空间站建设全面开启，"天问一号"实现从地月系到行星际探测的跨越，取得了举世瞩目的辉煌成就。

本章从中华民族千年的飞天梦想开始，到中国航空航天事业的艰难起步和如今的初步辉煌，回顾先驱们艰苦卓绝的创业过程，感悟航空航天人坚韧不拔的科研精神，感受从飞天梦想逐步走向当今现实带给当代中国的雀跃与感动。

千年梦想

天空，引人遐想。华夏先人仰望天空，流连忘返于浩瀚的星河，将星辰幻化出久居广寒宫的嫦娥、分隔银河两岸的牛郎织女等神话故事。"危楼高百尺，手可摘星辰"，飞向蓝天，探索那浩瀚无垠的宇宙，实现太空遨游和太空运输，一直是中华儿女的梦想。

屈原曾用"昔余梦登天兮，魂中道而无杭……欲释阶而登天兮，犹有曩之态也"（《九章》）和"载营魄而登霞兮，掩浮云而上征"（《远游》）[1]表明他对太空的向往。苏轼的《赤壁赋》中也有"挟飞仙以遨游，抱明月而长终"[2]的著名诗句。古人对于飞天的想象各有不同，但是对飞天有着共同的向往。

飞天的梦想激励着古代人们用实际行动尝试探索天空。据《墨子·鲁问》记载，春秋时期，木匠的祖师爷鲁班就开始削竹制鸟，名为"木鹊"，上天后可以三天三夜不落下来，这是古代中国人最早设计出的飞行器（图14-1）[3]。后来，东汉的张衡、唐代的韩志和，也都先后发明了类似的简单飞行器。

600多年前，一位名叫万户（本名陶成道，因朱元璋封赏"万户"而被人称为"万户"）的人尝试将千百年来人们的飞天梦想付诸行动，他坐在绑上了47支火箭的椅子上，手里拿着风筝，飞向天空。但是火箭爆炸了，万户也为此献出了生命。虽然万户没有成功飞天，但他的

图14-1 鲁班造"木鹊"

探索精神一直激励着后人。人们称他为"世界航天第一人",西昌卫星发射中心的主题公园内也矗立着他的雕像(图14-2)。为纪念万户,国际天文学联合会将月球上的一座环形山以他的名字命名。

新中国成立后特别是改革开放以来,中国航天航空技术和事业取得了长足的发展,拉开了中国人遨游天空、探索宇宙的序幕。

正是这些看上去离人类航天现实似乎很遥远的点点滴滴,经历了几千年的深厚沉淀,共同孕育了中华民族神圣的飞天梦想,激励着中国现代航天航空事业的发展梦想不断成为现实。

图 14-2　万户雕像

中国航空的艰难起步[4]

1909年9月21日,旅美华侨冯如(图14-3)驾驶着自制的飞机——冯如1号,在美国加州奥克兰上空翱翔了800多米,安全着陆,揭开了中国航空史的第一页。

1919年3月,中国最早的民用航空机构——北洋政府的筹办航空事宜处成立。1920年5月,中国第一条民用航线——京沪线京津段开航。此后,旧中国民航开始逐步发展起来。

20世纪20年代末和30年代,发达国家开始组建世界性的航空网,部分公司开通了到中国的航线。1930年8月,中美合作经营的中国航空公司成立,得到了国民政府的大力支持,在技术设施和业务经营上较其他航空公司都处于领先地位。第二次世界大战结

图 14-3　中国航空之父
　　　　——冯如

束后，中国航空公司和中央航空公司（由中德合资成立的欧亚航空公司改组而成）在技术和业务方面都有较大的发展。与此同时，1946年12月20日，国民政府与美国签订了《中美空中运输协定》，规定在中美两国领土间设立并发展空中运输。双方各指定3处地点，供两国航空公司在此承载客货和邮件，并设定3条航线，分别为北太平洋线、太平洋线和大西洋线。

1946年12月，国民政府同意法国航空公司每月可以有两个从越南西贡（今胡志明市）到上海的航班，1947年后改为每周一班。1947年，法国航空公司还使用DC4客机试航巴黎至上海的航线。1948年5月，法国政府与国民政府签署协议，准许中国与法国各指定一个或数个空运组织，在昆明与河内间经营商业航空。此后，法国航空公司使用DC3飞机开辟了从越南西贡经越南河内到中国昆明的货运航线。中国航空公司也开辟了从中国上海经中国昆明到达越南河内的航线。

第二次世界大战结束后，欧美各国的民航运输都迎来了发展高潮。在20世纪50—60年代欧美各国恢复、发展民航业的过程中，除了研制和应用新机型外，就是不断完善、壮大航空公司的力量，不断开辟新的航线。

新中国航空事业的迅速发展

新中国成立之后，中国航空事业进入了崭新的发展阶段，并逐渐从西方国家手中收回了对我国民航的控制权。

1949年11月2日，中共中央政治局作出决定，在人民革命军事委员会下设民用航空局，受空军司令部指导。同年11月9日，中国航空公司、中央航空公司总经理刘敬宜、陈卓林率两公司在香港员工光荣起义（史称"两航"起义），并率领12架飞机回到北京、天津，为新中国民航建设提供了一定的物质和技术力量（图14-4）。

1950年，我国仅有30多架小型飞机，年旅客运输量仅1万人次，总货物周转量仅157万吨·公里。

图 14-4 "两航"起义的飞机

为加快航空事业的发展，中央政府着手民航管理体制的探索。1958 年 2 月 27 日，国务院下达通知：中国民用航空局自本日起划归交通部领导。1960 年 11 月 7 日，经国务院编制委员会讨论原则通过，决定中国民用航空局改称"交通部民用航空总局"，为部属一级管理全国民用航空事业的综合性总局，负责经营管理运输航空和专业航空，直接领导地区民用航空管理局的工作。1962 年 4 月 13 日，第二届全国人民代表大会常务委员会第五十三次会议决定，将交通部民用航空总局名称改为"中国民用航空总局"。1962 年 4 月 15 日，中央决定将民用航空总局由交通部部属局改为国务院直属局，其业务工作、党政工作、干部人事工作等均直归空军负责管理。

20 世纪 50 年代，中苏开通北京—伊尔库茨克航线，不仅使中国首都与苏联和东欧各国的联系更加畅通，而且通过联运扩展到欧洲其他一些城市和南北美洲一些国家。20 世纪 60 年代，中国与巴基斯坦通航，从而打开了西部大门，使中国的民航飞机可以经巴基斯坦直接飞抵欧洲和非洲。

1964 年 1 月，中法建交。1966 年 6 月，中法两国签订航空运输协定。1966 年 9 月，法国航空公司开航上海，成为与中华人民共和国通航的首家西方航空公司。9月20日,"舍维尼城堡"号波音707飞机第一次降落中国领土,从此开启了巴黎到上海的固定航线。中法之间首条航线的开辟,使新中国民航打破了西方封锁,中国与西方国家的联系从此进入"空中时代"。

1980年,军民分开。民航脱离军队建制,中国民用航空总局从隶属于空军变为国务院直属机构,实行企业化管理。当时全民航只有140架运输飞机,且多数载客能力仅为20~40人不等,载客能力达100人以上的中大型飞机只有17架,机场只有79个。到了1987年,政企分开。我国民航业开展了以航空公司与机场分设为特征的体制改革,组建了6个国家骨干航空公司(中国国际航空公司、中国东方航空公司、中国南方航空公司、中国西南航空公司、中国西北航空公司、中国北方航空公司),并在原有管理局的基础上,组建了民航华北、华东、中南、西南、西北和东北6个地区管理局,新中国航空运输事业的腾飞就此拉开帷幕。

20世纪最后的20年是中国民航改革开放的20年,它符合时代发展需要,更符合国家发展需要。改革开放以来,中国民航在国内较早进行体制改革。20世纪80年代初先后购买了波音747SP型宽体客机、波音747-200客机、波音737客机和MD-80型客机,运输飞机同世界民航先进水平的差距在逐步缩小。从1987年开始,实行地区管理局、航空公司、机场分设,成立若干骨干航空公司和地方航空公司,机场作为独立的企业运营。同时,国内、国际航线进一步开辟。为了适应加入世界贸易组织和深化体制改革的新形势,民航加大了对外开放力度,扩大了外商投资范围,放宽了外商投资比例,拓展了与其他国家民航业的双边和多边关系,在互利原则的基础上逐步对外开放航权,积极参与国际航空事务。

为适应市场化、国际化的发展需要,2002年国务院出台《民航体制改革方案》,将民航局直属的9家国有航空公司重组为中国国际航空公司(简称"国航")、中国东方航空集团公司(简称"东航")、中国南方航空集团公司(简称"南航"),并重组了中国民航信息集团公司、中国航空油料集团公司、中国航空器材进出口总公司三大航空服务保障集团公司。2003年完成中国民用航空总局行政管理体制改革，由三级管理变为中国民航局—地区管理局两级管理。推进机场属地化改革，至2004年基本完成机场的属地化管理（除北京首都国际机场和西藏自治区区域内机场外）2004年，根据《关于国内航空运价管理有关问题的通知》要求，推动市场化核心的运价机制的改革。2010年，中国民用航空局发布《建设民航强国的战略构想》，提出"民航强国是指民航业综合实力位居世界前列的国家，表现为民航业在国家经济社会发展中发挥战略作用，具有很强的国际竞争力、影响力和创新能力"。

中国航空机场的发展

中国最早的机场是1910年修建的北京南苑机场。南苑在元朝时开始被皇家占用，因地势低洼，水草丰盛，动物数量繁多，附近一带成为元、明、清三朝皇家猎园，后来成为清朝军队的演练校阅场。1904年，法国为向中国推销刚刚起步的飞机，把两架小飞机运到北京进行表演，见南苑地势开阔平坦，便选择在南苑进行飞机起降和飞行表演。1910年，清朝政府从法国买进了1架"法曼"（Farman）双翼飞机，并在南苑毅军（毅军为清朝政府的主力陆军，因其将领宋庆的勇号为"毅勇巴图鲁"，故称"毅军"）的操场上建立了中国最早的飞机修理厂，由留学日本归来的刘佐成、李宝焌开始研制飞机，同时修建了简易跑道。这是中国拥有的第一架飞机和第一个机场[5]。

新中国成立初期，全国仅有36个规模小、设备简陋的机场（图14-5为20世纪20年代设立的天津航空站）。到1978年，机场数量为78个，2010年为175个，2021年达到248个，已是改革开放之初的3倍多。机场数量的历史变迁情况如图14-6所示。

新中国成立后，中央军委民航局立即着手进行机场建设工作，特别是在1957年开始的"大跃进"运动中，各省、自治区、直辖市在省会、首府及其所辖重点城市开展了修建机场的热潮，建设了一批机场[6]。

图 14-5　20 世纪 20 年代上海—北平航线设立的天津航空站

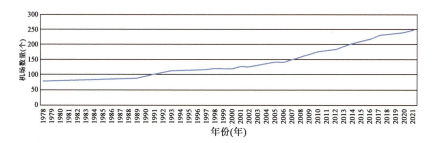

图 14-6　1978—2021 年中国境内（不含港澳台）运输机场数量变化

20 世纪 60 年代，为了开辟国际航线，并适应喷气式大型飞机的起降技术要求，我国又快速改扩建了上海虹桥机场、广州白云机场，使其成为国际机场。随后，我国又新建、改建、扩建了太原武宿机场、杭州笕桥机场、兰州中川机场、乌鲁木齐地窝堡机场、合肥骆岗机场、天津张贵庄机场、哈尔滨阎家岗机场等一批机场。由于这一时期航空运输还是只为较少的公务人员提供服务，对机场的需求也仅处于第二阶段——"飞机的机场"阶段。

我国机场建设的真正飞跃是在改革开放之后开始的。改革开放政策的实施，使民航机场的作用日益显现[7]。同时，我国陆续引进了大型、中远程、宽体喷气式飞机，促进了机场在标准、规模、安全保障等方面建设水平的提高。

1984年后,各省会、首府以及各大中城市也掀起了民航机场的建设热潮,其数量之多、范围之广,均为民航史上少见。

我国国民经济的持续快速发展和民航运输突飞猛进的增长,进一步要求更大规模的现代化机场的建设。20世纪90年代起,多个现代化机场相继投入使用。同时,一大批中小型机场也完成了新建、改建和扩建。

这一时期的机场建设指导思想是"集中力量,抓重点机场建设",逐步拓宽融资渠道,加大投资力度。"八五"时期(1991—1995年),民航基本建设投资达122亿元,技术改造投资为60.9亿元;而"九五"时期(1996—2000年),民航基本建设投资达到680亿元,技术改造投资为126亿元,分别是"八五"时期的5.57倍和2.07倍。"十五"时期(2001—2005年),机场建设投资仍然保持增长趋势,全行业固定资产投资达到947亿元。"十一五"时期(2006—2010年),全行业固定资产投资达到1400亿元,而"十二五"时期(2011—2015年),全行业固定资产投资达到2000亿元。

在航空机场新的发展阶段,我国机场建设运营的技术已经达到了世界领先的水平,北京大兴国际机场(图14-7)的建设运营就是我国一流机场建设的代表案例[8-9]。

图14-7 北京大兴国际机场俯瞰图

北京大兴国际机场，又称北京第二国际机场，是建设在北京市大兴区榆垡镇、礼贤镇与河北省廊坊市广阳区之间的超大型国际航空综合交通枢纽，为4F级国际机场、世界级航空枢纽、国家发展新动力源。截至2021年2月，北京大兴国际机场航站楼面积为78万平方米；民航站坪设223个机位，其中76个近机位、147个远机位；有4条运行跑道，东一、北和西一跑道宽60米，分别长3400米、3800米和3800米，西二跑道长3800米，宽45米，另有3800米长的第五跑道为军用跑道；可满足2025年旅客吞吐量7200万人次、货邮吞吐量200万吨、飞机起降量62万架次的使用需求。

北京大兴国际机场从开工到建成，耗时不到5年。2014年底，国家发展和改革委员会下发《关于北京新机场工程可行性研究报告的批复》，同意建设北京新机场，机场工程总投资达799.8亿元。2015年9月，北京大兴国际机场航站区工程正式开工。随后，机场以"中国速度"进行着高速建设。2017年6月，航站楼钢结构封顶；2018年12月，4条跑道实现全面贯通；2019年6月，主体工程竣工验收；2019年8月末，北京大兴国际机场完成作业验收和使用许可终审。2019年9月25日，北京大兴国际机场举行投运仪式。

在"中国速度"之下，北京大兴国际机场也创下了许多纪录：世界规模最大的单体机场航站楼，世界最大的减隔震航站楼，全球首座双层出发、双层到达的航站楼，全球第一座高速铁路从地下穿行的机场，世界最大的无结构缝一体化航站楼。

北京大兴国际机场是一座多方式立体交通枢纽，机场交通构建了"五纵两横"的综合交通主干网，且在航站楼正下方有16条轨道经过，可实现飞机、高速铁路、高速公路等多种交通方式立体换乘。其中，"五纵"是指京开高速公路、北京大兴国际机场高速公路、京台高速公路、京雄铁路和轨道交通大兴国际机场线，"两横"是指北京大兴国际机场北线高速公路和廊涿城际铁路。

飞机制造与大飞机的诞生

新中国成立后，经过几十年的积累与发展，中国的航空制造业由小到大，从修理到制造，从仿制到自行研制，逐步形成了门类比较齐全，科研、实验、生产、经贸都有相当规模与基础的工业化体系。新中国的航空制造业在抗美援朝战争的烽火中诞生，1951 年 4 月 17 日，随着《关于航空工业建设的决定》的颁布，航空工业管理委员会正式成立。在国家资金重点支持下，航空工业进入了大规模的重点建设阶段，借助苏联的技术支援，一批航空高等院校得以组建，13 个重点骨干企业开始运行，航空工业较为迅速地实现了由维修向生产制造的过渡。中国生产的第一架飞机——初教5、第一架喷气歼击机——歼-5 与第一架直升机分别于 1954 年、1956 年、1958 年试制成功。1959 年，随着中国第一架超音速喷气歼击机歼-6 试制成功，我国跨入了同时期世界上为数不多的具备批量生产喷气式战斗机能力的国家行列[10-11]。

20 世纪 60—70 年代，中国航空制造业进入完全依靠自己力量、独立建设和发展时期，在克服重重困难和排除严重干扰过程中继续前行。1965 年，自行设计的强-5 强击机设计定型；1966 年，试制成功两倍音速歼击机——歼-7；1969 年，我国第一架自行设计制造的高空高速歼击机——歼-8 首飞成功，标志着中国歼击机研发工作更上一层楼。这段时期，在着眼长远、综合规划的基础上，致力于提高航空制造业自身科研水平，航空研究院和 22 个航空专业设计所、研究所得以设立。伴随着大规模的三线建设工作的展开，中国航空制造业布局实现较大改观。到 20 世纪 70 年代末，中国航空制造业不再局限在东北、华北、华东地区，在中南、西南、西北等地的三线地区有了比较强的飞机及其配套设备的科研与生产能力。

改革开放以来，中国航空制造业在全面推进各项改革的同时，推进了大规模的"军转民、内转外"的战略目标定位，在探索中持续前进，在变革中求生存、求发展，在市场竞争中逐渐成长。民用航空制造业为改变其长期发展滞后的局面，陆续进行了 20 余个型号的研发与改进。在走向世界方面，实现了从一般性国际交流合作、先进技术引进、转包生产，发展到关键航空产品和整机技术输出，再到平等参与重大航空项目研发与合作生产的历史性跨越。特别是进入 21 世纪以来，中国航空制造业迎来了发展史上的重大机遇，进入了一个跨越式发展的新的历史阶段，使我国跻身于专业化、信息化、体系化发展航空工业产品的国家之列。例如，以歼-20 为代表的中国第五代战机，将担负中国空军未来对空、对海的主权维护任务。此外，我国还掌握了涡扇支线客机、先进直升机的研发与生产技术[12]。

2002 年 4 月，我国大飞机项目启航，ARJ21 支线客机项目正式立项，2007 年 C919 正式立项，2009 年工程样机交付，2015 年 11 月 C919 首架机总装下线，2017 年 5 月在上海完成首飞。大飞机项目作为国家意志，其地位举足轻重，在机体设计制造中应用了大量新技术及关键技术，保证了大飞机的竞争力[13]。

太空运输和太空旅行

一万年太久，只争朝夕。中国航天人以强烈的爱国热情、高度的敬业精神和追求真理的创新精神，把智慧、青春和整个人生，都毫无保留地献给了航天事业，献给了中华民族的崛起和复兴，献给了全人类。

在毛泽东、周恩来、邓小平等老一辈中央领导集体的坚强领导下，在习近平总书记的高度重视和指挥下，在航天领域"两弹一星"元勋钱学森、王大珩、王希季、孙家栋、任新民、陈芳允、杨嘉墀、屠守锷、黄纬禄、赵九章、姚桐斌、钱骥、郭永怀、谢光选（长征三号运载火箭首任总设计师、"两弹结合"技术总设计师）为代表的科学家们的奋斗拼搏下，中国航天发展实现了从零的突破到世界航天大国的历史性跨越。航天研究与应用的历史是辉煌的，他们用热血和青春铸就的历史功绩是分分秒秒抢出来的，所以此段历史的回顾在时间颗粒度上是更加细致的。

- **难忘的航天发展岁月**

这里仅介绍与交通运输有关的航天发展，即与太空运输系统建设紧密相关的发展成就,包括火箭与导弹(火箭的前期技术基础是导弹)、卫星(卫星是运输飞船设计的技术基础)、发射与着陆系统,即714工程[14]。

1956年2月,著名科学家钱学森向中央提出了《建立中国国防航空工业的意见》。1956年3月,国务院制定《1956年至1967年科学技术发展远景规划纲要(草案)》,其中提出要在12年内使中国喷气和火箭技术走上独立发展的道路。

1956年4月,中华人民共和国航空工业委员会成立,统一领导中国的航空和火箭事业。聂荣臻任主任,黄克诚、赵尔陆任副主任。

1956年5月10日,聂荣臻副总理向中央提出《建立中国导弹研究工作的初步意见》。5月26日,周恩来总理主持中央军委会议讨论同意,并责成航委负责组织导弹管理机构和研究机构。

1958年1月,国防部制定《喷气与火箭技术十年(1958~1967年)发展规划纲要》。

苏联第一颗人造地球卫星发射之后,中国一些著名科学家建议开展中国卫星工程的研究工作,一些高等院校也开始进行相关科研活动。中国科学院由钱学森、赵九章等科学家负责拟订发展人造卫星的规划草案,代号为"五八一"任务,成立了"五八一小组"。

1958年4月,开始兴建中国第一个运载火箭发射场。同年5月17日,毛泽东主席在中共八大二次会议上要求我国研发人造卫星。1960年2月19日,中国自行设计制造的试验型液体燃料探空火箭首次发射成功。同年9月,探空火箭发射成功。同年11月5日,中国仿制的苏联"P-2"导弹首次发射试验获得成功。1962年3月21日,中国独立研制的第一枚中近程导弹发射试验失败。

1963年1月,中国科学院成立星际航行委员会,由竺可桢、裴丽生、钱学森、赵九章等领导,研究制定星际航行长远规划。1964年4月29日,国防科委向中央报告,设想在1970年或1971年发射中国第一颗人造卫星。同年6月29日,中国自行研制的中近程导弹再次发射试验,获得成功。同年7月19日,成功地发射了第一枚生物火箭。

1965年，中央专门委员会批准第七机械工业部制定的1965年至1972年运载火箭发展规划，中央专委责成中国科学院负责拟定卫星系列发展规划。1966年6月30日，周恩来总理视察酒泉运载火箭发射基地，观看中近程火箭发射试验，祝贺发射成功。同年10月27日，导弹核武器发射试验成功，弹头精确命中目标，实现核爆炸。同年11月，长征一号运载火箭和"东方红一号"人造卫星开始研制。同年12月26日，中国研制的中程导弹首次飞行试验基本成功。1967年，"和平二号"固体燃料气象火箭试射成功。1970年1月30日，中远程导弹飞行试验首次成功。同年4月24日21时35分，"东方红一号"人造卫星发射成功。这是中国发射的第一颗人造卫星。毛泽东主席等领导人于"五一"劳动节在天安门城楼接见了卫星和运载火箭研制人员代表。

1971年，载人航天工程（简称"714工程"）启动，1975年工程下马（当时经济、技术都很困难）。1971年9月10日，东风五号洲际导弹首次飞行试验基本成功。1975年11月26日，中国发射了一颗返回式人造卫星，卫星按预定计划于29日返回地面。1979年1月7日，远程导弹试验一种新的发射方式，获得成功。1980年5月18日，中国向太平洋预定海域成功地发射了远程运载火箭。中共中央、国务院、中央军委发电致贺。同年6月10日，在北京人民大会堂举行庆祝大会，邓小平、胡耀邦、李先念、陈云、彭真、徐向前等领导人出席，胡耀邦作重要讲话。1984年4月8日，中国第一颗地球静止轨道试验通信卫星发射成功。16日，卫星成功地定点于东经125度赤道上空。1990年4月7日，长征三号火箭在其第7次发射中，成功地将亚洲一号卫星送入预定轨道。这是我国发射的第一颗国外卫星，标志着中国正式进入国际商业发射服务市场。长征三号火箭是我国一段时期内进入国际市场，用于同步转移轨道轻型卫星发射任务的主要火箭之一。

- **中国载人航天工程与太空运输和太空旅行**

在邓小平、江泽民、胡锦涛、习近平等历届中央领导集体的坚强领导下，在中国载人航天工程首任总指挥丁衡高及副总指挥沈荣骏、刘纪原，第二任总指挥曹刚川及副总指挥胡世祥、栾恩杰、王礼恒，以及张又侠、李继耐、常万全、张庆伟、马兴瑞、许达哲、袁家军（飞船）等历任总指挥的有力组织指挥下，在航天领域"两弹一星"元勋们的技术指导下，以及王永志（中国载人航天工程首任总设计师）、戚发轫（神舟飞船总设计师）、周继平（总设计师）等无数科学家的英勇拼搏下，中国载人航天发展实现了从零到世界三大载人航天强国的历史性跨越。

1986年3月，"两弹一星"元勋、国家863高科技计划倡议人王大珩、杨嘉墀等建议将"载人航天工程"列入国家863计划，并获中央采纳。但中央要求该项工程要单独立项（由于投资巨大），并由此延误至1992年。1992年1月，时任航空航天部主管航天工作的副部长刘纪原（中国航天工业总公司总经理兼国家航天局局长），向中央提出载人航天工程尽快正式立项的建议，并获中央采纳。1992年9月21日，中共中央政治局常委会批准实施载人航天工程（代号"921工程"），并确定了工程实施"三步走"的发展战略。

第一步，发射载人飞船，建成初步配套的试验性载人飞船工程，开展空间应用实验。第二步，在第一艘载人飞船发射成功后，突破载人飞船和空间飞行器的交会对接技术，并利用载人飞船技术改装、发射一个空间实验室，解决有一定规模的、短期有人照料的空间应用问题。第三步，建造中国载人空间站，解决有较大规模的、长期有人照料的空间应用问题。

2010年9月25日，中共中央政治局常委会议批准《载人空间站工程实施方案》，载人空间站工程正式启动实施。中国载人航天工程由八大工程组成：航天员系统工程、空间应用系统工程、载人飞船系统工程、运载火箭系统工程、发射场系统工程、测控通信系统工程、着陆场系统工程、空间实验室（中国空间站）系统工程。如今，中国载人航天工程已完成了各项预定计划，中国空间站进入在轨建设阶段。

第十四章 飞天梦想：从远古理想到今日实现

- **中国自主太空运输系统建设**

中国载人航天工程的成功实施，使得我国初步建设了自主的太空运输系统。我国已先后开发了长征系列运载火箭（长征一号至长征十一号）。长征系列运载火箭已经能够满足我国太空运输与太空旅行的各项运输任务。截至 2022 年 5 月 10 日，我国长征系列运载火箭已经飞行 420 次，其可靠性达到世界先进水平。我国已先后开发了神舟系列载人飞船（神舟一号至神舟十四号）和天舟系列货运飞船（天舟一号至天舟四号）。神舟系列载人飞船已经成功飞行 13 次，天舟系列货运飞船已经成功飞行 4 次。神舟系列载人飞船和天舟系列货运飞船，已经能够满足我国太空旅行与太空运输的各项运输任务。我国已建设了以酒泉发射场为主的载人飞船发射系统和以文昌发射场为主的货运飞船发射系统[15]。

另外，我国也已建立了以东风着陆场为代表的多个着陆系统，以及应急着陆系统。我国已建立了陆海空天的全球测控系统，以及北京航天指挥中心（测控指挥中心）。

- **中国太空运输系统重大运输成就**

中国载人航天工程成功实施，不仅初步建设了中国自主的太空运输系统，而且成功完成了载人航天工程的各项太空运输任务，实现了载人飞船太空运输与航天员太空旅行（神舟一号至神舟十三号）。1999 年 11 月，神舟一号载人飞船进行了中国载人航天工程的第一次无人飞行试验。2001 年 1 月，神舟二号载人飞船进行了中国载人航天工程的第二次无人飞行试验。2002 年 3 月，神舟三号载人飞船进行了中国载人航天工程的第三次无人飞行试验。2002 年 12 月，神舟四号载人飞船进行了中国载人航天工程的第四次无人飞行试验。

2003 年 10 月 15 日，杨利伟乘坐神舟五号载人飞船圆满完成了我国首次载人航天飞行和中国航天员的首次太空旅行，飞船在太空绕地球运行 14 圈，历时 21 小时 23 分。

2005年10月12日至17日，航天员费俊龙、聂海胜乘坐神舟六号载人飞船，在太空绕地球运行76圈，历时4天19小时33分，实现了多人多天太空飞行和太空旅行。

2008年9月25日，神舟七号载人飞船在中国酒泉卫星发射中心搭乘长征二号F型运载火箭发射升空，将翟志刚、刘伯明、景海鹏3名中国航天员送入太空。9月27日16时34分，神舟七号载人飞船运行第29圈，地面飞控中心下达出舱指令，航天员翟志刚、刘伯明分别着中国自主研制的"飞天"舱外航天服和从俄罗斯引进的"海鹰"舱外航天服，成功实施了中国航天员的首次太空出舱活动。

2011年11月1日5时58分，承载着首次交会对接任务的神舟八号飞船在中国酒泉卫星发射中心发射升空。11月3日1时45分，天宫一号目标飞行器与神舟八号已顺利实现首次交会对接。11月16日18时30分，天宫一号顺利实施2次升轨控制，进入长期管理轨道。

2013年6月11日，航天员聂海胜、张晓光、王亚平乘神舟十号载人飞船成功进入太空。

2016年9月15日，天宫二号空间实验室在酒泉卫星发射中心发射成功。2016年10月17日，在酒泉卫星发射中心使用长征二号FY11运载火箭成功将神舟十一号载人飞船送入太空。2016年10月19日，神舟十一号载人飞船与天宫二号自动交会对接成功。航天员景海鹏、陈冬进入天宫二号。

2021年6月17日9时22分，搭载神舟十二号载人飞船的长征二号F遥十二运载火箭，在酒泉卫星发射中心点火发射，顺利将聂海胜、刘伯明、汤洪波3名航天员送入太空。6月17日15时54分，神舟十二号载人飞船入轨后顺利完成入轨状态设置，与此前已对接的天舟二号货运飞船一起构成三舱（船）组合体。8月20日，经过约6个小时的出舱活动，神舟十二号航天员乘组第二次出舱活动于20日14时33分圆满完成。9月16日，神舟十二号载人飞船撤离空间站组合体。9月17日13时30分许，神舟十二号载人飞船返回舱在东风着陆场安全降落。

2021年10月16日0时23分,搭载神舟十三号载人飞船的长征二号F遥十三运载火箭,在酒泉卫星发射中心顺利将翟志刚、王亚平、叶光富3名航天员送入太空,飞行乘组状态良好,发射取得圆满成功。

2021年11月7日18时51分,女航天员王亚平身着我国新一代"飞天"舱外航天服,与翟志刚从天和核心舱节点舱成功出舱。她成为中国首位进行出舱活动的女航天员,迈出了中国女性舱外太空行走第一步。

2022年4月16日9时56分,神舟十三号载人飞船返回舱在东风着陆场成功着陆,神舟十三号载人飞行任务取得圆满成功。10时许,航天员翟志刚、王亚平、叶光富平安返回、感觉良好。飞行乘组在中国空间站组合体工作生活了183天,创下了中国航天员连续在轨飞行时长新纪录。至此,中国空间站关键技术验证阶段任务完成,即将转入在轨组装建造阶段。

2022年6月5日10时44分,搭载神舟十四号载人飞船的长征二号F遥十四运载火箭在酒泉卫星发射中心点火发射,约577秒后,神舟十四号载人飞船与火箭成功分离,进入预定轨道,飞行乘组状态良好,发射取得圆满成功。9月2日0时33分,经过约6小时的出舱活动,神舟十四号航天员陈冬、刘洋、蔡旭哲密切协同,完成出舱活动期间全部既定任务,陈冬、刘洋已安全返回问天实验舱,出舱活动取得圆满成功。

随着我国载人航天和商业航天的不断发展,未来部分大众也将实现太空旅行。

- **货运飞船太空运输**(中国空间站在轨建设)

2017年4月20日19时51分许,我国首艘货运飞船天舟一号,搭乘长征七号遥二运载火箭在我国文昌航天发射场发射成功。这是我国载人航天工程"三步走"发展战略第二步的收官之作,标志着我国即将开启空间站时代[16]。天舟一号是面向空间站建造和运营任务全新研制的货运飞船,全长10.6米,最大直径3.35米,由货物舱和推进舱组成。飞船整船最大装载状态下重达13.5吨，最大上行货物运载量达6.5吨，是我国飞船中名副其实的"大块头"。

2021年5月29日20时55分，搭载天舟二号货运飞船的长征七号遥三运载火箭，在我国文昌航天发射场准时点火发射。约604秒后，飞船与火箭成功分离，精确进入预定轨道。21时17分，太阳能帆板两翼顺利展开工作，发射取得圆满成功[17]。30日5时01分，天舟二号货运飞船与天和核心舱顺利实现快速交会对接。天舟二号货运飞船成为首个停靠空间站核心舱的航天器。此次天舟二号货运飞船与天和核心舱对接采用的是快速自动交会对接技术，其最大的特点就是"快"，整个过程历时8个小时，而且无须地面干预。

2021年9月20日15时10分，搭载着天舟三号货运飞船的长征七号遥四运载火箭，在我国文昌航天发射场点火发射[18]。约597秒后，飞船与火箭成功分离，精确进入预定轨道。中国载人航天工程发射任务取得20战20捷，这是中国向空间站核心舱送出的第二件太空"包裹"。

天舟三号从大海之滨起飞，天舟二号仍在太空飞行，兄弟俩要一直相伴共飞，直到他们的收件人——神舟十三号航天员当面"签收"后才会分离。按照载人航天工程规划，两艘货船会同时对接在天和核心舱的两端，形成"一"字形构型，等待神舟十三号载人飞船的到来，这也是中国载人航天史上第一次两艘中国货运飞船同时在天运行。

2022年5月10日1时56分，搭载天舟四号货运飞船的长征七号遥五运载火箭，在我国文昌航天发射场点火发射。约10分钟后，飞船与火箭成功分离，进入预定轨道。2时23分，飞船太阳能帆板顺利展开工作，发射取得圆满成功。后续，天舟四号货运飞船将与在轨运行的空间站组合体进行交会对接。这是中国载人航天工程的第22次发射任务，是空间站建设从关键技术验证阶段转入在轨建造阶段的首次发射任务，也是长征系列运载火箭的第420次飞行。天舟四号货运飞船入轨后，顺利完成状态设置，于北京时间2022年5月10日8时54分，采用自主快速交会对接模式，成功对接空间站天和核心舱后向端口。天舟四号货运飞船装载了神舟十四号载人飞船 3 名航天员 6 个月在轨驻留消耗品、推进剂、应用实（试）验装置和样品材料、备品备件及部分载荷等物资，交会对接完成后，将转入组合体飞行段。

- **中国探月工程与深空运输和星际旅行**

在胡锦涛、习近平等两届中央领导集体的坚强领导下，在首任总指挥栾恩杰、总设计师孙家栋，以及历任总指挥、总设计师的有力组织指挥下，在无数科学家的英勇拼搏下，中国探月工程已经取得初步成功。

1993 年，时任中国航天工业总公司总经理兼国家航天局局长刘纪原代表中国航天工业总公司，向中央提出中国探月工程的立项建议，并获时任主管领导国务委员宋健的支持。时任国务委员宋健亲自主持论证，但由于当时经济条件和体制等原因，有关方面未能形成共识，暂未能立项。1999 年，新成立的国防科工委正式开始规划论证月球探测工程，并开展了先期的科技攻关。

2004 年 1 月 23 日，国务院总理温家宝批准绕月探测工程立项。2004 年 2 月 25 日，绕月探测工程领导小组第一次会议召开，会议通过《绕月探测工程研制总要求》。2004 年 3 月 15 日，国防科工委任命五大系统总指挥及总设计师。2004 年 11 月，完成工程总体技术方案制定。

2006 年 2 月，国务院颁布《国家中长期科学和技术发展规划纲要（2006—2020 年）》，明确将"载人航天与探月工程"列入国家十六个重大科技专项。中国航天工业总公司早在 1994 年就进行了探月工程必要性和可行性研究，1996 年完成了探月卫星的技术方案研究，1998 年完成了探月卫星关键技术研究，以后又开展了深化论证工作。

探月工程共分四期进行。探月工程一期的任务是实现环绕月球探测。嫦娥一号卫星于 2007 年 10 月 24 日发射，在轨有效探测 16 个月，2008 年 11 月 12 日，由嫦娥一号拍摄数据制作完成的中国第一幅全月球影像图公布，是当时世界上已公布的月球影像图中最完整的一幅。2009年3月成功受控撞月，实现中国自主研制的卫星进入月球轨道并获得全月图。

探月工程二期的任务是实现月面软着陆和自动巡视勘察。嫦娥二号于2010年10月1日发射，作为先导星，为二期工作进行了多项技术验证，并开展了多项拓展试验，圆满并超额完成各项既定任务[19]。2013年12月2日，嫦娥三号探测器发射；12月14日，顺利在月球正面虹湾地区实现软着陆，12月15日，作为嫦娥三号的巡视器，中国首辆月球车"玉兔号"驶抵月球表面，进行月球表面巡视勘察，获得了大量工程和科学数据。截至2020年9月1日，嫦娥三号已落月2453天，现处于"退役"状态即长期管理阶段，着陆器部分科学载荷仍在工作。

探月工程三期的任务是实现无人采样返回。2014年10月24日，我国实施了探月工程三期再入返回飞行试验任务，验证返回器接近第二宇宙速度再入返回地球的相关关键技术。11月1日，飞行器服务舱与返回器分离，返回器顺利着陆预定区域，试验任务取得圆满成功。随后，服务舱继续开展拓展试验，先后完成了远地点54万千米、近地点600千米大椭圆轨道拓展试验、环绕地月L2点探测、返回月球轨道进行嫦娥五号任务相关试验。服务舱后续还将继续开展拓展试验任务。

2018年12月8日2时23分，我国在西昌卫星发射中心用长征三号乙运载火箭成功发射嫦娥四号探测器，开启了月球探测的新旅程。实施嫦娥四号的任务，我国实现两个"第一次"：第一次实现人类探测器月球背面软着陆；第一次实现人类航天器在地月L2点对地对月中继通信。同时，嫦娥四号获得一批重大的原创性科学研究成果，并为深空探测领域创新发展积累重要经验。

2020年11月24日4时30分，我国在文昌航天发射场用长征五号遥五运载火箭成功发射嫦娥五号探测器，顺利将探测器送入预定轨道。由此，我国开启首次地外天体采样返回之旅（星际运输）[20]。嫦娥五号探测器进入地月转移轨道后，实施2次轨道修正、2次近月制动，顺利进入环月圆轨道。此后，探测器经历组合体分离、环月降轨及动力下降，着陆器和上升器组合体于 12 月 1 日在月球正面预选区域着陆并开展采样工作。12 月 3 日，上升器点火起飞、精准入轨，于 12 月 6 日完成与轨道器和返回器组合体之间的交会对接及样品转移，此后按计划分离并受控落月。12 月 12 日至 16 日，轨道器和返回器组合体在完成 2 次月地转移入射、2 次轨道修正后，返回器于 12 月 17 日与轨道器分离并重返地球，并在内蒙古四子王旗预定区域成功着陆。我国自此成为世界上继美国和苏联之后第 3 个实现月球采样返回的国家。

2022 年 4 月 24 日，中国探月工程三期圆满收官，探月工程四期已全面启动，中国航天事业正全面开启星际探测的新征程。中国航天将坚持面向世界航天发展前沿、面向国家航天重大战略需求，陆续发射嫦娥六号、嫦娥七号、嫦娥八号探测器，开展任务关键技术攻关和国际月球科研站建设。其中嫦娥六号计划到月球背面采样，并正在论证构建环月球通信导航卫星星座。

- 中国自主深空运输系统初步建设

中国探月工程的成功实施，意味着我国初步成功建设了自主的深空运输系统[21-22]。我国已先后使用长征三号和长征五号运载火箭，成功完成了探月工程的深空运输与星际飞行的运输任务。截至 2022 年 5 月 10 日，我国长征系列运载火箭已经飞行 420 次，其可靠性达到世界先进水平。此外，我国已先后开发了嫦娥一号至嫦娥五号星际飞行器，并成功完成我国探月工程的深空运输和星际飞行任务。未来我国将有望开发深空运输与星际旅行的运载飞船，并成功实现中国的载人登月与中国航天员的登月旅行（星际旅行）。我国已经建设了以西昌发射场为主的深空运输与星际飞行的发射系统。

此外，我国已建立了内蒙古等地的多个着陆系统及应急着陆系统，也建立了陆海空天一体的深空测控系统及北京航天指挥中心（测控指挥中心），并且已成功开展了火星探测的深空运输与星际飞行。

●本章参考文献

[1] 刘向. 楚辞 [M]. 王逸, 注. 洪兴祖, 补注. 孙雪霄, 校点. 上海: 上海古籍出版社, 2015.

[2] 苏轼. 东坡集 [M]. 西安: 三秦出版社, 2022.

[3] 墨子. 墨子 [M]. 毕沅, 校注. 吴旭民, 点校. 上海: 上海古籍出版社, 2014.

[4] 王勇, SUN X. 世界航空史中的中国 [J]. 今日民航, 2016 (04): 172-181.

[5] 陈惟杉. 从南苑机场到大兴国际机场新中国机场迅猛发展的缩影 [J]. 中国经济周刊, 2019 (17): 16-17.

[6] 史保华, 许巍, 王文杰, 等. 中国机场建设的现状与发展 [J]. 筑路机械与施工机械化, 2010, 27 (02): 14-19, 8.

[7] 许刚. 论中国机场建设对中国民航发展的影响 [J]. 民航管理, 2017 (12): 47-49.

[8] 陈楠枰. 用高质量的大兴机场建设为国家发展锻造新动力源 [J]. 交通建设与管理, 2019 (06): 44.

[9] 赵建华, 张晓峰, 王路兵, 等. 北京大兴国际机场绿色运营实践与展望 [J]. 环境保护, 2021, 49 (11): 18-21.

[10] 户海印. 中国民用航空制造业目标定位及发展路径研究 [D]. 北京: 北京交通大学, 2015.

[11] 陆孝彭. 大型民航机发展的历史与展望和我国发展大型民航机的策略 [J]. 世界科技研究与发展, 1995 (05): 68-69.

[12] 李志强, 李晶, 韩野. 大飞机发动机关键制造技术 [J]. 国防制造技术, 2011 (05): 13-16.

[13] 谢曦鹏. 大飞机制造的关键技术探析 [J]. 科技创新导报, 2013 (34): 34.

[14] 刘纪原. 中国航天事业的60年 [M]. 2版. 北京: 北京大学出版社, 2016.

[15] 朱宇, 王芷, 齐志红. 中国航天——从航天大国走向航天强国 [J]. 科技导报, 2007 (23): 17-22.

[16] 赵金才. 我国首艘货运飞船天舟一号与天宫二号空间实验室成功对接 [J]. 科学, 2017, 69 (03): 31.

[17] 黎云，张汨汨. 天舟二号货运飞船发射任务取得圆满成功［J］. 科技传播，2021，13（11）：8.

[18] 新华社. 天舟三号货运飞船圆满成功［J］. 企业观察家，2021（09）：8.

[19] 郝哲，蔡金曼，刘凝哲. 中国航天史上又一次重大跨越——访探月工程总设计师吴伟仁、副总指挥吴志坚［J］. 国防科技工业，2011（09）：16-17.

[20] 嫦娥五号出发，力争实现中国航天史上5个"首次"［J］. 红外，2020，41（12）：50.

[21] 中华人民共和国国务院新闻办公室. 2021中国的航天［M］. 北京：人民出版社，2022.

[22] 刘竹生，孙伶俐. 航天运输系统发展及展望［J］. 中国科学：技术科学，2012，42（05）：493-504.

第十五章
Chapter 15

城市交通：

支撑和引领快速城镇化和机动化发展的中国之路

随着社会经济与交通技术的快速发展，我国城市也在不断发展演化。如今，从城市规模数量和发展质量上看，我国城市在世界城市史上占有重要地位，无论是标志文明进化程度的古代城市，还是基于生态发展理念的现代城市，都具有引领和示范作用。

人口总量大、密度大是我国城市最显著的特点。这一特点决定了中国坚持绿色发展和紧凑型城市建设的总体战略。与此相适应，我国城市交通发展的必然目标是建设以轨道交通为骨干、绿色交通为主体的城市综合交通系统。本章的核心内容和主要目的是说明中国城市的主要特点以及由此决定的合理交通结构目标；回顾我国城市交通的发展历程，分析面临的主要矛盾及其破解思路；凝练总结改革开放以来城市和城市交通发展的经验，简述以都市圈、城市群为主要形态的新型城镇化发展方向以及与之深度融合的城市综合交通发展展望。

城市规模与城市机动化

随着社会经济和科学技术的发展，我国城市在规模和形态上，都发生了巨大变化。了解这一历史过程，对于深刻理解当前的城市交通现状和成因、破解城市交通问题、应对新时代交通面临的挑战，具有重要意义。

- **城市分类**

新中国成立以来，城市建设发展很快，尤其是改革开放以来，我国城市建成区面积由1978年的0.5万平方千米，增长到2021年的6.2万平方千米，增长了11.4倍，如图15-1所示（注：本章统计数据不含港澳台）。

为使城市建设符合城市发展实际且便于分类指导和政策制定，新中国成立以来，我国对城市规模划分标准进行过多次调整。

第十五章 城市交通：支撑和引领快速城镇化和机动化发展的中国之路

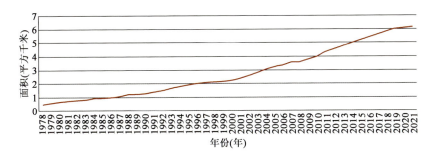

图 15-1　我国城市建成区面积变化曲线 （1978—2021 年）[1]

1955 年，国家建委在《关于当前城市建设工作的情况和几个问题的报告》中首次提出大中小城市的划分标准，即："人口数量为 50 万人以上为大城市，50 万人以下、20 万人以上为中等城市，20 万人以下为小城市。"1980 年，国家建委修订《城市规划定额指标暂行规定》，对城市划定标准进行了调整，重点将城市人口 100 万人以上的划定为特大城市。1984 年国务院颁布的《城市规划条例》又回归到 1955 年的标准。1989 年颁布的《中华人民共和国城市规划法》在 1984 年标准的基础上，指出城市规模按照市区和近郊区非农业人口计算。2014 年，国务院发布《关于调整城市规模划分标准的通知》（国发〔2014〕51 号），以城区常住人口为统计口径，将城市划分为五类七档，见表 15-1。

国务院发布的五类七档城市分类标准　　　　表 15-1

分　类		城区常住人口（万人）
超大城市		≥1000
特大城市		[500, 1000)
大城市	Ⅰ型大城市	[300, 500)
	Ⅱ型大城市	[100, 300)
中等城市		[50, 100)
小城市	Ⅰ型小城市	[20, 50)
	Ⅱ型小城市	<20

根据第七次全国人口普查数据，目前全国有 7 个超大城市，分别是上海、北京、深圳、重庆、广州、成都、天津，城市数量占比为 1.02%，人口、地区生产总值占比分别为 10.76%、18.1%；有

14个特大城市，分别是武汉、东莞、西安、杭州、佛山、南京、沈阳、青岛、济南、长沙、哈尔滨、郑州、昆明和大连，城市数量占比为2.04%，人口、地区生产总值占比分别为10.25%、14.66%，见表15-2。

2022年我国超特大城市概况　　　　　　　　表15-2

分类	城市		人口		地区生产总值	
	数量（个）	占比（%）	数量（亿人）	占比（%）	数量（万亿元）	占比（%）
超大城市	7	1.02	1.5	10.76	18.4	18.1
特大城市	14	2.04	1.43	10.25	14.9	14.66

● 机动化现状与发展趋势

改革开放以来，我国机动车保有量由1978年的159万辆增至2021年的3.95亿辆，增长约247.4倍，年均增长14.7%；私人汽车保有量由1978年的25.9万辆（载客汽车）增至2021年的2.62亿辆，增长约1010.6倍，如图15-2所示。

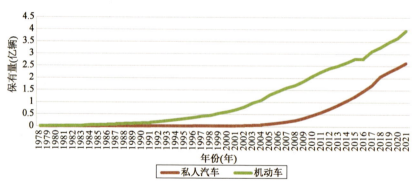

图15-2　我国机动车和私人汽车保有量变化曲线（1978—2021年）

党的十九大报告提出："以城市群为主体构建大中小城市和小城镇协调发展的城镇格局。"

国家发展和改革委员会在《2021年新型城镇化和城乡融合发展重点任务》中提出："增强城市群和都市圈承载能力，转变超大特大城市发展方式，提升城市建设与治理现代化水平，推进以县城为重要载体的城镇化建设，加快推进城乡融合发展"[2]。

《中华人民共和国国民经济和社会发展第十四个五年规划和2035年远景目标纲要》中提出："坚持走中国特色新型城镇化道路，深入推进以人为核心的新型城镇化战略，以城市群、都市圈为依托促进大中小城市和小城镇协调联动、特色化发展，使更多人民群众享有更高品质的城市生活。"

由此可见，改革开放以来，我国城镇化与机动化进程均发展快速，未来以城市群为主体形态的城乡一体化融合发展将主导我国城市发展，会带来城镇化与机动化持续发展动力。

交通发展与城市繁荣

● 城市发展目标

1933年发布的《雅典宪章》，是人类对城市发展的阶段总结和发展认识，它的贡献之一是明确了城市的居住、工作、游憩和交通的基本功能。这四项基本功能中，前三项功能是在特定地点的特定行为，是固定在某个地点的活动，而交通是实现上述功能的基本保证，没有交通，就无法实现上述功能。因此，一个城市的生活质量、生产效率、幸福指数和可持续程度等，主要的决定因素是交通。

现代城市的发展目标是绿色、智慧、人文、宜居、创新、韧性。研究表明，影响城市居民幸福感的第一因素是通勤时间。因此，以绿色发展为前提，以智能化为手段，以城市生活更美好为根本目标，是建设现代城市的努力方向。

● 城市规模与交通方式[3]

城市是人类进行商业、文化、政治、宗教及行政管理等活动而形成的聚居地，其城市规模、空间结构和居住分布形态等取决于人们在较短时间（通常为当日）内的出行距离和活动范围，而出行距离又取决于当时的交通方式和交通技术。

交通方式的发展是改变城市空间结构和土地利用形态的重要因素。按照交通方式的演变过程，城市的发展大致可以分为步行和马车时期、有轨电车时期、汽车时期和综合交通时期等不同的发展时期。如图 15-3 所示，交通方式不同，人们的移动方式和可到达的范围有很大差别，因此导致城市结构和土地利用形态的不同。

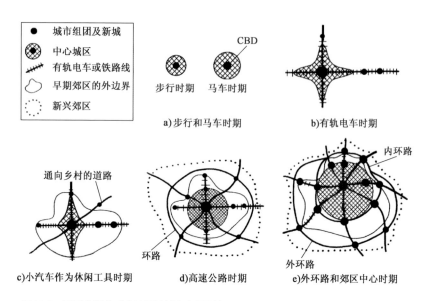

图 15-3　不同交通方式支持下的城市布局形态

在步行和马车时期，人们的活动半径很小，城市一般都呈现以城市中心商务区（CBD）为中心、相对密集居住的同心圆形状，其半径一般不超过步行可达距离，城市规模较小，人口居住密度较高。例如，1850 年的波士顿，从市中心出发最大的出行距离为 3.2~4 千米；1860 年，费城的人口密度高达 3.64 万人/平方千米。欧美国家的诸多城市，在 19 世纪以前都是人口居住密度较高、以步行为主要交通手段的城市。直到 20 世纪初，随着轨道交通时代的到来，这种状态才被打破。1905 年，费城的人口密度下降到 1.29 万人/平方千米。

从 18 世纪末开始，欧洲资本主义工业的诞生促进了人口向城市集中，城市的通勤交通成为亟待解决的问题。有轨电车作为最早被大量利用的城市机动化交通工具，19 世纪末期在欧美等国家迅速得到普及，为早期工业化、商业化城市的发展作出贡献。在1889—1892年间，美国各大城市基本都使用了有轨电车系统。到20世纪初，美国共有32180千米的电车线路，电车成为人们通勤的主要交通工具。有轨电车的出现，使人们可以快速、省力地到达城市中心区，极大地提高了人们出行的方便性。到达市中心的距离不再成为制约人们选择居住地的唯一条件，而到达有轨电车车站的距离则成为选择住宅地的重要因素。因此，有轨电车交通方式的出现大大刺激了城市外围地区的开发，在有轨电车沿线两侧步行范围内的住宅建设、土地开发利用等活动变得非常活跃。有轨电车建设由于投资大、周期长，初期不可能形成非常密集的线网，人们较集中地居住在线路两侧，一些旅馆、商厦等城市设施也尽量建在有轨电车沿线，以保障出行通畅、便利。因此，城市的形状在原来的同心圆形态基础上，发展为以轨道线路为分支的星形状态，城市的范围扩大，但只是沿有轨电车线路向外扩展，呈现比较分散的形态。

20世纪初期，美国率先开始进入小汽车时代。20世纪20—30年代，美国已经拥有将近3000万辆小汽车。小汽车的出现，极大地提高了人们出行的灵活性和方便性，使有轨电车干线之间、郊区之间的交通手段得到加强，轨道线路分支之间的土地开发活动也活跃起来，原来轨道线路两侧狭长走廊型的交通通道被拓宽，带状发展和星形形态被逐渐打破。随着城市快速路、高速公路的修建和小汽车的普及，城区与郊区、郊区与郊区之间的联系更加便利。围绕着城市中心区，形成多个副中心，在城市四周产生多个卫星城。城市逐步形成以轨道交通线路和汽车快速路为干线骨架、城市整体上比较均衡地向外扩展的形态。进入小汽车时代之后，由于土地面积和国家政策的制约，在交通方式选择和城市形态发展等方面，美国和欧洲的发展趋势有所不同。

伴随着高速公路的发展和城市快速路的建设，城市的空间结构形成了多样化的布局形态。城市轨道交通也不再局限于有轨电车，而是以具有运载量大、速度快、污染小、安全、准时等优点的地铁和城市快速轨道为主体。在欧洲、日本等发达国家和地区的大城市地区，轨道交通已成为通勤及一般出行的主要交通方式。

进入21世纪，随着发展中国家经济水平的提高和城市规模的扩大，发展轨道交通已经成为解决城市交通的强有力手段。至2021年，我国已有50个城市开通了269条轨道交通线路，运营线路总长度达9193千米。

● **城市发展演化规律**

随着交通技术的进步和城市社会经济的发展，城市规模形态不断发展演化，城市发展历程呈现四个阶段：单中心城市—多中心城市—都市圈—城市群。在不同的发展时期，交通工具的变革对城市空间的拓展和城市结构的形成发挥着重要的作用。城市规模形态发展演化过程及形态如图15-4所示[3-4]。

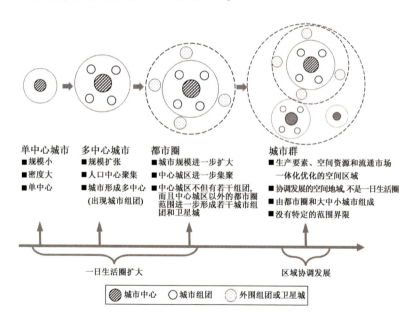

图15-4 城市规模形态发展演化过程及形态示意图

中国城市交通的发展历程

- 城市轨道交通

城市轨道交通起步阶段——有轨电车时代

我国最早出现的城市轨道交通是有轨电车。清光绪二十五年（1899年），北京率先从德国西门子公司引进有轨电车数辆，修建了永定门外马家堡至崇文门的线路。该线路于次年通车，全长 7.5 千米（图 15-5）[1]。

我国第一条正式运营的有轨电车线路是于清光绪三十二年（1906年）在天津开通运营的长 5.16 千米的线路（图 15-6）。

图 15-5　我国最早引进的有轨电车[5]

图 15-6　我国第一条正式运营的有轨电车线路[6]

此后，上海、沈阳、哈尔滨、大连、长春等城市陆续修建了有轨电车。

大运量城市轨道交通起步阶段

我国第一条大运量城市轨道交通是北京地铁 1 号线，规划始于

1953 年。1965 年 7 月 1 日，北京地铁一期工程正式开工（图 15-7），1969 年 10 月 1 日完工并运营，长度 23.2 千米，正式对外开放于 1981 年 9 月 11 日（图 15-8）。自此，我国地铁开始发展，1984 年 12 月 28 日，天津地铁 1 号线正式开通运营；1990 年初，上海开始兴建地铁，至 1993 年，上海开通第一条路线。

图 15-7　1965 年，我国第一条地铁开工仪式[7]

图 15-8　北京地铁一期[8]

城市轨道交通稳步发展阶段

20 世纪 90 年代后，我国加大了对城市交通基础设施的投入，开始有意识地大力发展轨道交通，除北京、上海外，广州、深圳、大连等城市也开始了城市轨道交通建设。

2000 年前，北京、香港、天津、上海、广州建有地铁。

第一条跨座式城市轨道交通线路于 2004 年在重庆建成开通，第一条采用直线电力机车的城市轨道交通线路于 2005 年在广州建成并投入运行,第一条磁浮列车线路于 2006 年在上海投入运行。

截至 2009 年,我国内地开通运营轨道交通的城市已有 10 个,运营里程共 952.8 千米。

城市轨道交通快速发展阶段

截至 2015 年底,我国有 26 个城市开通城市轨道交通线路 116 条,运营里程为 3618 千米,其中地铁 2658 千米,呈现出新增运营线路多、客流增长快、系统制式多元化趋势(图 15-9)。

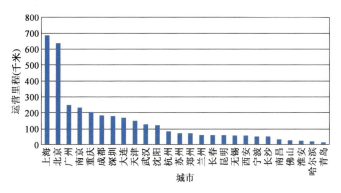

图 15-9 2015 年我国城轨交通发展现状

截至 2021 年底,我国共有 50 个城市开通运营城市轨道交通线路 269 条,运营里程为 9193 千米,完成客运量 237.1 亿人次,制式包括地铁、轻轨、单轨、市域快轨、有轨电车、磁浮交通等[9-10]。

截至 2021 年底,我国城市轨道交通运营里程最长的十大城市分别为上海、北京、成都、广州、武汉、南京、深圳、重庆、杭州和青岛。其中,上海和北京轨道交通运营里程分别超过 900 千米和 800 千米(图 15-10)。

综上所述,我国城市轨道交通的起步经历较长时间,1969 年 10 月 1 日北京地铁 1 号线建成,到 1984 年,我国第二条城市轨道交通线路天津地铁 1 号线才得以建成。到 1995 年,有 3 个城市开通了城市轨道交通线路,合计 63 千米;到 2000 年,有 4 个城市开通了城市轨道交通线路,合计 117 千米;到 2021 年,有 50 个城市开通了城市轨道交通线路,合计 9193 千米,变化历程如图 15-11 所示。

图 15-10　2021 年底我国城市轨道交通运营里程长度前十位的城市[1]

注：图中橙色为 2021 年新增长度。

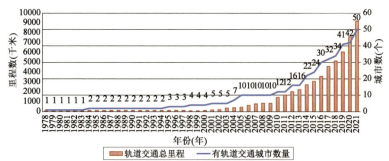

图 15-11　1978—2021 年我国内地有轨道交通城市数量及里程变化

注：根据住建部中国城市建设统计年鉴、中国轨道交通协会公布数据绘制。

- 城市常规公交

公交线路的出现

我国常规公交线路始于 1920 年，为江苏南通近郊的公交线路。1922 年，上海开通了由公交公司正式运营的公交线路。随后，杭州（1922 年）、天津（1924 年）、沈阳（1925 年）、成都（1926 年）、北京（1935 年）等城市陆续开通了公交线路。1935 年北京的公共汽车如图 15-12 所示。

图 15-12　1935 年北京的公共汽车[11]

常规公交的初期发展

新中国成立初期，全国有 20 多个城市拥有公共汽车，到改革开放初期的 1978 年，我国城市公交运营车辆共有 25839 台，线路网长 46384 千米，年客运量为 132 亿人次。解放初期广州的公共汽车如图 15-13 所示。20 世纪 60 年代北京的无轨电车如图 15-14 所示。

图 15-13　解放初期广州的公共汽车[12]　　图 15-14　20 世纪 60 年代北京无轨电车[13]

常规公交的稳步发展

常规公交从改革开放以来稳步发展，到 2010 年底，全国拥有公交专用车道 3726 千米，公共汽电车停车场面积 3689.7 万平方米，保养场面积 805.9 万平方米，城市客运轮渡在用码头 563 个，全国拥有公共汽电车运营车辆 42.05 万辆，公共汽电车运营线路 33672 条，运营线路总长度 63.37 万千米，全年公共汽电车完成客运量 670.12 亿人次[10]。

常规公交的快速发展

常规公交进入快速发展期，2020 年共有公交车 70.44 万辆，公交运营线路总长 148.21 万千米（表 15-3），分别是 2010 年 1.68 倍、2.33 倍。

公交发展基本情况　　　　　　　　　　　　表 15-3

年份（年）	公共汽电车数量（万辆）	公交专用道总长度（千米）	公交运营线路总长度（万千米）	公交客运量（亿人次）
2015	56.18	8569	89.43	765.40
2019	69.33	14952	133.6	691.76
2020	70.44	16552	148.21	442.36

同时，公交分担率虽有提升，但即使是分担率较高的城市，如大连（45%）、武汉（36.50%）、上海（34%）等，与首尔（63%）、斯德哥尔摩（54.6%）、东京（51%）等国外城市相比仍有很大差距，而且国内很多城市的公交分担率低于 20%，如济南（18%），具体如图 15-15 所示。

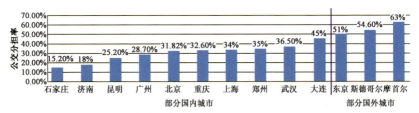

图 15-15　部分城市公交分担率对比

注：数据来自各城市统计数据或换算数据，为全方式中公共交通占比数据。

BRT 的出现与发展

自 2005 年以来，快速公交系统（BRT）在国内部分城市得到快速发展，在提升公共交通服务品质、方便中长距离公交出行等方面，发挥了重要作用。

我国第一条 BRT 线路于 2005 年投入运营，位于北京南中轴路，全长 15.7 千米，设站 17 座，采用封闭专用路和路中式站台运行模式。2010 年，第一条 BRT 通道在广州建成（图 15-16），全长 22.9 千米，设站 26 座，通道内汇集了 31 条 BRT 线路，并允许 30 条其他公交线使用 BRT 通道的部分路段，通道内换乘免费。广州 BRT 通道创新了 BRT 系统的运行组织模式，开通初期单向高峰小时断面客运量达到了 2.99 万人次，并于 2011 年荣获世界自然基金会（WWF）颁发的国内首个"可持续城市交通特别奖"，于 2012 年被评为"联合国应对气候变化灯塔项目"。

图 15-16　广州 BRT 通道[14]

公交优先发展

进入 21 世纪，城市交通拥堵、交通污染等问题集中爆发，城市交通转型发展需求急迫，优先发展公共交通成为城市和城市交通可持续发展的重大选择。

2005 年，国务院办公厅转发建设部、国家发展和改革委员会、科技部、公安部、财政部、国土资源部《关于优先发展城市公共交通的意见》，各地区和有关部门开始确立公共交通在城市交通中的优先地位。

2008 年，国务院大部制改革，将指导城市客运的职责划入交通运输部，将全国的城际客运、城乡客运与城市客运统一管理。

2011 年，交通运输部启动国家公交都市建设示范工程，并于 2012 年、2013 年、2016 年先后在全国 87 个城市开展了公交都市创建工作，促进了创建城市的公共交通保障能力、基础设施、运输装备、服务质量迈上新台阶，城市公共交通优先发展体制改革、财税保障、应用理论与工程技术取得新突破。

2012 年，为加快实施城市公共交通优先发展战略，国务院印发《关于城市优先发展公共交通的指导意见》，将公共交通发展放在城市交通发展的首要位置，城市交通与公共交通优先发展进入新格局。

2016 年，交通运输部发布我国第一部公共交通领域国家层面规划——《城市公共交通"十三五"发展纲要》,提出以公交都市建设为抓手全面推进绿色交通主导的城市建设。

2017年12月,交通运输部宣布将上海市和江苏省南京市正式命名为国家"公交都市"示范城市并授牌。城市公共交通优先发展工作取得重要阶段性成果。

2017年,国家四部委决定在全国组织实施"城市道路交通文明畅通提升行动计划",大力推动绿色交通、公交优先发展。

中共中央、国务院于2019年发布的《交通强国建设纲要》和于2021年发布的《国家综合立体交通网规划纲要》都对绿色交通、公交优先发展指出了发展方向。

2021年,习近平总书记在第二届联合国全球可持续交通大会上发表题为《与世界相交 与时代相通 在可持续发展道路上阔步前行》的主旨讲话,提出坚持生态优先,实现绿色低碳,建立绿色低碳发展的经济体系,促进经济社会发展全面绿色转型,才是实现可持续发展的长久之策❶。

2022年3月,交通运输部印发《国家公交都市建设示范工程管理办法》,从建设内容、创建申报、组织实施、验收命名、动态评估等方面对公交都市建设示范工程进行了规范要求。"十四五"时期的公交都市创建将以此为依据,其中变化较大的是对创建指标进行了优化,从原来的20个考核指标、10个创建指标和若干个特色指标,变成了19个指标和1个特色指标。

城市自行车

- **自行车进入中国**

1817年,德国人卡尔·冯·德莱斯发明的"双轮马车"是世界上最早的自行车雏形[15]。19世纪60年代,自行车在法国率先实现

---

❶ 参见《与世界相交 与时代相通 在可持续发展道路上阔步前行——在第二届联合国全球可持续交通大会开幕式上的主旨讲话(2021年10月14日)》,《人民日报》,2021年10月15日02版。

量产之后由西方商人和传教士引入中国[16]。自行车引入中国最早的证据是 1868 年 11 月 24 日出版的《上海新报》上刊登的一篇文章:"兹见上海地方有自行车几辆,乃一人坐于车上,一轮在前,一轮在后,人用两脚尖点地,引轮而走。又一种,人如踏动天平,亦系前后轮,转动如飞,人可省力走路。不独一人见之,想见者多矣。"[17]

清光绪十一年(1885 年),英国、法国、德国等国的商行将自行车及零件列为"五金杂货类"输入上海。自行车在传入中国之初属于稀罕物件,最早骑行自行车的是西洋人,北京、天津、汉口、广州、烟台等西洋人聚集的城市也都出现了自行车的身影。其次是具有西方国家留学经验的留学生群体以及贵官显宦、富商巨贾子弟。末代皇帝溥仪甚至为了骑行自行车的便利,而锯掉了数百年来横卧在紫禁城宫门中的 30 余处门槛(图 15-17)。

图 15-17　数百年来横卧在紫禁城宫门处的门槛
因自行车的骑行便利而被锯掉[18]

到 20 世纪 40 年代,中国拥有了自己的自行车生产企业,从而使得自行车交通系统拥有了更多的使用者。

1950 年,新中国第一个全部国产化的自行车品牌"飞鸽"在天津诞生(图 15-18)。

自行车王国

20 世纪 70 年代,自行车已经在人们生活中有着重要地位,使用自行车出行在当时是一件很让人羡慕的事情。

图 15-18 "飞鸽"牌自行车[19]

到 1982 年，我国 232 个城市共拥有自行车约 3500 万辆，平均每 2.8 人拥有 1 辆自行车。

到 20 世纪 90 年代，随着生产力的提高，自行车交通已经发展成为人们最主要的交通方式，中国也因此在全世界范围内拥有最多的自行车用户，获得了"自行车大国"的称号（图 15-19）[20]。

图 15-19　自行车交通[21]

自行车发展的起伏

随着国内汽车产业的蓬勃发展，自行车交通的发展不断放缓，影响力逐渐下降。

进入 21 世纪后，绿色交通的概念被越来越重视，加之经济的快速发展，国内自行车交通进入了新一轮的发展期，迎来了许多新的机遇和挑战。

截至 2020 年底，我国自行车保有量约为 4 亿辆，位居世界第一。

尽管我国城市自行车出行环境逐步恶化，其分担率呈现下滑趋势，但由于自行车本身具有健康、环保、经济、便捷等优势，在近些年逐步受到重视，并有逐渐复兴之势。

电动自行车

20 世纪末，随着电力驱动技术的发展，出现了纯电力驱动、有安全速度限制的电动自行车（图 15-20），方便了我国城乡居民的出行。至 2021 年底，我国电动自行车年销量超过 3000 万辆，社会保有量约 3 亿辆[20]。

图 15-20　电动自行车交通[22]

租赁自行车

我国租赁自行车市场已经历了三个发展阶段。

2007—2010 年为第一阶段，由国外兴起的公共自行车模式开始引进国内，由政府主导分城市管理，多为有桩公共自行车。

2010—2014 年为第二阶段，专门经营公共自行车市场的企业开始出现，但仍以有桩公共自行车为主。

2014年至今为第3阶段，随着移动互联网的快速发展，互联网共享单车应运而生，更加便捷的无桩公共自行车开始取代有桩公共自行车。

2007年起，智能化运营管理的、具备一定实用价值的公共自行车系统正式进入中国，先后在北京、杭州、武汉等城市展开试运营，并逐步向其他城市拓展。2016年以来，共享单车快速发展，其中"摩拜"是典型代表。共享单车与公共自行车系统（图15-21）形成了功能重叠，由政府投资的公共自行车系统发展势头放缓。

如今，共享单车进入精细化运营阶段，需要创新发展、规范化运营。

图15-21　共享单车与公共自行车[23-24]

交通与土地使用深度融合的TOD模式

中国城市的人口密度特点决定了轨道交通在超特大城市中占据主导地位。同时，由于资源紧张等国情特点及交通拥堵等"大城市病"，我国城市需要实现土地集约节约、出行便捷高效、交通绿色环保的目标。实现上述目标的首要策略和治本之策是实现城市交通与土地使用的一体化,推进混合土地使用,实现职住均衡,构建多中心城市结构和土地使用形态以及与此相匹配的绿色交通主导的合理交通结构。其中,交通和土地使用深度融合的公共交通引导城市发展(Transit-Oriented Development,TOD)模式具有关键作用。

改革开放以来,我国城市在推进交通与土地利用深度融合方面做了很多研究与实践探索,取得了一定的实践经验。其中,重庆、成都、上海、深圳、杭州、天津、贵阳等城市均做了理论研究和工程探索,重庆沙坪坝 TOD 就是一个非常有价值的实际工程案例[25]。

2010 年 12 月,重庆市政府和铁道部签署会议纪要,将沙坪坝站作为全国铁路车站综合开发的试点项目,并明确上盖开发方案由重庆市牵头制定,由重庆市组建的项目业主公司组织实施。

2020 年 12 月 30 日,全国首例商圈高速铁路 TOD 项目——重庆沙坪坝站铁路综合交通枢纽 TOD 项目(重庆金沙天街商圈)全面投入使用(图 15-22)。

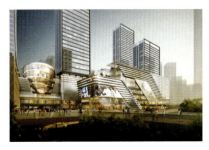

图 15-22　重庆沙坪坝站铁路综合交通枢纽 TOD 项目规划设计图

项目占地 330 亩(约合 22 万平方米),总建筑面积约 75 万平方米,其中商业开发部分面积 48 万平方米,容积率 5.8;综合交通枢纽及其他公共建筑部分 27 万平方米,总投资 105 亿元。500 多个国内外品牌入驻此项目,覆盖网红餐饮、特色文创、精品家居、潮流运动、潮玩数码、亲子教育等业态。商圈开业 3 天,人流量超 90 万人次,营业额超 1 亿元,成为重庆较热门的购物中心之一。

项目融交通功能和城市功能于一体,结合城市核心区建设需求,在国内率先提出利用高速铁路站场加盖作为城市空间利用的方式。

项目充分考虑与该片区城市道路立体交叉布局，使高速铁路车站有机地融入整个城市体系，将北侧的三峡广场和南侧的沙坪坝公园连为一体，形成集对外交通、购物、娱乐、休闲、健康于一体的现代化城市中心区。

综合交通枢纽体系共 7 层，均设置在地下：负 1 层是公交站，负 2 层是出租汽车站与高速铁路站台，负 3 层、负 5 层是社会车辆停车场，负 4 层是换乘大厅和共享汽车专用停车场，负 6 层、负 7 层是轨道交通站厅。每层皆具有不同的交通功能并相互有机衔接，将成渝高速铁路、4 条城市轨道、公交车站（27 条公交线路）、出租汽车站和社会停车场等各种交通设施有机融合在一个庞大的地下空间内，辅以清晰的引导标识，形成立体、便捷的交通转换系统，在 100 米步行范围内快捷实现不同交通方式转换，是真正以人为本实现"零距离换乘"交通枢纽的典型范例。

该项目实现了多方共赢。圆满完成了综合交通枢纽建设，缝合了铁路对城市的割裂，城市景观得以提升，每年有 1.8 亿人次人流和 50 亿元社会消费品零售总额，解决了 4 万人的就业，每年实现近 6 亿元税收。

该项目的成功经验包括：以对 TOD 发展理念形成共识为前提，以建立利益相关方合作共赢机制为基础，以土地政策的探索和突破为保障（土地立体空间分层出让与确权模式），以统一规划、统一设计、统一施工为有效措施。

作为早期项目，重庆沙坪坝 TOD 项目也有遗憾：没有从一开始就进行 TOD 策划和一体化规划设计，利益相关方利益分成谈判过程不可控，消防等技术规范难突破，土地分层出让没有法规支撑等。

TOD 已经成为实现城市高质量发展的关键突破点和建设未来理想城市的重要技术途径（图 15-23），是国内外公认的、经得起实践检验、能够带来城市发展新动能、重塑城市、产生巨大社会经济综合效益的重大举措，也是建设"轨道上的城市、枢纽节点上的城市组团"的核心抓手。

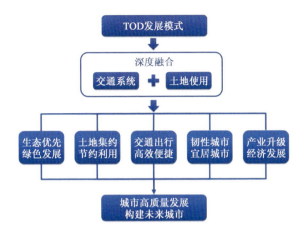

图 15-23　TOD 是城市高质量发展的重要途径

以人为本的理想城市及其交通

- **未来理想城市**

城市化进程一直伴随着人类文明的进步。从原始文明、农业文明、工业文明到生态文明发展阶段，人们对美好城市的认识在不断深化。发展到今天，我们认识到，人们对城市的需求主要有两大部分——基本需求和美好向往，其基本目标就是：更健康、更安全、更宜居。

把这些追求概括起来，未来理想城市应该具备的主要特征包括绿色、智慧、人文、宜居、创新、韧性[4]，如图 15-24 所示。

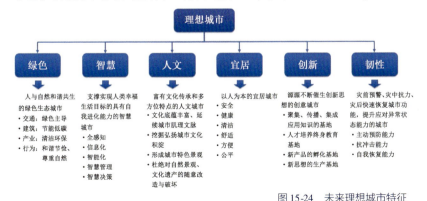

图 15-24　未来理想城市特征

绿色

绿色城市是尊重自然规律、人与自然环境和谐共生的城市体系，是由自然、社会、环境所组成的复合绿色生态系统，具有自然和谐共生、社会公平祥和、环境低碳节能的特征，这种绿色体现在交通（绿色主导）、建筑（节能低碳）、产业（清洁环保）、行为（和谐节俭、尊重自然）等全领域。

绿色城市肩负着引领中国城市健康发展的重大使命，实质上是对我国城市发展目标的深刻解读和高度凝练。

智慧

智慧城市是技术进步和美好追求的必然结果，也是应对挑战、实现高质量发展的重要手段。建设智慧城市的关键是顶层设计，重点是对现状的实时精准分析、机理与规律的揭示和利用，以及系统和子系统的自我进化能力。智慧城市的特点体现为全感知、信息化、智能化和智慧管理及决策。

人文

人文城市是城市发展的最高境界和美好追求，是人们聚集到城市、过上美好城市生活的核心，是可持续发展的重要元素。城市特色和人文氛围是城市在经济、社会的历史演变过程中逐渐形成和发展起来的，也是一个城市经久弥新的核心要素。

未来城市的发展应结合城市的自然风貌、文化底蕴、景观形象、产业结构、功能定位，延续城市的肌理文脉，挖掘和弘扬城市文化积淀，形成富有文化传承的、以人为本的、特色鲜明的人文城市。

宜居

未来城市的发展将更加宜居，环境整洁、蓝天白云、交通畅通、生活方便、环境宜人，居民也不用再忍受城市的脏乱和无序，不用因为购物、就医、买房、上学等问题而烦恼。

城市居民的道德素质也将会不断提高，每位城市居民都会成为文明城市的创造者，并通过自身的行为、教育、影响身边的人和自己的后代，使其能够按照健康城市的发展方式与其他居民互动，创造一个安全、健康、清洁、舒适、方便的生活环境。

创新

创新能力既是高质量发展的需要，也是破解城市问题、建设更加美好城市的基本前提和根本动力。一个国家或城市的创新能力，是其创造力和活力的源泉。创新能力是任何城市保持领先的重要动力机制，是城市保持可持续发展能力、产生高附加价值产业、破解一切城市发展难题的基础。

未来城市应该是源源不断催生创新思想的平台，聚集、传播、集成应用知识的基地，新产品的孵化基地，新思想的生产基地。因此，也是人才培养终身教育的场所。

韧性

《中华人民共和国国民经济和社会发展第十四个五年规划和2035年远景目标纲要》中提出建设"韧性城市"。韧性城市，要求城市在异常事件发生前具有预测能力、异常事件发生中具有较好的系统抗力、异常事件发生后具有一定的自我恢复的能力。

- **交通强国建设目标下的城市交通发展**

《交通强国建设纲要》提出构建安全、便捷、高效、绿色、经济的现代化综合交通体系，打造一流设施、一流技术、一流管理、一流服务，建成人民满意、保障有力、世界前列的交通强国的宏伟目标，对城市交通提出了明确的发展目标要求：

①智能、平安、绿色、共享交通发展水平明显提高，城市交通拥堵基本缓解，无障碍出行服务体系基本完善。

②优先发展城市公共交通；推进城市公共交通设施建设，强化城市轨道交通与其他交通方式衔接；鼓励引导绿色公共交通出行，合理引导个体机动化出行；完善城市步行和非机动车交通系统，提升步行、自行车等出行品质，完善无障碍设施。

③尊重城市发展规律，立足促进城市的整体性、系统性、生长性，统筹安排城市功能和用地布局，科学制定和实施城市综合交通体系规划。

④完善快速路、主次干路、支路级配和结构合理的城市道路网，打通道路微循环，提高道路通达性；全面提升城市交通基础设施智

能化水平。

⑤科学规划建设城市停车设施,加强充电、加氢、加气和公交站点等设施建设。

高质量服务是我们的根本追求,一体化是实现高质量发展最核心的要素,调结构是系统解决城市交通问题最关键的对策,绿色化是城市交通发展的理念和方向,智能化是破解交通拥堵、提升交通安全水平、提高交通效率和服务质量的最有力手段,共享化是解决资源紧缺问题的有效对策(图15-25)。

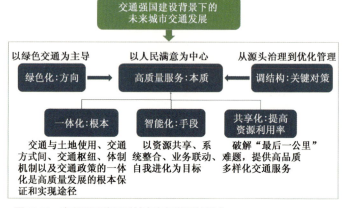

图15-25 交通强国建设对城市交通发展的要求

①高质量服务就是要构建能够满足人民群众对美好生活需要的世界一流的交通服务,打造满足多层次需求的交通服务体系,实现人民满意交通。

②一体化包括交通与土地使用、不同的交通方式、综合交通枢纽、交通组织与管理、交通大数据共享、体制机制以及交通政策的一体化,尤其是交通与土地使用的一体化是破解"大城市病"的第一关键,是交通源头治理的治本之策。推动交通与土地使用一体化,实施公共交通引导城市发展(TOD)模式,实现从源头上减少交通需求、缩短出行距离、实现绿色交通主导的目的。

③调结构是破解城市交通问题系统对策的关键,包括城市结构、交通结构、路网结构、路权结构。

④绿色交通发展强调构建以公共交通、步行、自行车等绿色交通为主导的城市综合交通系统,提高绿色交通出行分担率。

⑤智能交通是提高交通效率、交通安全和交通服务水平的关键抓手，通过建成全息感知、信息共享、深度研判、科学决策、精细管理、精准服务、主动安全、车路协同等智能技术深度应用的综合交通系统，实现资源共享、系统整合、业务联动、自我进化，全面提高城市交通的智能化和现代化水平。

⑥共享交通是在交通供给不足的情况下，提高交通资源利用效率、破解交通供求矛盾的有效途径，也将为末端交通的完善和质量提升提供重要支撑，是实现可持续交通发展的重要环节之一，应重点实现交通设施（停车设施、充电设施等）、运输工具（非机动车、汽车、货车等）、交通信息与数据、交通服务等的共享，以提高资源的利用效率，助力破解交通问题。

●本章参考文献

[1] 中华人民共和国住房和城乡建设部. 中国城市建设统计年鉴2020 [M]. 北京：中国统计出版社，2021.

[2] 中华人民共和国国家发展和改革委员会. 2021年新型城镇化和城乡融合发展重点任务 [R]. 北京：中华人民共和国国家发展和改革委员会，2021.

[3] 陆化普. 解析城市交通 [M]. 北京：中国水利水电出版社，2001.

[4] 清华大学交通研究所. 基于交通视角的都市圈合理规模结构研究 [R]. 北京：清华大学，2022.

[5] 搜狐. 交通急剧膨胀 新旧工具竞争 [EB/OL]. [2022-03-18]. https：//m.sohu.com/n/256811527/? v=3&_trans_=000014_baidu_ss.

[6] 菏泽市公共汽车公司. 公交车为什么叫"几路"而不是"几号"？[EB/OL]. (2017-11-05) [2022-03-15]. https：//www.sohu.com/a/202470595_705673.

[7] 中国质量万里行. 历史重回花地湾：一座超级城市的光荣与梦想 [EB/OL]. (2020-08-04) [2022-04-01]. https：//baijiahao.baidu.com/s? id=1674095766817061624&wfr=spider&for=pc.

[8] 平安浦城. 中国修建第一条地铁的原因,居然是这个……[EB/OL]. (2019-06-22)[2022-05-15]. https：//weibo.com/ttarticle/p/show? id=2309404385936178815154.

[9] 中国轨道交通协会 [EB/OL]. [2022-03-18]. https：//www.camet.org.cn.

[10] 中华人民共和国交通运输部. 统计数据 [EB/OL]. [2022-03-18]. https：//

www. mot. gov. cn/tongjishuju.

[11] 刘美利. 穿越历史时空,北京公交 5 路龙脊线上的客车体验[EB/OL]. (2019-08-16)[2022-03-18]. https：//www. chinabuses. com/buses/2019/0816/article_ 90794. html.

[12] 搜狐. 顺应时代潮流中国出租车的变迁[EB/OL]. (2019-06-22)[2022-05-15]. https：//www. sohu. com/a/71651894_ 364493.

[13] 祖龙汉. 我的公交车简史[EB/OL]. (2018-11-21)[2022-03-18]. https：//www. 163. com/dy/article/E14802BB0521D1G8. html.

[14] 公共交通资讯. 刘少坤：可持续交通发展的中国经验[EB/OL]. (2019-12-21)[2022-04-18]. https：//www. sohu. com/a/361825304_ 99949100.

[15] 殷照伟,李志平.《自行车的回归：1817—2050》解读[J]. 城市交通,2022,20(2)：127-129.

[16] 徐涛,段雯娟. 自行车与中国的百年缘起——访上海社科院历史研究所助理研究员徐涛[J]. 地球,2017(1)：34-36.

[17] 田波澜. 专家述自行车王国建成史从奇技淫巧到文明奇器[N/OL]. 东方早报,2012-07-31[2022-04-30]. http：//news. sohu. com/20120731/n349455771. shtml.

[18] 搜狐. 溥仪为骑车锯掉了多少门槛？| 趣闻[EB/OL]. (2016-12-28)[2022-04-30]. https：//www. sohu. com/a/122789787_ 162197.

[19] 央视新闻网.【新中国的第一】第一款国产自行车——飞鸽自行车[EB/OL].[2022-03-18]. http：// news. cctv. com/2019/07/19/ARTINKmdB32Xk102Clz2j7zC190719. shtml.

[20] 中国自行车协会[EB/OL].[2022-03-18]. http：//www. china-bicycle. com.

[21] 人民融媒体. 行程卡摘星了,自行车也卖断货了[EB/OL]. (2022-06-30)[2022-06-30]. https：// baijiahao. baidu. com/s? id = 1737031230350392554&wfr = spider&for = pc.

[22] 网易. 中国电动车最多的城市,昔日"摩托之城"俨然变成"电动车之城"[EB/OL]. (2018-04-18)[2022-06-30]. https：//www. 163. com/dy/article/DFMA8URC0524F8OV. html.

[23] 皮球见闻. 共享单车引出的法治与文明的反思[EB/OL]. (2020-09-07)[2022-06-30]. https：//baijiahao. baidu. com/s? id = 1677098539639591675.

[24] 杨剑勇. 评论：共享单车未来在哪里？[EB/OL]. (2017-11-16)[2022-06-30]. https：//www. sohu. com/a/204667061_ 220528.

[25] 易兵. 重庆 TOD 的实践[R]. 重庆：重庆城市综合交通枢纽(集团)有限公司,2021.

第十六章
Chapter 16

面向全球：

港口与水运的壮阔波澜

在中国历史长河中,水运一直承担着繁荣经济、交流文化、促进国际经贸往来的重要使命,起着举足轻重的作用。当前,全面深化改革是"四个全面"战略布局中具有突破性和先导性的关键环节。《交通强国建设纲要》的国际客流与物流发展目标的实现,有赖于强大的航空和海运。特别是建立可靠、经济、高效的全球运输服务和完善的供应链体系,是实现社会主义现代化强国目标不可或缺的重要组成部分。历史经验表明,海运兴则经济强。港口是海运的支撑点和基地,是水运的依托和归宿。因此,本章选择港口和水运为对象,回顾历史脉络,展望未来发展,以支撑强国梦想。

中国最早的港口及其发展背景

我国古代手工业十分发达,为了满足手工业商品的全球交换需求,造船工业蓬勃发展,诞生了海洋航线和繁荣的沿海港口。在《史记·货殖列传》中有"番禺亦其一都会也"[1]的记载,这表明随着沿海口岸的活跃,海港逐渐发展为沿海城市,在我国经济发展和海外交流中发挥着至关重要的作用。

- **古港的萌生**

原始社会时期,先人利用腰舟、筏等渡水工具开展航海活动(图16-1)。为了方便路途上休息和停靠,他们还打造了简易的渡口渔舟的湾泊点,即半自然半社会人文形态的港湾,这个时期孕育出了港口的最初形态。夏商周时期,由于木板船和风帆的问世,水运工具不断发展,形成了较大规模的水运活动,出现了渔港、军港的雏形。这一时期,人们已能够在近海沿岸航行到今日的朝鲜半岛、日本列岛和中南半岛。

商朝时,番禺是最早形成的海港。番禺取自"番山之禺",在今广州市越秀区一带,也就是如今的广州港。番禺地处西、北、东三江下游,古时地处海湾之滨,南滨涨海(中国南海的古称),水运条件极佳。周朝时,据《艺文类聚》引《周书》记载,"周成王时,于越献舟"[3],献舟路线为,取道东海、渡黄海、泛渤海、入黄河、进渭水,说明在今浙江绍兴地区也存在出海港口。

图 16-1　古代的腰舟[2]

• **春秋战国时期港口的起步**

春秋战国时期,长江三角洲、古黄河三角洲、辽东半岛、朝鲜半岛以及东南亚国家之间的海上交通开始增多,并形成一批有一定规模的海港。这些港口有的已成遗迹,有的到现在仍是我国重要的港口。

碣石港是春秋战国时期的著名港口之一,是著名的北方良港、燕国的通海门户,以碣石山而得名,地理位置上泛指古代秦皇岛沿海一带各处港湾和舟楫的聚泊之处,是连接燕都蓟和辽东的纽带,也是河北中部以及山东、河南与东北沟通的沿海要地。据《中国长城志》记载,碣石港初兴于春秋时期,到战国中后期时,随着燕国的国势强盛、疆域扩大,碣石港的地位更加突出,海上交通进一步拓展,其后经历兴败,直至清末仍发挥着重要的作用[4]。碣石与转附(今山东烟台芝罘区)、琅琊(今山东青岛黄岛区)、句章(今浙江宁波)、会稽(今浙江绍兴)被誉为当时中国境内的五大海港。碣石港和琅琊港的地理位置如图 16-2 所示。

图 16-2　碣石港和琅琊港的地理位置

琅琊港位于古黄河入海口（今山东胶南），其近琅琊山而得名，有"为海港而载于史乘者，以琅琊为始"[5]之说。琅琊港成港时间最迟不晚于春秋时期，到战国时期，已经发展为著名的大港口，是渔盐业兴隆、人文荟萃之地。周贞定王元年（前 468 年），越王勾践曾迁都琅琊，修筑琅琊城，遂"霸于关东，从琅琊起观台，周七里，以望东海"[6]。琅琊也是越国后期的政治中心。

- 秦汉时期港口的高速发展

秦汉时期，统一的国力促进了航海业的发展，也带动了港口的蓬勃发展。这一时期，海上丝绸之路兴起，番禺港（今广州港）、合浦港、徐闻港都是海上对外贸易的始发地。三地港口兴起的时间及发挥作用的时间都是不同的。番禺作为对外贸易港口兴起最早；汉武帝平南越国后，番禺的地位被徐闻和合浦所取代，后两者成为西汉中后期的外贸重要港口；后因徐闻及合浦地区动乱不已，番禺在东汉时期慢慢恢复了外贸港口的重要地位。

番禺港位于珠江口，不仅是一个重要的内河港市，更是一个海外贸易的大都会。《史记》记载，"珠玑、犀、玳瑁"等海外珍品与"果、布"等蜀、滇、黔特产在番禺集散，其很快成为岭南最大的商业中心和港口城市。

番禺港水运贸易的发达还能从出土文物中展现。20世纪80年代，南越王赵眜（即赵胡）墓在广州被发掘，出土文物中有一件花瓣状白色银盒，从其造型、纹饰和口沿的鎏金圈套等工艺特点看，具有明显的波斯风格；此外，墓中还出土非洲象牙等海外产品，说明在西汉时，诸侯国中的南越国已通过番禺港与波斯、非洲等地开展海上贸易（图16-3）。

图16-3　南越王墓出土的异域文物[7]

元鼎六年（前111年），汉武帝平定南越，将南越重新划分为九郡，合浦成为朝贡商船必经之港。同时，合浦港还是海上丝绸之路的起点。《汉书·地理志》记载："徐闻、合浦船行可五月，有都元国；又船行可四月，有邑卢没国；又船行可二十余日，有谌离国；步行可十余日，有夫甘都卢国。"[8]合浦港位于今广西壮族自治区北部湾东北岸，可经中南半岛南下出境，或过徐闻，经东冶中转北上，是汉代海上交通枢纽和主要贸易口岸（图16-4）。

图 16-4 汉代海上丝绸之路的路线

徐闻即今广东省湛江市徐闻县,位于雷州半岛南端,南临琼州海峡,是广东通往海南岛的门户。《舆地纪胜》记载:"在徐闻县南七里,积货物于此,备其所求,与交易有利。"[9]商船在徐闻停泊可以获得补给,补充淡水、粮食和货物等。同时,徐闻位于当时合浦郡中心,便于统治者管辖雷州半岛和海南岛。在汉武帝开辟南海至印度洋远洋航路之前,合浦、徐闻因其地理位置的优势,早已成为民间商港。汉武帝开辟远洋航路后,徐闻又成为官方海外贸易和对外交往的始发港。

• 港口最繁荣的唐宋时期

唐宋是我国航海事业发展的初次顶峰,海上贸易十分发达,海运活动异常活跃;在此背景下,承担货物吞吐与集散,以及海船靠泊、补给与修整功能的海港得到了迅速发展。唐代,江南经济迅速发展,东南端港口,如广州港、泉州港、福州港、明州港(今宁波港)、扬州港、登州港等日益兴起。北宋实行对外开放政策,非常重视发展海外贸易,推动了港口尤其是对外港口的发展,使宋代的港口在唐代的基础上进一步发展。北宋分别在广州、杭州、明州(今宁波)、泉州、密州(今青岛胶州)等地设立市舶司,专门管理船舶、贸易、征税等事宜。上述地区也是重要的港口所在地，于是出现了广州港、杭州港、明州港、泉州港等重要港口，以上四港被称为宋代四大港。

扬州港是唐代第一大内河港口，也是重要的海外贸易港，地处长江与隋唐大运河的交汇处，是国内南北物资的集散地和水陆交通枢纽。《宝庆四明志》记载："汉扬州、交州之域，东南际海，海外杂国，时候风潮，贾舶交至，唐有市舶使总其征。"[10]可见包括扬州在内的广大东南地区，在当时为外商荟萃之地，有很多波斯人、阿拉伯人来此定居并开展瓷器、珠宝、丝绸等商品的贸易活动。从扬州港发出的船舶，可横越东海直航日本，因此，有许多日本、高丽的留学僧俗从扬州进出。随着人员流动和商业活动的开展，扬州港达到空前繁荣，便有了"扬州富庶甲天下"[11]的说法。

杭州港在唐初时就是漕运大港。说起杭州港，不得不提钱塘江。钱塘江发源于黄山，在舟山一带流入东海。杭州港坐拥通海之便的钱塘江，自古就是江海运输的重要码头。船舶从杭州港出发，向北经京杭大运河，直达东京汴梁；向东通过杭州湾出海，可达南洋乃至波斯湾。北宋将两浙路市舶司设在杭州，从此处出海的船舶须在市舶司办理手续、缴税等，足见其港口地位的重要性。特别是南宋时，随着杭州成为实际上的都城，国家经济中心南移，杭州港发展更加繁荣，除了国内各地船舶，还有大量日本、阿拉伯、南洋等地商船，络绎不绝。由于钱塘江口怒潮，通航的自然条件不如甬江口的明州港，故明州港在之后发展步伐加快。

明州港是个天然的深水港，地处浙江省东部，外对舟山群岛，过曹娥江、钱塘江与京杭大运河相连，北向连接长江、淮河，东通海外，是海外交通与内河航运的衔接枢纽。宋神宗元丰三年（1080年），中书省下令"凡中国之贾高丽，与日本诸藩之至中国者，惟庆元得受而遣焉"[10]，由此确立了明州港在宋代时与高丽、日本贸易中的重要地位。和唐代相比，宋代从明州港出口的商品除了丝绸和陶瓷制品外，还有铜钱、书籍等，发挥了很好的文化传播作用。

泉州港位于福建东南海滨，兴起于唐代，发展于五代十国，于宋代发展至顶峰，是宋代中国对外贸易的第一大港，与埃及亚历山大港并称世界两大超级大港[12]。泉州港在宋代发展迅速，主要得益于两点：一是政治地位，宋朝迁都杭州后，泉州成为京都外港，承担了大量的朝贡（图 16-5）、航海贸易活动；二是经济优势，福建建窑、浙江龙泉窑生产的精美瓷器、江南的丝织品使泉州港发展为富饶之地，并促进了泉州港对外贸易的发展。泉州港扼晋江入海口，海外交通畅达东、西二洋，东至日本，南通南海诸国，西达波斯、阿拉伯和东非等地，进口商品主要是香料和药物，出口商品则以丝绸、瓷器为大宗。

图 16-5　繁忙的朝贡场面[13]

广州港是战国时期就存在的港口。北宋在平定岭南南汉政权后，为了发展广州港与东南亚和阿拉伯地区的贸易，重建了广州市舶司。当时北宋版图还不含两浙和福建地区，广州港是北宋唯一的对外贸易口岸。北宋政府选派廉吏治理广州，可见其对广州港的重视。在此形势下，广州港形成"千门日照珍珠市，万瓦烟生碧玉城"[9]的场面。南宋初，广州仍为全国第一大港，贸易货物包括象牙、乳香、药物等。南宋末年，元军南下，广州港遭元兵祸害，毁于战火，开始落后于崛起的泉州港。

闭关锁国前的港航发展

● 元代：海港的黄金时代

元代时，中国的海港发展至鼎盛时期。元代的港航业处于一个承前启后的时期，可以称为中国近现代以前港口最后的黄金时代。元代疆土辽阔，统治者对航海事业也十分重视。元朝建立时，元世祖忽必烈几乎征服了中国版图上的所有土地，渐渐把目光转移至无边无际的海洋，将其作为新的征服目标。同时，当时忽必烈通过开拓海洋来开展贸易、巩固政治地位和宣扬国威。

考虑到当时北方经济较为落后，元朝统治者主要将对外开放港口设立在长江以南的沿海地区，共在7个海港设置了市舶司。元军自北向南进军取得江、浙、闽后，元世祖至元十四年（1277年）在庆元（今宁波）、澉浦、泉州和上海设市舶司，之后又增设杭州、温州和广州3处；至元三十年（1293年），温州和杭州市舶司停摆；大德二年（1298年），上海、澉浦并入庆元。至此，广州、泉州和庆元成为元代3个重点港口（图16-6）。

泉州港延续了宋代的发展，在元代迎来全盛时期，其贸易活动范围和贸易国数量都大幅提高（图16-7）。忽必烈诏谕："可因蕃舶诸人，宣布朕意。诚能来朝，朕将宠礼之。其往来互市，各从所欲。"[14]这使元代泉州港的海外贸易除了朝贡目的外，还可发展招商引资。这条谕旨也得到了诸多海外国家的回应，1279年，10多个国家的使臣和舶商来访，数量空前之多。

泉州的佛教寺庙承天寺保存有一座元代石炉，上刻："泉城孙府前保信士蒲力目，偕室李二娘仔，与十方檀信，同发诚心共成佛果，喜舍朝天炉入于灵应禅寺，永充供养。祈求现世康安，预布来生福果者。"[16]短短一段话，极具佛教和伊斯兰教特色，体现了多种文化和宗教的互相碰撞融合。元朝通过泉州港出口瓷器，进口香料；因此，该时期的海上丝绸之路又称"香瓷之路"。马可·波罗在1275

年来访中国时，被泉州港的繁华所震惊，其游记中赞誉泉州港为"世界上最大的港口之一，大批商人云集这里，货物堆积如山"[17]。

图 16-6　元朝的 3 个主要港口

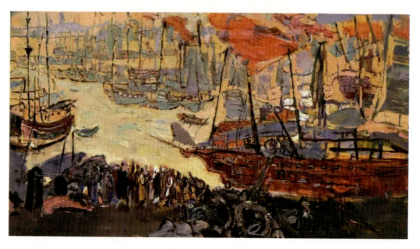

图 16-7　元朝时期繁荣的泉州港[15]

元灭南宋之后，将明州港更名为庆元港[18]。元代诗人张翥在《送黄中玉之庆元市舶》一诗中写道："是邦控岛夷，走集聚商舸。珠香杂犀象，税入何其多。"[19]这首诗描述了当时庆元港对外贸易的盛况。据《（至正）四明续志》记载，元末运至庆元的船货达220余种，较宋代时160余种大幅增长[20]，可见元代海港贸易的发展。庆元周围的舟山群岛是往返朝鲜半岛和日本列岛的天然栈桥，到高丽、日本的自然航行条件十分优越。庆元港是中国对高丽（如今的朝鲜半岛）贸易的枢纽港。元朝时，中国出使高丽的航路已经非常成熟。庆元港从高丽进口的商品主要有人参、松子、红花、高丽铜器、杏仁、白术等货物，出口生丝、瓷器、茶叶、书籍等江南产品。元世祖忽必烈去世后，元朝征日计划暂缓，元日贸易开始发展。庆元港是日本商船来元朝贸易首选的航行目的地；元日贸易主要以日本来元朝的商船为主；日本通过庆元港进口铜钱、瓷器、佛教资料和木材等舶货[15]。

比起泉州港免于战火，南宋末年，广州港遭遇了元军的多次屠城，因此在经济、政治、军事条件等方面都落后于泉州港，海港事业的发展也受此影响。至元二十三年（1286年），忽必烈派出使臣从广州港出访东南亚地区，招揽各国来元朝贸易，让广州港负责管理元代与南洋马八儿等国家（今东盟十国）之间的贸易事务，因此广州港又趋兴盛。据《大德南海志》记载："广为蕃舶凑集之所，宝货丛聚，实为外府。"[21]元朝主要通过广州港开展与真腊、占城等国的贸易，象犀、珠玑、金贝、明香、宝布等瑰奇珍宝被进口到元朝，供王公贵族享用。元代时，广州港的地位虽然逊于泉州港，但仍是重要的海外贸易口岸。

元代的航海技术和交通运输能力较宋代有所提高，为外商通过海港进行物资交流打下了基础，也使元代成为中国历史上海上对外贸易最繁荣的朝代。

- **明清时期的海禁政策**

随着封建主义逐渐保守与僵化，明清王朝实行"海禁"，严重阻碍了中国航海业的进一步发展和航海科学技术的不断进步，中国的海港贸易进入由盛转衰的时期。

海禁，又称"闭关锁国"，是明清政府实施的严格限制对外交通和贸易的政策。明朝和清朝的海禁在内涵上有所不同。明朝的海禁，只是禁止民间私人的海外贸易，并不禁止外国前来贸易，是一种由官府垄断海外贸易的政策。明朝初期，对外贸易主要港口是泉州港、宁波港与广州港3处，设市舶司；永乐年间（1403—1424年），海禁政策有所松动，刘家港成为郑和下西洋的始发港，凭借其优越的靠近长江口的地理位置得到发展；到了嘉靖年间（1522—1566年），由于沿海地区常遭日本倭寇骚扰，明世宗朱厚熜封闭泉州与宁波二港口，仅留广州港，同时刘家港受倭寇侵扰逐渐衰落（图16-8）；隆庆元年（1567年），明朝开放合法的民间贸易港——月港（今漳州港），标志明朝海禁的解除；《东西洋考》记载："准贩东西二洋"[22]，由月港出海的商船可航行至日本等国家。

图16-8　明朝军队与倭寇交战的场面[23]

清朝初期实行海禁主要是由于台湾郑氏对清朝的统治有着极大的威胁，为了打击并防范这样的反清政治势力，顺治皇帝下令实行海禁。到了乾隆之后，为了预防西方殖民的入侵，清朝开始实施严格的海禁、闭关锁国政策。同时，清朝以"天朝上邦"自居，认为自身物产丰富，无所不有；长期关闭国门，严格限制国人对外交往。

从时间线来看，顺治时期（1644—1661 年），清朝正式颁布"禁海令"。康熙年间（1662—1722 年）成功收复台湾后，宣布开放海禁，开放厦门港、宁波港、上海港、天津港等港口；从日本进口金银矿产及鲍鱼和鱼翅等海产品，从南洋进口粮食以解决国内的缺粮问题；同时发展南北间贸易，港口恢复繁荣。至乾隆二十二年（1757 年），清政府下令除广州一地外，停止一切对外贸易，即所谓的"一口通商"政策。从此，清帝国只留广州港延续着与西方的贸易。广州海上丝绸之路贸易比唐、宋两代获得更大的发展，形成了空前的全球性大循环贸易，并且一直延续和保持到鸦片战争前夕。

帝国主义的炮舰政策与租界

清朝末年，清政府腐败加剧，帝国主义开始对中国实施侵略，我国的领水主权逐步丧失。西方列强逐渐窃据了我国的内河航运权，外国资本主义企业的航船横行在我国的内陆江河，攫取了大量的利益。

• **港口完全被外国人控制**

1840 年，鸦片战争爆发。英国强迫清政府签订《南京条约》，规定"应纳进口、出口货税、饷费，均宜秉公议定则例"[24]，我国从关税自主转向了协定关税。同时逐步开放广州、福州、厦门、宁波、上海五港为通商口岸（图 16-9）。广州十三行独揽对外贸易的百余年时光，至此戛然而止，我国港口发展进入"五口通商"时期。

从这一时期开始，我国港口开始受制于外来势力的控制，成为帝国主义侵略我国资源的"桥头堡"。帝国主义开始向中国大量倾销商品，并掠夺中国原料。

图 16-9 《南京条约》开放的港口和割让地[25]

广州港是清朝唯一开放通关的港口，被英国要求继续开放。宁波港和上海港凭借地处长三角、长江口优越的地理位置，也成为英国要求清政府开放的港口。而英国迫使清政府开放福州港和厦门港的原因主要是为了茶叶贸易。《南京条约》谈判中，英方声称，"贩卖茶叶，以福州为最便，务求准予通商"[26]，坚持福州开埠。从 1854 年直到 19 世纪 80 年代，中英之间的茶叶贸易量一直居高不下。

1856 年，第二次鸦片战争爆发。英法两国强迫清政府继续签订了一系列不平等条约。《天津条约》和《北京条约》都在这一时期签订，清政府被迫开放琼州、潮州（后改为汕头）、淡水、台湾（后改为台南）、镇江、江宁（南京）、登州（后改为烟台）、天津、牛庄（后改为营口）、汉口、九江等通商港口。他们在各自占据的租界区内修建码头，夺取在中国的筑港权以至港口管理权。在帝国主义政治、经济、军事的压迫下，清政府开始丧失海关行政主权，西方列强开始控制中国海关。

1894 年，中日甲午战争爆发。清政府战败后被迫签订《马关条约》，在重庆、沙市、苏州、杭州开放港口（图 16-10）。这种改变说明帝国主义侵略程度加深，由滨海向内陆延伸，加大了经济掠取，加深了我国半殖民地半封建化的进程。随着沿海贸易权的丧失和沿海通商口岸的增加，中国沿海贸易完全被外国势力所垄断。

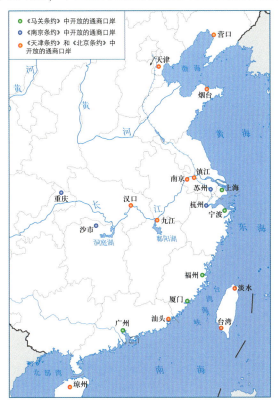

图 16-10　帝国主义侵略时期我国港口开放情况

● **列强攫取在华内河航行特权**

中国丧失内河航行权的过程，大致始于第二次鸦片战争时期。第二次鸦片战争之后，列强通过诸如《天津条约》《瑷珲条约》《中英烟台条约》《马关条约》等不平等条约及一系列《通商章程善后条约》，攫取了我国沿海、沿江、内河的航行主权[27]。

《全球通史》记载，"西方列强除了控制沿岸港口外，还控制了一些大的内河航道"[28]；《天津条约》中也有关于长江航行权的专款，"长江一带各口，英商船只俱可通商"，"准将自汉口溯流至海各地,选择不逾三口,准为英船出进货物通商之区"[25];长江内河航道航权开始丧失。同年,中俄《瑷珲条约》规定:"由黑龙江、松花江、乌苏里河,此后只准中国、俄国行船,各别外国船只不准由此江河行走。"[29]据此,沙俄便取得黑龙江、松花江、乌苏里江三江的通航权。1876年,英国借口马嘉理事件迫使清政府签订《中英烟台条约》,外国轮船即可从汉口向上游行至宜昌。1895年,中日《马关条约》签订,允许日本轮船驶入重庆,附搭行客、装运货物。至此,外国轮船取得了在长江上游航行的特权。

除长江内河航权外,列强还取得了内地其他内河干支流的航行特权[30]。据中日《马关条约》第六款规定,外船在长江航线上的航行已由主流扩展到支流。1902年,帝国主义列强又通过《中英续议通商行船条约》再次扩大已有的内河以及内港航行权,规定湖南长沙等地辟为通商口岸,而且"广东省内之白土口、罗定口、都城作为暂行停泊上下客货之处,按照长江停泊章程办理,并将容奇、马宁、九江、古劳、永安、后沥、禄步、悦城、陆都、封川等十处,作为上下搭客之处"[31]。

这一时期,内河行轮之势,殆如水银泻地,无孔不入,两广内河航权几乎全被攫夺,长江、珠江等几条南方河流的航行权也被侵占。

内河航行权极为重要。从鸦片战争之后到清政府覆亡,各条内河航线的航权事实上已经遭到侵略者的破坏,帝国主义一直垄断着我国内河航运业。不平等条约中有关专款的规定,不过是把既成事实条约化,把非法活动"合法化"。

李育民在《近代中国的条约制度》中指出,中国内河航权的每一次丧失,都伴随着列强的武装侵略和战争威胁。晚清政府却无力抵抗,任由列强船舶航行于中国的沿海、内河和内港,极大地便利了其对中国的经济侵略,对中国的政治、国防和经济等均造成了极大的危害[32]。

新中国成立初期的港口与水运

● 港口逐步恢复与发展

新中国成立前,港口长期受制于外来势力,成为帝国主义国家掠夺我国资源财富的"桥头堡"。由于国家长期分裂与战乱导致经贸落后,港口建设举步维艰,不仅数量少、规模小,而且布局杂乱无序、极不合理,主要分布在帝国主义所控制的通商口岸。当时的港口发展畸形,成为西方列强掠夺中国资源与推销商品的据点。

新中国成立时,港口极其落后。全国港口共有 100 多个泊位,只有大连港、秦皇岛港、青岛港、上海港、八所港 5 个港口有万吨级深水泊位。港口码头岸线长度仅有 2 万多米,货物总吞吐量不足千万吨。许多码头由于年久失修而损毁不堪,航道淤积严重。码头大都装卸件杂货,作业方式简单,装备简陋,装卸机械设备仅 200 多台(套),工作方式基本上以人拉肩扛为主。

新中国成立后,港口获得新生。由于帝国主义的海上封锁,加上经济发展以内地为主,交通运输主要依靠铁路,海运事业发展缓慢。这一阶段,港口发展主要是以技术改造、恢复利用为主。为尽快改变这种落后状况,国家开始对港口进行恢复重建:修复原有破旧海港,对大连港、天津港、上海港、秦皇岛港等沿海主要港口进行修复与改造。新建了张家港港、湛江港、防城港港等一批沿海港口,其中,1949 年天津市塘沽新港开始考虑恢复建设计划,成为新中国成立后自行改建完成的第一个深水海港。图 16-11 为 1954 年发行的天津市塘沽新港邮票。1956 年建成的湛江港是新中国成立后第一个自行设计建造的综合性海港。在武汉、南京等港口建设了一批机械化煤炭与矿杂码头,其中 1955 年开始

图 16-11 天津市塘沽新港邮票

建设的裕溪口煤炭码头是新中国成立后第一个专业性煤炭码头。

1949—1973 年，通过改建、扩建与新建，我国拥有的港口泊位增加到 600 多个，其中万吨级深水泊位增加到 90 多个，拥有万吨级深水泊位的港口增加到 9 个；港口码头岸线长度增加到 5 万多米，货物总吞吐量达到 1 亿多吨。

- **第一次内河航道建设高潮**

内河航道建设第一次高潮发生在 20 世纪 50 年代中后期。"一五"期间重点整治川江，实现了川江昼夜通航，从此川江天险变通途，船期由 10 天缩短到 4～6 天。1958—1961 年，又以京杭运河扩建工程为重点，开始进行大规模内河航道整治。京杭运河通航里程为 1044 千米，其中水深 1 米以上航道有 970 千米，并以长江为界分为苏北段和苏南段，苏北段长 461 千米，苏南段长 583 千米；重点整治了苏北段的徐州—扬州 404 千米河段，共计投入资金 2 亿元，先后参加建设的人员达 123 万人。该工程资金投入之巨为新中国成立后前 20 多年航道建设所未有，人员参加之多更为此前 50 年来其他建设工程所罕见。

- **第一次建港高潮**

随着国际环境与中国对外关系的变化，特别是中国在联合国合法席位恢复以及中美关系改善、中日邦交正常化后，中国与有关国家建交出现一个高潮。20 世纪 70 年代初期，随着我国对外关系的发展，与我国建交的国家达到 90 多个，对外贸易迅速发展，贸易货运量迅猛增长。在此背景下，沿海港口货物通过能力不足的矛盾日益凸显，出现了"三压"（压船、压货、压车）问题。面对这种困境，1973 年 2 月 27 日，周总理指示，要在三年以内改变（港口的）面貌。

在此背景下，全国掀起了第一次建港高潮，后来称之为"三年大建港"。在大连港、秦皇岛港、青岛港等港口兴建了原油外运码头，同时在上海港、南京港和广州港等港口建成了卸油码头，可基本满足大庆、盘锦与胜利等油田原油运输需要。在秦皇岛港、天津港、烟台港、连云港港、上海港、宁波港、福州港、湛江港与防城港港等港口，建成了一批新港区，从而缓解了散杂货运输的迫切需要。

1973年至1982年，全国共建成深水泊位51个，新增吞吐能力1.2亿吨，并首次自行设计建设了中国大连5万/10万吨级原油出口专用码头[33]。这一时期的发展建设，锻炼和造就了中国港口建设队伍，为以后港口发展奠定了较好的基础。在此期间，也涌现出一批劳动模范，留下众多先进事迹，如大连鲇鱼湾油港、天津新港建设时期，中交建设者以"天当房，地当床，天寒地冻我乘凉"的英勇气概，互相激励，战胜困难，昼夜连续作业，涌现出"三八班""青年突击队"等先进集体（图16-12、图16-13）[34]。

图16-12　大连鲇鱼湾油港建设时期的中交一航局"三八班"[34]

图16-13　1973年7月1日天津港新建码头工地的青年突击队[34]

"三年大建港"有效缓解了当时港航基础设施落后的状况,取得了显著效益。如这一时期的秦皇岛港,由于港口能力和需求不相适应,经常出现压船、压货和港口堵塞等情况。每天在港的外轮和远洋国轮有 200 多艘,但只有 1/3 靠泊作业,2/3 在锚地等待装卸。1972 年,每艘外轮的平均停港时间达 10.9 天,经常有 20 多艘外轮停港时间达 1 个月左右;经过 3 年建设,秦皇岛港发生了巨大变化。从 1973 年到 1975 年,3 年共完成投资 1.6 亿元,新建泊位 4 个,码头岸线由 1297 米延伸到 2593 米;秦皇岛港新开拓了东港区,建成了我国第一座原油管道运输码头(图 16-14),港口吞吐量增加了 2 倍,由 1972 年的 512 万吨提高到 1975 年的 1557 万吨,从全国沿海港口的第 6 位跃居到第 3 位[35]。

图 16-14　秦皇岛港原油码头[34]

- 运输船舶的发展

这一时期,在港口大建设的同时,运输船舶也相应有所发展。20 世纪 50 年代,以木帆船运输为主力。新中国成立前夕,机动船舶(总计 100 多万载重吨)被国民党军队胁迫离开大陆,遗留于大陆民间内河运输的都是木帆船;整个 20 世纪 50 年代,木帆船的载重吨也一直保持在 300 万吨以上,成为水路运输的主力;直到 20 世纪 50 年代中后期,沿海运输才补充了一些客货船,内河运输也增添了一批千吨级驳船和大功率推船[36]。

20 世纪 60—70 年代,水泥船和"二手船"发展迅速。20 世纪

60 年代初，水泥船开始投入营运，70 年代，水泥船数量大增；从水泥帆船到水泥驳船再扩大到水泥机动船，从内河船到沿海船，应用范围不断扩大。为壮大我国远洋运输船队，扭转长期租用大量外轮的被动局面，1963 年，交通部开始利用中国银行的国际游资，以贷款方式购入"二手船"；根据周总理的指示，平均每年购置近 100 万载重吨船舶，国内建造 10 万载重吨船舶[36]。

- 航运的恢复与发展

港口建设支撑了航运的恢复与发展。1949 年 4 月，中国人民解放军通令封锁长江，长江沿岸客货运输中断；6 月 1 日，南京、武汉等城市相继解放，沿江封锁和戒严解除[36]。首先复航的是申汉客货班轮，6 月 3 日，"江陵"轮首航汉口，为长江干线和上海市第一艘复航的客货班轮[36]。与此同时，"海辽"轮（图 16-15）冲破国民党在海上的重重封锁，在新中国成立前夕到达解放区大连港，成为国民党统治区起义的第一艘海轮，也是中华人民共和国成立后第一艘挂起五星红旗的海轮[37]。

图 16-15　印有"海辽"轮的 5 分纸币[37]

改革开放以来港口与水运的飞速发展

- 第二次建港高潮

"六五""七五"期间，港口进入第二次建设高潮，沿海港口建设迈入高速发展阶段。国家在"六五"计划（1981—1985 年）中将港口列为国民经济建设的战略重点。"六五"期间共建成深水泊位54个,新增吞吐能力1亿吨。经过5年建设,中国拥有万吨级泊位的港口由1980年的11个增加到1985年的15个,1985年完成吞吐量达3.17亿吨[36]。

"七五"计划(1986—1990年)是沿海港口建设40年中发展最快的5年,共建成泊位186个,新增吞吐能力1.5亿吨。建成深水泊位96个,比新中国成立后30年建成的总和还多;建成煤炭泊位18个,集装箱码头3个,以及矿石、化肥等达到当时世界前列水平的大型装卸泊位多个;拥有深水泊位的港口已发展到20多个;年吞吐量超过1000万吨的港口有9个[36]。20世纪80年代初蛇口五湾突堤码头建成开港的场景如图16-16所示。

图16-16　20世纪80年代初蛇口五湾突堤码头建成开港[38]

- **第三次建港高潮**

为适应社会主义市场经济的进一步发展,出现了第三次建港高潮。随着改革开放政策的深入实施以及国际航运市场发生新变化,中国开始注重泊位深水化、专业化建设。特别是七届全国人大四次会议,审议通过了《国民经济和社会发展十年规划和第八个五年计划纲要》,明确了交通运输是基础产业。港口建设的重点是处于中国海上主通道的枢纽港及煤炭、集装箱、客货滚装船等三大运输系统的码头[39]。

国家在主枢纽港区重点建设了一批规模宏大、技术先进的现代化码头泊位,建立起煤炭、集装箱、原油与进口铁矿石等运输系统,有效缓解改革开放初期基础设施运力矛盾的瓶颈;基本形成了以大连、秦皇岛、天津、青岛、上海、深圳等20个主枢纽港为骨干,以地区性重要港口为补充,中小港适当发展的分层次布局框架。到1997年底,全国沿海港口共拥有中级以上泊位1446个,其中深水泊位553个,吞吐能力9.58亿吨,是改革开放之初的4倍,完成吞吐量由1980年的3.17亿吨增长到1997年的9.68亿吨[39]。1988年盐田港开工建设时的场景如图16-17所示。

图16-17　1988年盐田港起步工程打下第一根桩[40]

- **第二次内河航道建设高潮**

第二次内河航道建设高潮出现在20世纪80年代以后。前10年为恢复性治理阶段,主要工程有:京杭运河苏北段航道工程,1984—1998年分期投资6亿多元,对徐州—扬州404千米航道按三级航道标准进行建设,千吨级船舶可从徐州直达扬州;西江贵港—广州575千米千吨级航道一期工程等[36]。后10年为规划性治理阶段,整治力度加大,主要工程有:汉江襄樊—汉口532千米500吨级航道工程、长江兰叙段303千米千吨级航道工程、闽江口2万吨级出海航道工程。特别是"九五"时期（1996—2000年），重大工程数量明显增多：投资20亿元的西江航道二期工程，使广州—南宁847千米航道达到千吨级标准；投资8620万元的长江中游界牌航道整治工程；湘江大源渡—株洲120千米千吨级航道工程，使湘江实现江海联运、干支直达；投资15亿元的京杭运河山东段续建工程，建成后2000吨级船队可直达济宁，使苏、鲁水运畅通无阻[36]。1992—1997年间投资27亿元的京杭运河苏南段整治工程，是苏南运河历史上规模最大、标准最高、难度最大、效益最为显著的航道整治工程；1997年底开始的长江口深水航道治理工程（图16-18），使制约上海国际航运中心发展的深水航道问题得到缓解[36]。

图16-18　长江口深水航道治理工程[41]

- 新一轮建港高潮

进入21世纪以后，经济全球化进程加快，科技革命迅猛发展，产业结构不断优化升级，综合国力竞争日益加剧。为适应国际形势变化和国民经济快速发展的需要，全国各大港口都在积极开展港口发展战略研究，开发建设港口信息系统，并投入大量资金进行大型深水化、专业化泊位建设，掀起了又一轮港口建设高潮。截至2003年底，全国沿海港口共有生产性泊位4274个，其中万吨级以上泊位约748个，综合通过能力16.7亿吨，共完成货物吞吐量20.64亿吨[36]。

- **运输船舶的发展**

20世纪80年代，专用船迅速发展。改革开放使船队面貌焕然一新，货运船队结构由单一的杂货船向多用途船、散货船和专用船方向发展。特别是以集装箱船为主的专用船的迅速发展，改善了我国运输船舶的种类结构。自1978年中国远洋运输公司购买第一艘半集装箱船"平乡城"轮后，集装箱船舶发展势头强劲；到1990年，各类集装箱船达到99艘、10万多标准箱；20世纪90年代以后，全国水上运输船舶在船舶净载重量增长放慢甚至有所减少的同时，船舶艘数开始大幅减少，调整船队吨位结构、提高船队竞争能力成为主要任务[36]。

总体上看，新中国成立50年来，船舶材质经历了从木质船到水泥船再到钢质船的改造过程；船舶种类由杂货船和客货船发展到多种类型船舶；船舶动力跨越了人力木船、风力帆船、燃煤蒸汽机船和燃油柴油机船四个发展阶段；经营方式上，船舶经营主体由国有航运企业向国有、集体和个体多元化方向发展，形成了远洋、沿海和内河船队齐头并进的发展格局，满足了国民经济与对外贸易发展的需要[36]。

港口与水运的今天和明天

- **我国水运大国地位确立**

进入21世纪，特别是党的十八大以来，我国建成了环渤海、长江三角洲、东南沿海、珠江三角洲、西南沿海地区五大沿海港口群，基本形成以上海港、大连港、天津港、青岛港、宁波—舟山港、深圳港、广州港等主要港口为引领，其他港口共同发展的多层次发展格局[42]。港口服务能力和基础设施水平持续显著提升；全球货物吞吐量和集装箱吞吐量排名前10名的港口中，我国分别占8席和7席（表16-1、表16-2）。2020年，我国港口完成货物吞吐量145.5亿吨（图16-19）、集装箱吞吐量2.6亿标准箱，稳居世界第一[43]。

世界港口货物吞吐量排名　　　　　　　　　　表 16-1

港口 2021 年排名（2020 年排名）	所属国家和地区	港口名称	2021 年货物吞吐量（万吨）	2020 年货物吞吐量（万吨）	同比增长率（%）
1（1）	中国	宁波—舟山港	122405	117240	4.4
2（2）	中国	上海港	76970	71104	8.2
3（3）	中国	唐山港	72240	70260	2.8
4（5）	中国	青岛港	63029	60459	4.3
5（4）	中国	广州港	62367	61239	1.8
6（6）	新加坡	新加坡港	59964	59074	1.5
7（7）	中国	苏州港	56590	55408	2.1
8（8）	澳大利亚	黑德兰港	55327	54705	1.1
9（10）	中国	日照港	54117	49615	9.1
10（9）	中国	天津港	52954	50290	5.3
11（11）	荷兰	鹿特丹港	46871	43681	7.3
12（12）	韩国	釜山港	44252	41120	7.6
13（13）	中国	烟台港	42337	39935	6.0
14（18）	中国	泰州港	35291	30111	17.2
15（24）	中国	江阴港	33757	24705	36.6
16（15）	中国	大连港	31553	33401	-5.5
17（17）	中国	黄骅港	31134	30125	3.3
18（16）	中国	南通港	30851	31014	-0.5
19（19）	韩国	光阳港	29206	27332	6.9
20（20）	中国	深圳港	27838	26506	5.0

世界港口集装箱吞吐量排名　　　　　　　　　表 16-2

港口 2021 年排名（2020 年排名）	所属国家和地区	港口名称	2021 年集装箱吞吐量（万标准箱）	2020 年集装箱吞吐量（万标准箱）	同比增长率（%）
1（1）	中国	上海港	4703	4350	8.1
2（2）	新加坡	新加坡港	3747	3687	1.6
3（3）	中国	宁波—舟山港	3108	2872	8.2
4（4）	中国	深圳港	2877	2655	8.4
5（5）	中国	广州港	2418	2317	4.4
6（6）	中国	青岛港	2371	2201	7.7

续上表

港口 2021年排名(2020年排名)	所属国家和地区	港口名称	2021年集装箱吞吐量（万标准箱）	2020年集装箱吞吐量（万标准箱）	同比增长率（%）
7（7）	韩国	釜山港	2269	2181	4.0
8（8）	中国	天津港	2027	1835	10.4
9（9）	中国香港	香港港	1780	1797	-0.9
10（10）	荷兰	鹿特丹港	1530	1435	6.6
11（11）	阿联酋	迪拜港	1374	1349	1.9
12（12）	马来西亚	巴生港	1374	1324	3.7
13（14）	中国	厦门港	1205	1141	5.6
14（13）	比利时	安特卫普港	1202	1203	-0.1
15（15）	马来西亚	丹戎帕拉帕斯港	1120	980	14.3
16（17）	美国	洛杉矶港	1068	921	15.9
17（16）	中国台湾	高雄港	986	962	2.5
18（19）	美国	长滩港	938	811	15.7
19（21）	美国	纽约—新泽西港	899	759	18.5
20（18）	德国	汉堡港	870	853	2.0

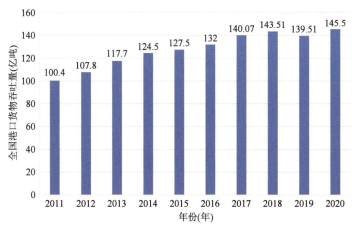

图16-19　2011年以来我国港口货物吞吐量变化

注：数据来源于交通运输部。

我国水运承担了全国约 90% 的外贸货物运输和大量跨区域物资调运任务，成为我国综合交通运输体系中不可替代的运输方式。2020 年全国水路货物周转量在综合交通货物周转量中的占比为 53.9%，比 2018 年提高 4 个百分点；港口集装箱铁水联运量完成 687 万标准箱，比 2017 年增长 53%。水运在长江经济带发展、京津冀协同发展、长三角一体化发展、粤港澳大湾区建设等国家重大战略的实施中承担了开路先锋的角色。2011 年以来全国港口外贸货物吞吐量变化情况和集装箱吞吐量变化情况分别如图 16-20 和图 16-21 所示。

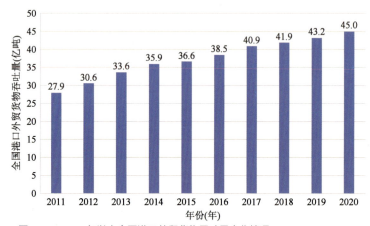

图 16-20　2011 年以来全国港口外贸货物吞吐量变化情况
注：数据来源于交通运输部。

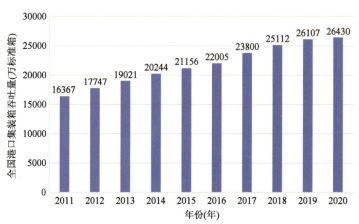

图 16-21　2011 年以来全国港口集装箱吞吐量变化情况
注：数据来源于交通运输部。

国际海运实现跨越式发展。海上运输承担了我国90%左右的外贸货物运输量，为推动外贸发展、维护国家经济安全发展发挥了重要作用。2020年，我国港口承担了14.0亿吨的外贸进口金属矿石、6.6亿吨的外贸进口石油及制品、2.4亿吨的外贸煤炭进口、1.4亿吨的外贸粮食进口，占我国相应物资外贸进口总量的比重均在90%左右。

内河航运优势得到进一步发挥。2019年5月20日，长江南京以下12.5米深水航道二期工程顺利通过竣工验收，进入正式运行阶段，5万吨级海轮可直达南京港。"十三五"以来，我国内河水运基础设施补短板力度不断加大，基本建成了以长江干线、西江航运干线、京杭运河、长三角和珠三角高等级航道网为主体，干支衔接、通江达海的内河航道体系[44]。截至2020年底，全国内河航道通航里程达到12.77万千米，居世界第一位，其中高等级航道达标里程1.61万千米。2020年，全国内河运输货运量完成38.2亿吨，连续多年稳居世界第一。

上海国际航运中心建设取得积极成效。上海港已成为世界上集装箱航线最密集、辐射面最广的港口。2020年，上海港集装箱吞吐量为4350万标准箱，连续11年居世界第一。全球十大船舶管理机构中有6家、国际船级社协会正式成员有10家在上海成立了区域总部、分支机构；上海船舶险和货运险保费收入仅次于伦敦和新加坡；上海航运交易所公布的中国出口集装箱运价指数（CCFI）已成为全球航运市场三大指数之一。根据《2021新华·波罗的海国际航运中心发展指数报告》，2021年全球航运中心城市综合实力前10位分别为新加坡、伦敦、上海、中国香港、迪拜、鹿特丹、汉堡、雅典/比雷埃夫斯、纽约/新泽西以及宁波—舟山，其中，上海在航运硬件和软件建设上持续发力，通过枢纽建设与服务业发展"双轮"驱动，借助自贸试验区发展、科技创新赋能、长三角协同发展等机制，持续提升全球资源配置能力，综合排名保持第三；连续12年保持着全球货物吞吐量之最的宁波—舟山港，首次跻身综合实力前十。

自动化集装箱码头建设处于全球领先水平。主要集装箱港口加快推动码头作业无人化、智能化。青岛港、上海港等已建成自动化码头并投入运行，降低了作业成本，提升了作业效率；天津港建成全新的集装箱自动化码头，正着力打造"零碳码头"；港口企业推动集卡身份证验证、预约等提升作业效率，加快推动港口云数据中心建设和业务单证电子化工作；很多港口加快推进物联网、大数据、北斗导航、区块链、5G、人工智能等新技术应用；长江电子航道图（图16-22）大规模推广应用[45-46]。

图16-22 长江航道图 App 演示[47]

绿色港口和生态航道建设步伐加快。国家不断出台相关扶持性政策，绿色港口建设在部分领域已经取得了明显进展[48]。码头岸线利用水平持续提升，非法码头整治取得实质性成效，船舶、港口污染问题得到有效解决。船舶靠港使用岸电比例不断提高。据初步调查统计，2019年底全国已建成港口岸电设施5400多套，覆盖泊位7000多个（含水上服务区）[49]。生态航道建设成效明显，实现了水运与生态的和谐发展（图16-23）。安全发展水平不断提升，装备设施不断完善，基本形成了覆盖港区及近岸水域的海事监管和服务系统，水上安全监管和航海保障能力持续提升。

图 16-23　长江生态航道建设效果[50]

- 水运强国建设大幕全面开启

2018 年 11 月，习近平总书记在上海考察期间，视频连线洋山港四期自动化码头，听取码头建设和运营情况介绍。习总书记指出，经济强国必定是海洋强国、航运强国❶。2019 年 1 月 17 日，习近平总书记在视察天津港时强调，经济要发展，国家要强大，交通特别是海运首先要强起来，要志在万里，努力打造世界一流的智慧港口、绿色港口，更好服务京津冀协同发展和共建"一带一路"❷。

党的十九大报告作出了"中国特色社会主义进入新时代"的重大判断。我国经济发展也进入了新时代，基本特征就是我国经济已由高速增长阶段转向高质量发展阶段。未来，水路交通发展战略的总体思路是：以习近平新时代中国特色社会主义思想为指导，坚持新发展理念，紧扣我国社会主要矛盾变化，按照高质量发展的要求，围绕统筹推进"五位一体"总体布局和协调推进"四个全面"战略

---

❶ 参见《习近平：坚定改革开放再出发信心和决心　加快提升城市能级和核心竞争力》，《人民日报》，2018 年 11 月 08 日 01 版。

❷ 参见《习近平：稳扎稳打勇于担当敢于创新善作善成　推动京津冀协同发展取得新的更大进展》，《人民日报》，2019 年 01 月 19 日 01 版。

布局，以供给侧结构性改革为主线，着力推动水路交通发展质量变革、效率变革、动力变革，以全球服务网络、国际航运中心、黄金水道建设等为重点战略目标，聚焦设施装备、服务功能、可持续发展和国际影响力四大战略领域，重点推进以长江为重点的内河黄金水道建设、以铁水联运为重点的集疏运体系完善、以制度创新为主要突破口的国际航运中心建设、以"一带一路"为重点的全球航运服务网络构建、以国际规则公约标准规范等为主要标志的国际影响力提升等战略任务，有效支撑国家重大战略和交通强国、制造强国、海洋强国、贸易强国等建设，使水运成为我国经贸发展、国家安全、大国外交战略实施和人类命运共同体建设的重要支撑，进一步凸显水运在全方位开放新格局中先行官的角色定位，有力支撑中国特色社会主义现代化强国建设目标实现[51]。

2020年后，我国水运强国战略主要分两个阶段目标进行设定，考虑先行性分别对目标年提前五年[51]。

2030年目标：建成水运强国，我国水运发展水平总体进入世界前列。其中，全球航运服务网络、中国特色国际航运中心、全流域黄金水道全面建成。全面建成与我国经贸地位相适应的高效海陆双向港航物流服务体系。在传统贸易国家航运服务网络进一步完善的同时，以服务"一带一路"沿线国家为重点的全球航运服务网络布局基本完成，水运在"一带一路"建设中的保障性、支撑性、引领性作用凸显，水运包容性发展理念不断得到彰显。具有全球竞争力的世界一流中国特色国际航运中心基本建成，部分现代航运服务业发展水平迈入世界前列，着眼服务"一带一路"沿线国家为重点的航运资源配置能力显著提升，并具有引领性，成为全球海运治理体系建设的重要推动者，世界海运发展的中国解决方案不断得到认同，对世界水运业发展的贡献度提升，有效支撑我国综合国力和国际影响力的提升[51]。

2045年目标：水运强国建设总体处于世界领先地位。其中，在全球航运服务网络、中国特色国际航运中心、全流域黄金水道建设等方面的国际影响力和话语权大幅提升。完善的全球航运物流服务网络布局全面建成。中国特色国际航运中心全球竞争力进一步提升，现代航运服务业多项细分领域发展水平位居世界前列，具有很强的影响力和话语权，成为全球海运治理体系的重要贡献者，中国水运发展理念得到大部分国家和地区的认同，水运解决方案得到国际社会的广泛采纳。水运成为我国经贸发展、国家安全和大国外交战略实施和人类命运共同体建设的关键支撑，进一步凸显全方位开放新格局中先行官的角色定位，有力支撑中国特色社会主义现代化强国建设目标实现[51]。

海外港口建设与国际物流供应链完善

我国参与海外港口建设起步很早。2003年，中远太平洋公司开始与新加坡国际港务集团合作运营集装箱码头。随着"一带一路"倡议的提出，我国企业加快"走出去"步伐，不断完善海外港口网络布局，加快推动基础设施互联互通，成为"一带一路"建设的先行者。其中，比雷埃夫斯港是中国和希腊合作的典范（图16-24）。

图16-24　中国和希腊合作的典范——比雷埃夫斯港[52]

企业参与海外港口建设，不仅包括基础设施建设，更重要的是包括码头后期的运营管理,部分还包括临港产业开发、集疏运体系建设、航运服务网络完善等。合作建设港口,共同推动航运服务网络完善,合力打造我国面向全球的港航物流服务网络体系,支撑我国和世界贸易繁荣发展,对我国国际产能合作、现代供应链打造、携手构建人类命运共同体等具有重要意义和作用。

近年来,我国海外港口合作建设不断走深走实,海外港口网络不断完善,建设成效明显。据不完全统计,截至2019年,我国海外合作建设的港口码头达到58个,分布在全球六大洲38个国家和地区。特别是"一带一路"倡议提出以来,我国参与合作建设的港口数量增长较快,由2012年的9个增加到2019年的58个,年均增加7个(图16-25)。从区域分布看,主要分布在亚、欧、非地区,其中亚洲20个,占35%,欧洲17个,占29%,非洲10个,占17%,其他区域占比为19%(图16-26)。合作建设的码头,以集装箱码头为主,占比达74%,其他主要为散货、油品等货类码头(图16-27)。从码头是否新建看,投资并购已有的码头居多,占比为76%,新建码头占比仅为24%,主要分布在发展中经济体。从参与码头经营管理的程度看,绝大多数是参股经营,以当地政府或企业控股为主,此类码头占比为71%。从码头合作期限看,短的为20~30年,有的则长达99年。从性质功能看,码头主要服务区域经济社会发展,同时服务陆向相关纵深腹地区域以及周边海上物流中转网络。

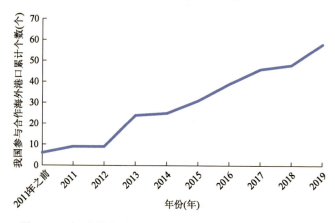

图16-25　我国海外合作港口累计个数变化

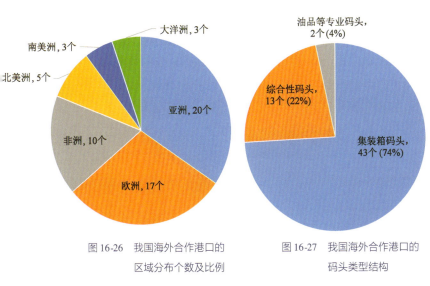

图 16-26　我国海外合作港口的区域分布个数及比例

图 16-27　我国海外合作港口的码头类型结构

目前，参与海外港口网络建设的企业主要以港航企业为主，其中，中国远洋海运集团旗下的中远海运港口有限公司和招商局集团旗下的招商局港口集团股份有限公司为主要代表。上述两家公司合作建设的港口码头数分别占我国海外港口合作数量的24%和54%（图16-28）。参与合作建设的企业，还包括我国大型国有港口企业、大型投资集团、民营企业等。

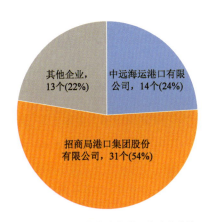

图 16-28　我国海外合作港口的企业结构

合作建设海外港口，完善全球港航服务网络，提升了我国面向全球的物流网络服务能力，为世界贸易繁荣发展提供了坚实支撑。

如中国远洋海运集团的远洋航线辐射全球160多个国家和地区的1500多个港口，境外总资产占集团总资产的53%左右，纯境外利润总额占利润总额的63%左右[53]。通过合作建设港口和后方产业园区，我国优势产能加快"走出去"，与当地企业合作，进一步扩大消费市场，促进了我国产业竞争力的持续提升。如广西北部湾国际港务集团有限公司参与马来西亚——中国关丹产业园建设（图16-29），将我国优势产业带到马来西亚，以国际产能合作推进中马合作转型升级[54]。

图16-29　中国与马来西亚合作建设的关丹港[55]

●本章参考文献

[1] 司马迁. 史记［M］. 北京：中华书局，2016.

[2] 界面新闻. 太机智了，古代人过河居然拿这个当"救生圈"用［EB/OL］. (2017-08-25)［2022-05-04］. https://www.jiemian.com/article/1577805.html.

[3] 欧阳询. 艺文类聚［M］. 上海：上海古籍出版社，1982.

[4] 张玉坤. 中国长城志［M］. 南京：江苏凤凰科学技术出版社，2016.

[5] 藤田丰八. 中国南海古代交通丛考［M］. 何健民，译. 北京：商务印书馆，1936.

[6] 顾栋高. 春秋大事表［M］. 北京：中华书局，1993.

[7] 百度文库. 中国古代航海史［EB/OL］. (2016-08-15)［2022-05-04］.

https://wenku.baidu.com/view/84ab50a86629647d27284b73f242336c1eb93092?pcf=2&bfetype=new&bfetype=new.
[8] 班固. 汉书[M]. 颜师古, 注. 北京: 中华书局, 1997.
[9] 王象之. 舆地纪胜[M]. 成都: 四川大学出版社, 2005.
[10] 罗濬, 等. 宝庆四明志[M]. 宁波: 宁波出版社, 2011.
[11] 司马光. 资治通鉴[M]. 北京: 中华书局, 2012.
[12] 佚名. 泉州后渚港是我国古代最大的海港[J]. 水路运输文摘, 2004(11): 68.
[13] 中国国家历史. 朝贡体系里的瞒与骗: 万国来朝真有我们想象得那么辉煌吗？[EB/OL]. (2018-08-11) [2022-05-04]. https://www.sohu.com/a/246597640_486911.
[14] 宋濂, 等. 元史[M]. 北京: 中华书局, 1976.
[15] 中国美术报. 写意中国·古代文明与当代社会——中国国家画院油画院"一带一路"艺术考察专题研究展在中国美术馆开幕[EB/OL]. (2018-01-12) [2022-05-02]. https://www.sohu.com/a/216331913_534797.
[16] 吴幼雄. 泉州宗教文化[M]. 福州: 福建人民出版社, 1998.
[17] 马可·波罗. 马可·波罗游记[M]. 梁生智, 译. 北京: 中国文史出版社, 2008.
[18] 刘恒武, 马敏. 元代庆元港在对外贸易中的地位[J]. 中国港口, 2014(9): 16-18, 61.
[19] 陈焯. 宋元诗会[M]. 海口: 海南出版社, 2000.
[20] 王元恭. (至正)四明续志[M]. 宁波: 宁波出版社, 2011.
[21] 陈大震. (大德)南海志[M]. 北京: 中华书局, 1990.
[22] 张燮. 东西洋考[M]. 北京: 中华书局, 1981.
[23] 冷研作者团队-明忆. 明朝海禁逼得老百姓去倭寇？明明是古代贸易战手段, 却被妖魔化成闭关锁国[EB/OL]. (2021-06-21) [2022-05-04]. https://user.guancha.cn/main/content?id=523637&page=1.
[24] 于能模, 等. 中外条约汇编[M]. 北京: 商务印书馆, 1936.
[25] 新华社客户端. 瞭望｜福州加快建设现代化国际城市[EB/OL]. (2021-06-15) [2022-05-04]. https://baijiahao.baidu.com/s?id=1702623390213833851&wfr=spider&for=pc.
[26] 文庆, 等. 筹办夷务始末[M]. 台北: 文海出版有限公司, 1990.
[27] 崔乐文. 谈鸦片战争以来我国海关主权的丧失[J]. 党校学报, 1990(03):

34-37.

[28] 斯塔夫里阿诺斯. 全球通史——1500年以后的世界 [M]. 吴象婴, 梁赤民, 译. 上海: 上海社会科学院出版社, 1999.

[29] 刘锦藻. 清朝续文献通考 [M]. 杭州: 浙江古籍出版社, 1988.

[30] 朱杰. 试论晚清列强对长江内河航权的侵夺及影响 [D]. 合肥: 安徽大学, 2015.

[31] 王先谦, 朱寿朋. 东华录 东华续录 [M]. 上海: 上海古籍出版社, 2007.

[32] 李育民. 近代中国的条约制度 [M]. 长沙: 湖南师范大学出版社, 1995.

[33] 一航局. 天津港! 我国自行设计施工的首座集装箱码头 [EB/OL]. (2021-04-30) [2022-05-05]. https://m.thepaper.cn/baijiahao_12495758.

[34] 搜狐. 「图说百年中交史」建设新中国的顽强拼搏者 (3): 三年大建港 [EB/OL]. (2020-09-28) [2022-05-05]. https://www.sohu.com/a/421481146_692431.

[35] 秦皇岛发布. "三年改变港口面貌" 中的秦皇岛港 [EB/OL]. (2021-08-30) [2022-05-01]. https://baijiahao.baidu.com/s?id=1709523989739192644&wfr=spider&for=pc.

[36] 交通部综合规划司. 新中国交通五十年统计资料汇编 (1949—1999) [M]. 北京: 人民交通出版社, 2000.

[37] 一藏网. 五分纸币讲述一次弃暗投明的红色起义 [EB/OL]. (2013-01-10) [2022-05-05]. http://www.ecangw.com/bbs/portal.php?mod=view&aid=212.

[38] 邀月谈史成三人. 观展 (三) | 改革开放兴伟业 [EB/OL]. (2021-08-17) [2022-05-05]. https://www.sohu.com/a/484027762_121124389.

[39] 史春林. 1949—2019: 中国港口建设与布局变迁70年 (下) [J]. 中国海事, 2019 (11): 25-28.

[40] 光明网. 深圳港口照片里的"拓荒牛"精神 [EB/OL]. (2020-10-16) [2022-05-05]. https://www.sohu.com/a/425143114_162758.

[41] 国务院国有资产监督管理委员会. 中交集团: 加快港口升级换代 [EB/OL]. (2017-08-04) [2022-05-05]. http://old.sasac.gov.cn/n4470048/n4470081/n7361946/n7361977/n7361996/n7514761/c7514791/content.html.

[42] 中华人民共和国交通部. 交通部公布《全国沿海港口布局规划》(全文) [EB/OL]. (2007-07-20) [2022-02-03]. http://www.gov.cn/gzdt/2007-07/20/content_691642.htm.

[43] 海运信息网. 《全球港口发展报告（2021）》正式发布 [EB/OL]. (2022-04-08) [2022-05-05]. https://weibo.com/ttarticle/p/show?id=2310474755952959357144.

[44] 中华人民共和国交通部. 交通部发布《全国内河航道与港口布局规划》全文 [EB/OL]. (2007-07-20) [2022-02-03]. http://www.gov.cn/gzdt/2007-07/20/content_691664.htm.

[45] 殷林. 我国智慧港口建设实践和发展思考 [J]. 港口科技, 2019（08）: 1-3.

[46] 林榕. "十四五"时期智慧港口建设形势与展望 [J]. 港口科技, 2020（10）: 1-3.

[47] 新华网. 长江电子航道图干支一体化服务取得阶段性成果 [EB/OL]. (2021-11-24) [2022-05-05]. http://www.xinhuanet.com/2021-11/24/c_1128094795.htm.

[48] 光明网. 绿色港口建设正当时 [EB/OL]. (2018-08-16) [2022-04-16]. https://m.gmw.cn/baijia/2018-08/16/30560903.html.

[49] 交通运输部水运局. 我国港口岸电建设及使用情况 [EB/OL]. (2020-04-28) [2022-03-01]. http://tugboat.chinaports.org/News_info.htm?id=205399&c=1.

[50] 长江航道. 撑起长江的"脊梁"——长江干线武汉至安庆段6米水深航道整治工程建设纪实 [EB/OL]. (2020-10-26) [2022-05-05]. https://www.sohu.com/a/427492410_807041.

[51] 刘长俭. 交通强国背景下中国水运发展战略思考 [J]. 中国水运, 2019,（12）: 14-15.

[52] 中远海运. 海丝港口行（一）| 当希腊比雷埃夫斯牵手中远海运 [EB/OL]. (2018-08-13) [2022-05-05]. https://www.sohu.com/a/247058246_672776.

[53] 中国水运网. 中远海运集团境外总资产超4千亿 [EB/OL]. (2018-11-02) [2022-03-01]. http://www.zgsyb.com/news.html?aid=35443.

[54] 国务院国有资产监督管理委员会. 从广西北部湾到马来西亚关丹港 "一带一路"实现共赢发展 [EB/OL]. (2017-06-22) [2022-03-01]. http://www.sasac.gov.cn/n2588025/n2588129/c4626498/content.html.

[55] 搜狐. 马中关丹产业园: 港园联动打造中马产能合作典范 [EB/OL]. (2018-01-09) [2022-05-05]. https://www.sohu.com/a/215710156_732289.

第十七章
Chapter 17

管道运输：

穿行万里的能源大动脉

管道运输是当代五大运输方式之一，现代管道运输迄今只有短短 80 年的历史。然而，石油天然气作为管道运输的重要对象之一，在我国开发利用的历史却源远流长，管道运输在当代中国的利用规模、布局、扮演的角色及发挥的作用亦不容小觑。油气管道作为能源大动脉从北到南、由西向东，支撑着国家发展和现代化建设，留下了令人难忘的历史。

走进历史深处探秘管道起源

在源远流长的华夏文明史中，石油天然气的发现和利用，不失为浓墨重彩的一笔。中国是世界上最早发现和利用石油、天然气的国家。

中国对石油的发现和利用，最早可以追溯到 54—92 年，东汉班固（32—92 年）所著《汉书·地理志》记载，上郡高奴❶县"有洧水，可燃"[1]。北宋李昉等编著的《太平广记》转引唐代《酉阳杂俎》曰："高奴具石脂水，水腻，浮水上如漆，采出膏车及燃灯，极明。"[2]。北宋沈括在其所著《梦溪笔谈》中提到"石油至多，生于地中无穷"，并预言"此物后必大行于世"[3]。历史上，石油用于照明、炊饭、医药，甚至作为一种赋税上缴[4]。

根据东晋常璩所著《华阳国志》记载，天然气的发现、利用及管道运输最早可以追溯到公元前 200 多年的秦汉时期，四川临邛的先民们采气煮盐，将竹节打通连接成管道，用于输送天然气和卤水，分别称为"火笕"和"水笕"[5]。明清时期，四川的天然气已经有了一定规模的开发利用。明代宋应星初刊于 1637 年的《天工开物》则再次记载了使用竹管道输送天然气的历史[6]。

中国近代石油天然气工业起源于 19 世纪中叶。1850 年，四川自贡磨子井完钻，井深 1200 米，是当时世界最深气井，所在气田是人

---

❶ 高奴，位于今陕西延安一带；洧水，即今延河的一条支流。

类较早发现和开采的气田之一。1878 年，台湾苗栗打出中国第一口油井，随后成立中国第一个石油管理机构——苗栗矿油局。1907 年，在陕西延长，中国陆上第一口油井延一井完钻，井深 120 米，结束了中国陆上没有工业产油的历史，随后建成中国陆域第一个油矿——延长油矿。1909 年，独山子打出新疆第一口工业油井，成为中国石油工业发祥地之一，1936 年成立独山子炼油厂，开始独山子油田的大规模勘探开发，并大力发展石油炼制工业。玉门油矿是旧中国投入开发规模最大、产量最高的油田，自 1939 年老君庙第一口油井钻遇油层，到 1948 年玉门油矿共生产原油 45.5 万吨，约占 1904—1948 年全国原油产量的 72.3%[7]。彼时，石油天然气基本依靠骡马驮运及马车、驴车拉运，运输规模极其有限。

中国陆域石油天然气资源主要分布在松辽盆地、塔里木盆地、渤海湾盆地、鄂尔多斯盆地、准噶尔盆地、柴达木盆地、珠江口盆地、四川盆地及东海陆架盆地，海域石油天然气资源主要分布在渤海和南海。油气田通常位于人烟稀少的戈壁荒漠、旷野草原甚至浩瀚的海洋，油气消费市场则主要集中在人口稠密、经济发达的大中城市及其周边地区。在中国人口地理版图上，有一条入选"中国地理百年大发现"的分界线——胡焕庸线，即地理学家胡焕庸 1935 年提出的瑷珲—腾冲线（今黑河—腾冲线）。2020 年第七次中国人口普查数据显示，胡焕庸线东南部 43.8% 的土地居住着 93.5% 的人口，西北部 56.2% 的土地仅居住着 6.5% 的人口（图 17-1、图 17-2），因而产生西北部的石油天然气资源向东南部运输的必然需求，油气管道工业应运而生。油气生产地与消费地往往相距数百甚至数千千米，特别是 1993 年中国成为石油净进口国以来，大量进口石油天然气需要从边境运往内陆各省区市，运输规模持续增大，油气管道工业因而不断发展壮大。

现如今，与人类文明相伴而行的交通运输业，已形成由公路、铁路、水运、航空、管道五大运输行业有机结合、适当分工、合理分流的综合运输系统，拉近了人与人、天与地、海与陆、资源与市场之间的距离。而隐身于地下的油气管道，作为第五运输业，在中国，其里程规模已然与铁路和高速公路并驾齐驱，承担了陆域约

70%原油和约95%天然气的运输,成为保障国家经济发展和人民幸福生活的能源大动脉。

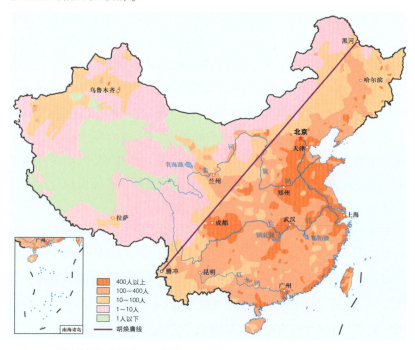

图17-1　胡焕庸线与中国人口密度图

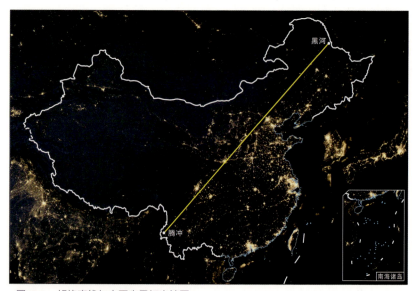

图17-2　胡焕庸线与中国夜景灯光地图

三十年筚路蓝缕奠基中国管道事业

现代石油天然气的运输，经历了公路、铁路、水运、管道等多种方式的交错发展。相比其他四种运输方式，管道运输具有占地少、投资小、建设快、运输规模大、成本低、操作方便且易于实现管理自动化、对环境污染小、不受地面交通及气候等自然条件影响等显著优势。因此，当今世界，陆域和浅海石油天然气资源基本依靠管道运输。

随着19世纪60年代美国宾夕法尼亚产油区的发现及工业性开采，驳船成为第一种"长距离"石油运输工具，后来逐渐发展为大型油轮。与此同时，在石油产区至外运码头之间，人们尝试敷设金属管道，由铁管借助螺栓连接而成，以其代替马车拉运原油，可以省下一笔可观的运输费用。20世纪20年代末焊接技术的诞生为现代管道的发展奠定了技术基础，第二次世界大战则成为输油管道大规模兴建的强大推动力。为保证战争中的能源供给及躲避敌人袭击，美国1941—1943年间先后敷设两条大口径长距离输油管道，被认为是现代输油管道的开端[8]。

1944年，在玉门油田诞生了中国第一条原油管道，用以将油田所产原油输送至炼油厂，全长4.5千米，管径120毫米，其设计和施工由中国油气储运工业奠基人翁心源先生（图17-3）主持。这条管道现在看来微不足道，但我们不能忘记，它建于物资极度匮乏、"一滴汽油一滴血"的抗战时期。美国1941年建设的科罗尼尔管道的首段，管径也只有210毫米。更重要的是，管道输

图17-3　中国油气储运工业奠基人翁心源先生

送的是凝点高达 10℃ 的易凝原油，美国那时还没有开采这么高凝点的原油。为了给管道保温，建设者们除了在管子外面铺上棉毡，还发动当地群众收集干马粪，铺在管沟内管道的上下方，这些在当时沦为笑谈的事，其实是从实际出发的很有科学依据的做法[9]。

中国第一条成品油管道是一条跨国管道，在抗日战争期间，由美国、英国和中国共同商议修建，被认为是第二次世界大战中最伟大的军事工程，从印度加尔各答经云南畹町入境，到达昆明，全长 3218 千米。这条当时世界最长的成品油管道工程，因战争而生，也因战争结束而停用、拆解，虽然仅在 1945 年 5—11 月间运行 7 个月，却输送汽油、柴油、润滑油约 10 万吨，相当于当时公路汽运一年半的运量[10]。

新中国成立之初，石油工业十分落后，经 1950—1953 年三年恢复，原油产量超过新中国成立前最高年产量，但只能满足国家需求的 37%。1953 年国家实施第一个五年计划，确立了石油勘探开发工作的重要地位，1955 年，发现新中国第一个整装大油田——克拉玛依油田，油田勘探开发不断取得新进展。1958 年，独山子炼油厂第一批运往内地的成品油起运，彰显了其石油炼制能力[11]。克拉玛依至独山子原油管道应运而生，这是新中国第一条长距离原油管道，1959 年 1 月 10 日正式投产，全长 147.2 千米，克拉玛依油田石油产-运-炼-销链由此形成。1970 年，随着大庆油田的开发，东北"八三"原油管道开工建设，成为中国管道事业的历史丰碑。截至 1980 年，中国累计建设原油管道超过 6500 千米。

成品油管道的发展始于短距离机场管道的建设，自 1958 年，首都机场、上海机场、广州机场先后修建了内部成品油管道。1976 年，在青藏高原建成新中国第一条长距离成品油管道，即格尔木至拉萨成品油管道，全长 1080 千米，它是迄今为止世界上海拔最高的成品油管道。截至 1980 年，中国累计建设成品油管道超过 1100 千米。

天然气管道的发展始于 1963 年巴渝输气管道的建设。1980 年前后，四川气田输气干线——南半环天然气管道输送系统基本建成。截至 1980 年，中国累计建设天然气管道超过 2700 千米。

1975年，在上海陈山码头建成中国第一座5万立方米浮顶油罐，随后，石化企业、油田、港口相继建造了数十座相同规格的浮顶油罐。大型石油储存设施的规模建设，增强了石油管道输送的调节弹性[12]。

30年的艰辛探索和实践，书写了新中国油气管道事业的铿锵序章。事实证明，藏身地下的油气管道，宛如一条条钢铁长龙，以"我为祖国献石油"的豪迈气魄和坚定决心，将石油天然气源源不断地运送到祖国各地，为祖国发展贡献了"管道力量"。

"八三"管道开启中国管道事业的新篇章

20世纪上半叶，中外地质学家展开了一场关于"中国贫油论"和"陆相生油理论"的大辩论。1913年，美孚公司在山东、河南、陕西、甘肃、河北、东北、内蒙古部分地区开展石油地质调查，未发现具有开采价值的石油。受此影响，美国地质学家纷纷发表文章做出"中国贫油"的论断。日本侵略东北期间也曾大规模勘探，但都以失败告终，似乎进一步证实了"中国贫油论"的正确性。然而，当代中国涌现出一批以李四光、翁文灏、潘钟祥、黄汲清为代表的著名地质学家，他们从中国石油地质的实际出发，提出关于中国油气远景的科学预见，以"陆相生油理论"驳斥了国外专家"石油只能在海相地层生成"的论断，更全面否定了所谓"中国贫油"的论调。

1959年9月26日，松基三井喜喷工业油流，大庆油田诞生，中国自此拥有了世界级特大油田，甩掉了"贫油"的帽子，石油工业面貌焕然一新。大庆石油会战，在中华民族的历史长河中留下了光辉的一页，缔造了以爱国主义为核心的"大庆精神、铁人精神"。正如时任石油工业部部长、大庆石油会战总指挥，后任国务院副总理的余秋里所说：除了大庆，没有哪一个企业的诞生和发展，能与中华民族的命运和精神联系得如此紧密[13]。

到1966年，大庆油田产量达到1000万吨，主要依靠铁路运输。

虽然平均每 17 分钟就要发出一列原油罐车，但产量和运量之间的差距依然很大。山海关是南下华北的交通要塞，是铁路运输的重要枢纽，火车常常在此堵塞，成为大庆石油运输的"卡脖子"地段。为此，尽管全国能源短缺，大庆油田却不得不关井限产。1970 年，周恩来总理与当时主管国民经济建设的李先念副总理等领导多次研究决定，集中力量和资金抢建大庆原油外输管道，并由国务院和中央军委联合下达通知，要求原沈阳军区与燃料化学工业部（简称"燃化部"）共同负责管道建设。随即组建东北管道建设领导小组，由开国少将原沈阳军区副司令员肖全夫担任组长，原石油工业部副部长张文彬及原沈阳军区副政委李少元、副参谋长罗坤山担任副组长。领导小组下设工程指挥部，由王云午任指挥，邓聪任政治委员，王培德、张振勇、李占标、唐振华、张志诚、张福录任副指挥。不久，王云午离职，由王培德任指挥。

1970 年 8 月 3 日，东北管道建设领导小组在沈阳召开第一次会议，有 28 人参加，并将东北输油管道建设工程命名为"八三工程"。同年 8 月 15 日，国家计划委员会与国家建设委员会、财政部、冶金部、第一机械工业部、外贸部、燃化部及物资局，会商建设方案及资金、物资、机具等问题后，下发《关于抢建东北输油管线问题会议纪要》，将大庆至抚顺管道（庆抚线）正式列入国家计划，作为"八三工程"一期工程，力争 1971 年建成投产。

建设长距离、大口径输油管道在中国是第一次，没有成型的工艺、技术资料和实践经验，没有专业设计机构和人员，没有钢材和制管作业线，没有输油专用设备，缺少管道专业科研力量，缺乏电力、通信保障，施工时间受季节限制，一切从零开始，困难重重。然而，"八三工程"关乎国家工业生产系统能否正常运转，不仅是一条管道，更是一条国家发展的新路径，必须要从实践中闯出来。1970 年 8 月 20 日，肖全夫发出号令："有条件就利用条件，没有条件就创造条件"，打一场石油管道建设的"辽沈战役"。

在肖全夫的呼吁努力下，管道建设专家唐振华、化工专家张兆明、力学专家潘家华等人离开"牛棚"和"劳改农场"等地，投入

"八三工程"的研究和论证工作。东北三省当地政府给予大力支持，管道沿线群众把参加"八三工程"建设视为光荣义务，迅速组织起浩浩荡荡的 20 万民工大军，分头开赴"八三工程"沿线工地（图17-4）。原沈阳军区迅速抽调 10 个步兵师、3 个工兵团、2 个舟桥营及部分通信、测量、潜水等特种兵队伍，投入"八三工程"中，并承担最重要、最困难、最危险地段的施工任务。燃化部从四川石油管道局抽调管道施工骨干 500 多人和技术人员 100 多人，北上支援"八三工程"。

图17-4 "八三工程"施工现场

轰轰烈烈的"八三工程"大会战，在茫茫的黑土地上打响。东北长达 7 个月的冬季紧邻而至，零下 40 多摄氏度的严寒全然无法阻挡建设者们的热情。1.7 吨重的钢管，靠车拉肩扛运输（图17-5），连续工作十几个小时后，湿透衣背的温热汗水被凛冽的寒风吹过，冻得刺骨。但是，任何艰难困苦，都无法动摇他们"不见石油流，誓死不回头"的信念与决心。最难啃的一块"硬骨头"是穿越嫩江，因为江水浮力大，管道不能沉入江底，施工陷入困境。而此时已是深秋，一旦入冬河水冻结，将导致整个工程进度滞后。建设者想到了这样的解决办法：在原有管道外再套上一层管，向两层管中间的空隙注入水泥增加重量，使管道沉入江底。终于，在 1970 年 11 月 5 日严冬来临之前，管道穿越嫩江一次成功。

图 17-5 "八三工程"牛车拉管场面

历时 13 个月,1971 年 11 月 7 日,大庆油田的原油通过管道,在近 600 千米外的抚顺喷出,标志中国第一条大口径长距离输油管道建成通油。在那个生产力极不发达的年代,"八三工程"每向前推进 1 米,都异常艰辛,整条管道凝聚着建设者无数心血和汗水。随后,1972—1975 年"八三工程"管道建设二期工程相继建成大庆至铁岭复线、抚顺至鞍山、铁岭至秦皇岛、铁岭至大连、丹东至朝鲜管道(图 17-6)。期内还敷设了盘锦至锦西管道,输送辽河油田原油,以及抚顺石油二厂至辽宁发电厂管道,为电厂输送燃料油。

图 17-6 "八三工程"管道线路示意图

1970年8月至1975年9月，"八三工程"共敷设原油管道2471千米，形成以大庆为起点、铁岭为枢纽的东北原油管网，包括大庆至抚顺、大庆至秦皇岛、大庆至大连3个方向的输油大动脉。其中，管输原油可以通过秦皇岛港和大连新港下海转运，沿线设有11个原油交接点、3座铁路转运装车栈桥，并建有铁路专用管道7.1千米。通过管道运输结合海运及铁路运输，可为全国13个省市28个炼油厂供油。

"八三工程"的建成投产，为中国管道事业做出了开创性贡献，填补了中国长距离、大口径管道建设的空白，培养了集设计、施工、运营、科研、管理为一体的专业化管道队伍，创造了丰富的管道建设理论与实践经验，形成了系统的管道技术规范，并具有鲜明的中国特色。与此同时，为中国交通运输业增添了一支新的力量，实现了中国原油由以铁路运输为主到以管道运输为主的历史性转折，腾出的铁路运力可用于钢铁、木材、粮油作物等物资的运输，并带动了冶金、制管、防腐、机械装备等产业的发展，激发了经济活力。

"八三工程"孕育的"八三"精神"管道为业、四海为家、艰苦为荣、野战为乐"，则激励着一代又一代管道人赓续前行。

西气东输树立中国管道事业新的里程碑

世纪之交，党中央作出实施"西部大开发"的重大决策部署。20多年过去了，西部地区经济社会发展取得了历史性成果，拓展了国家发展战略回旋空间，为新时代以共建"一带一路"为引领、推进形成西部大开发新格局奠定了基础。

西气东输管道自1998年开始酝酿，是中国实施西部大开发的标志性工程之一。2000年2月14日，朱镕基同志主持召开总理办公会，明确指出：西气东输管道工程是把新疆天然气资源变成造福广大新疆各族人民经济优势的大好事，也是促进沿线省区市产业结构和能源结构调整、经济效益提高的重要举措。2000年8月23日，国务院召开第76次总理办公会，批准西气东输工程项目立项。到2014年8月，已建成西气东输一线、二线、三线3条管道（图17-7），是世界上惠及人口最多的天然气管道工程[14]。

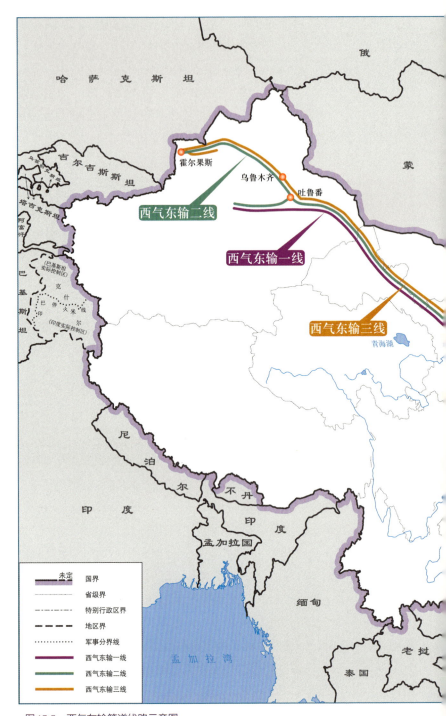

图 17-7　西气东输管道线路示意图

第十七章 管道运输：穿行万里的能源大动脉

西气东输一线管道工程西起新疆塔里木轮南油气田,东至上海白鹤镇,由西向东横贯新疆、甘肃、宁夏、陕西、山西、河南、安徽、江苏、上海、浙江 10 个省区市,支干线总里程 4380 千米,总投资 463 亿元。2002 年 7 月 4 日,西气东输一线管道正式开工建设(图 17-8)。2003 年 10 月 1 日,靖边至上海段试运投产成功,2004 年 1 月 1 日正式向上海供气,2004 年 10 月 1 日全线建成投产,2004 年 12 月 30 日全线商业运营,主供气源为塔里木克拉 2 气田天然气,在甘塘通过涩宁兰管道与柴达木盆地气田连接,在靖边与长庆气田及陕京管道系统连接,在信阳通过淮武线与忠武线联网。同步建设冀宁线,实现华北与华东市场联络。

图 17-8　西气东输一线管道工程建设施工现场

随着中国天然气资源供需缺口越来越大,引进国外天然气资源成为必然选择。2006 年,中国相继与哈萨克斯坦、土库曼斯坦签署天然气购销备忘录或协议,启动西气东输二线管道工程项目。2008 年 2 月 22 日,西气东输二线管道工程开工建设(图 17-9)。2009 年底,中亚天然气管道单线与西气东输二线西段如期建成投运,中亚天然气进入中国西部沿线省份。2011 年西气东输二线管道工程全线贯通，主供气源为土库曼斯坦、哈萨克斯坦等中亚国家天然气，国内气源作为备用和补充。西气东输二线是中国第一条跨境天然气管道工程，外连中亚天然气管道，干线在新疆霍尔果斯入境，经独山子、乌鲁木齐、鄯善、哈密等，在甘肃经红柳、酒泉、山丹、武威及宁夏中卫过黄河与西气东输一线管道工程并行及连接，继续向东南经西安、南昌、赣州，到达广州，支线南至香港。南昌支干线与西气东输一线管道工程在上海联网；南宁支干线至南宁，与中缅天然气管道联网。同步建设中贵线，实现与川渝盆地气田及中缅天然气管道联网。西气东输二线管道工程支干线总里程约为9102千米，工程投资1422亿元。

图 17-9　西气东输二线工管道工程建设施工现场

2008年8月，与土库曼斯坦、哈萨克斯坦、乌兹别克斯坦三国在原有天然气购销合同的基础上陆续签订增供协议，每年向中国增供250亿~300亿立方米天然气，同时新疆煤制气项目陆续开工建设，西气东输三线管道工程启动。该工程干线起自新疆霍尔果斯首站，止于福建。分三段建设，西段霍尔果斯至中卫，中段中卫至吉安，东段吉安至福州，并建设广州至福州联络线。2012年10月16日，西段和东段同时开工建设（图17-10），并分别于2014年8月25日、

2016年12月12日竣工通气；2021年9月23日，中段开工建设，中卫至枣阳基本与西气东输二线管道工程并行，后经长沙至吉安。工程投产后将极大提高西气东输管道系统资源调节能力及运行可靠性。

图17-10　西气东输三线管道工程建设施工现场

西气东输管道工程，是中国横亘东西的能源大动脉，它出大漠、跨天山、越黄河、穿长江，面对戈壁、荒漠、高原、山区、平原、水网等各种地形地貌及高寒、缺氧等多种气候环境的挑战，工程规模与难度世界罕见。工程的建设，将西部地区资源优势转化为经济优势，对于践行"一带一路"能源合作，调整中国能源结构，带动机械、电力、化工、冶金、建材等相关产业发展，推动产业结构转型升级，发挥了积极作用。同时，这项工程向世人宣告：中国不仅可以建设一条世界级的长距离输气管道，而且还通过科技进步、现代化管理，推动了中国管道运输行业的发展，使中国具备了建设和管理世界先进水平管道的能力。

纵横交错的中国油气管道网络

新中国成立以来，中国油气管道工业走过了从弱到强、从引进吸收到自主创新、从"局部线条"到"全国一张网"、从立足国内到连通海外的辉煌历程。根据国家石油天然气管网集团有限公布的数据，截至 2020 年底，中国陆上长输油气管道总里程达到 14.4 万千米，成为继美国、俄罗斯之后的全球第三管道大国。

新中国成立初期，百业待兴。1955 年中国第一个大油田——克拉玛依油田被发现，1958 年，新中国第一条原油管道——克拉玛依至独山子原油管道建成。1963 年，新中国第一条输气管道——四川巴县（今重庆市巴南区）至重庆天然气管道建成。1976 年，新中国第一条成品油管道——格尔木至拉萨成品油管道建成。而始建于 1970 年的"八三"管道工程，初步建成了管道运输体系，培养了管道设计、施工和运行管理人才队伍，构建了具有中国特色的管道技术及管理标准规范，形成了配套材料装备生产能力。

20 世纪 80 年代，在中国改革开放总方针的指引下，引进吸收国外先进技术和管理经验，成为推动中国油气管道工业发展的着力点。1986 年依靠国外公司技术力量，中国完成了铁岭至大连原油管道密闭输送技术改造，中国第一条密闭输送和自动化管理的原油管道——东营至黄岛复线原油管道建成，实现自动化输油和密闭输送，并在秦皇岛建设了两座 10 万立方米大型浮顶油罐。1996 年，通过与国外公司开展联合设计合作，中国建成 X65 钢、高压力、大站间距、常温输送工艺的库尔勒至鄯善原油管道。1997 年高压力、长距离陕京一线输气管道建成，成为中国油气管道技术追赶世界先进水平的起点。与此同时，管道工业技术和管理标准体系开始与国际接轨。

进入 21 世纪，中国油气管道工业进入自主创新时代，大型管道建设如火如荼，技术升级换代日新月异。因对外合作夭折，2004 年中国自主设计建设的第一条世界级天然气管道工程——西气东输一线管道工程建成投产，采用 X70 钢，管径 1016 毫米，设计压力 10 兆帕。2006 年，陕京二线输气管道建成投产，同样采用 X70 钢，管径为 1016 毫米，设计压力为 10 兆帕。2009 年川气东送管道工程干线全线贯通，它横贯巴山蜀水、鄂西武陵、江汉平原和长江三角洲地区，建设难度世界罕见。2011 年西气东输二线管道工程竣工投产，管径提高至 1219 毫米，干线设计压力提升至 12 兆帕，全线采用 X80 钢，在世界范围内尚属首次。2015 年，陕京三线输气管道建成投产，依然采用 X70 钢,管径为 1016 毫米,设计压力为 10 兆帕。2018 年陕京四线输气管道建成投产,采用 X80 钢,管径 1219 毫米,设计压力 12 兆帕。陕京一线、二线、三线、四线输气管道及配套建成的联络线总里程逾 5000 千米,构建了多通道、多气源的输储配系统,与北京市周边天然气外环输气管网形成了中国供气可靠性最高的系统,被誉为"首都供气生命线"。2019 年和 2022 年,中俄东线天然气管道工程北段(黑河—长岭)和中段(长岭—永清)分别投产通气(图 17-11、图 17-12),将在役 X80 钢管道管径扩大至 1422 毫米。与此同时,按国际通用标准,全面推进管道材料装备国产化,实现了燃气轮机、变频调速电机、离心式压缩机、各种用途阀门、自动化控制系统等中国制造。

图 17-11 中俄东线天然气管道工程建设施工现场

图 17-12 中俄东线黑龙江盾构穿越工程隧道内景

随着油气国际合作深入推进，四大油气通道全面建成。西北通道：2005年中国第一条跨国能源进口通道中哈原油管道建成投产，2009年中国至中亚天然气管道试运投产。东北通道：2010年中俄原油管道竣工（图17-13），2017年中俄原油二线管道竣工，2019年和2022年中俄东线天然气管道北段和中段投产通气。南部通道：2013年中缅油气管道全线贯通（图17-14）。东部通道：来自非洲、中东、澳洲的油气通过海运从东部沿海登陆。短短十余年间，中国西北、东北、西南、海上四大油气战略通道"从无到有"全面建成，并全部实现"油气并举"。

图17-13 中俄原油管道二线工程建设施工现场

图17-14 中缅油气管道澜沧江工程

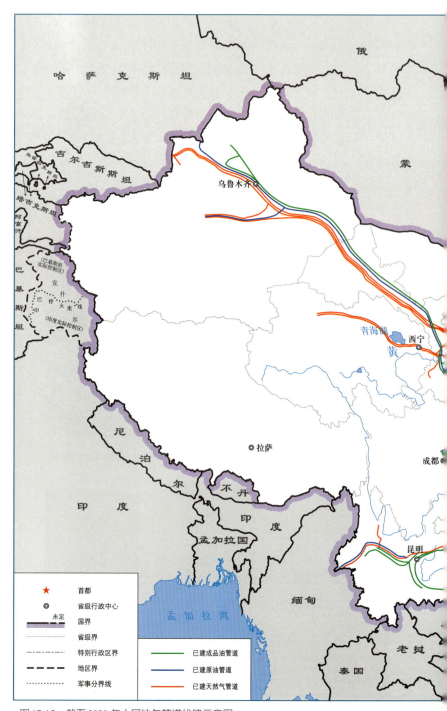

图17-15 截至2020年中国油气管道线路示意图

第十七章 管道运输：穿行万里的能源大动脉

如今，我国的原油管道基本实现西北与西南相连，东北与华北相连，以及海油登陆后从沿海地区向内地供应通道，形成"西北东下、东北南下、沿海内送"的格局。成品油管道基本形成"西北—西南、西北—华中、东北—华北—华中"的干线骨架，并以中缅原油管道为依托，形成云南、广西两大成品油管道网络及沿海地区成品油内送通道。以西气东输、中俄东线、陕京输气管道、川气东送、中缅天然气管道等为主干管道，通过冀宁联络线连接西气东输与陕京输气管道，通过兰州至银川天然气管道连接涩宁兰天然气管道、西气东输、陕甘宁气田至银川天然气管道，通过忠武天然气管道连接西气东输和川渝管网，通过中贵天然气管道连接西气东输、川渝管网、中缅天然气管道，通过永清—唐山—秦皇岛输气管道连接陕京输气管道与中俄东线天然气管道，实现了川渝、长庆、西北三大产气区以及西北、东北、西南、东部沿海进口天然气与东部用气市场的连接，形成"西气东输、北气南下、海气登陆"的管网格局。自此，联通海外、覆盖全国、横跨东西、纵贯南北、区域管网紧密跟进的油气管网格局初步形成[8]。

截至 2020 年，中国油气管道分布情况如图 17-15 所示。

随着改革开放和市场化程度不断提高，油气管网运营体制逐渐变化。1991 年中国石油与北京市共同出资成立北京天然气管道集输公司，负责建设陕京一线输气管道，这是央企石油公司与地方政府首次合作建设大型天然气基础设施。随管道沿线和北京市用气量增加，及国家天然气管网布局需要，后续相继建成陕京二、三、四线输气管道，成为中国天然气管网重要组成部分。2000 年西气东输启动时，中国原本希望引进国外投资。经国际公开招标，由壳牌、埃克斯、俄气组成联合体与中方谈判，但外方联合体在投资固定回报、气源和市场合作等方面要求过高，导致合作失败。2012 年 5 月中国石油、全国社会保障基金理事会、北京国联能源产业投资基金（有限合伙）、宝钢集团签署了《西气东输三线管道项目合资合作框架协议》，中国石油首次引入社会资本和民营资本参与西气东输三线管道工程建设，引导和带动民间资本向国计民生的行业和领域集中。

2019年12月，党中央决定成立国家石油天然气管网集团有限公司，将中国石油、中国石化、中国海油和省属企业的骨干管道划拨国家石油天然气管网集团有限公司统一调配、统一运营、统一管理，开启"全国一张网"的新征程。国家石油天然气管网集团有限公司正在着力构建"X+1+X"天然气市场体系，其中两个"X"分别代表上游市场主体及气源的多样化、下游市场配售主体及终端客户的多样化，而"1"则代表中游油气管网输配系统。

中国油气管道运输的未来

从"十五"规划开始，中国着手制定国家油气管道五年发展规划。2017年国家发改委、国家能源局发布《中长期油气管网规划》，这是中国第一次在国家层面颁布油气管网发展规划，彰显了油气管网在国民经济发展中的重要地位。

在人类历史中，每一次工业革命都意味着产业格局的重新构建。如今，以信息通信技术与网络空间虚拟系统相结合为特征的第四次工业革命不约而至，"碳达峰、碳中和"目标驱使下的能源结构调整蓄势待发。

能源格局的地区不均衡性、新能源的竞争性及新技术的革命性均将推动能源结构发生巨大变革，石油将逐渐转变为生产原料，天然气与新能源协同发展，逐步形成以非化石能源为主体，与煤、油、气等传统化石能源融合发展的能源供应体系。在未来新型能源系统中，天然气管网的重要性依然毋庸置疑。风能、太阳能等可再生资源禀赋在利用时间和品质上存在间歇性、不确定性、不稳定性等问题，天然气管网则将在解决这些问题的过程中发挥兜底保障作用，在能源供应与消费中肩负更加重要的历史使命。因此，无论现在还是未来，油气管网都是保障油气供应的主要基础设施，加快构建现代油气管网体系势在必行。

中国的石油企业自1993年实施油气"走出去"战略以来，已在五大洲40多个国家建立了五大油气合作区[15]，初步构建了东北、西北、西南和海上四大油气进口战略通道。从全球地缘政治和油气供需格局看,"一带一路"沿线国家和地区是中国油气进口的主要来源地。因此,将"一带一路"进口通道作为油气管网布局的重要内容,加强陆海内外联动、东西双向开放,促进沿线国家和地区能源互联互通,共筑"能源丝绸之路",提升油气供需互补互济水平,是中国实现开放条件下能源安全的重要组成部分。

现有管道技术尚不能支撑氢能、二氧化碳的规模储存与长距离输送,这是当前油气管道领域实现"碳达峰、碳中和"目标的重要攻关方向。氢能是一种清洁、零碳二次能源,且能量密度高,在未来新型能源系统中发展潜力巨大,已成全球研究热点。2014年,联合国政府间气候变化专门委员会第五次评估报告指出,碳捕集、利用与封存(Carbon Capture, Utilization and Storage)是实现缓解气候变化目标不可或缺的关键性技术之一,整个流程包括捕集、输送、利用、封存[16],即将二氧化碳从工业过程、能源利用或大气中捕获提纯出来,加以循环再利用或封存,以实现永久固碳。

能源互联网是未来能源发展的必然趋势,其以物联网、电网、油气管网为骨干网络,将化石能源及可再生能源等的生产、运输、储存、贸易深度融合,构建横向多能互补、纵向优化配置的能源产业发展新模式[17-18],重塑能源供需架构。能源互联网是一个庞大的智慧能源系统,油气管网的智能化建设需要融入其中,全面提升管网安全和高效水平。

毫无疑问,油气管网是中国推进"一带一路"、能源革命等的重要基础设施,是油气上下游衔接协调发展的关键环节,是中国现代能源体系和现代综合交通运输体系的重要组成部分。近年来,中国油气管网建设取得了长足进步和积极成效,管网规模跻身世界前列,技术装备达到国际先进水平。但从保障国家能源安全、支撑"两个一百年"奋斗目标的更高要求看,油气管网的发展仍使命重大、任重道远。

●本章参考文献

[1] 周振鹤,张莉. 汉书地理志汇释 [M]. 南京:凤凰出版社,2021.

[2] 李昉. 太平广记 [M]. 高光,王小克,编译. 北京:中华书局,2021.

[3] 沈括. 梦溪笔谈 [M]. 诸雨辰,译. 北京:中华书局,2016.

[4] 孛兰肹. 元一统志 [M]. 北京:中华书局,1966.

[5] 常璩. 华阳国志 [M]. 济南:齐鲁书社,2010.

[6] 宋应星. 天工开物 [M]. 杨维增,译. 北京:中华书局,2021.

[7] 《中国石油工业百年发展史》编写组. 中国石油工业百年发展史 [M]. 北京:中国石化出版社,2021.

[8] 黄维和,郑洪龙,李明菲. 中国油气储运行业发展历程及展望 [J]. 油气储运,2019,38(1):1-11.

[9] 严大凡. 刊首语:中国油气储运高等教育70周年回顾与思考 [J]. 油气储运,2022,41(6):1-10.

[10] 黄维和. 中国油气储运技术的发展 [J]. 油气储运,2012,31(6):411-415.

[11] 《中国油气田开发志》总编纂委员会. 中国油气田开发志·新疆油气区油气田卷 [M]. 北京:石油工业出版社,2011.

[12] 《中国油气管道》编写组. 中国油气管道 [M]. 北京:石油工业出版社,2004.

[13] 郭岗彦,党绥梅. 大庆精神铁人精神概论 [M]. 北京:石油工业出版社,2020.

[14] 《中国石油西气东输管道志》编委会. 中国石油西气东输管道公司志(2000—2016)[G]. 上海:上海社会科学院出版社,2018.

[15] 国家能源局. 中国石油五大海外油气合作区初步建成 [EB/OL]. (2012-09-29) [2022-05-04]. http://www.nea.gov.cn/2012-09/29/c_131881502.htm.

[16] 黄维和,宫敬,王军. 碳中和愿景下油气储运学科的任务 [J]. 油气储运,2022,41(6):1-10.

[17] 黄维和,沈鑫,郝迎鹏. 中国油气管网与能源互联网发展前景 [J]. 北京理工大学学报(社会科学版),2019,21(1):1-6.

[18] 孙元章,张鹏成,柯德平,等. 碳达峰条件下能源互联网系统规划设计与优化运行 [J]. 南方电网技术,2022,16(1):1-13.

第十八章
Chapter 18

千姿百态：

交通创造的今古奇观

古往今来，中华民族生生不息，为了更美好的生活，不断跨越天堑、征服自然。从"蜀道难，难于上青天"，到"天堑变通途"，勤奋坚韧的劳动者和一往无前的建设者们克服了一个又一个难以想象的困难，创造了交通史上一个又一个的奇迹。

入川水道：逆流而上的纤夫行船

- 历史上的水道

先秦时期，蜀无铁业，无力设置阁道，运输活动唯有靠水道。据《尚书·禹贡》记载："华阳黑水惟梁州。岷、嶓既艺，沱、潜既道……西倾因桓是来，浮于潜，逾于沔，入于渭，乱于河。"[1]可见当时岷山、嶓冢山已能种植，沱江、潜水（今嘉陵江）已疏通，人们进贡时可以顺着桓水（今白龙江），经过潜水（今嘉陵江）和沔水，转陆行到渭水，再横渡黄河。

关于巴蜀江河，杜甫在《渝州候严六侍御不到先下峡》描绘了三峡的滩险水阔："闻道乘骢发，沙边待至今。不知云雨散，虚费短长吟。山带乌蛮阔，江连白帝深。船经一柱观，留眼共登临。"[2]刘禹锡在《竹枝词·城西门前》中有"城西门前滟滪堆，年年波浪不能摧"[3]的感叹。经过历代对巴蜀江河的改造，到了抗战时期，其水运条件稍有改善，但纤夫的生活依旧艰苦。田一文1940年在沙坪坝写下的散文《江之歌》描绘了纤夫的生存环境：骇浪滔天、处处是漩涡险滩、有的地方水流湍急、暗礁潜藏；江是那么反复无常，仿佛在愤怒、在疯狂地笑，又仿若在歌唱；而纤夫要拉着船在这些"怒涛"的起伏中航行，稍不注意，狡猾的漩涡和暗礁就会夺走纤夫的命[4]。

- 令人惊叹的纤夫生涯

纤夫拉纤必须使用纤绳。纤绳大多是特制的，粗、厚、硬而结实,有的是用尼龙材料做的,也有用竹篾做的(图 18-1)。长年以拉纤为生的穷苦纤夫,卖着力气,手和肩像机器一般坚硬,以至于长年累月,纤绳竟然能在坚硬的岩石上留下深深的沟痕(图 18-2)。无论何时,只要肩上搭着纤绳拉纤,他们都是弯曲着背匍匐着,身体低至接近沙石,双脚、双手都在地上行走。

图 18-1　竹篾纤绳

图 18-2　纤绳留下的深深沟痕

- **抗战时期水道**

抗战时期，以卢作孚民生公司为主的众多航运企业通过长江将大量人员、物资从长江下游运往四川大后方，同时将大批部队从后方运往抗日前线，使长江成为抗日战争的生命运输线和货真价实的黄金水道。

抗战全面爆发后，举国西迁大后方，四川成为战时中国政治、经济、军事等各个方面的中心。当时的四川各方面发展落后于沿海地区，难以适应这种变化，尤其以"蜀道难"著称的交通运输情况为甚。为了建设和巩固大后方，有利于抗战，各个方面都势必期待借助投资少、见效快、运价低的水上运输，这使得川江（泛指宜昌以上的长江干支流）航运在战时有了很大的发展，为抗战事业发挥了积极的作用。

要发展水上航运，首先需要有可供行船的河流水道。而川江的各大干支流大都水流湍急、礁多滩众，河床情况十分复杂，过去只有部分河段由民生公司开发过航运，许多河流并没有经过勘测、整治、试航，水文资料也比较缺乏，开发起来不免困难重重。为了开发川江水运，1939年开始，国民政府责成交通部主持，对川江各主要干支流实施勘察、整治和试航。

出川航线原来可以从川江出三峡到宜昌，然后顺水路去武汉，或从岳阳转入洞庭湖通往湖南的各条水路。但由于抗战中岳阳、宜昌等地先后失守，四川对外的主要交通线受阻，只能另辟新的水道。重庆是战时的首都，既需要支援前线，也需要外来的援助，于是东南及西北的交通运输顿显重要。此外，还需要开展水陆联运，以资补救，故开展川湘川陕水陆联运。战时汽车燃料、零件等极其缺乏，因此水陆联运力求充分利用水道和人力，以达到经济目的[5]。

为此，交通部派员多次考察，几次召开专门会议论证，最终选定的水路是：从长江到涪陵，转入乌江逆流而上到龚滩或彭水，转换一段陆上运输，到达龙潭，再入水道，沿沅江及支流通往玩陵和常德等地。为尽早开通此水道，必须重点整治以礁多著称的乌江，清理涪陵至龚滩的200多千米水路上各处明石暗礁。整治工程从

1939年开始到1941年止,总共完成该段乌江航道上的水面炸石9.2万立方米,水下爆破暗礁1.7万立方米,为开纤道完成土石方3.7万多立方米,加上设置多处绞滩机站作为辅助,使长江口转入乌江上行的200千米河道成为四川通往陕西的主要水路,轮船可以行驶,木船更可以畅行长江的重要支流嘉陵江。重庆作为战时首都,地处嘉陵江和长江的交汇处,因此,发展嘉陵江航运,对于战时重庆的交通运输以及联结西南和西北地区,具有重要意义。1939年开始,人们先疏通了从合川到广元一段,在两岸遇有峭壁的地方都新开纤道,共达14千米,对50多处险滩都不同程度进行了整治,设立各种航标110处,使浅水期也可以通过载重14吨的船只,此后又陆续治理了嘉陵江上游航道。四川省内的大河还有岷江,可从成都下行乐山、宜宾,直达重庆,故其在航运上也有很大的作用。因此,乐山以下河段当时也成为重点治理对象。人们炸掉礁石,设置绞机,使轮船可从重庆开航乐山,有时还可开到成都。

上述工程,保障了战时入川水路的畅通,从而使水道成了炸不烂的运输线。

随着抗战的爆发,原来的宁静和秩序被战争打破了。人们的民族气概被激发,纷纷为抗战贡献自己的绵薄之力,即使是拉纤时背负重重危险也临危不惧。纤夫没有能力去改造拉纤的环境,但他们主动承担抗战物资运输中最艰巨的人力运输工作。轰轰烈烈投入拉纤中的纤夫,不仅是为了赚取绵薄的收入,更多的是为了挽救在危亡关头中急需转移的民族产业。在长江上,纤夫被江水所冲击,与江水搏斗,与江水合为一体。

由此可见,战时的重庆和四川水运,是军事交通运输的生命线和大动脉,在特殊时期做出了不可替代的贡献。

明修栈道,暗度陈仓:古代交通的神奇之作

栈道的主要作用在于沟通,如《战国策·秦策》中秦丞相范雎所言:"栈道千里于蜀汉,使天下皆畏秦。"[6]在中国,古栈道与大运

河、长城一并被列为古代三大杰出建筑,在军事防备、物资运输、民间生活等方面发挥了重要的作用。同时,"明修栈道,暗度陈仓"的典故脍炙人口,也是我国古代著名的用兵策略之一。

栈道原指沿悬崖峭壁修建的一种道路。又称阁道、复道。我国早在战国时即已修建栈道,如:秦惠王始建陕西褒城褒谷至郿县(今眉县)斜谷的褒斜栈道;秦伐蜀时修了金牛道,被后世称为南栈道(详见第3章)。现代公路已经成网,但在交通闭塞的山区,仍有类似的栈道,供人、畜通行。

广义上说,中国古代高楼间架空的通道也称栈道。栈道现在的含义比较广泛,尤其在房地产行业用得较多,如园林里富有情趣的楼梯状的木质道路,即称为木栈道。

人们为了在深山峡谷通行无阻,便在河水隔绝的悬崖绝壁上用器物开凿一些菱形的孔穴,孔穴内插上石桩或木桩。上面横铺木板或石板,可以步行和通车,这就叫栈道。为了防止这些木桩和木板被雨淋变朽而腐烂,人们又在栈道的上方建起房亭(亦称"廊亭")这就是阁(亦称"栈阁")。连接栈和亭的就叫栈阁之道,简称"栈道"。

据说,秦国所修的金牛道,便是中国最早的栈道。金牛道又叫"蜀栈",北起陕南勉县,南至四川巴中大剑关口,是古代川陕的交通干线。其中,川北广元到陕南宁强一段十分险峻,诗人李白曾感叹道:"蜀道之难,难于上青天!"

图18-3 古栈道[7]

"明修栈道,暗度陈仓",这一典故中,"陈仓"乃宝鸡的古名,此处特指渭河北岸的陈仓古渡口;"栈道"指的是从关中翻越秦岭,南通汉中、巴蜀的古代交通要道,由秦岭古道、褒斜道、连云栈道组成,架于悬崖绝壁和泥沼之地。栈道在关中的出口斜峪关,距陈仓古渡相距约70千米。图18-3便是古代交通的神奇之作——古栈道。

挂壁公路：巍巍太行绝壁上的工程奇迹

挂壁公路是在悬崖峭壁上开凿而出的神奇工程。此类工程奇险、艰难，在世界筑路史上都很少见。

800里巍巍太行中，共凿有七条挂壁公路，其中工程量最大、建设历时最长也最为壮观的，当属锡崖沟挂壁公路。锡崖沟地处太行山腹地，位于陵川县境最东端，晋豫两省交界处。锡崖沟人为走出大山，靠自己的双手，自力更生、艰苦奋斗30年，用锤子、钎子在悬崖峭壁上开凿出一条长达7.5千米长的"挂壁公路"，造就了闻名华夏的"锡崖沟精神"。为了施工方便和开通后取自然光照明，挂壁公路多贴壁而凿，相隔十余米开一侧窗。从远处望去，这一线侧窗勾勒出隧洞的走向（图18-4）。

图18-4　锡崖沟挂壁公路[8]

锡崖沟挂壁公路于2009年7月荣登《中国路谱》典型农村公路榜首，2011年9月入选新中国六十大地标，2010年6月入选山西三晋十大新发现。锡崖沟挂壁公路承载着丰富的历史信息和精神内涵，其具有鲜明的时代特征和不可复制性，是中国人民战天斗地精神的真实写照。

锡崖沟村由17个自然村组成，共有200多户人家、800多人。村民的祖先在古代战乱和灾荒年代逃进山里。这里四山阻隔，上山、下山全是悬崖绝壁。千百年来，村民过着自生自灭的原始人一样的生活，在沟里开荒、种地、植树、放牧、砍柴，建成一个"世外桃源"。新中国成立后，他们也向往新生活，但闭塞的生存环境，让他们无法摆脱困境：大批的水果烂掉了；大量的药材沤了粪，烧了火；

成群的猪羊赶不出山；人们生了急病，抬到半路就咽了气……1962年，一位县委副书记来这里下乡，骑着马走到崖边找不到下山的路，把马也吓坏了。回去以后，他给锡崖沟拨了3000元钱用于修路。从此，村民开始了艰难而漫长的修路历程。

第一次他们在悬崖上挖出一条小道，只能胆大的人走。他们试图赶猪出山，结果赶了27头猪走了1里多就摔死了13头。第二次，他们换了一个方向修路，修到半途，无法前进，反而引得山上的狼进了村，被称为"狼道"。第三次修路，他们想凿一个洞钻出去，结果挖了约100米，不好运渣土，也无法排烟。结果这个洞变成了"羊窑"。

三起三落，锡崖沟人近20年的奋斗与探索、是希望与失望的心灵煎熬，是汗水和着心血的挥洒与拼搏。三次筑路的失败，锡崖沟人并不甘心，更不死心。改革开放的春风又一次点燃了锡崖沟人走出大山的希望。1982年1月1日，村党支部又一次举起了筑路的旗帜。他们请来工程师，制定了"依山就势，顺崖凿洞，天窗排渣，螺旋上升"的大胆创新的筑路方案。为了筹集资金，他们变卖了菲薄的财产，村委会卖掉了集体的树木、牛羊、饲养室，连几间办公室被用于抵押贷款。他们决心破釜沉舟，组成了党员攻坚队、青年突击队、光棍决死队、妇女支前队，全村男女老少都扑在了修路上。他们以愚公移山的精神，历时10多年，终于修成了一条可供机动车畅行无阻的太行绝壁天险——锡崖沟挂壁公路。挂壁公路全长7.5千米，隧道长1380米，耗费59.6万元，征召义务工10.8万人，产生土石方23万立方米，建石桥5座。

锡崖沟打通了走向外界的路，拓宽了村民的生存空间，使锡崖沟村迈入了改革开放的新时代。后来，锡崖沟村也在与河南省辉县交界处修了路，便于农副产品和各种物流运输，更有利于本村经济发展，与河南接轨，方便了两省群众。随之修通17个自然村道路，使各种车辆、物品能到达百姓家门口，对"沟里人"的思想、观念、生活都产生了重要影响。并且，这条路使旅客明显增多，带动沿线旅游业迅速发展，使百姓收入增加，是一条真正的致富路。

云中漫步：高落差深谷中的上跨桥梁

贵州，数万座大桥飞架南北，构成了高原交通的独特血脉。这是中国桥梁最多的省份，有公路桥梁2.1万座，全长3176千米。世界上高度前百名的桥梁中，贵州占40多座；全球十大最高桥，贵州独揽一半；当今世界全部桥型，贵州几乎囊括。贵州堪称世界级"桥梁博物馆"。贵州位于中国西南地区的东南部，素有"八山一水一分田"之说，92.5%的面积为山地和丘陵，是中国唯一一个没有平原的省份，这也直接导致贵州需要建设许多桥梁。

贵州地势群山起伏、河流众多，以前的贵州交通基础设施非常难以建设，大部分人民生活艰辛。为了发展经济，政府、企业、社会、科研院所等多方，合力修建了数量多、类型全、技术复杂、难度极大的一座座桥梁，用桥梁作为纽带，把这里的一座座大山连接起来，为贵州山区人们生活出行和经济发展带来了巨大变化。贵州搭建的是桥，沟通的是路，一座座大桥穿山越岭，横跨险流之间，为贵州"县县通高速"提供了重要支撑，也为来贵州旅游的朋友提供了便捷的交通保障，迅速推动了贵州的经济发展，使得贵州主要城市之间的交通效率显著提高。

"产业桥""民心桥""致富桥"联通城乡，打通与外界的人流、物流、信息流。有了桥梁支撑，贵州的高速公路网覆盖全省、通达全国。从2014年开始，随着贵广高速铁路、沪昆高速铁路长昆段、渝贵铁路相继建成通车，贵阳一跃成为西南地区铁路交通枢纽，立体交通网越织越密，贵州脱贫攻坚也驶入"快车道"。2018年，贵州高速公路通车里程达6453千米，在全国位居第七，有18个出省通道。

贵州率先实现"县县通高速、村村通公路、乡乡通油路"后，地区生产总值保持两位数增长，经济发展迈入新境界。2017年全省经济增速全国第一，经济总量在全国的排名上升至第25位。2018年贵州经济总量达到1.48万亿元，人均突破4万元。

大桥通了，产业结构也得到调整。坚守发展和生态两条底线，贵州加快旅游产业布局和拓展，逐步从"避暑胜地"迈向"旅游高地"。游客数量年均增长30%，2017年，全省接待游客人次居全国第二位。以高速公路、高速铁路为支撑的山地特色旅游产业带，串联带动全省100个旅游景区、100个山地户外运动旅游基地和1000个特色旅游村寨，形成20条省内环行及联通省内外的重点精品线路。贵州改善交通，加之抓住历史机遇率先发展，赢得了贵州交通大数据及其应用走在全国前列的良好局面。众多桥梁飞跃天堑，在"天无三日晴、地无三尺平"的贵州大地，推动了交通与用地的深度融合，发挥了城市文明的辐射带动作用，也成为彰显我国综合国力的重要符号。

山河之间，城市之内，贵州桥梁将"高原变平原"的梦，变成现实。贵州桥梁也不断刷新着纪录，已创造多个世界第一：贵黔高速公路鸭池河大桥——世界跨径最大的钢桁梁斜拉桥（图18-5）；毕都高速公路北盘江大桥——世界第一高桥（高565米）（图18-6）；镇胜高速公路坝陵河大桥——世界山区第一座千米级钢桁梁悬索桥（图18-7）；水盘高速公路北盘江大桥——世界跨径最大的钢筋混凝土梁桥（图18-8，详见第二十二章）；毕威高速公路赫章大桥——世界梁式桥梁最高墩（195米）（图18-9）。它们千姿百态，凝聚了中国桥梁建设者们的辛勤汗水和聪明才智，展示了制度优势所创造的人类奇迹。

图18-5　贵黔高速公路鸭池河大桥[9]

第十八章 千姿百态：交通创造的今古奇观

图 18-6 毕都高速公路北盘江大桥[10]

图 18-7 镇胜高速公路坝陵河大桥[11]

图 18-8 水盘高速公路北盘江大桥[12]

图 18-9　毕威高速公路赫章大桥[13]

沙漠奇景：塔克拉玛干沙漠公路

塔克拉玛干沙漠是中国最大的沙漠，因为极端严酷的自然环境被人们称作"死亡之海"。然而，在这一片"死亡之海"中，却有着 4 条横穿整片沙漠的公路。如今已建成的贯穿塔克拉玛干沙漠的公路，依次是和田—阿拉尔市、阿拉尔—塔中镇、轮南镇—民丰县、塔中镇—且末县公路（图 18-10）。这几条线路都从南到北穿越塔克拉玛干沙漠，不仅给沙漠边缘的城市带来了巨大的便利，更重要的是打通了沙漠中大量石油气资源的运输通道，为开采这些资源打下了基础。同时也使得这片原本了无生机的"死亡之海"成为蕴含财富的"黄金之海"。

中国新疆塔克拉玛干沙漠公路（即塔里木沙漠公路）：是世界最长的贯穿流动沙漠的等级公路，也是中国最早的沙漠公路。这里自古以来就是古丝绸之路的中心，如今已是石油勘探开发的主战场，是中石油、中石化的主力油气田基地，途经轮南油田、塔河油田、塔中油田，促进了地方经济的发展，也是众多旅游者观光的目的地之一。

图 18-10　和田—阿拉尔市、 阿拉尔—塔中镇、 轮南镇—民丰县、
　　　　　塔中镇—且末县公路[14-15]

但是，在这种极端环境下修建公路并不是一件容易的事情，从某种程度上说，甚至是一个不可能完成的任务。想要在几十万平方千米流动沙丘覆盖的沙漠里建设公路，首先需要克服的难题就是保证修建好的公路第二天不会被沙漠掩埋。其次，沙漠的地质极为松软，修建公路时的地基在松软的土地上很快就会变形而无法使用。

加上沙漠中巨大的昼夜温差和极度干旱的气候条件，每一项都是沙漠公路修建过程中必须克服的巨大难题。然而，我国的建设者却在如此巨大的挑战面前，展现了劳动人民的勤劳与智慧。

我国独创的"芦苇栅栏"加"芦苇方格"固沙技术和路面"强基薄面"的施工工艺，处于世界领先水平，在很大程度上解决了沙漠公路建设中的难题。每段公路两侧数十米范围内都以芦苇方格固定流动的沙丘，使黄沙的流动性减退，再种植耐盐性极高的沙漠植物。为了保证沙漠中植物的存活，不仅要采用先进的滴灌技术，而且每 2 千米都设有一个养护站，对沙漠中的植被和路面进行维护。守护每个沙漠公路的养护站大都是一对夫妻，他们日夜坚守在这里，数十年如一日，为这条沙漠中的生命线作出了卓越的贡献。

位于沙漠中心的塔中镇是沙漠公路在沙漠腹地中的重要补给站。穿越沙漠的 216 国道、233 省道和沙漠一号公路都交会于此。塔中镇不仅是沙漠中的一个重要补给站，它本身也是塔中油田的所在地。几条沙漠公路的建设通车，极大地提高了塔中油田开采的大量石油气资源的运输效率。这片沙漠也在公路的加持下，有了更加巨大的价值。

塔克拉玛干沙漠公路是征服"死亡之海"的宏大工程，使人们千年的梦想变成了现实，并且创下最长流动沙漠等级公路的吉尼斯世界纪录。

进藏天路：青川滇新入藏通道

"滇藏新通道"（图 18-11）的核心路线是丙察然公路，其路线为云南大理—贡山县—西藏察隅县—波密县然乌镇，在此接川藏公路南线，即 318 国道。

该通道起于云南大理白族自治州大理市，沿大理至保山高速公路至金厂岭，经云龙、泸水、福贡、贡山，止于西藏察隅县（位于中印边境），全长 786 千米（西藏段 263 千米），已通车（图 18-9）。其中，云南省内的路段长 551 千米，西藏自治区内的路段长 235 千米。大理市至金厂岭的 127 千米路段为杭瑞高速公路路段，金厂岭至六库的 97 千米为二级公路六库至丙中洛公路的 292 千米为四级公路，丙中洛至察隅县的 270 千米为简易道路。

图 18-11　滇藏新通道[16]

其中，金厂岭至六库改建为高速公路，六丙公路即六库至丙中洛段改建为二级公路，丙察察公路即丙中洛至察隅县段改建为三级公路。并且这条进藏通道大部分路段处于怒江低海拔地区，平均海拔 2000~3000 米，可保证车辆常年通行。

"要想富，先修路。"有一条笔直宽阔的公路，是千百年来依靠溜索过江的勤劳勇敢的怒江人民心中的期盼。滇藏新通道实现了富民强州，与怒江水电开发相辅相成，对怒江经济社会发展起到了巨大的推进作用。

该通道大幅度缩短了行车里程。1976 年建成通车的滇藏公路，从昆明经大理、丽江、迪庆至西藏察隅县，全长 1729 千米。建设滇藏新通道后，从昆明经大理，沿怒江北上至西藏察隅县城，全长 1093 千米，距离缩短 636 千米。沿滇藏新通道从昆明经大理、怒江、察隅、林芝到达拉萨全程 2055 千米，与现有滇藏公路从昆明经大理、丽江、迪庆进入西藏至拉萨全程 2314 千米相比，路程缩短 259 千米。

该通道实现了全年通车。现滇藏公路从昆明到西藏察隅县城，要经高寒地区，横跨金沙江、澜沧江、怒江三大水系，翻越10多座4000米以上的雪山垭口，通行条件十分恶劣，季节性、时段性通车问题突出。建设滇藏新通道后，从怒江州州府六库至西藏察隅县只有诺拉山和齐马拉山两个海拔超过4000米的垭口，只要分别打通1600多米长的隧道，即可实现全年通行。

该通道显著增强了国防动员能力。滇藏新通道沿线的云南省怒江州和西藏自治区林芝市位于中缅、中印、滇藏接合部。随着国内外形势的变化，怒江州正处在"渗透与反渗透、颠覆与反颠覆、争夺与反争夺"的前沿阵地。而林芝市察隅县是1962年著名的中印自卫反击战中瓦弄战役的发生地。这两个地州都具有十分重要的国防安全战略地位。滇藏新通道建成后，从昆明驾车到西藏察隅县所需时间可由现滇藏公路的8～9天缩短为2～3天，进藏运输时间将大幅缩短，运输保障能力将明显提高，国防动员能力将显著增强。

该通道极大增强发展带动性。一方面，滇藏新通道怒江六库至西藏察隅县城段地处边境，对云南省"桥头堡"建设具有重要意义，可辐射中缅、中印、滇藏三大地区，加快滇西北旅游大环线和经济圈的形成；另一方面，怒江州和林芝市均为边境经济欠发达地区。同时，两个地州都蕴藏着极为丰富的水能、矿产、生物和旅游资源，但受交通滞后等因素的制约，丰富的资源得不到有效开发和利用。滇藏新通道可以把世界闻名的"怒江大峡谷"和"雪域小江南"连接起来，极大地改善两个地州的基础设施，有力地推动两个地州的经济社会实现跨越式发展。

腾空延展的华丽玉带——城市与公路大型立体交叉设施

高架桥在城市化的不同阶段成为城市景观的象征，在城市发展的历次起伏中更替功用。而那些纵横交错、疏密有致的公路，也象征着人类城市化进程中的前进步伐。

世界最早的立交桥出现在美国。早在1928年，美国建筑师在新泽西州的两条道路交叉处修建了世界第一座苜蓿叶形的公路立交桥。1930年，芝加哥建起了一座立交桥。1931—1935年，瑞典也陆续在一些城市修建起立交桥。今天，中国交通的建设者们，正在中华大地上，通过立交桥的修建，为一座座现代化城市和众多公路提供安全高效的交通大通道。

- 北京琳琅满目的立交桥

我国第一座真正的现代立交桥是北京复兴门立交桥。1974年10月，它在北京复兴门建成，坐落在西二环路与复兴门内、外大街相交处，是一座苜蓿叶形互通式立交桥。它的建成标志着我国城市公路桥梁设计建造及交通管理方面跃上了一个新台阶。

北京共有大小桥梁近300座，其中有立交桥200余座，占全国城市立交桥总数的70%以上。北京市内的许多中、大型路口已建起立交桥，尤其是二环路和三环路，已经实现无红绿灯的目标。一座座立交桥盘龙卧虎地飞架于城市道路上，气势宏伟壮观，处处彰显着首都作为现代化大都市的魅力（图18-12）[17]。

图18-12　北京立交桥

- 世界之最：重庆黄桷湾立交桥

黄桷湾立交桥（图18-13）连接广阳岛、江北机场、南岸、大佛寺大桥、朝天门大桥、弹子石、四公里、茶园8个方向，共有匝道

15条,其中有高架匝道桥13个,路基匝道2条;立交匝道总长16414米,其中高架桥长6770米,道路及接顺段长9644米。它是中国"史上最复杂立交桥",是迄今为止重庆主城区功能最强大的"枢纽型"立交桥。从地面到最高点的高差为37米,相当于12层楼高,占地面积达616亩(约合0.41平方千米)。车流不息,气势恢宏,已成为重庆的"网红"建筑,其夜景更是迷人。

图18-13 黄桷湾城市立交桥

黄桷湾立交桥为市民提供了巨大的出行便利,对改善重庆主城区南部交通网络、促进周边区域的经济发展有重要意义。

●本章参考文献

[1] 尚书 [M]. 王世舜,王翠叶,译注. 北京:中华书局,2012.

[2] 杜甫. 杜工部集 [M]. 上海:上海古籍出版社,2003.

[3] 刘禹锡. 刘梦得文集 [M]. 上海:上海古籍出版社,2013.

[4] 田一文. 囊萤集 [M]. 广州:花城出版社,1984.

[5] 迟香花. 抗战时期川江的木船运输 [D]. 重庆:西南大学,2008.

[6] 战国策 [M]. 上海:上海古籍出版社,2008.

[7] 王小红. 雄奇蜀道:古代陆上交通的活化石 [N]. 华西都市报,2016-10-29(5).

[8] 百度百科. 太行山锡崖沟挂壁公路 [EB/OL]. [2022-05-08]. https://

baike. baidu. com/item/% E5% A4% AA% E8% A1% 8C% E5% B1% B1% E9% 94% A1% E5% B4% 96% E6% B2% 9F% E6% 8C% 82% E5% A3% 81% E5% 85% AC% E8% B7% AF/9315337? fr = aladdin.

［9］ 人民网. 贵黔高速公路鸭池河特大桥迎来返程高峰［EB/OL］.（2020-10-08）［2022-05-08］. https：//m. sohu. com/a/423191738_114731.

［10］ 老百晓集桥. 贵州省关兴公路北盘江大桥［EB/OL］.［2022-05-08］. http：//www. china-qiao. com/ql26/26ql/gzql010. htm.

［11］ 多彩贵州网. 坝陵河大桥，最美的智慧与最美的景致交相辉映［EB/OL］.（2022-01-24）［2022-05-08］. https：//baijiahao. baidu. com/s? id = 1722790427525090562&wfr = spider&for = pc.

［12］ 多彩贵州网. 华春莹又点赞贵州，这次是桥！一起来看贵州桥梁有多牛［EB/OL］.（2021-10-18）［2022-05-15］. http：//whhly. guizhou. gov. cn/xwzx/tt/202110/t20211018_70924559. html.

［13］ 多彩贵州网. 这里是贵州，有你渴望的绝色风景［EB/OL］.（2020-07-20）［2022-05-15］. https：//www. sohu. com/a/408698066_99994054? _trans_ = 000014_bdss_dk315wh.

［14］ 百度. 曾耗资370亿，雇3万多人修筑的高速，如今却几乎看不到一辆车［EB/OL］.（2020-08-24）［2022-05-15］. https：//baijiahao. baidu. com/s? id = 1675893625544262893.

［15］ 中林联. 求索：林草高质量发展 库尔勒在行动［EB/OL］.（2019-11-25）［2022-05-15］. https：//www. sohu. com/a/355885506_674339.

［16］ 新浪网. 7大入藏线路之丙察然线：进藏路的"小七"，被誉为"越野天堂"［EB/OL］.（2021-04-20）［2022-05-28］. http：//k. sina. com. cn/article_7514230677_1bfe20f9500100uzk2. html.

［17］ 贵阳网. 贵州要火，这项奇迹惊艳全球［EB/OL］.（2020-06-11）［2022-05-18］. https：//baijiahao. baidu. com/s? id = 1669170634601461328&wfr = spider&for = pc.

第十九章
Chapter 19

宝岛交通：

跌宕起伏的发展

宝岛台湾自古以来就是我国领土。它原本与大陆并无海峡之隔，后因地壳变迁产生海峡，由此成岛。台湾是东亚众多岛屿的一部分，四面环水，具有独特的历史发展过程和海岛交通系统，战略地位十分重要。

台湾的地理位置、历史沿革与现状

台湾位于中国的东南缘，西隔台湾海峡与福建省相望，最近处仅130千米。全省恰扼西太平洋航线要冲，素有我国"七省藩篱"之称。西太平洋航线既是连接东北亚和东南亚的海上长廊，也是连接太平洋、沟通印度洋的交通要道，是世界海上航运较繁忙的航线之一。

台湾省所辖包括台湾岛、周围属岛以及澎湖列岛两大岛群，由80余个岛屿所组成，总面积近3.6万平方千米。其中，台湾本岛南北长394千米，东西最宽处宽144千米，绕岛一周的海岸线长1139千米，是我国第一大岛。

台湾本岛是一个多山的海岛，高山和丘陵面积占2/3，平原不到1/3。台湾岛的地形中间高、两侧低，以纵贯南北的中央山脉为分水岭。由于高山多集中在中部偏东地区，形成了东部多山地、中部多丘陵、西部多平原的地形特征。

远古时代，台湾与大陆相连。后来因地壳运动，二者相连接的部分沉入海中，形成海峡，台湾岛就此出现。据史料记载，大陆居民东渡台湾，垦拓、经营台湾岛，最早可追溯到1700多年前的三国时代。到了隋代，隋炀帝曾3次派人到台湾"访察异俗"。在唐宋年间，大陆沿海居民，特别是福建厦、漳、泉一带部分居民，为了躲避战乱流入澎湖或迁至台湾。至元元年（1335年），元朝正式在澎湖设"巡检司"，管辖澎湖、台湾民政，隶属福建泉州同安县（今福建厦门）。明永乐年间（1403—1424年），航海家"三宝太监"郑和率领庞大的舰队访问南洋各国，曾在台湾停留。15世纪以后，倭寇不断骚扰中国东南沿海地区，明朝在基隆、淡水二港驻屯军队。17 世纪初，荷兰殖民者侵入台湾，台湾沦为荷兰的殖民地。崇祯元年（1628 年），郑芝龙率领闽粤居民迁居台湾，一边从事农耕、贸易，一边组织武装力量抗御倭寇和荷兰人的侵扰。顺治十八年（1661 年），郑成功以南明王朝招讨大将军的名义，率 2.5 万名将士及数百艘战舰，由金门进军台湾。康熙元年（1662 年），郑成功迫使荷兰总督揆一签字投降，收复台湾。康熙二十二年（1683 年），清政府派福建水师提督施琅率水陆官兵 2 万余人、战船 200 余艘，从铜山向澎湖、台湾进发，郑军溃败。郑成功之孙郑克爽率众归顺清政府。康熙二十三年（1684 年），清政府设置分巡台厦兵备道及台湾府，隶属于福建省。光绪十年至光绪十一年（1884—1885 年）中法战争期间，法军进攻台湾，遭刘铭传率军重创。光绪十一年（1885 年）清政府将台湾划为单一行省，台湾成为中国第 20 个行省，首任台湾省巡抚为刘铭传。光绪二十年（1894 年）日本发动甲午战争，翌年清政府战败，于 4 月 17 日被迫签订丧权辱国的《马关条约》，把台湾割让给日本。1945 年 8 月，日本在第二次世界大战中战败，台湾重归中国。

如今，台湾人口约为 2300 万人，为全世界人口密度较高的区域之一。除了岛上本来的 32 万名少数民族居民之外，其余的皆来自大陆，其中尤以福建厦、漳、泉的人民为多，所以台湾同胞的主要语言就是闽南语。台湾完整保留了古老的中国传统文化，从林立街头的古迹庙宇和故宫文物收藏之丰富即可知晓。台湾的寺院庙宇则展示了台湾居民虔诚的宗教信仰。佛教及道教是台湾主要的宗教，基督教及天主教、伊斯兰教等宗教也有不少教徒。

台湾公路建设经纬

台湾公路在日本侵占和殖民统治时期已有相当程度的发展。据统计，1946 年台湾公路里程达 17272 千米，其中包括省道 1138 千米、县道 2601 千米、乡道 13533 千米，但光复初期实际通车的路线仅有 40% 左右。从台湾光复到 1950 年，台湾在交通建设方面主要是修复原有公路。20 世纪 50 年代到 60 年代中期，台湾开始了新的公路建设，包括东西横贯公路、麦克阿瑟公路（台北至基隆）及台东公路、花莲公路等。到 1964 年，公路运量（以载运吨数计）开始超过铁路，公路逐渐取代铁路成为台湾陆上最重要的交通运输方式。1968 年 7 月，台湾制订《台湾公路十年建设计划》。20 世纪 70 年代始，台湾在一系列重大经济建设计划中，都把交通放在重要地位，并开始建设高速公路，公路系统逐渐现代化，交通自动化与行车安全方面也有很大进展。当前台湾的交通图如图 19-1 所示。

图 19-1　台湾交通图

台湾公路按运输功能分为高速公路、快速道路、主要干道、次要干道、街廓道路。1997年，台湾公路总里程达20185千米。

公路运输包括客运与货运。公路客运由台湾汽车客运公司、各民营客运企业、县市公共汽车运输单位共同经营，而公路货运则由民营公司承担。客运量在20世纪80年代中期后逐步下降；货运量波动较大，近年也呈下降趋势。

高速公路：台湾建成的第一条高速公路为中山（南北）高速公路。这是台湾陆上南北交通的大动脉，北起基隆、南至高雄，全长381.7千米。路面分4~8车道，平均行车时速为90~110千米，从南到北仅需4小时，较普通公路快了1倍。其支线与基隆、台中、高雄3个国际港口以及桃园、高雄2个国际机场相连。20世纪90年代后，台湾陆续兴建北部第二高速公路、北宜高速公路以及多条横向高速公路。台湾高速公路实拍照片如图19-2所示。

图19-2　台湾高速公路实拍照片

环岛公路：密布全岛的公路网。从北部的基隆起，经台北、新竹、苗栗、彰化、台南、高雄等县市，转向屏东至枫港，然后折向东北，越过中央山脉南端，经东部的台东、花莲、苏澳抵宜兰；从宜兰分成两线，一线至台北，一线至基隆，环岛一周，全程1103千米，与陆上其他公路交织相通。

横贯公路：穿越横贯南北的中央山脉，与环岛公路东、西线连接的公路,一共有 6 条,即"旧三条"和"新三条"。"旧三条"在清代及其日本侵占和殖民统治时期开辟的道路基础上扩宽而成,分北、中、南 3 条公路。北部横贯公路自桃园县大溪起,经三民、复兴、高坡、巴陵、池端与宜兰支线衔接,全长 120 千米。中部横贯公路又称东西横贯公路,自台中县东势镇入山溯大甲溪上行,经谷关、达冗、梨山、合欢垭口、关源、天祥、溪畔至太鲁阁,横穿台湾岛中央山脉中部,与苏花公路衔接,全长 194 千米(图 19-3)。南部横贯公路自台南县玉井起,经甲仙、桃源、梅山、垭口、向阳、新武至海端,与花莲公路衔接,全长 182.6 千米。"新三条"横贯公路指 1986 年完工的以玉山公园为中点呈放射状的 3 段横贯线,即嘉义至玉山、水里至玉山、玉山至玉里,全长共计 285 千米。这 3 条横贯公路的开通,有利于开发中部山地资源和观光旅游业。

图 19-3 中部横贯公路

纵贯公路:从北往南的多条干线公路。第 1 条纵贯公路自台北出发,经板桥、丰原、台中、南投、大埔、玉井、旗山至屏东,全长 470 千米;第 2 条纵贯公路从新竹起,经苗栗、丰原与第一条线相交于台中,然后折向南玉田,与西部环岛线会合于彰化,直下台南,全长 234 千米;第 3 条纵贯公路自台中县起,经埔里、大观、水里、和社、越过玉山分水岭沿楠梓仙溪下行,经甲仙与第一线会合于旗山，全长 258 千米。这 3 条干线都在台湾西部，大体与高速公路平行。为了加强西部走廊的交通网建设，台湾于 20 世纪 90 年代初规划新建 12 条东西向四车道以上的高级公路，总长为 360 千米，分别是万里瑞滨线、八里新店线、观音大湾线、南寮竹东线、后龙汶水线、彰滨台中线、汉宝草屯线、台西古坑线、东石嘉义线、北门玉井线、台南关庙线与高雄潮州线。

滨海公路：沿海岸线运行的公路，全长 887.4 千米，分为东、西、南、北四段。北部滨海公路全长总计 262 千米，分为两部分：一部分为关渡苏澳线，经淡水、基隆、瑞滨、东港；另一部分为关渡香山线，经八里、下福、竹围、旧港、牛埔。西部滨海公路，从梧栖起，经中港、新港、西港、台西、金湖、布袋、台南、左营、高雄、林园、东港、林边至枋寮，全长 281 千米。东部滨海公路全长 194 千米，始于花莲，途经丰滨、长滨、成功、富源、卑南、台东、知本。南部滨海公路全长 89 千米，始于枫港始，途经东城、鹅銮鼻、港口、港仔至安朔。滨海公路可以说是环岛公路的外围环岛公路。

20 世纪 90 年代初，台湾拟订《西部滨海公路升为快速公路计划》，并于 1996 年完工通车，建成全省第一条由北至南的快速公路。该公路北起关渡大桥，南至高雄县市交界处的北埤桥，全长为 375 千米。其中，台 15 线台北关渡桥至香山段为 82 千米，香山至甲南段为 79 千米，台 17 线甲南至北埤桥段为 209 千米。

联络公路：联系环岛公路、横贯公路、纵贯公路、滨海公路的公路支线，从而形成全岛纵横交错、密集分布的交通网络。联络公路共有 108 条线路，总长达 3117 千米。

台湾传统铁路的发展历程

台湾最早兴建的铁道是建于光绪二年（1876 年）的基隆八斗子。道光三十年（1850 年）时，英国公使向清朝政府提出开采基隆煤矿的要求，但遭拒绝。后来，为了供应福州船政局的需求，沈葆桢于同治十三年（1874 年）接受日意格等人的建议，奏请朝廷以新式方法开采煤矿，八斗子矿场工程于光绪二年（1876年）正式开工。为了运送所产的煤矿，计划兴建轻便铁路，其设计者是铺设吴淞铁路的吴淞铁路有限公司总工程师英国人摩利臣。摩利臣于光绪二年（1876年）来到基隆，规划从矿场通到港口的路线。同治十三年（1874年）牡丹社事件之后，清政府开始实施福建巡抚半年驻台、半年驻闽的政策，以强化台湾与福建的联系。丁日昌在前任巡抚王凯泰病逝后继任，并在光绪二年十一月（1876年12月）抵台。光绪二年十一月十八日（1877年1月2日），丁日昌从台湾府（今台湾台南）北上基隆视察煤矿，其中亦包含这条轻便铁道。光绪二年十二月二十六日（1877年2月8日）的《申报》记载："台湾信息，香港报云公历正月初二日丁雨生中丞已移节至鸡笼阅看煤矿并绕沿海之东岸周视防兵形势，阅毕乃回，由陆路而至台湾府城，人皆以闽抚不轻至台，争相聚眺。未到之前，台地已多购洋布制造旗帜并洒扫街道以待。云又闻自用外国机器以开煤矿，现在已有就绪，从矿至海滩之铁路兹亦铺好，火车可驰行矣。"但这条轻便铁路最初使用的动力是畜力而非蒸汽机车。不过光绪三年二月初一（1877年3月15日）的《申报·福州琐闻》报道称这条铁路"运煤车行甚速，似可不假人力，观者每日总有数百人"。刘铭传兴建台湾铁路后，在1888年这条铁路也开始使用蒸汽机车（德国霍恩索伦机车厂制造，出厂序号447）。

而除了这条铁路外，福建巡抚丁日昌亦在光绪三年（1877年）上呈《筹办台湾轮路事宜疏》。"轮路"为清朝时指称现代所谓"铁路"的用词之一，而火车在清朝时亦称"火轮车"，后省去轮字，但当时也有"轮车"的说法（同一时期的词汇"火轮船"则省去火字变为"轮船"）。丁日昌在此奏折中使用"台湾轮路"一词，仅有的一处"台湾铁路"应为笔误。他计划铺设从台湾府城安平（今台湾台南安平区）到打狗旗后一带（今台湾高雄市南鼓山、旗津区一带）的铁路，以便运送兵饷，为此将已被拆除的吴淞铁路的铁轨等材料自上海搬到台湾，并劝说板桥林家的林维源、林维让捐赠了50万银元[1]。但这项计划最后仍因经费不足、吴淞铁路铁轨长度不够用又无法补足等问题而停摆，而板桥林家的捐款后来被挪去河南赈灾，吴淞铁路的铁轨则摆在安平港，因露天堆置而表面生出锈色，于光绪九年九月（1883年10月）被招商局运回上海。

如图19-4所示的"掣电号"火车头由英国制造，光绪十九年（1893年）行驶在台北新竹路段。这张照片的摄影时间应在1902—1905年间，近年发现的原始照片上可清楚见到车身上有铜字车号"10"，并无"掣电"二字。

图19-4 "掣电号"火车头

在丁日昌之后，台湾首任巡抚刘铭传于光绪十三年三月二十日（1887年4月13日）上呈《拟修铁路创办商务折》，再次提出在台兴建铁路的请求[2]。而在清朝政府于同年四月二十八日（1887年5月20日）允许后，刘铭传遂在台设立"全台铁路商务总局"兴筑铁路。对于丁日昌时期的经费不足问题，刘铭传考虑仿照开平铁路采用"官督商办"的模式来解决。在其上奏之前，上海《申报》在光绪十二年四月十六日（1886年5月19日）便已报道台湾有兴建铁路的打算，前驻台英国领事施本思表示愿代办此事，美国旗昌洋行亦有意争取此一工程。最后，基隆到台北路段由上海德商泰来洋行与山打士两家承办[3]。但实际上由于经费募集问题，除了火车客车向英国和德国订购，并由商务局兴建铁桥外，土地由政府征收取，工程则由兵工负责修造，车站与车库等设备也由政府兴建，后来因"商办"已不可行，最终还是回归到"官督官办"路线。

光绪十四年七月十八日（1888年8月25日），"腾云号"与"御风号"（德国杜塞道夫霍恩索伦机车厂制造，出厂序号分别为

444 与 445，但现存放于二二八和平纪念公园的"腾云号"铭牌为"445"，故有人认为这台"腾云号"机车实际上应为"御风号"）开始在已完工的大稻埕到锡口（今台湾台北松山区）路段试运转。十一月十六日（12月18日），台北到锡口路段正式运营。后来路线逐渐延伸，途经南港、水返脚（今台湾新北汐止区）、五堵、六堵一带。到了光绪十六年（1890年），最艰难的狮球岭隧道终于凿通，据光绪十六年四月初二（1890年5月20日）上海《申报》的《山洞已开》一文报道，该隧道计"长可百余丈，高三丈，阔两丈有奇"。北基段工程于光绪十七年十月（1891年11月）完工。第二任台湾巡抚邵友濂上任时即是在基隆上岸，于同年十月二十一日（1891年11月22日）黎明时搭头等火车前往台北，九时三刻抵达。

另一方面，台北往南的铁路路段也同步进行规划施工。光绪十八年六月（1892年7月），铁路已从桃仔园延伸到今天的中坜与杨梅。1893年6月，铁路再延伸到新竹县城外，台湾铁路的运营路段在光绪十九年十一月（1893年10月）延伸到新竹。但由于经费问题，邵友濂在光绪二十年正月（1894年3月）上奏，铁路只铺设至新竹为止[4]。而早在邵友濂上任之前，光绪十七年八月初二（1891年9月4日）上海《申报》便已报道因为经费问题，台湾铁路的中路及南路路段都暂缓办理。在铁路停工时，新竹到香山的铁路路基已经建成，一直到日本统治时期才铺上铁轨使用。

光绪二十一年三月二十三日（1895年4月17日）《马关条约》签订后，台湾被清政府割让给日本。台湾抵抗日方的接收，双方爆发乙未战争。在乙未战争初期，台湾铁路被用来运送兵员至基隆与日军交战。据礼密臣的报道，6月初基隆火车码头（在清朝，火车站被称为"火车码头"，如图19-5所示）挤满逃难的民众，士兵一下车，民众便挤上车逃到台北。而当时基隆内外约有12000名士兵，而在狮球岭炮台于6月4日失守后，基隆的铁道设施便由日军接掌，当时基隆只剩下3节客车厢与几节货车厢，没有机车可用[5]。

日本侵占和殖民统治时期的首任"台湾总督"桦山资纪在基隆上岸后，命令技师小山保政调查台湾铁路的状况。光绪二十一年五月十五日（1895年6月7日），日军进入台北府城后，小山保政在台北火车码头里找到3台机车，但仅1台能修复使用。在6月9日试运转后，隔天台北与基隆间的铁路交通正式恢复。此外，掌管铁路事务的台湾铁道线区司令部（隶属"总督府"陆军局工兵部）与铁道课（隶属"总督府"交通局递信部）也很快成立。而台北基隆之间的铁路虽然恢复通车，但是由于轨道与列车的状况不佳，最初每天只能开行一班往返列车，无法满足日军的运输需求。在一次货物超载的事件中，机车无法负荷，需要工人协助推车才能继续前进。日本人遂称台湾铁路是"后押火车"与"肺病火车"。

图 19-5　清代兴建的台北火车码头

台北到新竹的铁路路段也渐为日军所控制。日军于1895年6月22日占领新竹后，先修复新竹到大湖口的路段。该路段于6月28日重新运转，用来运输粮食。另外，小山保政在6月29日时曾坐火车从台北前往新竹，此行除为了修缮路线外，也顺便测试铁路的运作状况。台湾铁路在7月10日全线恢复运营。

此后，直到1897年3月交给"台湾'总督府'民政局通信部临时铁道挂"前，台湾铁路由"铁道队"管理，性质上属于军事铁道[6]。而"铁道队"除了管理清朝留下的铁路外，也开始往南铺设台车轨道（轨道来自甲午战争后日军已用不到的军事铁道），首先完成的是新竹到彰化路段，之后逐渐往南部延伸[7]，而1895年已经完成台南到打狗（高雄）的路段，1898年2月时新竹到打狗的台车轨道已经完成。因为这条台车轨道（台湾陆军补给厂轻便铁路）大致沿着日本陆军整修过的清朝官道修建，又称"陆军路"。随着战事逐渐减少及民间需求的增多，它也在军事用途之外开放给民众搭乘及接受托运货物,直到台湾"总督府"决定修筑新的纵贯线铁道。后来,这条"陆军路"拆除并改为公路道路,即现在的台一线纵贯道路。

清朝的台湾铁路脱离日本军事管理之前,日本首任"台湾总督"桦山资纪便直陈,为了镇压抗日势力、奠定统治台湾的基础,希望尽快兴建一条正式连接台湾南北的纵贯线铁路。经过几番民间筹资失败后,1898年"总督府"还是决定由官方兴建纵贯线。在此期间,日方则改良北基段铁路。由于日方认为清朝的狮球岭隧道一带坡度太大,遂更改路线,并于1896年5月开挖竹仔藔隧道。于1898年2月2日完工,2月13日于隧道北口举行开通仪式。另外,虽然当时只铺了单线铁道,但该隧道预留了铺设另一条线路的空间。除了竹仔藔隧道工程外,北基段改良工程还包括路线的裁弯取直、樟树湾隧道(今南港隧道)工程、五堵—百福路段改线等工程。铁道改良后,在1899已可每日往返4班列车。1901年8月25日启用的第二代台北车站如图19-6所示。

图19-6　1901年8月25日启用的第二代台北车站

日本侵占和殖民统治时期台湾"总督府"的纵贯线路线大致依照早期探勘的"山线"铺设,但部分路段因时空背景因素而有所变动,如:新竹到苗栗造桥的路线原本打算经过头份,但如此一来路线将过于弯曲,所以改走靠海的中港(今苗栗竹南);台中到云林林内的路线原本打算经过南投市街,但因此区需要用铁路运送的物资较少,加上未经过当时中部的经济重镇彰化而损失经济效益,所以改走彰化。

工程从北部与南部分头开展。其中,淡水线(台北—淡水线)是当年为搬运海上运抵的铁道建材而铺设的辅助线。纵贯线台北新竹段直到 1902 年 8 月 10 日可达香山和中港（今竹南车站）两个站。1903 年 5 月 25 日完成中港苗栗段，1904 年推进至三叉河（今台湾苗栗县三义乡）。纵贯线南段则从 1899 年 11 月自打狗往北铺设，1900 年 11 月 29 日打狗台南段开始运营，1901 年 5 月 15 日营业路段延伸至今善化车站[8]。而到了 1904 年时，南段路线已经延伸到彰化，同时北段也延伸到三叉河，只剩下难度最高的中部路段。该路段建设困难，主要是因为三叉河到葫芦墩之间需要渡过大安溪与大甲溪，且需要开凿许多隧道穿越山区。虽然《百年台湾铁道》及《纵贯环岛·台湾铁道》均提及 1904 年时南段路线已向北延伸到了彰化，但实际上二八水以北至彰化段的铁路直到 1905 年 3 月 15 日才竣工，3 月 26 日才通车。而在纵贯线最后的中部路段施工时，适逢 1904 年 2 月 8 日日俄战争爆发。由于俄罗斯太平洋舰队遭到重创，沙皇尼古拉二世遂命波罗的海舰队到东亚支持。因其航线会经过台湾，日本遂基于军事需求动用临时军费兴筑伯公坑到葫芦墩的轻便铁路（在此之前已有伯公坑到三叉河的轻便铁路）。该路线于 1906 年完工后，除了用于军事运输外，也用来运输建材与兼营客运。该路线为了在大安溪南岸爬上后里台地，还特别设计了圆弧形匝道。1908 年 3 月，9 号隧道完工，纵贯线全线于同年 4 月 20 日完工通车。

在纵贯线完工的次年（1909 年），台湾"总督府"即成立了台湾地区铁路主管部门"花莲出张所"，开始兴筑台东线。1916 年台湾地区铁路主管部门开始提出兴建宜兰线与枋寮线的计划。在宜兰线的部分，计划案经议会审核通过后，台湾地区铁路主管部门遂于 1917 年在宜兰与瑞芳设置建设事务所，从 10 月 1 日开始进行南段（苏澳—宜兰）与北段（八堵—猴硐）的工程。然而由于第一次世界大战（1914—1918 年）导致的物价、工资上涨等因素，宜兰线工程延期多年，终于在 1924 年 10 月草岭隧道通车后宣布完工，使得兰阳地区的物资可以用铁路快速运至基隆港与台北。

在枋寮线方面，由于其前身凤山支线在 1912 年 10 月便开始延伸到阿猴（今台湾屏东），所以 1917 年的枋寮线工程从阿猴开始兴建。工程于当年 12 月开始推进，遭遇到与宜兰线一样的预算问题，工程一度暂停，至 1922 年才复工，1923 年 10 月完工。东港线则是在 1940 年 7 月 19 日开始运营的。

而因为宜兰线与枋寮线工程一度停工的台东线工程，则到了 1922 年才开始第二期工程。花莲港到璞石阁路段已经运营多年，然而每年都是赤字，但是为了完成环岛铁路与进行地区开发，该工程仍继续进行。1926 年，台东线全线完工。

海岸线兴建工程自 1919 年 8 月开始进行，建设事务所分别设于竹南与台中两端同时施工，到了 1920 年 12 月 15 日，王田（今成功车站）到清水段已先行运营，当时该路段称为"王田支线"，后续工程则到 1922 年 10 月才完工。在海岸线完工后，长途列车改走较省时的海岸线。

除了环岛铁路计划中的线路之外，由官方经营铁路还有其他的支线，这些支线有的是收购民间原铺设的铁路而来，有的则是台湾地区铁路主管部门接手或新铺设的铁路。在台湾"总督府"主管的铁路中较早建成的客运支线为淡水线，在 1901 年 8 月 25 日完工开始运营。在 20 世纪 20 年代，台湾地区铁路主管部门又收购了原属私营铁路的集集线与平溪线，使得台湾"总督府"主管的铁路又多了两条支线。除了主要经营一般客货运的铁路之外，台湾"总督府"直营的三大林场里也有林业铁路（但后来转由台湾拓殖株式会社经营），其中最特别的是阿里山森林铁路。

随着与日俱增的运输需求以及面临公路运输的竞争，铁路的双轨化被提上日程。第一次的双轨化工程是基隆台北段。1912 年 4 月到 1914 年 4 月完成基隆到八堵的双轨化，1917 年 12 月八堵到台北的铁路也完成双轨化。后来台湾地区交通主管部门于 1926 年 12 月提出整体性的改良计划。该计划除全线双轨化外，还包括对既有线路、桥梁的改良，同时还提出台北、基隆、高雄 3 个车站的改良计划，但后来只有双轨化的工事费得到批准，台北车站高架化计划取消。纵贯线全线双轨化工程原本预计用 10 年完成，前 5 年进行台北—竹南、台南—高雄路段双轨化，后 5 年进行嘉义—台南、彰化—嘉义路段双轨化。但由于财政困难等因素，台南高雄段工程由 5 年延长到 10 年，于 1935 年 10 月完工。

为应对公路运输的竞争，台湾地区铁路主管部门尝试改良列车运转与设备、提升服务质量、简化货物运送方式、鼓励民众利用铁路旅游等。后来台湾地区铁路主管部门开始考虑兼营公路运输，不过并不是将公路运输整体国营化，而是将之作为铁路的补充或代用运输方式，避免公路运输与铁路运输的恶性竞争，而在此范围之外仍可由民间经营。而公路运输业者为了避免内部竞争，开始互相收购合并或签订私下协议，私营铁路与轨道业者也开始兼营公路运输。然而台湾地区铁路主管部门的收购计划并非毫无阻碍。北部 8 个会社认为铁路主管部门擅订慰问金来抢夺民业，遂组成 1 个大会社与其对抗，后来在台北州"知事"中濑拙夫与新竹州"知事"内海忠司的调停下，重新协调了慰问金金额才得以收购，于 1933 年 7 月 26 日开始经营公路运输。而中部地区 7 个会社也一度对台湾地区铁路主管部门不满，请台中州"知事"调停，但平和、昭和、朝日、员彰等会社仍有所不满。后来因听说不管交涉成果如何，台湾地区铁路主管部门都会开始运营官营汽车，中部汽车业者"交友会"才在台湾地区铁路主管部门"经营课长"渡边庆之进与"自动车课长"丸冈道夫努力下，于 1934 年 9 月 3 日开始经营公路运输。南部地区也发生了同样问题，引发从业者反对。但台湾地区铁路主管部门态度依旧强硬，在 1936 年 9 月 5 日正式运营官营汽车。公安、高雄两会社知道无交涉余地，只能接受，台南、大同两会社则是陈情后知道只能接受，于同年 9 月 22 日表示"欲殉国策，应其收购"。而后铁路客运减少的收入，的确由兼营汽车弥补。

此外，台湾地区铁路主管部门开展了联运业务，指乘客、货主可以用一张单据利用各交通方式间的联合运送服务。台湾的联运业务最早可追溯至 20 世纪 10 年代，应北港朝天宫参拜团的需求，台湾地区铁路主管部门促成纵贯线与大日本、新高、东阳等制糖会社合作，贩卖从纵贯线潭子车站以北各站出发到北港的来回车票。台东线全通后，从 1926 年 4 月开始与大阪商船株式会社签约，通过定期船宫崎丸（苏澳—花莲港）在本线与台东线的要站之间实施旅客与随身行李的联运。但是，除上述台东线与大阪商船的联运外，到20世纪30年代初，台湾各交通方式间的联运仍不普遍。公路运输发展之后，私营铁路积极与官营铁路联运以对抗公路运输。1936年，联运范围扩及日本航空输送株式会社的台湾岛内运输，形成台湾陆海空的联运网。而台湾岛对外的联运业务始于1910年与大阪商船签约处理台日随身行李联运业务。自1912年4月1日开始，通过日本邮船与大阪商船在台北、台中、嘉义、台南、打狗5站与日本长崎、门司、神户等17处实施旅客与随身行李的联运。同年5月1日，联运范围达到日本铁道院（日本国铁）新桥、平沼、名古屋、京都、大阪等15个车站。此后联运范围继续扩大，1931年在台湾岛内27个车站与日本本土155个车站之间可进行旅客联运，而对日本的货物联运也从这一年开始，1934年开始与朝鲜及伪满洲国进行旅客联运。1936年后，空运纳入台日之间的联运范畴，同年9月20日，台湾地区与日本本土、朝鲜与伪满洲国亦形成了陆海空联运网。不过相较于台湾地区与以上地区联运的发展，台湾地区与澎湖马公到1936年6月15日才出现联运服务。交通联运网的形成，使台湾地区的贸易市场随之扩大，并促进了各地的产业发展与社会文化交流。

台湾在1958年时开始研究铁路干线动力现代化，因电气化经费过高，且台湾电力公司此时的电力供应仍不足，遂决定进行动力柴电化。1959年8月7日发生"八七水灾"，新竹与台南之间的铁路、公路受创严重。1949年6月1日时，新店线被台湾铁路收购，成为其支线。1962年台湾铁路完成台北到竹南的双轨自动闭塞系统，并在20世纪60年代前后开始逐步将中央行车控制系统应用到整个纵贯线，以提高纵贯线的行车效率。

而日本侵占和殖民统治时期已有的环岛铁路计划，随着北回线在1973年12月25日动工而再次有所进展。同期开始的重要铁路工程还有纵贯线的铁路电气化工程。自1992年起，北回线又陆续启动双轨化、电气化等改良工程，其间因改线而开挖不少新隧道。改良工程于2003年6月底完工，同年7月4日在花莲举行通车典礼。

北回线连接了原本独立的宜兰线和台东线，但是由于日本侵占和殖民统治时期台东线的轨距是 762 毫米，导致车辆不能互通，因此在 1978 年开始了东线拓宽工程。东线拓宽工程除了更改轨距之外，也对部分状况不佳的路段进行改线，如原鹿野经中兴、初鹿、槟榔等站进入台东旧站的旧线，后改为鹿野经山里、台东新站的线路。而在整个工程建设的过程中，台东线依然继续运营，并在 1982 年 6 月 25 日一夜切换，台东线的轨距自此从 762 毫米换成 1067 毫米。不过自强一号隧道施工过程出现问题，遇到淤泥层，故 1982 年时仍用旧隧道，1984 年新隧道取代旧隧道后，东拓工程才算真正完工。

在北回线完工后不到一年内，环岛铁路的最后一部分——南回线也在 1980 年 7 月 1 日正式动工，于 1992 年 10 月正式运营。

而在环岛铁路形成的同时，宜兰线也在 1980 年 7 月开始进行双轨化，并于 1986 年完成，又在 2003 年 7 月 4 日完成电气化。高雄到屏东的铁路双轨化（1983—1987 年）、电气化及山线竹南丰原段改线与双轨化工程（1987—1998 年）、台北铁路地下化（1983—1989 年）等改良工程也陆续开展。

大众捷运[1]系统及台湾高速铁路

- 台北捷运

过去，台湾一直没有标准轨距（1435 毫米）的铁路，直到台北捷运（淡水线）建设时才开始采用标准轨距。台北捷运的木栅线是台湾最早通车的捷运路线，于 1996 年 3 月 28 日试运营通车[9]。比较特别的是，这是一条全自动驾驶（无驾驶员）的中运量线路，且为多在地上的高架桥式建构。其后，台北陆续建了地下高运量线路，列车采用 6 节动力分散式电联车（图 19-7），配有驾驶员。

---

[1] 捷运一般指地铁。

图 19-7　台北捷运采用 6 节重运量电联车

到 2000 年底，台北捷运轨道网络总长为 65.1 千米，由木栅（图 19-8）、淡水、新店、南港、板桥等线路构成初期的双十字型网络[10]，而在内湖线（后与木栅线合称文湖线[11]）通车后，台北市 12 个行政区都有捷运线路经过。芦洲线通车后（2010 年），台北捷运的营运里程已超过 100 千米。到 2020 年，台北捷运的通车里程已达 152 千米，有 131 个车站，日运量超过 190 万人次，年运量达 6.96 亿人次。

图 19-8　台北最早运营的捷运木栅线（今文湖线）

由于台北国际航空线主要机场在桃园,其捷运线路被整合成综合运输体系,从台北车站(地铁、高速铁路及传统台湾铁路共用的车站)乘坐捷运直达快线到桃园机场仅需35分钟。

捷运系统在台北市的成功运营经验,使得台湾各县市政府相继兴建捷运线路。在20世纪90年代初,人们对于轨道交通有着乐观的预期,打算在除台北、高雄两市以外的其余城市(桃园、新竹、台中、嘉义、台南等地)兴建捷运系统,期望一方面减少城市内的通勤压力,一方面配合台湾高速铁路的建设,协助位于市郊的高速铁路车站联络市区。然而,进入2000年后,政府财政状况快速恶化,无力大规模兴建捷运系统,导致台湾地区交通主管部门对于新建捷运的态度日趋保守,严格审核各地政府提交的建设计划,因此大多数建设计划停留在纸面。

面对地方政府的捷运系统建设需求,也考虑到捷运系统的可持续运营,台湾地区交通主管部门于2011年4月11日颁布《大众捷运系统建设及周边土地开发计划申请与审查作业要点》,将原本的两阶段审查改为三阶段审查,并提高各阶段的审查要求,经三阶段审查通过的计划才可以逐年编列经费并施工。新审查机制特别明确制定财务自偿率门槛,并鼓励藉由捷运沿线土地开发效益弥补建设经费的不足。

- **台湾高速铁路**

台湾高速铁路(简称"高铁"),全线纵贯台湾人口密集的台湾西部走廊(图19-9),路线全长349.5千米,最高运行时速300千米,连接台湾南北,形成一日生活圈。乘客往返台北市、高雄市南北两大都市间最短只需105分钟[12]。2007年1月5日通车后,台湾高铁成为台湾西部重要的长途运输工具之一,亦为台湾铁路运输工业指标。在2019年,南北双向每日共有130~162班次,平均日载客量达18.4万人次[13],周末与长假期间可达日均30万人次[14]。单日运量最高纪录为2019年9月15日的约31.8万人次[15]。

图 19-9　台湾高铁线路图

台湾高铁是台湾第一个采用建设-经营-转让（Build-Operate-Transfer，BOT）模式的公共工程，建设成本约为新台币 4500 亿元（约合 145 亿美元）。兴建与运营的工作由台湾高铁公司负责，特许期限为 1998—2067 年，为期 70 年，期限过后经营权无偿交还给政府部门，台湾地区交通主管部门则需要于 2065 年确定接续运营的机构并告知台湾高铁公司。管理台湾高铁事务的部门为台湾地区交通主管部门下设的"铁道局"（原台湾地区交通主管部门下设的"高速铁路工程局"），也是早期进行初步规划的机构，后续则负责高铁的兴建、运营监督及高铁站区联外捷运的兴建计划工作。

台湾兴建高铁的构想始于 1974 年的"发展建筑超级铁路专题研究"。但当时中山高速公路甫竣工通车，因此政府方面未积极推动兴建高铁。之后，考虑到台湾西部日益增加的城际运输需求，台湾地区交通主管部门于 1987 年开展"台湾西部走廊高速铁路可行性研究"，

1990 年奉台湾地区行政管理部门核定的"台湾南北高速铁路建设计划",开始筹建台湾高铁。当时规划于 6 年内完成,但是由于确定经费来源及系统规格等前置作业的时间过长,工程于 1999 年才正式启动,而办理方式也由原本的政府逐年编列预算改为民间投资参与。

2016 年 7 月 1 日,南港—台北段正式运营,象征台湾高铁全线开通。自当日起,北端发车站点改为南港站,将可纾解台北站客流。此外,随着发车站点的改变,规划时即安排的台北地下段列车调度工程也同步正式完成。台北站配合进行月台门增设工程,以取代月台管制运作模式。始发站的最短发车间距由 6 分钟减为 5 分钟。

2019 年 11 月 14 日,台湾高铁推出"卡娜赫拉彩绘列车",十分美观。

台湾高铁与台湾西部其他运输方式形成竞争关系,其中航空业受影响最大。台北至高雄间曾有一定规模的定期航班,2013 年后台湾本岛西部的民航线全部停飞[16]。而在高铁新增云林站后,2018 年亦传出专营云林县往来其他县市的日统汽车客运股份有限公司有意歇业[17]。

2010 年 8 月,台湾高铁累积客运量突破 1 亿人次,2012 年 12 月突破 2 亿人次,2015 年 1 月突破 3 亿人次[18]。2015 年 2 月 22 日,台湾高铁单日运送乘客 23.9 万余人次,创下新高。截至 2015 年,台湾高铁累积客运量约为 3.48 亿人次[19]。

宝岛的对外交通:海空运输

- 商港

台湾四面环海,在 17 世纪开始发展港口,这也是当时台湾唯一的对外交通口岸。至咸丰十年(1860 年),清政府根据《中英天津条约》《中法天津条约》开放台南港(安平)、沪尾港(淡水)、鸡笼港(基隆)、旗后港(打狗,即今台湾高雄)4 个台湾本岛港口作为通商口岸。此举在历史上被称为"台湾开港",是台湾建设现代国际贸易体系的开端[20]。

进入日本殖民统治时期后,日本当局选定基隆、高雄两港作为台湾南北的联外港口，实施现代化港口建设计划，并建立完整的港埠管理体系。港口的管理由当时台湾"总督府"下设的"交通局海务部"负责，并在两港所在的台北州、高雄州设立"港务部"作为运营机关。1943年，台湾处于战时体制，日本当局为统一港口的管理事宜，在基隆、高雄两港设立直属于台湾"总督府"的"港务局"，整合港口管理的事权[21]。在民航系统尚未建设完善前，基隆港（图19-10）与高雄港（图19-11）一直是台湾主要的对外联络门户。

图19-10　基隆港

图19-11　高雄港

台湾地区现在有7座国际商港，包含4座主要港、3座辅助港，其中高雄港为世界第六大货柜（集装箱）港口（图19-12），而台湾中油股份有限公司为输送海外进口液化天然气而在高雄市永安区建立的永安港亦名列国际商港重要辅助港口（永安港实际为台湾中油股份有限公司的能源港,台湾地区交通主管部门仅管理航政事务)。

图 19-12　高雄港货柜(集装箱)码头

- **工业港**

如今,台湾地区有 3 座工业区专用港:云林县麦寮乡沿海由台塑公司所设立的麦寮工业港,主要负责台塑六轻工业区之原料成品进出口;花莲县秀林乡和平村的和平工业港,由台湾水泥公司兴建运营,负责台湾东部砂石外运和台泥公司原料成品的进出口任务;由台湾中油股份有限公司兴建运营的观塘工业区专用港。

- **渔港**

台湾沿海各县市均设有渔港,并按其规模分为第一类渔港、第二类渔港两类[22],其中基隆市八斗子渔港、宜兰县南方澳渔港、高雄市兴达渔港、台中市梧栖渔港的规模最大。兴达渔港是东南亚规模较大的远洋渔港,但运营效果不如预期。

渔港管理单位为台湾地区渔业主管部门,渔港所在地渔会则为实际经营的机构。如今,台湾地区共有第一类渔港 9 处、第二类渔港 215 处。下列渔港由当地相关机构管理:前镇渔港(高雄市政府)、南方澳渔港(宜兰县政府)、八斗子渔港(图 19-13)及正滨渔港(基隆市政府)、新竹渔港(新竹市政府)、梧栖渔港(台中市政府)、东港盐埔渔港(屏东县政府)。

图 19-13　基隆八斗子渔港

台湾有多个渔港附游艇码头，私人游艇需申请停泊于高雄市兴达渔港、鼓山渔港（图 19-14）、旗津渔港，基隆市八斗子渔港（碧砂港区），新竹市新竹渔港，台南市安平渔港、将军渔港，台东县新港渔港、金樽渔港，澎湖县七美渔港、吉贝渔港共 11 个渔港[23]。除了上述码头外，台湾另有交通船码头、游艇港码头两类码头。

图 19-14　高雄鼓山渔港

●本章参考文献

[1] 赵春晨．丁日昌集［M］．上海：上海古籍出版社，2010．

[2] 刘铭传．刘壮肃公奏议［M］．北京：朝华出版社，2018．

[3] 张健丰. 乙未割台忆旧路 [M]. 台北：海峡学术出版社, 2010.
[4] 中国第一历史档案馆. 光绪朝朱批奏折 [M]. 北京：中华书局, 1996.
[5] 钟志正, 张健丰. 乙未战争研究：你不知道的台湾保卫战 [J]. 海峡学术. 2009 (7)：192-197.
[6] 渡部庆之进. 台湾铁道读本 [M]. 黄得峰, 译. 南投：国史馆台湾文献馆, 2006.
[7] 黄智伟. 省道台一线的故事 [M]. 台北：如果出版社, 2011.
[8] 林栖显. 台湾铁路管理局所属车站之沿革 [M]. 南投：国史馆台湾文献馆, 2006.
[9] 苏昭旭. 台湾铁路火车百科——台铁、高铁、捷运（完整版）[M]. 新北：人人出版社, 2010.
[10] 王劭晖. 台湾都会区捷运系统演变 [J]. 铁道情报, 2011 (1)：66-73.
[11] 台北大众捷运股份有限公司. 考虑民众较熟悉捷运路线起记之行政区名, 捷运木栅线及内湖线正式合并更名为「文山内湖线（简称文湖线）」[EB/OL]. (1998-10-08) [2022-05-08]. https://www.metro.taipei/cp.aspx? n＝B27E7BC8CBBCDA61.
[12] 汪淑芬. 南港变高铁端点站 直达高雄105分钟 [EB/OL]. (2016-05-27) [2020-01-04]. https://tw.news.yahoo.com/%E5%8D%97E6%B8%AF%E8%AE%8A%E9%AB%98%E9%90%B5%E7%AB%AF%E9%BB%9E%E7%AB%99-%E7%9B%B4%E9%81%94%E9%81%81%9E%98%E9%9B%84105%E5%88%86%E9%90%98-031113343.html.
[13] 谢佳真. 高铁旅运量里程碑！第六亿名搭乘旅客可一年无限搭乘 [EB/OL]. 新头壳新闻网. (2019-12-23) [2020-01-04]. https://newtalk.tw/news/view/2019-12-23/344399.
[14] 王忆红. 高铁4月7日旅运人次破30万次 4月营收不排除创新高 [EB/OL]. (2019-04-08) [2022-05-09]. https://ec.ltn.com.tw/article/breakingnews/2752099.
[15] 萧玗欣. 高铁中秋收假日运量破31.8万人次 创2007通车以来纪录 [EB/OL]. (2019-09-17) [2022-05-09]. https://news.ltn.com.tw/news/life/breakingnews/2918072.
[16] 苏昭旭. 高速铁路新时代 [M]. 新北：人人出版社, 2005.
[17] 郑玮奇. 日统客运要收摊 公总建议整并调整路线改善 [EB/OL]. (2018-08-04) [2022-05-04]. https://news.ltn.com.tw/news/life/breakingnews/

2509347.

[18] 苹果即时. 高铁传捷报 载客人次破3亿大关 [EB/OL]. [2022-06-17]. https://web.archive.org/web/20160304200412/http://www.appledaily.com.tw/realtimenews/article/new/20150806/663947.

[19] 台湾高铁. 营运年度概况. (2015-12-14) [2022-06-17]. https://web.archive.org/web/20110216210229/https://www.thsrc.com.tw/tc/about/ab_operate_annual.asp.

[20] 林昭武, 周慧菁. 台湾开港: 商品经济的第一次风光 [J]. 天下杂志, 1991 (11): 1.

[21] 谢浚泽. 从打狗到高雄: 日治时期高雄港的兴筑与管理 (1895—1945) [J]. 台湾文献, 2011 (6): 211-244.

[22] 维基百科. 台湾港口 [EB/OL]. [2022-05-15]. https://zh.wikipedia.org/wiki/%E8%87%BA%E7%81%A3%E6%B8%AF%E5%8F%A3.

[23] 行政院农业委员会. 游艇得申请停泊于高雄市鼓山渔港等十一个渔港 (中华民国93年5月14日行政院农业委员会农授渔字第0931341760号令修正) [EB/OL]. (2014-07-14) [2022-06-17]. https://www.coa.gov.tw/theme_data.php?theme=communique&id=1412.

第二十章
Chapter 20

文明跃迁：

城市交通绿色发展之路

人类从原始文明开始，走过农业文明、工业文明，当前走进了生态文明发展的新阶段。生态优先、绿色发展，已经成为国家战略和必然选择。值此时刻，回顾中国城市交通绿色发展的历程、凝练总结绿色发展的共识，对于实现城市高质量发展、建设交通强国的伟大目标，具有十分重要的意义。

当人们从乡村走向城市，当城镇化和机动化成为不可阻挡的历史潮流，城市快速现代化成为时代的鲜明特点。然而，面对城市爆炸性扩张，面对交通拥堵引发的环境污染和能源过度消耗问题，人与自然的和谐共生成为新时代的文明企盼。依循历史的发展脉络，穿越时光，感受城市交通在一次次文明跃迁中的改变，回眸城市交通的绿色发展之路。交通系统要为所有人提供服务，不仅实现人享其行、物畅其流，更要在人类社会发展的历史长河中留下文明的印记。

步行：没有交通是最好的交通

- 以步行为主的时代背景

千百年来，无论是在本地生活还是外出远行，步行都是最重要的交通方式。

改革开放以前，农村人口很难流入城镇地区，城市规模小，城镇化水平不高，二者均处于相对稳定的状态。城市数量在 1978 年末仅有 193 个，城镇化水平为 17.92%。1981 年，全国城市建成区面积仅有 7438 平方千米，低于如今重庆、北京、广州、上海、东莞和天津 6 个城市的建成区面积之和，北京集中于二环路内发展，深圳也只是一个边陲小渔镇。即便改革开放逐步深入推动了城镇化发展进程，直至 1995 年底城镇化水平也仅达到 29.04%[1]。

新中国成立以来，我国城镇化政策长期以发展中小城市为主。1955 年，国家建委首次提出："今后新建的城市原则上以中小城镇及工人镇为主，并在可能的条件下建设少数中等城市，没有特殊原因，不建设大城市。"1978年开始的改革开放带来了城市发展理念的全新变化。在党的十一届三中全会（1978年12月）召开之前，国务院于1978年3月召开了第三次全国城市工作会议。会议的重要成果文件《中共中央关于加强城市建设工作的意见》（中发〔78〕13号）明确指出，"全国的大、中、小城市，是发展现代工业的基地，是一个地区政治、经济和文化的中心"，并指出"城市工作必须适应高速度发展国民经济的需要，为实现新时期的总任务作出贡献"。1980年，全国城市规划工作会议提出"控制大城市规模、合理发展中等城市、积极发展小城市"的思路[2]，并得到国务院批转[3]。进入20世纪90年代之后，城镇化速度和城市规模扩大速度由慢转快，城市人口和产业向大城市集中，都市圈和城市群逐步显现。

新中国成立以后相当长的时期中，由于城市空间尺度普遍较小且用地紧凑，步行和自行车是日常出行的主要交通方式。20世纪80年代，上海市步行和自行车出行分担率高达73%；1986年，北京市步行和自行车出行分担率为67.8%。新中国成立初期，只有少数几个大城市的街道上行驶着公共汽车。一些城市甚至在20世纪70年代以后才成立公共汽车运营企业。20世纪80年代初以前，公共汽电车几乎是全国城市公共客运的唯一方式。1988年底，深圳市只有24条公交线路，一些中小城市的公交线路甚至仅为个位数，非机动交通方式是绝对主体。

- **适宜步行的"街坊式"居住小区**

新中国成立初期，国家计划大力恢复经济，重点进行工业化建设，住房需求紧迫。这一时期的重大决策依据是七届二中全会（1949年3月）提出的"从乡村向城市战略转变"和"变消费城市为生产城市"。建设生产型的城市不仅需要引入大批多领域的科研人员，还需要增加产业工人的数量，加上广大城市居民住房窘迫的现实状况，解决住房需求、改善住房条件成为迫在眉睫的重大问题。1951年2月，毛泽东主席针对"房荒"问题做出批示："现在大城市房屋缺乏，已引起人民很大不满，必须有计划地建筑新房，修理旧房，满足人民需要。"[4]

全国主要的工业城市开始大规模修建工人宿舍，以工人新村为典型代表。1951 年，上海市政府成立了"上海工人住宅建筑委员会"，决定当年兴建工人住宅，并作为"今后更大规模地建造工人住宅的开端"，以解决上海 300 万名产业工人的居住困难。位于上海西北角的曹杨新村（图 20-1）于 1951 年 9 月始建，1952 年 4 月竣工，是上海最早的工人新村策源地，也是新中国工人新村的长子。第一期工程占地 13.3 公顷（0.133 平方千米），建成 167 个单元，建筑面积约 3 万平方米，共 1002 户，人均居住面积为 4 平方米。曹杨新村以小学为核心，以 600 米服务半径布置街坊，居民步行 7~8 分钟范围内就可抵达邮局、澡堂、合作社、文化中心等配套设施[5]。

图 20-1　上海曹杨新村规划平面图[6]

这一居住区形式受到 20 世纪 20 年代流行于欧美各国的"邻里单位"理论影响，以城市主干路包围的区域作为基本单位建设住宅区。在住宅区内设置小学和公共建筑，具有社区中心和社区内部街道，至少 10% 的社区土地为公共开放空间或公园。1952 年，铁道部在北京市西城区真武庙附近也建设了"邻里单位"住宅区。北京和上海两个城市的"邻里单位"住宅区南北互相呼应，成为全国具有示范性的代表性住宅。

1955 年 4 月，应中国政府邀请，苏联组成以勃德列夫为组长的专家组来到中国指导北京城市规划、公共交通等各项城市建设工作。

在一切向苏联学习的"一边倒"热潮下,"邻里单位"被"单元式""街坊式"住宅取代。在住房建设上依照 1933—1935 年莫斯科改建总计划中规定的 9~15 公顷(0.09~0.15 平方千米)街坊建设原则,确定在新建地区采用"街坊式"制度。1953—1957 年新中国第一个五年计划期间,北京的百万庄住宅区(图 20-2)以"邻里单位"为结构原型,借鉴苏联的"街坊式"实践,采取苏式"单元式"住宅楼房模式进行建设。以建设部大院、中央党校大院等为代表的诸多单位大院也采用了"街坊式"规划范式。

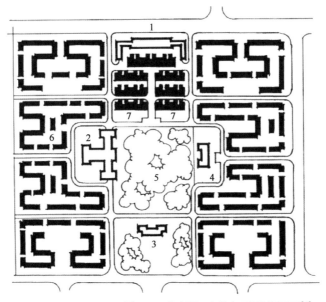

图 20-2　北京百万庄住宅区规划平面图[6]

1-办公楼;2-商场;3-小学;4-托幼;5-集中绿地;6-锅炉房;7-联立式住宅

1957 年,在苏联专家组的指导下,北京市居民区以"居住小区"为基本单位进行建设,替代了此前的"街坊式"制度。居住小区是城市居民区规划的一种基本结构单元,每个小区又可划分为若干住宅组团,其基本特征是小区有明确的地界划分,不被城市干路分割,小区内设置公共服务设施,居民在日常生活中可以不出小区。居住小区是继"街坊式"之后新出现的一种居住形式,至 20 世纪 70 年代末期一直是主要居住区建设形式[7]。

尽管改革开放后多样化的住宅区蓬勃发展,但是以欧美及苏联居住区规划理论为基础,具有中国特色的"街坊式"居住小区布局理论得以延续。按照在合理的步行距离内满足居民基本生活需求的原则,《城市居住区规划设计标准》(GB 50180—2018)将居民区分为 15 分钟生活圈居住区、10 分钟生活圈居住区、5 分钟生活圈居住区及居住街坊四级。合理的步行距离成为衡量居民生活环境宜居程度、城市空间利用质量的重要标准。

自行车发展与城市交通演变

• 自行车发展与交通结构演变

20 世纪 70 年代末,一望无际的自行车车流充满城市道路。自行车在国际上成为现代化的进步标志,也成为中国第一个普及型工业品。上下班高峰期,壮观的自行车车流为中国赢得了"自行车王国"的称号。时至今日,中国是世界上最大的自行车出口国、生产国和保有国,成为名副其实的"自行车王国"。

受到包括自行车在内的现代交通方式的冲击,中国城市交通结构在 20 世纪前后的几十年间发生了翻天覆地的变化。以上海为例,1889 年 6 月 14—16 日,公共租界工部局工务处主任梅恩曾在外白渡桥对 8—20 时过桥的车辆人马数做过统计,平均每天有行人 11770 人、人力车 6984 辆、马车 544 辆、轿子 9 抬、骑马者 11 人;而 1926 年 5 月 17—18 日,工部局在同一地点再次统计 7—19 时各种车辆、行人的数量,得出的每日平均数据中,除了行人(50823 名)、人力车(14600 辆)之外,马车、轿子、骑马者皆已不见于街头,取而代之的是自行车(3459 辆)、摩托车(194 辆)、小汽车(3764 辆)、公共汽车(172 辆)、有轨电车(922 辆)。1889—1926 年的 37 年间,上海城市道路上的这种颠覆性变化,也在中国其他城市不同程度地发生[8]。

太平洋战争爆发之后,由于能源短缺,城市公共交通几乎陷入瘫痪,居民的刚性出行需求只能依托人力驱动的交通工具来实现。1942 年 1 月 10 日上海公共汽车完全停运,电车业"亦受电流节省计划影响,而实行减少车辆,缩短时间"[8]。对绝大部分人而言,真正可以依赖的有且只有自行车。自行车作为不需任何能源就可通行无阻的轻便交通工具，优势显露无遗，需求与日俱增，成为当时最为流行的交通工具。20 世纪六七十年代，自行车在人们的生活中占有重要地位，不仅是城市道路上最普及的交通运输工具，也成为一个家庭是否富裕的象征，甚至是女子婚嫁的首要物质条件。

20 世纪 80 年代，得益于中国城市的高密度发展、自行车国产化带来的价格大幅下降、公共交通发展滞后以及大多数中国城市平坦的地形，中国自行车保有量居世界第一[9]。此时中国共有自行车制造厂 60 余家，自行车零部件厂千余家，基本上形成了完整的生产体系。在城市交通结构中自行车出行分担率也达到顶峰，北京市 1986 年的自行车出行分担率约为 54%[10]（图 20-3），超过一半的居民采用自行车出行。

图 20-3　北京市交通结构历年变化[10]

注：2000 年以前数据统计范围为城八区，2000—2014 年为六环内，2014 年以后为城六区。

然而，中国机动化的时代大幕正在徐徐拉开。伴随着经济的高速增长、小汽车进入家庭的社会潮流以及城市的扩张，自行车逐渐被边缘化，在城市交通规划、建设和管理的各个层面让位于机动车。为了增加机动车道的通行能力，一些城市的非机动车道不断被压缩，甚至被取消，某些道路仅存的非机动车道往往被随意停放的机动车占用。由于自行车出行环境的不断恶化，1990—2010 年的 20 年间，自行车出行分担率逐年下降，深圳市自行车出行分担率从 1995 年约 30% 下降至 2005 年约 4%，2015 年北京市自行车出行分担率仅为 9.5%。

随着保护环境、节约资源、合理利用土地和保护耕地等基本国策的确立，自行车以其健康、环保、经济、便捷的优势受到重视，交通主管部门通过一系列绿色出行活动、示范项目和政策鼓励自行车出行。同时，2007 年公共自行车和 2015 年共享单车的快速兴起，使中国成为世界范围内公共自行车发展最快、规模最大的地区，自行车开始回归并逐步复兴。

- **自行车交通的道路特色与车辆更新**

中国城市道路横断面中的"三幅路""四幅路"（俗称"三块板""四块板"）设有两侧分隔带，提高了骑行的安全性和通行效率，对于自行车交通十分友好，且独具中国特色。新中国成立前夕，为了建设首都成立了都市计划委员会，其下设立的道路系统专门委员会负责道路横断面的绘制。到 1957 年时，北京市区的道路横断面基本形式就统一为"一块板、两块板、三块板"3 种，这种形象化的命名方式既未见于中国近代的文献，也未见于西方、日本或苏联的道路设计规范中，因此是中国在世界城市规划发展史上的首创[11]。"四块板"是在"三块板"基础上增加了中间分隔带。北京的第一条"三块板"道路是 1957 年建成的三里河路，两侧非机动车道（俗称"慢车道"）均宽 4 米，两侧分隔带内种植杨树，景观效果、安全水平和服务效率俱佳。在此之后"三块板"成为北京市主干路的主要横断面形式，北京市确立的城市规划基本原则，包括道路等级和横断面设计方法也成为范例在全国得到推广，其影响力延续至今，为中国发展成为自行车王国奠定了坚实的设施基础。

公共自行车和共享单车融合清洁、智能和共享 3 个要素，助推了中国自行车交通的复兴，对于重建自行车文化意义深远。伴随 20 世纪末以来世界范围内公共自行车的兴起，2007 年由地方政府主导的公共自行车系统率先在杭州运营。在不到 10 年间，中国迅速成为公共自行车分布最广泛的国家，超过 237 个城市构建了公共自行车系统，运营车辆达 75 万辆[12]。2016 年，摩拜单车、ofo 等共享单车的推广引发新一轮自行车出行热潮。2017 年 7 月，全国共有共享单车运营企业近 70 家，累计投放车辆超过 1600 万辆，注册人数超过 1.3 亿人次，累计服务超过 15 亿人次[13]。这两轮自行车热潮不仅培养了居民的自行车出行习惯，还为地方政府增设非机动车道和自行车专用道创造了先决条件。

与此同时，电动自行车日益广泛用于居民日常出行，且需求旺盛。数据显示，2021 年中国电动自行车社会保有量已接近 3 亿辆，在 10 年内增长了 3 倍；产量整体呈现增长态势，年产量超过 3000 万辆；2020 年 1—8 月，营业收入同比增长 23.4%。30~39 岁用户和 40~49 岁用户是主力人群，占比分别高达 47% 和 31%，说明电动自行车在中国还是重要的民生交通工具，中青年多将其用于通勤、接送孩子、休闲娱乐等出行[14]。非机动车道通行空间应适应这种新趋势。

公共交通优先发展成为共识

• 公共交通优先发展的政策脉络

优先发展公共交通的战略思想并不是 21 世纪的产物。早在 1982 年 10 月，城市交通还处于聚焦建设问题，探索如何改善利用现有道路系统、提高通行能力的发展阶段，在第 4 次大城市交通规划学术讨论会上，参会代表针对大城市交通存在的问题率先提出"优先发展公共交通，适当控制自行车的增长，以扭转自行车等个体交通增长过快的被动局面"。1985 年，《关于改革城市公共交通工作的报告》首次以国务院文件形式突出强调了城市公共交通的重要性，指出"解决城市交通拥挤问题，必须综合治理，对各种车辆严格管理，大力发展公共交通，增加客运车辆"。1983 年底，全国城市公共交通客运车辆总数为 44749 辆（其中包括公共汽车 34103 辆，无轨电车 4192 辆，有轨电车 321 辆，出租汽车 5965 辆，地铁客车 168 辆），年客运量为 231 亿人次。

进入 20 世纪 90 年代，公共交通政策问题日益受到关注。1994 年 12 月，在城市交通规划第 14 次年会上，参会代表提出，解决城市客运交通问题必须主要依靠公共交通，对公共交通的发展不仅要从政策上扶持，而且在运行机制、公共交通的构成等方面必须进行改革，公共交通要向能满足人们多样化的交通需求发展，同时指出，在 100 万人口以上的大城市，应采用多种方式逐步建设轨道交通，使之成为城市公共交通的主干线。

21 世纪初，"优先发展城市公共交通"（简称"公交优先"）战略率先由行业主管部门提出，后经国务院办公厅转发进一步明确战略地位。2004 年 3 月，《建设部关于优先发展城市公共交通的意见》（建城〔2004〕38 号）发布，指出"城市公共交通是重要的城市基础设施，是关系国计民生的社会公益事业"，并指出"公共交通优先即'人民大众优先'"。2005 年 9 月，《国务院办公厅转发建设部等部门关于优先发展城市公共交通意见的通知》（国办发〔2005〕46 号）发布，进一步指出城市公共交通是与人民群众生产生活息息相关的重要基础设施；优先发展城市公共交通是提高交通资源利用效率，缓解交通拥堵的重要手段。在此之后，中央和地方政府陆续出台了一系列经济与产业扶持政策，加快推进公共交通系统建设，公交优先作为一项发展战略得以确立。

在公交优先发展战略的强力推动和地方政府的积极参与下，城市公共交通线路、车辆、场站等基础设施投资与建设规模显著提升。2011 年底，全国共有公共汽电车运营线路 3.4 万条、运营线路总长度 67.3 万千米（是 2002 年的 6 倍）、运营车辆 45.3 万辆（是 2002 年的 1.8 倍）、场站面积 5231 万平方米；城市轨道交通线路 58 条、运营线路总长度 1700 千米（是 2002 年的 7.7 倍）、运营车辆 9945 辆（是 2002 年的 10.1 倍）[15]。2012 年 12 月，为了应对城市交通因城镇化发展带来的新挑战，加快转变城市交通发展方式，《国务院关于城市优先发展公共交通的指导意见》（国发〔2012〕64 号）发布，进一步强调"将公共交通发展放在城市交通发展的首要位置"。

- **国家公交都市建设示范工程**

2011 年 11 月，交通运输部首次提出组织开展国家公交都市建设示范工程，先后确定北京等 87 个城市为公交都市创建城市，截至 2022 年 5 月已有 5 批 46 个城市被授予"国家公交都市建设示范城市"称号。国家公交都市建设示范工程开展以来,各级交通运输主管部门和各公交都市创建城市主动作为,公共交通服务民生和促进城市经济社会发展的能力显著增强。公交都市日益成为落实公交优先发展战略的重要抓手,凝聚城市公共交通改革发展共识的重要平台,创新推动城市交通发展的重要品牌。

在公交都市建设示范工程开展的 10 余年间,城市公共交通基础设施和服务体系建设取得长足进步。城市公共交通基础设施保障不断加强,全国公共汽电车运营线路总长度翻一番,城市轨道交通运营线路总长度和运营车辆数增长 4 倍。多元化公交服务快速发展,超过 50 个城市提供基于互联网的定制公交服务,多个城市开通定制公交、夜间公交、社区公交、旅游专线等特色公交服务。新能源汽车加快推广应用,2020 年底新能源公共汽电车运营车辆数达到 46.61 万辆,占城市公共汽电车运营车辆总数的 66.2%。公共交通支付方式从实体卡、线下支付转变为实体卡与虚拟卡和二维码等线上移动支付相结合的方式,北京市还实现了刷卡或刷码乘车自动同步核验健康码信息的功能。城市公共交通智能化探索一直在进行,例如,通过公交电子站牌和手机 App 实时发布车辆到站信息,北京、深圳、济南等城市积极探索公共交通自动驾驶应用模式,部分城市还积极开展出行即服务(Mobility as a Service,MaaS)应用工程。

公交都市建设进一步深化了政府及各部门对公交优先发展战略的认识,使其由部门行为向政府行为转变,在机制完善、法规制定和体制改革等方面共同推动落实。2022 年 3 月,交通运输部制定了《国家公交都市建设示范工程管理办法》,对公交都市建设示范工程的建设内容、创建申报、组织实施、验收命名、动态评估等工作内容进行约束和规范,促进国家公交都市提质扩面。

公共交通要真正做到优先发展,仍然面临着理念认识、资源配置、技术革新、管理体制、财政保障等方面的诸多困境。中国城镇化已进入"下半场",城镇空间体系、交通体系在区域层面构建,公共交通将面临更严峻挑战,承担更重要职能。必须更坚定推行公共交通优先发展战略,融合轨道交通与公共汽电车发展,并把握优先发展时机,不忘解决交通拥堵问题这一公交优先的初心和本意。

城市交通绿色发展的政策与规划引导

1983 年,原国家科委、计委、经委、建委联合组织"我国城市交通运输的发展方向问题"研究,第一次对中国城市交通技术政策进行了系统、全面的分析论证,开创了城市交通政策研究的先河。研究成果纳入 1985 年国家科委蓝皮书(第 6 号)《中国技术政策——城乡建设》,提出科学确定交通结构、大城市以公共交通为主、各种交通工具协调发展的政策方向,确定大城市应适当控制自行车发展,限制社会团体车、公务车发展,控制高能耗高污染的摩托车发展,有条件的大城市逐步建设快速轨道交通,积极发展出租汽车等具体策略。

城市交通规划成为城市规划编制体系中的专项规划始于 1990 年。1990 年施行的《中华人民共和国城市规划法》,在法律层面第一次明确规定城市总体规划应当包括城市综合交通体系。

1992—1995 年,建设部与世界银行、亚洲开发银行合作开展了"中国城市交通行业研究项目",形成对中国城市交通规划建设具有深远影响的《北京宣言:中国城市交通发展战略》。其核心内容归纳为五项原则、四项标准和八项行动,构成了城市交通政策和交通规划制定应遵循的价值观和方法论,奠定了城市交通绿色、可持续发展的思想基础。

城市交通规划的初创期以中国传统的道路网规划为主,即以城市布局形态为基础,确定道路网结构形式、道路功能、道路等级等,这种定性规划方式一直延续至新中国成立后的 20 世纪 50 年代。虽然 20 世纪五六十年代在道路网规划中引入了交通量的概念,但并没有改变以定性分析为主的规划模式。中国现代意义的城市交通规划出现于 20 世纪 70 年代末期,源自以美籍华人张秋先生为代表的美、日、英、加等国多位交通工程专家开展的讲学[16]。他们通过对西方发达国家交通规划、交通管理、交通控制及交通安全等方面建设与管理经验的系统介绍,推动了交通工程学在中国的发展。

伴随着改革开放政策的实施,国外的城市交通规划理念和技术引入中国,推动道路网规划从以定性为主到以定量为主的发展,这贯穿了城市交通规划的探索期和建构期。此时规划思路和技术方法发生了根本性改变，规划对象从道路网扩展到综合交通网，规划视角从道路布局扩展到科学认知交通规律、合理安排和组织综合交通系统，规划内涵从交通设施空间安排扩展到交通需求调控、交通供给结构优化、交通与土地使用关系统筹等，形成城市综合交通规划和公共交通、静态交通、货运交通等专业规划。受到城镇用地规模拓展和快速机动化的冲击，步行和自行车交通日渐式微，在城市综合交通规划中几乎没有体现，也几乎没有独立的专业规划。

进入21世纪，城市综合交通体系规划逐步走向完善，并迎来转型期。2010年，住房和城乡建设部印发《城市综合交通体系规划编制办法》，其后相继发布《城市综合交通体系规划编制导则》《城市综合交通体系规划交通调查导则》和《城市综合交通体系规划标准》（GB/T 51328—2018）。信息技术和数字技术为城市交通研究提供了前所未有的条件，与此同时，城市综合交通体系规划更加强调以人为中心，遵循安全、绿色、公平、高效、经济可行和协调的原则，保障城市的宜居与可持续发展。在改革开放以后40多年的研究和实践中，城市交通规划不断创新发展，汲取社会、经济、管理等学科的理论和方法，逐渐形成具有多学科融合特色的城市交通规划技术方法和面向实际需求的多层次专业规划编制体系。

2000年公安部、建设部启动了全国城市道路交通管理的"畅通工程"，这是在我国机动化刚刚进入快速发展期的关键时刻作出的富有前瞻性的工作部署，是引领城市交通管理乃至城市健康发展的有力举措，是推进我国交通管理科学化、现代化进程的创新平台和载体。

2003年8月，为了促进城市交通基础设施建设和"畅通工程"深入开展，加强城市生态环境保护，建设部和公安部印发《关于开展创建"绿色交通示范城市"活动的通知》（建城〔2003〕169号），在全国设市城市范围内开展活动。这一活动虽然没有得到城市的积极响应，但是所建立的绿色交通示范城市考核标准具有超前性和积极的时代意义。考核标准从组织管理、规划建设、公共交通、基础设施、交通环境5个方面提出66项考核指标，为城市交通绿色发展建立了衡量标尺。

2010—2015 年，为推进城市步行和自行车交通系统建设，住房和城乡建设部在全国范围内开展"城市步行和自行车交通系统示范项目"，先后确定杭州、重庆、昆明、济南、深圳、厦门、北京等三批示范项目共百余个城市。示范项目的主要内容包括编制（或修编）城市（区）步行和自行车交通系统专业规划，制定促进城市步行和自行车交通系统规划建设的政策措施，建成具有一定规模的步行和自行车交通设施示范区域或完善的公共自行车系统。示范项目所在城市结合实际采取很多行之有效的措施（图 20-4～图 20-6），不仅改善了步行和自行车出行条件，也显著提高不同群体对绿色出行的认知。在示范项目推进过程中，《住房城乡建设部发展改革委财政部关于加强城市步行和自行车交通系统建设的指导意见》（建城〔2012〕133 号）和《住房城乡建设部关于印发城市步行和自行车交通系统规划设计导则的通知》（建城〔2013〕192 号）先后发布，为后续多个城市街道设计导则的编制奠定了基础。

图 20-4 杭州市以道路与河道整治带动步行和自行车交通发展（杭州市中和路下沉步道）

2011 年交通运输部启动"公交都市建设示范工程"，并于 2012 年、2013 年、2016 年先后在全国 87 个城市开展了公交都市创建工作，促进了创建城市公共交通保障能力、基础设施、运输装备、服务质量迈上新台阶，城市公共交通优先发展体制改革、财税保障、应用理论与工程技术取得新突破。

图 20-5　重庆市以山城步道为特色提升步行空间品质（摄影：史宏岗）

图 20-6　济南市把保障路权作为首要任务（济南市玉兴路改造后的步行和自行车出行环境）

2017 年 8 月，公安部、中央精神文明建设指导委员会办公室、住房和城乡建设部、交通运输部决定在实施城市道路交通管理"畅通工程"和"文明交通行动计划"的基础上，进一步创新城市道路交通管理，从 2017 年起，在全国组织实施"城市道路交通文明畅通提升行动计划"，并于 2017 年 11 月成立了全国城市道路交通文明畅通提升行动计划专家组[17]。

中国城市绿色出行活动

中国城市绿色出行活动主要受到"世界无车日"（World Car Free Day）和"欧洲交通周"（European Mobility Week）活动的影响。无车日活动源自欧洲，1994年在西班牙举办的"畅通城市"（Accessible Cities）会议上，埃里克·布里顿（Eric Britton）提出将城市道路还给居民的想法以降低小汽车对城市发展的影响。1995年，冰岛、英国和法国各有一个城市首次举办无车日活动。2001年，欧洲执行委员会环境部（DG Environment）决定为无车日活动提供政策及财务支持，并定于每年的9月22日举办这个活动，该日也成为"世界无车日"。由于受到欧盟的重视与资金协助，无车日活动于2002年演化成欧洲交通周活动，时间定为每年的9月16—22日。

中国的绿色出行活动最早由部分城市自发开展。2000年10月14日，为配合"21世纪城市建设与环境国际大会"，塑造和推出西部生态环境保护的整体形象，向世界表明成都人民保护环境的决心，成都率先组织和开展了无车日活动。当日9—19时，成都内环线以内的所有道路，除公共交通客运车辆、特种车辆、专用车辆以及非机动车之外，禁止一切社会车辆通行，让市民享受一天噪声小、拥堵少、空气污染小、行走安全的美好时光。其后，北京、上海、武汉等众多城市也自发开展了一些无车日活动的宣传。

中国台北将无车日选在9月22日。台北无车日活动自2001年开始筹办，但因活动期间遭遇"纳莉"台风而被迫中止。2002年台北正式举办无车日活动，主要是骑自行车与嘉年华会。2003年的活动内容逐渐丰富，几天内分别举办不同的活动。从2004年起，以世界无车日为系列活动的核心，并延长其他活动的时间，如走路上学"日"延长至"周"，公共交通"日"也延长至"周"。

2005年9月，建设部部长汪光焘先生受邀参加在伦敦举办的欧洲交通周活动，并发表了《推进优先发展城市公共交通战略》的讲话。他指出：欧洲交通周对中国开展公共交通宣传活动很有借鉴意义，有利于各地区和有关部门进一步提高认识，并引导群众选择公共交通作为主要出行方式，建设部将借鉴欧洲可持续交通的先进理念和措施，适时开展中国的公共交通周活动；公共交通周活动中可以开展无车日活动，无车日是市民观察城市、提出城市改善和公交服务建议的最适宜的时机。

为落实公交优先发展战略，促进城市交通可持续发展，参照欧洲交通周的成功经验和做法，2006年12月建设部向全国所有设市城市，尤其是向城区人口在50万人以上的城市人民政府发出了开展"中国城市公共交通周及无车日活动"的倡议。首届活动得到北京、上海、广州、深圳、杭州等110个城市政府的积极响应，于2007年9月16—22日在各地同时举行，活动主题为"绿色交通与健康"。2008年受国家大部制改革部委职能调整的影响，中国城市公共交通周及无车日活动更名为"中国城市无车日活动"，活动时间定为每年的9月22日，同时仍鼓励和倡议城市开展为期一周的系列活动。2016年9月，中国城市无车日活动调整为绿色出行宣传活动。2019年9月，长期支持中国城市绿色出行活动的"922绿色出行"平台（一网两微）探索常态化运营，绿色出行宣传从短暂的活动期间宣传转型为全年的科普知识传播和绿色出行文化培育。

2013年6月，为了加强公共交通文化建设，交通运输部决定在每年9月下旬组织开展"公交出行宣传周"活动，提出广泛动员城市公共交通企业和社会公众积极参与，共同营造"低碳交通、绿色出行"的城市公共交通文化。

2013年"公交出行宣传周"活动于9月16—22日开展，主题为"公交优先、便民利民"。2018年9月，为深入实施公交优先发展战略，倡导绿色、安全、文明出行，交通运输部联合公安部、国管局、中华全国总工会联合组织开展"2018年绿色出行宣传月和公交出行宣传周活动"，将绿色出行宣传时间从"周"扩展至"月"。当年的活动主题为"绿色出行、从身边做起"，旨在大力宣传改革开放40年来各地在推进公交优先和绿色出行、创建公交都市、提升公交服务等方面取得的成就和经验，积极推广公交优先、绿色出行的理念和举措，推动绿色出行进机关、进企业、进学校、进社区、进家庭、进公共场所，提高公众绿色出行意识。

发展绿色交通是绿色出行活动的总基调，而优先发展城市公共交通是中国开展绿色出行活动的初心。无论是2007年启动的"中国城市公共交通周及无车日活动"，还是2013年的"公交出行宣传周活动"，核心目的都是深入落实公交优先发展战略，进而加快公共交通基础设施建设、提高公共交通服务水平和建立公交优先的社会共识。快速城镇化和机动化引发了广泛的"城市病",城市交通拥堵、环境和噪声污染等问题亟须改善,要在人们彻底依赖小汽车出行之前抢时间大力发展公共交通。

由于公共交通与其他绿色交通方式相互依存、相互促进,城市交通可持续发展也是世界潮流,因此每年的绿色出行活动都聚焦于一个与绿色交通相关的话题,并与当时热点、主要问题相契合。公共交通、步行和自行车交通、人性化街道、交通安全、共享交通、智慧交通等先后成为绿色出行活动主题,凸显创新发展和可持续发展的中国特色。2007—2022年绿色出行活动主题详见表20-1。

2007—2022年绿色出行活动主题 表20-1

年份(年)	中国城市无车日活动(绿色出行宣传活动)		公交出行宣传周活动	
	主题名称	主题解读	主题名称	主题解读
2007	绿色交通与健康	强调落实优先发展城市公共交通战略是城市可持续发展的必然选择,明确政府、公交企业和个人对此均有责任和义务,绿色出行理念应形成社会共识	—	—
2008	人性化街道	强调重新分配道路空间,指出减少汽车的道路空间是可持续发展和解决交通问题的有效方案,应持续增加步行区、非机动车道和公交专用车道	—	—
2009	健康环保的自行车和步行交通	强调要创建安全方便、舒适有序的自行车和步行出行环境,指出自行车和步行交通在城市综合交通体系中扮演重要角色,不仅适于中短距离出行和与其他方式衔接整合,还要重视其休闲健身功能	—	—
2010	绿色交通·低碳生活	强调城市交通是落实国家节能减排战略的重要领域,明确绿色出行是一种健康积极的生活方式,出行习惯一旦形成,改变非常困难,应抓住当前交通行为塑造的关键时期,实施注重实效的政策措施	—	—

续上表

年份(年)	中国城市无车日活动（绿色出行宣传活动）		公交出行宣传周活动	
	主题名称	主题解读	主题名称	主题解读
2011	绿色交通·城市未来	强调以绿色交通发展策略优化城市交通结构：整合交通规划与土地利用规划、落实公交优先发展战略、公平分配道路空间、步行和自行车交通享有优先权、培养公众意识与合作精神	—	—
2012	关爱城市·绿色出行	强调要实施促进城市可持续发展的交通政策，包括对路内停车合理定价、鼓励"停车换乘"、探索拥堵收费政策、引导通勤交通向绿色交通转变等交通需求管理政策	—	—
2013	绿色交通·清新空气	一方面关注城市交通活动对空气质量的影响，目的是营造更加健康、幸福和美丽的城市；另一方面也体现了通过选择出行方式来改善空气质量的强大力量	公交优先、便民利民	结合当地实际，开展灵活多样的群众性主题宣传活动，促进全社会更好地了解公交、关心公交、支持公交、选择公交
2014	我们的街道，我们的选择	重点关注交通对城市生活质量的影响，鼓励重新分配和设计街道及公共空间，促进多种交通方式在道路空间分配上的平衡	优选公交、绿色出行	通过开展多种形式的主题宣传活动和公共文化活动，提高社会各界的公共交通参与意识，改善城市公共交通发展的外部环境，推动城市交通发展理念的转变，在全社会营造关心公交、支持公交、选择公交的社会风尚
2015	绿色交通——选择·改变·融合	强调多种交通方式建设的必要性，方便人们选择公共交通、步行和自行车等绿色交通方式，改变过度依赖小汽车出行的交通发展模式，并将绿色出行与社会生活相融合	优选公交、绿色出行	以服务"四个交通"建设为统领，以"宣传公交优先、倡导绿色出行"为主线，结合活动主题，通过开展多种形式的城市公共交通出行体验、惠民和文化宣传活动，提高公众对城市公共交通的认识、理解和支持，培养公众优选绿色出行方式的习惯，形成全民支持城市公共交通优先发展的良好氛围

续上表

年份(年)	中国城市无车日活动（绿色出行宣传活动）		公交出行宣传周活动	
	主题名称	主题解读	主题名称	主题解读
2016	绿色交通·智慧出行	强调通过明智地选择交通方式，减少出行的时间、经济、健康和环境成本。活动旨在鼓励人们考虑自己和社会承担的交通成本，并从个人和社会角度出发，选择公共交通、步行和自行车等绿色交通方式	优选公交绿色出行	通过开展多样化的城市公共交通宣传活动，大力宣传公交优先发展政策，培育"优选公交、绿色出行"的城市公共交通文化，在全社会营造了解公交、关心公交、支持公交、选择公交的良好氛围，积极引导社会公众参与城市公共交通发展
2017	绿色交通·共享出行	提倡共享出行解决方案，强调共享行程、交通工具和基础设施，使出行产生的个人和社会成本低于使用私人小汽车的成本，代表城市交通可持续发展的未来。该活动旨在鼓励人们在市内以及城市间出行时使用共享交通工具	优选公交绿色出行	通过组织开展多样化的城市公共交通宣传活动，积极宣传公交优先发展政策、普及交通安全知识，提升城市公交从业人员服务意识、乘客交通安全意识和文明出行意识，进一步培育"优选公交、绿色出行"的城市公共交通文化，在全社会营造了解公交、关心公交、支持公交、选择公交的良好氛围，积极引导社会公众参与城市公共交通治理
2018	绿色出行，多一分安全	倡导绿色出行，关注保障人们出行安全的城市道路，降低人们在城市中的道路交通安全风险	绿色出行从身边做起	大力宣传改革开放40年来各地在推进公交优先和绿色出行、创建公交都市、提升公交服务等方面取得的成就和经验，积极推广公交优先、绿色出行的理念和举措，推动绿色出行进机关、进企业、进学校、进社区、进家庭、进公共场所，提高公众绿色出行意识
2019	安全的步行和骑行	关注步行和骑行对健康、环境和经济的益处，提倡步行和骑自行车而非汽车的城市更具吸引力，交通拥堵程度更低，生活质量更高	公交优先、绿色出行	通过组织开展多样化、富有群众参与性的宣传和体验活动，深入宣传绿色出行的重大意义，全面总结新中国成立70周年以来各地在推进公交优先、绿色出行、提升城市交通服务等方面取得的成就，广泛动员全社会积极参与到绿色出行行动中，加快推动社会公众形成绿色生活方式的理念和行为准则

续上表

年份(年)	中国城市无车日活动（绿色出行宣传活动）		公交出行宣传周活动	
	主题名称	主题解读	主题名称	主题解读
2020	践行绿色出行，建设美丽中国	"922绿色出行"平台向城市提出践行绿色出行的倡议：优先发展绿色交通、倡导降低用车频率、提升公共交通服务品质、加强步行和自行车设施建设、增强社会包容性、保障道路交通安全	践行绿色出行，建设美丽中国	通过线上线下集中宣传等方式，广泛动员社会公众积极参与到绿色出行行动中，加快推动形成绿色生活方式
2021	倡导绿色出行、促进生态文明	"922绿色出行"平台通过《2021年绿色出行活动城市工具书》提出促进绿色出行的五项措施：鼓励步行和自行车出行、完善公共交通、降低噪声和空气污染、提高骑行者和行人的安全性、制定可持续的交通规划	倡导绿色出行、促进生态文明	通过线上线下集中宣传等方式，广泛动员社会公众积极参与到绿色出行行动中，加快推动形成绿色生活方式。鼓励企业集中宣传，创新交通运输新业态服务，关注老年人出行服务改善，开展文明交通安全出行活动，深入开展关爱司乘人员活动等
2022	绿色出行，你我同行	"922绿色出行"平台撰写《2022年绿色出行城市工具书》，提出"绿色出行，你我同行"主题反映了以人民美好生活需要为核心的高质量发展要求，是对绿色生活方式的积极推动，反映了绿色出行的全民性。工具书重点关注全龄友好的绿色交通规划建设，分析儿童、青年、老年人和女性的出行需求特征以及街道空间发展短板，提出网络购物常态化对城市交通的影响等现实问题，并从制定可持续的城市交通规划和加强道路基础设施建设层面探讨人的移动和货物流通中的可持续发展策略	绿色出行，你我同行	大力宣传党的十八大以来各地推进国家公交都市建设示范工程、绿色出行创建行动等方面的成就和经验，广泛动员社会各界积极参与到绿色出行行动中，加快推动形成绿色生活方式，以实际行动迎接党的二十大胜利召开

"双碳"目标与韧性交通

交通运输活动是全球温室气体排放的主要来源之一,通过发展绿色交通应对气候变化已经取得一定社会共识,然而碳减排的任务依然面临严峻挑战。2020年9月,习近平主席在第七十五届联合国大会一般性辩论上发表重要讲话,宣布中国将采取更加有力的政策和措施,二氧化碳排放力争于2030年前达到峰值,努力争取2060年前实现碳中和❶。早在2015年,北京市提出2020年左右达到碳排放峰值的目标,如今北京市碳排放峰值已经出现并呈现稳定下降趋势,2060年前实现碳中和成为北京市今后发展的重要目标[18]。上海城市客运交通碳排放在2030年左右可能达到峰值,在坚持完善综合交通体系建设的同时,2030年小客车电动化比例应提高到25%~30%的水平,以便为后续的碳中和奠定基础[19]。"双碳"目标给交通领域的绿色发展带来了机遇与挑战,助推城市交通的低碳转型。

在低碳发展的道路上,中国城市已经进行了许多有益的尝试。例如:推动交通工具,尤其是小客车、公共汽车、出租汽车的新能源化;多措并举引导居民减少小客车使用,向绿色出行方式转变;实施小客车总量调控;鼓励绿色货运、采取中心城区货车限行措施等。而实现低碳转型需要采取更加有效的策略和实现路径,不局限于交通领域,更要扩展至城镇空间、生活方式等其他领域,特别是能源领域。与此同时,低碳转型是一个过程,不是一蹴而就的,未来需要有更多更扎实的理论研究和实践探索。

韧性交通是韧性城市的重要组成部分。在面对外界干扰时,城市交通系统如果能够采取灵活的应对措施保持发展活力、吸引资源聚集,通过社会系统的自主调控,避免潜在的损失,应对挑战和变化,这样的系统就是具有韧性的。2020年1月以来爆发的新型冠状

---

❶ 参见《习近平在第七十五届联合国大会一般性辩论上的讲话》,《人民日报》,2020年09月23日03版。

病毒肺炎疫情一度使部分城市的交通系统陷入停滞,严重影响人员和防疫物资的运输;2021年7月的河南省特大暴雨使道路运输受到不同程度的影响,郑州地铁全线停运,全国各地往返或途经郑州的火车停运。交通系统在突发公共卫生事件和极端天气面前较为脆弱。

世界银行下设的"全球灾害风险和恢复"机构比较早且完整地提出韧性交通的概念:强韧性的交通系统能够抵御气候变化等带来的灾难,通过掌握城市现实的风险,规划可替代的交通方式和路线,运用新材料和新规范提高应急准备和响应能力,确保强韧性交通系统的可靠性[20]。城市交通领域的一些成功做法本身就具有较强的韧性,例如:通过以公共交通为导向的发展(TOD)模式集约和混合利用土地、增加公共交通和步行接驳便利性,从而降低出行需求、提升交通系统的可达性;通过设置无车区、共享街道、提高停车收费或减少停车位等政策减少汽车的使用;发展多种交通方式,而非过度依赖机动车。然而,面对各种风险和多元复杂的城市环境,韧性交通系统建设需要加强对各种风险的认识和评价研究,综合考虑城市总体韧性,更要尽快转变思路。

●本章参考文献

[1] 国家统计局. 统计局:中国城市数量达672个常住人口城镇化率59.58% [EB/OL]. (2019-08-15) [2022-04-30]. https://www.fang.com/news/2019-08-15/33195493.htm.

[2] 李天健,赵学军. 新中国70年城市经济政策变迁、历史贡献及其启示 [J]. 改革,2019 (8):5-14.

[3] 国务院. 国务院批转《全国城市规划工作会议纪要》(国发[1980] 299号)[A]. 北京:国务院,1980.

[4] 王先俊. 新中国成立初期党和政府解决民生问题的思想与实践 [EB/OL]. 中国共产党新闻网. (2013-06-19) [2022-04-30]. http://theory.people.com.cn/n/2013/0619/c83867-21893604.html.

[5] 皮皮皮卡居. 居住区详细规划设计(学习案例)[EB/OL]. (2019-04-25) [2022-04-30]. http://www.360doc.com/content/19/0425/08/63526814_

831297891. shtml.

[6] 张南, 罗平汉. 新中国成立以来城市居民日常生活变迁研究 [D]. 北京: 中共中央党校, 2020.

[7] 崔勇. 由北京百万庄住宅区看城市建设的历史变迁 [J]. 建筑, 2018 (20): 49-51.

[8] 徐涛, 段雯娟. 自行车与中国的百年缘起——访上海社科院历史研究所助理研究员 [J]. 地球, 2017 (1): 34-36.

[9] 汤諹, 潘海啸. 中国城市公共自行车系统发展特征及作用研究 [M]. 上海: 同济大学出版社, 2015.

[10] 刘雪杰, 白同舟, 林旭, 等. 北京市"十四五"时期交通发展思路 [J]. 城市交通, 2022 (1): 19-24.

[11] 刘亦师. 我国近现代城市道路横断面设计及其技术标准研究——跨越1949年界限之研究一例 [J]. 新建筑, 2016 (5): 11-17.

[12] 舒诗楠, 边扬, 李爽, 等. 北京市公共自行车发展定位 [J]. 城市交通, 2017 (3): 58-62.

[13] 中国城市规划设计研究院, 中国城市规划学会. 2017年922绿色出行活动组织手册 [R]. 北京: 中国城市规划设计研究院, 2017.

[14] 中国城市规划设计研究院, 中国城市规划学会. 2021年绿色出行活动城市工具书 [R]. 北京: 中国城市规划设计研究院, 2021.

[15] 陈小鸿, 叶建红, 杨涛. 城市公共交通优先发展的困境溯源与路径探寻 [J]. 城市交通, 2013 (2): 17-25.

[16] 徐循初. 对我国城市交通发展历程的管见 [J]. 城市规划学刊, 2005 (6): 15-19.

[17] 公安部交通管理局, 陆化普: 从"畅通工程"到"文明畅通提升行动计划"——走向交通管理科学化现代化的时代轨迹 [EB/OL]. (2018-09-19) [2022-05-15]. https://baijiahao.baidu.com/s?id=1612048292656342414&wfr=spider&for=pc.

[18] 宋晓栋, 张中秀, 郑桥, 等. 北京市机动车电动化换电模式普及路径 [J]. 城市交通, 2021 (5): 77-85.

[19] 邵丹, 李涵. 城市客运交通电动化碳减排效益和碳达峰目标——以上海市为例 [J]. 城市交通, 2021 (5): 57-62.

[20] 滕五晓, 马林, 潘海啸, 等. 防疫与城市韧性交通建设 [J]. 城市交通, 2020 (4): 120-126.

第二十一章
Chapter 21

智慧赋能：

人享其行、物畅其流

面对祖国日新月异的交通发展和举世瞩目的辉煌成就,作者心潮澎湃、感慨万千。从智能化角度概括交通发展的业绩并展望未来,是本章的核心主题。为系统、简洁地介绍交通智能化的发展历程,首先介绍发展现状,其次介绍智能交通的发展历程和主要进展,再次介绍"交通强国"的建设目标和中国特色交通强国之路的主要特征,最后展望人流和物流的未来发展。

交通的神圣使命

随着我国经济社会的持续快速发展,交通需求无论是总量还是结构均发生了巨大变化。这既是国家繁荣昌盛的标志,也不断提出新的课题和挑战。

改革开放以来,我国的综合交通体系有了长足发展。公路里程由1978年的89万千米,增长到2021年的528万千米,位居世界第二,其中高速公路里程从零起步,到2021年已有16.91万千米,位居世界第一。铁路里程由1978年的5.17万千米,增长到2021年的15万千米,位居世界第二,其中铁路复线率为59.5%,电化率为73.3%。高速铁路里程达到4万千米,位居世界第一。港口拥有万吨级及以上泊位2659个,内河航道通航里程达12.77万千米,均居世界第一。航空运输迅猛发展,民航运输机场由1978年的78个发展到2021年的248个,位居世界第二[1-2]。

此外,交通运输服务也有了显著发展。截至2021年底,公路货运周转量为69087.7亿吨·公里,公路客运周转量为3627.5亿人·公里,铁路客运周转量为9567.8亿人·公里,水路货物运输周转量为115577.5亿吨·公里,均居世界第一;铁路货运周转量为33190.7亿吨·公里,民航旅客运输周转量为6529.7亿人·公里,均位居世界第二[1-2]。

城市交通发展成果显著,交通综合治理能力和智能化、一体化水平达到了新高度，然而交通拥堵形势依然严峻，已经成为制约城市发展的瓶颈问题。

我国城镇化率由 1978 年的 17.92% 增至 2021 年的 64.72%，增长 3.6 倍；国内生产总值（GDP）由 0.37 万亿元增至 114.37 亿元，增长 313 倍；机动车保有量由 159 万辆增至 3.95 亿辆，增长 248 倍；私人汽车（载客汽车）保有量由 25.9 万辆增至 2.62 亿辆，增长 1011 倍[1-2]。随着我国社会经济和城镇化、机动化的快速发展（图21-1），交通基础设施建设持续实施，交通装备不断改进，交通运输服务保障能力不断提高，交通运输的落后面貌和对经济社会发展的瓶颈制约得到了根本改善，实现了历史性跨越。

交通运输从改革开放之初的瓶颈制约到 20 世纪末的初步缓解，再到目前的基本适应，为国民经济持续快速发展提供了强有力支撑。但是，对比世界领先的交通强国，我国交通运输在技术装备、服务质量、效率成本、安全水平以及国际竞争力、影响力方面还存在较大差距，与高质量发展总体要求相比，存在发展不平衡、不充分等突出问题，尚不能很好满足人民群众日益增长的多样化、个性化和品质化出行需求，不能完全适应建设社会主义现代化强国的需要。我国只是交通大国，还不是交通强国。

针对这种情况，交通运输部敏锐抓住交通大国必须走向交通强国的历史关键，2016 年委托中国工程院启动重大咨询项目——"交通强国战略研究"。中国工程院组织了由傅志寰院士、孙永福院士任项目组长，由 32 位院士以及来自 12 个科研单位的 100 余名专家组成的科研团队。2017 年 1 月 18 日，"交通强国战略研究"项目正式启动，经过 2 年 3 个月的日夜奋战，项目组完成了自己的使命，研究成果《交通强国战略研究》（全三卷）也正式出版。研究成果被中共中央、国务院 2019 年 9 月印发的《交通强国建设纲要》采纳，建设交通强国写进了党的十九大报告。

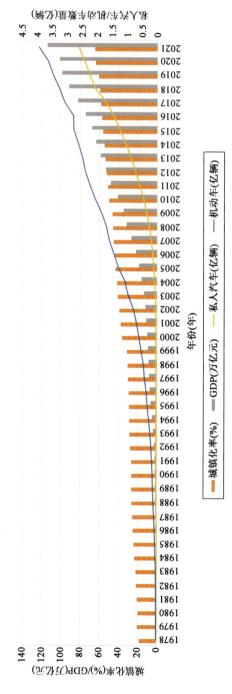

图 21-1 1978—2021 年我国城镇化率、GDP 发展历程、机动化水平

交通强国的建设目标是:

到2035年,基本建成交通强国。现代化综合交通体系基本形成,人民满意度明显提高,支撑国家现代化建设能力显著增强;拥有发达的快速网、完善的干线网、广泛的基础网,城乡区域交通协调发展达到新高度;基本形成"全国123出行交通圈"(都市区1小时通勤、城市群2小时通达、全国主要城市3小时覆盖)和"全球123快货物流圈"(国内1天送达、周边国家2天送达、全球主要城市3天送达),旅客联程运输便捷顺畅,货物多式联运高效经济;智能、平安、绿色、共享交通发展水平明显提高,城市交通拥堵基本缓解,无障碍出行服务体系基本完善;交通科技创新体系基本建成,交通关键装备先进安全,人才队伍精良,市场环境优良;基本实现交通治理体系和治理能力现代化;交通国际竞争力和影响力显著提升。

到21世纪中叶,全面建成人民满意、保障有力、世界前列的交通强国。基础设施规模质量、技术装备、科技创新能力、智能化与绿色化水平位居世界前列,交通安全水平、治理能力、文明程度、国际竞争力及影响力达到国际先进水平,全面服务和保障社会主义现代化强国建设,人民享有美好交通服务。

建设交通强国的中国道路

建设什么样的交通强国,如何建设交通强国,是新时代交通人首先需要思考和回答的问题。中国工程院项目组和交通运输部认识到,建设交通强国,既要有全球视角、战略思维,又要立足国情、结合实际。

发达国家和地区建立了强大的交通运输体系,成功经验值得学习和借鉴。然而,一个国家采用何种交通模式,取决于自身的资源禀赋、环境条件、交通需求特性和发展阶段。由于我国国情与许多发达国家有很大不同,不能简单照搬他国发展模式,必须充分考虑我国人口、资源、环境、产业、城镇化和实现第二个百年奋斗目标的战略需要，走中国特色的交通强国之路。

我国人口总量多，东部与西部生态环境和人口密度差别很大，交通发展模式不能一刀切。"胡焕庸线"明显将中国分成了人口密集地区和人口稀疏地区：其东南侧占全国43.18%的国土面积，集聚了全国93.77%的人口和95.70%的GDP，人口密度为311.7人/平方千米；西北侧占全国56.82%的国土面积，人口总量仅占全国人口的6.23%，人口密度仅为15.7人/平方千米[2]（见图17-2）。高人口密度地区交通需求总量大，且在时空分布上相对集中，这就要求必须采用大容量、高效率的集约化运输方式。尤其是我国已经进入以城市群为主体形态的城镇化发展新阶段，许多大城市正在向都市圈、城市群的发展形态转变。当前，我国城市和城市群主要通道上机动车交通量持续快速增长，交通流正在不断接近饱和状态，这种状态将不可持续。因此，人口密集地区的城市群、大城市要以轨道交通为骨干构建综合交通系统，这与西方发达国家有很大不同。

我国能源结构多煤少油，作为发展中国家，不能走发达国家以汽车为主的老路，尤其不能借鉴美国"汽车+飞机"的模式，要大力发展绿色交通、共享交通。随着我国经济的快速增长，能源消耗总量也在迅速增加，已经成为全世界最大的能源消耗国。石油对外依存度已经高达71%，能源安全问题突出。交通运输、仓储和邮政业石油消费总量占比40%。高昂的油价以及石油的不可再生性决定了以将石油为主要动力来源的以小汽车为中心的发展模式不符合可持续发展的要求，必须大力推动交通工具的清洁化、节能化。

另外，我国的土地资源有限。为满足汽车出行需求，扩建城市道路、修建为汽车服务的设施，大量占用了城市有限的土地资源，特别是中国大部分经济快速发展的城市，多位于我国可耕地集中地区，盲目扩张城市以改善城市交通状况的做法将减少我国有限的、宝贵的耕地面积，造成严重的、不可逆的后果。因此，我国城市交通发展战略及相应的政策，应鼓励发展低土地占用率的出行模式，以避免过多占用有限的可耕地面积。

我国城市不但面临着实现节能减排目标,而且必须破解城市交通拥堵的难题。因此,中国特色交通强国之路的主要特征为[2-3]:

以人为本。以人民为中心是中国特色交通强国之路的基本特征和重要实现途径。

区域差别化。东部与西部生态环境和人口密度差别很大,不同的人口密度决定了不同的交通需求特性,进而决定了不同的交通发展模式和交通结构。

交通一体化。利用转型升级"窗口期",实现交通基础设施的一体化和高质量发展,同时推动各种运输方式信息、服务的一体化发展。

交通绿色化。基于我国人口密度大、土地资源和能源紧缺、城市区域环境容量有限的基本国情,以集约化、低碳化的交通运输方式为主导是中国特色绿色交通的本质特征。中国城市交通的绿色化需要实现节能减排和交通畅通的双重目标。

交通智能化。智能交通是交通强国建设的重要突破口之一,也是缓解交通拥堵、提高交通效率、提升安全水平、提供高质量服务的重要手段,当前的经济发展和交通面临的挑战为我国智能交通的快速发展提供了机会和可能。

交通共享化。共享化是解决供给不足问题的可行途径在交通领域的应用潜力很大,运输工具、停车设施以及交通数据、信息等都可以通过共享模式发挥更大作用。

基本公共交通服务均等化。需要为全体国民提供均等化的基本公共交通服务,每个国民都有平等的出行权,这是我国制度的特色和优势。

"现代交通+"。"现代交通+"是指交通与经济的深度融合发展,是最具潜力的发展领域,有望成为发展新动能。

交通智能化

智能交通是一个庞大的领域,既涉及城市交通,也涉及综合运输。总体上，我国智能交通领域在20世纪末起步，初期起步晚、中期速度快，当前已经局部领先，取得了明显进展。

- **交通信息化建设成就卓著**

我国交通信息化水平显著提升，交通状态综合监测、电子收费等核心关键技术取得突破，并得到广泛应用。

2004年，按照公安部"统一标准、统一流程和统一软件"的要求，公安部交通管理科学研究所完成了机动车登记、驾驶人管理、交通违法处理、交通事故处理等核心业务应用软件的开发和全国推广工作。

2011年6月12日，全国铁路联网售票系统投入使用，从发售京津线的车票开始，到同年12月23日，全国铁路所有列车实现互联网售票，极大方便了铁路旅客出行[4]。

2014年，交通运输部在全国推广应用"两客一危"车辆智能监管平台，逐步实现对重点车辆运行状态的动态监测和管理，提高了重点车辆运行安全水平。

基于海量移动终端的状态获取和集成应用广泛，综合交通信息采集、处理及协同服务等技术在全国主要城市得到大范围应用，呈现4方面趋势：海量非结构化交通大数据提供更多的知识信息，高维空间异质交通大数据蕴含更多的规律，多源交通大数据交叉分析辨识更多的特征，智能网联车载交通大数据支持更多的应用。

2015年9月底，全国高速公路电子不停车收费系统（ETC）实现全国联网[5]，全国31个省、自治区、直辖市实现了高速公路ETC联网收费，基本实现全国高速公路ETC联网通行，用户在任意省份办理ETC通行卡，即可全国畅行。截至2020年底，全国建设完成了24588套ETC门架系统，改造完成了48211条ETC车道、11401套高速公路不停车称重检测系统，2020年1月1日0时起，全国29个联网省份的487个高速公路省界收费站全部取消，此举显著改善人民群众出行体验，助力节能减排、降本增效。截至2021年，全国约有2.57亿ETC用户，占汽车保有量（2021年底3.02亿）约85%，是全球最大的 ETC 运营网络，联网里程达 14.26 万千米。

2016 年，根据《交通运输部办公厅关于开展道路客运联网售票系统部省联网工作的通知》要求，按照公路长途客运的先省内服务、再全国联网的步骤，有序推进了省域道路客运联网售票系统和部级道路客运联网售票系统的建设，实现了部、省两级系统联网运行，确保了全国道路客运联网售票系统的整体运营，降低了公众购票隐形成本和企业运营成本，方便了公众出行，提升了道路运输服务水平[6]。

● **综合交通运输智能化技术集成应用水平显著提升**

智能交通在重大国际活动交通保障中发挥了突出作用。北京奥运会、上海世博会和广州亚运会交通保障都对智能交通技术进行了大范围集成应用。

北京奥运智能交通集成系统包括十大奥运智能交通管理系统，保障了第 29 届奥运会的道路畅通。现代化的交通指挥调度系统、交通事件的自动检测报警系统、自动识别"单双号"的交通综合监测系统、数字高清的奥运中心区综合监测系统、闭环管理的数字化交通执法系统、智能化的区域交通信号系统、灵活管控的快速路交通控制系统、公交优先的交通信号控制系统、连续诱导的大型路侧可变情报信息板和交通实时路况预测预报系统等十大智能交通管理系统，极大提高了科学交通管理水平，为保障道路交通安全、有序、畅通，实现平安奥运，提供了强有力的技术支撑和保证。

上海世博会智能交通技术综合集成系统基于"时空分流、减轻冲击，区域协调、均衡需求，多级截流、集约转换，专线优先、合理控制"战略，为世博会特定用户服务建立了集出行服务、交通监控、智能公交、决策支持、电子收费、应急救援等功能于一体的智能交通集成应用与服务系统，并实现世博优先交通协调管理系统、城市交通枢纽交通信息服务系统与交通综合信息平台的实时互联，还建立了世博综合交通紧急事件管理系统等关键技术示范工程，为实现世博优先交通提供了技术保障。

广州亚运会智能交通以亚运安保的信息化核心为主体，以计算机通信网络和智能化指挥控制管理为基础，建成了集高新技术应用于一体的智能化道路交通管理体系，为改善路网运行秩序，提高道路的有效利用率和通行能力，减少交通拥挤程度、事故发生频率、废气排放以及因交通拥堵和交通、事故造成的出行延误等，实现道路交通管理的智能化，扩大指挥中心和各分控中心监控系统容量，延长视频信号的存储时间，优化系统功能，使远程管理、层级管理、多用户管理功能先进、可靠、清晰、完整、高效。

出行服务品质不断提升，截至 2021 年，全国道路客运电子客票服务覆盖超过 1600 个二级以上汽车客运站，318 个地级市实现交通一卡通互联互通[7]。

2011 年北京建立全国首个综合交通运行协调指挥中心（TOCC），此后上海、广州、深圳、成都等城市陆续建成 TOCC，实现了对综合交通运行的智能化监测、实时协调和指挥调度，实现了对城市道路交通、轨道、民航以及城市停车、公交等的综合协调管理与服务。

空中交通管理与民航智能化领域取得重要进展。我国于 2007 年开始规划发展新一代空中交通管理系统，计划于 2025 年完成[8]。我国在新一代空中交通管理技术领域取得重大技术突破，建立了新一代空中交通管理系统核心技术框架，突破了高精度航空导航、协同式航空综合监视、空管运行控制和民航空管信息服务平台等关键技术，达到国际同期先进水平。新一代空中交通服务平台已经在空管、航空公司等部门获得了成功应用，空地协同决策（A-CDM）在 100 多个机场应用。上海虹桥国际机场、北京大兴国际机场等全面推进智能化管理与服务，构建现代化立体交通体系，在机场实现公路、轨道交通、高速铁路、城际铁路等运输方式的立体换乘。在北京大兴国际机场，智能化技术全面覆盖了航站楼、飞行区，19 个平台和 68 个系统为机场运营、旅客出行提供全面的智能化服务保障[9]。

智能船舶、智能港口、船岸协同等取得良好进展。2020 年我国内河航道通航里程为 12.77 万千米，港口拥有生产用码头泊位 22142

个，全国拥有水上运输船舶 12.68 万艘[10]。水路运输智能化是中国智能交通发展的重要组成部分。内河船舶绿色智能技术研究和工程示范应用、内河高等级航道通航运行系统关键技术及应用、洋山港全自动化码头等，都是我国水路运输智能化领域取得的创新成就。近年智能航道、智能港口建设受到重视，岸基监管和保障设施能力提升、基于岸基协同的船舶智能航行与控制等成为建设发展的重点[9]。

智能化交通枢纽是提高出行效率和交通服务水平、实现便捷高效出行的关键，从国家到地方都很重视综合交通枢纽智能化建设。北京大兴国际机场是我国智能综合交通枢纽的代表。交通运输部在《交通运输领域新型基础设施建设行动方案（2021—2025 年）》[11]中明确提出推动综合客运枢纽智能化和货运枢纽（物流园区）智能化建设，打造济南、长沙等航空主导型智慧综合客运枢纽，实现交通运行监测、智能分析决策、交通信息服务、综合交通协同等功能。打造重庆等铁路主导型智慧综合客运枢纽，实现场站联动、客流管控、一码通行、智慧停车、智能客服等功能；推动北京、河北等开展智慧货运枢纽（物流园区）建设，推进仓储、运输、配送等设施设备的智能化升级，实现车货匹配、智能调度、共同配送、多式联运等服务。

- **智能交通为公众出行提供便捷服务和安全保障**

公交一卡通在 100 多个城市间实现跨区域应用，12306 全国铁路联网售票高峰日票务服务用户达到 1300 万人次，省际长途客运联网售票、高速公路 ETC 联网等，为社会公众提供了便捷、高效的出行服务。移动终端规模化发展，全国手机导航、车辆导航得到普及应用，截至 2021 年，用户总数约为 9 亿人；各类交通信息、票务服务等 App 得到大范围应用。

共享出行服务新模式发展迅速，2020 年，全国 60 个城市拥有共享新能源汽车运营企业 400 家，车辆超过 7 万辆，共享单车注册用户超过 4 亿人[7]。

智能网联汽车与车路协同技术受到广泛关注和重视。通过一系列努力，立足中国国情的智能车路协同技术体系得以建立和完善，基于车路协同的自动驾驶技术在大型矿区、物流园区等得到成功应用。工业和信息化部、公安部与江苏省人民政府共建了"国家智能交通综合测试基地"，工业和信息化部也推动建设了 6 个"基于宽带移动互联网的智能汽车与智慧交通应用示范基地"，截至 2021 年 5 月，交通运输部已认定了 7 个自动驾驶封闭场地测试基地，全国已经建设了 60 多个智能网联、自动驾驶测试基地。智能汽车与智能交通融合发展，产业、市场不断扩展[9,12]。

"国家道路交通安全科技行动计划"由科技部、公安部、交通运输部联合主导，2008 年启动第一期科技支撑项目，主要有信息共享平台、山区公路安全保障、高速公路安全控制、营运车辆运行安全、全民交通行为安全提升、路网安全态势监测、交通安全执法等 7 个示范工程；第 2 期主要针对高速公路的行车安全和低等级公路行车安全，有高速公路行车条件提升、高速公路安全联网联控、低等级公路安全防控、高速公路网运行状态智能监测与安全服务保障、高速公路空地一体化交通行为监测与信息化执法、高速公路重大突发事件处置与应急救援等 6 个示范工程。上述示范工程对我国智能交通发展起了重要的推动作用[9]。

- **城市智能交通建设快速发展**

城市智能交通管理系统快速发展。

中国的城市智能交通管理发展历史最早可以追溯到 20 世纪 70 年代北京的信号控制系统建设。在此之前，信号控制以人工为主，不但控制方案基于经验，而且需要大量的人工劳动，与国际先进水平有很大差距。随着通信技术和控制技术的研发以及产品的发展和国际经验的积累，城市交通信号控制领域已经具备了实现自动化、智能化的初步条件。1976 年，北京市交通管理局结合世界银行项目，首次引进了英国的 SCOOT（全称是 Split Cycle Offset Optimizing Technique，即绿信比、周期、相位差优化技术）系统。此后，智能交通管理领域不断发展，从信号控制优化到"情指勤舆"一体化警务体制的智能化、交通指挥的可视化、交管便民服务与信息诱导的便捷化以及智能分析研判的初步研发，发展速度快，创新性强，已经达到了世界先进水平。

针对我国实际情况，城市智能交通领域初步形成了具有中国特色的智能化交通管理系统，主要表现在以下方面。

在城市交通多源异构数据特征分析与融合技术、分布式异构多系统集成技术、基于地理信息系统（GIS）的预案化指挥调度集成技术方面取得了重大突破，构建了以中心、平台和应用系统为核心的智能交通管理系统体系框架。这些系统高度集成了视频监控、单兵定位、122接处警、全球定位系统（GPS）警车定位、信号控制、集群通信等应用子系统，强化了智能交通管理的实战能力，同时建立的现代化交通指挥控制中心具有指挥调度、交通控制、综合监控、信息服务等功能群[13]。

城市交通管理模式也随着信息化和智能化的发展，逐步从路面巡逻走向数字警务室、网上巡逻，在此基础上精准治理、快速实施路面管理与交通指挥的新模式。在这个新的警务体制中，交通状况的分析研判以及对策方案的自动生成已经成为核心的目标与任务。杭州市于1998年就开始设置数字警务室。

在实现智能管控和可视化指挥的同时，交通管理部门以智能化为基础的便民服务全面展开。上海市围绕民生诉求"补短板"，在推进"车管到家"交通管理服务模式、"警医邮"服务模式、政务信息资源整合共享、建立事中事后综合监管平台、建立一站式"互联网"公共服务平台、智能化违法取证等方面取得了显著成效。武汉于2018年开始提出"让数据多跑路，让市民少跑路"的理念，围绕大数据中心，建立了集交通信息采集、交通大数据分析利用、精准勤务管理、便民交通信息服务、交通信号控制于一体的综合智能交通管理系统。武汉以智慧交通为抓手整合了各部门交通数据资源，搭建了武汉智慧交通"大数据"中心，借助"互联网+"，从智慧政务、智慧出行、智慧应急、智慧监管、智慧决策角度，全面铺开"智慧交管"建设，引领交通管理由传统的政府主导模式向社会共治与智慧现代相结合转变，实现管理手段由人工向智慧化的转变[14]。

如何提高分析研判的自动化和精准化、现场管理的高效化和实时化，是交通管理面临的重要课题。深圳市于 2016 年开始探索，建立了具有"最强大脑"和"最快双腿"的全环节智能化、高效率的警务管理新体制。他们通过数据采集统一化、数据分析实用化、信号控制仿真化、勤务管理精准化、交通服务便民化，结合城市实际打造了城市交通大脑，基于大数据的精准勤务和基于"互联网+"的信息服务成效明显；创建人脸识别系统，在全国首创"刷脸"执法；不断研发应用多种新型科技手段，打造"一警多能"执法设备，拓展了闯红灯、超速等 27 类违法行为抓拍；同时警企联合驱动科技创新，建立联合创新、信号控制、视频分析、交通仿真等实验室，使得深圳一跃成为交通管理领域的佼佼者[14]。

检测手段是多渠道的，哪种检测手段最好，如何针对城市的数据特点实现交通管理的智能化是非常有价值的课题。在这方面，重庆市进行了很好的探索。他们以射频识别（RFID）技术作为基本的信息采集手段，构建了包括交通信息采集系统、交通事件检测系统、交通违法监测记录系统、交通卡口系统、交通监控视频系统、交通信号智能控制系统、交通信息发布系统、通信网络系统在内的智能交通管理系统。在以电子车牌作为信息载体的 RFID 应用方面走在了全国前列。

总体上看，我国的智能交通管理系统还在发展完善中，虽然在信号优化控制、可视化交通指挥、一体化分析研判、自动化便民服务等方面的探索已经起步，但是还有漫长的道路要走。

城市智能公交快速发展。

我国北京、上海等多个城市从 20 世纪 90 年代开始了智能公交系统的建设实践，重点针对公交车辆的定位系统及公交调度管理系统，实现营运车辆卫星定位、智能排班发车，智能调度指挥中心可以实时监控各线路车辆的运行情况，同时电子站牌可同步显示公交车辆的到站信息。

从 2004 年到 2015 年，国家陆续出台了一系列公交优先发展政策，推动了各城市智能公交的发展。交通运输部在 2012 年启动首批 10 个城市的"城市公共交通智能化应用示范工程"，建立了技术体系，包括车厂的设备、传输的通信协议、应用系统等，建立了相关的标准体系，同时进行了行业标准和国家标准的转化。

如今，全国许多城市的公交系统都建立了智能化调度指挥中心，实现了公交车辆的智能化调度管理和服务。北京、广州、上海等城市因地制宜建设了大运量快速公交（BRT）系统，在国家科技计划的支持下，BRT 系统成套技术装备得到规模化应用。绿色公交车辆、响应式公交等积极推进，基于人工智能（AI）和大数据等新技术的乘客服务和安全运行保障智能化技术得到快速发展。

从 2016 年开始，基于新技术发展，智能公交开始快速发展，全国许多城市开始了智能公交综合运营平台的建设，实现了多种方式的便捷支付和统计清算、办公自动化、智能公交调度、实时信息服务、基于移动智能终端的服务和便民查询系统的应用、场站视频监控等，智能公交发展正呈现动力系统的电动化、高效化和清洁化，系统集成的智能化、网联化和协同化，用户消费需求的体验化、共享化和综合化，管理决策的定量化、精准化和科学化等趋势。

- **不断发展的车路协同及自动驾驶技术**

"十五"和"十一五"期间，研究人员在汽车辅助驾驶、车载导航设备、驾驶人状态识别、车辆运行安全状态监控预警、交通信息采集、车辆自组织网络等方面进行了大量研究，基本掌握了智能汽车共性技术、车辆运行状态辨识、高精度导航及地图匹配、高可靠度的信息采集与交互等核心技术。部分院校和研究机构围绕车路协同开展了专项技术研究，包括国家科技攻关计划专题"智能公路技术跟踪"以及国家 863 计划课题"智能道路系统信息结构及环境感知与重构技术研究""基于车路协调的道路智能标识与感知技术研究"等，取得了阶段性成果。

"十二五"期间，科技部"智能车路协同系统关键技术项目"立项，研究形成了我国智能车路协同系统的基础体系框架；"十三五"期间，国家重点研发计划广泛支持车联网、车路协同、自动驾驶领域的研究，形成了丰富的研究成果，推动了车联网、车路协同系统的建设和自动驾驶技术的示范应用和产业化发展。

近年来，我国自动驾驶应用示范区和测试区建设陆续启动，部分示范区建设概况见表21-1。

我国部分自动驾驶应用示范区建设概况[15]　　表21-1

示范区	城市	描述
无锡国家智能交通综合测试基地及车联网应用示范区	无锡	由公安部交通管理科学研究所联合企业及地方政府牵头建设。规划了开放道路测试研究、城市级规模示范应用、打造车联网产业基地三个阶段，覆盖综合测试基地周边多个区域，部署基于LTE-V2X的新业务应用
国家智能网联汽车（上海）试点示范区	上海	由上海国际汽车城承建，以服务智能汽车、V2X网联通信两大类关键技术的测试及演示为目标。示范区建设到第二阶段，已部署GPS差分基站、LTE-V2X通信基站、路侧单元、智能信号灯以及各类摄像头，新建LTE-V2X基站13座，完整搭建1套C-V2X Server数据中心平台，能够为整车及零部件企业提供C-V2X车路通信应用的研发与测试支撑服务
国家智能汽车与智慧交通（京冀）示范区	北京	由北京智能车联产业创新中心主导建设。2017年9月，示范区正式启动智能网联汽车潮汐试验道路服务。开放道路总长约12千米，已完成多种路侧交通设施改造，并实现了行人碰撞预警等应用。2018年2月，示范区自动驾驶车辆封闭测试场地——海淀基地正式启用。该测试场地涵盖京津冀地区城市与乡村复杂道路环境，支持构建上百种静态与动态典型交通场景，还部署了V2X设备与系统，能够支持网联驾驶研发测试工作
国家智能网联汽车应用（北方）示范基地	长春	由启明信息技术股份有限公司牵头建设，一期工程已完工，具备11个大场景、233个小场景测试示范功能，已通过一汽自主品牌智能网联汽车实现信息提示、安全预警等V2X应用，被列为中国-俄罗斯V2X共同测试应用基地
浙江智能汽车与智慧交通示范区	乌镇	以杭州市云栖小镇和桐乡市乌镇为核心区域建立的集智能汽车、智慧交通、宽带移动互联网于一体的试验验证示范区。云栖小镇中部署了34个LTE-V2X路面站点，建设了多种交互场景。桐乡地区构建交通大数据集成及信息服务模型，建成了车联网综合运营平台，并完成多项辅助驾驶和自动驾驶的研究与测试

续上表

示范区	城市	描述
重庆（i-VISTA）智能汽车集成系统试验示范区	重庆	由中国汽车工程研究院股份有限公司牵头建设，突出独特山水城市道路交通及通信特色。示范区已完成9.6千米开放道路的网联化改造和V2X车载设备安装，实现V2X测试相关监控、统计业务，并具备V2X测试能力。二期工程将完成重庆西部汽车试验场综合测试区建设和改造，解决高速公路及乡村道路环境下V2X相关系统和技术测试问题。三期将实现复杂开放交通场景下大规模智能汽车和智慧交通应用示范
湖北智能汽车与智慧交通示范区	武汉	由武汉经济技术开发区承建，重点建设"自动驾驶"智慧小镇，拟在5年内分三个阶段逐步由封闭测试区、半开放式示范应用区过渡到城市交通开放环境，开展智能汽车测试评价、智能汽车自动驾驶、智慧交通、智慧小镇等多个应用示范
企业或地方自建/商业运营项目	—	国内相关产业组织，如主机厂、设备厂商、通信运营商等企业及高校依托自身优势，与地方政府合作，推进V2X示范道路建设；奇瑞汽车在安徽省建设完成了V2X示范道路；江淮汽车实现了合肥园区内的网联化改造；长安大学在其综合性能试验场建成了自动驾驶测试基地等

- **综合运输的智能化**[13-14]

综合运输的智能化发展重点体现在各运输方式智能化与跨运输方式的智能服务、管理与决策支撑体系建设上。

我国公路智能化建设以高速公路为引领，体现在设施智能化、服务智能化、决策智能化、管控智能化，带动公路整体智能化发展上。当前，公路运输行业基础数据库基本建成，重要交通基础设施、重点运载装备运行状态数据采集率稳步上升；国省干线公路网超过40%的重点路段以及特大桥梁、隧道基本实现了运行状况的动态监测；基础设施运行管理信息化系统基本建成，基础信息资源逐步完善，信息共享全面推进，公共信息服务全面启动，信息化发展条件明显改善。

随着高速铁路的快速发展和铁路信息化建设的深入推进，我国铁路按照换乘高效、智慧便捷、立体开发、站城融合的理念要求，推进以铁路客站为中心，与其他交通方式有机衔接、融合发展的现代化综合客运枢纽建设，实现出行换乘便捷化和运输服务一体化，"一站式"服务水平显著提升，建成了中国铁路客户服务中心网站和中国铁路 12306 互联网售票系统，互联网售票比例达到 70%，构建了互联网/手机、电话、车站及代售点窗口、自动售票机等多种售票渠道，在北京南站、济南西站、南京南站试点推进大站智能导航服务。货运方面，中国铁路 95306 网站上线运行，货运电子商务系统建设加快推进，网上办理的货运业务比例超过 70%。铁路电子支付平台建成，实现了铁路售票业务、货运业务网上支付；铁路总公司和铁路局两级运输信息集成平台建成，实现了铁路总公司、铁路局、站段不同信息系统之间的资源共享。与此同时，北京等城市的部分地铁线路实现了无人驾驶。

在水运方面，我国重点推进了电子口岸建设、港口集装箱多式联运信息服务系统，推广了船联网技术应用，船舶交通管理、港口电子数据交换等领域技术水平与世界接轨。主要大型港口企业基本建成智能化生产调度指挥系统，沿海大型集装箱港口信息化程度已经达到世界先进水平。大力推广数字航道、水上 ETC、"感知航道"、重点船舶电子监管等新型信息技术。长江干线数字航道已面向社会提供了公共服务。江苏省根据本省船闸较多的特点，重点实施了内河船舶智能过闸系统（水上 ETC）建设。京杭运河无锡段实施了"感知航道"建设工程，实现了对试点段航道的全天候、全区域、全过程监测。浙江省发挥港口、航道、海事、船检统一管理的体制优势，着力推进重点船舶电子监管，并着手推动部分船舶不停航电子签证服务。重庆长江上游和武汉长江中游航运中心分别依托信息技术手段推动了水运服务新平台加快发展，有力促进了航运服务要素进一步集聚，为内河航运市场提供了更加专业、高效的货运交易、船舶交易、人才交流、运价信息等服务，航运服务能力明显提升。

我国的民航商务信息系统处于世界先进水平。RFID、GPS 等技术广泛应用于民航运输、物流配送中，低空数据链技术和地面网络互连协议（IP）技术、空中导航、空中防撞、机场地图和交通信息显示等先进航电技术得到重点发展。我国对跑道性能感知、跑道外来物、跑道入侵、飞行区防撞等技术尚未形成系统解决方案，缺乏智能化飞行区设施管理的综合应用和示范平台。

交通运行监管与协调需要跨部门协作的智能交通管理系统。随着城市群的迅速发展，城市群综合交通系统成为一个处在动态变化中的庞大复杂网络，现有的研究正在由静态分析向动态辨识转化，利用实时动态分析技术，结合在线数据和智能交通环境下的态势推演系统，实现对城市群综合交通运输系统运行态势的实时智能分析。

- **智能交通服务新业态**

随着新技术的发展，智能交通服务新模式和新业态不断涌现。

智能共享单车是区别于传统公共自行车的共享单车形态，具有无须充气、不怕爆胎、采用卫星定位等特点。用户不需要办卡，仅在手机里下载 App，注册账号并缴纳押金后，就可搜索并扫码解锁单车，随借即走；还车时，无须寻找固定的停车桩，锁车即还。当前，新一代物联网、云计算和大数据技术将共享单车与用户手机上的 App 相连接，实现精准定位车辆位置、实时掌控车辆状态，对每一辆单车实现精细化管理。2020 年，中国有共享单车约 2000 万辆，其中共享电单车数量约为 150 万辆。

近年出行即服务（MaaS）发展迅速，北京、上海等城市发布了一站式公共出行服务平台，出行者可以通过该平台获得一站式公共出行服务。预计未来将实现：基于用户的出行需求，通过数据帮助运营者改善服务，用户可自由进行从任意起点到终点的个性化出行规划，采用不同交通方式的组合，最终实现体验最优、规划最优和成本最优。

目前，一些企业和机构致力于为出行者提供一体化解决方案，包括住、行（解决方案、信息与交易）、游（门票）、娱（玩乐）、购、食等服务，集预订机票、火车票、汽车票、船票和预约专车、拼车、包车、租车于一身，为客户提供一站式服务。除此之外，可以利用人脸识别大数据，和景区合作推出"刷脸"入园的闸机，实现客户不排队快速入园。

● 北斗系统助力交通运输发展

北斗卫星导航系统（简称"北斗系统"）是我国着眼于国家安全和经济社会发展需要，自主建设运行、独立运行的全球卫星导航系统，是为全球用户提供全天候、全天时、高精度的定位、导航和授时服务的国家重要时空信息基础设施。北斗系统从20世纪后期开始起步建设，按照"三步走"发展路线，"先区域、后全球，先有源、后无源"分步实施，形成突出区域、面向全球、富有特色的北斗系统发展道路。特别是党的十八大以来，两年半时间完成18箭30星高密度组网连战连捷；从2000年首次发射以来，实现了4颗试验卫星、55颗卫星全部成功发射入轨的全胜纪录。

如今，北斗系统可在全球范围提供定位导航授时、短报文通信、国际搜救等服务，在中国及周边地区额外提供星基增强、地基增强、精密单点定位、区域短报文通信等服务，已与人类生活深度捆绑，全面融入经济社会发展，并将不断延展其影响力。

作为社会民生的重要一环，交通运输不仅是北斗系统民用的最大行业，更是北斗系统应用的"排头兵"，奠定了先行先试的基础，积累了规模应用的经验，形成了示范效应。借助北斗系统定位、导航及授时等功能，交通运输行业不断完善信息化建设体系，加快推进综合立体交通网建设进程，推动高质量发展，加快建设交通强国。

美国的全球定位系统（GPS），俄罗斯的格洛纳斯全球导航卫星系统（GLONASS），欧盟的伽利略卫星导航系统，加上我国建设的北斗系统，构成当前世界四大卫星导航系统。北斗系统是其中最晚开始建设的，但随着我国科学技术和经济水平的快速增长，北斗系统实现了技术上的飞跃，从试验系统到区域系统再到2020年完成全球系统组网建设，现在的北斗系统全球定位性能已比肩GPS。

交通运输行业作为国家经济发展的"先行官"，行业各个领域对位置服务有着巨大的需求。将北斗系统与行业各领域进行深度融合，是助力实现交通运输信息化和现代化的重要手段，对建立畅通、高效、安全、绿色的现代交通运输体系具有十分重要的意义。交通行业始终站在北斗系统建设应用的第一线，结合行业自身需求和北斗系统发展，陆续启动应用示范工程，利用行业优势推动北斗系统国际化，通过行业力量支持北斗系统建设和应用，以实际行动落实党中央指示精神。根据交通运输部公布的数据，截至2021年第二季度，全国安装使用北斗系统终端的重点营运车辆超过700万辆，邮政和快递干线的车辆近4万辆，通用航空器有400余架，交通运输系统的公务船舶有1800余艘，水上导航、助航设施有1.3万余座。同时，在沿海和长江干线建设了200余座北斗系统的地基增强站。

在"北斗一号"试验系统时期，交通运输部便参与到北斗系统的建设中，积极配合北斗系统建设单位，推动行业各领域对北斗系统服务性能进行测试验证工作；随着"北斗二号"系统建设起步，交通运输部参与了相关单位组织开展的"北斗二号民用市场开发与产业化项目"，对北斗系统民用应用进行了探索和验证，使交通运输行业成为较早启动北斗系统实际应用的民用行业之一。

"十二五"时期，交通行业通过建设北斗示范工程率先应用北斗系统，提供了先行先试的经验基础。2011年，交通运输部与原总装备部联合启动了首个北斗民用应用示范工程"重点运输过程监控管理服务示范系统工程"，该示范工程第一个启动，第一个验收，被誉为"示范中的示范"。2013年，交通运输部参与国家北斗地基增强系统建设工作，建设了行业北斗增强数据处理系统，并在行业内建成一批北斗系统增强基准站，同时对北斗高精度定位导航服务在行业的应用进行了有效验证。2014年，交通运输部与原总装备部联合启动交通运输行业第二个北斗应用示范工程——"基于北斗的中国海上搜救信息系统示范工程"，实现了北斗系统应用从道路运输领域向水上领域的发展。

"十三五"时期是北斗系统全球组网建设的重要时期，同时也是交通运输行业实现转型升级发展的机遇期。进入"十三五"时期，行业北斗系统应用工作进入了崭新阶段。在这一时期，交通运输部北斗系统领导小组组织架构得到进一步完善,北斗系统国际化工作继续取得进展。交通运输部印发《关于在行业推广应用北斗卫星导航系统的指导意见》等政策文件,部领导作出"率先实现北斗系统在交通运输行业的全覆盖、可替代、保安全"的指示要求,为行业北斗系统应用工作确立了总体方向。这一时期,交通运输领域一方面继续利用示范工程扩大行业应用的规模,另一方面逐步构建起行业北斗服务保障能力。

"十四五"时期是一个重要的战略机遇期,将会实施"北斗产业化重大工程"。

人享其行的未来客运系统

基于智能交通技术,建立高效、便捷、一站式智能客运服务(图21-2),大幅度提高客运服务水平,实现公交服务、枢纽换乘、末端出行以及应答式定制服务等各个环节的智能化,进而实现门到门的一站式高效便捷客运交通服务。

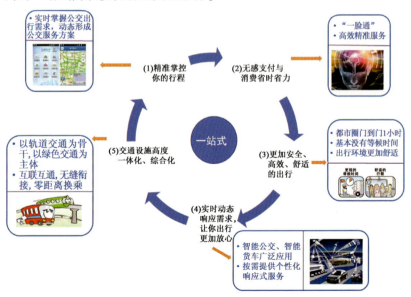

图21-2 一站式智能客运服务

- 一站式出行服务平台

一站式出行服务平台,具有出行路径规划、出行方式选择、出行配套服务、点对点出行服务、按需出行一站式服务等功能,提供集约化、个性化、多样化、全过程、预约式服务等多种智能服务。行前,为用户提供综合出行规划服务,根据客户需求提供包括酒店服务等出行相关内容,提供"一揽子"解决方案;行中,可获得实时信息,对行程进行动态优化安排;行后,可便捷办理报销等后续手续。

- 智能公交系统

建设先进的智能公交系统,逐步完善智能调度、公交运行管理、安全管理、信息服务、绩效管理以及公交优先控制、智能需求应答型公交服务、多样化与个性化公交服务等功能。

推广多样化智能公交服务:上下车智能缴费,从一卡通支付、手机支付逐步过渡到无感支付;基于移动终端的车辆到达和停站时间的精准预报和车辆位置的精准预测;智能虚拟现实(VR)车载系统。

推广智能化公交设施与车辆。设置智能化交互式公交站点、VR人车互动系统。随着自动驾驶技术的发展,特定场景的公交车实现自动驾驶服务。

- 智能停车系统

建立智能化停车系统,实现智能诱导、智能泊车、无感支付、智能综合管理和服务。

建立智能停车管理平台,实现区域范围内停车场和停车位的统一管理和信息共享。基于停车资源,实时发布停车位的精确信息,并进行智能预测和诱导。

推广自动停车系统,提高停车效率。研究并应用新技术,最终实现自动泊车。

利用新技术实现自动化停车收费,推进无感支付、电子围栏技术、节约进出停车场的时间，从人工收费迅速过渡到 RFID 支付和手机支付，最终实现无感支付。

逐步实现城市停车分级诱导和停车场入位引导。

- **智能枢纽系统**

交通枢纽是便捷高效出行的关键点，建立智能化交通枢纽，提高出行效率和服务水平。

建立完备的运行监测系统。信息的获取是所有功能与服务的基础，实现对周边环境中实时车流、人流的全范围、全天候的监测和交通需求信息的快速获取，以及对数据的整合分析，支撑科学决策。

建设智能分析决策平台。建成"枢纽大脑"，智能分析决策，实现基于需求的监测和预测，实现智能化管理，以及不同交通方式、不同线路时刻表的协同。

提供高效、便捷的公众服务。为了实现高效的疏散，提高各个环节的便捷程度，避免瓶颈区的形成。例如：利用智能的无感安检技术的应用和普及，以及自助售票、取票、充值等服务的全覆盖，精准预测出行时间并且向出行者实时发布，把等候式车站提升为通过式车站。在不同交通方式之间的换乘方面，需要时刻表的协同以及枢纽内部智能引导，以便减少乘客的等待时间。

实现稳定的安全防控与紧急救援系统。应用智能技术，全面形成集多种运输方式日常运行监测、重点运行指标分析、预测预警和突发事件应急处置于一体的平台，实现重大事件动态预警准确率 $\geqslant$ 99%，并且能够自动地采取减少危害的措施。

- **智能慢行系统**

基于绿色可持续发展，城市必须优先发展集约化的公共交通。在城市公共交通出行链中，出行时间是影响公共交通服务水平的重要因素，其中末端交通对出行效率的影响很大。建立智能、便捷、连续的慢行交通系统迫在眉睫，重点包括以下两个方面：

公共交通站点附近的智能引导。出行者骑自行车或者步行的时候，停下来查看地图或者手机较麻烦，在这种情况下，如果有街边的智能引导设施或者无线的智能语音引导设备等智能化的引导工具将有很大帮助。

智能共享单车。运营公司利用大数据获取和分析技术，实现需求与供给的匹配，进而制订科学合理的调度计划；利用电子围栏、电子信用体系，解决共享单车停放和损坏等问题。

物畅其流的未来货运系统

利用互联网等先进信息技术手段，重塑企业货运业务流程，创新企业货运组织方式，促进线上线下融合发展，建立全程"一次委托"、运单"一单到底"、结算"一次收取"的智能服务方式，提高仓储、运输、配送等货物运输环节运行效率及安全水平，提供门到门一站式智能货运服务，实现一单制。

近距离货运中，共同配送、货车专业配送与无人机物流将会得到广泛应用。中远距离货运中，提高铁路、水路运输等绿色运输方式比例。一单制、一体化的智能物流服务体系将会更加普及，多式联运比例将会不断增加，各种交通方式之间的衔接将会更加顺畅（图21-3）。

图21-3 一站式物流体系建设

完善的智能货物运输设施网络：货运骨干企业、行业协会、公共服务机构等各类市场主体参与云（云计算）、网（宽带网）、端（各类终端）等智能货运基础设施建设。

智能货运云平台：实现全程可视、智能可控，提升智能货运水平。货运物流的全链条一体化信息服务与运输服务，实现"零库存"

等新型货运组织模式，能满足不断分层化、分散化和细化的市场需求，紧扣用户体验、产业升级和消费升级需求，敏捷应对供应链的各种调整和变化，大幅提高货运效率。

发达的多式联运和共同配送：全面使用货运电子运单，建立包含基本信息的电子标签，形成唯一赋码与电子身份，推动全流程互认和可追溯，加快发展多式联运"一单式"服务；建立货物多式联运智能调度联动系统。

先进的货运技术研发与应用：围绕产品可追溯、在线调度管理、智能运输、配货等重点环节，基于物联网技术，开展货物跟踪定位、无线射频识别、可视化、移动信息服务、导航集成系统等关键技术的研发应用；逐步实现货运车辆自动驾驶。

智慧城市

• 智慧城市的内涵与核心特征

智慧城市是通过综合运用现代科学技术、整合信息资源、统筹业务应用系统，加强城市规划、建设、管理、服务和治理能力智慧化的新理念和现代城市发展新模式。具体而言，它是综合利用物联网、云计算、移动互联和大数据等新一代信息技术以及信息资源的综合集成工具和方法，融合先进的城市管理服务理念，提高城市治理能力现代化水平，实现城市可持续发展的新路径、新模式、新形态，也是落实国家新型城镇化发展规划，提升人民群众幸福感和满意度，促进城市发展方式转型升级的系统工程[16]。

智慧城市的核心特征在于其"智慧"，而智慧的实现，有赖于建设广泛覆盖的信息网络，形成深度互联与共享的信息体系，构建业务联动的高等级智能发展新机制，实现系统的自我进化和人工智能的深度应用。

• 我国智慧城市的发展现状

总体上，我国智慧城市发展经历了 3 个阶段：

萌芽阶段（智慧城市概念提出之前）：强调"数字城市"概念，更多注重数据的获取和传输。

探索试点阶段（2010—2015年）：智慧城市建设热潮启动，住建部、发改委等部门均参与其中，智慧城市在数据处理、应用、决策支持、互联互通等方面取得了明显进步。

体系创新阶段（2016年至今）：新型智慧城市概念提出，同时智慧社会成为新的发展方向，其目标在于集中数据资源，通过高效统一的城市运行调度，实现精准细致的城市治理。

全国智慧城市相关试点有近600个，提出智慧城市规划的城市超过300个，100%副省级以上城市、89%的地级及以上城市、47%的县级及以上城市均提出建设智慧城市，其分布如图21-4所示。随着我国智慧城市的发展进入规模扩展阶段，北京、上海、深圳等智慧城市建设已取得了一系列成果，为其他城市的建设提供了宝贵借鉴，但总体来看，我国智慧城市建设仍处于初始阶段[16]。

图21-4　住建部智慧城市试点城市分布

• **未来智慧城市功能需求与发展展望**

智慧城市的发展思路应围绕城市发展需求，以破解城市拥堵、提高交通安全水平、提升治理效率、发展绿色经济、提高服务水平和市民生活质量为目标构建功能（图21-5）。

图21-5　智慧城市功能需求

要实现这样的目标，就要通过高水平的顶层设计，依托超强的"城市大脑"和强有力的智慧城市基本单元，具备深度分析研判、精准科学决策、高效业务联动、积蓄自我进化基因。而要想具备这样的能力，则需要智能全面感知技术，大数据、AI、物联网等新技术融合，5G信息快速传输技术，新一代网络安全技术，云、边、端一体及超级计算技术，实时闭环反馈自我优化技术，多级优化全局最优技术，以及实现这一先进系统的一体化体制机制和政策法规保障。智慧城市发展目标与思路如图21-6所示[16]。

智慧城市体系结构在城市通信基础资源之上分为5层：感知层、通信层、平台层、应用层、用户层。在"城市大脑"的基础上，实现智能交通、智慧城市治理、智慧民生服务、智慧产业经济、智慧文明宜居等功能。其中，智能交通是智慧城市建设的"先行者"与突破口（图21-7）[16]。

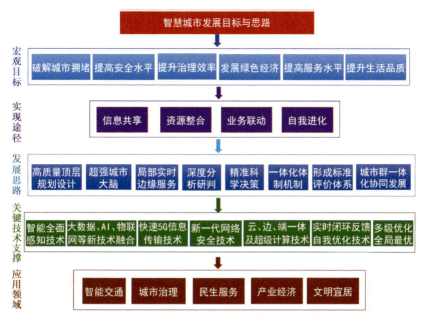

图 21-6　智慧城市发展目标与思路

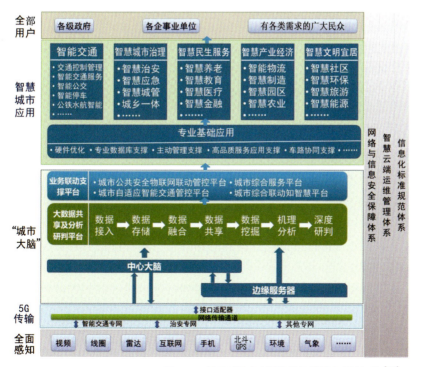

图 21-7　基于"城市大脑"的智慧城市系统架构[16]

●本章参考文献

[1] 国家统计局. 中华人民共和国2021年国民经济和社会发展统计公报 [EB/OL]. [2022-05-15]. http://www.gov.cn/xinwen/2022-02/28/content_5676015.htm.

[2] 清华大学交通研究所. 交通强国战略（二期）研究报告 [R]. 北京：清华大学交通研究所, 2021.

[3] 陆化普. 交通强国战略下城市交通发展要求与对策重点 [J]. 城市交通, 2020, 18 (6): 9.

[4] 王洋. 铁道部：京津城际铁路6月12日开始试行网络售票 [EB/OL]. (2011-06-12) [2022-05-15]. http://www.gov.cn/jrzg/2011-06/12/content_1882159.htm.

[5] 陆茜. 我国高速公路电子不停车收费实现全国联网 [EB/OL]. (2015-09-28) [2022-05-15]. http://www.gov.cn/xinwen/2015-09/28/content_2939851.htm.

[6] 交通运输部. 交通运输部办公厅关于开展道路客运联网售票系统部省联网工作的通知 [EB/OL]. (2016-07-08) [2022-05-15]. http://xxgk.mot.gov.cn/2020/jigou/ysfws/202006/t20200623_3315275.html.

[7] 关积珍. 中国智能交通的创新发展成就与未来展望 [J]. 可持续发展经济导刊, 2021.

[8] 新华社. 我国新一代空中交通管理体系建设取得阶段化成果 [EB/OL]. (2017-09-04) [2022-05-15]. http://www.gov.cn/xinwen/2017-09/04/content_5222589.htm.

[9] 交通言究社. 关积珍：智能交通在中国的发展与创新 [EB/OL]. (2020-10-29) [2022-05-15]. https://baijiahao.baidu.com/s?id=1681878251734020939&wfr=spider&for=pc.

[10] 交通运输部. 2020年交通运输行业发展统计公报 [EB/OL]. (2021-05-19) [2022-05-15]. http://www.gov.cn/xinwen/2021-05/19/content_5608523.htm.

[11] 交通运输部. 交通运输部关于印发《交通运输领域新型基础设施建设行动方案（2021—2025年）》的通知 [EB/OL]. (2021-09-23) [2022-05-15]. http://www.gov.cn/zhengce/zhengceku/2021-9/29/content_5639987.htm.

[12] 陆化普. 交通运输科技发展展望 [M]. 北京：人民交通出版社股份有限公司, 2022.

[13] 清华大学交通研究所. 交通强国战略研究之目标、绿色与智能交通战略研究 [R]. 北京：清华大学交通研究所, 2019.

[14] 清华大学交通研究所. 我国城市智能交通管理系统调研报告 [R]. 北京：清华大学交通研究所, 2018.

[15] 清华大学交通研究所. 智能网联现状调研 [R]. 北京：清华大学交通研究所, 2021.

[16] 陆洋, 李平, 周庆华. 智慧城市的基本单元：边缘服务器的功能定位及其深度应用 [J]. 科技导报, 2020, 38 (9)：7.

第二十二章
Chapter 22

辉煌十年：

填补空白，创造奇迹，交通发展走向新高度

站在2022年的历史节点，回望过去10年来的交通发展，我们不禁心潮澎湃、感慨万千。党的十八大以来，在以习近平同志为核心的党中央坚强领导下，中国人民以越是艰险越向前的大无畏精神，逢山开路遇水搭桥，交通运输事业取得了惊人发展，实现了历史跨越，填补了一个又一个的交通空白，创造了一桩又一桩的人间奇迹。交通发展改变了经济地理，使天堑变成了坦途，使人民走向富裕，开辟了新的时代，改变了亿万中国人民的生活。

拉林铁路开启了西藏人民幸福生活的新篇章

从林海雪原到江南水乡，从大漠戈壁到高山之巅，我国铁路跨越大江大河、穿越崇山峻岭、通达四面八方。

拉林铁路（图22-1）位于西藏自治区东南部，西起西藏自治区拉萨市，经西藏自治区山南市贡嘎县、扎囊县、乃东区、桑日县、加查县和林芝市朗县、米林县，东止于林芝市区。线路跨越冈底斯山与念青唐古拉山、喜马拉雅山之间的藏南谷地，最高海拔3700米，线路从拉日铁路的协荣站引出，向南穿过冈底斯山脉进入雅鲁藏布江河谷，向东经过山南市扎囊县、乃东区、桑日县、加查县、林芝市郎县和米林县之后沿尼洋河直抵西藏自治区林芝市区，正线全长403.144千米[2]。拉林铁路全线16次跨越雅鲁藏布江，攻克高原铁路多项难题，车站的平均海拔超过3500米，桥隧比高达75%。

在青藏高原上修建铁路，面临多年冻土、高寒缺氧、生态脆弱三大世界性工程难题，工程建设极其艰难。自2014年12月19日开工建设至2021年6月25日开通运营，拉林铁路的建设时间长达7年，我国交通人攻克了地形、地质和生态方面的一个又一个难题。地形难题：拉林铁路位于青藏高原冈底斯山与喜马拉雅山之间的谷地，90%以上的线路海拔超过3000米，地形条件极其复杂，线路需要穿过包括海拔约5600米的巨大山峰在内的多个自然障碍。地质难题：施工中经常遇到的主要工程地质问题包括崩塌、滑坡、错落、泥石流、溜沙坡、水毁、冰害、风沙、高烈度地震与活动断裂、热害、高地应力、生长期高陡岩质岸坡、放射性、有害气体、蚀变岩、膨胀岩、松软土等。生态难题：拉林铁路途经的雅鲁藏布江峡谷地区，是南亚、东南亚地区的"江河源"和"生态源"，原始植被和野生动物保护也给铁路的施工带来了挑战[1]。

图 22-1　拉林铁路[1]

过去 7 年里，17 个火车站在雅鲁藏布江的沿岸拔地而起，车站的平均海拔超过 3500 米，汇聚起滇藏（昆明—拉萨）、川藏（成都—拉萨）、甘藏（兰州—拉萨）铁路，三条铁路在拉林铁路上共线运行。作为西藏自治区首条电气化铁路，拉林铁路的建成通车，彻底结束了藏东南地区不通铁路的历史，让复兴号列车实现了对 31 个省区市的全覆盖[1]。我国自主创新研制的复兴号高原内电双源动车组开上"世界屋脊"，将西藏自治区带入"动车时代"。

拉林铁路不仅是西藏人民的生命线，也是中华民族紧密团结的生命线，对改善经济民生、促进区域互通、巩固祖国边防都有着重要的意义，拉林铁路的修建完善和优化了西藏铁路网的布局和规划，同时为推动中国西部大开发、完善铁路网布局、增强民族团结、维护国家安全起到巨大的促进作用，使西藏的交通迈上了一个新的台阶[3]。

拉林铁路的开通运营，如一条新的天路横亘在雪域高原，为富民兴藏注入了新活力。拉林铁路提供了便捷高效的客运服务。截至 2022 年 6 月，拉萨至林芝间每日开行动车列车 4 列、普速直达特快列车 2 列，日喀则至林芝间开行动车组列车 2 列，最高日发送旅客 4300 余人次，极大便利了沿线旅客出行[4]。同时，拉林铁路有力保障了货物运输，自开通以来的一年间累计运送货物 4.78 万吨，较好地服务了地方经济建设和民生需求。

拉林铁路将人们从拉萨前往林芝的时间压缩到 3 个小时，串联起藏东南地区风景的精华，被称为"中国最美天路"。沿着铁路看西藏，碧水涟涟，白云悠悠。铁路运力、运营速度不再成为西藏经济发展的阻碍。这是世界屋脊上的新"天路"，这是青藏高原上的"团结线"。拉林铁路，开启了西藏人民幸福生活的新篇章。

公路驰骋铁路腾飞实现了千百年来山区人民的生活梦想

● "逢山开路、遇水架桥"的贵州交通建设

贵州是全国唯一没有平原的省份。"不是夜郎真自大，只因无路去中原"道出了贵州人曾经的无奈和心酸[5]。特殊的地质条件，落后的交通，长期羁绊着贵州发展的脚步。贫穷落后，犹如标签紧紧贴在贵州大地上。在党和国家的亲切关怀和大力支持下，贵州省委、省政府带领全省人民以攻坚克难、苦干实干的雄心壮志，持续书写贵州交通巨变的壮丽篇章，助推贵州交通创造了后发赶超的"黄金十年"。

2012 年，贵州全面启动"高速公路建设三年会战"。2015 年末，贵州成为全国为数不多实现"县县通高速"的省份。2017 年，贵州在西部率先实现建制村通畅率 100%、建制村通客运率 100% 的"双百"目标。同年，贵州省在全国率先提出并实施农村"组组通"硬化路，2019 年已完成 7.87 万千米通组硬化路，打通了扶贫路上的"最后一公里"，惠及近 4 万个村寨 1200 万名农村人口，其中包括建档立卡贫困人口 183 万人，为书写中国减贫奇迹的贵州精彩篇章贡献了交通扶贫经验，广大群众正享受着"出门硬化路、抬脚上客车"的便利，走出了"深山阻断"，摆脱了"贫困桎梏"，踏上了乡村振

兴新征程。

近两万座各式各样的桥梁，将以喀斯特地貌著称、"地无三尺平"的贵州，变成了"高速平原"[6]。贵州成为西部第一个"市市通高铁、县县通高速"的省份。建成世界级桥梁18座，世界高桥前100名中有50座、前10名中有5座在贵州，实现了从"地无三里平"到"桥梁博物馆"的华丽转身。7600多千米高速公路、2100多条隧道、1.2万余座桥梁，架起了一片近500平方千米的"高速平原"，天堑变通途。

2014年底，贵广高速铁路（简称"高铁"）投入运行，贵州步入"高铁时代"。随着沪昆高铁、渝贵高铁等相继建成，形成以贵阳为中心的贵州高铁"大十字"，构成贯通长三角、珠三角、京津冀和川渝滇的快速通道。

"雄关漫道真如铁，而今迈步从头越。"贵州将继续发扬"吃苦耐劳、勇于创新、逢山开路、遇水架桥"的贵州交通精神，重整行装再出发，加压奋进再提升。

- 重庆的"立体交通"建设

重庆是中国西南部城市，它地处长江上游，四面环山，层层叠叠。再加上它处盆地边缘，两江汇合处，常年雾气朦胧，故而又有"山城"与"雾都"之称。10年来，重庆交通发生了翻天覆地的变化。在这座地势复杂多变的城市中，重庆人民构建起了一体化的综合交通运输体系。

多年来，重庆高速公路开工项目之多、通车里程之长、在建规模之大前所未有[7]。重庆在规划的"二环八射"高速公路骨架网建成后，又启动"三环十射多联线"中新的1000千米高速公路建设。2017年7月，重庆市开展"交通建设三年行动计划"。三年间，重庆市累计建成6.26万千米"四好农村路"，具备条件的村级小组100%通公路、92%通硬化路，具备条件的乡镇和行政村实现100%通硬化路、100%通客车。18个深度贫困乡镇具备条件的村级小组通硬化路比例达100%。

2015 年，成渝高铁正式开通，重庆进入高铁时代，也由此开启了重庆高铁建设的新时代。2016 年 11 月底，长江三峡库区首条高铁——渝万高铁正式建成通车，万州至重庆、成都分别由 4 个小时、7 个小时缩短至 1 个多小时和 3.5 个小时。现在，从重庆乘高铁到成都、贵阳、昆明、西安等周边大城市，分别只需要约 1 小时、2 小时、4 小时、5 小时[8]。

重庆公共交通的历史始于 20 世纪 30 年代。1933 年，重庆只有一辆柴油公交车，往返于曾家岩和七星岗之间。1938 年，重庆渡口的第一条航线——楚门—海棠溪线开通。中华人民共和国成立前，重庆只有 11 辆公共汽车、15 艘渡船和 1 辆缆车。而现在，重庆的城市交通已堪称世界奇迹。被称为"8D 城市"的重庆，因其极富特色的"立体交通"而闻名，其中轨道交通 2 号线李子坝站和皇冠大扶梯是典型代表。

重庆轨道交通 2 号线李子坝站是国内第一个与商住楼合建的跨座式单轨高架车站，因为"空中列车穿楼而过"的独特景观成了游客到重庆的"打卡地"（图 22-2）。车站和商住楼同步设计、同步建设、同步投入使用，采用"站桥分离"的结构形式，有效地解决了两种结构的传力与振动问题[9]。

图 22-2　重庆穿城轻轨[10]

皇冠大扶梯（图 22-3）是重庆的一个路口大扶梯，连接了两路口站和重庆站，是重庆特色交通之一。它全长 112 米，宽 1.3 米，提升高度52.7米,是亚洲第二长的一级提升坡地大扶梯。2021年客运量达246万人次,全年最高日客运量为2.9万人次。

图22-3　皇冠大扶梯[11]

环塔克拉玛干沙漠铁路填补了世界交通史的空白

10年间,我国以前所未有的决心和力度向交通空白处挺进,交通网络加速覆盖,交通建设日新月异。在茫茫的戈壁滩上,长达2712千米的世界首个沙漠铁路环线将塔克拉玛干沙漠包围了起来,使戈壁飞沙不再是出行的障碍,填补了世界交通史的空白。

2022年6月16日,和若铁路与格库铁路、南疆铁路"牵手",意味着环塔克拉玛干沙漠铁路线正式形成闭环,这也是世界上首条环沙漠铁路线,长达2712千米[12]。

和若铁路于2018年底正式开工建设,西起新疆南部和田地区和田市,东至巴音郭楞蒙古自治州若羌县,全长825千米,设计时速为120千米,共设和田、洛浦、策勒、于田等22个站点。

动工前,勘察设计便耗时8年多。塔克拉玛干沙漠是中国最大的沙漠,也是世界第二大流动沙漠。和若铁路约3/4的路段穿越流动沙漠。如何防风固沙、有效解决风沙危害,是铁路建设领域的世界性难题。和若铁路地处世界第二大流动性沙漠——塔克拉玛干沙漠南缘,有 534 千米分布在风沙区域,占线路总长 65%,是一条典型的沙漠铁路。塔克拉玛干沙漠的风沙和高温对铁路工程建设带来巨大考验:在这里,每年主要风季可长达 7 个月,年浮尘天气多达 90 天;每年 5 月至 9 月,正午最高温度可达 40 摄氏度,施工现场的沙漠地表温度可达 80 摄氏度。

建设者采取"阻沙障+草方格"的方式,用芦苇、稻草等建立了高低结合的多层阻沙体系。每层阻沙障都留有适当空隙,防止由于过密形成"阻风墙"而难以抵挡强风。在阻沙障与草方格之间,种植了易于在沙漠生长的梭梭、红柳、胡杨等植物。未来,这些植物将在铁路两侧形成永久性防风固沙林带(图 22-4)。在施工的 1000 多个日夜里,建设者在和若铁路沿线共修建草方格近 5000 万平方米,种植梭梭、红柳、沙棘等灌木和乔木近 1300 万株,林带覆盖面积超过 70 万平方千米。这条长 300 千米的"绿色走廊"已成为防风沙的屏障。

图 22-4　和若铁路沿线的阻沙障、草方格和耐旱植物组成的防沙"三件套"[13]

在风沙特别严重的地段,和若铁路采取"以桥代路"的设计方案,建成总长达 49.7 千米的过沙桥 5 座,让风沙能够从桥下穿过,减少对线路和列车运行的影响。

沿线 11 个客运车站结合地域特色,各有巧思,融合了当地历史和文化底蕴,形成别具特色的"一站一景"。比如洛浦火车站,设计灵感来源于当地国家级非物质文化遗产艾德莱斯丝绸,缤纷的色彩让小站多了一丝灵动[14]。

这条国家 I 级单线铁路结束了和田地区洛浦、策勒、于田、民丰和巴州且末县等多地不通火车的历史，极大便利了沿线各族群众出行和货物运输，它的开通标志着世界首个沙漠铁路环线形成，也结束了环塔克拉玛干沙漠周边上千万群众以及多个团镇没有火车通行的历史，让新疆南部地区的人民缩短了将近 1000 千米的出疆距离，这不仅让居住在偏僻小镇的人们能够轻松穿越万亩流沙，也能够让他们更加便捷地获得来自内地的各种补给和物资支持[15]。

凝聚中华民族智慧的"复兴号"开辟了铁路交通新纪元

高铁是交通运输现代化的重要标志，也是一个国家工业化水平的重要体现。"复兴号"作为中国标准动车组的响亮名字，凝聚着中国铁路人对中华民族伟大复兴的追求和深情。

2018 年 5 月，习近平总书记在中国科学院第十九次院士会议上讲话指出："复兴号高速列车迈出从追赶到领跑的关键一步。"❶到 2021 年，复兴号已形成了含 350 千米、250 千米、160 千米不同时速等级，8 辆短编、16 辆长编、17 辆超长编不同编组形式的产品系列，动力集中和动力分散不同的动力牵引模式，能够适应高原、高寒、湿热、风沙等多种运行环境需求的高速列车"大家族"。在京沪、京津、京张、成渝等高铁线路上，复兴号动车组（图 22-5）创造了世界上唯一实现了高铁时速 350 千米商业运营的国家纪录，树立了世界高铁商业化运营的标杆[16]，它以最直观的方式向世界展示了"中国速度"，打造了具有世界一流运营品质的中国高铁品牌。

我国高铁发展虽然比发达国家晚 40 多年，但依靠党的领导和新型举国体制优势，经过几代铁路人接续奋斗，实现了从无到有、从追赶到并跑、再到领跑的历史性变化。

2012 年，中国标准动车组研发工作启动。铁路部门强化创新主

---

❶ 参见《习近平在中国科学院第十九次院士大会、中国工程院第十四次院士大会上的讲话》，《人民日报》，2018 年 05 月 29 日 02 版。

体和领军作用，充分利用巨大的市场优势，产学研用相结合，围绕转向架、牵引传动、制动、网络控制、轮轴及整车设计等开展全面攻关，结合基础理论和技术创新开展了大量科研试验工作，实现了关键技术和部件重要突破，完成了总体技术条件制定及方案设计评审。样车正式下线后，又经过了 60 万千米不同条件下的运营测试。

图 22-5　2022 年 4 月 21 日，两列复兴号列车在河南浚县成功交会，列车运行时速达到 435 千米，相对交会时速 870 千米，列车交会时间为 0.86 秒[18]

2017 年 6 月 26 日，两列复兴号动车组率先从京沪高铁两端的北京南站和上海虹桥站双向首发，宣告我国铁路技术装备水平进入一个崭新时代。同年 9 月 21 日，复兴号动车组在京沪高铁实现时速 350 千米商业运营，中国为世界高铁商业运营树立了新标杆，1000 千米区域内当日往返。

2019 年 12 月 30 日，智能化京张高铁开通运营，我国高铁实现了从自主设计修建零的突破到世界最先进水平，在世界上首次实现时速 350 千米自动驾驶功能、首次采用我国自主研发的北斗卫星导航系统保驾护航……[17] 百年京张，见证了中国综合国力的飞跃。

2021 年 1 月 19 日，习近平总书记乘坐京张高铁在太子城站考察时强调,我国自主创新的一个成功范例就是高铁,从无到有,从引进、消化、吸收再创新到自主创新,现在已经领跑世界,要总结经验,继续努力,争取在"十四五"期间有更大发展。贯彻落实习近平总书记的重要指示精神,总结好、运用好我国高铁自主创新经验,对于充分发挥新型举国体制优势,推动我国高铁在"十四五"时期实现更大发展,更好地服务全面建设社会主义现代化国家、造福亿万人民群众,具有重要意义。

截至2021年,全国铁路配备复兴号系列动车组达1200多组,累计安全运行13.58亿千米,运送旅客13.7亿人次,以复兴号为代表的中国高铁成为一张亮丽的国家名片。同时,复兴号的发展有效带动了产业结构优化升级,为实现经济发展方式转变发挥了推动促进作用。复兴号高速列车作为现代高新技术的集成,零部件数量超过10万个,独立的技术系统超过260个,设计生产动车组零部件的核心企业超过100家、紧密层企业达500余家,覆盖20多个省市,高铁装备制造业已成为我国具备全产业链国际竞争优势的战略性新兴产业[18]。

2022年4月21日,我国自主研发的世界领先新型复兴号高速综合检测列车创造了明线相对交会时速870千米的世界纪录。

奔驰在祖国广袤的大地上的复兴号,是当今世界上运行速度最高、服务质量最好的高铁,是我国的高铁的亮丽名片和发展奇迹,它的开通运营开辟了世界铁路交通的新纪元。

盾构机的创新发展创造了世界奇迹

看似不可能完成的事,在过去的10年间都在变为现实。在海拔4700米的色季拉山,一年中一多半的时间都在下雪。从这里出发,在一片高山深谷中,中国自主研制的硬岩掘进机"雪域先锋号"(图22-6)已经工作了大半年。高寒高海拔、特殊的地质条件,这是人类迄今为止面临的最具有挑战的铁路工程。

图 22-6 "雪域先锋号"盾构机[20]

过去 10 年间,一个个像"雪域先锋号"这样先进的装备被研制出来,投入到同样艰苦卓绝的任务中,在中西部地区,掘进机数量与 2014 年的数量相比增长了近 8 倍,根据每台设备上的智能定位系统,我们可以在地图上逐一找到这些装备的位置,横断山、念青唐古拉山、祁连山,这一连串的名字,在过去都是一座座难以征服的大山,也是我国交通网上难以触达的空白之处,如今已经成为我国综合交通网络体系中的成员。

过去 10 年中,我国盾构机技术得到了飞速发展。盾构机主要用于铁路、公路、地铁和水利等基建工程的隧道环节,被称为"工程机械之王",有着"地下蛟龙"的美誉。其研发生产涉及地质、土木、机械、力学、液压、电气、控制、测量等多门学科技术,而且要按照不同的地质情况进行"量体裁衣"式的设计制造,因此具有极高的技术门槛。我国仅用了十几年时间就实现了盾构机技术从跟跑到领跑,成为继中国高铁之后的又一张"中国制造"名片。

2008 年 4 月 25 日,我国的第一台拥有自主知识产权的复合式盾构机"中铁一号"正式下线,使我国的盾构机实现了从无到有的历史性跨越。中国作为后来者,持续刷新着世界盾构领域的纪录:世界最大矩形盾构机、世界首台马蹄形盾构机、世界最大断面硬岩掘进机、世界最小直径硬岩 TBM(全断面隧道掘进机)、世界首台矿用小转弯 TBM、世界首台斜井双模式 TBM、世界首台全断面硬岩竖井掘进机等不断诞生在中国[21]。

2019 年 12 月，我国首条过海地铁盾构隧道——厦门轨道交通 2 号线穿海隧道开通运营。该工程海沧大道站到东渡路站属于国内首条盾构过海隧道，施工难度大，技术含量高，没有现成经验可借鉴。这一区间地段地质复杂，集软土、硬岩、上软下硬、顶部透水、底部基岩突出等于一体，被称为"地质博物馆"。掘进期间，建设团队累计带压进仓 3475 次，人工清理孤石 1000 多立方米，掌握了海底盾构隧道软硬不均地质盾构掘进技术、孤石群海底处理技术。国家最高科学技术奖获得者、中国工程院院士钱七虎表示，以厦门地铁 2 号线穿海隧道集成创新为标志，我国海底地铁盾构隧道集成创新技术已达到国际领先水平[20]。

盾构机结构复杂，应用场景多样，彻底打破了过去传统人工钻爆法中打风钻、放炮、刨石渣的方法，大大提升了安全性和工作效率。但是我国各个城市地质差异巨大，单一的盾构机难以满足实际需求。城市内部铁路工程的特点是地下空间环境复杂，地上风险源密集。以京沈高铁北京段的控制性工程为例，隧道施工盾构段须采用直径 10.9 米的盾构机连续掘进约 3680 米，同时依次穿越南皋路及框构地道、首都机场辅路、首都机场高速公路、机场快轨以及多处居民区和高大建筑。在城际工程方面，南水北调工程、大兴机场、粤港澳大湾区交通枢纽群等重大工程背后，都有"中国盾构"的身影。2021 年 8 月 23 日，国产"深江 1 号"泥水平衡盾构机在长沙下线，盾构机全长 130 米，总重量达 3300 吨，开挖直径达 13.42 米，已用于粤港澳大湾区重大交通基础设施项目——新建深江（深圳至江门）高铁珠江口隧道工程，开启穿海之旅。珠江口隧道位于东莞、广州之间的珠江入海口，全长 13.69 千米，海域段长约 11.05 千米，盾构区间最大埋深 106 米，最大水压力为 1.06 兆帕，为当时中国最大埋深、最大水压海底隧道，为深江高铁重点控制工程，地质条件极端复杂，环境敏感点多，对盾构掘进技术要求极高。

10 年间，中国盾构行业高歌猛进，创造了一个又一个奇迹。2021

年，国产盾构机每年出厂台数、拥有量、盾构隧道施工里程，均为世界第一。国产盾构机已占国内90%市场份额，并占全球2/3的市场份额。基于盾构机的隧道主体结构一次成型，有力支撑了我国高铁的发展。不仅盾构机走出国门，中国的盾构技术也已经走出国门，在"一带一路"倡议中大显身手，作为"中国制造"名片走向了世界[20]。

"昆仑号"运架一体机大显身手，创造了我国铁路建设的奇迹

"昆仑号"千吨运架一体机集提梁、运梁、架梁功能于一体，智能化程度高，是我国功能最多、应用范围最广、科技含量最高的高铁箱梁施工装备，也是全国首台可运用于高铁全路况双线箱梁施工的装备。

"昆仑号"凝聚着汉江重工无数科研工作者的辛勤汗水。它的研发团队先后攻克了运架一体机自动同步控制技术及自动对中驾驶技术、分体机超低位运架梁技术及快捷变跨技术、提梁机高精度自动纠偏技术等20余项重大关键技术，多项技术达到国际领先水平。

2020年6月初，千吨级运架一体机运抵湄洲湾跨海大桥建设现场，研发团队给架桥机取名"昆仑号"，寓意其"力拔山河，能在崇山峻岭中改天造路"（图22-7）。

图22-7　鸟瞰福厦高铁湄洲湾跨海大桥施工现场[23]

组装完成后的"昆仑号"机长 116 米，相当于 4 节高铁车厢的长度。高 9.3 米，相当于 3 层楼的高度，42 对巨型轮组可以在驾驶员的操作下，运载长 40 米、重 1000 吨的桥梁段。

"昆仑号"上直径为 1.4 米的关节轴承，是"昆仑号"的平衡支点——这种关节轴承由两个球面组成，通过球面滑动调整方向，既能承受上百吨的拉力，又能在千吨压力下自如转动，这个设计就是它平衡稳定的秘密。

此外，"昆仑号"让架设 40 米高铁箱梁成为现实。与 32 米传统箱梁相比，采用 40 米箱梁每千米可以少用 6 个桥墩，还能有效降低列车共振带来的影响，让高铁运行更加平稳，为推动我国高铁迈向时速 400 千米的更高速度提供了技术支撑与装备保障。

"昆仑号"还针对海上施工工况进行了自身优化。湄洲湾跨海大桥全长 14.7 千米，其中海域长度 10 千米，常年伴有雨季、大风、台风等恶劣天气，该机型能够适应零下 20 摄氏度至零上 50 摄氏度环境施工作业，作业状态能够承受最大风力达 7 级，非作业状态能够承受最大风力达 11 级。

"昆仑号"作为一款全能型的架桥机，可同时兼容 24 米、32 米和 40 米跨度的高铁箱梁施工作业，可以替代过去的 3 台架桥机。以桥隧比超过 90% 的郑万高铁重庆段为例，要想穿越高山深谷，采用隧道与桥梁修建高铁是必不可少的方式，而"昆仑号"可在 30‰大坡道、2000 米小曲线的条件下完成架设，而总体重量相较于分体机更轻，在运梁过隧和小曲线运架梁方面更有优势，尤其能够实现隧道进出口 0 米架梁、隧道内架梁，在桥隧频繁转换的工况下更加灵活高效。

2021 年 11 月 13 日，福厦高铁湄洲湾跨海大桥成功合龙，这座跨海大桥是福厦高铁的重要组成部分，全长 14.7 千米，其中有 10 千米位于海上。在合龙前的长达一年的海面作业过程中，"昆仑号"高铁运架一体机发挥了巨大作用，确保了高铁箱梁架设任务顺利完成（图 22-8）。

图 22-8 "昆仑号"正在福厦高铁湄洲湾跨海大桥进行架梁作业(摄影:杨光)[24]

"昆仑号"的问世并成功投入使用,让高铁桥跨布置和地质选线更灵活,有效减少对河流通航影响和建设用地,为建设更高时速的高铁提供了技术支持;对未来我国高铁建设具有划时代意义,标志着我国高铁建设在技术与装备上实现了重大提升,为高铁建设再添大国重器。

2021年,"昆仑号"运架一体机被评为"2021年度央企十大国之重器"。与之同在榜列的还有"天问一号"探测器、"华龙一号"核电组、"深海一号"能源站等家喻户晓的超级装备。

2022年1月17日,"昆仑号"的全新升级版"昆仑Ⅱ号"架桥机在黄山脚下的池黄高铁投入使用,新设备更轻便、节能、高效。"昆仑"系列架桥机也成为了代言中国基建的一张新名片。

"造岛神器"挖泥船

1966年,我国从荷兰引进自航耙吸船,这远不是当时最先进的船,但是中交天津航局却为此付出了折合4吨黄金的高价[25]。

到2000年为止,挖泥船技术一直是我国的一大空白,我们没有独立设计和制造这类特种船只的能力。即便疏浚长江航道,也需要从国外进口整船。但是，我国的工程技术人员凭借实现中华民族伟大复兴的高度责任感、中华民族的勤劳智慧与不屈不挠的奋斗精神以及执着探索的科学态度，终于在 2006 年成功自主研发了第一艘挖泥船"天狮号"。此后，随着生产技术和生产力的不断发展，我国又相继研制出了"天鲸号"和"天鲲号"挖泥船。

"天鲸号"挖泥船（图 22-9）的挖泥深度可以达到 30 米，平均每小时可挖泥 4500 立方米，疏浚能力已经达到亚洲第一。

图 22-9　航行中的"天鲸号"挖泥船[25]

"天鲸号"工作时，前方巨大的刀头会不断旋转，无论是普通的泥沙，还是海底的暗礁，瞬间就会被击成碎沙石。沙土在船体后方源源不断被排出，如果连接管道泵，沙土还能被传送到最远 6 千米外。此外，"天鲸号"拥有无限航程的自航能力，可以在全球任意大洋中安全航行。

"天鲸号"最主要的能力在于人工造岛。一台"天鲸号"，每小时可以吹出 4500 立方米的砂石。2013 年，"天鲸号"在南沙作业 200 天，吹出 1000 万立方米的砂石，接连制造了美济岛、渚碧岛、永暑岛、华阳岛、南薰岛、东门岛、赤瓜岛、永兴岛 8 座小岛，大大增强了我国的南海守护能力（图 22-10）。

图 22-10　天鲸号吹出的南沙小岛[25]

在国际舞台上，天鲸号历时 3 年 7 个月，圆满完成"一带一路"倡议提出的建设任务。在蔚蓝的非洲海岸，中华巨鲸力挽狂澜，在世界面前全面展现中国速度和中国力量[26]。

2017 年 10 月 18 日，"天鲸号"启程奔赴西非加纳，准备投入加纳第一大港——特码港新集装箱码头疏浚工程项目建设。经过近 50 天、12000 海里的航行，"天鲸号"于 12 月 10 日顺利进入加纳特码港新集装箱码头项目施工现场（图 22-11）。

图 22-11　"天鲸号"参与的加纳特码港新集装箱码头
　　　　　项目施工现场[26]

"天鲸号"此次参建的加纳特码港新集装箱码头项目是加纳截至 2021 年最大的水工项目，也是特码港迄今为止最大的一次扩建工程，将新建 4 个 15 万吨级集装箱泊位、3848 米防波堤及近 130 公顷的陆域吹填，工期 51 个月。扩建后的特码港集装箱吞吐能力也将大大提高，对于增进西非国家贸易往来、提高加纳人民生活水平、推动社会经济发展具有重要意义。

此外，肯尼亚的拉姆港疏浚吹填工程于 2016 年 9 月正式开工，"天骥"船和"天鲸号"先后参与工程施工，施工内容包括港池、航道疏浚及吹填区临时围堰等。港池总面积为 235.22 万立方米，航道全长 1.89 千米，疏浚吹填工程量为 1467 万立方米。该项目施工航道海况气象条件恶劣，船舶可有效作业的窗口期较短，且施工区域土质复杂，黏土、珊瑚岩等多种土质交错分布，挖掘难度极大。

2018 年 12 月，"天鲸号"正式投入拉姆港工程建设。施工期间，"天鲸号"充分展示了其作为大国重器"能挖硬岩、敢打硬仗"的本色，凭借其强大的挖掘能力，将固结在海底的珊瑚礁绞碎，消耗各类型绞刀齿 12987 个，共完成工程量 1069.65 万立方米，同时针对项目特点难点，实施多项工艺改革和技术创新，在细砂、粗砂、黏土、珊瑚岩混合的复杂土质条件下创造了新的生产率纪录，最终确保工程顺利完工。

拉姆港位于肯尼亚拉姆郡曼达湾内，属于连接非洲内陆国家走廊项目的一部分，是肯尼亚"2030 年远景规划"的重点起步工程，也是"一带一路"倡议的重要组成部分。项目建成后将为南苏丹、埃塞俄比亚、乌干达以及刚果东部提供新的出海通道。拉姆港疏浚吹填工程的顺利完工，既为后续拉姆港码头工程建设提供了充足的陆域，又为整个港区通航运营奠定了坚实基础，对促进全球贸易往来、拉动区域经济发展、扩大公司在东非区域的影响力具有重要意义。

我国的挖泥船在不断更新换代，也在不断刷新世人对中国的认知，除了"天鲸号"，"天鲲号"挖泥船展现的技术水平也十分惊人。

作为"一带一路"倡议的建设排头兵，"天鲲号"（图 22-12）

投产即赴远东地区施工,面对全新且未知的市场,展现出了中国疏浚水平;作为新造船舶,"天鲲号"克服了设备磨合、人员整合、文化融合等难点,实现工程完美履约,展现出了中国疏浚品质;粉碎施工区域70兆帕高硬度岩石,成功挑战船舶挖岩设计标准,展现出了中国疏浚力量[26]。

图 22-12 "天鲲号"拥有 4 种不同的绞刀[26]

2020年1月10日,以"天鲸号"为代表的《海上大型绞吸疏浚装备的自主研发与产业化》项目获评国家科学技术进步奖特等奖,这是中国疏浚业首次获得此项殊荣。它们服务于国家战略任务和重大工程,深度践行国家"一带一路"倡议,成功实施了远海岛礁建设、港珠澳大桥等重大工程,在建设海洋强国、维护国家领土及领海主权的历史进程中创造了震惊世界的"中国速度",大幅提升了我国在世界疏浚舞台上的话语权和影响力,以实际行动证明了这一项目产业化的显著成果。我国绞吸式挖泥船的技术已经在全世界处于领先水平,"天鲸号"就是全世界排名第三、亚洲排名第一的特种船舶。国产挖泥船的可贵之处在于:不仅实现了自主研发,还实现了批量生产;不但在性能上毫不逊色于国外同类产品,价格还远低于后者。

从蒙内铁路到雅万高铁:人类共同富裕的梦想正在从理想走向现实

蒙内铁路(Mombasa-Nairobi Standard Gauge Railway,SGR)的

全称为蒙巴萨至内罗毕标准轨距铁路,是肯尼亚共和国境内一条连接蒙巴萨与内罗毕的铁路,由中国按照国铁 I 级标准帮助肯尼亚建设,是东非铁路网的组成部分,是肯尼亚独立以来的最大基础设施建设项目,也是肯尼亚实现 2030 年国家发展愿景的"旗舰工程"(图 22-13)。蒙内铁路东起蒙巴萨西站,西至内罗毕南站,于 2014 年 12 月 12 日开工建设,2017 年 5 月 31 日通车运营。5 年来,蒙内铁路不仅改善了肯尼亚人民的生活,推动了肯尼亚经济社会发展,实现了中国铁路技术转移,也改变了整个东非的交通乃至商业版图。列车呼啸,笛声长鸣,讲述着一个个有关发展、合作和友谊的动人故事[27]。

图 22-13 蒙内铁路[28]

蒙内铁路成为肯尼亚经济社会发展和民生改善的助推器。通车运营 5 年来,蒙内铁路平均上座率超 90%,深受肯尼亚人民欢迎。据初步估算,蒙内铁路对肯尼亚的国内生产总值贡献率超过 2%。蒙内铁路为肯尼亚创造近 5 万个就业岗位,绝大部分工作本地化率超过 80%,同时为肯尼亚培养了 1700 余名高素质铁路专业技术和管理人才。蒙内铁路被英国《每日电讯报》列为世界最受欢迎的 13 条铁路之一。在美国 CNN 旅游频道向美国游客推荐到肯尼亚最值得做的 20 件事中,"乘坐蒙内铁路列车"名列第 5。"这是转变的开始,将为所有肯尼亚人创造就业、希望、机遇和繁荣。" 2017 年 5 月 31 日蒙内铁路正式通车当天，肯尼亚总统肯雅塔的这番话如今已成现实。

雅万高铁（Jakarta-Bandung High-Speed Railway）将于 2023 年 6 月实现运营，是一条连接印度尼西亚共和国大雅加达都市区和西爪哇省的高铁，是东南亚首条高铁，也是中国高铁首次全系统、全要素、全产业链在海外落地的项目[29]。雅万高铁是共建"一带一路"倡议以及中国和印尼务实合作的标志性项目，全长 142 千米。建成通车后，雅加达到万隆的出行时间将由现在的 3 个多小时缩短至 40 分钟。雅万高铁西起雅加达的哈利姆站，东至万隆的德卡鲁尔站，共设 4 座车站，正线长 142.3 千米，设计时速为 350 千米，运行时速为 300 千米。作为我国首次出口国外的高速动车组，雅万高速动车组是中国高端装备"走出去"的又一代表作。列车依托世界商业运营速度最高的中国"复兴号"动车组技术平台，融合印尼本土文化，适应印尼当地运用环境，为雅万高铁量身定制（图 22-14）。

图 22-14　雅万铁路[30]

近年来，中国铁路"走出去"的步伐不断加快，足迹遍及亚洲、欧洲、北美洲和非洲，成为"一带一路"建设和国际产能合作的一张亮丽名片，也为全球发展事业贡献了中国力量。从打造"国家名片"迈向引领"国际标准"，中国铁路"走出去"奋进崛起。近年来，通过解决高铁领域"卡脖子"关键核心技术，中国标准已达到国际"并跑"甚至"领跑"水平，国际铁路联盟已发布实施多部由中国制定的高铁标准，在国际标准中纳入中国的优势技术与关键参数，为实现中国铁路全系统、全要素、全产业链"走出去"提供了标准支撑。

从坦赞铁路、蒙内铁路、中老铁路，到匈塞铁路、雅万高铁，铁路不仅带去中国的产品、技术和服务，为相关国家创造更多发展机遇，更承载了中国同有关国家之间的友好情谊。中国铁路在世界各地落地生根、枝繁叶茂的故事表明，只有共创普惠平衡、协调包容、合作共赢、共同繁荣的发展格局，才是推动全球发展的正确之道[31]。

从"名片"走向标准：
国际铁路联盟发布三项中国高铁标准

2022年7月，国际铁路联盟（UIC）发布实施由我国主持制定的标准《高速铁路设计 基础设施》（IRS 60680:2022）和《高速铁路设计 供电》（IRS 60682:2022），这两项标准均是相关领域的首部国际铁路标准[32]。2022年2月，"铁盟"就曾发布我国主持制定的标准《高速铁路设计 通信信号》（IRS 60681:2021），此次发布的"基础设施"和"供电"标准是《高速铁路设计》系列第2和第3个国际标准[33]。这两项均是相关领域的首部国际铁路标准，更收获多国专家点赞推介，为世界高铁建设运营插上了一对名为中国智慧和中国方案的"翅膀"。

国际铁路联盟成立于1922年，是非政府性的国际铁路组织，主要由客运部、货运部、铁路系统部、基础价值部4个部门负责相应专业的技术活动，并设立了标准化机构协调各部门开展标准化工作。UIC现有成员单位208个，其中我国有正式成员单位2个、附属成员单位8个。UIC现有IRS标准和活页标准文件（Leaflet）共599项，自2011年起UIC组织开展活页标准文件梳理转化为IRS标准的工作，并且现已不再发布新的活页标准文件。近年来，国家铁路局积极推动铁路行业相关单位参与UIC标准化工作，我国主持和参与制定的标准数量持续增加，截至2022年6月，我国累计主持制定UIC

标准 31 项（其中 14 项已发布实施），累计参与制定 UIC 标准 30 项，我国主导或参与制定的标准数量和质量显著提升。

饱含创造力与影响力的中国铁路，既方便了人们出行，也推动了不少地区的经济发展，映照着祖国繁荣昌盛的故事。"莽莽神州，岂长贫弱？曰富、曰强，首赖工学。"一百多年前"中国铁路之父"詹天佑曾发出过这样的感慨。百年过去，我们从没有一寸铁路到高铁里程世界第一，自主建成了世界上海拔最高的青藏铁路、荷载最重的大秦铁路、智能环保的京张高铁等，每一项都是"中国标准"史无前例的成就，是中华民族迎难而上、自强不息的真实写照。

回顾我国铁路发展历程，既有一以贯之的"人民铁路为人民"的内核，也在与时代的对话中不断前进。作为"中国标准"领跑世界的重要载体之一，中国铁路无疑是中国智慧的结晶，彰显了努力构建"人类命运共同体"的大国担当，折射出中国建设美好世界的崇高理想和不懈追求，值得每一个国人骄傲和自豪。

从中国铁路"四纵四横"到"八纵八横"的历史变迁看十年巨变

十年来，"四纵四横"高铁网全面建成，"八纵八横"高铁网加密形成，有力支撑了国家重大战略。高铁网的快速建设与发展，有力地支持了脱贫攻坚和乡村振兴，服务区域发展，打造"轨道上的城市群"；同时，高铁网的服务范围也提升了我国的国际影响力，相继开通的蒙内、亚吉、中老铁路高质量地推进西部陆海新通道的建设，服务共建"一带一路"。从"四纵四横"到"八纵八横"，10 年的高铁巨变见证的是中国国际影响力的不断提升。

"四纵四横"是中华人民共和国铁道部《中长期铁路网规划（2008 年调整）》中提出的国家中长期铁路布局规划：铁路发展以客车速度为每小时 200 千米以上"四纵四横"客运专线为重点，加快构建快速客运网的主骨架。其中，"四纵"指：北京—上海客运专线，北京—武汉—广州—深圳（香港）客运专线，北京—沈阳—哈尔滨（大连）客运专线，杭州—宁波—福州—深圳客运专线。"四横"指：徐州—郑州—兰州客运专线，上海—杭州—南昌—长沙—昆明客运专线，青岛—石家庄—太原客运专线，上海—南京—武汉—重庆—成都客运专线。作为全路主心骨和全国大动脉的"四纵四横"高铁网的建成是铁路发展史上的一个重大里程碑，同样更是国家富强、民族振兴、人民幸福的"中国梦"的组成部分。"四纵四横"的高铁网不仅连通了各大城市，更驱动了全国的经济脉搏。伴随着高铁逐渐成网，高铁的辐射效应越来越明显。各地之间的通行时间在高铁建成后大大缩短，相邻省会城市间1~2小时、省内城市群间0.5~1小时的高铁经济圈逐渐形成，人们完全打破了以往对于地域限制的陈旧观念，高铁正逐渐拉近城市之间的距离，让各地资源共享成为可能，也让拉动经济增长和缓解"大城市病"不再矛盾[34-35]。

从总体上看，在基本完成"四纵四横"高铁网的建设后，我国铁路运能紧张状况基本缓解，瓶颈制约基本消除，基本适应经济社会发展需要。但铁路与发展新形势新要求相比，仍然存在路网布局尚不完善、运行效率有待提高、结构性矛盾较突出等不足。2016年7月，国家发展改革委、交通运输部、中国铁路总公司联合发布了《中长期铁路网规划》，勾画了新时期"八纵八横"高铁网的宏大蓝图。其中，"八纵"通道包括沿海通道、京沪通道、京港（台）通道、京哈—京港澳通道、呼南通道、京昆通道、包（银）海通道、兰（西）广通道；"八横"通道包括绥满通道、京兰通道、青银通道、陆桥通道、沿江通道、沪昆通道、厦渝通道、广昆通道。从"连线"到"成网"，"八纵八横"为经济社会发展注入新动力；从"走得了"到"走得好"，"八纵八横"打通致富路；从"跟跑"到"领跑"，"八纵八横"成果举世瞩目[36]。

密织成网，阡陌通达，一条条高铁线路的开通，进一步织密了我国"八纵八横"高铁网，对于沿线城市经济发展、民生改善、物流通达等起到重要的作用。在广袤的神州大地上，从"绿皮车"到动车组，从和谐号到复兴号，一张世界上最现代化的铁路网和最发达的高铁网正在快速延展，对于落实"一带一路"倡议具有重要意义。

- 贯穿六省区市的"连心"路——京新高速公路创造了高等级大漠天路奇迹

100 年前，孙中山先生在《建国方略》中勾画出一个宏大设想："东起北平（今北京）、经阿拉善，西至迪化（今新疆乌鲁木齐）的第二条进疆大通道。"

这个梦想在 2021 年终于成真。中铁二十二局在 2021 年 6 月 30 日宣布，由中国铁建投资集团投资建设、中铁二十二局集团等担负施工任务的北京—乌鲁木齐高速公路（简称"京新高速"）梧桐大泉至木垒段建成通车，这条世界穿越沙漠戈壁最长的高速公路，也是中国第二条进出疆高速公路大通道——京新高速（G7）全线贯通（图 22-15）。

图 22-15　京新高速[37]

连接北京和乌鲁木齐的京新高速，是国家高速公路网规划的第 7 条放射线，也是我国西部大开发的重要交通要道，是一条贯穿六省区市的"连心"路。京新高速的路线为北京—张家口—乌兰察布—呼和浩特—包头—巴彦淖尔（临河）—阿拉善—酒泉—哈密—吐鲁番—乌鲁木齐，途经北京、河北、山西、内蒙古、甘肃、新疆 6 个省区市，全长 2822 千米，是连接东北、华北、西北最快捷的公路大通道。与连霍高速公路（G30）相比，京新高速将乌鲁木齐进京里程缩短了1300多千米，打造了一座天津港通往荷兰鹿特丹港最为快捷的亚欧大陆桥。

"铺展是天路，矗立乃丰碑。"京新高速穿越茫茫荒漠和戈壁，修建难度极大，是中国继青藏铁路后又一具有典型艰苦地域特点的代表性工程。在京新高速临白段所处的内蒙古西部，自然条件恶劣，巴丹吉林、腾格里、乌兰布和三大沙漠横贯全境，线路经过的额济纳旗素有"风起额济纳，沙落北京城"之说。面对风沙天气频繁、昼夜温差大等重重困难，施工项目部研发了铺设土工膜等独特工艺，攻克了30.5千米的盐渍土填筑施工难题。另外，根据新疆独特的气候，合理利用地形，在必要路段设置风吹雪平台，有效减少了线路积雪现象，保障了车辆的行车安全。就是在这样一片没有水、没有电、没有通信设施、没有人烟，几乎与人类现代文明隔绝的地域，中国建成了一条高等级大漠天路，堪称中国奇迹。

京新高速的设计及施工还兼顾生态环保和地方经济发展。为方便相关区域动物迁徙，施工方共设计62处动物迁徙通道，其中包括两处铁路桥在最上方、动物迁徙通道位于中间、高速公路在最下方的三层立体交叉通道（图22-16）。

图22-16　京新高速的三层立体交叉通道[38]

京新高速也被誉为"神奇的中国7号天路"。沿着京新高速，人们可以领略草原、河流、森林、沙漠、戈壁、湖泊、冰川、高山、村庄和城市 10 种风光，可以看到草原青、戈壁灰、沙漠黄、湖泊蓝、夕阳红、胡杨金、冰川白、林海绿及幻彩湖粉 9 种色彩。

京新高速是霍尔果斯口岸至天津港北部沿线的最快捷出海通道，对推动"一带一路"倡议、打造新疆"一带一路"核心区具有重要意义。其全线贯通对带动天山北坡经济带发展同样具有十分重要的意义，结束了巴里坤县、伊吾县无高速公路的历史。东天山北麓老百姓期待的幸福路、致富路、梦想路终成现实，丝绸之路焕发新生机，增添新活力。京新高速公路梧桐大泉至木垒段通车后，新疆高速公路总里程突破 6000 千米，路网构架更加顺畅，"疆内环起来、进出疆快起来"目标更加清晰。新疆作为"一带一路"核心区、向西开放的"桥头堡"地位也将更加凸显[39-40]。

- **"新世界七大奇迹"之一的港珠澳大桥成为粤港澳大湾区的"脊梁"**

在浩瀚的伶仃洋，一条雄伟壮阔的"跨海长虹"横穿海面。这就是连接香港特别行政区、广东珠海与澳门特别行政区，集桥、岛、隧为一体的超级工程——港珠澳大桥（图 22-17）。它作为世界上最长的跨海大桥，被英国《卫报》评为"新世界七大奇迹"。港珠澳大桥是国家高速公路网规划中珠江三角洲地区环线的组成部分和跨越伶仃洋海域的关键性工程，形成连接珠江东西两岸的公路运输新通道。

港珠澳大桥是"一国两制"框架下粤、港、澳三地首次合作共建的超大型跨海通道，全长 55 千米，设计使用寿命为 120 年，总投资约为 1200 亿元人民币。大桥于 2003 年 8 月启动前期工作，2009 年 12 月开工，筹备和建设前后历时长达 15 年，于 2018 年 10 月开通运营。

大桥主体工程由粤、港、澳三方共同组建的港珠澳大桥管理局负责建设、运营、管理和维护，三地口岸及连接线由各地方政府分别建设和运营。主体工程实行桥、岛、隧组合，总长约为 29.6 千米，穿越伶仃航道和铜鼓西航道段约 6.7 千米为隧道，东、西两端各设置一个海中人工岛（蓝海豚岛和白海豚岛），犹如"伶仃双贝"熠熠生辉；其余路段约 22.9 千米为桥梁，分别设有寓意三地同心的

"中国结"青州桥、人与自然和谐相处的"海豚塔"江海桥,以及扬帆起航的"风帆塔"九洲桥 3 座通航斜拉桥。

图 22-17　港珠澳大桥[41]

珠澳口岸人工岛总面积为 208.87 公顷,分为珠海公路口岸管理区(107.33 公顷)、澳门口岸管理区(71.61 公顷)、大桥管理区(29.93 公顷)3 个区域,口岸由各方独立管辖。13.4 千米的珠海连接线衔接珠海公路口岸与西部沿海高速公路月环至南屏支线延长线,将大桥纳入国家高速公路网络;澳门连接线从澳门口岸以桥梁方式接入澳门填海新区[42]。

港珠澳大桥工程中最具挑战性的是沉管隧道工程。港珠澳海底隧道长 5.6 千米,有 33 个长 180 米、宽 38 米的巨型沉管,E9~E27

作业水深为45~50米，基槽深度为35~40米。每一节沉管重达8万吨，港珠澳大桥海底隧道相当于放入重量等于33个航空母舰的沉管，世界范围内尚无此深度的深槽沉管施工经验参考。港珠澳大桥工程对气象和水文条件要求非常严苛。沉管浮运和沉放是港珠澳海底隧道建设的核心环节，而浮运最大的限制因素是气象和海流：它对所在海域气象、海浪、海潮有苛刻的要求。8万吨沉管本身产生巨大的阻力，而10厘米/（秒·米）的流水将对沉管产生很大的反作用力，浮运拖航掌控困难。必须在合适的天气、海洋潮汐与海浪、海流的条件下才能施工，也就是要找到满足多个因素叠加形成的作业保障"窗口期"，而一个月仅有两个短暂的"窗口期"。因此，施工对气象和水文预报的精度要求极高。对一般预报而言，准确率达到70%~80%已经很好，但对港珠澳大桥海底隧道工程而言，浪高增加0.1米或者水流流速每秒增加0.1~0.3厘米都关乎成败，这样的误差无法接受，预报精确率必须要做到100%。

在建设标准方面，港珠澳大桥由粤、港、澳三地共同建设，受三方共同监管。而三方提出的设计和施工质量标准不同：香港遵循英国标准，澳门使用欧洲标准，内地执行中国标准。为此，大桥设计遵循"就高不就低"的最高标准，以满足各方要求。

"超级工程"背后更有"超级创新"。港珠澳大桥建设难度极大，新材料、新工艺、新设备、新技术层出不穷，仅专利就达400项之多，在多个领域填补了空白，造出了世界上最难、最长、最深的海底公路沉管隧道。世界最大规模钢桥段建造、世界最长海底隧道的生产浮运安装、两大人工岛的快速成岛等技术创下多项世界纪录[43]。

港珠澳大桥的开通，对粤港澳大湾区内的人流、物流、资金流和信息流提升作用明显。以往物流业因虎门大桥拥堵而面临的发展瓶颈，随大桥的分流而得到缓解，极大促进区内融合发展。

港珠澳大桥所构建的港珠澳交通大通道增强了香港及珠江东岸地区的经济辐射带动作用，充分挖掘了珠江西岸发展潜力。大桥顺利通车使香港至珠海的公路交通由3小时缩短至半小时，这对密切珠江西岸地区与香港地区的经济社会联系，促进珠江两岸经济社会协调发展，提升珠江三角洲地区的综合竞争能力，保持港澳地区的持续繁荣稳定，都具有划时代的意义[44]。

- **"世界最高桥"北盘江第一桥将黔川滇交界区域融入全国高速公路网**

由贵州、云南两省合作共建的北盘江第一桥，原称尼珠河大桥或北盘江大桥，是中国境内一座连接云南省曲靖市宣威市普立乡与贵州六盘水市水城区都格镇的特大桥，位于尼珠河之上，为杭瑞高速公路的组成部分。因其相对高度超过四渡河特大桥，刷新世界第一高桥纪录而闻名中外（图22-18）[45]。

图 22-18 北盘江第一桥[46]

大桥于2013年动工建设，2016年9月10日完成合龙，同年12月29日正式通车。它北起都格镇，上跨尼珠河大峡谷，南至腊龙村，全长1341.4米。桥面至江面的距离达565.4米，采用双向4车道高速公路标准，设计时速为80千米。大桥由云南和贵州两省合作共建，总投资10.28亿元。同时，大桥东、西两岸的主桥墩高度分别为269米和247米；720米的主跨，在同类型桥梁主跨的跨径中排名世界第二。

大桥作为一座世界级桥梁，自2012年开工建设以来，沿线重峦叠嶂、沟谷纵横、地质复杂、气候恶劣，建设中面临山区大体积承台混凝土温控、超高索塔机制砂高性能混凝土泵送、山区超重钢锚梁整体吊装、边跨高墩无水平力的钢桁梁顶推、大跨钢桁梁斜拉桥合龙五大难题。为克服重重困难，确保大桥顺利合龙，大桥设计者采取了"智能"混凝土、云计算等高科技，既确保安全性，又保证工程顺利完成。为大桥研发的"智能"混凝土名为"机制砂自密实混凝土"，具有高流动性和良好的抗离析泌水能力，无须振捣，仅依靠自身重力就能均匀密实填充成型，能够很好地满足现代结构复杂和配筋密集的工程混凝土成型要求。各种难题随着大桥的顺利通车都已被我国的技术和工程团队顺利克服。

大桥通车后，云南宣威城区至贵州六盘水的车程将从此前的5小时左右，缩短为1个多小时。它连接的毕都高速公路，东北接遵毕高速公路达遵义，北接毕生高速公路达四川泸州，西北接毕威高速公路达威宁，西接普宣高速公路达云南曲靖，东接织纳高速公路达贵阳，南接水盘高速公路达兴义，可将黔、川、滇三省交界区域快速融入全国高速公路网，为拉动毕节和六盘水两地经济社会跨越式发展提供现代、优质、高效的交通运输保障，对于继续拓展和深化毕节试验区改革试验内容，推进六盘水统筹城乡综合配套改革试点，完善贵州乃至全国现代公路运输骨架系统，实现贵州"加速发展、加快转型、推动跨越"战略和响应国家"一带一路"倡议具有重要意义[47]。

- "川藏第一隧"雅康高速公路新二郎山隧道助力构建川藏"经济走廊"

1998年，全长4176米的二郎山隧道一期工程顺利通车，19年后，第二条贯穿二郎山的雅康高速公路新二郎山隧道再次顺利通车（图22-19）。它全长13459米，是全国第四长的公路隧道，也是我国高海拔地区长度最长的高速公路隧道。它作为成都平原进入甘孜州第一座高速公路特长隧道，连接雅安市天全县和甘孜州泸定县，被誉为"川藏第一隧"。工程于2017年9月26日正式贯通，2017年12月31日开通试运营。

图 22-19 雅康高速公路新二郎山隧道[48]

二郎山是川藏线上从成都平原到青藏高原的第一座高山，素有"千里川藏线，天堑二郎山"之说，全年 3/4 的日子为雨雪天气，气候恶劣，加之地况复杂，二郎山公路弯多、坡大、路窄，需要单向交通管制。新二郎山隧道位于Ⅷ度地震烈度区，穿越 13 条区域性断裂带。隧道的建成，将翻越二郎山的时间由过去的 1 个多小时缩短至 15 分钟。特别值得一提的是，该工程还创下"两个第一"：独头掘进 7333.6 米，居国内通车高速公路隧道第一；沥青混凝土路面铺筑 13.4 千米，居全国涉西藏地区高速公路第一。

在工程创新方面，该隧道也实现了"五个首次"：首次设置双车道大断面洞内交通转换通道，提高隧道防灾救援能力；首次采用超预期抗震设计理念，穿越区域活动性断裂带内隧道断面整体扩大 40 厘米，为震后加固预留空间，并保证加固后不降低隧道服务水平；首次完全实现斜井洞内反打，有效保护大熊猫保护区生态环境；首次在隧道内设置自流水高位消防水池，完全取消抽水设备，提高消防可靠性并成功利用斜井高差引消防余水发电，充分利用隧道两端气候气象不同形成的气压差设置自然风道，辅助通风节能约 15%；首次使用视觉动态照明系统，在隧道内营造良好的行车环境，减轻驾驶者的心理压力，降低行车风险。

2021年12月6日，中国施工企业管理协会公布了2020—2021年度"国家优质工程奖"入选工程名单，雅康高速公路二郎山隧道名列其中。这是雅康高速公路继"李春奖"后获得的又一国家级荣誉[49]。

雅康高速公路二郎山隧道，作为川藏线上承前启后的咽喉路段，避开新沟至G318线二郎山隧道的长大纵坡和暗冰路段，可保障雅安至泸定常年通车，并且缩短近2/3的行程，对于构建川藏"经济走廊"，促进甘孜乃至西藏地区的开放与开发，具有十分重要的政治、经济、文化意义[50]。

- **长江南京以下12.5米深水航道工程为长江经济带发展提供有力支撑**

长江南京以下12.5米深水航道工程是长江经济带发展规划纲要、国民经济和社会发展"十二五"规划及"十三五"规划明确的重大工程，是全国内河水运投资规模最大、技术和建设环境最复杂的重点工程。深水航道工程建设范围为长江干线南京至太仓河段，河段全长约283千米，工程按照"整体规划、分期实施、自下而上、先通后畅"的建设思路分期组织实施。工程河段位于"一带一路"的交汇处，是长江主航道中通航条件最好、船舶通过量最大、经济效益最为显著的航段，以长江通航里程1/7的长度，承担了长江全线70%的货物运量，年运量达16亿吨以上（图22-20）。

图22-20　长江南京以下12.5米深水航道工程全线贯通[51]

2014 年，国务院印发《关于依托黄金水道推动长江经济带发展的指导意见》明确"下游重点实施南京以下 12.5 米深水航道工程"。为贯彻落实党中央决策部署，交通运输部和江苏省人民政府联合成立深水航道工程领导小组和指挥部，共同推进工程建设。历经 8 年努力，12.5 米深水航道于 2018 年 5 月实现全线贯通，为长江经济带发展、长三角一体化战略和"一带一路"倡议实施提供了更加有力的支撑。

工程位于长江下游冲积平原河流段至河口段，受径流与潮汐共同作用，分汊出浅河段众多，滩槽易变且水沙交换频繁、复杂，部分河段水深流急，施工难度大。航道整治外部限制条件多，需统筹兼顾多汊路通航。国内外可供借鉴的大型感潮河段航道整治经验不多。

工程位于长江下游最发达地区，沿岸产业众多，港口码头密布，是长江航运最为繁忙的航段，通航密度高、船舶交汇复杂。工程施工周期长、范围广，加之各水道整治同时实施，投入船机及施工人员多，现场安全管理难度大。保障通航与施工安全既是促进工程顺利推进的要求，也是确保黄金水道大动脉畅通的需要。

工程建设范围跨度较长、整治河段较多、环境复杂，工程河段水生生物种类多样，渔业资源丰富，并涉及多个自然保护区、水产种质资源保护区、饮用水源保护区和生态红线管控区，环境敏感区密集，社会敏感度高，环境保护工作要求高。工程建设过程中主管部门高度重视、辩证把握生态保护与工程建设的关系，形成生态环保施工整套管理制度及机制，创新设计了适合水生生物生长栖息的生态护底、护滩、护岸和堤身等生态结构，在长江水域试验性建设生态鱼巢、浮岛等设施，在同类工程中首次在鱼类繁殖期实施停工保护，在施工过程中强化环保监测并落实相关措施，有针对性地实施增殖放流等生态补偿措施。工程在实现整治效果的同时，有效保护了生态环境，在生态航道建设领域取得理论和实践的成果。

长江南京以下深水航道建设工程指挥部及全体参建单位在交通运输部和江苏省人民政府的正确领导下，认真落实习近平总书记关于长江经济带"共抓大保护、不搞大开发"和"生态优先、绿色发展"重要指示精神，积极践行新发展理念，提前半年完成建设任务，于 2018 年 5 月实现深水航道全线贯通，工程质量合格率达 100%，并实现安全生产零事故、党风廉政零投诉。

2021 年，长江南京以下 12.5 米深水航道二期工程在 2020—2021 年度国家优质工程奖评选中被授予"国家优质工程金奖"。这是该工程继获得 2020 年荣获"中国建设工程鲁班奖"后，荣膺的又一项国家级质量奖。一期工程则获得国家优质工程奖和水运交通优质工程奖等奖项。工程立足实际，在潮汐分汊河道航道整治理论、设计方法、新型结构、工艺技术装备、验收技术标准以及工程建设管理等领域取得一系列创新成果，攻克了深水、大流速条件下工程建设重大技术难题。获得了省部级及以上奖项共计 30 项，获批专利 85 项、工法 13 项、软件著作权 10 项。

工程 12.5 米通航水深全面提高大型海轮的实载率，进一步促进船舶运输组织方式优化调整，降低物流成本；江苏沿江港口大型码头泊位能力得到充分发挥，形成货物运输枢纽；进一步提升沿江物流服务业水平，促进沿江产业规模集聚发展，为沿江产业转型升级创造条件。

深水航道工程是服务国家重大战略实施的重大水运工程，工程的建设明显改善了长江南京以下航段通航条件，提高了通航能力，有利于进一步提升长江黄金水道含金量，对于促进水运供给侧结构性改革、高质量打造长江经济带综合立体交通走廊和推动长江流域经济社会发展具有重要意义[52-53]。

- **洋山深水港："中国芯"打破国外技术垄断并实现反超**

上海洋山深水港（简称"洋山港"）位于杭州湾口外的崎岖列岛，由小洋山岛域、东海大桥、洋山保税港区组成，于 2005 年 12 月 10 日开港，在业务上属于上海港港区，行政区划属于浙江舟山的嵊泗县。洋山港港区规划总面积超过 25 平方千米，包括东、西、南、北四个港区，按"一次规划、分期实施"的原则，2002—2020 年分四期建设（图 22-21）。

1995 年，上海正式提出建设深水港。1996 年，上海国际航运中心上海地区领导小组办公室成立后，于同年 9 月根据交通部通知要求正式开始前期比选、论证及立项工作，到 2002 年 3 月，经国务院批准洋山港建设项目立项，历时 6 年；2005 年 12 月，洋山港一期工程（包括东海大桥）建成投产。2017 年底，洋山港四期自动化码头将开港试运行，已经成为全球单体规模最大全自动码头。2019 年 8 月 6 日，国务院印发《中国（上海）自由贸易试验区临港新片区总体方案》，小洋山岛被划入了临港新片区范围。

图 22-21　上海洋山深水港[54]

从 2002 年 6 月洋山港一期工程开工建设，2005 年 12 月一期工程投产并开港，至 2008 年共建成三期工程合计 16 个大型集装箱深水泊位。鉴于洋山港区开港以来，业务发展十分迅猛，上海国际航运中心需要一座新的集装箱码头来承担更艰巨的使命，因此开展了洋山港四期自动化码头工程（简称"洋山港四期工程"）。

洋山港四期工程依托颗珠山岛及大、小乌龟岛围海填筑形成，总用地面积 223 万平方米，码头岸线达 2350 米，设有 7 个集装箱深水泊位及 61 个自动化箱区。整个工程于 2014 年 12 月开工建设，于 2018 年 12 月竣工投产，成为全球最大的智能集装箱码头。2019 年 11 月 30 日，入选第二届优秀海洋工程名单。

从 2018 年 201 万标准箱，到 2019 年 327 万标准箱，到 2020 年 420 万标准箱，再到 2021 年 570 万标准箱，洋山港四期工程"无人码头"展现了巨大的科技魔力，更赢得了 2020 年度上海市科技进步特等奖。

作为上海港最"年轻"的码头，洋山港四期自动化码头（简称"洋山四期"）岸线和占地面积均比前三期都小，却更引人注目，也承载着更多期待——这是世界上智能化程度较高的自动化集装箱码头之一，也是全球一次性建成投运、单体规模最大的自动化集装箱码头，被誉为"集大成之作"。它的建成和投产标志着中国港口行业在运营模式和技术应用上，实现了里程碑式的跨越升级与重大变革，更为上海港巩固港口集装箱货物吞吐能力世界第一地位，加速跻身世界航运中心前列提供了全新动力。

数据显示，2021年，洋山深水港区集装箱吞吐量达2281.3万标准箱，同比增长12.8%。其中洋山四期年吞吐量首次突破570万标准箱，同比增长35.7%，2022年预计能达到630万标准箱。

以最小的空间、最少的人员，发挥最大的效能，背后的关键词正是"智能化"。因其高度"智能化"，洋山四期的装卸效率较传统码头提高了近30%，并且节约人力成本近70%。同时，桥吊操作员的工作环境也大幅改善，从"蓝领"变为"白领"。此外，全电力驱动的大型设备和自动导引运输车（AGV）、全程无纸化操作、太阳能辅助供热等技术的应用，也让洋山四期成为绿色港口的典范。

如果说洋山港区的崛起，让上海港走向深蓝，成为"东方大港"，开启保持集装箱吞吐量世界第一的连冠之路，那洋山港四期自动化码头的诞生与发展，则让上海港完成从"东方大港"到"世界强港"的蜕变，实现技术和运营模式上的领跑，引领全球范围内的"码头革命"。

当这颗"中国芯"打破国外技术垄断并实现反超，在海外复刻也成为必然。2021年9月1日，上港集团以色列海法新港正式开港，该码头便复刻了洋山四期的技术亮点（图22-22）。这也是我国首次向发达国家输出"智慧港口"先进技术和管理经验。2012—2020年，上海共评选出8项"面向经济主战场"，具有特别重大经济社会价值的创新性成果（科技进步奖），洋山四期斩获殊荣。可见，在争创世界一流的过程中，洋山港四期自动化码头成为上海又一个意义非凡的创新高地。

图 22-22　以色列海法新港码头[55]

- 长江生态航道:"共抓大保护、不搞大开发"的忠实践行者

穿越大美中华的长江,汇聚百川千流,货运量连续多年蝉联世界内河第一。与其他交通运输方式相比,长江水运具有占地少、成本低、能耗小、污染轻、运能大、效益高的优势。党的十八大明确提出"建设美丽中国,实现中华民族永续发展",这就要求对长江航道实施科学整治和适度开发,合理利用长江自然水深进行水路运输,能够有效节约土地资源、减少能源消耗、降低环境污染,有效缓解资源、环境、生态压力,促进美丽中国建设(图 22-23)。按照"深下游、畅中游、延上游、通支流"的建设维护思路,近年来,长江黄金水道的"含金量"逐年提升,绿色生态航道的工程建设进行得如火如荼。长江生态航道,正成为"共抓大保护、不搞大开发"的忠实践行者。

2013 年 9 月,长江中游荆江河段航道整治工程昌门溪至熊家洲段工程(简称"荆江工程")正式开工,2017 年 4 月竣工。荆江工程,提高了高等级运输大通道航运能力,充分发挥了黄金水道航运效益,有力支撑了湘鄂沿江地区经济社会发展,促进了长江上游地区经济发展和对外开放。荆江工程高度重视生态环保工作,积极推进生态航道建设,将生态环保理念贯穿于航道规划、设计、施工和养护全过程,于 2014 年 9 月获批为交通运输部生态环保示范工程。

图 22-23　长江生态航道[56]

　　荆江工程竣工 4 年后，已在长江流域率先建成生态航道。该江段分布的 3 个国家级保护区内的一级保护动物江豚、麋鹿显著增加。行走荆江江陵县岸边，两侧护岸满目青翠，边坡上植生型钢丝网格护坡结构长满青草。这种钢丝网有超强耐腐蚀性，使用寿命可达 120 年。昔日黄沙漫漫、寸草不长的倒口窑心滩，而今已变成一个巨大的绿洲，上面芦苇摇曳，野鸭栖息。

　　荆江工程专门拿出 2 亿多元投入生态建设，包括生态护岸结构和生态固滩，重建滩上植被，修复陆生、水生环境 218 万平方米。整治中，布设了大量水下"人工鱼礁"，这些用新型材质、工法制成的生态透水框架，成了喜欢在洲头、洲尾生活的江豚等动物的新家园。

　　2018 年，长江干线武汉至安庆段 6 米水深航道整治工程（简称"武安段工程"）正式开工建设，这是继荆江工程后，又一项航道长河段系统治理项目。工程区域横跨湖北、江西、安徽 3 省 8 市，点多线长、湾急滩多。经过 29 个月紧张施工，2020 年底武安段工程已进入收尾，武汉至安庆段航道水深从 4.5 米即将提升到 6 米，万吨巨轮可由海入江直达武汉，为波澜壮阔的长江航运增添了浓墨重彩的一笔。2022 年 5 月 20 日，武安段工程顺利通过竣工环境保护验收。作为贯彻生态航道建设理念的长河段系统治理"标杆"，工程形成了一整套可复制、能推广的生态建设"长江方案"，在长江乃至全国内河具有重要示范作用,生态建设成果令人瞩目。

对于长江航道建设者来说,武安段工程的生态与环境保护是一道敏感又复杂的"必答题"。工程河段流经鄂、赣、皖三省,沿途有武汉、黄冈、九江、安庆等7个城市,还有7个保护区、2个湿地保护区、32处取水口,生态、防洪、安全压力大。

工程以坚持"生态优先、绿色发展"为引领,以武安段列入交通强国试点建设为契机,打造长江干线绿色航道建设示范工程、美丽长江的样板工程。工程的"顶层设计"中,投入生态工程费4.5亿元,7个河段设计均配套实施生态工程,是全国内河航道整治项目中生态工程投资最高、生态建设范围最广、生态结构及工艺应用最多的工程。工程选址上,充分考虑河流生态敏感因子,避免整治工程布局对不可替代生境造成侵占,在保证工程整治效果的前提下,统筹考虑了生态环保需求。

纵观长江绿色生态发展过程,不难发现,航道整治与环境保护紧密结合,优化工程方案、采用生态结构、落实环保措施等工作,可最大限度地降低工程对环境的影响,实现工程建设和环境保护的协调发展,让长江这条承载着民族之魂、发展之利的母亲河更加壮美如诗,演绎着人水和谐的绿色生态画卷。

"要保持历史耐心和战略定力,一张蓝图绘到底,一茬接着一茬干,确保一江清水绵延后世、惠泽人民。"❶ 2021年11月,在全面推动长江经济带发展座谈会上,习近平总书记豪迈的话语,是历史的回声,也是时代的号角,为长江经济带高质量发展指明了方向。

10年间,5万多个建制村通上了公交车,10年间,西部地区铁路里程突破6万千米,占到全国的40%。10年前,务工人员春运返乡组成了浩浩荡荡的摩托大军,如今这种场景已经成为历史,因为安全快捷的高铁连通了中国建设者的"工地"和家乡。

10年间,中国人从未停下攻坚克难的脚步,在群山之中,江河

---

❶ 参见《习近平在全面推动长江经济带发展座谈会上强调 贯彻落实党的十九届五中全会精神 推动长江经济带高质量发展》,《人民日报》,2020年11月16日01版。

之上，在偏远乡村、戈壁荒漠，创造了一个又一个人间奇迹，让原本的封闭隔绝之地，越来越多接入交通网，让无数国人在流动中收获了温馨和幸福、追逐实现着雄心和梦想。

●本章参考文献

[1] 国家铁路局. 拉林铁路开通运营一周年［EB/OL］.（2022-06-27）［2022-08-19］. http：//www. nra. gov. cn/xwzx/tpsp/tpxx/202206/t20220627_327480. shtml.

[2] 百度百科. 拉林铁路［EB/OL］.［2022-08-19］. https：//baike. baidu. com/item/拉林铁路/1764731？fr = aladdin.

[3] 中国经济网. 拉林铁路："新天路"书写世界屋脊"新高度"［EB/OL］.（2021-05-10）［2022-08-19］. http：//www. ce. cn/cysc/jtys/tielu/202105/10/t20210510_36545830. shtml.

[4] 人民政协网. 拉林铁路开通运营一周年［EB/OL］.（2022-06-27）［2022-08-19］. https：//baijiahao. baidu. com/s？id = 1736754301163356190&wfr = spider&for = pc.

[5] 贵州政研网. 为了彻底撕掉千百年来的贫困标签［EB/OL］.［2022-08-19］. http：//www. gzswzys. gov. cn/mobile/content. aspx？id = 116a9f7b- 44ba-4f2a-a931-aab67ba4822b.

[6] 鲁琳裕，任灵杰. 穿山越壑，推动多彩贵州高质量发展［EB/OL］.（2022-08-16）［2022-08-19］. http：//comment. gog. cn/system/2022/08/16/018204268. shtml.

[7] 中国政府网. 重庆直辖市15年：昔日处处是天堑 今朝纷纷变通途［EB/OL］.［2022-08-19］. https：//news. sina. com. cn/o/2012-09-03/170925091608. shtml.

[8] 重庆君. 重庆这五年的交通变化有多大？［EB/OL］.［2022-08-19］. https：//www. sohu. com/a/138018377_449808.

[9] 陈竹. 2021重庆交通年报③｜魔幻与颜值并存！重庆这些特色交通设施值得打卡 - 上游新闻·汇聚向上的力量（cqcb. com）［EB/OL］.［2022-08-19］. https：//www. cqcb. com/yukuaibao/2022-06-17/4923531. html.

[10] 老苏. 重庆奇观——轻轨穿楼过［EB/OL］.（2021-05-28）［2022-08-19］. https：//www. clzg. cn/article/277671. html.

[11] 宁乐熙旅行笔记. 电影「少年的你」重庆10大取景地, 皇冠大扶梯, 铜元局地铁站 [EB/OL]. (2019-10-30) [2022-08-19]. https://ninglexi.com/shaoniandeni.html.

[12] 海报新闻. 世界首条环沙漠铁路开通! 中国铁路奇迹远不止这条"最强闭环" [EB/OL]. (2022-06-17) [2022-08-19]. https://baijiahao.baidu.com/s? id = 1735869829578992818&wfr = spider&for = pc.

[13] 海报新闻. 世界首条环沙漠铁路是如何"炼"成的? [EB/OL]. (2022-06-17) [2022-08-23]. https://baijiahao.baidu.com/s? id = 1735810610407067084&wfr = spider&for = pc.

[14] 东南快报. 它来了! 今日开通! 世界首条环沙漠铁路线! 有多壮观 [EB/OL]. (2022-06-16) [2022-08-19]. https://baijiahao.baidu.com/s? id = 1735793956254726443&wfr = spider&for = pc.

[15] 央视网. 新疆和若铁路开通 世界首个沙漠铁路环线贯通 [EB/OL]. (2022-06-17) [2022-08-19]. https://baijiahao.baidu.com/s? id = 1735843732687870356&wfr = spider&for = pc.

[16] 光明网. 从"追赶"到"领跑"我国铁路总体技术水平迈入世界先进行列 [EB/OL]. (2022-08-16) [2022-08-19]. https://m.gmw.cn/baijia/2022-08/16/1303094614.html.

[17] 中国青年网. 从"追赶"到"领跑", 中国高铁惊艳世界! [EB/OL]. (2022-08-16) [2022-08-19]. https://baijiahao.baidu.com/s? id = 1741298599036838885&wfr = spider&for = pc.

[18] 中国铁路. 复兴号如何创造交会速度世界纪录? 你关心的问题都在这里 [EB/OL]. (2022-05-18) [2022-08-19]. https://mp.weixin.qq.com/s/8x9MejFNKbOWVBVMa3piWg.

[19] 陆东福. 打造中国高铁亮丽名片 [J]. 一带一路报道 (中英文), 2021 (05): 93-97.

[20] 中华建设杂志. 高原高寒铁路的大直径TBM——"雪域先锋号"成功远程操控始发 [EB/OL]. (2021-09-15) [2022-08-19]. https://baijiahao.baidu.com/s? id = 1710980521729621149&wfr = spider&for = pc.

[21] 大洋网. 大国重器丨中国盾构机"掘"胜大基建 [EB/OL]. (2022-06-23) [2022-08-19]. https://news.dayoo.com/china/202206/23/139997_54294579.htm.

[22] 新华网. 我国海底地铁盾构隧道综合技术达到国际领先水平 [EB/OL].

（2022-07-02）[2022-08-19]. https：// baijiahao. baidu. com/s？id = 1637928206769034119&wfr = spider&for = pc.

[23] 中国铁建. 市场占有率近80%！这套高铁装备成为中国铁建"新名片"[EB/OL]. （2021-05-13）[2022-08-19]. https：// www. thepaper. cn/newsDetail_forward_12663332.

[24] 大武汉. "铁军劲旅"铺路、架桥、修隧、造重器，中铁十一局助力交通强国建设 [EB/OL]. （2021-04-12）[2022-08-19]. http：// www. app. dawuhanapp. com/p/270197. html.

[25] IT之家. 为中国挖出3000平方公里国土，天鲸号，牛！[EB/OL]. （2020-01-10）[2022-08-19]. https：// mp. weixin. qq. com/s/PaXuXIwdlOFj5 dmubahRw.

[26] 中国纪检监察报. 天鲲号踏浪而行 [EB/OL]. （2022-05-07）[2022-08-19]. https：// mp. weixin. qq. com/s/SR6esKMPhWeqD9Nx30oghg.

[27] 360百科. 蒙内铁路 [EB/OL]. [2022-08-19]. https：// upimg. baike. so. com/doc/7911188-8185283. html.

[28] 紫龙观察. 中国帮肯尼亚打造的蒙内铁路，如今已开通5年，给当地带来了啥？[EB/OL]. （2022-04-21）[2022-08-19]. https：// baijiahao. baidu. com/s？id =1730705279084927200&wfr = spider&for = pc.

[29] 百度百科. 雅万高速铁路 [EB/OL]. [2022-08-19]. https：// baike. baidu. com/item/%E9%9B%85%E4%B8%87%E9%AB%98%E9%80%9F%E9%93%81%E8%B7%AF/23774765？fr = aladdin.

[30] 光明网. 采用中国标准设计制造！雅万高铁建设取得重要进展 [EB/OL]. （2022-08-05）[2022-08-19]. https：// m. gmw. cn/baijia/2022-08/05/1303076553. html.

[31] 高铁网. 中国铁路为"一带一路"添彩 [EB/OL]. （2022-08-15）[2022-08-19]. http：// news. gaotie. cn/jianshe/2022-08-15/618770. html.

[32] 国家铁路局. 我国主持制定的国际铁路联盟标准《高速铁路设计 基础设施》正式发布实施 [EB/OL]. （2022-06-30）[2022-08-19]. http：// www. nra. gov. cn/xwzx/xwxx/xwlb/202206/t20220630_328241. shtml.

[33] 国家铁路局. 我国主持制定的国际铁路联盟标准《高速铁路设计 通信信号》正式发布实施 [EB/OL]. （2022-02-10）[2022-08-19]. http：// www. nra. gov. cn/xwzx/xwxx/xwlb/202204/t20220405_280580. shtml.

[34] 中华人民共和国国家发展和改革委员会. 中长期铁路网规划（2008年调

整)［EB/OL］.（2008-10-08）［2022-08-19］. https：//www. ndrc. gov. cn/xxgk/zcfb/qt/200906/t20090605_967738. html? code=&state=123.

[35] 国家铁路局. 关于印发《中长期铁路网规划》的通知［EB/OL］.（2016-07-21）［2022-08-19］. http：//www. nra. gov. cn/xwzx/xwxx/xwlb/202204/t20220405_279864. shtm.

[36] 光明日报."八纵八横"：大手笔续筑铁路强国梦［EB/OL］.（2016-07-24）［2022-08-19］. http：//www. xinhuanet. com/politics/2016-07/24/c_129172386. htm.

[37] 高剑平. 澎湃新闻沿着高速看中国丨G7京新高速：穿越大漠戈壁，被誉为"神奇的中国7号天路"［EB/OL］.（2021-05-04）［2022-09-16］. http：//m. thepaper. cn/quickApp_jump. jsp? contid=12476954.

[38] 杨智. 新疆新闻在线网：全国首创！高速路三层叠加立交桥保障野生动物安全迁徙［EB/OL］.（2021-06-30）［2022-09-16］. http：//www. xjtvs. com. cn/hy/xw/tpxw/29316899. shtml.

[39] 中国新闻网. 京新高速公路全线通车，新疆再添进出高速通道［EB/OL］.（2021-06-30）［2022-09-14］. https：//www. chinanews. com. cn/cj/2021/06-30/9510571. shtml.

[40] 中国民族报. 要让大漠变通途——京新高速公路建设纪实［EB/OL］.（2018-11-26）［2022-09-14］. http：//www. minwang. com. cn/mzwhzyk/674771/682200/682203/739795/index. html.

[41] 港珠澳大桥管理局. 港珠澳大桥［EB/OL］.（2018-10-01）［2022-09-16］. https：//www. hzmb. org/Home/Images/Museum/cate_id/20.

[42] 港珠澳大桥管理局. 港珠澳大桥工程项目介绍［EB/OL］.（2018-10-01）［2022-09-14］. https：//www. hzmb. org/Home/Enter/Enter/cate_id/19. html.

[43] 国务院国有资产监督管理委员会. 建设中的港珠澳大桥一道绵延56公里的难题［EB/OL］.（2014-11-13）［2022-09-14］. http：//www. sasac. gov. cn/n2588025/n2588139/c2822915/content. html.

[44] 中国新闻网. 香港政界人士高度评价港珠澳大桥开通意义［EB/OL］（2018-10-23）［2022-09-14］. https：//baijiahao. baidu. com/s? id=1615083138124533164&wfr=spider&for=pc.

[45] 央视网. 世界第一高桥北盘江大桥29日通车［EB/OL］.（2016-12-30）［2022-09-14］. http：//news. cctv. com/2016/12/30/ARTIJWBkw0BcWNLOLcFFBRlo161230. shtml.

[46] 中国工程科技知识中心. 北盘江大桥 [EB/OL]. (2016-09-10) [2022-09-16]. http://cbe.ckcest.cn/de/1052.

[47] 宣威市人民政府门户网. 北盘江大桥（尼珠大桥）本月28日通车 [EB/OL]. (2016-12-21) [2022-09-14]. https://baike.baidu.com/reference/23354551/d04f0JacBLEnWJK9NEO8JQwnUv2XobYdzgAIy5ucDbjdPfZslbuAM5c3rSR5VZnxKEhbYaiAU0T-HNP0ZNPEzouHHQZaDvfnyDk54kdpVPyu_oGI.

[48] 新华社. 中国这十年·中国故事丨四川：交通建设助力破解"蜀道难" [EB/OL]. (2022-09-07) [2022-09-16]. http://www.qhbtv.com/new_index/gjgn/folder2638/2022-09-07/1806675.html.

[49] 甘孜藏族自治州人民政府. 雅康高速二郎山隧道获国家优质工程奖 [EB/OL]. (2021-12-09) [2022-09-14]. http://www.gzz.gov.cn/gzzrmzf/c100053/202112/c070581bcf064e9a996a5a832b2e7254.shtml.

[50] 天全县交通运输局. 亚康高速二郎山隧道建设意义 [EB/OL]. (2016-03-14) [2022-09-14]. http://www.tqx.gov.cn/gongkai/show/20160314182724-059292-00-000.html.

[51] 中港疏浚. 喜报丨长江南京以下12.5米深水航道二期工程荣获中国交建优质工程奖 [EB/OL]. (2019-11-15) [2022-09-16]. https://www.sohu.com/a/354000417_99903819.

[52] 长江南京以下深水航道指挥部. 长江南京以下12.5米深水航道工程简介 [EB/OL]. (2019-05-18) [2022-09-14]. https://www.sohu.com/a/314829767_114731.

[53] 搜狐网. 再获国家级质量奖！长江南京以下12.5米深水航道二期工程获"国家优质工程金奖" [EB/OL]. (2021-12-14) [2022-09-14]. http://news.sohu.com/a/508262399_120099883.

[54] 新华网. 俯瞰上海国际航运中心新坐标——洋山深水港区 [EB/OL]. (2018-07-27) [2022-09-16]. http://m.cnr.cn/jdt/20180727/t20180727_524313280.shtml.

[55] 王力. 洋山四期：打破国外技术垄断，引领全球"码头革命" [EB/OL]. (2022-07-01) [2022-09-16]. https://www.shobserver.com/news/detail.do?id=503062.

[56] 熊峰. 央广网：【长江绿动 走进黄金水道】生态涵养人水和谐 长江航道整治如何给鱼"让路" [EB/OL]. (2019-09-11) [2022-09-16]. https://www.cnr.cn/hubei/yuanchuang/20190911/t20190911_524773138.shtml.

第二十三章
Chapter 23

继往开来:

综合交通进入一体化发展新时代

交通具有基础性、服务性、引领性和战略性，其发展直接服务于人民群众生产、流通、消费、通勤、商务、生活等各种出行，关乎综合国力、综合竞争力、国家安全和地缘政治，是中国特色社会主义现代化强国建设的开路先锋。

交通发展战略，离不开国家的发展目标和治国理念，是国家战略在交通领域的体现。中国是一个历史悠久的文明古国，中华民族的思想文化、古代先贤的哲学主张均在当代中国实现中华民族伟大复兴中国梦的思考与探索中得到弘扬发展和基因传递，形成中国特色的发展道路和治国理念，包括科学发展观、生态优先绿色发展以及对交通与经济发展、交通与人民生活关系的深刻认识等。正是在这样的历史脉络下，党的十九大报告明确提出建设交通强国。自此，中国交通发展进入了新纪元，不仅将助力我国实现中华民族伟大复兴的中国梦，而且还将为世界可持续发展、构建人类命运共同体开创更加广阔的前景。

2019年9月中共中央、国务院发布的《交通强国建设纲要》明确指出，为实现交通强国建设的宏伟目标，要推动交通发展由追求速度规模向更加注重质量效益转变，由各种交通方式相对独立发展向更加注重一体化融合发展转变，由依靠传统要素驱动向更加注重创新驱动转变，构建安全、便捷、高效、绿色、经济的现代化综合交通体系，打造一流设施、一流技术、一流管理、一流服务，建成人民满意、保障有力、世界前列的交通强国，为全面建成社会主义现代化强国、实现中华民族伟大复兴中国梦提供坚强支撑。

进入新时代，各种交通方式一体化融合发展是实现交通强国建设目标的基本前提和基础保障，是实现一切目标的基础。本章以综合交通一体化发展为主线，展望交通运输令人鼓舞的未来前景。

古代先贤的哲学思想

中国古代的思想宝库，丰富多彩，对交通发展的启迪深邃悠远，难以在本书有限的篇幅里展开。这里，从我国繁星璀璨的思想宝库中取其点滴，以简述营养丰富的中华文明如何支撑实现"交错相通""交互融通"，如何滋润中国交通继往开来。

伟大的中华民族，从诞生之日起，就以她勤劳、友善、包容、坚韧、智慧的禀赋开启了探索宇宙规律、思考人生哲学、促使万物和谐、追求美好生活的道路。

按照冯友兰先生的总结，西方哲学是出世哲学，探讨形而上的哲学思想和哲学理念；而中国哲学是入世哲学，思考和探索直接和国家治理体系、与环境的和谐共生、对宇宙的理解认识以及人生的处事准则相联系[1]。

道家的道法自然、上善若水，儒家的忠恕之道、不偏不倚，以及追求共同富裕、世界大同等思想主张，是中国古典哲学的精髓，产生了长期而深远的影响。这些思想主张的核心，可以概括为与自然和谐共生、做事把握好度、人类走向共同富裕等。因此，可以说中华民族自古以来就是美好生活的缔造者、万物和谐共生的促进者。这些哲学思想也深刻地影响着我国从古至今的交通建设。

- **"道法自然"**

"道法自然"语出老子所著《道德经》（又称《道德真经》《老子》等）第二十五章："人法地，地法天，天法道，道法自然。"[2] 意思是人取法于地，地取法于天，天取法于道，而道则取法于自然。"道"就是解决问题的思路和方法。老子在深度观察思考天、地、人乃至整个宇宙的深层规律的基础上，悟出了人与自然和谐共生的关键，提出了人类活动最基本的行为准则，即宇宙天地间万事万物均应效法和遵循"自然而然"的规律。

"道法自然"的另一种表述是"道常无为而无不为"[2]。无为者，顺其自然也，因其本然也。唯其如此，道才能在事物的发展变化中自然成就一切。

今人容易对老子所说的"自然"产生两种误解：一种是将"自然"理解为一个比道更高、更抽象的存在物；另一种是将"自然"等同于与人类社会相对应的自然界。但事实上，老子所说的"自然"并不是一个居于"道"之上的抽象存在，也不是一个外在于人类自身的客观之物，而是本然，是自然而然。

"道法自然"的哲学思想已经渗透到中国社会的方方面面。比如，人们会选择在靠近水源、靠山面水的"风水宝地"构筑城市，在背风向阳、空气流通好的地方建设住宅等，都遵循了尊重自然、与自然和谐共生的哲理。大禹采取疏堵结合的治水策略，也反映了尊重水流规律、顺应其自然属性的思想。

● "上善若水"与"忠恕之道"

"上善若水"出自《道德经》第八章："上善若水。水善利万物而不争，处众人之所恶，故几于道。居善地，心善渊，与善仁，言善信，正善治，事善能，动善时。夫唯不争，故无尤。"[2]"上善若水"实际说的是做人的方法，即做人应如水，水滋润万物，但从不与万物争高下，这样的品格才最接近"道"。

在这一点上，儒家主张的"忠恕之道"，亦是为人处世的行为准则。"忠恕之道"是儒家哲学的核心思想之一。孔子把"忠恕之道"看成是处理人己关系的一条准则。这是一种与人相处的最高境界，做到"忠恕"，不但可以消除别人对自己的误解、缓和人际关系、安定社会秩序，而且会传递人间的友爱，增加人与人之间的亲和力，可以认为是走向世界大同的行为准则条件。

"忠恕之道"的另一种表达方式就是"己所不欲，勿施于人"，出自春秋时期孔子的《论语·卫灵公》："子贡问曰：'有一言而可以终身行之者乎？'子曰：'其恕乎！己所不欲，勿施于人。'"[3]

人与人之间、物与物之间都存在同质性和差异性。就同质性而言，"己所不欲，勿施于人"是正确的；就差异性而言，还应增加

"非其所欲，勿施于人"。《管子·小问》曰："非其所欲，勿施于人，仁也。"[4]以饮食为例，有人怕辣，有人喜辣，不能因自己的喜爱而勉强别人吃辣。庄子对此有简洁清晰的解释。他说："鱼处水而生，人处水而死。彼必相与异，其好恶故异也。故先圣不一其能，不同其事。"[5]

古代先贤不但强调在处理与自然环境的关系时尊重自然，而且强调在与别人相处的过程中尊重别人。这是人与人相处的最高境界。中国人的这一思想，表现在对外交往中就是国家无论大小、人种不分高低，和平共处五项原则应该成为共同的遵循。

● **追求世界大同**

世界大同的理念最早是孔子提出来的。大同思想与成圣的最高人格相适应，儒家的最高社会理想是世界大同。这个大同世界不是纯理念化的，而是具体化的。《礼记·礼运》这样描述大同世界的社会景象："大道之行也，天下为公。选贤与能，讲信修睦，故人不独亲其亲，不独子其子，使老有所终，壮有所用，幼有所长，矜寡孤独废疾者皆有所养。男有分，女有归。货恶其弃于地也，不必藏于己；力恶其不出于身也，不必为己。是故谋闭而不兴，盗窃乱贼而不作，故外户而不闭，是谓大同。"[6]

正是基于人类共同富裕、共同发展、共同保护的世界大同思想，我国提出了"一带一路"倡议、构建人类命运共同体的思想主张，这既是实现人类可持续发展的根本道路，也是有益于全人类发展的必然选择。

交通与中国现代化

古代先贤的哲学主张已融入我国治国理念与对外发展思路，深刻影响了我国从古至今的交通建设。而具有基础性、服务性、引领性和战略性等基本属性的交通，又作为开路先锋，满足人们出行和物质文化交流的需求，推动经济和社会发展，塑造了今日中国交通天下的格局，体现了中国担当。在经济社会发展的早期，交通的基础性和服务性广为人们所知;进入高质量发展的新时代,引领性和战略性则成为交通的主要功能定位。

早在20世纪初,孙中山先生便在《建国方略》中高度重视交通的作用,提出如下交通建设方案:修建约16万千米的铁路,把中国沿海、内地、边疆连接起来;修建160万千米的公路,形成遍布全国的公路网,并进入青藏高原;开凿和整修全国水道和运河,建设三峡大坝,发展内河交通和水利、电力事业;在中国北部、中部、南部沿海各修建一个世界水平的大海港等[7]。

新中国成立以来,特别是改革开放以后,我国在经济社会发展中坚持交通运输先行理念,交通运输领域发生了历史性变化,交通基础设施加速成网,运输服务能力连上台阶,交通在国民经济发展中发挥了先行官作用。

交通是当今时代人民幸福生活的核心内容。党的十九大报告指出,"经过长期努力,中国特色社会主义进入了新时代,这是我国发展新的历史方位","我国社会主要矛盾已经转化为人民日益增长的美好生活需要和不平衡不充分的发展之间的矛盾"。衣食住行中,衣、食、住的需求已经得到了很好满足,人享其行则成为美好生活的主要衡量指标和检验标准,是构建美好生活的第一要素。

交通是提高竞争力的关键。正如孙中山先生所说:"交通为实业之母,铁道又为交通之母。"一座城市、一个区域、一个国家的经济竞争力的重要衡量要素之一就是交通。发达的交通是招商引资的第一条件,是降低成本、提高产品竞争力的第一要素,因此,是发展成败的关键。优越的交通条件,也是聚人气、吸引人才的关键要素。历史证明,人才聚则地域兴,人才失则地域衰。

"交通+"是最具潜力的发展方向和交通建设的最高境界。交通与土地使用深度融合,才能实现土地集约节约、出行便捷高效、环境节能减排、服务世界一流的目标;交通与旅游深度融合,才能实现出行全程"人享其行",让人们充分利用分分秒秒,尽情享受人生乐趣;交通与产业深度融合,才能实现精准运输、高效物流,从而实现零库存、低成本,使"中国制造"更有竞争力;交通与高端资源环境相结合,才能最大限度地实现对高端服务和稀缺景观资源的全面利用和广泛分享。

交通运输安全体系是落实总体国家安全观的有效支撑。国家关键通道和重点枢纽设施是经济社会运行的大动脉,也是能源、矿石、粮食等重要物资运输以及关键通道和重点枢纽的安全畅通保障。完善的交通运输应急保障体系和保障能力,将成为维护人民群众生命财产安全和国家总体安全的有力保障。此外,交通与国家安全保障体系相结合,能以最小的代价提供最快捷、最可靠、最高效的运输能力,铸就国防安全的铜墙铁壁。

由此可知,交通是兴国之要、强国之基、富国之路、理想之舟、民需之本。图 23-1 概括了交通对中国现代化的意义和作用,包括提高经济竞争力、实现高质量发展、保障国家安全、促进国土均衡发展、提供美好生活体验、走向世界大同等。

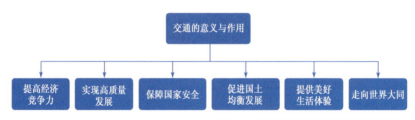

图 23-1　交通对中国现代化的意义和作用

- 以可持续交通助力可持续发展

新中国成立以来,几代人坚持交通先行,逢山开路、遇水架桥,把我国建成了交通大国,当前正在加快建设交通强国。应该看到,随着交通运输需求持续增长,与之相关的资源、能源、环境等方面问题也在凸显。实现交通运输可持续发展,无论是对行业自身还是经济社会的高质量发展都具有重大意义。

2021 年 10 月 14—16 日,第二届联合国全球可持续交通大会在北京召开,习近平主席发表题为《与世界相交　与时代相通　在可持续发展道路上阔步前行》的主旨讲话,提出五个坚持:坚持开放联动,推进互联互通;坚持共同发展,促进公平普惠;坚持创新驱动,增强发展动能;坚持生态优先,实现绿色低碳;坚持多边主义,完善全球治理❶。会议通过了《北京宣言》,强调了可持续交通的重要性,阐述了加快向可持续交通转型是推动构建人类命运共同体的重要内容。

• 可持续交通与绿色交通、低碳交通的关系

可持续的交通系统是以最小的资源投入和环境代价,最大程度地满足合理交通需求的综合交通系统,其优化目标有 3 个,即节约资源、保护环境、满足需求。在这一系统中,各种交通方式分工合理、互相协调,以绿色交通为主导;不同的交通出行者具有同等的交通权利,可选择各种交通方式;该系统与城市交通需求特性相匹配,与系统周边的土地利用性质相协调,具有安全、便捷、顺畅、舒适、环保、节能、高效率、高可达性、以人为本的基本特征[8]。

绿色交通是一个以减少交通拥挤、降低能源消耗、促进环境友好、节省建设维护费用为目标的城市综合交通系统规划建设理念。绿色交通的狭义概念更加强调交通系统的环境友好性,主张在城市交通系统的规划建设和运营管理过程中,注重环境保护和生活环境质量。绿色交通的广义概念包含了推动公交优先发展、促进人们在短距离出行中选择自行车和步行的出行模式、节约能源、保护环境、建立以公共交通为主导的城市综合交通系统等[8]。

绿色交通的本质是建立维持城市可持续发展的交通体系,以满足人们的交通需求,同时注重节约资源、保护环境和社会公平。绿色交通具有明确的可持续发展的交通战略目标,能够以最少的社会成本实现最高的交通效率,与城市环境相协调,与城市土地利用模式相适应,多种交通方式和谐共存、优势互补。

低碳交通则进一步强调了减少温室气体排放这一全球性命题和关乎人类社会命运前途的关键问题,重在强调采取各种措施减少交通运输产生的 CO_2 排放量。

---

❶ 参见《与世界相交 与时代相通 在可持续发展道路上阔步前行——在第二届联合国全球可持续交通大会开幕式上的主旨讲话(2021 年 10 月 14 日)》,《人民日报》,2021 年 10 月 15 日 02 版。

从广义上看,绿色交通等价于城市可持续交通;从狭义上看,可持续交通包含绿色交通。

- **可持续交通的实现路径**

可持续交通是实现交通强国建设目标的基本要求和必由之路,也是交通强国的重要特征和关键突破点之一。可持续交通既是发展理念,也是综合交通系统规划建设的指导思想和原则,基于可持续发展理念建设的交通系统是以提高交通效率、降低资源消耗、促进环境友好、节省建设维护费用为目标的综合交通系统。因此,可持续交通的发展目标在本质上也是交通强国建设的目标和追求[9]。

交通强国建设在技术上的关键突破点是交通的一体化、绿色化、智能化、共享化,这是世界交通发展的主流趋势,将引发交通基础设施、能源动力、技术装备、运营管理、服务模式的深刻变革。抓住上述关键突破点,就是抓住交通强国建设的"牛鼻子",这也正是可持续交通的实现路径[10]。

因此,基于可持续发展理念,走中国特色的交通强国之路,需要紧紧抓住以下关键点。

基于可持续交通理念,集约节约利用资源,大力推进综合交通一体化,实现基础设施从规划建设到运维管理全环节的绿色化和可持续发展。基于"一张图"规划,高水平建成能力充分、布局完善、互联互通、绿色智能、管养科学、耐久可靠的综合立体交通网络体系,打造"零换乘""零换装"的多层次综合交通枢纽体系,构建高度智能化、一体化的客货运输服务与组织管理体系。

基于可持续交通理念,实现绿色交通主导,大幅度提高公交、步行、自行车等集约化、绿色化交通方式的分担率,在交通领域实现生态优先、绿色发展。做好顶层设计,全面落实监督绿色交通主导的综合交通系统建设,加强对铁路、水运等绿色运输方式的政策支持;城市群、都市圈和大城市等人口密集地区要构建以轨道交通为骨干、以公共汽车交通实现广覆盖、以步行和自行车交通构成便捷完善的末端微循环、以私人小汽车为补充的城市综合交通系统。

基于可持续交通理念，提高交通系统效率，大力发展智能交通。通过智能交通手段促进交通一体化发展、大幅提升交通运输的安全水平和服务质量、加大力度实现可持续交通，是当前难得的契机。以交通大数据综合平台为基础，以系统科学思想、交通工程原理和交通运输发展规律为指导，以破解交通拥堵以及提高交通安全水平、交通运输效率和交通服务质量为目标，建设全息感知、信息共享、深度研判、科学决策、精细管理、精准服务、主动安全的智能化综合交通体系，将助力实现以安全、便捷、高效、绿色、经济为根本特征的综合交通运输系统。

基于可持续交通理念，创新管理理念，提高资源利用效率，鼓励和支持共享交通发展。共享模式在交通领域的应用空间广阔，运输工具、停车设施以及交通数据、信息等都可以通过共享模式发挥更大的作用。共享交通的科学合理发展也将会为末端交通的完善和质量提升提供重要支撑，是实现可持续交通的重要环节之一，同时不仅有利于现有各类交通资源的最大化利用，降低交通出行和物流成本，避免再走发达国家"每家有车"的路子，还可以缓解有限的资源与不断增长的个性化需求之间的矛盾。

- **未来城市与交通**

如第十五章中所述，未来理想城市应该具有绿色、智慧、人文、宜居、创新、韧性的特点。

城市交通系统对城市发展有着举足轻重的作用，是城市发展的支撑和引领系统。一方面，城市交通系统要支撑城市结构、用地形态和城市空间发展战略；另一方面，城市交通对城市的发展具有很强的影响和引导作用。世界城市发展的经验表明，不同于其他城市子系统，城市交通系统应该引领城市的发展。考虑未来城市的需求，明确城市交通系统的发展目标，推动绿色智能人文一体化交通的发展，对建立绿色、智慧、人文、宜居、创新、韧性的未来城市至关重要。未来城市的主要特征与其交通系统的发展目标如图 23-2 所示。

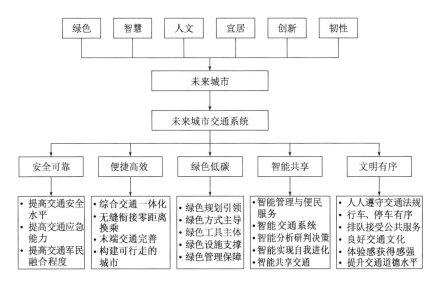

图 23-2　未来城市的主要特征与其交通系统发展目标

安全可靠。交通系统安全可靠是前提，体现在交通安全水平高、应急能力强和军民融合程度好等方面。

便捷高效。便捷高效既是对城市交通系统的基本要求，也是最高境界，是魅力城市、幸福生活的重要体现。目标实现的关键是一体化，包括交通与土地利用一体化、不同交通方式间和交通枢纽内无缝衔接和零距离换乘、运营管理一体化、交通服务一体化以及体制机制的一体化。

绿色低碳。绿色低碳是方向，强调构建以绿色交通为主导的城市综合交通系统，提高绿色交通出行分担率，全环节的交通绿色发展体现在绿色规划引领、绿色出行主导、绿色工具主体、绿色设施支撑、绿色管理保障等方面。

智能共享。智能交通是提高交通效率、交通安全和交通服务水平的关键抓手，通过建成全息感知、信息共享、深度研判、科学决策、精细管理、精准服务、主动安全、车路协同等智能技术深度应用的综合交通系统，沿着资源共享、系统整合、业务联动、自我进化的发展轨迹，全面提高交通的智能化和现代化水平，从而助力破解交通难题、实现更高的交通效率和提供更便捷的交通服务。共享交通是在交通供给不足、交通供求矛盾尖锐的情况下，提高交通资源利用效率、破解交通供求矛盾的有力举措，包括实现交通设施（停车设施、充电设施等）、运输工具（非机动车、小汽车、货车等）、交通信息与数据、交通服务等共享，以提高资源的利用效率。

文明有序。文明有序是高度文明社会的基本特征，交通的文明有序主要体现在交通参与者良好的素质、交通文化和交通道德，依法依规出行，主动选择绿色出行方式，从而获得更好的体验感、获得感和幸福感。

中国交通的美好蓝图

《交通强国建设纲要》和《国家综合立体交通网规划纲要》绘制了到21世纪中叶全面建成交通强国和现代化高质量国家综合立体交通网的宏伟蓝图，是新时代综合交通运输发展的"总战略"和"总规划"，需要若干个五年计划持续推进落实，并将助力我国实现中华民族伟大复兴的中国梦。

- 建设交通强国的共同愿景

2017年10月，党的十九大报告明确提出建设交通强国，为交通人开启了新征程。2019年9月，党中央国务院发布的《交通强国建设纲要》（简称《建设纲要》）是我国交通强国建设的"总战略"，统筹推进交通强国建设，是交通行业共同的行动纲领[11]。

《建设纲要》的主要内容可以概括为"一、二、三、四、五、九、三"。即一个总目标：人民满意、保障有力、世界前列。两个阶段目标：2035年基本建成交通强国；2050年全面建成交通强国。三个转变：从速度规模到质量效益；从各种交通方式相对独立发展到深度融合一体化发展；从传统要素驱动到创新驱动转变。四个一流：设施、技术、管理、服务。五个特征：安全、便捷、高效、绿色、经济。九项重点任务：基础设施、交通装备、运输服务、科技创新、安全保障、绿色低碳、开放合作、人才队伍、治理体系。三个加强

（保障）：加强党的领导、加强资金保障、加强实施管理。

2021年3月，《国民经济和社会发展第十四个五年规划和2035年远景目标纲要》印发，发出加快建设交通强国的动员令，在建设现代化基础设施体系、打造数字经济、促进区域协调发展等多个方面均对交通运输工作提出明确要求。

- 建设国家综合立体交通网的总规划

2021年2月，党中央国务院发布的《国家综合立体交通网规划纲要》（简称《规划纲要》）是贯彻落实《建设纲要》相关任务、指导综合交通网络布局的"总规划"，为交通强国建设在国家省市层面落地提供了强有力的支撑和技术指导[12]。

《规划纲要》的主要内容可以概括为"一、二、三、四、五、十二"。即一个总目标：构建现代化高质量国家综合立体交通网。两个阶段目标：2035年基本建成现代化高质量国家综合立体交通网；2050年全面建成现代化高质量国家综合立体交通网。三条工作主线：优化国家综合立体交通布局；推进综合交通统筹融合发展；推进综合交通高质量发展。四项原则要求：服务大局、服务人民；立足国情、改革开放；优化结构、统筹融合；创新智慧、安全绿色。五个加强（保障）：党的领导、组织协调、资源支撑、资金保障、实施管理。十二项重点任务：综合网、通道、枢纽、运输网；方式统筹、四网融合、区域协调、产业融合；安全、智慧、绿色人文、治理。

- 构建现代综合交通运输体系的新征程

2022年1月，国务院印发的《"十四五"现代综合交通运输体系发展规划》（简称《"十四五"综合交通规划》）根据我国"十四五"规划、《建设纲要》和《规划纲要》，提出"十四五"期交通运输发展目标和任务，以加快建设交通强国，构建现代综合交通运输体系。

《"十四五"综合交通规划》提出"到2025年，综合交通运输基本实现一体化融合发展，智能化、绿色化取得实质性突破，综合能力、服务品质、运行效率和整体效益显著提升，交通运输发展向世界一流水平迈进"的目标，并围绕以下10个方面促进交通运输"十四五"时期发展目标的实现：构建高质量综合立体交通网；夯实城乡区域协调发展基础支撑；推进城市群和都市圈交通现代化；扩大优质运输服务供给；加快智能技术深度推广应用；全面推进绿色低碳转型；提升安全应急保障能力；推动高水平对外开放合作；加强现代化治理能力建设；强化规划实施保障[13]。

- **助力实现中华民族伟大复兴的中国梦**

自2012年11月29日习近平总书记在参观《复兴之路》展览时提出中国梦的概念之后，在此后的一系列重要讲话中深刻阐述了中国梦的内涵和实现途径，这是对中华民族伟大复兴的简洁概括。2017年10月18日，党的十九大报告指出，实现中华民族伟大复兴是近代以来中华民族最伟大的梦想。2018年12月，习近平总书记在庆祝改革开放40周年大会上说，建立中国共产党、成立中华人民共和国、推进改革开放和中国特色社会主义事业，是五四运动以来我国发生的三大历史性事件，是近代以来实现中华民族伟大复兴的三大里程碑❶。

中国梦的基本内涵有三个层面：国家、民族、人民。从国家层面看，中国梦就是强国梦。中国要成为强大的现代化国家，赢得世界认同，并成为引领世界发展的主导力量。从民族层面看，中国梦就是民族复兴梦。中华民族要对人类发展做出更大、更多、更重要的贡献。从人民层面看，中国梦就是每个中国人的梦，就是实现不断满足人民美好生活需求的理想和追求。上述三个层面是把国家、民族和个人作为一个命运共同体，从而使国家利益、民族利益和每个人的具体利益都紧紧地联系在一起。

中国梦和中国古代先贤所憧憬的世界大同是一致的。中国梦是中国的，也是世界的。中国梦与人类追求和平与发展的理想目标相

---

❶ 参见《习近平在庆祝改革开放40周年大会上的讲话》，《人民日报》，2018年12月19日02版。

一致,是开放、包容、共享的梦。人类命运共同体的理念以及"一带一路"倡议就是中国梦的国际表达。交通强国战略中的国内"123出行圈"和国际"123快货物流圈"就是中国梦在交通运输领域的具体落实。

"中华民族是爱好和平的民族。消除战争,实现和平,是近代以后中国人民最迫切、最深厚的愿望。走和平发展道路,是中华民族优秀文化传统的传承和发展,也是中国人民从近代以后苦难遭遇中得出的必然结论。"[14]

"我们也希望世界各国都走和平发展道路,国与国之间、不同文明之间平等交流、相互借鉴、共同进步,齐心协力推动建设持久和平、共同繁荣的和谐世界。"[15]

中国梦以伟大的民族智慧为底蕴,凝聚全体中国人的共同理想与追求,是中国人对国家稳定繁荣昌盛的期盼,也是中国人在与国际社会紧密联系、相互依存中所追求的理想,其目标就是建设一个富强、民主、文明、和谐的现代化国家,在国内致力于建设和谐社会,在国际上致力于建设和谐世界。中国梦的实现过程不仅是一个造福中国人的过程,同时也是一个不断给世界带来发展新动能、贡献正能量的过程。

● **推动构建人类命运共同体**

中国坚持互利共赢的开放战略,深化与各国在交通领域合作,积极推进全球互联互通,积极参与全球交通治理,认真履行交通发展的国际责任与义务,在更多领域、更高层面上实现合作共赢、共同发展,推动构建全球交通命运共同体,服务构建人类命运共同体。

2012年党的十八大明确提出"要倡导人类命运共同体意识,在追求本国利益时兼顾他国合理关切"。2017年1月,习近平主席在联合国日内瓦总部发表题为《共同构建人类命运共同体》的主旨演讲。2017年10月,党的十九大报告中提出,坚持和平发展道路,推动构建人类命运共同体,促进全球治理体系变革。

当今世界正经历百年未有之大变局,人们更加真切地感受到人类命运与共的重要性、紧迫性。世界向何处去,发展路在何方?中国声音和中国方案将成为全球历史的一个重要参照。以推动构建人类命运共同体为"根脉"和"主干",中国先后提出构建相互尊重、公平正义、合作共赢的新型国际关系,创新、协调、绿色、开放、共享的新发展理念,共商共建共享的全球治理观,共同、综合、合作、可持续的新安全观,平等、互鉴、对话、包容的文明观。一系列中国智慧、中国主张,反映中华民族协和万邦的处世之道、天下大同的高远理想,不断充实着人类文明的思想宝库。

人类命运共同体是一种价值观,是中国在把握世界发展潮流、人类命运走向上展现出的深邃智慧。习近平总书记说:"人类命运共同体,顾名思义,就是每个民族、每个国家的前途命运都紧紧联系在一起,应该风雨同舟,荣辱与共,努力把我们生于斯、长于斯的这个星球建成一个和睦的大家庭,把世界各国人民对美好生活的向往变成现实。"❶ 构建人类命运共同体思想的丰富内涵,可以从政治、安全、经济、文化、生态五个方面来理解:

政治上,要相互尊重、平等协商,坚决摒弃冷战思维和强权政治,走对话而不对抗、结伴而不结盟的国与国交往新路。安全上,要坚持以对话解决争端、以协商化解分歧,统筹应对传统和非传统安全威胁,反对一切形式的恐怖主义。经济上,要同舟共济,促进贸易和投资自由化便利化,推动经济全球化朝着更加开放、包容、普惠、平衡、共赢的方向发展。文化上,要尊重世界文明多样性,以文明交流超越文明隔阂、文明互鉴超越文明优越。生态上,要坚持环境友好,合作应对气候变化,保护好人类赖以生存的地球家园。[16-17]

为此,中国秉持共商共建共享理念,与有关国家加快推进基础设施互联互通合作,共建"一带一路",共同打造开放包容、互利共赢的高质量发展之路,共同打造和平之路、合作之路、幸福之路。积极推动全球交通治理体系变革,携手其他发展中国家推动交通可持续发展全球治理改革,为发展中国家发展营造良好的国际环境,

---

❶ 参见《习近平在中国共产党与世界政党高层对话会上的主旨讲话》,《人民日报》,2017 年 12 月 02 日 02 版。

并积极承担符合自身发展阶段和国情的国际责任，交通运输领域积极应对气候变化，为全球生态文明建设和可持续发展贡献力量。遵循平等互利、合作共赢的原则，与各国深入开展交通领域交流合作，不断拓展广度深度，推动构建开放型世界经济。

与世界相交，与时代相通。坚持走安全、便捷、高效、绿色、经济之路，坚持互联互通，推动交通的可持续发展，我们一定能为共同建设一个更美好的世界贡献中国力量。

●本章参考文献

[1] 冯友兰. 冯友兰文集［M］. 长春：长春出版社，2017.

[2] 道德经［M］. 南京：江苏人民出版社，2016.

[3] 杨伯峻. 论语译注［M］. 北京：古籍出版社，1958.

[4] 管子［M］. 房玄龄，注. 刘绩，补注. 刘晓艺，校点. 上海：上海古籍出版社，2015.

[5] 庄子［M］. 上海：上海辞书出版社，2003.

[6] 戴圣. 礼记［M］. 北京：中华书局，2017.

[7] 孙中山. 建国方略［M］. 北京：生活·读书·新知三联书店，2014.

[8] 陆化普. 城市绿色交通的实现途径［J］. 城市交通，2009，7（6）：5.

[9] 陆化普，张永波. 可持续发展视角下我国交通强国建设成就、变化与展望［J］. 可持续发展经济导刊，2021（6）：4.

[10] 傅志寰，孙永福，翁孟勇，等. 交通强国战略研究［M］. 北京：人民交通出版社股份有限公司，2019.

[11] 中华人民共和国国务院. 交通强国建设纲要［R］. 北京：中华人民共和国国务院，2019.

[12] 中华人民共和国国务院. 国家综合立体交通网规划纲要［R］. 北京：中华人民共和国国务院，2021.

[13] 中华人民共和国国务院. "十四五"现代综合交通运输体系发展规划［R］. 北京：中华人民共和国国务院，2022.

[14] 习近平在中共中央政治局第三次集体学习时强调 更好统筹国内国际两个大局 夯实走和平发展道路的基础［N］. 人民日报，2013-01-30（1）.

[15] 兰红光. 习近平在接受金砖国家媒体联合采访时强调 坚定不移走和平发

展道路 坚定不移促进世界和平与发展［N］. 人民日报, 2013-03-20 (1).

［16］中央纪委监察部. 中央纪委监察部［EB/OL］. ［2022-03-22］. https：// www.ccdi.gov.cn/.

［17］习近平. 共同构建人类命运共同体［J］. 求知, 2021 (1)：4-8.